utb 5732

utb.

AF902075

Eine Arbeitsgemeinschaft der Verlage

Brill | Schöningh – Fink · Paderborn
Brill | Vandenhoeck & Ruprecht · Göttingen – Böhlau Verlag · Wien · Köln
Verlag Barbara Budrich · Opladen · Toronto
facultas · Wien
Haupt Verlag · Bern
Verlag Julius Klinkhardt · Bad Heilbrunn
Mohr Siebeck · Tübingen
Narr Francke Attempto Verlag – expert verlag · Tübingen
Ernst Reinhardt Verlag · München
transcript Verlag · Bielefeld
Verlag Eugen Ulmer · Stuttgart
UVK Verlag · München
Waxmann · Münster · New York
wbv Publikation · Bielefeld
Wochenschau Verlag · Frankfurt am Main

Heike Knortz

Deutsche Wirtschaftsgeschichte der Weimarer Zeit

Eine Einführung in Ökonomie, Gesellschaft und Kultur der ersten deutschen Republik

Mit einem literaturwissenschaftlichen Kapitel von Beate Laudenberg

Vandenhoeck & Ruprecht

Dr. Heike Knortz ist außerplanmäßige Professorin für Wirtschaftsgeschichte an der Pädagogischen Hochschule Karlsruhe. Schwerpunkt ihrer Forschungen ist die Wirtschaftsgeschichte des 20. Jahrhunderts.

Online-Angebote oder elektronische Ausgaben sind erhältlich unter **www.utb.de**.

Bibliografische Information der Deutschen Bibliothek:
Die Deutsche Nationalbibliothek verzeichnet diese Publikation in der Deutschen Nationalbibliografie; detaillierte bibliografische Daten sind im Internet über https://dnb.de abrufbar.

Korrektorat: Volker Manz, Kenzingen
Umschlaggestaltung: Atelier Reichert, Stuttgart
Satz: büro mn, Bielefeld
Druck und Bindung: Hubert & Co. BuchPartner, Göttingen
Printed in the EU

Vandenhoeck & Ruprecht Verlage | www.vandenhoeck-ruprecht-verlage.com

UTB-Band-Nr. 5732
ISBN 978-3-8252-5732-3 | eISBN 978-3-8385-5732-8

Hinweis zum Buch

Dieses Buch beinhaltet zusätzliche Materialien (Texte, Bilder, Videos und Audiodateien), die Sie online abrufen können. Sie finden im Fließtext dazu einen Hinweis, z. B. M1, und in der Marginalie (Spalte neben dem Haupttext) jeweils einen DOI-Link und Icon/QR-Code, der Sie direkt zu dem Material führt. Die Materialien können online eingesehen und heruntergeladen werden.

Den Zugang zum digitalen Zusatzmaterial erhalten Sie wie folgt:

1. Registrieren Sie sich kostenlos auf https://elibrary.utb.de/action/registration
2. Gehen Sie auf „Mein Profil“ → „Zugangscode aktivieren“
3. Geben Sie dort den Code „WEIMAR21“ ein und klicken Sie auf „Abschicken“

Inhaltsverzeichnis

Verzeichnis der Tabellen, Schaubilder, Abbildungen und Infoboxen

Tabellen

Schaubilder

Abbildungen

Karten

Infoboxen

1

Warum Weimar?

Zur Aktualität Weimarer Wirtschaftsgeschichte

1982 noch meinte sich der Berliner Wirtschaftshistoriker Carl-Ludwig Holtfrerich für seine Beschäftigung mit der reichsdeutschen Wirtschaftspolitik in der Weltwirtschaftskrise 1929 bis 1936 rechtfertigen zu müssen. „Wie beim Leserkreis der Boulevardpresse“, erklärte er entschuldigend in Band 235 der renommierten Historischen Zeitschrift, „so ziehen Katastrophenfälle auch beim wissenschaftlichen Publikum immer wieder besondere Aufmerksamkeit auf sich.“ Zu Beginn der 2020er-Jahre, die bevorstehenden hundertsten Jahrestage wirtschaftshistorisch relevanter Ereignisse fest im Blick, käme wohl niemandem in den Sinn, die Beschäftigung mit der Weimarer Wirtschaftsgeschichte tiefergehend zu begründen. Aber auch zuvor, spätestens seit der akuten Gefährdung des globalen Finanzsektors infolge der US-Immobilienkrise des Jahres 2007, dem hierauf folgenden Einbruch weltwirtschaftlicher Aktivitäten und einer sich bis heute in Europa manifestierenden chronischen Banken- und Finanzkrise, glaubte niemand mehr, sich für die Beschäftigung mit einer Weimarer Krise rechtfertigen zu müssen oder gar das Rekurrieren auf die von der Großen Depression betroffene Weimarer Republik als Sensationslust zu bezeichnen. Im Gegenteil lassen aktuelle wirtschaftliche wie wirtschaftspolitische Ereignisse die Öffentlichkeit seither immer wieder wie selbstverständlich auf die Weltwirtschaftskrise der 1930er-Jahre blicken.

Geschichte der Weimarer Republik ist ihre Wirtschaftsgeschichte

Dabei ist die Große Depression zu Ende der Weimarer Jahre beileibe nicht die einzige „Katastrophe“, welche die erste deutsche Republik hatte bewältigen müssen und die sich in das kollektive Gedächtnis der Deutschen gegraben hat. In Anlehnung an Werner Abelshauser, der 1983 in seiner „Wirtschaftsgeschichte der Bundesrepublik Deutschland 1945–1980“ feststellte, dass die Geschichte der Bundesrepublik vor allem ihre Wirtschaftsgeschichte sei, könnte man – infolge ausbleibender ökonomischer Stabilität mit umgekehrtem Vorzeichen – nämlich formulieren, dass auch die Weimarer Republik nicht ohne ihre Wirtschaftsgeschichte verstanden werden kann. So wird die bundesdeutsche Gesellschaft beispielsweise infolge der Hyperinflation von 1922/23, verstärkt natürlich durch die zweite Erfahrung mit einer Inflation zwischen 1945 und 1948, regelrecht vom Trauma des Geldwertverfalls verfolgt. Nur so lässt sich verstehen, warum die Wahrung der Geldwertstabilität, jahrzehntelang erstrangige Aufgabe der Deutschen Bundesbank, auch Aufnahme in die Artikel des EG-Vertrags über Ziele und Aufgaben der Europäischen Zentralbank (heute Artikel 127 des Vertrags über die Arbeitsweise der Europäischen Union, AEUV) fand.

Krisenlagen

„Weimar“ ist also (fast) überall, auch weil die Bürger dieses modernen Industriestaats in nicht einmal 15 Jahren alle denkbaren, seinerzeit teilweise noch nicht einmal vollständig wissenschaftlich erklärbaren ökonomischen Krisenlagen erlebten: nach der Hyperinflation mit Währungsreform zu Beginn die katastrophale Deflation zu Ende des Bestehens der Republik, die Umstellung einer fast vollständig auf Kriegsproduktion ausgerichteten Ökonomie auf Friedensproduktion oder verstärkte Rationalisierungsanstrengungen bei gestörten internationalen Handelsbeziehungen, die wiederum die Bedienung des Reparations- und interalliierten Schuldendienstes erschwerten. Die Wirtschaftsgeschichte Weimars ist daneben aber auch ein Lehrstück darüber, wie sich ein Staat durch – gemessen an seiner Wirtschaftsleistung – übermäßige Verschuldung selbst sämtlicher Handlungsoptionen in Krisenzeiten beraubt. An ihr lässt sich daneben auch veranschaulichen, dass staatliche Überregulierung, beispielsweise des Mietwohnungsmarkts, trotz wohlgemeinter Fürsorge über Markt- schnell in Staatsversagen münden kann.

Folgen der Wachstumsschwäche

Weil sich die Wirtschaft unter diesen Bedingungen weitestgehend krisenhaft entwickelte, blieb die Legitimierung der demokratisch-republikanischen Staatsform von dieser Seite aus; zugleich war damit auch die Leistungsfähigkeit des verfassungsrechtlich verankerten Sozialstaats infrage gestellt. Damit wäre die Weimarer Demokratie an ihrer schwachen wirtschaftlichen Entwicklung gescheitert, weil Verteilungskonflikte infolge ausbleibenden raschen und höheren Wirtschaftswachstums nicht gelindert, politische Konflikte mittels Umverteilung nicht entsprechend gelöst werden konnten. Während aber eine funktionsfähige Ökonomie für demokratisch verfasste Staaten gleichsam überlebensnotwendig ist, waren die Beziehungen zwischen Weimarer Staat und Wirtschaft durch weitere Probleme belastet: Neben dem Staat, der – erstmals zu einem wichtigen wirtschaftlichen Akteur geworden – selbst zu einem Element ökonomischer Destabilisierung wurde, forderte dessen neu definierte verfassungsrechtliche Position schließlich auch eine teilweise äußerst aggressiv betriebene Interessenpolitik diverser gesellschaftlicher Gruppen heraus.

Lehren aus Weimar

Und auch hier gilt wie im Fall der Währungsstabilität: Weil das in Weimar so war, konnte vor allem auch der Ausgleich wirtschaftlicher Interessen in der Bundesrepublik Deutschland bis dato so viel besser funktionieren, und zwar auch, weil das Grundgesetz im Gegensatz zur Weimarer Reichsverfassung den Staat in wichtigen wirtschaftspolitischen Handlungsfeldern zu Enthaltsamkeit verpflichtet. Die Deutsche Demokratische Republik (DDR) scheiterte demgegenüber, wie die Weimarer, an dem verfassungsmäßig verbrieften Recht auf Arbeit. Auf die bundesdeutschen ordnungspolitischen Institutionen der betrieblichen Mitbestimmung und der moderat, weil autonom ablaufenden Tarifverhandlungen blicken zum Beispiel Franzosen bis heute neidvoll über den Rhein, weil sie hierin zu Recht einen wichtigen Pfeiler ökonomischer Stärke sehen. Für die diese Institutionen garantierende Wirtschaftsordnung, die die staatliche Pflicht zur Befriedung von Kapital und Arbeit umfasst, prägte interessanterweise vor gut 30 Jahren der französische Wirtschaftswissenschaftler Michel Albert den Begriff vom „Rheinischen Kapitalismus“. Dieser skizzierte damit den unter staatlicher Regie koordinierten Kapitalismus in Abgrenzung von einer stärker liberalisierten Wirtschaftsordnung als gerechter, effizienter – und weniger gewalttätig. Oder, wie mir einmal auf dem Höhepunkt sozialer Proteste und Streiks in Frankreich ein in einem im Badischen gelegenen Mercedes-Benz-Werk beschäftigter Elsässer erklärte: Drüben –

und drüben, das sei hier zur Erläuterung gesagt, meint je nach aktuell geografischem Standpunkt entweder die links- oder die rechtsrheinische Seite der deutsch-französischen Grenze –, drüben sei auch nicht alles besser, aber dort würde man zumindest miteinander reden. Die Wurzeln dieses ebenso in anderen Ländern viel beachteten Interessenausgleichs liegen nicht zuletzt auch in den zwanziger Jahren des vorigen Jahrhunderts, wenngleich der in jener Zeit in Ausbildung begriffene Korporatismus kaum die Aura der kommenden Erfolgsgeschichte erkennen ließ.

Gliederung und Inhalte

Das Studienbuch gliedert sich sowohl chronologisch entlang wirtschaftlicher Erscheinungen als auch auf der Basis sachlicher Perspektiven, ergänzt um wirtschaftstheoretische Erläuterungen. Im Vordergrund stehen immer sozioökonomische Strukturen, Abläufe und Prozesse, während auf eine enzyklopädische Aufbereitung bewusst verzichtet wird. Ein zu bewältigendes Dilemma waren dabei immer wieder die kaum voneinander zu trennenden Prozesse in Politik, Wirtschaft und Gesellschaft. Spezifika des Weimarer Wirtschaftssystems, wie die besondere Rolle industrieller und agrarischer Interessenvertretung oder des staatlichen wirtschaftlichen Engagements, sind deshalb auf ihre für die ökonomischen Abläufe relevanten Aspekte reduziert worden. Schließlich werden die wichtigsten wirtschaftshistorischen Debatten um eine alternative Wirtschaftspolitik während der Weltwirtschaftskrise, um die Höhe der unter staatlichem Einfluss ausgehandelten Löhne oder um die Frage, ob die Inflation die Republik zunächst sogar vor dem Untergang bewahrte, aufgenommen.

Der vorliegende Band behandelt neben der Wirtschaftsgeschichte Weimars zwar auch deren Sozial- sowie Aspekte der Kulturgeschichte, neben politischen und diplomatiegeschichtlichen Hinweisen aber wurde auf die Einbindung sozialhistorischer Forschungsergebnisse nach Art der Bielefelder Schule weitgehend verzichtet. Deshalb wird beispielsweise auch ein eigenständiges Kapitel zur Betriebsverfassung (Mitbestimmung und Betriebsräte) vergeblich gesucht, weil diese längst nicht so umstritten war wie das Schlichtungswesen; ebenso verhält es sich mit einem Kapitel zum Kampf um die Aufrechterhaltung des Achtstundentags oder zu den Vorgängen um die Sozialisierung, weil es sich hierbei vorwiegend um politische Diskussionen handelte und entsprechende Vorhaben gänzlich aufgegeben wurden, nicht zuletzt, um dem Zugriff der Siegermächte im Fall von Reparationsstreitigkeiten zu entgehen; es fehlt ein eigenständiges Kapitel zum Stand der zeitgenössischen Wirtschaftswissenschaft, über das Bankenwesen oder die Politik der Reichsbank, obschon sich hierzu an entsprechender Stelle immer wieder Hinweise finden und in der Auswahlbibliografie auch auf solchermaßen Literatur verwiesen wird. Demgegenüber finden sich kulturgeschichtliche Ansätze im Kapitel über die Große Inflation bzw. mit Hinweisen zu gesellschaftlichen Veränderungen im Kapitel über die relative Stabilität; PD Dr. Beate Laudenberg hat das Kapitel über die Abhandlung der Weimarer Wirtschaft in der Literatur beigesteuert. Die Entscheidung für diese „Exkurse“ hängt eng mit der Frage zusammen, wie die Weimarer Gesellschaft solch kurz aufeinanderfolgende Krisen auszuhalten vermochte. Nicht wenige flüchteten nämlich förmlich in Vergnügungssucht und Drogenkonsum oder entzogen sich dem krisengeplagten Leben durch Suizid. Manch anregende Diskussion mit Studierenden hat gezeigt, dass ein solch umfassenderer Einblick in zurückliegende chaotische Lebens- und Wirtschaftsverhältnisse durchaus Orientierung und Selbstvergewisserung zu schaffen vermag.

Lesehinweise Ein Studienbuch hat die Aufgabe, den gesicherten Forschungsstand allgemeinverständlich wiederzugeben. Deshalb ist es die einzige Form wissenschaftlicher Literatur, in der ausdrücklich auf Anmerkungen, auf Literaturbelege im Text verzichtet werden darf. Wo nötig, wird natürlich auf kontroverse Forschungsergebnisse hingewiesen, die Meinungsbildung und die damit verbundene Gewichtung schließlich aber dem Leser bzw. der Leserin überlassen. Um in Ausnahmefällen außergewöhnliche Forschungsergebnisse oder kontroverse Meinungen einzelnen Autoren zuschreiben zu können, werden diese im laufenden Text namentlich benannt. Mithilfe der Auswahlbibliografie, die Hinweise auf die wichtigste Literatur zur Vertiefung einzelner Aspekte gibt und die sich weitgehend an der Struktur der Stoffgliederung orientiert, lassen sich die fraglichen Autoren mit den entsprechenden Publikationen anschließend jederzeit leicht auffinden. Einzig das für die vorliegende Ausgabe eigens verfasste literaturwissenschaftliche Kapitel enthält wegen seines exklusiven Charakters einige wenige als Zitat mit entsprechenden Quellenangaben gekennzeichnete wörtliche Übernahmen. In die Auswahlbibliografie wurde aus der gänzlich unüberschaubaren Literatur solche neueren Datums bevorzugt aufgenommen, ferner ist im Zweifel auf die Aufnahme von Aufsätzen zugunsten von Monografien verzichtet worden. Um quantitative Angaben einordnen zu können, werden im Text an manchen Stellen entsprechende Daten für die Bundesrepublik eingefügt, beispielsweise im Fall der Streiktage. Diese Zusatzinformationen halten wegen allgemein unterschiedlicher Zählverfahren oder unterschiedlicher statistischer Methoden möglicherweise nicht immer einer „harten" Evaluation stand, können aber einen wichtigen Trend anzeigen und kontextuelle Bezüge verdeutlichen.

Faktenchecks Um die meiner „Wirtschaftsgeschichte der Weimarer Republik" aus dem Jahr 2010 attestierte „ungewöhnliche Detaildichte an Fakten" gerade auch Studienanfängern – im doppelten Wortsinn – erträglich zu machen, findet sich am Ende eines jeden Kapitels ein kurzer Faktencheck, der das Wichtigste an Fakten, Strukturen und Prozessen noch einmal prägnant zusammenfasst. Durch die Faktenchecks jedenfalls sollen Orientierung und Gewichtung der Details erleichtert werden.

Quellen Ein besonderes Anliegen des vorliegenden Bands ist es schließlich, wichtige Aspekte der Weimarer Wirtschaftsgeschichte mit Quellen zu untermauern. Die auf der zugehörigen *Online*-Plattform zur Verfügung gestellten Quellen dienen zugleich der Verdeutlichung der Komplexität wirtschaftlicher Problemlagen, denen sich die Akteure gegenübersahen. Zu jedem Kapitel lassen sich deshalb mittels QR-Code ausgewählte digitalisierte Archivalien, gedruckte Quellen wie beispielsweise Denkschriften oder Audio- und Videoaufnahmen aufrufen, die dem besseren Verständnis der Forschungsergebnisse dienen und so in den Forschungsstand eingeordnet werden können. Zu

Beginn eines jeden Kapitels wird zudem kurz mithilfe eines „Schlüsseldokuments“ in die Thematik eingeführt; zum besseren Verständnis und zur Einführung in die Arbeit mit Quellen sind die Schlüsseldokumente mit ebenfalls auf der Plattform befindlichen Lesehinweisen versehen.

„Gendern“ im wirtschafts- und sozialhistorischen Kontext?

Und noch ein abschließender Lesehinweis: Wir kennen inzwischen alle die dem Zeitgeist geschuldete, i. d. R. einleitende Bemerkung, die weibliche Bezeichnung bei der Nennung männlicher Substantive sei jeweils mitgedacht, außer wenn explizit von Frauen die Rede sei. Oder im Text selbst werden weibliche und männliche Form gleichermaßen angeführt, was dann aber je nach Anschluss zu weiteren grammatischen Problemen führen und dadurch die Satzstruktur unnötig verkomplizieren kann. Als Nicht-Germanistin hat mich demgegenüber das strukturell aus der deutschen Sprache ableitbare Konstrukt des generischen Maskulinums überzeugt, also der geschlechtsneutrale Gebrauch des Maskulinums, wo dieser angebracht ist. Wenn somit in Anlehnung an Wirtschaftswissenschaft und Wirtschaftshistoriografie im Folgenden die Sprache auf „Arbeiter“ und „Angestellte“ kommt oder von „Unternehmern“ die Rede ist, sagt dies nichts über deren biologisches Geschlecht. Denn natürlich hat es in der Weimarer Republik – unter den knapp 11,5 Mio. weiblichen Erwerbstätigen – gut 1,1 Mio. Unternehmerinnen gegeben! Laut Volks-, Berufs- und Betriebszählung vom 16. Juni 1925 waren damit ca. 20 % aller Selbständigen weiblichen Geschlechts, darunter 865.350 Eigentümerinnen, 25.330 Pächterinnen und 12.363 Direktorinnen, leitende Beamtinnen oder sonstige Betriebsleiterinnen. Hinzu kamen 190.093 weibliche „Hausgewerbetreibende“, die wir nach heutigen Kategorien anerkennend als Soloselbständige bezeichnen würden, die knapp 70 % aller Hausgewerbetreibenden repräsentierten. Von 100 erwerbstätigen Frauen waren damit 9,6 als Selbständige tätig, unter 100 Männern waren es 21,7. Christiane Eifert hat hervorgehoben, dass es sich bei diesen Unternehmerinnen durchaus auch um Gründerinnen handeln konnte. Damit handelte es sich also nicht ausschließlich um Unternehmerinnen, die, nachdem Ehemänner, Söhne oder Brüder nicht aus dem Feld zurückgekehrt waren, deren oder das gemeinsame Unternehmen weiterführten, wie Lina Pfaff beispielsweise, die erfolgreich agierende Tochter des Gründers der gleichnamigen Nähmaschinenfabrik in Kaiserslautern. Neben Statistiken zeigen insofern gerade Quellen qualitativen Typs, dass Frauen in der Unternehmensführung in den 1920er-Jahren kein neues Phänomen und schon gar keine „Krisenerscheinung“ waren.

Dank

Die vorliegende Ausgabe ist inhaltlich stark an meine „Wirtschaftsgeschichte der Weimarer Republik“ aus dem Jahr 2010 angelehnt, wenngleich an vielen Stellen maßgeblich überarbeitet und – ganz besonders natürlich um das literaturwissenschaftliche Kapitel von Beate Laudenberg – erweitert. Dabei wurde nicht selten eine Korrektur grammatischer und auch kleinerer sachlogischer Fehler oder Ungenauigkeiten vorgenommen, über die die Rezensenten seinerzeit dankenswerter Weise großzügig hinweggesehen haben. Dank schulde ich deshalb zunächst noch einmal den Personen, die bereits beim Zustandekommen des Bands von 2010 beteiligt waren, ganz besonders also: Frau Dr. Sarah Hartmann, die grundlegende Vorarbeiten zu den Themen Haushalt, Alltag, Kultur und Emanzipation der Frau getätigt hat, Frau Anna Hahn für die unermüdlichen Recherchen und das Besorgen von Literatur, Herrn Dipl.-Vw Vassilios Tsikras für seine kritischen Anmerkungen sowie Herrn Dipl.-Kfm. Jürgen Honolke für anregende fachwissenschaftliche Diskussionen und sein (mit-)leidvolles Verständnis. Neben dem Dank, der dem sorgfältigen Lektorat und den beteiligten Mitarbeiterinnen und Mitarbeitern des Verlags Vandenhoeck & Ruprecht für das Zustandekommen des Buchs in dieser innovativen Form sowie Beate Laudenberg für das Beisteuern des literaturwissenschaftlichen Kapitels gebührt, bin ich schließlich vielen Personen in verschiedensten Institutionen zu Dank verpflichtet, die mir nach bestem Wissen und Gewissen beim nicht selten schwierigen Aufspüren von Rechteinhabern schnell und unkompliziert geholfen haben oder Abdruckgenehmigungen zur Verfügung stellten.

Urheberrechte

Eventuelle, trotz aller Gewissenhaftigkeit unterlaufene Fehler gehen selbstverständlich zu meinen Lasten. Sollte also trotz allem noch jemand berechtigte Urheberansprüche haben, möge er sich bitte mit der Autorin oder dem Verlag in Verbindung setzen.

Karlsruhe/F-Scheibenhard Heike Knortz

2

Die deutsche Wirtschaft in den 1920er-Jahren

Schlüsseldokument: Rolf Wagenführ über den Entwicklungstrend industrieller Produktion

Für einen hoch entwickelten Industriestaat wie das Deutsche Reich lassen sich u. a. auf der Basis von Zeitreihen zur Industrieproduktion langfristige, strukturbestimmende Epochenmerkmale, aber auch Abweichungen vom Entwicklungstrend der Weltwirtschaft erkennen. Das ist für die Zeit der Weimarer Republik insofern relevant, als diese als Stagnationsphase gilt, als Abweichung vom vorangegangenen, aber auch vom später wieder einsetzenden Wachstumstrend. Was die Gründe hierfür betrifft, sind die auf den Ersten Weltkrieg zurückführbaren ungünstigen Ausgangsbedingungen zu nennen, darunter die auf den Friedensvertrag von Versailles folgende handelspolitische Isolation des Deutschen Reichs sowie der weltweite Protektionismus. Ein besonderer Grund für die wirtschaftliche Stagnation aber wird darin gesehen, dass in den 1920er-Jahren ein wirtschaftliches Wachstum generierender Strukturwandel ausblieb. Zwar setzte sich der mit der Industrialisierung begonnene, auf Kosten der Landwirtschaft gehende strukturelle Wandel fort, allerdings in deutlich abgeschwächter Form. Seltener wird demgegenüber das Augenmerk darauf gelegt, dass sich auch die Wirtschaftsordnung des Deutschen Reichs nach 1918/19 in einer Phase des Übergangs befand. In dieser Zeit der Kartelle und Syndikate wurde der Wettbewerb als konstituierendes Prinzip der Marktwirtschaft nicht selten ausgeschaltet, weshalb diese wiederum keine Innovations- und damit keine Wachstumsdynamik entfalten konnte.

Der Statistiker Rolf Wagenführ (1905–1975) hat die dem verlangsamten Wachstumstempo zugrunde liegenden Aspekte bereits 1933 in einem Sonderheft der Vierteljahrshefte zur Konjunkturforschung über „Die Industriewirtschaft. Entwicklungstendenzen der deutschen und internationalen Industrieproduktion 1860 bis 1932" (M1) dargelegt. Herausgegeben wurden die Vierteljahrshefte vom Institut für Konjunkturforschung, in dem Wagenführ als Referent für Industriestatistik tätig war. Das Institut für Konjunkturforschung selbst ist erst kurz zuvor, 1925, von dem Nationalökonomen und Statistiker Ernst Wagemann (1884–1956) gegründet worden. Wagemann gilt nicht zuletzt hierdurch als Begründer der empirischen Konjunkturforschung in Deutschland.

https://doi.org/10.36198/9783838557328-m01

Die 1920er-Jahre im langfristigen Wachstumstrend

Vom langfristigen Trend erheblich abweichende Entwicklung

Die Entwicklung der deutschen Wirtschaft in den 1920er-Jahren kann nicht losgelöst von längerfristigen Trends betrachtet werden. Erst durch eine solche Einbettung lassen sich die langfristigen, strukturbestimmenden Epochenmerkmale, aber auch Abweichungen hiervon identifizieren. Schaubild 1 zeigt dementsprechend die Entwicklung des Sozialprodukts je Einwohner zwischen 1850 und 1990. Deutlich lässt sich dabei die von dem im 19. Jahrhundert beginnenden säkularen Wachstumstrend, aber auch von der erfolgreichen wirtschaftlichen Expansion nach dem Zweiten Weltkrieg erheblich abweichende Entwicklung der 1920er-Jahre erkennen. Prinzipiell ist die Zeit zwischen 1914 und 1945, die „Zwischenkriegszeit", durch starke Auf- und Abschwünge charakterisiert, während die Entwicklung in der Zeit davor und danach relativ stetig verlief.

Schaubild 1: Sozialprodukt je Einwohner in Deutschland und der Bundesrepublik 1850–1990 (in Preisen von 1913)

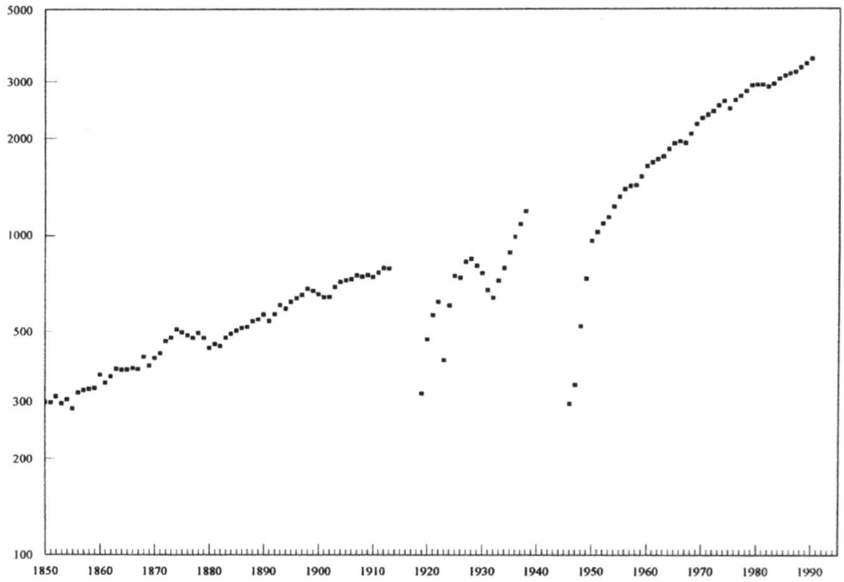

Quelle: Buchheim, Christoph: Einführung in die Wirtschaftsgeschichte. München, 1997, S. 87.

Kein normales zyklisches Konjunkturmuster erkennbar

So war das Sozialprodukt pro Kopf trotz stark wachsender Bevölkerung in der zweiten Hälfte des 19. Jahrhunderts bis 1913 durchschnittlich mit 1,6 % im Jahr gewachsen. Diese Wachstumsrate konnte in der Periode zwischen 1925 und 1929 zunächst nur wegen des außergewöhnlichen Wachstums des Jahres 1927 wieder erreicht werden, um dann in eine Phase negativen Wachstums mit einer durchschnittlichen Rate von –7,2 % zwischen 1929 und 1932 zu münden. Zwischen 1925 und 1933, eine Zeitspanne, für die im Gegensatz zur Inflationszeit relativ verlässliche Daten vorliegen, erreichte das Wachstum in den einzelnen Jahren Raten von –1,0 % (1926), 12,5 % (1927), 1,0 % (1928), –5,0 % (1929), –4,2 % (1930), –12,1 % (1931), –5,0 % (1932) sowie 13,2 % (1933). Zugleich ist damit für die 1920er-Jahre ein normales zyklisches Konjunkturmuster nicht erkennbar, vielmehr sorgten krisenhafte Einbrüche immer wieder für starke irreguläre Ausschläge. Damit unterscheidet sich diese Zeitspanne sowohl hinsichtlich der konjunkturellen Bewegung als auch im Trend von der Vorkriegszeit; sie lässt sich

1920er-Jahre als Stagnationsphase

eher als Stagnations- denn als Wachstumsphase begreifen. Erst 1928 konnte unter diesen Bedingungen der Vorkriegsstand des Sozialprodukts wieder erreicht werden.

Phasen wirtschaftlicher Entwicklung

Wird die industrielle Produktion zugrunde gelegt, wie dies Rolf Wagenführ getan hat (vgl. Schaubild 2), lassen sich deutlich drei Phasen identifizieren, in die die wirtschaftliche Entwicklung der Weimarer Republik auch gemeinhin eingeteilt wird: die Zeit der Umstellung von Kriegs- auf Friedenswirtschaft und der Inflation 1919–1923, die Zeit relativer Stabilität nach der Währungssanierung 1924–1928, die in Anlehnung an die kulturelle Blüte oftmals auch als „Goldene Zwanziger" bezeichnet wird, sowie die Zeit der sich anschließenden Weltwirtschaftskrise 1929–1933/36.

Schaubild 2: Industrieproduktion des Deutschen Reichs und der Welt 1860–1932 (1901/13 = 100)

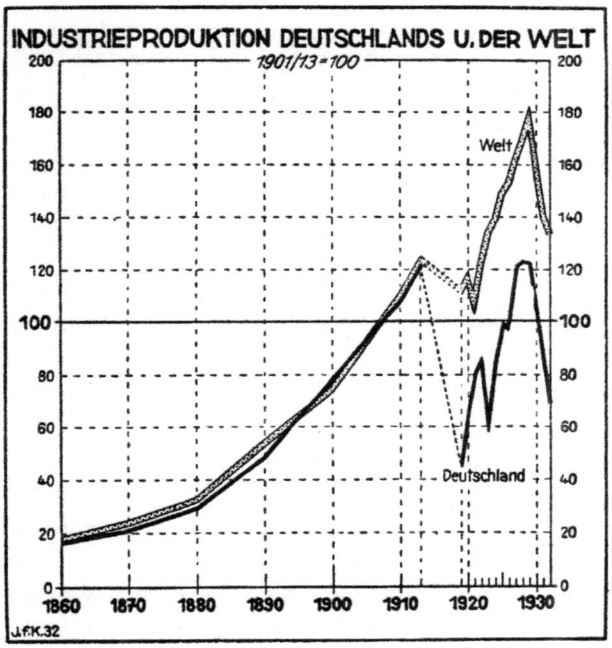

Quelle: Wagenführ, Rolf: Die Industriewirtschaft. Entwicklungstendenzen der deutschen und internationalen Industrieproduktion 1860 bis 1932. Berlin, 1933, S. 44 (= Vierteljahrshefte zur Konjunkturforschung, Sonderheft 31).

Industrieproduktion bis 1923

Die Umstellung der Kriegs- auf Friedenswirtschaft förderte in allen ehemals am Krieg teilnehmenden Staaten inflationäre Tendenzen. Im Gegensatz zum Deutschen Reich und Österreich aber stabilisierten andere Länder möglichst schnell ihre Währung, indem sie frühzeitig zu einer soliden Finanzpolitik zurückkehrten. Die beispielsweise in Großbritannien bereits 1920/21 eingeleitete Deflationspolitik führte umgehend zu einer Wirtschaftskrise mit hoher Arbeitslosigkeit. Vergleichbares vollzog sich auch in anderen wichtigen Industrieländern, weshalb der wirtschaftliche Einbruch – bis zur

Weltwirtschaftskrise in den Jahren nach 1929 – allgemein auch als Weltwirtschaftskrise bezeichnet wurde.

Während alle wichtigen Industrieländer 1921 also mit starken Produktionseinbrüchen eine erste Weltwirtschaftskrise erlebten, kam es im Deutschen Reich zu einem deutlichen Aufschwung der Industrieproduktion. Die deutsche Industrie machte sich in dieser Phase den inflationsbedingt vorhandenen Lohnkostenvorteil gegenüber dem Ausland zunutze. Mit der Hyperinflation 1922, spätestens aber mit der Währungsstabilisierung 1923/24 brach dieser Prozess schließlich auf einem dem Stand von 1895 vergleichbaren Niveau ab (1923 = 47), sodass auch das Niveau von 1913 (= 100) unerreicht blieb. Maßnahmen zur Lösung der vielfältigen Nachkriegsprobleme, wie die zur Wiedereingliederung der rückkehrenden Soldaten in den Produktionsprozess, bewirkten zudem eine niedrigere Produktivität und ließen das Deutsche Reich im internationalen Vergleich zurückfallen.

Industrieproduktion 1924–1928/29

Trotz kräftiger Zuwachsraten der Industrieproduktion zwischen 1925 und 1929 blieb das Deutsche Reich (ebenso wie Großbritannien) anschließend weit hinter anderen Industrieländern zurück und erreichte erst 1927 wieder das Niveau des letzten Vorkriegsjahrs. Hatte sich die Produktion vor Beginn der Weltwirtschaftskrise im Jahr 1929 im Weltdurchschnitt um 47 % gegenüber dem Vorkriegsstand erhöht – darunter jene Japans mit 200 %, der USA mit 70 % und die Frankreichs mit 38 % –, war die deutsche nur um 13 % gewachsen. Als 1928 bereits wieder der Scheitelpunkt der Konjunktur überschritten wurde, nahm das Deutsche Reich, gemessen an seinem Gesamtpotenzial, zwar nach wie vor den zweiten Platz hinter den USA ein; ein Jahr später, 1929, konnte allerdings die industrielle Produktion des Vorjahrs schon nicht mehr erzielt werden.

Industrielle Produktion seit 1929

Auf dem Höhepunkt der Weltwirtschaftskrise, 1932/33, ist die Produktion der deutschen Industrie dann auf die Hälfte des Stands von 1928 gesunken, die Produktion der besonders krisenempfindlichen Investitionsgüter sogar auf weniger als ein Drittel. Der sich darin spiegelnde massive Rückgang der industriellen Investitionen steht für einen in Friedenszeiten einmaligen Vorgang, eine absolute Verringerung des vorhandenen Kapitalstocks. Gemessen an der Zahl der Arbeitslosen, die weit höher gelegen haben dürfte als die auf dem Höhepunkt der Krise offiziell ausgewiesenen sechs Millionen, ist das Deutsche Reich neben den USA die am härtesten von der Krise betroffene Volkswirtschaft der Welt gewesen. 1932 war schätzungsweise jeder dritte Arbeitnehmer ohne Beschäftigung.

Wirtschaftsstruktur und struktureller Wandel

Verhältnis von Wachstum und Strukturwandel

Wirtschaftswachstum führt zu tiefgreifendem Strukturwandel und kann seinerseits auch wieder Folge strukturellen Wandels sein, beispielsweise wenn Arbeitskräfte ihre Tätigkeit in der Landwirtschaft einstellen, um produktivere Arbeitsplätze in der Industrie zu übernehmen. Bei gleichbleibender Erwerbsbevölkerung kann sich so bereits die Menge aller in einer Periode hergestellten Güter und Dienstleistungen erhöhen. Durch einen derartigen Strukturwandel wachsen einige Wirtschaftsbereiche stärker als andere, wiederum andere schrumpfen, sodass die Produktions- und Beschäftigungs-, aber auch die Verwendungsstruktur des Sozialprodukts einer permanenten Veränderung ausgesetzt sind.

Strukturwandel in den 1920er-Jahren

Der mit der Industrialisierung ausgelöste, auf Kosten der Landwirtschaft gehende Strukturwandel setzte sich im Deutschen Reich nach dem Ersten Weltkrieg zwar fort, ist aber in den 1920er-Jahren deutlich ins Stocken geraten (vgl. Tabellen 1 und 2). Tabelle 1 zeigt zunächst die Beiträge der drei volkswirtschaftlichen Sektoren an der Entstehung des Sozialprodukts. Während der Handel und Verkehr sowie öffentliche und private Dienstleistungen einschließlich häuslicher Dienste umfassende tertiäre Sektor hinsichtlich Beschäftigung und Wertschöpfung leicht an Bedeutung gewann, stagnierte das produzierende Gewerbe, der sekundäre Sektor. Die Entwicklung zwischen 1929 und 1933 zeigt sogar den für die Industrie außergewöhnlich schweren Rückschlag im Zusammenhang mit der Weltwirtschaftskrise an. Während Beschäftigung und Wertschöpfung hier auch absolut zurückgingen, gewann die Landwirtschaft relativ an Bedeutung hinzu.

Tabelle 1: Anteile der Sektoren an der Wertschöpfung in Deutschland und der Bundesrepublik 1850–1990 in %

	1850	um 1870	1913	1925	1929	1933	1938	1950	1970	1990
Landwirtschaft	47	40	23	16	16	23	15	10	8	3
Produzierendes Gewerbe	21	28	45	49	49	39	52	49	49	39
Dienstleistungen	33	32	32	36	36	38	33	41	43	58

Quelle: Berechnet nach Hoffmann, Walther G./Grumbach, Franz/Hesse, Helmut: Das Wachstum der deutschen Wirtschaft seit der Mitte des 19. Jahrhunderts. Berlin/Heidelberg/New York, 1965, S. 454f.; sowie: Statistisches Jahrbuch 1960 und 1994 für die Bundesrepublik Deutschland. Hrsg. vom Statistischen Bundesamt. Stuttgart/Mainz, 1961, S. 545, und 1995, S. 686f.

Tabelle 2: Anteile der Sektoren an der Beschäftigung in Deutschland und der Bundesrepublik 1850–1990 in %

	um 1850	1870	1913	1925	1929	1933	um 1938	1950	1970	1990
Landwirtschaft	56	49	35	32	29	34	27	25	8	2
Produzierendes Gewerbe	24	29	38	40	40	33	41	43	49	39
Dienstleistungen	20	22	27	28	31	33	32	33	43	59

Quelle: Berechnet nach Hoffmann, Walther G./Grumbach, Franz/Hesse, Helmut: Das Wachstum der deutschen Wirtschaft seit der Mitte des 19. Jahrhunderts. Berlin/Heidelberg/New York, 1965, S. 204ff.; sowie: Statistisches Jahrbuch 1960 und 1994 für die Bundesrepublik Deutschland. Hrsg. vom Statistischen Bundesamt. Stuttgart/Mainz, 1961, S. 142, und 1995, S. 110f.

Deutlich abgeschwächtes Industriewachstum

Weltkrieg, Inflation und Weltwirtschaftskrise haben das für die gesamtwirtschaftliche Entwicklung zu jener Zeit so bedeutende Industriewachstum also deutlich abgeschwächt. Eine der Vorkriegszeit vergleichbare technologische Dynamik, die sich über Investitionen in neuen Industriezweigen in strukturellem Wandel und damit gesamtwirtschaftlichen Wachstumsschüben hätte niederschlagen können, kam in den 1920er-Jahren nicht zustande. Zwar gab es innerhalb des sekundären Sektors beachtliche Wachstumsunterschiede: So wuchs die Produktion in der Elektroindustrie sowie die neuer chemischer Produkte wie der Kunstseide oder des Kautschuks überproportional, während die klassischen Branchen Maschinenbau, Schwer- und Verbrauchsgüterindustrie kaum ihr Vorkriegsniveau erreichten. Indem das industrielle Grundmuster der 1920er-Jahre jedoch im Wesentlichen dem der Vorkriegszeit glich, blieben besondere Wachstumsimpulse aus. Und auch durch die verringerten Expansionsmöglichkeiten auf dem Weltmarkt konnten keine wesentlichen Wachstumseffekte erzielt werden, zumal die deutschen Exporte schon 1913 zu fast 70 % aus gewerblichen Gütern, darunter ein Großteil Investitions- und Produktionsgüter, bestanden hatten. So ist das industrielle Exportvolumen von 1913 zwar 1927 wieder erreicht worden (vgl. Schaubild 3). Die deutsche Exportquote, der Exportanteil gemessen am Volkseinkommen, sank jedoch von 20,2 % im Jahr 1913 auf 17 % vor Beginn der Weltwirtschaftskrise, was Beschäftigung und Wertschöpfung des für die Gesamtwirtschaft überaus bedeutsamen sekundären Sektors abermals schwächte. Der Anteil des Reichs am Weltexport sank in derselben Zeit von 13,2 % auf knapp 9 %. Der Export fiel damit insgesamt als wichtige Wachstumskomponente zumindest teilweise aus.

Entwicklung der deutschen Exporte

Schaubild 3: Entwicklung des deutschen Außenhandels 1880–1944, in Mio. M/RM

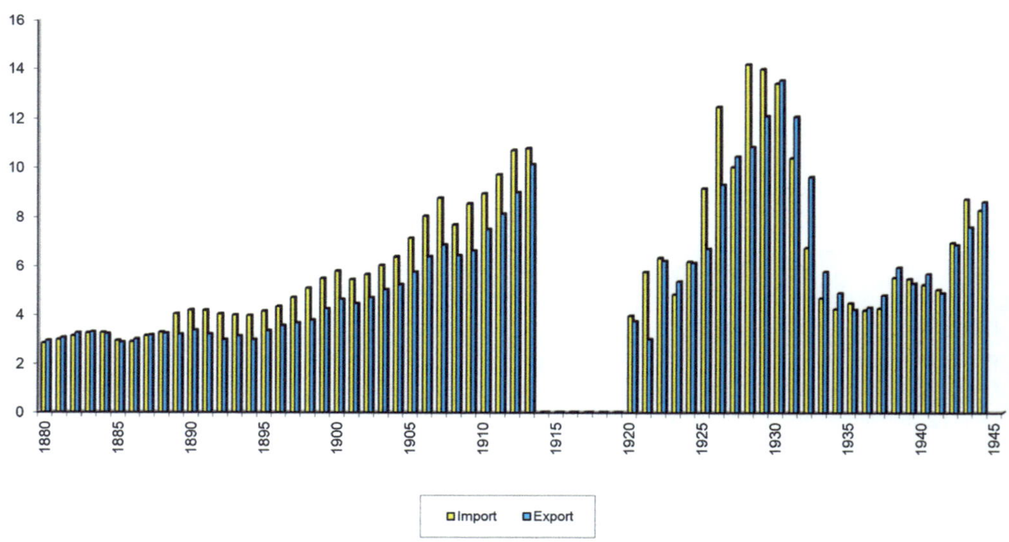

Quelle: Eigene Darstellung nach Mitchell, Brian R.: European Historical Statistics 1750–1975. London, [2]1980, S. 510 und 514.

Neben der Produktions- und Beschäftigungsstruktur, die sich deutlich von jener der vorhergehenden und der nachfolgenden Periode abhebt, lassen sich auch Veränderungen hinsichtlich der Verwendung des Sozialprodukts konstatieren (vgl. Tabelle 3).

Veränderungen bei der Verwendung des Sozialprodukts

Tabelle 3: Verwendung des Sozialprodukts in Deutschland und der Bundesrepublik 1850–1990, in %

	1850	1870	1913	1925	1929	1933	1938	1950	1970	1990
Staatsverbrauch	7	8	10	12	12	16	26	14	16	18
Privater Konsum	85	80	73	78	80	80	60	64	54	54
Investitionen	8	12	16	13	7	3	14	22	29	21

Bemerkung: Im Jahr 1925 waren privater Konsum, Staatsverbrauch und Investitionen höher als das Sozialprodukt (103%), was sich in einem negativen Außenbeitrag, ausdrückte. Im Jahr 1990 war der Außenbeitrag positiv, so dass neben privatem Konsum, Staatsverbrauch und Investitionen (~94%) knapp 6% des Sozialprodukts für Exporte verwendet wurden.

Quelle: Berechnet nach Hoffmann, Walther G./Grumbach, Franz/Hesse, Helmut: Das Wachstum der deutschen Wirtschaft seit der Mitte des 19. Jahrhunderts. Berlin/Heidelberg/New York, 1965, S. 825f.; sowie: Statistisches Jahrbuch 1950, 1975 und 1994 für die Bundesrepublik Deutschland. Hrsg. vom Statistischen Bundesamt. Stuttgart/Mainz, 1951, S. 508, 1976, S. 519, und 1994, S. 690.

Gestiegener Staatsverbrauch

So lässt sich als Erstes ein gestiegener Verbrauch des Staats nachweisen, was gestiegene öffentliche Ausgaben einschließlich der Ausgaben der Sozialversicherungen impliziert. Weil der Staat in Industrieländern zunehmend Aufgaben übertragen bekommt, steigen tendenziell auch die damit verbundenen Kosten. Abgesehen von diesem langfristigen Trend fällt besonders die sprunghaft angestiegene Quote des Staatsverbrauchs während der Weltwirtschaftskrise auf, was an den explosiv gestiegenen Sozialleistungen wie an der Tatsache lag, dass die Ausgaben für staatliche Verwaltung, Rechtsprechung, Bildung und Gesundheit trotz massiver Einsparungen kurzfristig nicht so schnell zurückgeführt werden konnten, wie dies die konjunkturbedingt einbrechenden sonstigen wirtschaftlichen Aktivitäten taten.

Gestiegener privater Verbrauch

Entgegen dem Trend entwickelte sich der private Verbrauch. Weil die Konsumquote mit steigendem Wohlstand zurückgeht, was bis 1913 auch im Deutschen Reich der Fall war, ist die in den 1920er-Jahren erneut auf ein hohes Niveau angestiegene Konsumquote in einer hochentwickelten Industriegesellschaft wie der des Weimarer Staats gerade ein Anzeichen fehlender wirtschaftlicher Prosperität. Ein weiteres Indiz hierfür ist übrigens auch die mäßige Lohnentwicklung während der gesamten Zeit. Die hohe Konsumquote korreliert schließlich mit der Wachstums- und der Investitionsschwäche der Weimarer Zeit. So konnte die Investitionsquote der Vorkriegszeit in den gesamten 1920er-Jahren zu keinem Zeitpunkt erreicht werden. Den absoluten Tiefpunkt markiert dabei die Weltwirtschaftskrise, in der der Verschleiß der vorhandenen, zur Produktion von Gütern benötigten Maschinen und Anlagen größer war als die neu hinzugekommenen, sodass der vorhandene Kapitalstock also schrumpfte.

Die Ausgangsbedingungen nach 1918

Gebietsverluste

Die akuten wirtschaftlichen Probleme zu Beginn der 1920er-Jahre waren eine unmittelbare Folge des Weltkriegs und des Versailler Friedensvertrags. Mit dem Verlust von Posen, des Memelgebiets, Teilen Oberschlesiens und Westpreußens, des Saarlands sowie Elsass-Lothringens (vgl. Karte 1) verlor das Deutsche Reich 13 % seines Gebiets und 10 % seiner Bevölkerung von 1910. Neben dem Verlust seiner Kolonien gingen dadurch für den wirtschaftlichen Wiederaufbau wichtige Ressourcen verloren: knapp 15 % der agrarisch nutzbaren Fläche, 75 % der abbauwürdigen Eisenerzvorkommen, 70 % der Zinkerze und 26 % der Kohleabbaugebiete.

Karte 1: Grenzen des Deutschen Reichs 1914 und 1919

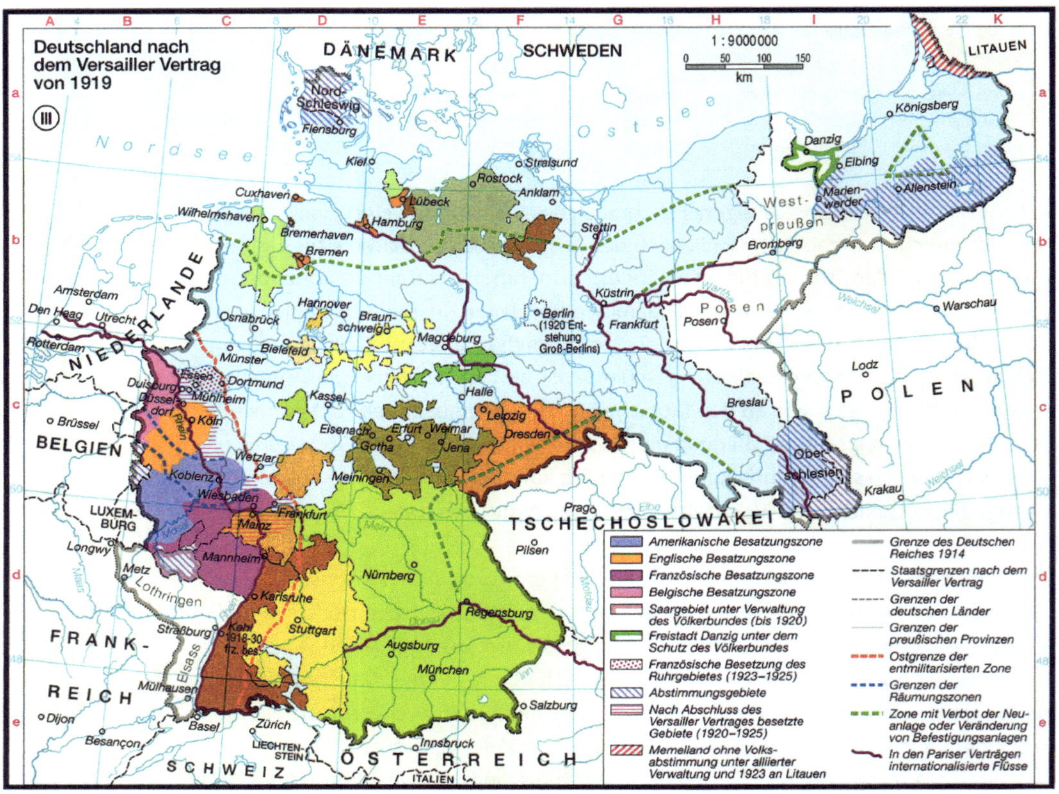

Quelle: Putzger Historischer Weltatlas. Berlin, [103]2001, S. 165.

Verlust deutschen Auslandsvermögens

Hinzu kamen die entschädigungslose Ablieferung der Handelsflotte und eine anhaltende handelspolitische Isolation des Deutschen Reichs. Der Verlust des gesamten Auslandsvermögens deutscher Banken und der Großindustrie bedeutete zugleich auch einen Verlust an Einnahmen aus diesen Auslandswerten, deren Erträge vor dem Krieg wichtige Posten in der Außenwirtschaftsbilanz dargestellt hatten. Die Kapitalbilanz konnte nun nicht mehr zum Ausgleich der traditionell passiven Handelsbilanz beitragen. Im Zusammenhang mit den Reparationszahlungen wog dieser Verlust auch langfristig umso schwerer, als das Reich zur Bedienung dieses Schuldendienstes mehr als je zuvor auf eine aktive Zahlungsbilanz angewiesen gewesen wäre.

Arbeitsmarkt belastende demografische Entwicklung

Nach 1918 begann zudem die Bevölkerungsentwicklung eine andere Richtung als zuvor zu nehmen. Nach der starken Zunahme der Bevölkerung im 19. Jahrhundert, die vor der Jahrhundertwende noch um 1,0 bis 1,5 % jährlich gewachsen war, pendelte sich deren Wachstumsrate zu Beginn des 20. Jahrhunderts auf einem niedrigeren Niveau ein, sodass sie bereits 1913 nur noch 0,65 % betrug. Allerdings war der demografische Übergang vom besonders schnellen Bevölkerungswachstum der Agrargesellschaft zum sinkenden Bevölkerungswachstum der Industriegesellschaft zunächst nur am Ausklingen, der Prozess also noch nicht beendet. So kam es, dass die Zahl der Personen im erwerbsfähigen Alter, das Arbeitskräftepotenzial also, in den 1920er-Jahren schneller zunahm als die Bevölkerung insgesamt. Weil damit im Verhältnis zur Bevölkerung relativ mehr Menschen Arbeit suchten, reichten die – obgleich zahlreich zur Verfügung stehenden – Arbeitsplätze nicht aus, um diese alle beschäftigen zu können. Insofern war der Arbeitsmarkt während der gesamten 1920er-Jahre erheblichen Belastungen ausgesetzt, was sich in einer vergleichsweise hohen Arbeitslosigkeit mit einer Rate von 6,6 % im Durchschnitt der wirtschaftlich erfolgreichen Jahre 1924–1929 ausdrückte (vgl. Tabelle 4). Ihren Höhepunkt fand diese demografische Überlastung des Arbeitsmarktes dann jedoch in den Jahren 1931/32, was die negativen Auswirkungen der Weltwirtschaftskrise zusätzlich verstärkte.

Kritischer ökonomischer Blick:
Die Bevölkerung und ihre Bedeutung für die Wirtschaft eines Landes

Zu den Wachstumsfaktoren einer Ökonomie wird regelmäßig die ***Bevölkerung*** des Landes gerechnet, deren Zunahme für das längerfristige Wirtschaftswachstum als unabdingbar angesehen wird. Diese Sichtweise ist allerdings stark vereinfacht, denn die absolute Zahl der Bevölkerung und deren Zunahme sagt noch nichts über das ***Arbeitskräftepotenzial,*** also den Anteil der Bevölkerung im erwerbsfähigen Alter aus. Auch ist dabei noch keine Aussage gemacht über das zur Verfügung stehende Arbeitsvolumen, also die Lebensarbeitszeit der Bevölkerung oder auch die wöchentliche Arbeitszeit.
Zudem ist die Veränderung in den Merkmalen der Bevölkerung, also deren ***Struktur nach Alter, Geschlecht und Qualifikation***, ebenso wie deren Zusammenspiel mit den ***Produktionsfaktoren Kapital und technischer Fortschritt*** von Bedeutung, und zwar sowohl was die Bedarfsstruktur als auch was das Arbeitsangebot betrifft. Damit entspricht auch der ideale Altersaufbau einer Gesellschaft keineswegs der Form einer Pyramide. Eine pyramidenförmige Altersstruktur zeugt eher von schlechten Lebensbedingungen und geringer Lebenserwartung, weshalb sie regelmäßig in Ländern vor deren Industrialisierung anzutreffen ist.
Diese vielschichtigen Zusammenhänge zwischen Bevölkerung und Wirtschaft lassen sich durch die ***ökonomisch-demografische Gleichung*** verdeutlichen:

$$A \cdot P = B \cdot K + I$$

A = Zahl der Beschäftigten einer Volkswirtschaft
P = durchschnittliche Leistung (Produktivität) pro Beschäftigten
B = Bevölkerung
K = Verbrauch pro Kopf (privater und öffentlicher Konsum)
I = Investitionen

Während also die linke Seite (A · P) die Höhe der gesamten Produktion einer Volkswirtschaft, das Bruttosozialprodukt in einem Jahr ausdrückt, bildet die rechte Seite dessen Verwendung für Konsum und Investitionen ab. Mithilfe der Gleichung lässt sich so für die Bundesrepublik und das Jahr 1984 – mit stagnierender Bevölkerung also – nachweisen, dass die Produktivität eines Beschäftigten fast dreieinhalb Mal so hoch gewesen ist wie sein gesamter Konsum. Im Vergleich dazu betrug die Produktivität pro Beschäftigen im Jahr 1925 immerhin das 2,2-Fache dessen, was jeder Bewohner im Deutschen Reich insgesamt konsumierte.
Quelle: In Anlehnung an Taenzer, Uwe: Grundlagen der Wirtschaftswissenschaften. Stuttgart/ Dresden, [2]1994, Bd. 1, S. 48–60.

Tabelle 4: Abhängig Beschäftigte und Arbeitslose im Deutschen Reich, 1914–1939

Jahr	Abhängig Beschäftigte in 1.000	Arbeitslose	
		in 1.000	in %
1914	16.917	k. A.	k. A.
1923	20.000	818	4,1
1924	19.122	927	4,9
1925	20.176	682	3,4
1926	20.287	2.025	10,0
1927	21.207	1.312	6,2
1928	21.995	1.391	6,3
1929	22.418	1.899	8,5
1930	21.916	3.076	14,0
1931	20.616	4.520	21,9
1932	18.711	5.603	29,9
1933	18.540	4.804	25,9
1934	20.090	2.718	13,5
1935	20.886	2.151	10,3
1936	21.507	1.593	7,4
1937	22.347	912	4,1
1938	23.222	429	1,9
1939	24.372	119	0,5

Quelle: Petzina, Dietmar/Abelshauser, Werner/Faust, Anselm: Sozialgeschichtliches Arbeitsbuch. Bd. 3: Materialien zur Statistik des Deutschen Reiches 1914–1945. München, 1978, S. 119f. (= Statistische Arbeitsbücher zur neueren deutschen Geschichte. Hrsg. von Jürgen Kocka und Gerhard A. Ritter).

Wirtschaftsordnung im historischen Übergang

Schließlich befand sich die Wirtschaftsordnung in den 1920er-Jahren in einer Phase des Übergangs vom liberalen Wirtschaftssystem des 19. zum interventionistischen Leistungsstaat des 20. Jahrhunderts. „Übergang“ bedeutet aber auch, dass es sich bei der Wirtschaftsordnung der Weimarer Republik um einen politischen Kompromiss handelte, der oftmals den bewussten Willen des Staats zur Neu- und Ausgestaltung der Strukturen vermissen ließ. Das hing natürlich auch damit zusammen, dass in Anbetracht der teilweise extrem divergierenden parlamentarischen Kräfteverteilung die realpolitischen Möglichkeiten für eine grundlegende ordnungspolitische Neugestaltung begrenzt waren. Immerhin vermochte der Staat unter diesen Umständen die neue sozioökonomische Realität zumindest zum Teil zu legalisieren, anstatt sie zu bekämpfen oder sie weitergehend zu unterbinden.

Wirtschaftsordnung zwischen Reform und Beharrung

Wurde so einerseits der Sozialstaatsgedanke, was zuvor undenkbar gewesen war, zur Verfassungsnorm, kam andererseits beispielsweise die Einrichtung von Bezirksarbeiterräten als organisatorischem Überbau der Betriebsräte mit einem Reichsarbeiterrat an der Spitze nicht zustande. Andererseits ist den unter dem Druck militärischer Notwendigkeiten 1916 anerkannten Gewerkschaften das verfassungsmäßige Recht auf uneingeschränkte Koalition und damit die Tarifautonomie eingeräumt worden. Die Realität der 1920er-Jahre, die fehlende Fähigkeit zum Kompromiss zwischen Arbeitgebern und Arbeitnehmern, zwang den Staat in der Folge jedoch dazu, mittels Zwangsschlichtung immer häufiger und stärker auf das Zustandekommen von Tarifverträgen hinzuwirken. Allerdings blieb das Privateigentum an den Produktionsmitteln unangetastet, zumal sich die vorgesehene soziale Mitbestimmung der Arbeitnehmer in den Betrieben nicht wirkungsvoll entfalten konnte.

Reale Ausgestaltung der Marktwirtschaft

Kann also die Produktionsverfassung, zu der die Eigentums- und Arbeitsmarktordnung, die Unternehmensverfassung und die wirtschaftliche Selbstverwaltung gehören, in der wirtschaftlichen Realität als weitgehend unverändert gelten, so gestaltete sich die Marktverfassung, deren wichtigstes Element die Wettbewerbsordnung ist, diffiziler. Zwar blieb die Weimarer Wirtschaft eine liberale Marktwirtschaft mit Gewerbefreiheit; der Schutz des Wettbewerbs, eine Wirtschaftsordnungspolitik analog derjenigen in der späteren Bundesrepublik allerdings fehlte in der Zeit ihres Bestehens. So vermochte die Kartellverordnung von 1923 den Konzentrationsprozess in der Wirtschaft nicht zu unterbinden, nicht einmal zu verlangsamen. Im Gegenteil, anstatt den Wettbewerb als konstituierendes Prinzip der marktwirtschaftlichen Verfassung zu schützen und zu erhalten, war der Staat maßgeblich an seiner Ausschaltung und Behinderung beteiligt, beispielsweise durch die stark ausgeweitete öffentliche Wirtschaft oder seine Mitwirkung beim Zustandekommen an den Kohle- und Kalisyndikaten. In der Weimarer Zeit stand damit eine umfassend kartellierte und monopolisierte Industrie starken, gesetzlich geschützten Gewerkschaften gegenüber, was sich sowohl auf die freie Preis- als auch auf die Lohnentwicklung auswirken sollte.

Weimar-Deutschland in der Weltwirtschaft

Weltweiter Protektionismus

Neben der für die wirtschaftliche Entwicklung des Deutschen Reichs problematischen Ausgangslage nach Kriegsende und ordnungspolitisch bedenklichen Entwicklungen kann besonders der weltweite Protektionismus der 1920er-Jahre als hinderlich für mehr Wachstum und damit mehr Wohlstand angesehen werden. Auch der Protektionismus war mehr oder weniger eine Folge des Ersten Weltkriegs, denn die auf dem Boden der Habsburgermonarchie und Teilen des deutschen Kaiserreichs neu entstandenen Staaten zerstörten mit ihren zum Aufbau eigener Industrien eingeführten hohen Zöllen einen zuvor weitgehend integrierten Wirtschaftsraum. Gleiches galt für die neu entstandene Sowjetunion, ähnlich verhielt es sich aber auch mit Staaten in Übersee, die während des Kriegs infolge von Lieferausfällen ihre Agrarproduktion ausgeweitet und den Aufbau eigener Schwerindustrien betrieben hatten, die sie anschließend vor der europäischen Konkurrenz zu schützen versuchten. Als sich die europäische Landwirtschaft in der Nachkriegszeit wieder zu erholen begann, wurde sie ihrerseits durch Zölle vor der kostengünstigeren überseeischen Konkurrenz geschützt. War vor dem Krieg weltweit in nur acht Ländern Rohstahl erzeugt worden, gab es nach 1918 immerhin 15 Erzeugerländer, unter denen die kontinentaleuropäischen Stahlproduzenten ihre Kapazitäten gegenüber dem Vorkriegsstand um rund ein Drittel erweitert hatten. Auch deshalb führten selbst die USA seit 1921 wieder Prohibitivzölle ein, die den Wert der eingeführten Waren um durchschnittlich 33 % erhöhten. In der unmittelbaren Nachkriegszeit nahm die Handelspolitik der Staaten der Entente zudem in Teilen auch die Form einer Besatzungspolitik an, um das kontinentale Marktgeschehen zulasten des Deutschen Reichs zu beeinflussen. Den Höhepunkt des Protektionismus brachte schließlich die Weltwirtschaftskrise hervor, als sogar Großbritannien vollends von seiner traditionellen Freihandelspolitik abging.

Deutscher Protektionismus seit 1925

Protektionismus hatte in Deutschland durchaus Tradition, und so fiel es im Deutschen Reich nach dem Auslaufen der vertraglichen Handelsbeschränkungen im Jahr 1925 sowie bestehender weltweiter Handelshemmnisse nicht schwer, seinerseits an die kaiserliche Schutzzollpolitik anzuknüpfen. Die zunächst noch vergleichsweise mäßigen Zolltarife leiteten schließlich direkt in die Hochschutzzollpolitik während der Weltwirtschaftskrise über. Problematisch war dabei, dass es durchaus Branchen vorwiegend in der verarbeitenden Industrie gab, die wegen der schwachen Binnennachfrage unter Exportzwang standen. Auch konnte das Reich seinen Reparationsverpflichtungen prinzipiell nur nachkommen, wenn seine Industrie durch Exporte Devisen erwirtschaftete, mit denen die Forderungen der Alliierten zu begleichen waren. Hierfür hatten sich die Außenhandelsbeziehungen nach der verspäteten Rückkehr des Deutschen Reichs auf den Weltmarkt allerdings zu sehr verändert. Traditionelle Handelsbeziehungen mit Osteuropa und der Sowjetunion erreichten nicht mehr den Umfang vergangener Zeiten, und beim Abschluss von Handelsverträgen mit den Alliierten, besonders mit Frankreich, fand sich das Reich auch durch seine politischen Erwägungen regelmäßig in einer schwachen Position wieder. Deshalb griff es schließlich auf Ausfallbürgschaften und Kreditversicherungen für einzelne privatwirtschaftliche Handelsgeschäfte zurück, die zudem den Charakter von Exportsubventionen annehmen konnten.

Fehlende internationale Kooperationsbereitschaft

Sofern also überhaupt von einer Weltwirtschaftsordnung im Sinn einer zielgerichteten, ordnungspolitischen Konvention mit allgemeinem Willen zur Kooperation gesprochen werden kann, wurde sie im Lauf der 1920er- bis zu ihrem vollständigen Versagen in den 1930er-/1940er-Jahren von allen Seiten zunehmend illiberaler ausgestaltet. Zahlreiche Versuche des Völkerbunds, offene Handelskonflikte auf internationaler Ebene zu lösen, scheiterten immer wieder an mangelnder Einsicht und fehlender globaler Kooperationsbereitschaft. Damit hat der weltweite, mit hohen Zöllen durchgesetzte Protektionismus die Exporte und damit Wachstum und Wohlstand schwer beeinträchtigt. Obwohl der Export des deutschen Maschinenbaus sowie von Halb- und Fertigwaren der deutschen Elektrotechnischen, Feinmechanischen und Chemischen Industrie bis 1929 für eine Verringerung des Handelsbilanzdefizits sorgte, blieb die deutsche Handelsbilanz unter diesen Bedingungen passiv, überstiegen also die Importe regelmäßig die Exporte (vgl. auch Schaubild 3), was allerdings auch mit gestiegenen Agrarimporten und Rohstoffeinfuhren zusammenhing.

Passive deutsche Handelsbilanz

Freihandel – wozu?

Länder tauschen aus den ***verschiedensten Gründen*** untereinander Waren aus, meist aus Gründen mangelnder Verfügbarkeit oder weil Qualitäts- oder Preisunterschiede bestehen. Der quantitativ umfangreiche Handel hochentwickelter Industriestaaten untereinander mit Gütern derselben Kategorien macht natürlich auf die begrenzte Reichweite der ***Theorie der komparativen Kostenvorteile*** aufmerksam. Dennoch sollen die komparativen Kostenvorteile hier genauer betrachtet werden, um den finalen Sinn von Außenhandel und damit die Notwendigkeit von Freihandel zu erklären: die Steigerung des Wohlstands für alle am Freihandel beteiligten Länder. Dadurch wird deutlich, dass die Behinderung freien Handels mittels Zöllen oder nichttarifärer Handelshemmnisse Auswirkungen auf die gesamtwirtschaftliche Nachfrage haben muss, mit Auswirkungen auf Investitionen und, damit verbunden, die Umsetzung des technischen Fortschritts.
Sind die Kosten für ein Produkt im Inland höher als im Ausland, kann der Bedarf durch Importe gedeckt werden. Die ***absoluten Kostenvorteile*** des Auslands bedeuten für das Inland Vorteile durch Einsparungen, vorausgesetzt, das Land kann sich die entsprechende Menge der für die Bezahlung der importierten Güter benötigten Devisen verschaffen.
Ein Land kann aber auch dann, wenn es bei allen Produkten absolute Kostenvorteile gegenüber dem Ausland hat, seinerseits Vorteile aus Importen realisieren. Nach David Ricardo (1772–1823), auf den die Theorie der ***komparativen Kostenvorteile*** zurückgeht, muss sich dieses Land nur auf die Produktion und den Export der Waren spezialisieren, bei denen die komparativen Vorteile am höchsten sind. Die Produktion der Waren, bei denen komparative Nachteile bestehen, muss im Gegenzug eingeschränkt und verstärkt importiert werden. Weil mit den Exporterlösen der komparativ vorteilhafteren Güter mehr Einheiten an kostenbenachteiligten Waren erworben werden können, als dies durch inländische Produktion möglich wäre, verbessert sich die Versorgung im Inland, nimmt der Wohlstand zu. Zugleich können alle am Außenhandel teilnehmenden Länder durch verstärkte Spezialisierung mehr

Exportieren und damit ihren Wohlstand insgesamt verbessern; zudem werden Ressourcen geschont, weil sich die effizientere Produktionsweise durchsetzt. Mit den im Export erworbenen Devisen können außerdem Produkte problemlos importiert werden.

Beispiel:
Angenommen, die Kosten für die Herstellung einer Einheit Wein betragen in Land A 2 Geldeinheiten, die für eine Einheit Käse 1 Geldeinheit. In dem zweiten Land B belaufen sich die Kosten für die Herstellung einer Einheit Wein demgegenüber auf 6 Geldeinheiten, für Käse auf 1,5 Geldeinheiten. Bei einem festen Wechselkursverhältnis von 1 : 1 zwischen Land A und Land B können in Land A beide Produkte kostengünstiger hergestellt werden, allerdings mit unterschiedlichen Kostenrelationen: Während sich diese in Land A auf 2 : 1 beläuft (1 Einheit Wein entspricht 2 Einheiten Käse) oder in umgekehrtem Verhältnis auf 1 : 2 (2 Einheiten Käse entsprechen 1 Einheit Wein), betragen die entsprechenden Relationen in Land B 4 : 1 bzw. 1 : 4.

	Land A		Land B	
	Kosten	Kostenrelation	Kosten	Kostenrelation
1 E Wein	2 GE	2 : 1	6 GE	4 : 1
		1 E Wein „kostet“ 2 E Käse		1 E Wein „kostet“ 4 E Käse
1 E Käse	1 GE	1 : 2	1,5 GE	1 : 4
		1 E Käse „kostet“ ½ E Wein		1 E Käse „kostet“ ¼ E Wein

E = (Mengen-)Einheit; GE = Geldeinheit

Weil die Herstellung von Wein in Land A nur doppelt so teuer wie die von Käse ist, demgegenüber in Land B viermal so teuer, verfügt Land A über einen komparativen Kostenvorteil bei Wein. Land B aber kann einen komparativen Kostenvorteil bei der Herstellung von Käse verzeichnen, da hier eine Einheit Käse nur ¼ Einheit Wein entspricht, während Land A bei der Produktion einer Einheit Käse auf ½ Einheit Wein verzichten müsste.
Konzentriert sich das insgesamt kostengünstiger produzierende Land A auf die Weinproduktion, das Gut also mit relativem Kostenvorteil, und importiert mit den im Export von Wein erzielten Erlösen Käse, dem Gut mit relativem Kostennachteil, kann es nun absolut mehr Käse kaufen als beim Erwerb aus inländischer Herstellung: Für 1 Einheit Wein erhielte Land A aus eigener Produktion nämlich nur 2 Einheiten Käse, durch Handel mit Land B dagegen 4 Einheiten. Spezialisiert sich Land A also auf die Herstellung von Wein und importiert im Gegenzug den Käse aus Land B, verbessert sich seine Versorgung mit beiden Gütern. Und auch Land B kann nach der Spezialisierung auf die Käseerzeugung und dem Export dieses Gutes mehr Wein importieren, als wenn dieser im eigenen Land hergestellt würde. Für eine Einheit Käse erhält es nunmehr nämlich ½ Einheit Wein anstatt nur ¼ Einheit.
Quelle: In Anlehnung an Koch, Eckart: Internationale Wirtschaftsbeziehungen. München, ^{3}2006, S. 78–83.

Erklärungsansätze für die Wachstumsschwäche der deutschen Ökonomie in den 1920er-Jahren

Neben der Benennung der real vorhandenen Wachstumshemmnisse stellt sich die Frage nach Interpretationsmöglichkeiten für die Wachstumsschwäche der deutschen Ökonomie in den 1920er-Jahren, nach theoriegeleiteten Erklärungen also, mit denen die unterschiedlichen Entwicklungen in einen übergeordneten Zusammenhang gestellt werden können.

Lange-Wellen-Hypothese

Die Lange-Wellen-Hypothese unterstellt jenseits des Konjunkturzyklus Wellen mit 20- bis 30-jährigen Auf- und Abschwungphasen. Nach Joseph A. Schumpeter (1883–1950) werden diese Wellen von diskontinuierlich auftretenden Basisinnovationen, d. h. grundlegenden Innovationen hervorgerufen, deren Diffusion eine besondere gesamtwirtschaftliche Dynamik generiert, bis die Erschöpfung dieses Potenzials durch die allgemeine Verbreitung der Innovation in die Abschwungphase überleitet (vgl. auch Abbildung 21). Schumpeter war es auch, der diese langen Wellen als Kondratjew-Zyklen bezeichnete. Nikolai Dmitrijewitsch Kondratjew (1892–1938) hatte nämlich schon 1926 auf der Grundlage empirischer Daten führender Industrieländer das Einsetzen einer Depression, der Talsohle der dritten langen Welle, für Ende der 1920er-Jahre prognostiziert. Die Zeit der Weimarer Republik, die Spanne ausgeprägter Wachstumsschwäche, fällt demnach in die Rezession, die Abschwungphase eines Kondratjew-Zyklus (vgl. Schaubild 4), wobei die Zeit des vorhergehenden wirtschaftlichen Aufschwungs zugleich mit dem Ersten Weltkrieg abbrach.

Trend-/ Rekonstruktions-Hypothese

Die auf den Ungarn Ferenc Janossy (1914–1997) zurückgehende Trend- oder Rekonstruktions-Hypothese legt eine – für Industrieländer seit den Anfängen der Industrialisierung empirisch nachweisbare – durchschnittliche jährliche Wachstumsrate des Sozialprodukts von etwa 1,5 % zugrunde. Demnach hat es bis zum Ersten Weltkrieg und erneut seit Beginn der 1970er-Jahre in Deutschland zwei Phasen normalen Wachstums gegeben. Zwar wich das tatsächliche Wachstum auch in dieser Zeit mehr oder weniger stark vom Trend ab, kehrte aber immer wieder zu ihm zurück (vgl. Schaubild 5). Nach den beiden Weltkriegen, nach fundamentalen Störungen des wirtschaftlichen Geschehens also, kam es jeweils zu einer Rekonstruktionsphase mit beschleunigtem Wachstum, die die Ökonomie auf den alten Entwicklungspfad zurückbrachte. Während aber das Sozialprodukt Westdeutschlands nach 1945 mit hohen Raten zunahm, um den Trend nach rund 25 Jahren wieder zu erreichen, wurde die Rekonstruktionsperiode der deutschen Wirtschaft der Zwischenkriegszeit durch Ereignisse wie die Inflation oder auch die Weltwirtschaftskrise erheblich gestört.

Schaubild 4: Lange Wellen wirtschaftlicher Entwicklung in Deutschland und der Bundesrepublik 1850–1990

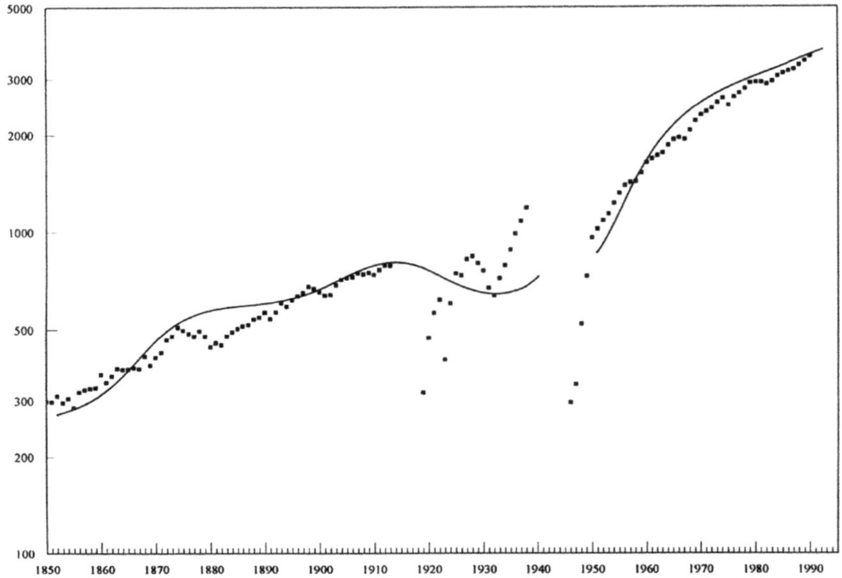

Anmerkung: Bezugsgröße für die Wachstumsraten der einzelnen Jahre ist das Sozialprodukt je Einwohner in Preisen von 1913.

Quelle: Buchheim, Christoph: Einführung in die Wirtschaftsgeschichte. München, 1997, S. 91.

Positives Szenario der Trendabweichung

Immerhin zeigt Schaubild 5 neben der starken Abweichung der 1920er-Jahre vom Trend längerfristiger wirtschaftlicher Entwicklung trotz allem auch ein imposantes Wachstum vom Tiefststand im Jahr 1919 auf das Vorkriegsniveau in weniger als zehn Jahren nach Kriegsende, bevor dann im Zuge der Weltwirtschaftskrise ein erneuter massiver Einbruch der Wachstumsraten erfolgte. Diese durchaus positiv zu bewertende Entwicklung wurde allerdings von den Zeitgenossen nicht wahrgenommen und fand somit keinen Niederschlag in einer für Investitionen und damit für die gesamte wirtschaftliche Entwicklung unabdingbaren optimistischen Grundstimmung. Indem alle Wirtschafts- und Sozialstatistiken ausschließlich mit dem letzten Vorkriegsjahr als „Normaljahr“ verglichen wurden, ist zum einen der Blick für die veränderten Rahmenbedingungen wie die Enteuropäisierung der Weltwirtschaft verstellt worden. Dabei hatte die Verschiebung der industriellen Produktion in außereuropäische Regionen tendenziell bereits in der Vorkriegszeit begonnen, um mit dem Krieg schließlich den entscheidenden Impuls zu erhalten. Andererseits zeigt sich in dem Bezug auf das Jahr 1913 auch die mangelnde Bereitschaft, die militärische Niederlage mit all ihren Folgen für das wirtschaftliche und gesellschaftliche Leben als Faktum anzunehmen.

Schaubild 5: Trend wirtschaftlicher Entwicklung in Deutschland und der Bundesrepublik 1850–1990

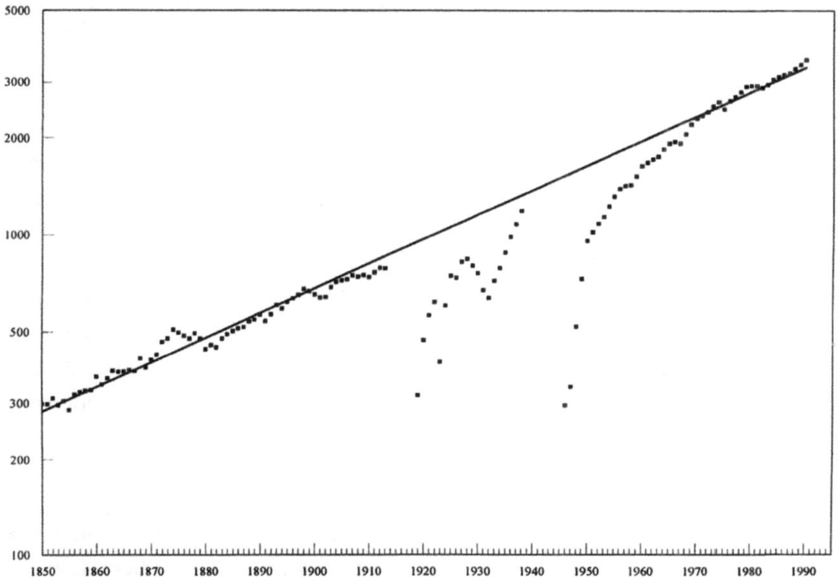

Anmerkung: Bezugsgröße für die Wachstumsraten der einzelnen Jahre ist das Sozialprodukt je Einwohner in Preisen von 1913.

Quelle: Buchheim, Christoph: Einführung in die Wirtschaftsgeschichte. München, 1997 S. 93.

Strukturbruch-Hypothese

Neben diesen auf empirisch nachweisbaren ökonomischen Regelmäßigkeiten beruhenden Erklärungsversuchen gibt es einen Ansatz, der nicht nur technische und ökonomische, sondern auch politische, gesellschaftliche und institutionelle Ereignisse zu integrieren in der Lage ist. So geht die Strukturbruch-Hypothese davon aus, dass es zu tiefergehenden Brüchen in den Wachstum bedingenden Konstellationen kommen kann, die dann tatsächlich Änderungen des Wachstumstrends hervorrufen können. Einen solchen Strukturbruch stellt der Erste Weltkrieg oder auch die Weltwirtschaftskrise dar, durch die jeweils eine Phase völlig veränderten Wachstums eingeleitet worden ist. Vertreter dieser Hypothese sind die Wirtschaftshistoriker Dietmar Petzina und Werner Abelshauser, die die von Rolf Wagenführ bereits 1933 publizierten Beobachtungen maßgeblich erweitert haben.

Aspekte des Strukturbruchs

Die funktionsuntüchtige Weltwirtschaftsordnung wäre demnach zusammen mit den gestörten internationalen Wirtschaftsbeziehungen Folge eines solchen Strukturbruchs und Ursache für weitere wirtschaftliche Verwerfungen gewesen. Weitere Entwicklungen ordnungspolitischer Art, die einen eigenständigen Strukturbruch markieren, trugen zur Wachstumsschwäche der deutschen Ökonomie in den 1920er-Jahren bei. So waren Kartellierung und Konzentration bereits im Kaiserreich ein besonderes Kennzeichen der deutschen Wirtschaft gewesen. Die Kriegswirtschaft und die anschließende Inflation hatten die Monopolisierung von Produktion und Verteilung, die Starrheit von Preisen und Löhnen weiter verstärkt und damit den einer liberalen Marktwirtschaft inhärenten Preismechanismus oftmals außer Kraft gesetzt. Unelastische Preisreaktionen aber bedeuten nicht nur kurzfristig verfälschte Signale des Markts, sie sind längerfristig eben auch mit veränderten Produktionsbedingungen gleichzusetzen. Im Fall einer Wirtschaftskrise musste unter solchen Bedingungen zudem die zeitgenössische, liberale wirtschaftspolitische Strategie der Selbstheilungskräfte der Wirtschaft scheitern, die Firmenzusammenbrüche und Gewinneinbußen durch ein Nachgeben der Preise in der Depression als für die wirtschaftliche Erholung unumgänglich betrachtete.

These vom „alternden Industrieland“

Mithilfe des Strukturbruchs lässt sich auch das infolge fehlender inländischer Nachfrage langsamere Wachstum der Verbrauchsgüterindustrien erklären, das zudem nicht durch andere wachsende Branchen ausgeglichen werden konnte. Mit dem Zurückbleiben neuer, von der Kaufkraft der Massen abhängiger Konsumgüterindustrien ging insofern der bereits in der Vorkriegszeit wirksam gewordene Trend struktureller Wachstumsverlangsamung innerhalb der Produktionsgüterindustrien einher. Rolf Wagenführ hatte bereits 1933 in einem Sonderheft der Vierteljahrshefte zur Konjunkturforschung die These von dem alternden Industrieland Deutschland aufgestellt, das im Wachstumstempo von den jüngeren Industrieländern überholt werde (vgl. M1). Bereits in der Vorkriegszeit habe die Wirtschaftsstruktur des Deutschen Reichs demnach relative Wachstumshemmungen gezeigt, weil alte Branchen sowie Verbrauchsgüterindustrien eine relative Wachstumsverlangsamung aufgewiesen hätten und sich das deutsche Wachstumstempo insgesamt im Vergleich zu neuen Industrieländern relativ verlangsamt habe. Die das Wachstum hemmenden Faktoren vermochten sich demnach selbst über den strukturellen Entwicklungsbruch hinwegzusetzen, wodurch das Deutsche Reich auch in einem ganz besonderen Maß von der Weltwirtschaftskrise betroffen worden sei.

https://doi.org/10.36198/9783838557328-m01

Wachstumsschwache deutsche Industriebranchen

Zu den wachstumsschwächeren Industrien zählte Wagenführ als Folge zunehmend unrentablerer Abbaustätten einzelne Zweige des Bergbaus; durch ein verändertes Verbraucherverhalten, aber auch infolge der spezifischen Besteuerung die Brau-, Branntwein-, Tabak- und Klavierbauindustrie, die insgesamt hinter der internationalen Konkurrenz zurückbleibende Textil- und Lederindustrie sowie die Porzellanindustrie, die einerseits der Verschiebung der Nachfrage zu höherer Qualität nicht nachkam, andererseits im Segment einfacher Qualitäten unter zunehmender ausländischer Konkurrenz litt.

Wachstumsstarke Branchen

Besonders erfolgreich zu vermarktende Produkte waren demgegenüber beispielsweise Radios, Kunstseide oder Schokolade bzw. Branchen, die Güter mit erweiterten Einsatzmöglichkeiten herstellten, wie die Elektrizitätserzeugung, die Mineralölproduktion oder die Nichteisenmetallindustrien: Kupfer wurde beispielsweise von der Elektrotechnischen und der Kraftfahrzeugindustrie, Blei und Zink von der Chemischen, besonders der Farbenindustrie, Aluminium für den Fahrzeugbau oder als Leitungsmaterial und Nickel für Legierungen benötigt.

Entwicklung der Einkommensverteilung

Im Vergleich zur Vorkriegszeit waren die 1920er-Jahre ferner durch eine veränderte Verteilungspolitik gekennzeichnet. So hat die infolge eines erhöhten Staatsverbrauchs gestiegene Steuerquote eine zusätzliche Kostenbelastung für die Unternehmen mit sich gebracht und damit auch deren Fähigkeit zur Kapitalbildung beeinträchtigt. In dieser Hinsicht ist der nach 1918 systematisch aufgebaute Wohlfahrtsstaat mit verschiedenen sozialpolitischen Neuerungen bereits von Zeitgenossen immer wieder kritisiert worden. Vergleichbar ist auch mit Blick auf die Frage der Lohnhöhe argumentiert und dieser Punkt bis heute kontrovers diskutiert worden. Während der 1920er-Jahre sind aber die Einkommen der meisten sozialen Gruppen stark zurückgegangen, lag die reale Kaufkraft der Lohnempfänger zunächst erheblich unter dem Vorkriegsniveau und selbst ehedem höhere Einkommensschichten mussten sich nicht zuletzt als Folge der Inflation bei ihrem Konsum einschränken. Erst nachdem die Stundenlöhne seit 1928/29 stärker als die Lebenshaltungskosten zu steigen begonnen hatten, konnte von einer verbesserten Reallohnposition gesprochen werden, wobei sich diese Situation spätestens seit 1931 wieder umkehrte. Die Entwicklung der Einkommen aus Unternehmertätigkeit verlief indes entgegengesetzt zu jener der Löhne, sodass vor allem in der Zeit zwischen 1924 und 1929 – wie bereits während des Kriegs – die Kapitaleinkommen erheblich gestiegen sind.

Faktencheck „Die deutsche Wirtschaft in den 1920er-Jahren“

- ✔ 1920er-Jahre sind Stagnationsphase ohne normales zyklisches Konjunkturmuster.
- ✔ Fundamentale wirtschaftliche Störungen wie Weltkrieg, Inflation und Weltwirtschaftskrise schwächen das Industriewachstum deutlich.
- ✔ 1920er-Jahre sind auch eine Zeit deutlich stockenden Strukturwandels.
- ✔ Neben dem Verlust von Gebieten und Auslandsvermögen belasten demografischer Übergang und fehlender Wettbewerbsschutz die wirtschaftliche Entwicklung zusätzlich.
- ✔ 1920er-/1930er-Jahre sind insgesamt eine Zeit gestörter internationaler Wirtschaftsbeziehungen.
- ✔ Der Protektionismus erschwert die deutschen Exporte mit in der Folge verringertem Wachstum und Strukturwandel.
- ✔ Neben dem Lange-Wellen-Abschwung oder der gestörten Rekonstruktionsperiode kann die Stagnation der 1920er-Jahre auch mit dem aus dem Ersten Weltkrieg resultierenden, das Wachstum erschwerenden Strukturbruch theoriegeleitet erklärt werden.

3

Die Große Inflation 1914–1923

Schlüsseldokument: Das Reichsbank-Direktorium über Reichsschulden, Geldmenge und Geldentwertung

Bereits Mitte des Jahres 1919 hatte die Mark im Vergleich zum US-Dollar mehr als zwei Drittel ihres Wertes von 1914 verloren. Deshalb gab es bereits jetzt eine Vielzahl von Vorschlägen, wie die Inflation zu bekämpfen und die durch die Kriegsfinanzierung über Gebühr strapazierten Staatsfinanzen zu sanieren seien. Ein großer Teil der Publikationen sowie der an die Reichsbank gesandten wissenschaftlichen Gutachten forderte die Verminderung der Geldmenge. In dieser Situation wandte sich auch das Reichsbank-Direktorium selbst an den Reichsfinanzminister. Mit ihrem Schreiben vom 1. Juli 1919 (M2) machte die Reichsbankleitung dem Minister den Zusammenhang von Staatsverschuldung, Geldmengenerhöhung und Geldentwertung deutlich, forderte die Konsolidierung der Reichsfinanzen und sprach finanzpolitische Empfehlungen zur Reduzierung der Geldmenge aus. Demgegenüber empfahl der Hamburger Bankier, Nationalökonom und maßgebliche Kritiker der Reichsbankpolitik während des Kriegs Friedrich Bendixen (1864–1920) jetzt allerdings, die Inflation als Mittel der Staatsentschuldung fortzuführen. Eine weitere Alternative hätte im Staatsbankrott bestanden, in einer vollständigen Streichung der Reichsschulden in Verbindung mit einer Währungsreform.

https://doi.org/10.36198/9783838557328-m02

Die Währung sollte *realiter* allerdings erst saniert werden, als das auf ein stabiles Geldwesen angewiesene Wirtschaftsleben fast völlig zusammengebrochen war. Und auch zur Einstellung des Schuldendienstes, womöglich gar zu einer völligen Streichung der Kriegsanleihen, war von den republikanischen Regierungen zunächst keine bereit. In Anbetracht der unruhigen innenpolitischen Lage hätte die junge Weimarer Demokratie eine sofortige und ähnlich drastische Währungsreform wie jene in den deutschen Westzonen nach dem Zweiten Weltkrieg aller Wahrscheinlichkeit nach auch nicht überlebt, weil die Kriegsanleihen in der Bevölkerung breit gestreut waren und so gerade die Ersparnisse der Menschen vernichtet worden wären, auf die die parlamentarische Demokratie angewiesen war. Zudem hatten besonders Versicherungsanstalten nicht unwesentliche Summen in Kriegsanleihen angelegt, hing also auch die Auszahlung von Kranken-, Renten- und Lebensversicherungen von der Tilgung und Verzinsung der Anleihen ab.

Wirtschaftstheoretische Definition und Erscheinungsformen der Inflation

Definition

Unter einer Inflation versteht die Wirtschaftswissenschaft eine sich über einen längeren Zeitraum vollziehende Zunahme des Preisniveaus. Im Fall einer Inflation steigen also nicht die Preise einzelner Güter, vielmehr steigen die Preise im Durchschnitt. Nach der Stärke der Preissteigerung werden schleichende und galoppierende Inflation unterschieden. Gemessen wird eine Inflation durch einen Preisindex, beispielsweise für die Lebenshaltung der privaten Haushalte oder für die Entwicklung der Großhandelspreise. Der Außenwert einer Währung bietet sich für die Messung der Inflation an, wenn infolge administrativer Eingriffe ein Lohn- und Preisstopp besteht. Lässt sich die Veränderung des inländischen Preisniveaus infolge staatlich verordneter Preise nicht messen, handelt es sich also im Gegensatz zur offenen um eine zurückgestaute Inflation, kann auch auf die Entwicklung der Preise auf dem Schwarzmarkt zurückgegriffen werden. Grundsätzlich liegt im Fall einer Inflation eine Abweichung vom monetären gesamtwirtschaftlichen Gleichgewicht vor (vgl. Schaubild 6). Vertreter der wirtschaftstheoretischen Konzeption des Monetarismus sehen die Ursache für eine Inflation allein in einer über der Wachstumsrate der Produktion liegenden Vermehrung der Geldmenge. Keynesianer unterscheiden die Inflation darüber hinausgehend nach ihrer Ursache in Nachfrage- und Angebotsinflation, je nachdem also, ob der erste Impuls für die Preiserhöhungen von der Nachfrage- oder der Angebotsseite ausgeht.

Messung

Entstehungsursachen

Schaubild 6: Abweichung vom monetären gesamtwirtschaftlichen Gleichgewicht als Voraussetzung für eine Inflation

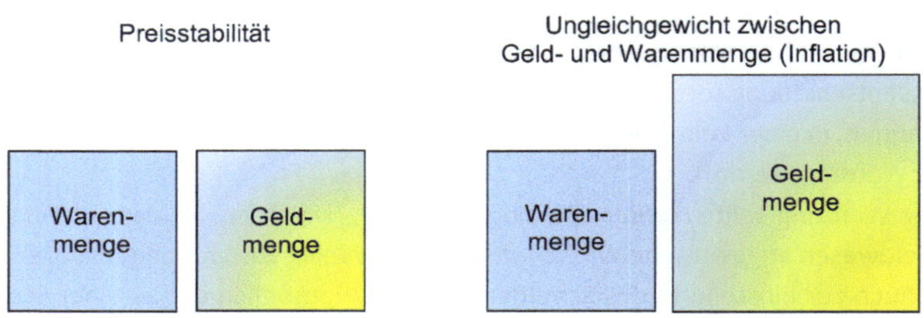

Nachfrageinflation

Ist bei Vollbeschäftigung eine über das Güterangebot hinausgehende Nachfrage vorhanden, kann aus dieser sog. „inflatorischen Lücke" ein Impuls zur Preisniveausteigerung entstehen. Weil im Fall der Vollbeschäftigung kurzfristig keine Erweiterung der Produktion möglich ist, bewirkt allein die überschüssige Güternachfrage eine Preissteigerung. Dabei ist es gleich, ob die zusätzliche Nachfrage von den privaten Haushalten, den Unternehmen, dem Staat oder aus dem Ausland kommt. Resultiert die zusätzliche Nachfrage aus dem Ausland, wird von einer importierten Inflation gesprochen. Ein dauerhafter Inflationsprozess entsteht, wenn die Nachfrager, die ja keine zusätzlichen Güter erhalten haben, anhaltend mehr Güter nachfragen, als die Angebotsseite bereitzustellen vermag, sodass das Preisniveau weiter steigt. Voraussetzung für den Fortbestand der Nachfrageinflation ist beispielsweise, dass auch die Löhne steigen. Unterbrochen oder zumindest gebremst wird dieser Inflationsprozess demgegenüber, wenn zum Beispiel Staat und Ausland ihre Güternachfrage einschränken oder die Zentralbank die Geldbasis nicht weiter erhöht.

Importierte Inflation

Angebotsinflation

Importierte Inflation

Beispiel der Lohndruckinflation

Lohn-Preis-Spirale

Inflationär wirkende Preissteigerungen können auch von der Angebotsseite ausgehen, beispielsweise wenn gestiegene Kosten über die Preise an die Nachfrager weitergegeben werden (Kostendruckinflation). Kommt es infolge steigender Importpreise, beispielsweise für Rohstoffe, zu einer Kostendruckinflation, liegt eine weitere Variante der importierten Inflation vor. Resultieren die Kostensteigerungen aus einer über der Produktivitätssteigerung liegenden Lohnerhöhung, wird von einer Lohndruckinflation gesprochen. Eine solche über die Produktivitätssteigerung hinausgehende Lohnerhöhung führt zu Preiserhöhungen, ohne dass sich das Güterangebot im gleichen Verhältnis erhöht. Versuchen Gewerkschaften angesichts gestiegener Preise erneut Lohnerhöhungen durchzusetzen, kommt es durch die so in Gang gesetzte Lohn-Preis-Spirale zu einer Fortsetzung der Angebots- bzw. Lohndruckinflation. Auch in diesem Fall könnte eine Verminderung der Güternachfrage oder eine nicht weiter erhöhte Geldmenge den Fortgang der Inflation hemmen. Analog zur Lohndruckinflation wird von einer Gewinndruckinflation gesprochen, wenn ein höherer Gewinnaufschlag der Anbieter zu Preissteigerungen führt.

Zur Entstehung einer Lohndruckinflation

(1) 10 Arbeitskräfte produzieren in einer Stunde einen bestimmten Output x und erhalten dafür die Lohnsumme y.

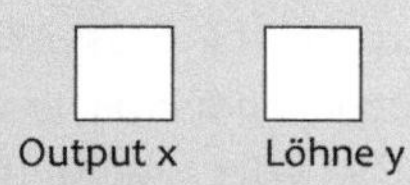

(2) Die Lohnkosten pro Stück bleiben konstant, wenn Lohnsatz und Arbeitsproduktivität um denselben Prozentsatz zunehmen, wenn also 10 Arbeitskräfte in einer Stunde 2 x produzieren und dafür 2 y Lohn erhalten.

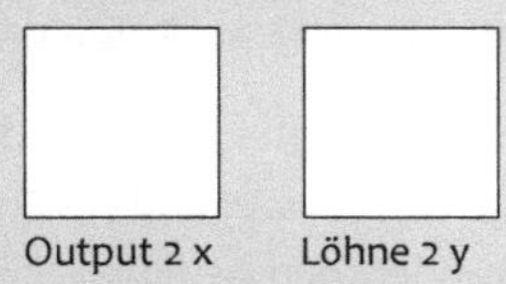

(3) Kostensteigernd wirkt sich aus, wenn die 10 Arbeitskräfte eine Lohnerhöhung (2 y) durchsetzen, ohne dass der Output entsprechend gesteigert, weiterhin also 1 x Output produziert wird.

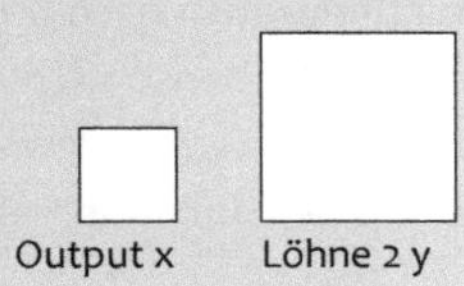

Bedeutung der Umlaufgeschwindigkeit des Geldes

Neben diesen kreislaufanalytischen Erklärungen ist zudem auf geldpsychologische Aspekte zu verweisen, die typische Verhaltensweisen von Wirtschaftssubjekten unter inflationären Bedingungen berücksichtigen und die wiederum den Prozess der Geldentwertung beschleunigen können. So wird u. a. auch die Umlaufgeschwindigkeit des Geldes, die bei gehortetem Geld gleich null ist, als wesentlich für das allgemeine Preisniveau angesehen. Ihre Erhöhung wirkt nämlich wie eine Zunahme der Geldmenge, steigert also das Preisniveau, weil eine Banknote über 100 Geldeinheiten, die in einem bestimmten Zeitraum dreimal zum Kauf von Gütern umgesetzt wird, immerhin eine Nachfrage von 300 Geldeinheiten entfaltet, während eine Verringerung der Umlaufgeschwindigkeit wie eine Abnahme der Geldmenge wirkt.

Zusammenhang Rüstungsproduktion – Inflation

Schließlich liegt der Kriegsführung ein weiteres, für die Entstehung einer Inflation grundlegendes Problem zugrunde. Im Fall eines Kriegs steigt der Staatsverbrauch, unter anderem durch die Nachfrage nach Rüstungsgütern. Werden die für die steigende staatliche Nachfrage notwendigen finanziellen Mittel nicht oder in nicht ausreichendem Maß durch Steuern aufgebracht, wird das Gleichgewicht zwischen Sozialprodukt und Geldmenge gestört. Die notwendige Kreditaufnahme zur Befriedigung der staatlichen Nachfrage nach Rüstungsgütern führt schließlich zu einer Ausweitung der Geldmenge. Da die zunehmende Produktion für Rüstungszwecke zugleich die verfügbare Warenmenge für den zivilen Bedarf verringert, leidet das Verhältnis zwischen Geld- und Warenmenge zusätzlich. Dieser Prozess ist bereits in Friedenszeiten im Fall einer umfangreichen Rüstungsproduktion spürbar und verstärkt sich im Kriegsfall, was selbst moderne Staaten wie die USA oder Israel immer wieder zu spüren bekamen. Entsprechend sind, wie nach 1945, auch die Wurzeln der Hyperinflation von 1922/23 in der Kriegsfinanzierung des Kaiserreichs zu finden.

Die Entstehung der Inflation 1914–1918 als Folge der Kriegsfinanzierung

Verringerung der Warenmenge

Durch die Finanzpolitik des Deutschen Reichs sowie die Geldpolitik der Reichsbank vergrößerte sich die Geldmenge bereits während des Ersten Weltkriegs entscheidend. Zugleich stand der sich so verändernden Geldmenge eine zunehmende Produktion für Kriegszwecke gegenüber, die die für den zivilen Bedarf zur Verfügung stehende Warenmenge schrumpfen ließ. Infolge fehlender Rohstoffe und Arbeitskräfte sowie des Anlagenverschleißes nahm die Industrieproduktion im Verlauf des Kriegs zudem insgesamt kontinuierlich ab. Durch die auch nach Kriegsende anhaltende Blockade fehlten im landwirtschaftlichen Bereich ebenso wichtige bis dahin importierte Güter, in diesem Fall Dünger, sodass das gesamte zivile Warenangebot weiter schrumpfte. Allein hierdurch kam es bereits zu einem inflationären Geldüberhang.

Kriegsgesetzgebung Voraussetzung für Geldmengenausweitung

Um jederzeit über ausreichend finanzielle Mittel verfügen zu können, ist bereits am 4. August 1914, drei Tage nach dem Befehl zur allgemeinen Mobilmachung, das Reichsbankgesetz geändert worden. Hatten die gesetzlichen Vorschriften bis dahin für ein ausgeglichenes Verhältnis zwischen Waren- und Geldmenge gesorgt, wurden der Reichsregierung nunmehr unbeschränkt Reichsbankkredite ermöglicht. Vor dem Krieg hatte die Reichsregierung nur die Möglichkeit gehabt, finanzielle Engpässe mit kurzfristigen Krediten der Reichsbank bis zu einer Höhe von 475 Mio. Mark (M) zu überbrücken, indem ihr die Notenbank gegen Ausstellung einer Schatzanweisung, eines unverzinslichen Schuldscheins, ein entsprechend hohes Guthaben einräumte.

Formale Aufrechterhaltung der Goldwährung

Die gesetzlichen Modifizierungen hielten zwar die im Rahmen der Goldwährung geltenden Deckungsbestimmungen formal aufrecht, ermöglichten nur jedoch eine unbegrenzte Geldschöpfung durch die Reichsbank. Bis 1914 war der Goldstandard das internationale Währungssystem, an dem auch das Deutsche Reich teilnahm. Der Goldstandard schrieb den teilnehmenden Ländern vor, ihre Währung zu bestimmten Teilen mit Goldvorräten abzusichern, zu „decken“. Eine Ausweitung der Geldmenge war somit an den Goldbestand der Zentralbank gekoppelt und nicht unendlich möglich. Die so abgesicherte Mark, auch als Goldmark bezeichnet, war vom Publikum jederzeit in Gold eintauschbar (Goldkonvertibilität). Im Deutschen Reich hatten umlaufende Banknoten zu einem Drittel mit Gold, die restlichen zwei Drittel zudem durch private Handelswechsel gedeckt zu sein. Sowohl Gold, das durch Ankauf oder infolge eines positiven Außenbeitrags zufloss, als auch die auf realen Handelsgeschäften beruhenden und deren Zahlung garantierenden Wechsel stellten ein ausgewogenes Verhältnis zwischen Güterangebot und Geldmenge sicher. Der zu einer Zahlung verpflichtende bankfähige Handelswechsel garantierte durch die Unterzeichnung von drei besonders kreditwürdigen Bürgern eine hohe Bonität.

Schaffung neuer Finanzierungsinstrumente

Durch die Kriegsgesetzgebung konnten nun jedoch auch Schatzanweisungen und neu geschaffene Schatzwechsel des Reichs in die Notendeckung einbezogen werden. Bei einem Schatzwechsel handelte es sich um eine kurzfristige Staatsschuld. Deren Rückzahlung wurde zwar durch eine Unterschrift garantiert, indem jetzt aber ein solch reiner „Finanzwechsel“ für deckungsfähig erklärt wurde, vollzog sich eine Abkehr von der Koppelung der Geldmenge an die Realwirtschaft: Während nämlich Handelswechsel Indikatoren für Kreditbedürfnisse der Wirtschaft sind und realwirtschaftliche Aktivitäten widerspiegeln, sind Schatzanweisungen und Schatzwechsel reine Schuldscheine des Staats, deren Sicherheit nur aus der Rückzahlungspflicht des Staates besteht.

Aufhebung der Goldeinlösepflicht

Der Prozess der Entkoppelung der Geldmenge von der Realwirtschaft ist von weiteren Maßnahmen beschleunigt worden. So wurde die bis dato gesetzlich fixierte Verpflichtung der Reichsbank, ihr vorgelegte Banknoten in Gold einzulösen, aufgehoben und damit eine Papierwährung eingeführt. Dadurch konnte die Zentralbank ihre Goldbestände ausweiten, ohne Abflüsse und die damit einhergehende Begrenzung der Geldmenge fürchten zu müssen. Tatsächlich hat die Reichsbank während des Ersten Weltkriegs private Goldbestände und Schmuck angekauft und dadurch zusätzliches Bargeld in Umlauf bringen können. Auch die im Falle einer Unterschreitung der Deckung an das Reich abzuführende, die Notenausgabe verteuernde und damit begrenzende 5 %ige Notensteuer wurde beseitigt.

Ausgabe von Darlehenskassenscheinen

Schließlich sind der Reichsbank unterstellte Darlehenskassen eingerichtet worden, die für das Lombardgeschäft zuständig waren. Im Rahmen der Verpfändung von Waren und Wertpapieren (Lombardkredit) gaben sie Darlehenskassenscheine aus, die ebenfalls zur Deckung der Währung herangezogen werden konnten. Weil die Darlehenskassenscheine von allen öffentlichen Kassen in Zahlung genommen werden mussten, besaßen sie zudem den Charakter eines Zahlungsmittels und konnten jederzeit gegen Reichsbanknoten eingetauscht werden.

Reichskassenscheine deckungsfähig

Auch die bis zur Währungsreform umlaufenden Reichskassenscheine konnten nun vollständig zur Golddeckung hinzugezählt werden, was vor dem Krieg auf maximal 3 % des Geldumlaufs beschränkt gewesen war. Der Reichskassenschein war eine spezielle Banknote, die ursprünglich dem Zahlungsausgleich zwischen Bundes- und Landesbehörden hatte dienen sollen, vom Publikum dann aber allgemein als Zahlungsmittel akzeptiert worden war.

Ausweitung des bargeldlosen Zahlungsverkehrs

Schließlich ist noch während des Kriegs die Ausweitung des bargeldlosen Zahlungsverkehrs forciert worden, weil Giralgeld nach seinerzeitiger Auffassung nicht zur Geldmenge gehörte.

Problematische Steuerpolitik

Um die inflationäre Wirkung einer durch Kriegsführung vergrößerten Geldmenge zu reduzieren, muss ein Staat Kaufkraft abschöpfen, indem er Steuersätze erhöht oder zusätzliche Steuern einführt, um damit die Kredite zurückzahlen zu können. Großbritannien beispielsweise konnte so knapp ein Drittel seiner Kriegskosten aus dem Steueraufkommen seiner Bürger begleichen. Im wilhelminischen Deutschland, in dem das Reich nur über wenige ertragreiche indirekte Steuern verfügte (das Reich galt als „Kostgänger der Länder"), die sich zudem in Krisenzeiten durch den schrumpfenden privaten Verbrauch rückläufig entwickeln mussten, war eine ähnlich geartete Steuerpolitik verfassungsrechtlich problematischer. Zudem fürchteten die Verantwortlichen, den nur unter dem Eindruck des Kriegs mühsam zustande gekommenen Burgfrieden der politischen Parteien durch eine entsprechende Finanz- und Steuerreform zu gefährden. Die Rückzahlung der Kredite bei der Reichsbank wurde damit in die Zukunft verschoben, was leichtfiel, da zunächst alle Beteiligten an einen Blitzkrieg glaubten, der keiner außergewöhnlichen Steuerfinanzierung bedurfte. Und schließlich wollten sich die Verantwortlichen, den deutschen Sieg voraussetzend, die kreditfinanzierten Kriegskosten mittels Reparationen durch die Kriegsgegner erstatten lassen.

Kriegsanleihen

Das für die Finanzierung seiner zusätzlichen Ausgaben notwendige Geld lieh sich das Reich deshalb von Bürgern und Unternehmen mittels Kriegsanleihen. Damit entschied sich das Deutsche Reich prinzipiell für eine Rückzahlung seiner Kriegsschuld einschließlich Zinsen nach Kriegsende, jedoch konnten so nur etwa 6 % der Kriegskosten durch ordentliche Einnahmen aufgebracht werden. Mit dem Auflegen von Kriegsanleihen wurde an den Patriotismus der Bürger appelliert, dem Reich gegen eine verbriefte Forderung mit festem Zinsertrag Kapital zur Verfügung zu stellen.

Die Reichsregierung hoffte zunächst, die kurzfristige, „schwebende" Schuld durch die Erträge der Anleihen „fundieren", also in längerfristig abgesicherte Schulden überführen zu können. Bis das Hindenburgprogramm die Ausgaben für die Kriegsführung rapide ansteigen ließ, blieben die schwebenden Schulden des Reichs, also die kurzfristigen Verbindlichkeiten zur Überbrückung des Haushaltsdefizits, auch tatsächlich überschaubar. Ihre Fundierung gelang anschließend allerdings nicht mehr (vgl. Tabelle 5). Erst 1916, zum Zeitpunkt wachsender Defizite, kam es dann zur Einführung von allerdings wenig ertragreichen Kriegssteuern, die noch dazu durch die Überwälzung auf die Preise selbst wiederum inflatorische Wirkungen entfalteten.

Tabelle 5: Reichsschuld 1913–1919, in Mrd. Mark

	1913	1914	1915	1916	1917	1918	1919
schwebende Schuld	0,1	0,2	7,2	9,3	18,5	33,0	63,7
fundierte Schuld	4,8	4,9	9,5	30,2	50,3	71,9	92,4

Quelle: Deutschlands Wirtschaft, Währung und Finanzen. Im Auftrage der Reichsregierung den von der Reparationskommission eingesetzten Sachverständigenausschüssen übergeben. Berlin, 1924, S. 29; sowie: Statistisches Jahrbuch für das Deutsche Reich. Hrsg. vom Statistischen Reichsamt. Berlin, 43. Jg., 1923, S. 357.

Ständige inflatorische Lücke durch Anleihefinanzierung

Bis 1916 ist dem Reich insofern im Wesentlichen und rein rechnerisch der Ausgleich von Kriegsausgaben und Erlösen aus Kriegsanleihen gelungen. Allerdings ist mit der Anleihefinanzierung keine an das verminderte Warenangebot erforderliche Kaufkraftabschöpfung erzielt worden, weil Kriegsanleihen auch aus Spargeldern oder mithilfe von Krediten erworben werden konnten. Im Gegensatz zu einer kontinuierlichen Steuererhebung wurden die Anleihen zudem in längeren zeitlichen Abständen aufgelegt, sodass die Phasenverschiebung zwischen gewachsenen Staatsausgaben und nachträglichem Kaufkraftentzug eine ständige inflatorische Lücke, den Ausgangspunkt für eine Nachfrageinflation, entstehen ließ (vgl. Schaubild 7). Die Anleihepolitik hätte nur dann nicht inflationär auf das Geldniveau gewirkt, wenn die Anleihezeichnung kontinuierlich und nicht erst mit einem Abstand von sechs Monaten nach der Geldschöpfung erfolgt wäre.

Schaubild 7: Entstehung einer inflatorischen Lücke durch Anleihefinanzierung

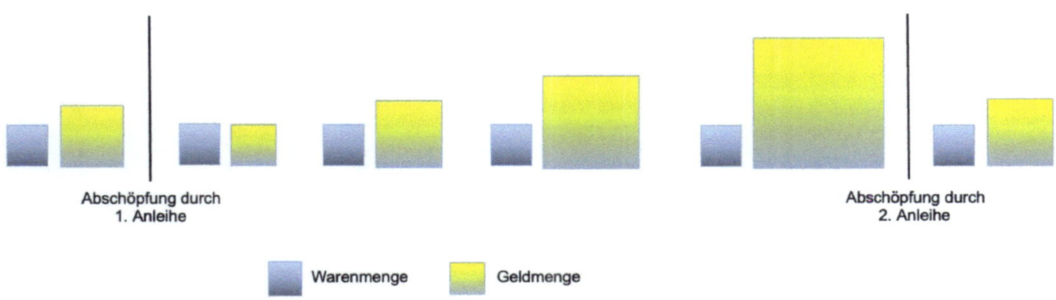

Preis-Lohn-Spirale

Die durch die ständige inflatorische Lücke entstandene Nachfrageinflation implizierte schließlich Lohnsteigerungen. Die Kapitalmarktsperre für private Emissionen, durch die sich das Reich den alleinigen Zugriff auf Kredite hatte sichern wollen, führte darüber hinaus zur Investitionsfinanzierung der Unternehmen über die Preise, was die Kostendruckinflation forcierte. Aus beidem resultierte eine Spirale steigender Löhne und Preise, ohne dass für die historische Realität identifiziert werden könnte, welcher Impuls für die Inflation den Ausschlag gab. Die Preis-Lohn-Spirale erhielt auch durch Preis- und Lohnforderungen der Unternehmen und Gewerkschaften Auftrieb, die von den Behörden in Anbetracht des Kriegs regelmäßig und großzügig erfüllt worden sind. Immerhin war das Militär auf Lieferungen der Industrie angewiesen, was die Position der Unternehmen bei ihren Preisforderungen stärkte; ebenso konnten die Gewerkschaften in Anbetracht des kriegsbedingten Arbeitskräftemangels regelmäßig Lohnerhöhungen durchsetzen.

Zurückgestaute Inflation zu Kriegsende

Trotz der Vervielfachung der Geldmenge bei zugleich vermindertem Warenangebot zeigten bei Kriegsende weder Preise noch Wechselkurse das wahre Ausmaß der Inflation an. Infolge der bereits am 4. August 1914 amtlich verordneten Höchstpreise, der Außenhandels- und Devisenbeschränkungen sowie der Kursstützungsaktionen der Reichsbank handelte es sich nämlich noch um eine zurückgestaute Inflation, die durch Geldhortung im Inland und Spekulationskäufe im Ausland in ihren den Preisauftrieb vermindernden Tendenzen unterstützt wurde. Gelegentliche Markstützungsaktionen, bei denen die Reichsbank gewaltige Summen von Mark gegen einen Teil ihrer Gold- und Devisenbestände aufkaufte, konnten den Verfall der Mark jedoch nicht aufhalten; sie führten vielmehr zu langfristig fühlbaren Reserveverlusten. Einzig mit dem Ausland in Kontakt Stehende, beispielsweise Importeure von Rohstoffen, konnten den Wertverfall der Mark am fallenden Wechselkurs ablesen. Dennoch erfüllte die Mark bei Kriegsende noch uneingeschränkt ihre Geldfunktionen, nämlich die des allgemeinen Tauschmittels, die einer Recheneinheit und die des Wertaufbewahrungsmittels. Erst mit dem Abbau der im Krieg eingeführten Rationierungsmaßnahmen in den Jahren 1919 bis 1922 konnte die zurückgestaute in die offene Inflation übergehen. Weil sich die realwirtschaftlichen, finanz- und geldpolitischen Bedingungen nach dem Waffenstillstand nur in ihrer Dimension, nicht jedoch grundlegend von denen der Kriegszeit unterschieden, entwickelte sich die Inflation nun von einer schleichenden zu einer galoppierenden, die im Juli 1922 in die Hyperinflation mündete (vgl. Tabelle 6).

Tabelle 6: Wertverfall der Mark gegenüber dem US-Dollar, 1914–1923

Wert der Papiermark (in Goldmark)	Datum	Dollarkurs in Mark	Zeitraum
1	Juli 1914	4,19	
10	Januar 1920	41,98	5½ Jahre
100	3. Juli 1922	420,00	2½ Jahre
1.000	21. Oktober 1922	4.430,00	108 Tage
10.000	31. Januar 1923	49.000,00	101 Tage
100.000	24. Juli 1923	414.000,00	174 Tage
1.000.000	8. August 1923	4.860.000,00	13 Tage
10.000.000	7. September 1923	53.000.000,00	30 Tage
100.000.000	3. Oktober 1923	440.000.000,00	26 Tage
1.000.000.000	11. Oktober 1923	5.060.000.000,00	8 Tage
10.000.000.000	22. Oktober 1923	40.000.000.000,00	11 Tage
100.000.000.000	3. November 1923	420.000.000.000,00	11 Tage
1.000.000.000.000	20. November 1923	4.200.000.000.000,00	17 Tage

Quelle: Bente, Hermann: Die deutsche Währungspolitik von 1914–1924. In: Weltwirtschaftliches Archiv, Bd. 23, Heft I/1926, S. 117–191, hier S. 134.

Die Fortsetzung der Inflation nach 1918

Reichsschulden 1918/19

Entscheidend für die inflationäre Entwicklung zu Beginn der Weimarer Republik war die Aufbringung der Kriegskosten mithilfe von kurzfristigen Reichsbankdarlehen und deren ausbleibende Überführung in eine langfristig gesicherte Staatsschuld (vgl. Schaubild 8), auch wenn sich die Kosten des Ersten Weltkriegs mit rund 150 Mrd. M auf eine Summe beliefen, die nominal etwa dem Vierfachen des deutschen Volkseinkommens von 1913 entsprach. Das Kaiserreich hatte der im Entstehen begriffenen Republik damit eine Zins- und Tilgungslast hinterlassen, für die der vorläufige Haushaltsplan von 1919 10 Mrd. M oder 57 % der ordentlichen Ausgaben vorsah. In Preisen von 1913 war der Schuldendienst 1919 mehr als doppelt so hoch wie das gesamte Volkseinkommen des Jahres 1913. Hierin inbegriffen waren noch nicht einmal die im Zusammenhang mit dem Waffenstillstandsabkommen und infolge des Versailler Vertrags anfallenden Ausgaben.

Schaubild 8: Schematische Darstellung der Kriegsfinanzierung und der Geldvermehrung im Ersten Weltkrieg (Gesamtsummen der wichtigsten Geldströme in Mrd. Mark)

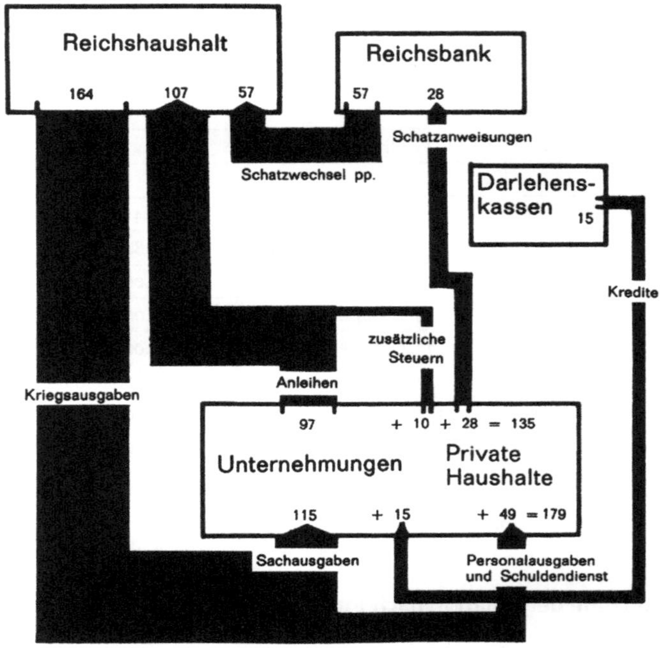

Quelle: Henning, Friedrich-Wilhelm: Deutsche Wirtschafts- und Sozialgeschichte in der ersten Hälfte des 20. Jahrhunderts. Teil I: Deutsche Wirtschaftsgeschichte im Ersten Weltkrieg und in der Weimarer Republik 1914 bis 1932. Paderborn/München/Wien/Zürich, 2003, S. 158 (= Handbuch der Wirtschafts- und Sozialgeschichte Deutschlands, Bd. 3/I).

Kursverfall auch in Abhängigkeit von politischen Ereignissen

Dem Geldwertverfall lagen damit ursächlich wirtschaftliche Prozesse zugrunde. Allerdings beschleunigte sich dieser – bedingt durch entsprechende Reaktionen der in- und ausländischen Wirtschaftssubjekte – immer wieder auch in Abhängigkeit von politischen Ereignissen (vgl. Tabelle 7). So wurde der Wechselkurs der Mark zum Dollar gleich im Jahr 1919 durch das Bekanntwerden der Friedensbedingungen negativ beeinflusst, von deren Erfüllbarkeit die internationalen Finanz- und Wirtschaftskreise nicht überzeugt schienen. Andererseits führte die sich mit der Niederwerfung des Kapp-Putschs beruhigende innenpolitische Situation zu entsprechendem Optimismus. Weil die Reparationsfrage zwischenzeitlich als geklärt galt und eine Konsolidierung der Staatsfinanzen infolge der Erzbergerschen Finanzreform erwartet werden konnte, brach der Kurs anschließend erst im November 1921 wieder ein, nach der Ermordung Matthias Erzbergers und der sichtbar werdenden Überforderung des Reichshaushalts durch den Reparationsdienst. Bis zur Ermordung Außenminister Walther Rathenaus wirkte sich zwischenzeitlich ein Teilmoratorium für die Reparationsverpflichtungen positiv auf den Geldwert aus, allerdings verhinderte der Ruhrkampf die Konsolidierung der Reichsfinanzen und die Stabilisierung der Währung schließlich endgültig.

Tabelle 7: Wichtige politische Ereignisse und ihre Auswirkungen auf die Parität der Mark zum Dollar, 1914–1923

Juli 1914	4,20	Geldvermehrung während des Kriegs bei rückläufiger Produktion für den zivilen Bedarf.
Januar 1919	8,20	
Mai 1919	12,90	Bekanntwerden der Friedensbedingungen.
Dezember 1919	46,80	Internationalen Finanz- und Wirtschaftskreisen erscheint die Erfüllbarkeit der Friedensbedingungen illusorisch.
Februar 1920	99,00	
Juni 1920	40,00	Die Niederwerfung des Kapp-Putschs (16.3.) verbessert die Aussichten zur Bewältigung der finanziellen Probleme. Die Verlangsamung der Geldentwertung fördert zugleich Illusionen, was die Leistungsfähigkeit des Reichs angesichts der Reparationsforderungen angeht.
Juni 1921	69,00	Vergleichsweise stabile Geldentwicklung, weil die Reparationsfrage zwischenzeitlich als geklärt, wenn auch nicht als endgültig gelöst betrachtet wird und die Erzbergersche Finanzreform eine Konsolidierung der Staatsfinanzen erhoffen lässt.
November 1921	263,00	Die Ermordung Matthias Erzbergers (26.8.) und die sichtbar werdende Überforderung des Reichshaushalts durch die Reparationen bringen den Markkurs in Bedrängnis.
Januar 1922	192,00	Das teilweise Moratorium für Reparationsverpflichtungen wirkt sich positiv auf den Markkurs aus.
Juli 1922	493,00	Schwächung des Markkurses durch die Ermordung Walther Rathenaus (24.6.) und größere Reparationsleistungen.
November 1922	7.183,00	
2. Januar 1923	7.260,00	
31. Januar 1923	49.000,00	Beginn des Ruhrkampfs mit Verkündung des passiven Widerstands. Die Ruhrbesetzung macht die Konsolidierung der Reichsfinanzen unmöglich.
Februar 1923	42.000,00	
April 1923	21.075,00	Zwischenzeitliche Beruhigung des Kursverfalls vor allem durch den Aufkauf von Mark gegen Gold und Devisen durch die Reichsbank.
Juni 1923	109.996,00	
Juli 1923	353.412,00	
August 1923	4.620.455,00	
September 1923	98.860.000,00	Der Abbruch des passiven Widerstands im Ruhrgebiet (26.9.) und die Verhängung des Ausnahmezustands im Reich leiten den Höhepunkt der Inflation ein.
Oktober 1923	25.260.000.000,00	
November 1923	2.193.600.000.000,00	
20. November 1923	4.200.000.000.000,00	

Quelle: Zusammengestellt nach Henning, Friedrich-Wilhelm: Deutsche Wirtschafts- und Sozialgeschichte in der ersten Hälfte des 20. Jahrhunderts. Teil I: Deutsche Wirtschaftsgeschichte im Ersten Weltkrieg und in der Weimarer Republik 1914 bis 1932. Paderborn/München/Wien/Zürich, 2003, S. 289 f. (= Handbuch der Wirtschafts- und Sozialgeschichte Deutschlands, Bd. 3/I).

Anhaltende Verringerung der Warenmenge

In der unmittelbaren Nachkriegszeit blieb die Industrieproduktion, die 1919 nur noch 37% des Stands von 1913 erreichte, weiterhin auf einem relativ niedrigen Niveau. Ausgelaugte Böden und fehlender Dünger hatten zudem die Erträge der Landwirtschaft auf weniger als die Hälfte des Wertes von 1913 sinken lassen. Demobilmachung, Reparationszahlungen und dadurch bedingte Engpässe im Transportwesen sowie anhaltende politische Unruhen mit bürgerkriegsähnlichen Kämpfen bis zum Frühjahr 1920 ließen diesen Trend anhalten, bis schließlich die Ruhrbesetzung und der darauf folgende passive Widerstand die industriellen Aktivitäten fast ganz zum Erliegen brachte. Der hierdurch bedingte Warenmangel, dem zugleich eine massiv ausgeweitete Geldmenge gegenüberstand, beschleunigte das Ende der deutschen Währung.

Anhaltende Lohndruck- und Nachfrageinflation

Ähnlich wie während des Kriegs die kaiserlichen Militär- und Zivilbehörden reagierten die privaten Arbeitgeber besonders 1919 auf die ausgeprägten, auch politisch motivierten Streikaktivitäten mit großzügigen Lohnerhöhungen, um der Gefahr einer sozialistischen oder gar kommunistischen Umgestaltung der Wirtschaft entgegenzuwirken. Die aus den Lohnerhöhungen resultierenden Kostensteigerungen legten die Unternehmen anschließend auf die Preise um. Schließlich versuchten sich spätestens seit 1921/22 alle Wirtschaftssubjekte dem Wertverfall der Mark zu entziehen, beispielsweise indem sie ihr Geld in Sachwerten oder Devisen anlegten. Vor allem Unternehmen schafften verstärkt Rohstoffe und anderes Material an und gingen zur Kassenhaltung in wertbeständigen Devisen über, während sich private Haushalte mit haltbaren Lebensmitteln und Gebrauchsgegenständen einzudecken versuchten. Die damit verbundene Steigerung der Nachfrage führte zu weiter steigenden Preisen, was sich im Fall der Devisen in einem weiter fallenden Markkurs ausdrückte.

Erhöhung der Umlaufgeschwindigkeit des Geldes

Die sich so verstärkende Nachfrageinflation erhöhte zugleich die Umlaufgeschwindigkeit des Geldes. Ihren Höhepunkt erreichte die Umlaufgeschwindigkeit in der chaotischen Schlussphase der Inflation, in der das Wirtschaftsleben erheblich von der Geldentwertung belastet wurde: Aufgrund des täglich merklich schwindenden Geldwertes gingen die Betriebe zu in immer kürzeren Abständen, schließlich täglich erfolgenden Lohnzahlungen über. Da diese seinerzeit beim morgendlichen Arbeitsbeginn bar erfolgten, mussten die Betriebe unmittelbar nach der Auszahlung schließen, um Arbeitern und Angestellten die Möglichkeit zu geben, Löhne und Gehälter sofort in Waren umzusetzen. Damit aber hatte die Mark die grundlegende Funktion einer Währung, nämlich die eines Wertaufbewahrungsmittels, vollständig verloren.

Folgen der Erzbergerschen Finanzreform

Parallel zu den Entwicklungen in der Realwirtschaft standen auf der Ausgabenseite des Reichshaushalts anstelle der Kriegsausgaben nunmehr Reparationszahlungen, Entschädigungszahlungen für Unternehmen für ihre Verluste in den abgetretenen und besetzten Gebieten, Ausgaben für die Demobilmachung, für Arbeitsbeschaffungsmaßnahmen, für Kriegsrenten, Erwerbslosenfürsorge und weitere Sozialausgaben. Angesichts dieser Situation begann Finanzminister Matthias Erzberger (Zentrum), das noch auf Bismarck zurückgehende Steuersystem grundlegend zu reformieren und in Verbund mit neuen Steuern sowie bis dahin für unvorstellbar gehaltenen, extrem hohen Steuersätzen die Staatsfinanzen zu sanieren. Beispielsweise ist der Höchstsatz der früheren preußischen Einkommensteuer von ehedem 4% auf 60% angehoben worden. Im Ergebnis gelang Erzberger mit seiner Finanzreform die „Verreichlichung" des Steuerwesens, d. h. der Aufbau eines leistungsfähigen, reichseinheitlichen Behördenapparats sowie die Zuweisung der ertragreichsten Steuern an das Reich, wodurch er es langfristig aus der Rolle des „Kostgängers der Länder" löste. Kurzfristig konnte zunächst auch der Kurs- und Kaufkraftverfall der Mark durch die Steuerreform und eine weltweite Wirtschaftskrise in eine Phase relativer Stabilität überführt werden, um dann allerdings infolge politischer Ereignisse im Laufe des Jahres 1921 erneut einzusetzen. Mittelfristig gelang es somit nicht, die steigenden Reichsausgaben durch Steuern zu decken. Unbeabsichtigt erhielt die Inflation durch die Steuerreform vielmehr sogar neue Impulse, weil u. a. durch einmalige Steuern auf Kriegsgewinne eine Kapitalflucht ins Ausland einsetzte, was sich wiederum negativ auf den Wechselkurs der Mark auswirkte.

Kapitalflucht

Finanzpolitik des Reichs weiterhin Ursache der Inflation

Schließlich konnte das Reichsnotopfer, eine zunächst als einmalige Vermögensabgabe geplante Sondersteuer mit außerordentlich hohen Sätzen und stark progressivem Charakter, entgegen der ursprünglichen Planung in Jahresraten entrichtet werden. Dadurch ging ihr die kontraktive Wirkung einer sofortigen und spürbaren Geldabschöpfung verloren und die Steuerpflichtigen konnten ihre nunmehr über Jahre zu entrichtende Steuerschuld nach und nach mit entwertetem Geld zurückzahlen. Die Staatseinnahmen aus dem Reichsnotopfer sanken deshalb in Goldmark gerechnet von 818 Mio. M im Jahr 1920 über 654 Mio. 1921 und 50 Mio. 1922 auf schließlich nur noch 400.000 M im Jahr 1923. Da auch die Einnahmen aus allen anderen Steuern real, d. h. preisbereinigt rückläufig waren, konnte nur ein immer geringer werdender Anteil der Reichsausgaben durch Steuereinnahmen finanziert werden. Hatte die Finanzreform zunächst zu einer Einnahmeerhöhung von rund 30% im Jahr 1919 auf ca. 44% 1921 geführt, so betrug die steuerfinanzierte Quote der Reichsausgaben 1922 nur noch 37,5% und 1923 sogar nur noch rund 10%. Das sich so vergrößernde Haushaltsdefizit ist dabei ausschließlich über kurzfristige Kredite finanziert worden (vgl. Schaubild 9).

Die Wirkung der Inflation auf Reichshaushalt und Notenumlauf

Wurde eine im November 1923 fällige Steuerschuld von 420.000,00 M in (inflationierter Papier-)Mark beglichen, konnte das Reich damit ***nominal***, d. h. dem ***Nennwert*** nach, 420.000,00 M Steuereinnahmen verbuchen. ***Real***, also ***inflationsbereinigt***, erhielt der Staat jedoch nur 100.000,00 (Gold-)Mark. Gerade weil die Geldmenge ständig stieg, waren die Steuereinnahmen infolge der Inflation rückläufig.
Ähnlich sollte es sich im Fall des (in Goldmark gerechneten) rückläufigen Notenumlaufs verhalten, was sich schließlich in Anbetracht weiter steigender Preise bremsend auf die wirtschaftlichen Aktivitäten auswirkte: Real begann die Geldmenge nun zu schrumpfen.

Schaubild 9: Schematische Darstellung der Geldvermehrung in der Zeit von 1919 bis (15. November) 1923 (in Trill. Mark)

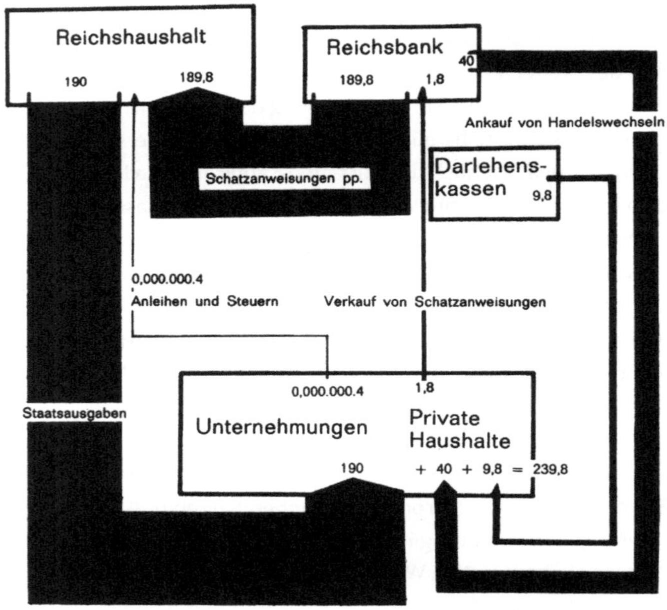

Quelle: Henning, Friedrich-Wilhelm: Deutsche Wirtschafts- und Sozialgeschichte in der ersten Hälfte des 20. Jahrhunderts. Teil I: Deutsche Wirtschaftsgeschichte im Ersten Weltkrieg und in der Weimarer Republik 1914 bis 1932. Paderborn/München/Wien/Zürich, 2003, S. 303 (= Handbuch der Wirtschafts- und Sozialgeschichte Deutschlands, Bd. 3/I).

Fehlende Möglichkeit der Anleiheplatzierung

Eine weitere Möglichkeit, die umlaufende Geldmenge zumindest zu begrenzen, hätte in der Auflage weiterer Anleihen bestehen können. Die allgemeinen wirtschaftlichen und politischen Umstände ließen allerdings die Anleihebereitschaft des Publikums zurückgehen, weshalb diese Form der Haushaltskonsolidierung ausschied. Bereits der erste Versuch, im Jahr 1919 eine Sparprämienanleihe aufzulegen, war nicht zuletzt wegen des allgemeinen Vertrauens in die Reichspolitik kläglich gescheitert. In dieser Situation konnte das Reich nur noch Schatzanweisungen und Schatzwechsel emittieren, die, bei der Reichsbank platziert, in Höhe ihres Nennwertes zur Notenausgabe führten und damit dem Reich die notwendigen Mittel verschafften. Zunächst sind diese Schuldverschreibungen zwar auch noch von Kreditinstituten, Versicherungen etc. in deren Depots genommen worden, aber nur bei der Reichsbank waren sie in unbegrenzter Höhe unterzubringen. Der zweite Versuch einer Zwangsanleihe, deren Zeichnung ab Juli 1922 vorgesehen war, scheiterte ähnlich wie das Reichsnotopfer an der zwischenzeitlich einsetzenden Hyperinflation, die die real eingehenden Einnahmen zur Bedeutungslosigkeit schrumpfen ließ.

Unveränderte Politik von Reichsbank und Reichsregierung

Trotz schwieriger Nachkriegsverhältnisse hätte von Reichsregierung und Reichsbank zumindest eine Politik erwartet werden können, die die Inflation nicht noch weiter antrieb. Das Gegenteil war jedoch der Fall, denn durch einen Diskontzinssatz von 5 % zwischen 1915 und Juli 1922, der auch anschließend noch hinter der Inflationsrate zurückblieb und erst im September 1923 auf 90 % angehoben worden ist, verbilligte die Reichsbank die Kosten für die ungehemmte Verschuldung des Reichs. Ebenso ist die im Privatkreditverkehr schon bald übliche Entwertungsklausel von der Reichsbank erst im August 1923 eingeführt worden. Dem vergleichbar hielt auch die Reichsregierung an überkommenen Grundsätzen fest. Während nämlich die privaten Unternehmen von der Kalkulation zu Anschaffungspreisen zu jener mit erwarteten Wiederbeschaffungskosten übergegangen waren, hielt der Staat am Grundsatz „Mark gleich Mark" fest. Erst dadurch sind die Steuereinnahmen zwischen dem Zeitpunkt ihrer Veranlagung und ihrer Zahlung real entwertet worden. Und weil sich die Einnahmen bis zur Ausgabe der Mittel real noch einmal verminderten, die Ausgaben inflationsbedingt aber zugleich wuchsen, vergrößerte sich das Defizit im Reichshaushalt durch die Inflation selbst, sodass schließlich die Notenpresse zur alleinigen Finanzierungsquelle des Reichs wurde. Ihren Todesstoß erhielt die deutsche Währung, als das Reich während der Ruhrbesetzung 1923 auf diese Weise den passiven Widerstand finanzierte. Nachdem der Dollarkurs Ende Juli 1 Million, Mitte Oktober bereits 1 Milliarde und Mitte November schließlich 1 Billion erreicht hatte, wurde er am 26. November 1923 offiziell auf 4,2 Billionen M fixiert.

Paradoxon der Zahlungsmittelknappheit

Die Reichsbank, die zuletzt nur noch als Papiergeldfabrik fungierte, war trotz der Hilfe von 132 privaten Druckereien mit insgesamt 1723 Druckerpressen und 30 Papierfabriken schließlich nicht mehr in der Lage, die erforderliche Menge an Banknoten zur Verfügung zu stellen. In der Realwirtschaft wurde dies als Zahlungsmittelmangel wahrgenommen, da der Notenumlauf, in Goldmark gerechnet, nunmehr rückläufig war. Das wiederum wirkte sich bremsend auf die wirtschaftlichen Aktivitäten aus. In dieser Situation gaben Kommunen, Unternehmen, Arbeitgeberverbände oder Industrie- und Handelskammern teilweise genehmigt, teilweise ungenehmigt eigenes „Notgeld" aus, um ihren Zahlungsverpflichtungen nachkommen zu können. Wegen seiner Wertbeständigkeit – die emittierten Papierabschnitte garantierten eine bestimmte Menge Feingold, Getreide, Kohle o. Ä. – war dieses Notgeld, das über Lohn- und Gehaltszahlungen in Umlauf kam, auch beim Einzelhandel sehr beliebt. Zunehmend liefen zugleich ausländische wertbeständige Zahlungsmittel um. Im August 1923 waren in einer Stadt wie Hamburg so beispielsweise 70 verschiedene Zahlungsmittel im Umlauf, während der Einzelhandel damit begann, die Annahme der Mark zu verweigern. Nachdem die Mark bereits zuvor ihre Funktion als Wertaufbewahrungsmittel verloren hatte, ging sie damit auch der Funktion als Zahlungsmittel verlustig. Als dadurch eine Versorgungskatastrophe infolge des nicht mehr funktionstüchtigen Handels drohte und die Arbeitslosigkeit schnell anstieg, war eine Stabilisierung der Währung zur Erhaltung des Staatswesens unumgänglich. Vor allem angesichts von Plünderungen und öffentlicher Unruhe musste das Reich deshalb am 27. September 1923 den Ausnahmezustand verhängen.

Ausgabe von Notgeld – Zurückweisung der Mark als Zahlungsmittel

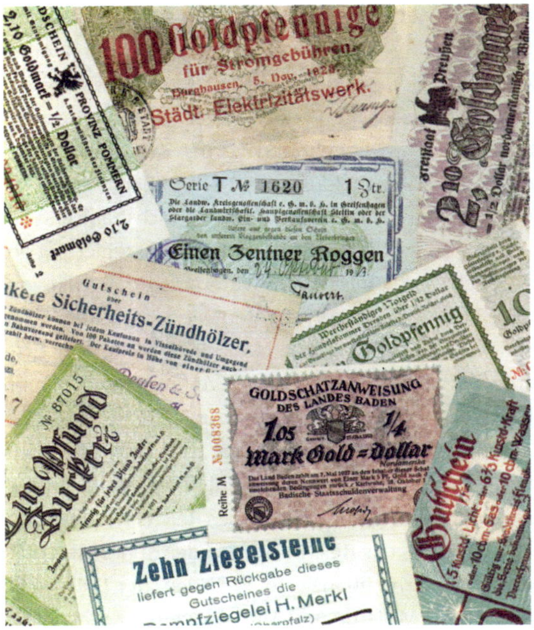

Abbildung 1: Wertbeständige Notgeldscheine

Quelle: Deutsche Bundesbank (Hrsg.): Das Papiergeld im Deutschen Reich 1871–1948. Frankfurt am Main, 1965, S. 106.

Vertrauensverlust des Auslands

Länger als die Deutschen selbst vertrauten offensichtlich ausländische Anleger der Mark. So sind bis in das Jahr 1922 hinein Reichsbanknoten und auf Mark lautende Wertpapiere aufgekauft worden, die dem Reich lebensnotwendige Devisen einbrachten. Das Vertrauen in die deutsche Währung verloren die Ausländer erst infolge einer Reihe politischer Ereignisse. Dazu zählten der Regierungswechsel in Frankreich, der einen Übergang von einer Politik des Ausgleichs zur Konfrontation befürchten ließ, das Scheitern der über den wirtschaftlichen Wiederaufbau Mittel- und Osteuropas verhandelnden Konferenz von Genua und schließlich die Ermordung von Außenminister Walther Rathenau im Juni 1922, die die innenpolitische Stabilität und damit auch die Zukunft der Mark infrage stellte.

Inflation als multikausaler Prozess

Peter Czada hat darauf hingewiesen, dass der Geldentwertungsprozess zwischen 1914 und 1923 nicht monokausal erklärt werden kann, sondern nur als Ergebnis unzähliger, sich gegenseitig bedingender und verstärkender Vorgänge nachvollziehbar ist. Zentral war bei allem allerdings die Finanzpolitik des Reichs in Verbindung mit der Geldpolitik der Reichsbank. Der Erfahrungshorizont der für die Wirtschafts- und Währungspolitik Verantwortlichen war jedoch, das sollte zu ihrer Entlastung hervorgehoben werden, durch das zuvor relativ stabil und reibungslos funktionierende System des Goldstandards geprägt. Außerdem, und das wiegt fast schwerer, ist den zeitgenössischen Akteuren von wissenschaftlicher Seite, also vonseiten der deutschen Nationalökonomie, keine brauchbare Theorie zur Verfügung gestellt worden, die die Inflation hätte erklären und aus der sinnvolle Gegenmaßnahmen hätten abgeleitet werden können.

Rolle von Reichsbank und Reichsregierung im Inflationsprozess

Auch deshalb konnte die Reichsbank bis zum Schluss der naiv-metallistischen Vorstellung folgen, nach der die Notenausgabe ausschließlich aufgrund der im Reichsbankgesetz definierten Deckung erlaubt, dann aber auch unbedenklich war. Allerdings könnte die verfahrenstechnische Aushöhlung der Dritteldeckung auch als juristisch gewiefte Verschleierung der Kriegsfinanzierung gewertet werden, zumal die Reichsbank eine kritische Berichterstattung über ihre Geldpolitik während des Kriegs mittels Zensur untersagt hatte. Ferner lässt sich nachweisen, dass einflussreiche Industriekreise die schuldentilgenden und verteilungspolitischen Folgen im weiteren Verlauf der Geldentwertung für sich zu nutzen verstanden und dabei weder von den wirtschafts- noch von den währungspolitisch Verantwortlichen daran gehindert wurden. Andererseits war die deutsche Zentralbank seinerzeit noch nicht autonom, somit gegenüber der Regierung weisungsgebunden. Die Reichsbank war wie eine Behörde organisiert und ihre Leitung von einer entsprechenden Behördenmentalität und formaljuristischen Denkweise geprägt, weshalb sie bis zuletzt unkritisch ihrer Geldversorgungsaufgabe folgen konnte. Demgegenüber hat schon Fritz Blaich nachgewiesen, dass sich die Reichsregierung bereits 1919 über die Folgen ihrer Finanzpolitik bewusst gewesen ist und etwa zeitgleich auch das Reichsbankdirektorium die Problematik der ausgehöhlten, wenn auch formal immer noch gesetzeskonformen Notendeckung erkannt hatte (vgl. M2). Immerhin spricht auch einiges für den Versuch des Deutschen Reichs, sich der Reparationsfrage durch eine inflationäre Lösung zu entziehen.

https://doi.org/10.36198/9783838557328-m02

Inflation bis 1920 weltweites Phänomen

Das aus der Kriegsführung resultierende Ungleichgewicht von Sozialprodukt und Geldmenge wirkte sich in allen am Weltkrieg teilnehmenden Ländern inflationär aus. Selbst die neutralen Staaten waren durch das Phänomen der importierten Inflation bis 1920 von der weltweiten inflationären Preisentwicklung nicht verschont geblieben. Außer dem Deutschen Reich, Österreich, Ungarn, Polen und der Tschechoslowakei gelang es den anderen Ländern jedoch, ihre Finanzen in einem überschaubaren Zeitraum zu konsolidieren und die schwebenden Schulden in langfristige Anleihen umzuwandeln.

Rückkehr der USA und Großbritanniens zu den Vorkriegsparitäten

Vor allem die USA verfolgten schon bald nach Kriegsende das Ziel, die alte Währungsparität zum Gold und damit die Vorkriegskaufkraft ihrer Währung wiederherzustellen. Die Konvertibilität des US-Dollars in Gold, der äußere Geldwert des Dollars, stand nicht zur Disposition, weil die Vereinigten Staaten mit gestiegenen Goldvorräten und als Finanzmacht gestärkt aus dem Ersten Weltkrieg hervorgegangen waren. Um den inneren Geldwertverfall zu stoppen, wurde aber eine Hochzinspolitik eingeleitet, die unmittelbar einen scharfen Rückgang der Wirtschaftsaktivität provozierte und 1920/21 in eine erste globale Wirtschaftskrise mündete. Weil die US-amerikanische Politik damit den Spielregeln des Goldstandards entgegenlief, erfuhr Großbritannien gleichzeitig eine andauernde Schwächung seiner internationalen Position. Dem Aufstieg der USA stand somit die Schwächung Großbritanniens gegenüber, das sich wie die USA für die Wiederherstellung der Vorkriegsparität des Pfundes und damit ebenfalls für einen deflationären Kurs im Inneren entschieden hatte. Die deflationäre Politik hemmte hier zudem Investitionen und Beschäftigung, sodass notwendige Strukturanpassungen unter den Bedingungen eines ohnehin verminderten Wirtschaftswachstums erfolgen mussten.

Folgen US-amerikanischer Währungspolitik

Zur Vermeidung eines erneuten inneren Preisauftriebs neutralisierten die USA schließlich sogar Gold- und Devisenzuflüsse, indem sie die damit verbundene Möglichkeit einer Ausweitung der Geldmenge nicht wahrnahmen. Auch betrieben die USA zugleich eine Hochschutzzollpolitik, die anderen Ländern die Möglichkeit nahm, für ihre Importe aus den USA oder ihre Schuldzahlungen an die USA die notwendigen Goldbestände oder Devisen zu erwerben. Andererseits war die US-amerikanische Regierung zu einer Streichung der interalliierten Schulden nicht bereit. Vergleichbar dem Reparationsproblem sollten die US-amerikanischen Auslandsforderungen also eingetrieben, der für die Bewerkstelligung des Transfers notwendige Abfluss von Gold oder Devisen durch Warenimporte aber verhindert werden. Diese Politik, die von einem amerikanischen Nationalökonom als „sadistisch“ bezeichnet worden ist, sollte das internationale Währungssystem ebenso wie die weltwirtschaftliche Entwicklung weit über die beginnenden 1920er-Jahre hinaus belasten und über die Weltwirtschaftskrise seit 1929 direkt in die weltwirtschaftlichen Verwerfungen der 1930er-Jahre münden.

Internationaler Goldstandard und Zahlungsbilanzausgleich

Im Goldstandard als internationalem Währungssystem, in dem Gold entweder als gesetzliches Zahlungsmittel diente oder eine Eintauschverpflichtung der jeweiligen Währung in Gold bestand, war zunächst die Festlegung einer ***Goldparität*** notwendig. In ihr drückte sich der Wert einer Währungseinheit in Feingold aus. Auf der Basis der Goldparitäten der verschiedenen Währungen wurde wiederum deren ***Wechselkursverhältnis*** untereinander ermittelt. Der internationale Goldstandard setzte die freie, internationale Beweglichkeit des Goldes und einen ***festen Wechselkurs*** zwischen den Goldwährungsländern voraus. Der Wechselkurs auf dem Devisenmarkt konnte nur so weit von der Parität abweichen, bis ein internationaler Goldtransfer lohnend wurde. Die Differenz zwischen Parität und dem sog. ***Goldpunkt*** wurde durch Transportkosten, Versicherung, Zinsverluste etc. bei der Goldversendung bestimmt. Während sich in einem Währungssystem mit frei flexiblen Wechselkursen ohne Eingreifen einer staatlichen Stelle immer ein Wechselkurs bildet, der die geplante Nachfrage nach Devisen und das geplante Angebot von Devisen ausgleicht, ist es also im Fall fester Wechselkurse möglich, dass die Höhe eines festgesetzten Wechselkurses nicht dem freien Spiel der marktwirtschaftlichen Kräfte entspricht. In einem solchen Fall entspricht der festgesetzte Wechselkurs (Paritätskurs) infolge einer nicht ausgeglichenen Zahlungsbilanz nicht dem am Devisenmarkt gebildeten Wechselkurs. Notfalls muss dann die Zentralbank durch Interventionen am Devisenmarkt dafür sorgen, dass der Paritätskurs auch der Gleichgewichtswechselkurs des Devisenmarktes ist, etwa durch An- oder Verkauf von Devisen oder eben Goldbeständen. Gelingt dies auf Dauer nicht, muss die Währung ab- oder aufgewertet werden, indem eine neue Goldparität festgesetzt wird, die dem Wechselkurs am Devisenmarkt wieder entspricht. Entsprechend sorgte der ***Goldautomatismus*** u.a. für den Ausgleich der Zahlungsbilanzen:

(1) ***im Fall einer aktiven Zahlungsbilanz***, wenn der Wert der Exporte an Waren, Dienstleistungen und Kapital die der Importe überschritt und die Währung infolgedessen (von den Importeuren zur Begleichung der Rechnungen) stark nachgefragt wurde, bis der Wechselkurs der Landeswährung auf dem Devisenmarkt stieg. Dann mussten entweder verstärkte Warenimporte oder eine (rechtlich fixierte) Aufwertung, die die Währung verteuerte, für einen Zahlungsbilanzausgleich sorgen. Gelang dies nicht, hatte die Zentralbank in letzter Konsequenz die Goldparität und damit die Wechselkurse durch ihre Goldankaufs- und Goldeinlösepflicht oder durch entsprechende Devisenoperationen aufrechtzuerhalten;

(2) ***im Fall einer passiven Zahlungsbilanz***, wenn die Importe die Exporte überstiegen und das Land infolgedessen Devisen stark nachfragte, bis der Wechselkurs der eigenen Währung auf dem Devisenmarkt sank. In diesem Fall halfen verstärkte Exporte zur Erwirtschaftung der notwendigen Devisen oder des notwendigen Goldes oder aber die Abwertung der Währung bis zum Zahlungsbilanzausgleich. In letzter Konsequenz wurden die Goldparitäten und damit die Wechselkurse auch jetzt durch die Goldankaufs- und Geldeinlösepflicht sowie Devisenoperationen der Zentralbank aufrechterhalten.

Die systembedingt notwendige enge internationale Zusammenarbeit schränkte die nationale wirtschaftspolitische Souveränität der am Goldstandard Teilnehmenden allerdings stark ein, da ein System fester Wechselkurse nur funktioniert, wenn alle Länder bei Zielkonflikten bereit sind, dem Ausgleich der Zahlungsbilanz Priorität vor binnenwirtschaftlichen Zielen einzuräumen.

(Vereinfachtes) Schema einer Zahlungsbilanz

Teilbilanzen	Soll oder Debet (Ausgaben)	Haben oder Kredit (Einnahmen)
A. Leistungsbilanz		
– Handelsbilanz	1. Wareneinfuhr	Warenausfuhr
– Dienstleistungsbilanz	2. Dienstleistungsimport	Dienstleistungsexport
– Übertragungsbilanz	3. Übertragungen (eigene)	Übertragungen (fremde)
B. Kapitalbilanz		
Statistische Differenz sämtlicher Transaktionen im Leistungs- und Kapitalverkehr	4. Kapitalausfuhr (lang- und kurzfristig)	Kapitaleinfuhr (lang- und kurzfristig)
	5. Restposten (nicht aufgliederbar)	Restposten (nicht aufgliederbar)
C. Devisenbilanz		
	6. Ausgleichsposten	Ausgleichsposten
	7. Erhöhung des Devisenbestands	Verminderung des Devisenbestands

Faktencheck „Die Große Inflation 1914–1923"

- ✔ Die „Große Inflation" hat ihre Wurzeln in der Finanzierung des Ersten Weltkriegs.
- ✔ Die Finanzpolitik des Reichs und die Geldpolitik der Reichsbank sind auch anschließend zentrale Treiber der multikausalen Inflation.
- ✔ Weder die Anleihebegebung nach 1918 noch die Finanzreform bewirken eine Geldmengenkontraktion.
- ✔ Eine schrumpfende Warenmenge forciert das monetäre gesamtwirtschaftliche Ungleichgewicht.
- ✔ Die Lohndruck- und die Nachfrageinflation lassen eine Preis-Lohn-Spirale entstehen und führen zu einer hohen Umlaufgeschwindigkeit des Geldes.
- ✔ Die Währungsreform ist nach dem Verlust der Wertaufbewahrungs- und Zahlungsmittelfunktion der Mark unumgänglich.

4

Die Währungsreform und die Folgen der Inflation

Schlüsseldokument: Der britische Botschafter über die Stabilisierung der deutschen Währung

Es entsprach der zeitgenössischen Vorstellung, dass eine Währung durch einen wertbeständigen (Roh-)Stoff gedeckt sein musste. Da die Goldbestände der Reichsbank Ende 1923 jedoch vergleichsweise gering waren, schied die seinerzeit übliche Golddeckung für die geplante neue Währung zunächst aus. Wegen mangelnder Goldvorräte kam es zunächst vielmehr zur Einführung der Rentenmark, die fiktiv durch eine Grundschuld auf „deutschen Boden und deutsches Anlagekapital" gedeckt war, was sich tatsächlich als wichtige psychologische Stütze für das Vertrauen in die neue Währung erweisen sollte. Zugleich entsprach der Wert einer Rentenmark 0,3584229 g Feingold, damit also dem Wert der zwischen 1871 und 1914 stabilen Goldmark. Und obwohl die Reichsbank bestehen blieb und weiterhin auf Mark lautende Reichsbanknoten ausgab, schien sie angesichts des Vertrauensverlusts als Organisatorin der nicht zu umgehenden Währungsreform ungeeignet. Hierfür wurde die Deutsche Rentenbank am 15. Oktober 1923 als neues Währungsinstitut gegründet. Dass den deutschen Währungs- und Finanzpolitikern so die Einführung einer voll funktionsfähigen Währung gelang, ist von in- und ausländischen Zeitgenossen als eines der größten Wunder der Wirtschaftsgeschichte bezeichnet worden. In diesem Sinn skizzierte auch der britische Botschafter zu Berlin, Lord Edgar Viscount d'Abernon, die Währungsstabilisierung ein paar Jahre später in einem Vortrag bei der *Royal Statistical Society* in London (M3), nachdem er zunächst Ursachen und Entwicklung der deutschen Inflation analysiert hatte.

https://doi.org/10.36198/9783838557328-m03

Die Währungsreform 1923/24

„Deckung" der Rentenmark durch Grund und Boden

Da die Reichsbank infolge vorangegangener Markstützungsaktionen große Teile ihrer Goldbestände verloren hatte, war der Übergang zu einer neuen, reformierten Goldwährung nicht nahtlos möglich. Das Grundkapital der eigens hierfür gegründeten Deutschen Rentenbank bestand deshalb anstatt aus Gold aus einer hypothekarischen Belastung, zur einen Hälfte von Land- und Forstwirtschaft, zur anderen Hälfte von Industrie, Handel und Gewerbe einschließlich Banken. Der gesamte gewerblich genutzte Grundbesitz hatte also eine Grundschuld zugunsten der Rentenbank zu übernehmen. Diese hypothekarische Belastung betrug 4% des Wehrbeitragswerts, einer 1913 erstmals veranschlagten, Rüstungsaufgaben dienenden Sondersteuer. Zu dieser Vermögensabgabe waren alle Vermögen über 10.000 M herangezogen worden. Einerseits war die so definierte Grundschuld mit 6% jährlich zu verzinsen. Andererseits wurden die mit der Grundschuld belasteten Betriebe Anteilseigner der Rentenbank

Begrenzung der Geldmenge Ziel der Konstruktion

und dadurch zugleich mit 6 % an deren Gewinn beteiligt, sodass sich im Falle einer vollständigen Gewinnausschüttung Zinszahlung und Gewinnanteil aufhoben. Tatsächlich hätte die Vermögensschuld wohl kaum aufgebracht werden können; mit ihr verband sich einzig die Illusion von Geldwertstabilität durch die fiktive Bindung des Gelds an das volkswirtschaftliche Grundvermögen. Die Ausgabe von Rentenbankscheinen durfte nämlich, und das war der eigentliche Grund dieser komplizierten Konstruktion, die Höhe des Grundkapitals von insgesamt 3,2 Mrd. Rentenmark (= Goldmark) nicht überschreiten.

Verhältnis Rentenmark – Papiermark

Die Rentenbankverordnung verbot der Reichsbank die Diskontierung von Schatzanweisungen, sobald die Rentenbank mit der Ausgabe von Rentenbankscheinen begonnen hatte, womit dem Staat der Zugriff auf die Notenpresse verwehrt wurde. Am 15. November 1923 begann die Ausgabe der Rentenbankscheine. Diese galten nicht als gesetzliche Zahlungsmittel, wurden aber von den öffentlichen Kassen als Zahlungsmittel angenommen. Obwohl somit keine Annahmepflicht bestand, fand die Rentenmark schnell das Vertrauen der Bevölkerung. Die auf einem Dollarkurs von 4,2 Billionen fixierte Papiermark blieb daneben bestehen und im Verhältnis 1 zu 1 Billion an die Rentenmark gekoppelt. Damit entsprachen 4,20 Rentenmark gleichzeitig 1 Dollar, womit an das althergebrachte Verhältnis von (Gold-)Dollar und (Gold-)Mark angeknüpft worden ist.

Radikale Kreditbeschränkung

Mit der Einführung der Rentenmark und der gleichzeitigen Kursstabilisierung der alten Mark endete die Inflation, der Preisauftrieb beruhigte sich tatsächlich. Das „Wunder der Rentenmark" aber basierte in erster Linie auf der radikalen Kreditbeschränkung an das Reich und die Privatwirtschaft, also auf der Stilllegung der Notenpresse.

Einführung der Reichsmark 1924

Die Rentenmark war jedoch von Anfang an nur als Übergangslösung geplant gewesen. Erst mit den Währungsgesetzen vom 30. August 1924 und der damit verbundenen Einführung der Reichsmark (RM) als neuer Währung ist schließlich die Große Inflation endgültig beendet worden. Voraussetzung dafür war auch der Haushaltsplan des Reichs für das Jahr 1924, bei dem die ordentlichen Ausgaben erstmals wieder durch Steuereinnahmen gedeckt waren, sowie eine von der Reichsbank stark gedrosselte Kreditzufuhr an die Privatwirtschaft. Auf Mark lautende Reichsbanknoten sind im Verhältnis von 1 RM = 1 Billion M umgetauscht worden. Damit entsprach eine Reichsmark wiederum einer Goldmark, der Dollarkurs betrug 4,20 RM. Noch bis zum Juli 1925 zirkulierten im Deutschen Reich mit alter Mark, Rentenmark und neuer Reichsmark zeitgleich drei offizielle Währungen.

Reichsbank wird autonom, aber international kontrolliert

Mit der Einführung der Reichsmark erhielt die Reichsbank ihre vorübergehend verlorene Monopolstellung als Notenbank zurück und wurde zum ersten Mal eine von der Reichsregierung unabhängige, autonome Zentralbank. Mit dieser Autonomie erfolgte insbesondere eine Einschränkung der Kreditvergabe an die Reichsregierung, die nun nur noch zur Überwindung kurzfristiger Zahlungsschwierigkeiten für drei Monate 400 Mio. RM zur Verfügung gestellt bekommen konnte.

Im Zusammenhang mit der nach wie vor ungelösten Reparationsfrage wurde die Reichsbank während der Laufzeit des Dawes-Plans jedoch unter internationale Kontrolle gestellt. Von den 14 Mitgliedern des als Aufsichtsorgan fungierenden Generalrats musste je eines US-amerikanischer, britischer, französischer, belgischer, niederländischer, italienischer und schweizerischer Staatsbürger sein. Eines der sieben deutschen Mitglieder wurde von dem so zusammengesetzten Generalrat zum Reichsbankpräsidenten gewählt und anschließend vom Reichspräsidenten ernannt, eines der ausländischen Generalratsmitglieder kontrollierte schließlich in seiner Funktion als Kommissar für die Notenausgabe die Einhaltung der Deckungsvorschriften. Die 40 %ige Notendeckung durfte zwar in Ausnahmefällen unterschritten werden, dazu bedurfte es allerdings eines Beschlusses des Generalrats mit höchstens einer Gegenstimme.

Neue Währung Goldkernwährung

Die Reichsbank hatte ihre umlaufenden Banknoten also zu 40 % zu decken, und zwar zu 30 % durch Gold und zu weiteren 10 % durch in Gold konvertierbare Devisen. Für die restlichen 60 % der umlaufenden Banknoten hatte die Reichsbank „gute" Handelswechsel oder -schecks in ihren Beständen zu halten. Wie ehedem bestand für die Reichsbank die Möglichkeit, gegen Entrichtung einer Notensteuer bis zu 8 % der Banknoten ohne Deckung umlaufen zu lassen. Im Gegensatz zur klassischen Goldwährung vor dem Ersten Weltkrieg (Goldumlaufwährung) hatte der Besitzer einer Banknote allerdings keinen Anspruch mehr auf deren Einlösung in Gold (Goldkernwährung). Weil zur Erfüllung dieser Vorgaben die Gold- und Devisenvorräte ausreichten, konnte die Konvertibilität gegenüber anderen Währungen sofort garantiert und an die Goldparität der Vorkriegszeit angeknüpft werden. Durch die Rückkehr zur alten Goldparität war die neue deutsche Währung möglicherweise etwas überbewertet, was einer Verschlechterung der Wettbewerbsfähigkeit von deutschen Waren auf den internationalen Märkten gleichgekommen wäre.

Frage alter Schuldverhältnisse

Mit der Reform einer Währung muss auch die Frage des Umgangs mit alten Schuldverhältnissen geklärt werden. Immerhin hatte der höchst ungerechte Vorgang, mit immer stärker entwerteter Papiermark Kredite zurückzuzahlen, schon bald nach Kriegsende, vor allem aber während der Hyperinflation zu gerichtlichen Auseinandersetzungen zwischen Gläubigern und Schuldnern geführt. Hypothekenschuldner hatten besonders seit der zweiten Jahreshälfte 1922 von ihrem Kündigungsrecht Gebrauch gemacht und ihre Schulden in nunmehr völlig wertloser Papiermark zurückgezahlt. Das Reichsgericht in Leipzig bestimmte schließlich in seinem epochemachenden Urteil vom 28. November 1923, dass die Begleichung einer Zahlungsverpflichtung mit entwertetem Geld keine Tilgung der Schuld bedeute. Damit revidierte die Justiz auf der Grundlage von § 242 BGB, basierend also auf dem Grundsatz von Treu und Glauben, das bis dahin geltende Nominalprinzip Mark = Mark. Dieses hatte sich so fatal auswirken können, weil im Zuge der Kriegsgesetzgebung alle Goldklauseln, also das Recht, bei Zahlungsverpflichtungen auf eine Rückzahlung in Gold bestehen zu dürfen, und damit jegliche Wertsicherungsklauseln aufgehoben worden waren.

Grundsatzurteil des Reichsgerichts vom 28.11.1923

Wie hoch allerdings der zu leistende Rückzahlungsbetrag in neuer Reichsmark zu sein habe, ließ das Reichsgericht offen. Dies sollten die Gerichte im Einzelfall unter Berücksichtigung der besonderen Umstände nach freiem Ermessen entscheiden. Herbert Rittmann spricht in diesem Zusammenhang von einer richterlichen Aufwertung ohne feste Maßstäbe, durch die Urteile unberechenbar wurden, so dass damit erneut jegliche Rechtssicherheit zerstört wurde. Zwangsläufige Folge war eine Prozesslawine, die allein die preußischen Gerichte bis Anfang 1928 mit 2,8 Millionen Aufwertungssachen beschäftigten.

Aufwertung privater Schulden

Endgültige Rechtssicherheit für private Schulden sollte deshalb erst das Aufwertungsgesetz vom 16. Juli 1925 schaffen, das feste Aufwertungssätze vorsah, zugleich aber richterliche Festsetzungen im Einzelfall zuließ. Das Gesetz differenzierte nach unterschiedlichen Schuldverhältnissen und dem Datum ihres Zustandekommens. So erfuhren Sichteinlagen auf Girokonten keinerlei Aufwertung, dasselbe galt für Reichsbanknoten aus der Vorkriegszeit. Damit wurden wiederum viele enttäuscht, die in Erwartung einer Aufwertung die alten Hundert- und Tausendmarkscheine aufbewahrt hatten. Für Anleihetitel privatwirtschaftlicher Schuldner, also beispielsweise für Industrieobligationen, war ein Aufwertungssatz von 15 % vorgesehen, Hypotheken und andere Grundpfandrechte wurden dagegen mit 25 % aufgewertet. Aus 1000 M Hypothekenschulden vor dem 1. Januar 1918 wurden so nun beispielsweise Verbindlichkeiten in Höhe von 250 RM. Die Aufwertung von Staatsanleihen regelte das Anleiheablösungsgesetz vom gleichen Tag, das die gesamte Anleiheschuld des Reichs von rund 70 Mrd. M in eine Anleiheablösungsschuld von etwa 1,75 Mrd. RM umwandelte. Die Tilgung war nur für Altbesitzer geregelt, die ihre Anleihe vor dem 1. Juli 1920 erworben, also zwischenzeitlich nicht veräußert hatten. Sie erhielten jedoch nur ein Auslosungsrecht, durch das sie an der über 30 Jahre verteilten Tilgung teilnahmen. Die Verzinsung wurde erst zum jeweiligen – gelosten – Tilgungsdatum ausgezahlt, wobei sich die Tilgung selbst auf 12,5 % des ursprünglichen Anleihebetrags belief. Staatsanleihen mit einem Wert von weniger als 500 M wurden nicht abgelöst, es sei denn, ihr Besitzer galt als einkommensschwach; in diesem Fall erhielt er eine Barabfindung von 8 % bis 15 % des Nennwerts.

Bescheidene Aufwertung der Anleiheschuld des Reichs

Bewertung der Aufwertung

Die mit gewissen Ausnahmen erfolgte Aufwertung von 25 % rief Enttäuschung bei den Gläubigern hervor, die sich eine höhere Aufwertung ihrer durch Inflation und anschließende Währungsreform geschrumpften Vermögen erhofft hatten. Allerdings mussten die Verantwortlichen einen Kompromiss zwischen berechtigen Forderungen der Geschädigten und wirtschaftlichen Notwendigkeiten finden, hätte doch eine großzügigere Aufwertung die Stabilität der neuen Währung erneut in Gefahr bringen können. Preisbereinigt, d. h. in Relation zum jeweiligen Dollarkurs, blieben die solchermaßen aufgewerteten Geldvermögen nach Auffassung Carl-Ludwig Holtfrerichs jedoch nicht allzu sehr hinter den durch nur mäßige Inflationen geschädigten Geldvermögen in Belgien, Frankreich oder Italien zurück. Der Altbesitzer deutscher öffentlicher Anleihen war nach den Aufwertungsgesetzen wirtschaftlich also nicht wesentlich schlechter gestellt als der Besitzer französischer oder belgischer Staatspapiere. Allerdings waren die Kriegsanleihen in der Bevölkerung breit gestreut und so gerade auch die Menschen geschädigt worden, auf die die parlamentarische Demokratie angewiesen war.

Die Folgen der Inflation

Wirtschaftliche Folgen

Trotz der Aufwertungsgesetzgebung glich die Große Inflation einer Revolution der Besitz- und Einkommensverhältnisse zugunsten weniger. Denn im Gegensatz zu Besitzern von Sparguthaben, Hypotheken, Obligationen und Lebensversicherungen begünstigte die Inflation alle Sachwertbesitzer, zu denen auch die Besitzer von Aktien zählen. Bei den Sachwertbesitzern aber handelte es sich nicht selten um diejenigen, die schon am Krieg verdient und sich während der Inflationszeit in die Sachwerte geflüchtet hatten. Nicht zuletzt liquidierte die Inflation auch die Schuld des Staats einschließlich aller öffentlichen Körperschaften und damit das Problem der Kriegsfinanzierung fast vollständig. Die gesamten inneren Kriegsschulden des Deutschen Reichs betrugen nach der Aufwertung, in Kaufkraft des Jahres 1913, nur noch 4,8 Mrd. RM. Eine Stadt wie Dortmund, die 1918 rund ein Drittel ihrer Ausgaben für den Schuldendienst hatte aufwenden müssen, war 1923 praktisch schuldenfrei. Auch wenn durch den Inflationsgewinn des Staats alle potenziellen Steuerzahler zu Gewinnern wurden, bedeutete die Geldentwertung doch eine folgenschwere Verkehrung aller bürgerlichen Rechtsnormen. Am augenfälligsten war dies in Fällen geworden, in denen gerichtlich Verurteilte zur Zeit der Hyperinflation ihre Geldstrafen leicht mit entwertetem Geld beglichen hatten oder gerichtliche Entscheidungen gar aufgeschoben werden mussten, weil man sich nicht über eine angemessene Aufwandsentschädigung für die Schöffen hatte einigen können.

Gewinner und Verlierer der Inflation

Problematisch ist eine Einteilung von Gewinnern und Verlierern nach gesellschaftlichen Gruppen , worauf bereits zeitgenössische sozialwissenschaftliche Studien verweisen (M4). Insofern ist die Formel von der Vernichtung des Mittelstands durch die Inflation inzwischen auch einhellig als unzutreffend zurückgewiesen worden, gerade weil der Mittelstand aus sehr heterogenen Gruppen bestand, die wiederum in unterschiedlichster Weise von der Inflation betroffen waren. Die größten Verlierer in dieser und in der Gruppe der Besitzer von auf Geldbeträgen lautenden Forderungen waren die Kapitalrentner, die bis dahin überwiegend oder sogar ausschließlich von ihren Zinseinkünften gelebt hatten. Deren oft über Generationen angesammelte Ersparnisse hatten Ende Oktober 1923 noch nicht einmal mehr zum Kauf von 1 kg Brot ausgereicht. Insofern verwundert es nicht, dass die Spareinlagen von rund 19 Mrd. M 1913 auf zunächst 25 Mio. RM im Jahr 1923 geschrumpft waren und selbst nach der Aufwertung Ende 1925 nur noch knapp 1,7 Mrd. RM erreichten.

Keine Vernichtung des Mittelstands

https://doi.org/10.36198/9783838557328-m04

Abbildung 2: Verarmte Mittelständler veräußern ihren Hausrat

Quelle: bpk – Bildarchiv Preußischer Kulturbesitz / Kunstbibliothek, SMB, Photothek Willy Römer / Willy Römer.

Während die Gruppe der Rentiers, der von ihrer Kapitalrente Lebenden, im Deutschen Reich so völlig verschwand, scheinen die Kleingewerbetreibenden, Kleinhändler und Handwerker vergleichsweise erfolgreich durch die Inflation gekommen zu sein (vgl. Tabelle 8). Gleiches ist für die Landwirtschaft festgestellt worden, die sich zudem ihrer gesamten Hypothekenlast aus der Vorkriegszeit hatte entledigen können, obgleich das Reichsgericht durch die Aufwertung auch hier eine leichte Korrektur erzwang.

Tabelle 8: Funktionelle Verteilung des deutschen Volkseinkommens 1913 und 1925, in %
(Gebietsstand der Nachkriegszeit, ohne Saargebiet)

Einkommensquellen	1913	1925
Land- und Forstwirtschaft	12,5	9,5
Handel und Gewerbe	20,1	18,2
Lohn und Gehalt	45,3	56,3
Kapitalvermögen	12,5	2,0
Vermietung und Verpachtung	2,0	0,9
Renten und Pensionen	3,0	9,2
Sonstiges (unverteiltes Gesellschaftseinkommen, Arbeitgeberbeiträge zur Sozialversicherung etc.)	4,6	3,9
	100,0	100,0

Quelle: Das deutsche Volkseinkommen vor und nach dem Kriege. Bearbeitet im Statistischen Reichsamt. Berlin, 1932, S. 84 (= Einzelschriften zur Statistik des Deutschen Reichs, 24).

Folgen für Lohn- und Gehaltsempfänger

Löhne und Gehälter hatten sich unter den Bedingungen der Geldentwertung im Vergleich zu den Preisen regelmäßig zeitverzögert entwickelt. Während sich so beispielsweise der Lohn eines gelernten Arbeiters mit durchschnittlichem Einkommen Ende 1922 gegenüber 1913 um das 445-Fache, das Gehalt eines Beamten der dritthöchsten Gehaltsgruppe um das 232-Fache erhöht hatte, war der Preis für auf Lebensmittelkarten zu beziehendes Brot um das 538-Fache, der Preis für auf dem freien Markt zu erwerbendes Brot sogar um das 1300-Fache gestiegen. Was die Folgen der Inflation für Lohn- und Gehaltsempfänger betrifft, ist – die Geldentwertung relativierend – eingewandt worden, dass die Einführung des Achtstundentags bei vollem Lohnausgleich eventuelle Einkommensverluste durch die Inflation ausgeglichen habe. Rein rechnerisch mag dies zutreffen; ob zusätzliche Freizeit real aber tatsächlich gegen Geldwertverluste der Arbeitnehmer aufgerechnet werden kann, sei an dieser Stelle dahingestellt. Daneben hat die staatliche Preisbindung für Wohnungsmieten die Ausgaben für das Wohnen während der Hyperinflation gegen null schrumpfen lassen. Das aber hatte wiederum Rationierungen zur Folge und schädigte andererseits Hausbesitzer und Mietwohnungsmarkt gleichermaßen maßgeblich. Hiervon unterschied sich die Lage der Beamten, deren Besoldung als Reaktion auf die Inflation zu Beginn eines Quartals ausbezahlt und so der fortschreitenden Geldentwertung entzogen werden konnte.

Nicht berücksichtigt sind bei alldem allerdings die Nivellierungstendenzen, die sich zwischen jugendlichen und erwachsenen, weiblichen und männlichen, gelernten und ungelernten Lohn- und Gehaltsempfängern vollzogen, sodass für jeden Einzelfall eine individuelle Beurteilung angezeigt ist. Weil die Lohnsteuer unmittelbar bei der Auszahlung der Löhne und Gehälter anfiel, während Unternehmer und Landwirte ihre Einkommensteuer erst geraume Zeit nach der Veranlagung in entwertetem Geld zurückzahlen konnten, darf die große Masse der Arbeitnehmer jedoch als von der Inflation benachteiligt bezeichnet werden. Das wird auch daran deutlich, dass der Anteil der Lohnsteuer am gesamten Einkommensteueraufkommen 1922 real von 56 % auf 93 % anstieg.

Folgen für die Industrie

Auch wenn private Grund-, Haus- und Produktionsmittelbesitzer als Gewinner der Inflation gelten, gab es selbst innerhalb der Industrie Unterschiede. Durch Ausnutzung des niedrigen Diskontzinssatzes und des lange üblichen Verzichts auf eine Entwertungsklausel konnten sich beispielsweise findige Unternehmer und Spekulanten hohe Geldsummen bei der Reichbank leihen, damit Sachwerte erwerben und die Kredite in wenigen Wochen mit entwertetem Geld zurückzahlen. Das bekannteste Beispiel hierfür ist das sich auf alle Wirtschaftsbereiche erstreckende Konglomerat von Hugo Stinnes, der schließlich 1664 rechtlich selbständige Unternehmen mit 4554 Betrieben wahllos aufgekauft hatte. Zu den Gewinnern zählten also vor allem die Unternehmen, die von Finanzierungsgewinnen am Geldmarkt, durch verbilligte Exporte infolge des Wechselkursverfalls, durch übermäßigen Kauf von Rohstoffen und Investitionsgütern sowie von relativ zurückgebliebenen Lohn- und Gehaltskosten hatten profitieren können, und das waren in erster Linie Firmen der Grund-

Verstärkung der vertikalen Konzentration in der Schwerindustrie

stoff- und Produktionsmittelindustrie. In diesen Branchen hatte die Flucht in die Sachwerte zudem den Prozess der Unternehmenskonzentration beschleunigt, der einer Vielzahl kleinerer und mittlerer Unternehmen ihre Unabhängigkeit raubte (vgl. Tabelle 9). Besonders Unternehmen der Schwerindustrie hatten schon vor 1914 die Strategie vertikaler Zusammenschlüsse verfolgt, die durch die Inflation weiter forciert wurde: Durch den Kauf vor- und nachgelagerter Produktionsstufen konnten Verluste der einen Produktionsebene in Krisenzeiten durch Gewinne anderer Ebenen ausgeglichen werden. Was aus betriebswirtschaftlichen Gründen vorteilhaft war, konnte sich volkswirtschaftlich jedoch immer dann negativ auswirken, wenn ein solchermaßen aufgestellter Konzern durch unlauteren Wettbewerb, insbesondere durch Preisdumping, Konkurrenten aus dem Markt drängte und damit die auf Wettbewerb basierende Wirtschaftsordnung der Weimarer Republik in Mitleidenschaft zog. Die vertikalen Zusammenschlüsse erlaubten aber auch eine marktaverse, d.h. krisenverschärfende Preispolitik, was sich während der Weltwirtschaftskrise, als die Preise angesichts massiv zurückgehender Nachfrage hätten sinken müssen, tatsächlich negativ auswirkte.

Tabelle 9: Gliederung der Beschäftigten nach Betriebsgröße, 1882–1925 (in %)

Jahr	Beschäftigte je Betrieb					
	1–5	6–10	11–50	51–200	201–1000	über 1000
	Industrie und Handwerk					
1882	59,8	4,4	13,0	11,8	9,1	1,9
1895	41,8	7,4	17,3	17,4	12,8	3,3
1907	31,2	7,0	19,4	20,8	16,7	4,9
1925	25,4	7,6	20,2	21,8	18,2	6,8
	Bergbau und Salinen					
1882	1,7	0,8	5,9	14,6	44,0	33,0
1895	0,8	0,6	4,0	11,2	36,8	46,6
1907	0,7	0,3	2,5	9,6	28,7	58,2
1925	0,4	0,2	3,6	13,9	23,9	58,0

Quelle: Hoffmann, Walther G./Grumbach, Franz/Hesse, Helmut: Das Wachstum der Deutschen Wirtschaft seit der Mitte des 19. Jahrhunderts. Berlin/Heidelberg/New York, 1965, S. 212.

Konsumgüterindustrie

Infolge der gesunkenen Realeinkommen und der Notlage breiter Bevölkerungskreise gehörten andererseits besonders die Konsumgüterindustrien, die nicht exportorientiert waren und daher auch keine Devisen erwirtschaften konnten, zu den weniger begünstigten Branchen, ebenso wie der Handel, bei dem wiederum der i.d.R. vom Mittelstand geführte Einzelhandel am stärksten von der Geldentwertung betroffen war, weil er sich durch den Charakter seiner wirtschaftlichen Aktivitäten dem Geldwertverfall nicht entziehen konnte.

Substanzverluste bei Banken, Versicherungen und anderen Organisationen

Unter der Geldentwertung litten zudem Parteien und Organisationen wie die Gewerkschaften, deren Mitgliederbeiträge bis zur Wertlosigkeit schrumpften und deren Rücklagen vernichtet wurden. Zu den Verlierern der Inflation müssen vor allem aber Banken und Versicherungen, darunter die Träger der gesetzlichen Sozialversicherung, Betriebskrankenkassen sowie Stiftungen gezählt werden, deren Verluste zum großen Teil aus der Entwertung der übernommenen Reichsschatzwechsel resultierten. So sind Eigenkapital und Reserven der Kreditinstitute durch die Inflation stark vermindert worden (vgl. Tabelle 10), hinzu kam der Verlust an Einlagen und Fremdkapital.

Tabelle 10: Entwicklung des Eigenkapitals verschiedener Bankgruppen in % der Debitoren kurzfristiger Art, 1913–1933

Bankengruppe	1913	1925	1929	1930	1931	1932	1933
Berliner Großbanken	52,0	29,0	16,0	15,0	13,0	12,5	13,0
Sonstige Privatbanken	62,0	39,0	28,0	28,0	33,0	37,0	38,6
Alle Privatbanken	57,4	32,3	20,1	19,6	18,8	19,6	21,5
Staats- und Landesbanken	17,8	23,6	16,5	20,3	18,5	20,5	22,3
Sparkassen	189,1	7,4	12,5	11,9	15,7	20,4	22,6
Gewerbliche Genossenschaftsbanken	33,7	28,9	23,7	24,6	27,3	28,8	30,1
Landwirtschaftliche Genossenschaftsbanken	5,4	11,6	7,7	8,0	7,9	8,4	9,2

Quelle: Henning, Friedrich-Wilhelm: Deutsche Wirtschafts- und Sozialgeschichte in der ersten Hälfte des 20. Jahrhunderts. Teil I: Deutsche Wirtschaftsgeschichte im Ersten Weltkrieg und in der Weimarer Republik 1914 bis 1932. Paderborn/München/Wien/Zürich, 2003, S. 352 (= Handbuch der Wirtschafts- und Sozialgeschichte Deutschlands, Bd. 3/I).

Änderung der Fälligkeitsgliederung von Einlagen

Neben diesem Substanzverlust, der nach der Währungsstabilisierung durch die Hereinnahme kurzfristiger Auslandsgelder ausgeglichen werden sollte, änderte die Inflation aber auch die Fälligkeitsgliederung der Einlagen, was beides eine Ursache für den Zusammenbruch des deutschen Bankwesens während der Weltwirtschaftskrise bilden sollte. Zu den Verlierern der Geldentwertung zählten schließlich zu einem beträchtlichen Teil auch Ausländer, die sich in der Mark engagiert hatten. Immerhin ging die Reparationskommission davon aus, dass sich Ende 1921 noch 36 % aller Einlagen bei deutschen Großbanken in den Händen von Ausländern befanden. In Anbetracht dieser Größenordnung hat Carl-Ludwig Holtfrerich die Verluste des Auslands in ihrer Dimension mit den vom Deutschen Reich zwischen 1919 und 1923 geleisteten Reparationszahlungen gleichgesetzt.

Ausländische Anleger als Inflationsverlierer

Reale Wachstumseffekte mit Vollbeschäftigung oder „Scheinblüte"?

Die Frage nach den wirtschaftlichen Folgen der Inflation tangiert auch die nach dem realen Wirtschaftswachstum, die bis dato ebenso kontrovers diskutiert worden ist wie die der Beschäftigungssituation. Infolge der florierenden Exportwirtschaft und einer starken Nachfrage nach Rohstoffen und Investitionsgütern liegt für manche Historiker die Vermutung starker Wachstumseffekte nahe. Andere charakterisierten das Wachstum in Anlehnung an zeitgenössische Interpretationen eher als Scheinblüte, habe es sich doch um eine Fehlleitung von Kapital, eine Aufblähung der Verwaltungen, fehlende Rationalisierungen mit in der Folge sinkender Arbeitsproduktivität sowie die Gründung von unsoliden Unternehmen gehandelt. Inzwischen tendieren vor allem Ökonomen allgemein dazu, einer Inflation eher negative Einflüsse auf das Wachstum zuzuschreiben: weil eine Geldentwertung die knappheitsbedingten Preisrelationen verzerrt; weil, zumal bei starker Inflation, der Preismechanismus veraltete Informationen übermittelt; schließlich weil die Flucht in die Sachwerte die Preisstruktur weiter verzerrt und knappe Produktionsfaktoren fehlleitet.

‚Vollbeschäftigungsthese' der Inflationsforschung

Die seit 1976 auf Anregung Gerald D. Feldmans und Carl-Ludwig Holtfrerichs forcierte Erforschung des gesamten Inflationsprozesses führte zu weiteren, wenn auch oftmals kontroversen Detailergebnissen. Ausgehend von Ergebnissen zeitgenössischer Forscher wie Costantino Bresciani-Turroni, Frank D. Graham, Friedrich Hesse, und unterstützt durch Forschungen der dem Keynesianismus verpflichteten Ökonomen Karsten Laursen und Jørgen Pedersen, wurde spätestens mit Peter Czada seit 1973 davon ausgegangen, dass die Inflation dem Deutschen Reich nach dem Ersten Weltkrieg eine vergleichsweise niedrige Arbeitslosenquote bei relativ kräftigem Wirtschaftswachstum und damit der Republik angesichts der innenpolitischen Turbulenzen das Überleben ermöglicht habe. Der schließlich von Carl-Ludwig Holtfrerich zugespitzten Beurteilung zufolge resultierte aus der Inflation zumindest bis Ende 1922 Vollbeschäftigung und Wirtschaftswachstum, während sich andere Staaten in einer aus der Umstellung auf den Frieden resultierenden Wirtschaftskrise befanden. Stabilisierungsmaßnahmen, die in der Weltwirtschaftskrise von 1920/21 in England beispielsweise zu einer Arbeitslosenquote von mehr als 20 % führten, hätten demnach im Reich zum Scheitern der ohnehin politisch instabilen Republik geführt.

Phillips-Kurve als theoretische Grundlage

Der ‚Vollbeschäftigungsthese' liegt der empirisch ermittelte langfristige Zusammenhang der Veränderung der Preissteigerungsrate und der Arbeitslosenquote durch den Engländer Alban William Phillips zugrunde. Phillips publizierte 1958 seine Beobachtung, dass mit zunehmender Preissteigerungsrate abnehmende Arbeitslosigkeit einhergeht, unter dem Begriff der Phillips-Kurve. Damit schien sich den Zeitgenossen zur Hochzeit des Keynesianismus eine Wahlmöglichkeit zwischen Arbeitslosigkeit und Inflationsrate zu bieten, die auch in dem bekannten Ausspruch des seinerzeitigen Bundeskanzlers Helmut Schmidt, ihm seien 5 % Inflation lieber als 5 % Arbeitslosigkeit, vorausgesetzt wurde. Wegen ihrer wirtschaftspolitischen und theoretischen Bedeutung wurde die sich in der Phillips-Kurve ausdrückende Beziehung in der Folge recht häufig empirisch überprüft, mit wechselndem, doch eher zweifelhaftem Erfolg.

These Carl-Ludwig Holtfrerichs

Auf dieser Grundlage stellte dann Holtfrerich 1980 explizit einen anschließend nicht hinterfragten, aber weitgehend übernommenen kausalen Zusammenhang zwischen inflationärer Entwicklung und positiver Gestaltung des reichsdeutschen Arbeitsmarkts bis 1923 her. Wie das folgende, auf Holtfrerich zurückgehende Schaubild 10 zeigt, verhielten sich die Arbeitslosenzahlen demnach invers funktional zu den Großhandelspreisen: Fielen die Großhandelspreise, stieg die Arbeitslosenquote; beschleunigte sich der Preisverfall, gingen die Arbeitslosenzahlen zurück. Dieser Mechanismus funktionierte knapp drei Jahre; die im Anschluss daran unkontrollierbar gewordene Hyperinflation habe dann aber nicht zuletzt wegen ihrer katastrophalen Folgen auf dem Arbeitsmarkt einen Währungsschnitt unumgänglich gemacht.

Schaubild 10: Preisentwicklung und Arbeitslosenquote im Deutschen Reich, 1919–1922

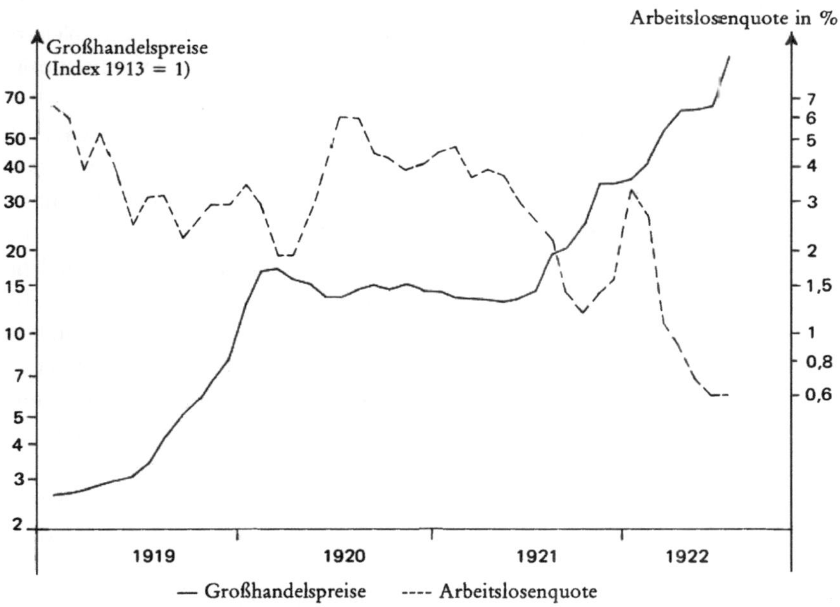

Quelle: Holtfrerich, Carl-Ludwig: Die deutsche Inflation 1914–1923. Ursachen und Folgen in internationaler Perspektive. Berlin/New York, 1980, S. 198.

Problematische Datenauswahl

Als Beweis für die positiven Wirkungen der Inflation auf den Arbeitsmarkt sind in diesem Zusammenhang statistische Angaben über die Arbeitslosigkeit unter Mitgliedern der Gewerkschaften und der Facharbeiterverbände herangezogen worden. Diese Angaben für das Deutsche Reich schienen sogar mit Zahlen über die unterstützten Erwerbslosen sowie über die Entwicklung von Belegschaften in ausgewählten Industriebetrieben zu korrespondieren. Unberücksichtigt blieb bei dieser Analyse jedoch, dass längst nicht alle Arbeitslose Erwerbslosenfürsorge erhielten und dass der Kreis der Unterstützungsempfänger infolge von Gesetzesänderungen stark fluktuierte. Zudem steht die mit rein quantitativen Methoden gewonnene Vollbeschäftigungsthese in krassem Widerspruch zu qualitativen Quellenaussagen. Zur Überprüfung der bis dahin gewonnenen Forschungsergebnisse bot sich deshalb die Analyse von Daten lokaler, strukturell jedoch sehr unterschiedlicher Verwaltungseinheiten an.

Revision der Vollbeschäftigungsthese

Auf dieser Grundlage konnte Heike Knortz dann 1997 nachweisen, dass es im Deutschen Reich nach dem Ersten Weltkrieg keine Vollbeschäftigung gegeben hat und dass die Entwicklung auf dem Arbeitsmarkt in keinem direkten Zusammenhang mit der Geldentwertung stand. Vielmehr wurden die Strukturen des Arbeitsmarkts zu Beginn der Weimarer Republik maßgeblich durch eine zunehmend repressiver ausgestaltete Gesetzgebung während der Demobilmachungszeit bestimmt, durch die ganze Personengruppen, wie die der weiblichen Erwerbslosen oder der Langzeitarbeitslosen, systematisch ihrer Unterstützungsansprüche entledigt worden sind. Wer jedoch keine Erwerbslosenfürsorge erhielt, ging auch nicht als Erwerbsloser in die Statistik ein. Ohne die Langzeitarbeitslosen, die Arbeitsuchenden, die mit Notstandsarbeiten Beschäftigten und die Kurzarbeiter zu berücksichtigen, verschleierte die offizielle Statistik für die Reichsebene damit das wahre Ausmaß der Arbeitslosigkeit. Die Arbeitslosen, die reichsgesetzlich nicht fürsorgeberechtigt waren, erhielten jedoch Leistungen aus dem Bereich der kommunalen Wohlfahrtspflege, ohne dass sich die Arbeitslosigkeit dadurch vermindert hätte. Die Arbeitslosigkeit beispielsweise in Frankfurt am Main übertraf die Zahl der Erwerbslosenfürsorgeempfänger schätzungsweise um rund 200 %. Anstatt um Arbeitslosenquoten von nur 2,2 % im September 1919 oder von unter einem Prozent das halbe Jahr 1922 hindurch hätte es sich dann um Quoten von mehr als 11 % in den Jahren 1919 und 1920, von mehr als 8 % 1921 und immerhin noch mehr als 4,5 % für das Jahr 1922 auf Reichsebene gehandelt. Auch in Anbetracht zeitgenössischer Überlieferung kann also von einer durch die Inflation hervorgerufenen Vollbeschäftigung im Deutschen Reich keine Rede sein, auch wenn die Hyperinflation ab 1922 auf eine zunehmende Beschäftigung hingewirkt hat.

Politische Folgen der Inflation

In der älteren Forschung war es gängig, den Mittelstand pauschal zu den Verlierern der Inflation zu zählen und seine Anfälligkeit für rechtsradikale politische Tendenzen mit seiner durch die Inflation hervorgerufenen Proletarisierung zu begründen. Neuerdings wird stärker auf die sozialpsychologischen Auswirkungen der Inflation rekurriert, mit der in den bürgerlichen und bäuerlichen Mittelschichten das Gefühl der Sicherheit verloren gegangen sei. So hat sich das bürgerlich-liberale Sozialmilieu nach Ursula Büttner durch die Vernichtung des finanziellen Rückhalts in Verbindung mit der Bedrohung seines gesellschaftlichen Rangs und der Werteordnung weiter aufgelöst und sich wirtschaftlichen Interessenparteien oder der DNVP zugewandt.

Rechtswendung der Mittelschichten

Laut Büttner ist diese Rechtswendung der Mittelschichten bereits bei der Wahl Hindenburgs zum Reichspräsidenten 1925 zum Tragen gekommen. Allerdings ist nach wie vor keine gesicherte Aussage darüber zulässig, inwiefern die Geldentwertung und die ihr folgende, für die Betroffenen enttäuschende Aufwertung den Übergang der Mittelschichten in das Lager der Nationalsozialistischen Deutschen Arbeiterpartei (NSDAP) bewirkt haben.

Auswirkungen auf die DDP

Larry Eugene Jones betrachtet den gewaltigen Rechtsrutsch bei den beiden Reichstagswahlen im Jahr 1924 zunächst als eine unmittelbare Folge der Inflation. Darüber hinaus aber sieht er die Inflation als einen Prozess, der die Auflösungstendenzen im deutschen, besonders im bürgerlichen Parteienlager langfristig erheblich verstärkte. Seine Thesen untermauert Jones durch die Analyse zweier bürgerlicher Parteien, der Deutschen Demokratischen Partei (DDP) und der Deutschnationalen Volkspartei (DNVP). Die DDP war von den Auswirkungen der Inflation auf Parteiorganisation und Parteifinanzen am schwersten betroffen. Nach demokratischen Prinzipien organisiert und finanziert, beanspruchte sie als bürgerliche Massenpartei, die verschiedenen Sozial- und Berufsgruppen der Mittelschicht zu repräsentieren. Die Inflation machte der DDP aber nicht nur eine langfristige Finanzierung des Parteiapparats, also beispielsweise hauptamtlicher Funktionäre oder auch Werbekampagnen, unmöglich, sondern ließ auch die finanzielle Basis der die DDP unterstützenden Berufsgruppen erodieren.

Auswirkungen auf die DNVP

Im Fall der bis zum Aufstieg der NSDAP am äußersten rechten Rand des politischen Spektrums stehenden DNVP verhielt es sich völlig anders. Als Reaktion und Protest auf ihre zunehmende Verarmung hatten sich die durch die Inflation Geschädigten seit Mitte 1922 zu Interessenvereinigungen wie dem Bund gegen Wucher und Teuerung oder dem Hypothekengläubiger- und Sparer-Schutzverband zusammengeschlossen. Eine Vielzahl solcher Organisationen strebte in erster Linie eine Aufwertung der Privatschulden, Industrieobligationen und öffentlichen Anleihen an, die durch die Inflation völlig entwertet oder mit bereits entwertetem Geld zurückgezahlt worden waren. Bei den Reichstagswahlen im Dezember 1924 traten sogar zwei neue Parteien, die Deutsche Aufwertungs- und Aufbaupartei sowie die Aufwertungs- und Wiederaufbau-Partei an, die immerhin 81.888 bzw. 34.168 Stimmen auf sich vereinigen konnten. Für diese Reichstagswahlen war es der Führung des Hypothekengläubiger- und Sparer-Schutzverbands zudem gelungen, eigene Kandidaten auf der Liste der Deutschnationalen Volkspartei zu platzieren. Die DNVP, die bereits bei den Maiwahlen 1924 die Aufwertungsfrage politisch für sich hatte nutzen können, steigerte so ihren Stimmenanteil um eine halbe Million. Allerdings bediente sie bei der endgültigen Aufwertungsregelung die Interessen ihrer traditionellen Klientel, was zum offenen Bruch zwischen der Partei und den Aufwertungsorganisationen führte, die sie bei den Reichstagswahlen unterstützt hatten.

Gründung der Volksrechtspartei

Ein erneuter Versuch, die zahlreichen Aufwertungsorganisationen im ganzen Reich zu vereinen, mündete im August 1926 in der Gründung der Reichspartei für Volksrecht und Aufwertung (Volksrechtspartei), die bei den Reichstagswahlen vom 20. Mai 1928 einen Stimmenanteil von 480.000 auf sich vereinigen konnte. Nach eigener Schätzung verlor allein die DNVP infolge ihrer inkonsequenten Haltung in der Aufwertungsfrage rund 450.000 Stimmen direkt an die Volksrechtspartei. Die Volksrechtspartei blieb zwar ohne dauerhaften parlamentarischen Einfluss, allerdings sieht Jones in ihr letzten Endes den Vermittler zwischen unzufriedenen und entwurzelten Wählern der deutschen Mittelschicht und den traditionellen bürgerlichen Parteien, anschließend aber auch der NSDAP. Hierfür spreche jedenfalls, dass die Inflation antikapitalistische Ressentiments innerhalb der Mittelschichten konkretisiert und intensiviert habe und die von den verschiedenen Aufwertungsorganisationen und -parteien entsprechend artikulierten Ansätze schließlich in der nationalsozialistischen Propaganda einen immer stärkeren Niederschlag gefunden hätten.

Mentale Folgen der Inflation

https://doi.org/10.36198/9783838557328-m05

https://doi.org/10.36198/9783838557328-m06

Eine Inflationsrate, die bereits im Jahr 1922 um 1000% betrug, zuletzt in unermessliche Höhen stieg und dem Geld nur noch in Form von wachsenden Ballen einen gewissen Wert gab, hatte nicht zuletzt massive Auswirkungen auf das tägliche Leben (M5). Die meisten Menschen waren im Alltag schlicht damit beschäftigt, sich das Notwendigste für das Überleben zum Teil sogar auf illegale Weise zu beschaffen. Über die psychische Zermürbung, die mit dem täglichen Daseinskampf verbunden war, als beispielsweise der Einzelhandel auf dem Höhepunkt der Hyperinflation den Verkauf von Lebensmitteln rationierte, weil nun alle ihr Geld so schnell wie möglich loswerden wollten und lagerfähige Lebensmittel wie Graupen, Grieß, Bohnen oder Linsen zu hamstern begannen, berichtete schon die Berliner Illustrierte Zeitung am 26. August 1923 anschaulich unter dem Titel „Überreizte Nerven" (M6).

Tabelle 11: Preise wichtiger Lebensmittel und Bedarfsgegenstände 1914–1924 in Mark (jeweils Mitte des Jahres)

	Brot	Rindfleisch	Eier	Milch	Kartoffeln	Kernseife	Herrenanzug
	1 kg	1 kg	10 Stck.	1 Liter	50 kg	1 kg	
1914	0,26	1,80	0,80	0,23	4,50	0,68	55,00
1915	0,39	2,32	1,77	0,22	4,05	1,52	82,50
1916	0,40	4,34	2,60	0,30	7,50	2,60	140,00
1917	0,38	3,77	3,10	0,30	8,00	4,00	220,00
1918	0,45	3,70	3,10	0,38	10,00	–	357,00
1919	0,53	4,68	3,40	0,55	12,00	–	550,00
1920	2,50	17,60	8,00	1,70	28,00	33,30	1.300,00
1921	2,50	24,00	16,00	2,25	48,00	10,00	1.375,00
1922	7,30	100,00	49,00	8,80	170,00	280,00	3.500,00
1923	200.000	840.000	500.000	116.800	5.500.000	11.500	1.750 Mio.
1924	0,35	1,40	2,00	0,34	6,00	1,40	95,00

Quelle: Rittmann, Herbert: Deutsche Geldgeschichte seit 1914. München, 1986, S. 541f.

Vergleichbar war die Situation für Unternehmen. So erforderte die betriebliche Buchhaltung zusätzliche, unproduktive Tätigkeiten, Banken mussten ihr Personal aufstocken, um der Rechnung mit Ziffern in astronomischer Höhe nachkommen zu können, und auch die Schlangen im Einzelhandel beruhten nicht zuletzt auf zeitraubenden Rechen- und Zählverfahren, bei denen riesige Bündel Papiermark gezählt sowie Notgeldscheine geprüft, sortiert und addiert werden mussten. Zudem wurden die am Dollar ausgerichteten Preise ständig, im Herbst 1923 mehrmals am Tag nach oben korrigiert, sodass eine Tasse Kaffee im Café zwischen Bestellung und Zahlung um 3000 M im Preis gestiegen sein konnte. Nach Geschäftsschluss trugen die Einzelhändler ihre Tageseinnahmen in Waschkörben oder Kinderwagen zur Bank, wo große Unternehmen das für Lohnzahlungen vorgesehene Papiergeld in Ballen auf Lastkraftwagen oder Pferdefuhrwerke zum Abtransport verluden. Als der Erwerb neuer Ware mit den entwerteten Erlösen aus dem Ladenverkauf nicht mehr möglich war, blieben immer mehr Läden geschlossen. Zunächst auf dem Land verbreitet, erhielt der Naturaltausch schließlich auch in der Stadt Einzug (vgl. Abbildung 3).

Abbildung 3: Tauschhandel

Quelle: Ostwald, Hans: Sittengeschichte der Inflation. Ein Kulturdokument aus den Jahren des Marksturzes. Berlin, 1931, S. 114; Foto: Atlantic, Berlin.

„Ausverkauf" Deutschlands

Gleichzeitig machten sich Ausländer den Wertverfall der deutschen Währung und die Not verarmender Angehöriger der Mittel- und Oberschicht zunutze. So gingen nicht nur Beteiligungen an Betrieben und Grundbesitz, sondern auch Kunstgegenstände und Antiquitäten in ausländische Hände über, sodass der „Ausverkauf Deutschlands" beklagt wurde, wie beispielsweise in der „Sittengeschichte der Inflation" von Hans Ostwald:

> Die Ausländer konnten sich ja alles leisten. Sie kauften auch alles: die nordischen Ausländer und die aus dem Fernen Osten, Japaner und Chinesen, bevorzugten besonders die Literatur und medizinische Instrumente. Hier tauchten Professoren aus dem Osten auf, die mit riesigen Bücherkisten heimfuhren. Araber und Türken sowie Inder kauften besonders Stahlwaren, Wertgegenstände aus Edelmetall und Textilwaren auf. Mit Porzellan entwickelte sich ein wilder Handel. Die geschickten deutschen Kaufleute verkauften zwar häufig nur gegen Dollar und gegen sofortige Zahlung. Aber sie mußten doch meistens hinterher erfahren, daß sie weit unter dem Weltmarktpreis verkauft hatten – und in den nächsten Tagen nicht wieder die verkaufte Ware für den Erlös ins Lager bekommen konnten. Zwar waren fast auf allen Gebieten, in allen Handelszweigen die Berechnungen zerstört. Wer verkauft hatte, konnte

> oft auch auf ebensolche Weise wieder kaufen. Aber letzten Endes hatten alle verloren. Und schließlich wollte keiner mehr kaufen und verkaufen. An der Wende der Inflation, als die Stabilisierung einsetzte, gab es z. B. in den wenigsten Fleischerläden Ware. Oder sie war gewaltig überteuert. Das Fleisch kostete plötzlich das Drei- bis Sechsfache in Goldmark. Das schreckte die Ausländer aus ihrem paradiesischen Taumel auf.

https://doi.org/10.36198/9783838557328-m07

Auch Ernest Hemingway, der 1921 bis 1927 als Journalist in Paris lebte, beschrieb den von den Zeitgenossen immer wieder beklagten „Ausverkauf" Deutschlands in seinem Artikel „Crossing to Germany is Way to Make Money" (M7) für den Toronto Daily Star. Eindringlich schilderte er darin seine Eindrücke von den Auswirkungen der deutschen Inflation im kleinen Grenzverkehr, den Gewinnern und Verlierern sowie von den durch die Inflation hervorgerufenen sozialen Verwerfungen, mit denen er bei einem Besuch der an der Grenze zu Strasbourg gelegenen deutschen Stadt Kehl in Kontakt kam.

Spekulanten und „Raffkes"

Aber auch inländische „Raffkes" kauften preiswert Bunt- und Edelmetalle, Wohnungseinrichtungen, Häuser, Grundstücke, Betriebe usw. auf, um sie möglichst gewinnbringend weiterzuverkaufen. Nicht umsonst ist die Bezeichnung „Raffke", die einen in kurzer Zeit zu Reichtum gekommenen Menschen abwertend als raffgierig charakterisiert, in Berlin um 1920 wenn nicht gebildet, so doch jetzt zumindest massenhaft gebraucht worden. Spekulation und „Geldraffen" beherrschten dabei nicht nur gewerbliche Wirtschaft und privatwirtschaftlichen Handel, sondern auch weite Teile der Bevölkerung. Die Sachwerte stammten in aller Regel aus Haushalten von Rentiers, Ärzten, Rechtsanwälten, Privatgelehrten, Künstlern und Schriftstellern, also all derer, die keiner sozialversicherungspflichtigen Beschäftigung nachgingen und für ihre und ihrer Familie Altersversorgung Geld privat angelegt hatten. Diese einst wohlhabenden und hoch angesehenen Bürger sahen sich nun in den Stand des Fürsorgeempfängers versetzt, der sich zum Überleben in die Schlange vor der städtischen Notküche einreihen musste.

Ärgernis erregender Luxus und Schlemmerei

Während unzählige Menschen mit großen Geldscheinen in der Tasche in existenzielle Notlagen gerieten, weil beispielsweise Renten- oder Lohnanpassungen der Geldentwertung hinterherliefen, das langjährig Ersparte aufgebraucht, Silber, Antiquitäten und Gemälde bereits verkauft waren, gelangten hart am Rand der Legalität agierende Devisenspekulanten und Warenschieber ohne große Mühe zu raschem Wohlstand. Ihn stellten sie in den Städten in unverschämter Weise zur Schau, korrumpierten damit die traditionellen Tugenden von Arbeit, Sparsamkeit und Ehrlichkeit und verdrängten den seriös kalkulierenden Kaufmann. Dementsprechend befassten sich Reichsrat und Reichsregierung nicht zuletzt auf Initiative Bayerns zur Zeit der Hyperinflation mehrmals mit Maßnahmen, die dem Ärgernis erregenden Luxus, der um sich greifenden Völlerei und Schlemmerei, der Vergeudung lebenswichtiger Grundstoffe zur Herstellung reiner Genussmittel sowie der zunehmenden Umwandlung von Wohn- und gewerblichen Räumen in Luxusgaststätten entgegenwirken sollten (M8).

https://doi.org/10.36198/9783838557328-m08

Abbildung 4: Karl Arnold, Papiergeld! Papiergeld! Brot! Brot!

Quelle: Simplicissimus, 28. Jg., Nr. 11, 11. 6. 1923, S. 140. Bereitgestellt durch Klassik Stiftung Weimar.

Inflation hinterlässt traumatisierte Gesellschaft

Im Kampf um das tägliche Überleben war allerdings fast jeder gezwungen, Gesetze zu übertreten, beispielsweise jenes zur Regelung des Devisenverkehrs, das die Verwendung ausländischen Gelds bei Inlandsgeschäften untersagte, oder das Verbot des Schwarzhandels. Die Gesetzestreue der Deutschen ging spätestens 1923, dem Jahr mit der höchsten Kriminalität und zugleich der höchsten Zahl der Vermögensdelikte in der deutschen Kriminalstatistik, buchstäblich in die Brüche. Bei Bahn und Post stiegen die Diebstähle von Sendungen und Staatsdiener wurden bestechlich. Das Erleben der Hyperinflation mündete laut Jürgen von Kruedener neben der Neigung zu politischer und sozialer Gewalt nicht selten in Auswanderung, Selbstmord, Drogensucht oder im Zulauf zu religiösen Sekten und okkultistischen Zirkeln und hinterließ eine traumatisierte Gesellschaft. Hinzu kamen die allgemeine Spielwut und das verbreitete Spekulationsfieber vieler Menschen, die nicht selten in verbotenen Glücksspielen und Lotterien endeten. Es stieg die Zahl der in Privatwohnungen versteckten illegalen Etablissements, und besonders in Berlin und anderen größeren Städten entstand eine ganze Industrie geheimer Nachtlokale, die im Dunstkreis von Glücksspiel, Devisen, Drogen, Nepp und Nackttänzerinnen den Normenverfall bürgerlicher Moral anzeigten.

Abbildung 5: Nachtleben – „Man betäubt sich“

Quelle: Ostwald, Hans: Sittengeschichte der Inflation. Ein Kulturdokument aus den Jahren des Marksturzes. Berlin, 1931, S. 144; Foto: Keystone, Berlin.

Hans Falladas „Wolf unter Wölfen“

Hans Fallada hat in seinem 1937 erschienen Zeitroman „Wolf unter Wölfen“ die unterschiedlichsten Facetten der Lebensbedingungen zur Zeit der Hyperinflation festgehalten: „Der Ober setzt das Glas Bier hin. Zwanzig Millionen! Sagt er unhöflich. Zwanzig Millionen! Entrüstet sich der Dicke. Was habt ihr denn hier für Helles –?! Überall kostet es dreizehn Millionen. Seit heute Mittag. Der Dollar kommt jetzt mit 242 Millionen!“ Fallada beschreibt in diesem Drama nicht nur eindringlich die sich nach dem täglich ändernden Dollarkurs richtenden Preise, er erzählt auch von den aus dem Verkehr verschwundenen Geldmünzen, davon, dass man in den Taschen der Verhungerten Tausendmarkscheine gefunden hat, der ärmste Stromer auf der Landstraße ein Millionär gewesen ist, und zeigt die banalen und kuriosen, sich mit fortschreitender Hyperinflation ergebenden Probleme des Papiergeldmangels und der Rechenprobleme plastisch auf:

> Er rechnet für einen Arbeiter irgendeinen Wochenlohn aus, genau nach dem Tarif, so und so viel Millionen und Milliarden – aber er kann ihm das Geld nicht geben! Es gibt nicht genug Millionen- und Milliardenscheine, Pagel muß irgendeinen großen Schein nehmen, einen von diesen Dreckscheinen über einhundert oder zweihundert Milliarden Mark. Er ruft vier Mann heran: So, faßt jeder einen Zipfel an, er gehört euch gemeinsam. Es ist zwar ein bißchen zuviel, ich weiß nicht genau, zwei oder drei Milliarden, aber nun ab mit euch in die Stadt! Kauft gemeinsam ein, ihr müßt euch irgendwie einigen. Meinethalben schimpft auf mich – ich kriege kein anderes Geld mehr.
> Schön, sie gehen schließlich, sie kaufen gemeinsam ein. Sie finden einen Kaufmann, der ihnen den Schein wechselt. Aber wo findet er, wo findet Wolfgang Pagel einen Mann,

> der seine Kasse stimmend macht? Oh, er ist ein großer Mann, er bekommt wöchentlich ein Gehalt von zwei und einem halben Zentner Roggen – aber so viel fehlt regelmäßig in seiner Kasse! [...]
> Pagel stützt den Kopf in die Hand, sie kotzt ihn an, diese Zahlenwildnis. Es steckt etwas so Unsauberes darin, dieses Prunken mit immer astronomischeren Zahlen! Jeder kleine Mann ein Millionär – aber verhungern werden wir Millionäre alle noch! Die Zahlen wachsen – das Elend wächst auch. [...] Jetzt sollen bald die Billionenscheine kommen – eine Billion sind tausend Milliarden – höher geht's dann nicht mehr!

Der Leser begegnet bei Fallada auch Förster Kniebusch, eigentlich schon Rentner, dessen in vierzig Dienstjahren zusammengekratzte 7000 M einen Lebensabend im eigenen Häuschen hatten sichern sollen, dessen entwertetes Sparbuch und wertlos gewordene Zinseinkünfte aus einer Hypothek jedoch zum weiteren Verrichten des Dienstes zwingen. Und während in einem Teil Berlins gegen Devisen grüner Spargel aus Italien, Artischocken aus Frankreich, Mastgänschen aus Polen, Helgoländer Hummer, Mais aus Ungarn, englische Jams, selbst Kaviar aus Russland zu erwerben sind, versammelt sich in anderen Gegenden das völlig verarmte, bettelnde, rauschgiftsüchtige, sich prostituierende Elend der Stadt:

> Fast Mann an Mann standen sie an den Hauswänden und auf dem Rande des Gehsteigs: Händler, Bettler, Dirnen. Junge Leute klappten Handkoffer auf, in denen geschliffene Parfumflaschen sanft glänzten. Hosenträger schwenkte ein anderer, johlend, schreiend. Eine Frau, zottig und schmierig, hantierte mit endlos langen, schimmernden Seidenstrümpfen [...]. Ein Schupo kam in Sicht, verdrossen schauend unter seinem lackierten Landwehrtschako. Pro forma wurden die Koffer zugeklappt und waren schon wieder offen, kaum war er zwei Schritte weiter. An den Hauswänden saßen, hockten, lagen Bettler, alles Kriegsverletzte, glaubte man den Schildern, die sie trugen. Doch waren so junge darunter, daß sie im Kriege noch zur Schule gegangen sein mußten, und Greise, die sicher schon vor dem Kriege invalide gewesen waren. Blinde plärrten trostlos monoton, Schüttler schüttelten Kopf oder Arme, Wunden waren zur Schau gestellt, schreckliche Narben leuchteten feurig aus einem grauen, schuppigen Fleisch.
> Aber am schlimmsten waren die Mädchen. Überall strichen sie herum, riefen, flüsterten, hängten sich bei jedem ein, liefen mit, lachten. Manche waren weit entblößt, daß es kaum erträglich war. Ein Markt von Fleisch – fettem, weißem, von Likören aufgeschwemmt; und hagerem, dunklem, das die scharfen Schnäpse verbrannt zu haben schien. Aber am schlimmsten waren die völlig Schamlosen, die fast Geschlechtslosen: die Morphinistinnen mit dem scharfen Stecknadelkopf der Pupille, die Schnupferinnen mit der weißen Nase, und die Kokainspritzerinnen mit den Schreistimmen aus hemmungslos zuckenden Gesichtern. Sie wippten umher, sie schlenkerten ihr Fleisch in den weit ausgeschnittenen oder raffiniert durchbrochenen Blusen. [...] Sie tauschten ungeniert ihre Bemerkungen über die vorübergehenden Männer, warfen sich Zoten über die Straße zu, und ihre gierigen Augen suchten in der langsam an ihnen vorübertreibenden Menge die Ausländer, in deren Taschen Devisen zu erhoffen waren.

Den alten Diener Elias lässt Fallada, im Glauben an eine bessere Zukunft, Tausendmarkscheine aus der Friedenszeit aufkaufen, darauf vertrauend, dass sie entsprechend dem

Versprechen auf dem Schein selbst, der in seinen Augen „richtiges" Geld repräsentiert, gegen Gold von der Reichsbank eingelöst werden. Und er zeigt schließlich auf eine Währungsreform spekulierende, gewitzte Akteure, die den kurzzeitig tatsächlich diskutierten Plan einer an Roggen gekoppelten Währung vorwegnehmen:

> Es stellt sich nun heraus, daß in der Stadt Frankfurt an der Oder ein wahnsinniger Mensch lebt, der bereit ist, morgen den ganzen Pachtbetrag in schönsten Scheinen zur Verfügung zu stellen, wenn sich die Gutsverwaltung Neulohne verpflichtet, ihm im Dezember dafür tausend Zentner Roggen zu liefern.
> Aber der Mann ist doch wahnsinnig! ruft Frau von Prackwitz verblüfft aus. Er kann doch morgen dreitausend Zentner für sein Geld haben!
> Das habe er zuerst auch gemeint, gibt Herr von Studmann zu. Aber die Sache sei doch die, daß der Mann, ein reicher Fischhändler übrigens, seine dreitausend Zentner Korn morgen oder in einer Woche wieder nur in Papiergeld umtauschen könnte. Jeder aber fliehe heute das Papiergeld, suche es in einer Ware anzulegen, deren Wert beständig sei, und so sei dieser Mann wohl auf das Korn geraten.
> Aber wie kann er wissen, daß es im Dezember anders sein wird? rief Frau von Prackwitz.
> Das kann er natürlich nicht wissen. Er hofft es, er glaubt es, er spekuliert darauf. Es hat in Berlin vor einiger Zeit Verhandlungen gegeben, eine neue Währung soll geschaffen werden. Schließlich kann es ja nicht ewig so weitergehen mit dem Abrutschen der Mark. Man streitet sich über Roggengeld oder Goldgeld. Der Mann denkt wohl, wir haben im Dezember die neue Währung.

Geldentwertung wird zum kollektiven Trauma der Deutschen

Noch in der Weimarer Republik, während der Weltwirtschaftskrise, bestimmte die Angst vor einer neuen Inflation die Wirtschafts- und Finanzpolitik dermaßen, dass die dadurch hervorgerufene Parallelpolitik die nunmehrige Deflation verstärkte. Zusammen mit der Inflationserfahrung zwischen 1945 und 1948 grub sich das Trauma der Großen Inflation in das kollektive Gedächtnis der Deutschen ein, das deutsche Lebensversicherer noch um die Jahrtausendwende in ihre strategischen Überlegungen einbeziehen müssen. Wahrscheinlich gibt es keine andere postindustrielle Gesellschaft auf der Erde, die so von der Angst vor einer Inflation geplagt wird wie die deutsche. Sie ist der Grund, weshalb die Deutsche Mark nach 1948 zu einer der wertbeständigsten Währungen der Welt wurde. Die Wahrung der Geldwertstabilität, jahrzehntelang erstrangige Aufgabe der Deutschen Bundesbank, fand nicht zuletzt deshalb Aufnahme in die Artikel des EG-Vertrags über Ziele und Aufgaben der Europäischen Zentralbank. Sie wurde von bundesdeutscher Seite zur Voraussetzung für die Einführung des Euro auch in der Bundesrepublik Deutschland gemacht. Der britische Historiker Frederick Taylor, der mit seiner 2013 erschienen Monografie „The Downfall of Money" die Inflation zum ‚roten Faden' historiografischer Erzählung machte, hat insofern auch den europäischen Konflikt um die griechische Staatsschuldenkrise in den Jahren nach 2010 mit dem Inflationstrauma der Deutschen erklären können.

Faktencheck „Die Währungsreform und die Folgen der Inflation“

- ✔ Es kommt zu einer Stabilisierung der Währung 1923/24 durch die Verminderung der Geldmenge, das Verbot der Staatsfinanzierung und eine beschränkte Kreditvergabe an die Privatwirtschaft.
- ✔ Die an der Geldwertstabilität ausgerichtete Währungsreform führt für Gläubiger zu enttäuschender Aufwertung privater, aber auch staatlicher Schuldverhältnisse.
- ✔ Aufwertungsorganisationen/-parteien werden zu Transmissionsriemen in das rechte Parteienspektrum.
- ✔ Die Inflation bevorzugt die Einkommensteuer nachgelagert entrichtende Unternehmen und Landwirte gegenüber den einem sofortigen Lohnsteuerabzug unterliegenden Arbeitnehmern.
- ✔ Die These von der Vernichtung des Mittelstands ist nicht haltbar.
- ✔ Inflationsbedingte Verluste bei Finanzinstituten sowie die Änderung der Fälligkeitsgliederungen sind die Ursache für den Zusammenbruch des deutschen Bankwesens während Weltwirtschaftskrise.
- ✔ Die durch die Inflation verstärkte Konzentration in den Grundstoff- und Produktionsgüterindustrien erlaubt später eine die Weltwirtschaftskrise verschärfende Preispolitik.
- ✔ Die Inflation ist eine Zeit des „Ausverkaufs“ sowie der „Scheinblüte“ ohne Vollbeschäftigung.

5

Die wirtschaftliche Demobilmachung

Schlüsseldokument: Die Vereinbarung zwischen Arbeitgeber- und Arbeitnehmerverbänden über die wirtschaftliche Demobilmachung vom 5. November 1918

Bereits während des Ersten Weltkriegs, im Zusammenhang mit dem Vaterländischen Hilfsdienstgesetz, war es zu einer bis dahin undenkbaren Annäherung zwischen Unternehmerverbänden und Gewerkschaften gekommen. Um in einem letzten Kraftakt alle Reserven für die Kriegsführung mobilisieren zu können, war neben anderem die Einschränkung der verfassungsrechtlich garantierten Freizügigkeit – und damit der freien Wahl des Arbeitsplatzes – geplant gewesen. Durch die Schlüsselstellung, die die Arbeiterschaft in der dringend auf Soldaten ebenso wie auf Arbeitskräfte angewiesenen Kriegswirtschaft erlangt hatte, konnte ein solches Gesetz nun jedoch nicht mehr gegen sie durchgesetzt werden. Deshalb bestanden die Freien Gewerkschaften, vertreten u. a. durch Carl Legien, auf entsprechenden Gegenleistungen für ihre Zustimmung zu diesem Gesetz. Bei ihren Forderungen wurden sie von gemäßigten Industriellen, aber auch besonnenen Militärs und Politikern unterstützt. Mit dem am 5. Dezember 1916 in Kraft getretenen, in seinen Auswirkungen auf die Arbeitnehmerschaft abgemilderten Hilfsdienstgesetz erfolgte deshalb zugleich die Anerkennung der Freien Gewerkschaften als rechtmäßige Vertretung der Arbeiterschaft und ihre Gleichstellung mit den Arbeitgeberverbänden. Durch diese machtpolitische Aufwertung, durch weiterhin vorgesehene Arbeiterausschüsse oder auch den Übergang zum Schlichtungswesen sollte das Gesetz über seine unmittelbar kriegswirtschaftliche Bedeutung hinaus eine Wende in der deutschen Sozialgeschichte markieren.

Dennoch konnten die mit dem Hilfsdienstgesetz verbundenen kriegswirtschaftlichen Anforderungen nicht erfüllt werden, blieben trotz der totalen wirtschaftlichen Mobilmachung Stahl- und Munitionsproduktion hinter den Forderungen der Obersten Heeresleitung zurück und die militärischen Erfolge aus. Als in dieser Situation auch noch ein revolutionärer, gegen das kapitalistische System gerichteter Staatsumsturz samt Bedrohung des freien Unternehmertums in den Bereich des Möglichen rückte, suchten schließlich auch die – sich bis dahin zurückhaltenden – Vertreter der Schwerindustrie das Gespräch mit den Gewerkschaften. Bereits am 5. November 1918 verabredeten Arbeitgeber- und Arbeitnehmervertreter unter Ausschluss der „gelben", wirtschaftsfreundlichen Gewerkschaften deshalb eine Arbeitsgemeinschaft und einigten sich auf ein Demobilmachungskonzept (M9), dem noch von der kaiserlichen Regierung in unveränderter Form zugestimmt wurde. Der so organisierten wirtschaftlichen Demobilmachung sollte eine tragende Rolle bei der grundsätzlichen Entscheidung über die Wirtschaftsordnung der neuen Republik zukommen.

https://doi.org/10.36198/9783838557328-m09

Revolution vor der Revolution: das Stinnes-Legien-Abkommen

Ziele von Industrie und Gewerkschaften

Hatten zuvor insbesondere Wirtschaftsführer aus den jüngeren Branchen wie der Chemischen und der Elektrotechnischen Industrie eine ernsthafte Sozialpartnerschaft angestrebt, versuchten angesichts der drohenden militärischen Niederlage und der Gefahr des „Bolschewismus“ vor allem Verantwortliche aus der Schwerindustrie ein defensives, zweckgebundenes Bündnis mit den Gewerkschaften zu verwirklichen. Dabei schien es zunächst opportun, die Umstellung der Wirtschaft von Kriegs- auf Friedensproduktion partnerschaftlich anzugehen und diese Aufgabe gerade nicht der alten kaiserlichen Staatsbürokratie zu überlassen. Das Angebot der Industriellen schloss also die Berücksichtigung der Arbeitnehmerinteressen in Fragen der Übergangswirtschaft ein, was auch bedeutete, dass die Gewerkschaften bei der Reintegration der Heeresangehörigen in den Arbeitsmarkt sowie bei Fragen der Arbeitsbeschaffung und Arbeitslosenfürsorge gleichberechtigt mitzuentscheiden haben würden. Den gemäßigten, sozialdemokratisch orientierten Gewerkschaftsführern war dabei die Aufgabe zugedacht, die radikalen Kräfte der Arbeiterbewegung in reformerische Bahnen zu lenken. Die Gewerkschaften hatten ihrerseits wiederum das Interesse, ihr Vertretungsmonopol angesichts drohender sozialistischer Arbeiterräte zu sichern, zum anderen wollten sie entscheidende Elemente der zukünftigen Wirtschafts- und Sozialordnung in ihrem Sinn festschreiben.

Vereinbarung über die Zentralarbeitsgemeinschaft vom 15.11.1918

Am 9. November 1918 kam schließlich die Revolution in Berlin an – und mit ihr die Auseinandersetzung um politische Ziele und die strategische Richtung der Revolutionsbewegung selbst. Noch bevor sich aber das neue politische System konstituierte, fixierten Gewerkschaften und Unternehmerverbände, Letztere vertreten durch Hugo Stinnes, das zuvor verabredete Abkommen mit ihren gemeinsamen Vorstellungen von der zukünftigen Wirtschaftsordnung. Die am 15. November unterzeichnete Vereinbarung über die zu schaffende „Zentralarbeitsgemeinschaft der industriellen und gewerblichen Arbeitgeber und Arbeitnehmer Deutschlands“ (ZAG; Satz 10 der Vereinbarung) (M10), nach den autorisierten Verhandlungsführern auch als Stinnes-Legien-Abkommen bezeichnet, sicherte den Freien Gewerkschaften zunächst ihre Anerkennung als Arbeitnehmervertretung (Satz 1). Durch dieses Vertretungsmonopol wurden die Gewerkschaften als Partner für den Abschluss kollektiver Tarifverträge anerkannt (Satz 2). Daneben ist den Gewerkschaften der Achtstundentag mit Lohnausgleich (Satz 9) ebenso zugestanden worden wie die Einrichtung von Betriebsräten in allen Betrieben mit mehr als 50 Beschäftigten (Satz 7). Darüber hinaus erklärten sich die Industriellen bereit, ihre finanzielle Unterstützung der wirtschaftsfriedlichen und arbeitgeberfreundlichen „gelben Werkvereine“ zu beenden (Satz 3). Im Gegenzug garantierte das Abkommen den Fortbestand der Arbeitgeberverbände selbst und mindestens ein Stillhalten, wenn nicht sogar eine partielle Unterstützung der Arbeitgebervertreter durch die Gewerkschaften bei den anstehenden Auseinandersetzungen um die Gestaltung der künftigen Wirtschaftsordnung (Satz 10 ff.). Schließlich beließ es die Zentralarbeitsgemeinschaft

https://doi.org/10.36198/9783838557328-m10

Joseph Koeth Leiter des Demobilmachungsamts

auch nicht dabei, das von ihr erarbeitete Demobilmachungskonzept gegenüber Reichsbehörden durchzusetzen. Mit dem Erlass des Rats der Volksbeauftragten wurde vielmehr auf ihren Vorschlag (M11) hin der bisherige Leiter der Kriegsrohstoffabteilung im Kriegsamt, Oberstleutnant Joseph Koeth, mit der Leitung des neu geschaffenen Demobilmachungsamts betraut.

https://doi.org/10.36198/9783838557328-m11

Tragweite des Stinnes-Legien-Abkommens

Die durch enorme Mitgliedergewinne gestärkten Freien Gewerkschaften – ihre Mitgliederzahlen hatten sich von 1917 auf 1918 mehr als verdoppelt, Ende 1918 zählten sie 2,8 Mio., ein Jahr später 7,3 Mio. Mitglieder – verzichteten also für eine nach ihren Vorstellungen ausgerichtete Sozialpolitik auf die Forderung nach einer Sozialisierung des Privateigentums. Vergleichbar der Übereinkunft zwischen Friedrich Ebert und dem Chef der Obersten Heeresleitung, General Wilhelm Groener, die eine sozialistische Republik verhindern sollte und den Offizieren im Gegenzug ihre militärische Kommandogewalt beließ, gelang mit dem Stinnes-Legien-Abkommen in der Folge die Sicherung der liberalen Marktverfassung mit Privateigentum unter Einschluss sozialstaatlicher Elemente. Damit stellten die Gewerkschaften, ebenso wie die SPD durch den „Ebert-Groener-Pakt" auf politischer Ebene, die Weichen für eine bürgerliche Republik. Als jedoch die ordnungspolitische Entscheidung gefallen war und das Wirtschaftssystem aus Sicht der Industriellen – zumal nach Scheitern der Sozialisierungsbestrebungen und Beendigung der Inflation – konsolidiert schien, zerbrach die ZAG formal mit dem Austritt des Allgemeinen Deutschen Gewerkschaftsbunds zu Beginn des Jahres 1924 (M12). Mit der anschließenden konjunkturellen Stabilisierung wandte sich zudem insbesondere die Schwerindustrie immer deutlicher von den 1918 gegebenen Konzessionen ab, positionierte sich einerseits also klar gegen den Achtstundentag, andererseits systematisch gegen weitere soziale Reformen, sodass die Konflikte in der Folge eskalieren mussten. Das wurde diesem Teil der Industrie insofern erleichtert, als die ZAG in einem nicht veröffentlichten Protokoll (vgl. hierzu auch M10) die endgültige Anerkennung des Achtstundentags aus Gründen des Wettbewerbs von dessen Einführung in den führenden Industrieländern abhängig gemacht hatte.

Zerbrechen des Konsenses zwischen Arbeitgebern und Arbeitnehmern

https://doi.org/10.36198/9783838557328-m12

https://doi.org/10.36198/9783838557328-m10

Die wirtschaftliche Demobilmachung und die Entscheidung über die Wirtschaftsordnung

Wirtschaftliche Ausgangslage

Kriegsbedingt hatte sich die ökonomische Struktur der deutschen Volkswirtschaft stark verändert, zugleich war die Produktion 1918 auf höchstens 60 % derjenigen von 1913 geschrumpft. Regelmäßig hatte sich seit 1914 auch die Qualität der Produkte verschlechtert, nicht selten waren nur Ersatzstoffe zu beziehen gewesen. Selbst kriegswichtige Industrien wie der Bergbau und die Eisen- und Stahlindustrie, in denen während des Kriegs fortgesetzt Ersatz- und Erweiterungsinvestitionen vorgenommen worden waren, hatten sich dem Schrumpfungsprozess wegen des Arbeitskräftemangels, der verminderten Leistungsfähigkeit der Belegschaften und der Rohstoffknappheit nicht entziehen können. Der Wohnungsbau war demgegenüber im Lauf des Kriegs faktisch eingestellt worden, die Produktion von Baustoffen ausschließlich für den Bedarf an der Front bestimmt gewesen. Ähnlich verhielt es sich mit der hauptsächlich Ersatzstoffe verarbeitenden Textilindustrie, und auch die Tabakerzeugnisse und alkoholische Getränke herstellende Genussmittelindustrie bediente zuletzt vorwiegend die gestiegene Nachfrage der Armee. Kräftig gestiegen war einzig die Produktion von Nichteisenmetallen, da erst während des Kriegs in größerem Umfang mit der Herstellung von Leichtmetallen begonnen worden war. Die Relationen zwischen den einzelnen Industriezweigen waren damit schwer gestört, kleine und mittlere Betriebe, soweit sie nicht unmittelbar für den Kriegsbedarf produziert hatten, stillgelegt und der Produktionsapparat, abgesehen von dem einiger Großbetriebe, nicht erneuert worden, während die Verkehrsinfrastruktur überbeansprucht und abgenutzt war.

Aufgaben der wirtschaftlichen Demobilmachung

Das war die ökonomische Ausgangslage, als der Erste Weltkrieg am 11. November 1918 beendet wurde. Dieser Krieg hatte erstmals eine Mobilisierung von Millionen Kriegsteilnehmern und eine fast vollständige Einbindung der Wirtschaft in die Kriegsführung mit sich gebracht, sodass die sich auf deutschem Boden konstituierende Republik vor schwerwiegenden wirtschaftlichen Problemen stand: Acht Millionen Soldaten mussten in einen Arbeitsmarkt integriert werden, auf dem zunächst noch Kriegsgefangene, zivile ausländische Arbeitskräfte, Frauen, Kriegsversehrte, ältere Jahrgänge und Jugendliche beschäftigt waren. Gleichzeitig war eine zu 90 % bis 95 % auf Kriegsproduktion ausgerichtete Wirtschaft auf die Herstellung von Friedensgütern umzurüsten, deren Anlagen infolge des vierjährigen Kriegs verschlissen waren. Die Reintegration der Soldaten in den vollbesetzten Arbeitsmarkt brachte zunächst massenhafte Entlassungen mit sich. Egbert F. Schwarz hat die mit den Entlassungen auch für die Städte und Gemeinden verbundenen Herausforderungen am Beispiel der Essener Krupp-Werke eindrucksvoll belegt.

Personalabbau bei Krupp

In den dortigen Artillerie-, Munitions- und Zündwerkstätten wurde die Belegschaft innerhalb kürzester Zeit von 105.000 auf 37.500 verringert, die Gussstahlfabrik allein entließ im Zuge der wirtschaftlichen Demobilmachung 75.000 Arbeitskräfte. Während täglich zwischen 3000 und 5000 ortsfremde Arbeiter, durch materielle Anreize motiviert, die Werke freiwillig verließen, konnten Frauen allein durch gesetzliche Vorgaben in kürzester Zeit von ihren Arbeitsplätzen verdrängt werden. Ihre Zahl sank so von ca. 30.000 während des Kriegs auf nur noch 490 weibliche Beschäftigte am 1. Mai 1919.

Die Spanische Grippe von 1918/19

Entgegen ihrer schon zeitgenössisch verwendeten Bezeichnung als „Spanische Grippe" hatte die in zwei Wellen 1918 und 1919 rund um den Globus grassierende Influenza-Pandemie ihren Ursprung nicht in Spanien, sondern in Farmbetrieben des Mittleren Westens der USA und forderte die meisten Opfer in Asien und Afrika. Zur „Spanischen" wurde die Grippe nicht nur, weil der spanische König bereits im Frühjahr 1918 an dem Virus H1N1 erkrankte, sondern weil in Spanien – im Gegensatz zu den am Krieg teilnehmenden, ihre Presse zensierenden Staaten – öffentlich über die Krankheit berichtet wurde.

Neben typischen Influenza-Symptomen konnte es durch eine massive Besiedelung der Lungen zu einer Lungenentzündung kommen, die in schweren Fällen zum Tod führte. Obwohl die Spanische Grippe in den meisten Fällen ohne größere Komplikationen verlief, forderte die Krankheit (je nach Schätzung) mit 25 bis 50 Millionen Menschen mehr Opfer als der Erste Weltkrieg. Im Deutschen Reich starben Schätzungen zufolge 250.000 bis 300.000 Menschen an ihr oder an einer Folgeerkrankung. Bereits die erste Grippewelle verbreitete sich im Sommer 1918 vom Westen kommend über das Deutsche Reich. Während der zweiten Welle im Herbst 1918, die von Schulschließungen begleitet wurde, erkrankten mindestens eine halbe Million deutsche Soldaten; im Reich selbst waren Staatsbedienstete bei Post und Fernmeldeämtern betroffen, bei der Eisenbahn erkrankten 45.000 Beschäftigte, was Betriebsstörungen mit sich brachte, und selbst Reichskanzler Prinz Max von Baden blieb nicht verschont: Fast zwei Wochen seiner nur fünfwöchigen Regierungszeit war er infolge seiner Grippeerkrankung handlungsunfähig. Die Opfer der Grippe waren vor allem Jüngere im Alter zwischen 15 und 30 Jahren, zudem war die Grippesterblichkeit unter Frauen höher als unter Männern.

Obwohl General Erich von Ludendorff den schlechten Zustand des deutschen Heeres auch auf die Grippe zurückführte, war dieses wesentlich weniger betroffen als zum Beispiel die US-amerikanischen Truppen, die von Beginn an einen Infektionsherd darstellten und den Grippeerreger mit nach Westeuropa brachten. Im Deutschen Reich erreichte die Grippesterblichkeit Ende Oktober 1918 ihren Höhepunkt. Nach der Revolution, während der bald darauf einsetzenden Demobilmachung, war die Epidemie im Deutschen Reich bereits wieder abgeklungen.

Quelle: In Anlehnung an Vasold, Manfred: Die Spanische Grippe. Die Seuche und der Erste Weltkrieg. Darmstadt, 2009; Ders.: Grippe, Pest und Cholera. Eine Geschichte der Seuchen in Europa. Stuttgart, 2008.

Herausforderungen für die wirtschaftliche Demobilmachung

Die Revolution, die sich in Form von Streiks auch unmittelbar ökonomisch auswirkte, ebenso wie veränderte außenwirtschaftliche Konditionen erschwerten die wirtschaftliche Demobilmachung zusätzlich. Neben den im Versailler Friedensvertrag vom 28. Juni 1919 fixierten Besatzungszonen, Gebietsabtretungen, Reparationen und sonstigen Leistungen bewirkte vor allem die bis Mitte 1919 von den Alliierten aufrechterhaltene Blockade einen Engpass in der Versorgung der Bevölkerung mit Lebensmitteln sowie bei der Versorgung der Industrie mit Rohstoffen. Wegen der mit dem Friedensvertrag auferlegten Rüstungsbegrenzungen blieb die wirtschaftliche Demobilmachung zudem nicht auf die 1914 auf Kriegsproduktion umgestellten Industriebetriebe beschränkt. Sie betraf vielmehr vor allem die Teile der Industrie, die schon in Friedenszeiten für den Heeresbedarf produziert hatten, die eigentliche Rüstungsindustrie also, in der nochmals immerhin drei Millionen Rüstungsarbeiter beschäftigt waren. Hinzu kam ein durch die Waffenstillstandsbedingungen relativ kurz terminierter Zeitraum für den Rückzug des Heeres sowie die sich auf Transport und Verkehr negativ auswirkenden Vorwegreparationen.

Tiefster Stand der Produktion 1919

Vor allem aber infolge der fortgesetzten alliierten Wirtschaftsblockade, der wirtschaftlichen Verluste durch das bereits zu diesem Zeitpunkt verlorene Elsass-Lothringen sowie die unmittelbar mit dem Waffenstillstand einsetzenden Lieferungen an die ehemaligen Kriegsgegner sank die industrielle Produktion 1919 weiter ab (vgl. Tabelle 12). Mit 37 % des Vorkriegsstands war sie jetzt auf ihren tiefsten Stand gesunken, sodass nur noch etwa so viele Industriewaren produziert wurden wie zu Ende der 1880er-Jahre. Infolge fehlender Düngemittel, einer unzureichenden maschinellen Ausstattung bei gleichzeitigem Verlust von dem Antrieb dienenden Pferden sowie der Einziehung großer Teile männlicher Landarbeiter ging auch der Agrarbereich geschwächt aus dem Krieg hervor. Die dadurch verminderten Hektarerträge und der Verlust von Anbaufläche ließen die Ernteergebnisse 1919 auf weniger als die Hälfte der Erträge von 1913 fallen.

Tabelle 12: Produktion wichtiger Erzeugnisse 1919 (in % von 1913)

Steinkohle	61,4
Eisenerz	21,5
Kalisalz	66,0
Zement	30,2
Roheisen	32,5
Stahl	39,9
Walzerzeugnisse	41,8
Zucker	49,1
Gesamt	37,0

Quelle: Hoffmann, Walter G./Grumbach, Franz/Hesse, Helmut: Das Wachstum der deutschen Wirtschaft seit der Mitte des 19. Jahrhunderts. Berlin/Heidelberg/New York, 1965, S. 342, 346, 354, 384.

Weichenstellung für die Wirtschaftsordnung

https://doi.org/10.36198/9783838557328-m13

Für die unter solchermaßen Bedingungen zu vollziehende wirtschaftliche Demobilmachung hat dann Joseph Koeth als Leiter des neu geschaffenen Demobilmachungsamts seine Aufgabe in der Aufrechterhaltung des Wirtschaftslebens während der wirtschaftlichen Demobilmachung gesehen (M13). Abweichend von dem gesetzlich vorgegebenen Auftrag der Überführung des Wirtschaftslebens in den Frieden war dies für ihn gleichbedeutend mit der Erhaltung des bestehenden Wirtschaftssystems. Nach Koeths Überzeugung hätte nämlich ein Wechsel des Wirtschaftssystems während der Demobilmachung zu einem Zusammenbruch aller wirtschaftlichen Aktivitäten führen müssen. Mit dieser Strategie konnte ein ehedem im Dienst des kaiserlichen Reichs stehender Offizier entscheidenden Einfluss auf die Wirtschaftspolitik ausüben und auf die Entscheidung über die Wirtschaftsordnung der neuen Republik einwirken.

Alternative ordnungspolitische Konzepte

https://doi.org/10.36198/9783838557328-m14

Da das Reichsamt für wirtschaftliche Demobilmachung schnell zur zentralen Wirtschaftsbehörde wurde, konnte sich Koeth mit dieser Politik sowohl gegen die sozialistische Alternative mit weitergehenden Sozialisierungsbestrebungen als auch gegen das Konzept einer „gemeinwirtschaftlich“ organisierten Wirtschaft (M14) des Reichswirtschaftsamts unter Rudolf Wissel (SPD) durchsetzen. Zu Konflikten zwischen den beiden Ämtern und späteren Ministerien kam es von daher weniger aufgrund einzelner Sofortmaßnahmen, sondern vor allem wegen der unterschiedlichen Zielsetzungen im Hinblick auf die Gestaltung der Wirtschaftsordnung. Die

Auseinandersetzungen über die Verfassung der Wirtschaft, an denen auch das Reichsschatzamt und das Reichsernährungsamt beteiligt waren, ließen jedoch durch die hieraus resultierenden Ressortstreitigkeiten keine konzeptionell konsistente Wirtschaftspolitik entstehen. Als Koeth in Anbetracht dieser Differenzen im Frühjahr 1919 um die Auflösung seines nunmehrigen Ministeriums ersuchte, waren allerdings bereits wichtige Grundlagen für eine Anknüpfung an die ordnungspolitische Variante des Kaiserreichs und die Aufrechterhaltung der privaten Eigentumsrechte an den Produktionsmitteln geschaffen.

Daran hatten auch die Unruhen im Januar und März 1919 nichts geändert, die sich maßgeblich aus dem Verlangen nach Sozialisierungen speisten und damit der Forderung des von den Arbeiter- und Soldatenräten beschickten Rätekongresses nach Sozialisierung aller dafür reifen Industrien vom Dezember 1918 Nachdruck verliehen. Trotz der bis April 1919 Empfehlungen und Gesetzesentwürfe erarbeitenden (ersten) Sozialisierungskommission sowie einiger nun eilig verabschiedeter Sozialisierungsgesetze, darunter das Kohlen- oder Kaliwirtschaftsgesetz, und des Sozialisierungsrahmengesetzes vom 23. März 1919 scheiterten die Sozialisierungsbestrebungen spätestens mit der Weimarer Reichsverfassung: Deren Artikel 152 und 153 garantierten neben der Vertragsfreiheit besonders das Eigentumsrecht.

Das Konzept der „Gemeinwirtschaft" als ordnungspolitische Alternative

1918/19 konkurrierten drei verschiedene ordnungspolitische Vorstellungen um die Ausgestaltung der künftigen Wirtschaftsordnung des Deutschen Reichs miteinander: das sozialistische Modell der Rätebewegung, die Ordnung einer liberalen, auf dem Privateigentum beruhenden Marktwirtschaft sowie das Konzept der Gemeinwirtschaft.

Die Vorstellungen zur Gemeinwirtschaft sind während des Ersten Weltkriegs in Anbetracht knapper Rohstoffe entwickelt worden, deren staatliche Bewirtschaftung Walther Rathenau angeregt hatte. Mit Rathenau, dem die Leitung der dazu gegründeten Kriegsrohstoffabteilung übertragen worden war, wechselte Wichard von Moellendorff von der Allgemeinen Elektricitäts-Gesellschaft (AEG) in die Administration der staatlich organisierten Kriegswirtschaft. Die in dieser Zeit entstandene Denkschrift „Deutsche Gemeinwirtschaft" von Moellendorffs beschreibt ein zwischen kapitalistischer Marktwirtschaft und sozialistischer Zentralverwaltungswirtschaft anzusiedelndes Wirtschaftsmodell, in dem unter Beibehaltung privaten Eigentums wirtschaftliche Abläufe von Räten und Fachgremien gesteuert werden sollen.

Nach Ausrufung der Republik wurde von Moellendorff unter dem sozialdemokratischen Rudolf Wissel Unterstaatssekretär im Reichswirtschaftsamt. Zugleich ist das Gemeinwirtschaftsmodell zur verbindlichen Konzeption des späteren Reichswirtschaftsministeriums geworden, konnte jedoch im Kabinett nicht als grundsätzliche ordnungspolitische Variante durchgesetzt werden. Den bürgerlichen Kabinettsmitgliedern gingen die planwirtschaftlichen Ansätze der Gemeinwirtschaft, die sich u. a. in einer Zwangssyndizierung der einzelnen Wirtschaftszweige ausdrücken sollten, zu weit, während die sozialdemokratischen Minister auf umfangreichere Verstaatlichungen drangen. Der Rücktritt Wissels und von Moellendorffs von ihren Ämtern besiegelte das Ende der Gemeinwirtschaftsidee.

Bekämpfung der Arbeitslosigkeit als vorrangiges Ziel

Um die Kontinuität des kapitalistischen Wirtschaftssystems durch Vermeidung weitergehender revolutionärer Unruhen wahren zu können, stand die Versorgung der Bevölkerung mit Nahrungsmitteln, Kleidung und Wohnraum, besonders aber die Bekämpfung und Vermeidung von Arbeitslosigkeit im Vordergrund der Demobilmachungspolitik. Dabei stellten – den modernen Arbeitsbeschaffungsmaßnahmen vergleichbare – Notstandsarbeiten wie auch die Erwerbslosenfürsorge die zentralen Mittel zur Bekämpfung der Arbeitslosigkeit und der Milderung ihrer individuellen Folgen dar. Weil infolge der jahreszeitlichen Witterungsverhältnisse eine sofortige Aufnahme von Notstandsarbeiten unmöglich war, setzte umgehend die die Arbeitslosen ohne Gegenleistung finanziell unterstützende Erwerbslosenfürsorge ein. Daneben gab es noch eine Anzahl weiterer Maßnahmen des Demobilmachungsamts, die alle mehr oder weniger eng mit dem Ziel der Vermeidung von (offener) Arbeitslosigkeit in Zusammenhang standen. Neben regulären Staatsaufträgen ist dazu sogar die Rüstungsproduktion noch eine Zeit lang aufrechterhalten worden. Hatten einerseits im Verlauf des Kriegs stillgelegte Betriebe die Produktion möglichst schnell wieder aufzunehmen, sollten Industrie und städtische Ballungsgebiete andererseits durch Arbeitskräfteverschiebungen in die Landwirtschaft entlastet werden. Zudem sollte die Lage auf dem Arbeitsmarkt durch die sofortige Kürzung der Arbeitszeit ohne Lohn- oder Gehaltseinbußen entspannt werden. Gleichzeitig war die fast vollständige Verdrängung aller weiblichen Arbeitskräfte geplant, also nicht nur jener, die während des Kriegs die Arbeitsplätze der nun zurückkehrenden Soldaten eingenommen hatten.

Tiefgreifende Eingriffe in den Arbeitsmarkt

Verzögerte Umstellung von Kriegs- auf Friedensproduktion

Zur Aufrechterhaltung der Produktion sind zunächst verschiedene Elemente der kriegswirtschaftlichen Planwirtschaft beibehalten worden. Aus sozialpolitischen Gründen galt für die privaten Betriebe zudem die Aufgabe einer größtmöglichen Arbeitsstreckung anstatt der Optimierung des Produktionsprozesses. Anstelle einer dem privatwirtschaftlichen System immanenten kapitalintensiven, arbeitssparenden Produktionsweise wurde demnach eine extensiv angelegte, auf dem verstärkten Einsatz von Arbeitskräften beruhende Fertigung anvisiert. Bis Staatsaufträge die zunächst noch ausbleibende private Nachfrage ersetzen konnten, sollten die Betriebe zivile Güter auf Lager produzieren. Um Arbeitslosigkeit zu vermeiden, durfte schließlich sogar noch die Produktion von Kriegsgütern bis Ende Januar 1919 fortgeführt werden. Aber auch ein paar Wochen später waren immer noch 60 Werke mit der Ausführung von Kriegsaufträgen beschäftigt, wodurch für die Produktion dringend benötigter ziviler Güter knappe Rohstoffe verschwendet wurden, hatte doch anschließend gemäß der friedensvertraglichen Bestimmungen notwendigerweise die Konversion der Kriegsgüter zu erfolgen. Die von den Firmengeländen zwischenzeitlich nicht mehr abtransportierten Sprengstoffe und Geschosse stellten darüber hinaus eine ernsthafte Gefährdung für die Betriebe und ihre Umgebung dar. Zur Konversion der Reichsbetriebe, die ausschließlich mit der Herstellung von Rüstungsgütern beschäftigt waren, in konkurrenzfähige privatwirtschaftliche Unternehmen wurde die Deutsche Werke AG gegründet. Als

Industrielle Demilitarisierung

Gegenleistung für die eingebrachten Betriebe übernahm das Reich deren Aktien und Genussscheine. Die Aktiengesellschaft war auch mit der Demontage und dem Abtransport von Maschinen und Anlagen aus dem besetzten Gebiet sowie mit der Zerlegung von Spezialmaschinen beschäftigt. Die so gewonnenen Rohstoffe und Maschinenteile konnten anschließend von der Privatwirtschaft käuflich erworben werden.

Rohstoffbewirtschaftung

Weil die Rückkehr zu friedenswirtschaftlichen Verhältnissen wesentlich von der Versorgung der Industrie mit Rohstoffen abhing, blieb die während des Kriegs aufgebaute Rohstoffbewirtschaftung nach dem Waffenstillstand weiter bestehen und wurde erst nach und nach durch ein kompliziertes System einzelner Verordnungen ersetzt. Dabei stellte die zuverlässige Versorgung mit Kohle das Schlüsselproblem dar, weil die kritische Energielage eine geregelte Produktion immer wieder bedrohte und mit der Verfügbarkeit von Kohle unmittelbar auch der zuverlässige Betrieb des Transportwesens verknüpft war. Zu Engpässen sollte es in diesem volkswirtschaftlichen Schlüsselbereich aber immer wieder infolge von Bergarbeiterstreiks und der zu leistenden Reparationen bzw. Vorwegreparationen kommen. Da die Siegermächte das Deutsche Reich verpflichtet hatten, die höherwertige Steinkohle der Entente zur Verfügung zu stellen, reichte diese für eine Versorgung der deutschen Industrie nicht aus. Dementsprechend erhielten zunächst Eisenbahnen und Schifffahrt, Gas-, Wasser- und Elektrizitätswerke sowie ein Teil der Nahrungsmittelindustrie hochwertige Brennstoffe zugeteilt. Der Rest ging an die übrige Industrie, an die nach Bedarf weitere, minderwertige Brennstoffe verteilt wurden. Primär hing das Energieproblem damit aber von der Lösung der technischen Schwierigkeiten beim Einsatz minderwertiger Brennstoffe, wie etwa der Braunkohle, ab. Während nämlich die Kohleförderung im Deutschen Reich 1918/19 bis 1922 trotz Achtstundentag kontinuierlich gesteigert werden konnte, änderte sich die Zusammensetzung der Gesamtförderung maßgeblich (vgl. Schaubild 11). Zu wesentlichen Teilen war die Energiefrage deshalb nur von der Industrie selbst zu lösen: einerseits durch Energiesparmaßnahmen, andererseits aber auch durch eine Intensivierung der Wärmetechnik und deren Umstellung auf Braunkohle, Torf und Holz. Während der Hausbrand schon 1920 zu großen Teilen mit Braunkohle erfolgte, gestaltete sich der Umbau von industriellen Kesselanlagen jedoch arbeits- und zeitintensiver. Die Umrüstzeit konnte hier in Einzelfällen mehr als ein Jahr in Anspruch nehmen. Zudem waren Torf und Rohbraunkohle in all jenen Industriezweigen nicht einsetzbar, wo es auf Verbrennungstemperaturen über 1200 °C, auf eine bestimmte Flammenentwicklung oder den besonderen chemischen Charakter der Verbrennungsgase ankam. Zugleich bedeutete der vermehrte Einsatz von Braunkohle infolge ihres vergleichsweise hohen Wasseranteils bei relativ niedrigem Kohlenstoffgehalt wiederum eine zusätzliche Belastung des Transport- und Verkehrswesens.

Versorgung mit Kohle

Schaubild 11: Kohleförderung im Deutschen Reich 1914–1933 (jeweiliger Gebietsstand)

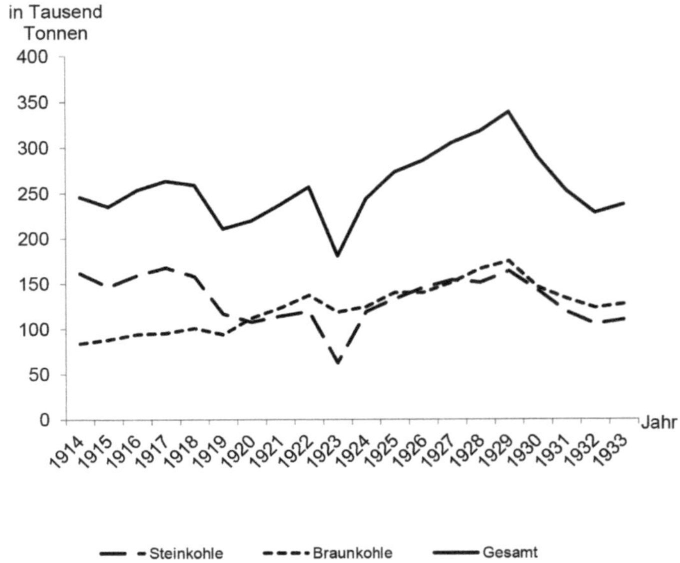

Quelle: Nach Daten von Mitchell, Brian R.: European Historical Statistics 1750–1975. London, [2]1980, S. 383 und 387.

Anhaltende Desintegration der Konsumgüterindustrie

Wie während der Kriegswirtschaft blieben Einzel- und Großhandel aus verteilungspolitischen Gründen auch während der Demobilmachung weitgehend vom privatwirtschaftlichen Geschehen ausgeschlossen. Dieser administrativ-organisatorische Ausschluss des Handels in Verbindung mit seiner mangelhaften Rohstoffversorgung und der ebenfalls beibehaltenen staatlichen Preis- und Bewirtschaftungspolitik traf vorwiegend die Konsumgüterherstellung, neben der Landwirtschaft also besonders die Branchen der Textil- und Lederindustrie, aber auch den privaten Wohnungsbau. Die anhaltende Desintegration der Verbrauchsgüterindustrien aus der Marktwirtschaft erfolgte einerseits aus sozialpolitischen Gründen, um eine preisunabhängige, nach administrativen Kriterien definierte Verteilung erzielen zu können; andererseits erhielt der Bereich der Schwerindustrie angesichts der Reparationen absolute Priorität. In der Folge blieb die Konsumgüterherstellung auf ein Minimum reduziert und die kriegsbedingt durch die Bevorzugung der Rüstungsgüter produzierenden Schwerindustrie ohnehin deformierte wirtschaftliche Struktur wurde beibehalten. In der sich anschließenden Phase verstärkter Geldentwertung ist diese Politik wiederum durch die inflationäre Entwicklung in ihrem verzerrenden Effekt weiter unterstützt worden. Dadurch konnte bis zur Währungsstabilisierung 1923/24 trotz des akuten massenhaften Nachholbedarfs keine nachfrageinduzierte konjunkturelle Erholung in Gang kommen.

Vor allem misslang die Stabilisierung der landwirtschaftlichen Erträge trotz einer Erhöhung der in der Landwirtschaft Beschäftigten. Das hing damit zusammen, dass die Agrarpolitik während der Demobilmachung ausschließlich auf extensive Bewirtschaftungsmaßnahmen zielte, was die Arbeitsproduktivität weit unter das Vorkriegsniveau sinken ließ. Ein dem österreichischen vergleichbarer Weg wurde im Deutschen Reich nicht beschritten: Dort wurde eine Verbesserung der Produktionsmethoden mittels Mechanisierung durch ein Programm zur Großserienerzeugung von landwirtschaftlichen Maschinen als Mittel der Rüstungskonversion forciert. Trotz Bewirtschaftung und Subventionierung konnten sich im Deutschen Reich so die Preise für Lebensmittel durch Lücken im Bewirtschaftungssystem erhöhen. Ähnliche Probleme wie bei der Nahrungsmittelproduktion und -verteilung herrschten im Bereich der Textil- und Lederindustrie, wo ebenfalls staatliche Organe für die gesamte Herstellung von der Beschaffung der Rohstoffe über deren Verarbeitung bis zur Lagerung, Preisgestaltung und zum Absatz der Fertigwaren verantwortlich zeichneten. Der durch Importverbote und Zurückhalten inländischer Vorräte verstärkte Mangel ließ dann in Anbetracht der starken Nachfrage einen blühenden Schleichhandel entstehen. Verschärft wurden die Folgen der Bewirtschaftung in der Textilindustrie durch grobe Mängel der zentralwirtschaftlichen Administration. Beispielsweise war die Verteilung der Rohbaumwolle zunächst an die Verpflichtung zum Einstuhlsystem gebunden, also an arbeitsintensive Fertigungsmethoden. Die fertige Ware musste dann der Reichs-Textil-Aktiengesellschaft zum Kauf angeboten werden, die allerdings ihrer Abnahmepflicht häufig nicht nachkam. So stapelten sich Fertigwaren in Baumwollwebereien, während die Verbraucher nach vier Kriegsjahren weiterhin unversorgt blieben.

Extensive Bewirtschaftung der Landwirtschaft

Bewirtschaftungssystem in Nahrungsmittel-, Textil- und Lederindustrie

Vergleichbares galt bei der Errichtung neuer, dringend benötigter Wohnungen, die mit der Nachfrage nicht Schritt hielt. Neben der spezifischen, auf den Schutz der Mieter ausgerichteten Wohnungsmarktpolitik war das besonders eine Folge der Inflation. So ließ die fortschreitende Geldentwertung in Kombination mit der gesetzlichen Mietpreisbindung die Erträge aus den Mieten bald auf eine zu vernachlässigende Größe zusammenschmelzen; auch hielten die für Instandhaltungsarbeiten gesetzlich veranschlagten dynamisierten Mietzuschläge mit der Geldentwertung schnell nicht mehr Schritt. Dies hatte neben der Beeinträchtigung der altbaulichen Substanz große finanzielle Einbußen bei den überwiegend mittelständischen Hausbesitzern zur Folge. Da gerade die Mittelschichten im Mietwohnungsbau traditionell stark engagiert waren, stagnierte in der Folge auch die Neubautätigkeit. Die so ausgefallene private Wohnungsbautätigkeit machte anschließend wiederum die administrative Bewirtschaftung sowie ein staatliches Wohnungsbauengagement notwendig. Die von Staat, Kommunen und gemeinnützigen Wohnungsbaugesellschaften gemeinsam in Angriff genommene Aufgabe konnte allerdings während der Demobilmachungsphase nicht annähernd befriedigend gelöst werden.

Ausfall privater Wohnungsbautätigkeit

Im Interesse von öffentlicher Ruhe und Ordnung erfolgte also die Umstellung von der Kriegs- auf die Friedensproduktion nicht abrupt. Der Preis dafür bestand in einer

Restrukturierung auf Vorkriegsstand als Ziel

anhaltenden Subventionierung der Industrie in Form fortbestehender Staatsaufträge, wenngleich auch unter veränderter, Gewinn ausschließender Preisbemessung, sowie in der Aufrechterhaltung verschiedener Bewirtschaftungssysteme. Damit vertagten Staat und Industrie aber auch die mit der militärischen Demobilmachung verbundenen Probleme, die sich in dem Moment potenzieren mussten, als die zurückgekehrten Soldaten auf besetzte Arbeitsplätze trafen. Was die zunächst beibehaltenen staatlichen Rüstungsaufträge verhindert hatten, erzwangen nun entsprechende Rechtsverordnungen. Administratives Ziel war dabei generell die Restrukturierung der sozioökonomischen Verhältnisse auf einen dem letzten Friedensjahr vergleichbaren Stand. Allerdings unterblieb dadurch auch die notwendige Umstrukturierung, die sich beispielsweise im Ruhrgebiet zugunsten moderner Wachstumsbranchen wie der Chemischen, Elektrotechnischen und Optischen Industrie hätte auswirken können.

Produktive Erwerbslosenfürsorge/ Notstandsarbeiten

Mittel- und langfristig sollten vor allem Erwerbslosenfürsorge und Notstandsarbeiten arbeitsmarktpolitisch wirksam werden. Dabei ging das Reich von der reinen Arbeitslosenunterstützung in Form der Erwerbslosenfürsorge Ende 1919 zu einer damit verknüpften Arbeitsverpflichtung über. Diese sog. produktive Erwerbslosenfürsorge sollte dem Wiederaufbau dienen und volkswirtschaftliche Werte schaffen, zugleich aber auch dabei helfen, die Arbeitslosen mittelfristig in reguläre Beschäftigungsverhältnisse überzuleiten. Die finanzielle Hauptlast dieser Beschäftigungspolitik trugen die Kommunen. Auf kommunaler Ebene sind mit Notstandsarbeiten vor allem lohnintensive und Rohstoffe sparende Maßnahmen wie Erd- und Kultivierungsarbeiten sowie Gebäudeinstandhaltungen ausgeführt worden. Der Mangel an Nettoinvestitionen – beispielsweise wurden keine zusätzlichen Gebäude errichtet – unterstreicht zunächst den sozialpolitischen, ausschließlich Beschäftigung bietenden Charakter dieser Arbeiten. Zudem sind zum Beispiel im Rhein-Main-Gebiet die mit Abstand meisten Erwerbslosen mit dem Ausbau der städtischen Infrastruktur und Kultivierungsarbeiten beschäftigt gewesen und nur knapp 16 % mit Arbeiten an industrienaher Infrastruktur. Ohne die Gütermenge nachhaltig zu erhöhen, lag der von Reich, Ländern und Kommunen finanzierten Erwerbslosenfürsorge damit ein Trend hin zu einer inflationären Entwicklung zugrunde, weil die so erhöhte Geldmenge auch nicht durch eine entsprechend kontraktive Finanzpolitik korrigiert worden ist.

Arbeitszeitverkürzung ebenfalls arbeitsmarktpolitisches Instrument

Daneben war die Arbeitsmarktpolitik während der Demobilmachungsphase vorwiegend durch Arbeitszeitverkürzung gekennzeichnet, durch die die ohnehin verringerte Arbeit auf möglichst viele Arbeitskräfte verteilt werden sollte. Solchermaßen geregelte Beschäftigungsverhältnisse sollten einerseits helfen, die individuelle Enttäuschung ehemaliger Frontsoldaten über den Kriegsausgang nicht in eine revolutionäre Stimmung umschlagen zu lassen, andererseits konnten hierdurch und durch das Bemühen, Arbeitskräfte in der Landwirtschaft zu beschäftigen, Ansammlungen Arbeitsloser vor allem in Großstädten verhindert werden. Deshalb erleichterten auch Verordnungen zur Einstellung und Entlassung von Arbeitern und Angestellten die Reintegration der Kriegsteilnehmer. Neben ökonomischen und sozialen Notwendigkeiten wie der Bereitstellung von Arbeitsplätzen, der Versorgung der Landwirtschaft mit Arbeitskräften und der Integration Kriegsversehrter ist mit der Arbeitsmarktpolitik in erster Linie also eine antirevolutionäre Strategie verfolgt worden, der zuvor bereits die Einführung des Achtstundentages gedient hatte. Für privatwirtschaftliche Unternehmen ergab sich aus dem den Arbeitsmarkt reglementierenden Verordnungswerk, dass die Beschäftigtenzahl während der Demobilmachung nicht durch das einzelne Unternehmen bestimmt werden konnte. Die Belegschaftsstärke wurde vielmehr durch die Wiedereinstellungspflicht ehemaliger Kriegsteilnehmer und die Weiterbeschäftigungspflicht vorhandener, während des Kriegs eingestellter Arbeitskräfte vorgeschrieben. Zusätzlich konnten die lokalen Demobilmachungsausschüsse weitere Einstellungen durch eine Notbeschäftigungspflicht anordnen. Bevor Arbeitskräfte überhaupt entlassen werden durften, musste die Arbeitszeit weiter, d. h. auf weniger als acht Stunden verkürzt werden. Mit all diesen Maßnahmen sollte die Anzahl der zur Verfügung stehenden Arbeitsplätze vermehrt werden, gleichzeitig wurde dadurch aber die Arbeit extensiviert.

Extensive Effekte arbeitsmarktpolitischer Vorgaben

Revolution, Gebietsabtretungen und Reparationen, die Aufrechterhaltung der Wirtschaftsblockade, Streiks, Lohnforderungen und Kohlenmangel, vor allem aber die Beibehaltung kriegswirtschaftlicher Vorschriften schränkten den unternehmerischen Handlungsspielraum beim Übergang vom Kaiserreich zur Weimarer Republik ein und ließen die Produktionszahlen einbrechen. Allerdings kehrte, zumindest jenseits der revolutionären Hauptstadt Berlin und jenseits industrieller Ballungsgebiete wie dem Ruhrgebiet, vergleichsweise schnell wieder betrieblicher Alltag bei relativ ausgelasteten Kapazitäten ein. Nur so lässt sich der Unmut der Unternehmer gegen die während der Demobilmachung aufrechterhaltenen oder zusätzlich eingeführten administrativen Maßnahmen erklären. Während nämlich die Auslastung der Betriebe objektiv in erster Linie von der Versorgung mit Kohle abhing, reagierte die Industrie vor allem mit Blick auf die Arbeitszeitverkürzung sensibel. Dennoch forderten Teile von Industrie und Handel, die von privatwirtschaftlicher Seite favorisierte marktliberale Wirtschaftsordnung durch für die Industrie vorteilhafte staatliche Intervention zu ergänzen. Als das Reich dann tatsächlich Staatsaufträge vergab, begegneten diesen aber immerhin 70 % der Maschinenbauunternehmen in Frankfurt am Main aus Gründen ausgelasteter Kapazitäten mit Desinteresse.

Situation in der Industrie

Nach wie vor fehlen Studien, die ein detailliertes, quellengestütztes Bild über die wirtschaftliche Situation in Industriebetrieben zur Zeit der wirtschaftlichen Demobilmachung liefern. Die einzige hierauf eingehende Forschungsarbeit von Heike Knortz nimmt wie zwei sozialgeschichtliche Studien zur Demobilmachungsphase im Ruhrgebiet regionalen Bezug, explizit zum Rhein-Main-Gebiet. Insgesamt herrschte demnach in Anbetracht der revolutionären Stimmung und trotz relativer Nähe zum besetzten Gebiet in Frankfurt und anderen Städten der Region nicht etwa eine pessimistische politische Grundstimmung unter den Industriellen vor. Auch das von Zeitgenossen, insbesondere zeitgenössischen Unternehmern und später von Historikern immer

Stimmung in Industrie des Rhein-Main-Gebiets

wieder hervorgehobene „Stillliegen“ der Industrie während der Demobilmachung muss für die Region um Rhein und Main relativiert werden. Selbst wenn in verschiedenen Städten des Reichs eine völlig andere Situation vorherrschte oder Streiks im Bergbau die wirtschaftliche Tätigkeit in allen Reichsgebieten beeinträchtigten, war nämlich die allgemeine wirtschaftliche Lage sehr viel differenzierter. Denn auch die wirtschaftlichen Perspektiven wurden im Rhein-Main-Gebiet nicht als schlecht eingeschätzt, zumal einige der dort ansässigen Betriebe schon bald die Vorteile der Inflation für das Auslandsgeschäft erkannten und ihren Beschäftigungsgrad dementsprechend erhöhen konnten.

Rückkehr zur Intensivierung der Produktionsprozesse

Punktuell war im Deutschen Reich bis November 1919 das der Streckung der Arbeit dienende Akkordverbot der Arbeiterräte zurückgenommen worden, obgleich seine völlige Beseitigung noch ausstand. Rationelle Arbeitsweisen sind daneben aber noch durch direkte administrative Eingriffe behindert oder unterbunden worden, etwa durch die vornehmlich in der Konsumgüterindustrie aufrechterhaltene Kontingentierung der Rohstoffe. Diese direkten und indirekten Eingriffe des Staats in den ökonomischen Prozess erschwerten selbstverständlich eine an ökonomischen Prinzipien orientierte betriebswirtschaftliche Organisation während der Gültigkeit der Demobilmachungsgesetze. Außerdem gestaltete sich die Erneuerung der maschinellen Ausstattungen in Anbetracht der allgemeinen Rohstoffknappheit schwierig. Dennoch wurden jetzt bereits Fertigungsprozesse umgestaltet, wenn auch zunächst nur so, dass die Produktivität ohne kostspielige Neuinvestitionen erhöht werden konnte. Die nun einsetzenden Rationalisierungen liefen somit weitgehend geräuschlos ab, also durch straffere Organisation, allgemeine Sparmaßnahmen und eine Intensivierung des Faktors Arbeit, um nach der Währungsstabilisierung nahtlos in die Rationalisierungskonjunktur überzugehen.

Rationalisierungen in der Chemischen Industrie

Die Chemische Industrie setzte beispielsweise nach dem Krieg die traditionelle, zwischenbetriebliche Kooperation innerhalb ihrer Branche fort, die später in die Gründung der I.G. Farben AG mündete. Diese Politik beinhaltete während der unmittelbaren Nachkriegszeit gemeinschaftliche Firmengründungen und Kapitalbeteiligungen; darüber hinaus beteiligten sich die Farbwerke Hoechst beispielsweise an einem Unternehmen der Elektrochemischen Industrie in München, das in Zusammenarbeit mit dem Reich ein Wasserkraftwerk baute. Die Farbwerke sicherten sich Energie jedoch nicht nur durch eine überbetriebliche Rationalisierung, sie strebten zudem eine Energieoptimierung durch innerbetriebliche Maßnahmen an: So war 1918 am Standort in Hoechst eine Reorganisation der betrieblichen Energieversorgung vorgenommen worden, in deren Folge erstmals ein Physiker für das Aufgabengebiet der Energiemesstechnik beschäftigt wurde. Zudem strebten die Farbwerke schon 1919 eine Zusammenarbeit mit französischen Unternehmen mit dem Ziel an, die infolge des Kriegs entstandene französische Konkurrenz auf dem Weltmarkt zu begrenzen.

Intensivierung des Faktors Arbeit

Von besonderem Interesse war auch hier der Faktor Arbeit. Gerade größere Unternehmen, aber auch staatliche und kommunale Ämter und Betriebe setzten sich deshalb schon während der Demobilmachungszeit über arbeitsmarktpolitische Vorgaben hinweg. Ungeachtet gesetzlicher Vorgaben und offenbar ohne größere Probleme entließen die Farbwerke so spätestens seit 1923 Arbeiter und Angestellte, um die Produktionskosten zu senken. Eine Verlängerung der Arbeitszeit war hier Mitte 1922 schon in der Weise erfolgt, dass einige Abteilungen kontinuierlich in Wechselschicht arbeiteten, andere Abteilungen dagegen regelmäßig zur Arbeit an sieben Tagen pro Woche übergegangen waren. Die Intensivierung der Arbeit wurde durch die Mitte 1921 wieder eingeführte Akkordarbeit wie auch die schon zuvor wieder praktizierte Prämienentlohnung verfolgt. Schließlich fand eine straffe Arbeitszeitkontrolle mittels Arbeitszeiterfassungssystemen statt. Das diente ebenso einer Disziplinierung der Arbeiterschaft wie die 1920 neben dem herkömmlichen Aufsichtspersonal neu gebildete Angestelltengruppe der Hilfsmeister. Fast zeitgleich mit der Einführung der Arbeitszeitkontrolle begannen die Farbwerke ihre Lager zu reorganisieren und zu zentralisieren, und seit Ende 1920 erfolgte die Erweiterung und durchgreifende Umstrukturierung der technischen Abteilung. Zudem wurde die Spezialisierung auf eine möglichst geringe Anzahl von Produkten und Typen verfolgt.

Formal-juristisches Ende der wirtschaftlichen Demobilmachung

Die Demobilmachungsverordnungen standen damit schon bald einer rationelleren Betriebsgestaltung nicht mehr entgegen, auch wenn rechtliche Anordnungen, die die Demobilmachung betrafen, erst Ende März 1922 ihre Gültigkeit verloren. Formal ist die wirtschaftliche Demobilmachung dann mit dem 1. April 1924, mit der Abschaffung der Ämter der Demobilmachungskommissare, beendet worden. Am längsten unterlag dabei die Landwirtschaft entsprechenden Bewirtschaftungsmaßnahmen. War es hier zunächst während des Kriegs durch den Verlust von Arbeitskräften, den Mangel an Kunstdünger sowie durch Preiskontrollen zu drastischen Produktivitätseinbußen gekommen, blieben die Hektarerträge auch während der Demobilmachungsphase wesentlich niedriger als vor dem Krieg. Da zudem agrarische Überschussgebiete im Osten verloren gegangen waren, blieb das Ernteergebnis 1919 im Vergleich zu 1913 um 35 % bei Brotgetreide, 34 % bei Futtermitteln, 47 % bei Kartoffeln und 38 % bei Zuckerrüben zurück. Unter diesen Bedingungen mussten Agrarerzeugnisse bis 1922/23 weiter bewirtschaftet werden, bis schließlich im Juli 1924 mit der Milchbewirtschaftung die letzte Rationierungsmaßnahme aufgehoben wurde.

Aufhebung letzter Bewirtschaftungsmaßnahmen 1924

Historiografische Bewertung der wirtschaftlichen Demobilmachung

Wirtschaftliche Demobilmachung im Urteil von Zeitgenossen

Die wirtschaftliche Demobilmachung ist von Zeitgenossen, später auch von Historikern wiederholt als erfolgreich bezeichnet worden, weil die Erwerbslosen zu Beginn der Weimarer Republik im Vergleich zu anderen Ländern relativ schnell wieder zu Arbeitsplätzen gekommen seien. Allerdings müssen die sinkenden Zahlen unterstützter Erwerbsloser in den Statistiken auf die gesetzlichen Vorgaben zurückgeführt werden und nicht so sehr auf eine konjunkturelle Entspannung infolge einer schnell auf Friedensproduktion umgestellten Wirtschaft. So zeigte Heike Knortz durch eine ausführliche Analyse der entsprechenden Verordnungen, dass der Kreis der Unter-

Bereinigung der Arbeitslosenstatistik

stützungsempfänger systematisch verringert wurde, wodurch eine Bereinigung der Arbeitslosenstatistiken stattfand: Ein wichtiges Element dieser Strategie war zunächst die Reduzierung gesetzlicher Ansprüche arbeitsloser Frauen an die Erwerbslosenfürsorge, nachdem Arbeitnehmerinnen im Zusammenhang mit der Demobilmachung von ihren Arbeitsplätzen verdrängt worden waren. Seit Mai 1920 galten zudem insgesamt veränderte Anspruchsgrundlagen für den Bezug von Erwerbslosenfürsorge, wodurch die Unterstützungsdauer höchstens 26 Wochen betrug. Wer anschließend immer noch ohne Arbeitsplatz war, konnte keine weitere Unterstützung aus der Erwerbslosenfürsorge erwarten, wurde aber zugleich auch nicht mehr als Erwerbsloser in der Arbeitslosenstatistik geführt. In diesem Zusammenhang ist auch die Einführung der produktiven Erwerbslosenfürsorge Mitte des Jahres 1920 zu nennen. Ziel dieser Arbeitsbeschaffungsmaßnahme war die Verringerung der ohne Gegenleistung unterstützten Arbeitslosen. Real handelte es sich dabei um eine Verschiebung Arbeitsloser aus der Sparte der Erwerbslosenfürsorgeempfänger hin zu den Notstandsarbeitern, die nicht in die Erwerbslosenstatistiken eingingen. Entgegen zeitgenössischen Statistiken und der im Zusammenhang mit der Inflation von der Forschung sogar unterstellten Vollbeschäftigung muss die Arbeitslosigkeit deshalb, einschließlich der Notstands- und der Kurzarbeit, sehr viel mehr Erwerbsfähige betroffen haben als bisher angenommen. Eine vorsichtige Schätzung, die weibliche Erwerbslose und Kurzarbeiter nicht einmal berücksichtigt, geht von einer knapp über 11% liegenden Arbeitslosenquote in den Jahren 1919 und 1920 und immer noch 8,4% im Jahr 1921 aus. Die Arbeitslosen, die keine Erwerbslosenfürsorge erhielten, waren auf die kommunale Wohlfahrtspflege angewiesen, was die Erwerbslosigkeit allerdings nicht verminderte, sondern nur zu statistisch verdeckter Arbeitslosigkeit führte.

Hohe Arbeitslosigkeit zur Zeit wirtschaftlicher Demobilmachung

Politik wirtschaftlicher Demobilmachung dennoch stabilisierend

Kann somit von Vollbeschäftigung zu Beginn der Weimarer Republik keine Rede sein, wirkte die wirtschaftliche Demobilmachung kurz- bis mittelfristig dennoch stabilisierend und sicherte dadurch den Fortbestand des marktwirtschaftlichen Systems und der bürgerlichen Gesellschaftsform. Dieser Erfolg wird jedoch im historischen Rückblick auf die gesamte Weimarer Zeit von Rückschlägen überschattet, da politischer Konsens und sozialer Frieden bis zum Schluss auch infolge problematischer industrieller Beziehungen und durch die Folgen der Hyperinflation gestört blieben. Gerade aber an den folgenden, hart geführten Auseinandersetzungen um den Achtstundentag, die das Fortbestehen der ZAG über das Jahr 1924 hinaus nicht zu sichern vermochten, hatte die spezifische Politik der Demobilmachung ebenso wie an der inflationären Entwicklung einen nicht unerheblichen Anteil. Die realwirtschaftlichen Folgen der Demobilmachungspolitik hängen demnach auch eng mit der durch diese Politik forcierten Geldentwertung zusammen. So ist das mit der Kriegswirtschaft entstandene monetäre Ungleichgewicht durch die Demobilmachungspolitik verschärft worden. Auch ist das mit der Kriegswirtschaft hervorgerufene Übergewicht der Schwerindustrie in Verbindung mit der anhaltenden Vernachlässigung der Konsumgüterindustrie nach Kriegsende nicht sofort im Sinn der für den zivilen Bedarf notwendigen Gütermenge korrigiert worden. Gleichzeitig aber schlugen auf der Ausgabenseite die neu

Demobilmachung und Inflation

eingeführten Sozialleistungen zu Buche. Und nicht zuletzt standen den Ausgaben für die Demobilmachung im weiteren Sinn – für Arbeitsbeschaffungsmaßnahmen, Erwerbslosenfürsorge, Subventionen der Nahrungsmittel, Teuerungszulagen für Beamte und Offiziere – auch solche gegenüber, die direkt aus dem Kriegsausgang resultierten: Entschädigungsleistungen an Unternehmen in den abgetretenen und besetzten Gebieten, Zinszahlungen für die Kriegsanleihen, Kriegsrenten, Subventionen für die Industrie allgemein, aber auch Ausgaben für Arbeiter- und Soldatenräte.

These vom konterrevolutionären Charakter der Demobilmachung

Nicht ausschließlich, vor allem aber innerhalb der marxistisch-leninistischen Geschichtsschreibung ist immer wieder der konterrevolutionäre Charakter der Demobilmachung hervorgehoben worden. Als Begründung hierfür wurde hauptsächlich der Entstehungsprozess von Demobilmachungskonzept und -apparat angeführt. Kritik ist in dieser Hinsicht auch an der Person Koeths, seinen fast diktatorischen Vollmachten und der Arbeitsweise des Demobilmachungsamts geübt worden. Grundlegender Kritikpunkt dieser Sichtweise ist dabei immer der ungebrochene Einfluss der Industrie und die damit verbundene interessengeleitete Interaktion von bürgerlichem Staat und kapitalistischer Wirtschaft. Tatsächlich wurden auch alle wichtigen Fragen der Wirtschaftspolitik, einschließlich der Vorbereitung von Verordnungen, von Koeth, dem Leiter des Demobilmachungsapparats, mit dem Zentralausschuss der ZAG beraten. Und schließlich fiel dem trotz Revolution unverändert beibehaltenen Behördenapparat die Bestellung der unteren Demobilmachungsorgane zu, was gerade auch im wirtschaftlichen Bereich die administrative Kontinuität bewahrte.

Zusammenarbeit von SPD und Gewerkschaften mit alten Führungseliten

Angesichts der desolaten Wirtschaftslage bei Kriegsende, die nicht zuletzt die Versorgung der Bevölkerung mit Lebensmitteln bedrohte, aber auch mit Blick auf die Bestimmungen des Waffenstillstandsabkommens und die bevorstehenden Friedensverhandlungen waren nach Auffassung der Sozialdemokraten und Freien Gewerkschaften ein intakter Verwaltungsapparat, die Disziplin bei den Truppen sowie ein geordnetes Wirtschaftsleben unverzichtbar. Die innenpolitische Situation, vor allem die unterschiedlichen Ziele der linken Parteien, lief diesem Ansinnen diametral entgegen. Ihre Staatsräson ließ SPD und Freie Gewerkschaften deshalb die Loyalität der alten Führungseliten in Bürokratie, Offizierskorps und Unternehmerschaft suchen. Insofern gelang es der Arbeitnehmerseite durch das Stinnes-Legien-Abkommen zunächst tatsächlich, die liberale, auf dem Privateigentum basierende Marktverfassung mit seit Langem geforderten sozialstaatlichen Elementen auszugestalten und den Freien Gewerkschaften de facto das Vertretungsmonopol zu sichern.

Sozialstaatliche Revolution mit Einschränkungen

Während aber durch die wirtschaftliche Demobilmachung bereits vor Inkrafttreten der Weimarer Reichsverfassung über die Wirtschaftsordnung entschieden worden war, der Verfassung hier also nur noch deklamatorische Funktion zukam, war die Verfassung hinsichtlich der sozialstaatlichen Normen nur programmatischer Natur. Indem Letztere also nur den Rang von Verfassungsaufträgen besaßen, mussten sie im parlamentarischen Gesetzgebungsverfahren erst durchgesetzt werden und hingen damit von künftigen Mehrheitsverhältnissen im Reichstag ab. Nichtsdestotrotz lässt sich die gesamte Sozialgesetzgebung der Weimarer Republik auf die Demobilmachungszeit und das dahinterstehende Konzept von Industrie und Gewerkschaften zurückführen. Insofern lässt sich nicht wirklich darüber streiten, ob es sich bei der wirtschaftlichen Demobilmachung um eine Revolution vor der Revolution, um einfache administrative Kontinuität oder doch um eine Konterrevolution handelte.

Faktencheck „Die wirtschaftliche Demobilmachung"

- ✔ Arbeitgeberverbände und Gewerkschaften definieren das Konzept für die wirtschaftliche Demobilmachung und die personelle Kontinuität bei der Leitung des Demobilmachungsamts.
- ✔ Die Zentralarbeitsgemeinschaft sichert den Freien Gewerkschaften das Vertretungsmonopol und den Achtstundentag (unter Vorbehalt), den Arbeitgeberverbänden deren Unterstützung zur Erhaltung der liberalen Marktverfassung mit Privateigentum.
- ✔ Die privatkapitalistische Wirtschaftsordnung wird mithilfe des Demobilmachungsapparats gegen sozialistische und gemeinwirtschaftliche Alternativen durchgesetzt.
- ✔ Die wirtschaftliche Demobilmachung beschleunigt die Inflation und wirkt trotz hoher Arbeitslosigkeit antirevolutionär-stabilisierend.
- ✔ Der wirtschaftlichen Demobilmachung liegt, vergleichbar der Übereinkunft zwischen Ebert und Groener, eine interessengeleitete Interaktion von SPD, Freien Gewerkschaften und alten Führungseliten in Wirtschaft und Politik zugrunde.

6

Die Reparationen

Schlüsseldokument: John Maynard Keynes über die wirtschaftlichen Folgen des Versailler Friedensvertrags

Bereits während der den Ersten Weltkrieg beendenden Friedensverhandlungen war es zu harten Auseinandersetzungen über die vom Deutschen Reich zu leistenden Reparationszahlungen gekommen, deren Höhe auch deshalb im Versailler Vertrag noch nicht festgelegt worden ist. Aber nicht nur zwischen den Siegermächten und dem besiegten Reich war die Summe der Reparationen oder die Frage, ob diese in Geld- oder Sachleistungen zu erbringen seien, strittig. Vielmehr war auch das Verhältnis der Siegermächte untereinander von Differenzen gekennzeichnet, ohne dass sich die Verantwortlichen der Tragweite ihres Handelns für die weitere wirtschaftliche Entwicklung des Deutschen Reichs, aber auch der Weltwirtschaft insgesamt bewusst wurden. So war namentlich die Gemengelage aus Reparationen und interalliierten Schulden dazu angelegt, das internationale Finanz- und Währungssystem zu destabilisieren oder sogar kollabieren zu lassen.

Einer der bedeutendsten Ökonomen des 20. Jahrhunderts, John Maynard Keynes (1883–1946), nahm nach dem Ersten Weltkrieg an den Friedensverhandlungen als Mitglied der britischen Delegation teil. Aus wirtschaftlicher Perspektive betrachtete er die Reparationen, die dem Deutschen Reich auferlegt werden sollten, kritisch und sah vor allem die jetzt bereits im Raum stehende Höhe der Reparationen als vom Deutschen Reich nicht leistbar an. Zudem prophezeite er, dass die aus den Reparationsforderungen notwendig resultierende Steigerung deutscher Warenexporte zu einer Konkurrenz besonders für die englische Industrie werden müsse – ein Szenario, das der Evening Standard Jahre später erneut zum Thema machte (vgl. Abbildung 6). Noch vor Beendigung der Friedenskonferenz verließ Keynes deshalb unter Protest die britische Delegation in Paris und legte noch im selben Jahr seine Kritik in Form eines Buchs über „The Economic Consequences of the Peace“ (M15) vor, auf Deutsch erschienen unter dem Titel „Die wirtschaftlichen Folgen des Friedensvertrages“.

https://doi.org/10.36198/9783838557328-m15

Die Pariser Friedenskonferenz und der Versailler Vertrag

Bestimmungen des Versailler Vertrags

Der am 28. Juni 1919 unterzeichnete Versailler Vertrag beinhaltete mehrere für die künftige wirtschaftliche Entwicklung des Deutschen Reichs relevante Bestimmungen, wie jene zur Entmilitarisierung, zur Konfiskation des deutschen Auslandsvermögens sowie natürlich jene über die Gebietsabtretungen. Letztere brachten auch den Verlust sämtlicher deutschen Kolonien, die wirtschaftlich aber eher bedeutungslos waren. Während der vorangegangenen Pariser Friedenskonferenz waren allerdings die unterschiedlichen Standpunkte der Siegermächte hinsichtlich der Gebietsforderungen, besonders aber der vom Deutschen Reich zu leistenden Reparationen zutage getreten. Weil Großbritannien und Frankreich gegenüber den USA hohe

Uneinigkeit der Siegermächte

Abbildung 6: Die Folgen der Reparationen aus Sicht des Evening Standard vom 29. April 1929

A REPARATIONS SORRY-GO-ROUND.

Kriegsschulden hatten, versuchten vor allem diese beiden Staaten deutsche Reparationszahlungen in Höhe eben jener Schulden durchzusetzen. Die von US-Präsident Woodrow Wilson ursprünglich vorgesehene Begrenzung der Reparationen auf Schäden, die aus dem Bruch internationalen Rechts entstanden waren, und solche, die die Zivilbevölkerungen der ehemaligen Kriegsgegner Deutschlands erlitten hatten, lief diesen Bestrebungen entgegen. In diesem Fall hätte Großbritannien beispielsweise kaum mit deutschen Reparationszahlungen rechnen können, während die britische Schuld gegenüber den USA 1923 durch Schuldenabkommen auf 4,6 Mrd. Dollar fixiert wurde. Weil sowohl der britische Premierminister Lloyd George als auch der französische Ministerpräsident George Clemenceau innenpolitisch unter Druck standen, wich Wilson im Ergebnis jedoch von seinem ursprünglichen Konzept ab. Die Erweiterung des Reparationsbegriffs unter anderem auch auf Militärpensionen ließ die Forderungen dann so stark anwachsen, dass selbst die alliierten Sachverständigen nicht abzuschätzen vermochten, inwiefern das Deutsche Reich solchen Forderungen nachkommen konnte. Deshalb wurde auf die Fixierung einer bestimmten Reparationssumme im Rahmen der Friedenskonferenz verzichtet und stattdessen eine Reparationskommission eingesetzt, die die alliierten Forderungen zu prüfen und unter Berücksichtigung der deutschen Leistungsfähigkeit festzusetzen hatte. Bis zum 1. Mai 1921 hatte die Kommission den Gesamtbetrag der vom Reich zu zahlenden Reparationen einschließlich eines Zahlungsplans auszuarbeiten. Bis dahin sollte das Deutsche Reich auf seine Gesamtschuld anzurechnende Geld- und Sachwerte in Höhe von 20 Mrd. Goldmark leisten. Mit diesem Vorgehen wurde der Grundstein dafür gelegt, dass die internationalen Beziehungen der Zwischenkriegszeit weitgehend von der Frage der Reparationen bestimmt waren. Innenpolitisch brachte es dem Deutschen Reich aber auch die Instrumentalisierung durch Parteien

Einsetzung einer Reparationskommission

und Verbände der beiden extremen politischen Lager, sodass die Frage der Reparationen einmal mehr eine Belastung für die Weimarer Demokratie darstellte und zur politischen Instabilität der Republik beitrug.

Festsetzung der Reparationssumme

Nach mehr als 20 Konferenzen einigten sich die Siegermächte Anfang 1921 schließlich auf Reparationen in Höhe von 226 Mrd. Goldmark, also durch Goldbestände der Reichsbank in ihrem Wert gesicherte Mark, die bis 1963 getilgt werden sollten. Von dieser Summe sollten Frankreich 52 %, Großbritannien 22 %, Italien 10 % und Belgien 8 % erhalten. Nicht inbegriffen waren in dieser Summe ein unspezifischer Posten von etwa 43 Mrd. Goldmark plus ein Betrag in Höhe von 12 % des jährlichen deutschen Ausfuhrwertes. Weil die Reichsregierung diese Bedingungen ablehnte, kam es Anfang März 1921 zunächst zu der Besetzung Düsseldorfs und Duisburgs mit Ruhrort durch französische Truppen. Einige Wochen später setzte die Reparationskommission dann allerdings die Gesamtschuld auf 132 Mrd. Goldmark zuzüglich 26 % des jährlichen deutschen Exportwertes herunter und legte zugleich den „Londoner Zahlungsplan“ vor. Nach diesem Zahlungsplan (M16) hatte das Reich jährlich 2 Mrd. Goldmark plus einen Anteil seiner Ausfuhrwerte, der ungefähr einer weiteren Milliarde Goldmark entsprach, zu zahlen. Eine erste Goldmilliarde wurde am 31. August 1921 fällig. Sachlieferungen, die das Deutsche Reich in den ersten Jahren nach dem Waffenstillstand als Kompensation für die Schäden im westlichen Kriegsgebiet geleistet hatte, die sich nach deutscher Rechnung auf mehr als 20 Mrd. Goldmark, nach alliierter Berechnung jedoch nur auf etwa 8 Mrd. Goldmark beliefen, wurden nun allerdings doch nicht auf die Reparationsforderung angerechnet. Dabei handelte es sich aber immerhin um 27 % der 1913 vorhandenen Lokomotiven, 23 % der Eisenbahnwaggons, 50 % des Lastkraftwagenbestands, um den größten Teil der Handelsflotte, einen Großteil kleinerer Schiffe sowie um Pferde und andere Nutztiere bis maximal 2 % des Vorkriegsbestands. Auch ist für Reichs- und Staatseigentum in Elsass-Lothringen und Eupen-Malmedy, für staatseigene Überseekabel und andere deutsche Vermögensgegenstände im Ausland keine Entschädigung angerechnet worden.

Londoner Zahlungsplan

https://doi.org/10.36198/9783838557328-m16

Beginn der Erfüllungspolitik

Dennoch ist die mit einem Ultimatum verknüpfte Londoner Forderung von dem aus Parteien der Weimarer Koalition bestehenden Kabinett Wirth angenommen worden. Mit der Annahme des Londoner Zahlungsplans durch das Kabinett Wirth begann die Zeit der Erfüllungspolitik, die entgegen ihrem Wortsinn aber gerade die Unerfüllbarkeit der Reparationsforderungen demonstrieren sollte: Die Verantwortlichen versuchten von nun an die alliierten Reparationsforderungen um jeden Preis zu erfüllen, um auf diesem Weg zu einer Revision der vertraglich fixierten Forderungen zu gelangen. Die Alliierten ihrerseits betrachteten ihre Ansprüche in Anbetracht der anhaltenden und zunehmenden inflationären Entwicklung im Deutschen Reich zunächst wiederum als nicht erfüllt und erwarteten infolgedessen entsprechende Maßnahmen zur Stabilisierung der Währung. Bis zum Inkrafttreten des Dawes-Plans am 1. September 1924 prägten deshalb Stundungen und Umwandlungen von Geld- in Sachleistungen sowie der Streit über die Höhe bereits geleisteter Zahlungen die Beziehungen zwischen dem

Inflation und Reparationen

Reich und den Alliierten. Tatsächlich wird die Inflation, besonders aber das Hinausschieben der Währungssanierung von Historikern inzwischen nicht mehr losgelöst von der Politik der vermeintlichen Erfüllung des Friedensvertrags betrachtet, beides kann vielmehr als eine Strategie auch zum Unterlaufen der auferlegten Reparationszahlungen gedeutet werden. Die Inflation verhinderte dabei nicht nur die Feststellung der Leistungsfähigkeit des Deutschen Reichs, die laufende und zunehmende Geldentwertung machte vielmehr auch eine exakte Berechnung der bereits geleisteten Zahlungen unmöglich. Die im Wesentlichen bis Ende 1922 erbrachten Reparationsleistungen, mit gut 8 Mrd. Goldmark von der Reparationskommission gutgeschrieben, sind so von deutscher Seite auf knapp 51,7 Mrd. Goldmark beziffert worden (vgl. Tabelle 13). Der französische Nationalökonom Charles Gide schätzte die vom Reich bis dahin erbrachten Leistungen immerhin auf 12 bis 14 Mrd. Goldmark, während der von anderen Annahmen ausgehende John Maynard Keynes mit 26 Mrd. Goldmark von einer Größenordnung ausging, die sich mit der Einschätzung der US-amerikanischen Ökonomen Harold G. Moulton und Constantine E. McGuire annähernd deckte. Die neuere Forschung, namentlich Carl-Ludwig Holtfrerich, hat die Zahlen des britischen und der beiden amerikanischen Nationalökonomen weitestgehend bestätigt.

Tabelle 13: Reparationsleistungen des Deutschen Reichs bis 31. 8. 1924 (in Mio. RM)

Bezeichnung der Leistung	Deutsche Berechnung	Gutschrift durch Reparationskommission
Liquidation deutschen Privateigentums	10.080	13
Verzicht auf Ansprüche gegen frühere Verbündete (Art. 260)	8.600	–
Saargruben (kapitalisiert nach dem Vorkriegsreingewinn)	1.016	–
Abgetretenes Reichs- und Staatseigentum	9.670	2.298
Kohlen und Koks	2.334	959
Kohlennebenerzeugnisse und Stickstoff	40	40
Farbstoffe und pharmazeutische Erzeugnisse	250	88
Vieh	204	147
Landwirtschaftliche Maschinen und Geräte (Art. 3 des Abkommens vom 16. 11. 1919 zur Verlängerung des Waffenstillstands)	21	21
Sonstige Sachlieferungen (Anlage II § 19 und Anlage IV) für den Wiederaufbau	385	385
Belgische Kunstwerke und Löwener Bibliothek	16	2
Seeschiffe		
a) abgeliefert	3.426	756
b) beschlagnahmt	1.060	–
Binnenschiffe	56	50
Eisenbahnmaterial		
a) rollendes (Art. 250)	1.100	827
b) Geräte und Materialien	6	6

Bezeichnung der Leistung	Deutsche Berechnung	Gutschrift durch Reparations-kommission
Eisenbahnen, Bergwerke, Lehrinstitute in Schantung und Schanghai	95	61
Lastkraftwagen	59	32
Nichtmilitärischer Rücklass	5.041	140
Privatkabel	78	53
Kriegsmaterial (Schrotterlöse)	52	52
Auf die abgetretenen Gebiete entfallende Reichs- und Staatsschuld	675	26
Während der Ruhrbesetzung erzwungene Leistungen a) Sachleistungen b) Barleistungen	 820 550	} 27
Barzahlungen aufgrund des Londoner Zahlungsplans	1.700	1.700
Rheinlandzölle 1921	3	3
Englische Reparationsabgabe (Reparation Recovery Act)	373	373
Sonstige Barzahlungen (hauptsächlich an Frankreich wegen Elsass-Lothringens: Kommunallasten, Pensionen und Sozialversicherung)	51	8
Rollendes Eisenbahnmaterial (Art. 371)	697	–
Ausgleichsverfahren	617	–
Arbeiten deutscher Kriegsgefangener (475.000 vom Waffenstillstand bis 1.3.1920 nach Abzug von 300 Mio. RM für Verpflegung und Unterkunft)	1.200	–
Abgelieferte Kriegsflotte	1.338	–
Hafenmaterial (Ersatzlieferung für Skapa Flow)	80	–
	51.693	8.067

Quelle: Jessen, Jens: Artikel „Reparationen". In: Elster, Ludwig (Hrsg.): Wörterbuch der Volkswirtschaft in drei Bänden. Jena, [4]1933, Bd. 3, S. 35–95, hier S. 90.

Besetzung des Ruhrgebiets und passiver Widerstand

Angesichts des permanenten Streits zwischen Alliierten und dem Reich über die Höhe der bereits geleisteten Reparationen, umgerechnet in Goldmark, bot dann ein geringfügiger Rückstand bei der Lieferung von Schnittholz, Telegrafenstangen und Kohle Anlass für die Besetzung des Ruhrgebiets durch französische und belgische Truppen am 11. Januar 1923. Offiziell sollten diese eine Ingenieurkommission schützen, die wiederum die deutschen Lieferungen sicherzustellen hatte. Die Reichsregierung stoppte daraufhin sofort alle Reparationsleistungen an Frankreich und Belgien und forderte die Bevölkerung des Ruhrgebiets zum passiven Widerstand auf. Weil zugleich allen Beamten die Entgegennahme von Befehlen der Besatzungsbehörden verboten worden war, wurden diese wiederum von den Besatzungsmächten aus dem besetzten Gebiet ausgewiesen. Zudem gingen die Besatzungsmächte zu Beschlagnahmungen und der völligen wirtschaftlichen Abschnürung des Ruhrgebiets vom übrigen Reichsgebiet über.

Währungssanierung als Grundlage für Lösung des Reparationsproblems

Durch den passiven Widerstand, der einem Generalstreik glich, sind 1923 so gut wie keine Geldreparationen geleistet und sehr viel weniger Kohle und Koks als erforderlich nach Frankreich und Belgien geliefert worden. Vor allem aber erhielt die deutsche Währung durch den vom Reich finanzierten Zwangsurlaub der im Ruhrgebiet Beschäftigten und die Versorgung der dort lebenden Bevölkerung den Todesstoß. Erst mit dem Abbruch des Ruhrkampfs am 26. September 1923 und der folgenden Währungssanierung ist dann von deutscher Seite der Weg für eine ernst zu nehmende Erfüllungspolitik geebnet worden. Die Währungsstabilisierung ermöglichte nicht nur eine fundierte Schätzung der deutschen wirtschaftlichen Leistungsfähigkeit, auf deren Basis dann eine allseits akzeptierte Lösung der Reparationsfrage angestrebt werden konnte, sie erst vermochte auch einen Ausgleich zwischen deutschem Devisenbedarf und den auf Kapitalexport abzielenden US-amerikanischen Interessen herzustellen.

Der Dawes-Plan und die abschließende Regelung der Reparationen durch den Young-Plan

Reparationspolitischer Perspektivenwechsel

Unabhängige Expertenkommission unter C. G. Dawes

https://doi.org/10.36198/9783838557328-m17

Nachdem mit der Währungsreform eine wichtige Voraussetzung für die wirtschaftliche Stabilisierung im Deutschen Reich geschaffen worden war, ist das ungelöste Reparationsproblem erstmals vorrangig als wirtschaftliches und finanztechnisches Problem angesehen worden. Waren die Reparationen bis dahin in erster Linie eine politische Angelegenheit gewesen, kümmerten sich jetzt zum ersten Mal Sachverständige um eine Lösung der Reparationsfrage, die zudem die Leistungsfähigkeit des Deutschen Reichs zum Ausgangspunkt ihrer Überlegungen machen sollten. Die unabhängige Expertenkommission unter Vorsitz des US-amerikanischen Bankiers Charles G. Dawes schlug in ihrem im April 1924 vorgelegten Gutachten (M17) schließlich eine vorläufige Reparationsregelung innerhalb der Bestimmungen des Versailler Vertrags vor, der alle beteiligten Staaten zustimmten.

Vorläufige Regelung durch den Dawes-Plan

Weil die Reparationszahlungen dauerhaft nur bei stabiler Währung und leistungsfähiger deutscher Wirtschaft garantiert werden konnten, waren ein ausgeglichener Reichshaushalt und eine aktive deutsche Handelsbilanz unabdingbar. Mittels Deckung der Ausgaben durch ordentliche Einnahmen, d h. mit einer soliden Finanzpolitik sollten kreditfinanzierte, inflationäre Wirkungen des Reichshaushalts verhindert und durch über den Wert der Importe hinausgehende Exporte Devisen zur Zahlung der Reparationen erwirtschaftet werden. Neben den Vorschriften zur Reichsbank, die nun unter internationale Aufsicht gestellt wurde, finden sich die wichtigsten Klauseln des Dawes-Plans insofern im – die Gold- und Devisendeckung der Währung garantierenden – Transferschutz und in der Anwendung eines Wohlstandsindex, dessen positive Entwicklung erst die Erhöhung der jährlich zu leistenden Reparationszahlungen ermöglichen sollte. Erstmals konnte sich dementsprechend unter dem Dawes-Plan zeigen, welche Reparationsleistungen das Deutsche Reich ohne Gefahr für seine Währung und Wirtschaft aufzubringen vermochte. Folglich war ganz bewusst auf eine endgültige Regelung der Gesamtschuld und der Zahlungsdauer verzichtet worden. Was der Dawes-Plan bestimmte, waren einzig die Höhe der jährlichen Reparationszahlung sowie der Aufbringungsmodus, sodass es sich von vornherein um eine Übergangslösung handelte. Dieses im psychologischen Sinn unbestreitbare Manko resultierte aus der Überlegung, während der Gültigkeit des Dawes-Planes erst einmal die Leistungsfähigkeit des Deutschen Reichs feststellen zu wollen.

Langsam ansteigende Reparationszahlungen

Um der deutschen Volkswirtschaft eine Erholungsphase zu ermöglichen, stiegen die jährlichen Reparationszahlungen langsam an. Die erste, 1925 zu leistende Rate in Höhe von 1 Mrd. RM bestand sogar aus einer Barzahlung von nur 200 Mio., die restlichen 800 Mio. RM durften aus dem Erlös einer internationalen Anleihe aufgebracht werden. Diese Dawes-Anleihe, die einer Anschubfinanzierung glich und der Zahlungsmobilisierung dienen sollte, ist ohne Schwierigkeiten in den USA, Großbritannien, Frankreich und anderen europäischen Ländern ebenso wie im Deutschen Reich selbst gezeichnet worden, was die Kreditwürdigkeit des Reichs nach der Währungssanierung unterstrich. Erst ab 1928/29 sollte dann bis auf Weiteres mit der Zahlung der bereits im Londoner Zahlungsplan vorgesehenen Jahresrate von etwa 2,5 Mrd. RM (= Goldmark) begonnen werden. Diese Normalannuität konnte jedoch ab 1929 jederzeit mit dem Wohlstand im Reich ansteigen, der sich nach einem komplizierten, auf öffentlichen Einnahmen und Ausgaben, der Bevölkerungszahl, dem Verbrauch an Kohle, Zucker, Tabak, Bier und Branntwein sowie der Transportleistung der Eisenbahn beruhenden Index berechnete.

Dawes-Anleihe

Aufbringung aus Reichshaushalt

Zugleich war mit dem Dawes-Plan vorgeschrieben, aus welchen Quellen sich die jeweilige Reparationszahlung zu speisen hatte. Anfangs war knapp ein Viertel, anschließend fast die Hälfte der Annuitäten aus dem Reichshaushalt aufzubringen. Als Sicherheit für diese Zahlungen mussten den Alliierten bestimmte Zölle und Steuern verpfändet werden. Das Reich führte anschließend seine Einnahmen aus Zöllen und Abgaben auf Tabak, Alkohol, Zucker und Salz an eine Treuhandkommission ab; über die festgelegte Annuität hinausgehende Mittel flossen an das Reich zurück. Neben einer besonderen Verkehrssteuer, die die Reichsbahn aufzubringen hatte, wurden Reichsbahn und Industrie mit einer mit 5 % zu verzinsenden und mit 1 % zu tilgenden Schuld von 11 bzw. 5 Mrd. RM belastet. Rund 60.500 Betriebe mit einem 50.000 RM übersteigenden Betriebsvermögen mussten so für Verzinsung und Tilgung der Zwangsanleihe aufkommen, zu deren Zahlungsabwicklung und Kontrolle die Bank für Industrie-Obligationen AG gegründet wurde. Die in eine Aktiengesellschaft umgewandelte, ebenfalls mit Schuldverschreibungen belastete Reichsbahn wurde als rechtlich verselbständigte Deutsche Reichsbahn-Gesellschaft von einem Treuhänder der Gläubigerstaaten beaufsichtigt. Auch dem Verwaltungsrat der Gesellschaft gehörten nun zu diesem Zweck einige Ausländer an. Insgesamt unterstand die deutsche Wirtschaft damit einer straffen Kontrolle der Alliierten. Bis 1929 konnten die erforderlichen Gelder unter diesen Bedingungen tatsächlich aufgebracht werden, weil die Reichsbahn notwendige Investitionen zurückstellte,

Leistungen von Industrie und Reichsbahn

Reichsbahn unter alliierter Kontrolle

die Industrie für ihre Investitionen zunehmend auf Fremdfinanzierung zurückgriff und das Reich seine Ausgaben zwangsläufig verringerte oder sich ebenfalls fremdfinanzierte.

Transferschutz

Eine Schlüsselstellung nahm der sich anschließende Transferschutz ein. Während der Gültigkeit des Dawes-Plans war nämlich die Reichsregierung nur dazu verpflichtet, die festgelegten Zahlungen in inländischer Währung auf das Konto des Reparationsagenten einzuzahlen. Der Reparationsagent mit Sitz in Berlin hatte dann die Aufgabe, die in Reichsmark erhaltenen Zahlungen unter Beachtung der Stabilität der deutschen Währung in fremden Währungen an die verschiedenen Gläubiger zu transferieren (vgl. Schaubild 12). War die Stabilität der deutschen Währung, für die er die Verantwortung trug, in Gefahr, sollte der Transfer eingestellt werden. Überschritten in einem solchen Fall die beim Reparationsagenten angesammelten Summen 2 Mrd. RM, konnten sie im Deutschen Reich zinsbringend angelegt werden. Beliefen sie sich auf über 5 Mrd. RM, sollten die Zahlungen des Reichs eingestellt und musste eine neue Regelung herbeigeführt werden.

Schaubild 12: Funktionsweise des Dawes-Plans

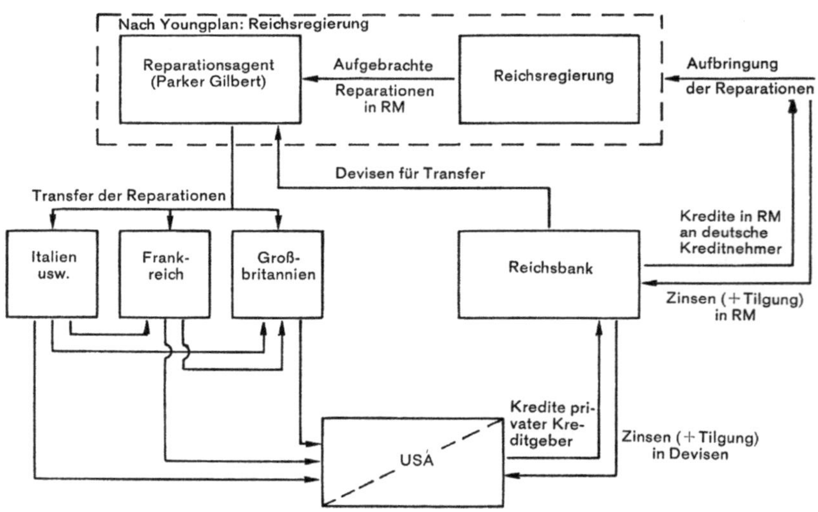

Quelle: Bergmann, Jürgen/Megerle, Klaus/Steinbach, Peter (Hrsg.): Geschichte als politische Wissenschaft. Sozialökonomische Ansätze, Analyse politikhistorischer Phänomene, politologische Fragestellungen in der Geschichte. Stuttgart, 1979, S. 120.

Reparationsagent Parker Gilbert

Als Reparationsagent erstattete der US-amerikanische Finanzexperte Parker Gilbert der Reparationskommission zudem in regelmäßigen Abständen Bericht über die wirtschaftliche und finanzielle Lage des Deutschen Reichs.

Tatsächlich musste der Transferschutz während der gesamten Laufzeit des Dawes-Plans, also in den Jahren 1925 bis 1930, nicht einmal in Anspruch genommen werden. Das hing aber gerade nicht mit deutschen Exportüberschüssen zusammen, da die deutsche Handelsbilanz infolge der die Exporte übersteigenden Importe bis auf ein Jahr passiv war. Auch unter Berücksichtigung der Dienstleistungen wies die Leistungsbilanz regelmäßig ein Defizit aus, sodass mit Ausnahme des Jahres 1926 kein Devisenüberschuss erzielt wurde, mit dem die Reparationszahlungen hätten transferiert werden können (vgl. Tabelle 14). Entgegen der Intention des Dawes-Plans erwirtschaftete das Deutsche Reich die zum Transfer seiner Reparationszahlungen notwendigen Devisen also nicht durch den Verkauf seiner Waren und Dienstleistungen auf dem Weltmarkt. Die dem Reparationsagenten von der Reichsbank zur Verfügung gestellten Devisen stammten vielmehr aus ausländischen, vorwiegend US-amerikanischen Krediten. Diese Kapitalzufuhr reichte aus, um das Leistungsbilanzdefizit auszugleichen und die Reparationszahlungen leisten zu können.

Realiter ausbleibender Devisenüberschuss

Tabelle 14: Zahlungsbilanz des Deutschen Reichs während der Laufzeit des Dawes-Plans, in Mio. RM

	1924	1925	1926	1927	1928	1929	Σ
Export	+7.810	+9.546	+10.677	+11.118	+12.627	+13.632	+65.410
Import	−9.626	−11.990	−9.884	−14.078	−13.938	−13.676	−73.192
Saldo Handelsbilanz	−1.816	−2.444	+793	−2.960	−1.311	−44	−7.782
Saldo Dienstleistungsbilanz	+433	+456	+359	+300	+109	−88	+1.569
Saldo Leistungsbilanz	−1.383	−1.988	+1.152	−2.660	−1.202	−132	−6.213
Kapitalverkehr	+2.919	+3.135	+607	+3.792	+4.123	−2.304	+16.880
Reparationen	−281	−1.057	−1.191	−1.584	−1.990	−2.337	−8.440
Währungsreserven der Reichsbank	−1.255	−90	−568	+452	−931	+165	−2.227
Saldo Kapitalbilanz	+1.383	+1.988	−1.152	+2.660	+1.202	+132	+6.213

Quelle: Statistisches Handbuch von Deutschland 1928–1944. Herausgegeben vom Länderrat des Amerikanischen Besatzungsgebiets. München, 1949, S. 602f.

Abgesehen von der Dawes-Anleihe können die Kredite jedoch ausschließlich rechnerisch als Äquivalent für die Reparationsleistungen angesehen werden, realwirtschaftlich handelte es sich hingegen um wesentlich kompliziertere Zusammenhänge. Die Kredite kompensierten aber in jedem Fall den beabsichtigten Kaufkraftentzug, weshalb wiederum die mit dem Dawes-Plan beabsichtigte deflatorische Wirkung ausblieb. Intention der neuen Reparationsregelung war ja gewesen, durch entsprechende Besteuerung der deutschen Wirtschaftssubjekte die Aufbringung der erforderlichen Mittel zu sichern und, unterstützt durch eine entsprechende Finanz- und Wirtschaftspolitik, über den so entstehenden deflationären Druck den Export ansteigen zu lassen. Weil die zur Aufbringung der Reparationszahlungen notwendige Besteuerung Kaufkraft abgezogen hätte, wären die deutschen Unternehmen nämlich gezwungen gewesen, ihre Gewinne im Export zu erzielen, sodass der für den Reparationstransfer notwendige Devisenerwerb gesichert gewesen wäre. Da

Aufbringung entgegen Intention des Dawes-Plans

Preise und Löhne im Gegenteil aber anstiegen, nahmen anstatt der Exporte sogar die Importe zu. In diesem Zusammenhang sorgte schließlich nicht nur das relativ hohe deutsche Zinsniveau für den Kapitalstrom aus dem Ausland; vielmehr hatte vor allem die die deutsche Währung schützende Transferklausel des Dawes-Plans besonders den US-amerikanischen Anlegern Sicherheit versprochen, auf die sie bei ihrer Kapitalanlage gern zurückgriffen.

Kapitalimport verschleiert deutsche Leistungsfähigkeit

Gerade weil also die benötigten Devisen regelmäßig durch Kapitalimport zur Verfügung standen, brauchte der Transferschutz nicht in Anspruch genommen zu werden. Allerdings wurde dadurch gerade auch verschleiert, welche Reparationsleistungen das Deutsche Reich aus eigener Kraft tatsächlich aufzubringen und an die Alliierten zu transferieren in der Lage war. Indem die Reparationszahlungen während der Laufzeit des Dawes-Plans bei vorwiegend negativer Leistungsbilanz mithilfe amerikanischer Kredite beglichen und damit reale Ressourcentransfers vermieden werden konnten, schützten sie das Reich zunächst vor der Zahlungsunfähigkeit und bescherten sowohl dem Schuldnerland als auch den Reparationsempfängern eine positive konjunkturelle Entwicklung.

Umwandlung der Reparationsschuld in kommerzielle Schulden

Die Tatsache aber, dass während der Laufzeit des Dawes-Plans anstelle des deutschen Steuerzahlers der amerikanische Sparer für die Reparationszahlungen aufkam, sollte anschließend noch zu einem Problem werden: Einmal ist durch die Auslandskredite die politische, d. h. die öffentlich-rechtliche Reparationsschuld in eine kommerzielle, also privatrechtliche Schuld von Industrie und Wirtschaft umgewandelt worden, für die künftig zusätzliche Devisen zur Bedienung des Schuldendienstes benötigt wurden. Zum Zweiten musste es bei einer massenhaften Kündigung der Auslandskredite, was dann im Zuge der Weltwirtschaftskrise auch tatsächlich geschah, unweigerlich zu einer Transferkrise kommen, weil nun die für die Rückzahlung der privaten Kredite notwendigen Devisen nicht mehr für den Reparationsdienst zur Verfügung standen.

Dawes-Regelung Ursache der Banken- und Kreditkrise

In Verbindung mit den Inflationsfolgen kann der Dawes-Plan deshalb als eine der wichtigsten Ursachen der deutschen Banken- und Kreditkrise von 1931 gelten. Weil es im Deutschen Reich nicht zuletzt infolge der Inflation, der sich daran anschließenden Kreditrestriktionen und der Reparationsverpflichtungen an Kapital mangelte, griffen nämlich die Banken zunehmend auf seit dem Dawes-Plan mögliche ausländische Anleihen zurück (M18). Dabei wurden die ausländischen Gelder durch die steigenden Zinssätze angelockt, die sich aus dem Kapitalmangel und den hohen Diskontsätzen der Reichsbank ergaben, die für Kredite mit einer Laufzeit von drei Monaten regelmäßig über jenen für langfristige Kredite anderer Länder lagen. Von den ausländischen Krediten gingen 11,8 Mrd. RM direkt an die deutsche Wirtschaft, 4,9 Mrd. hatten Reich, Länder und Gemeinden aufgenommen. Die deutschen Banken nahmen insgesamt 8,9 Mrd. RM in Anspruch, um damit industrielle Investitionen zu finanzieren, sodass die ursprünglich kurzfristig geliehenen Gelder langfristig weitergereicht wurden.

https://doi.org/10.36198/9783838557328-m18

Interessenkonflikt Reichsbank – US-Finanzkreise

Den Verantwortlichen selbst ist das Problem der deutschen Auslandsverschuldung durchaus bewusst gewesen. So versuchte die Reichsbank zwei Mal, im Frühjahr 1927 und 1929, durch Senkungen des Diskontsatzes ausländische Kredite zum Rückfluss zu veranlassen. Allerdings konnte sich Reichsbankpräsident Hjalmar Schacht mit dieser Politik gegenüber dem Reparationsagenten Gilbert nicht durchsetzen. Wie US-amerikanische Finanzkreise vermutete Gilbert hinter der Diskontsatzsenkung nämlich einen Versuch, mithilfe des anschließend notwendigerweise in Anspruch zu nehmenden Transferschutzes die Frage der Leistungsfähigkeit und damit die Reparationsfrage allgemein zugunsten des Deutschen Reichs zu beeinflussen. Zugleich hatte die US-amerikanische Hochfinanz ein starkes Interesse am Fortbestand der für amerikanische Anleger einträglichen reichsdeutschen Anleihen: Im Zuge einer stufenweisen Zinssenkung 1926/27 waren die Kapitalströme nach Deutschland tatsächlich schon einmal rückläufig gewesen und hatten in den USA selbst nach einer Anlage gesucht. Das durch zunehmende Rückflüsse massenweise vorhandene Geld wäre in den USA von der Zentralbank aber kaum zu steuern gewesen und hätte so die Gefahr von zusätzlichen Spekulationen hervorgerufen.

Interessen der Reichsregierung

Andererseits mussten ausländische Anleger durch Anlage ihres Kapitals im Deutschen Reich, so die Überlegungen im Reichswirtschaftsministerium und im Auswärtigen Amt, ein unmittelbares Interesse an einer positiven wirtschaftlichen Entwicklung des Deutschen Reichs haben. Und so hoffte man tatsächlich, auf dem Umweg über einflussreiche US-amerikanische Finanzkreise zu einer für das Reich günstigen, endgültigen Reparationsregelung zu gelangen. Reichsregierung und deutsche Wirtschaft jedenfalls zogen die kommerzielle Abhängigkeit von den USA einer Abhängigkeit von der politischen Lösung der Reparationsfrage, bei der Frankreich unweigerlich eine wichtige Rolle spielen musste, entschieden vor. In Anbetracht der komplizierter werdenden Reparationsproblematik deutete Parker Gilbert bereits Ende 1927 eine Revision des Dawes-Plans an, an der besonders auch amerikanische Finanzkreise interessiert waren.

Interessen Großbritanniens

Die britische Regierung war demgegenüber ebenso wie Reichsbankpräsident Schacht Gegner einer schnellen Revision. Beide erwarteten im Sommer 1928 eine baldige Wirtschaftskrise. Unter den Bedingungen einer Krise aber würde die endgültige Regelung der Reparationsfrage eine geringere Gesamtsumme mit entsprechend niedrigeren Annuitäten bringen, als wenn die Regelung noch vor der Krise getroffen würde. Großbritannien hoffte in diesem Zusammenhang in der Folge auf eine entsprechende Ermäßigung der interalliierten Schulden. Reichsregierung und französische Vertreter aber, die einem diplomatischem Doppelspiel Gilberts aufsaßen, drängten demgegenüber auf eine schnelle Regelung. Vermutlich rechnete auch Gilbert selbst mit einer Wirtschaftskrise in Deutschland und scheute den zu erwartenden Konflikt im Fall des dann von ihm notwendig anzuwendenden Transferschutzes.

Endgültige Reparationsregelung durch den Young-Plan

https://doi.org/10.36198/9783838557328-m19

Anfang 1929 trat erneut eine unabhängige Kommission von Finanzsachverständigen zusammen, die die Grundlage für ein endgültiges Reparationsabkommen unter Vorsitz des Verwaltungsratspräsidenten der *General Electric Company*, Owen D. Young, erarbeiten sollte. Der im Mai 1929 vorgelegte und von allen beteiligten Regierungen angenommene Plan fixierte die endgültige Reparationssumme nunmehr auf einen Gegenwartswert von 34,5 Mrd. RM, einschließlich Zinsen rund 111 Mrd. RM. Mit der Annahme des Young-Plans (M19) verpflichtete sich das Deutsche Reich, diese Summe nach einem genauen Zahlungsplan in 59 Jahresraten zu zahlen. Bis 1965/66 sollte die Annuität von 1,6 auf 2,3 Mrd. RM ansteigen; einschließlich Zinsen und Tilgung aus der Dawes-Anleihe waren anfänglich jedoch 2,05 Mrd. RM zu überweisen. Für die Jahre 1966 bis 1988 war dann nur noch eine Annuität zwischen 1,6 und 1,7 Mrd. RM vorgesehen. Wie unter dem Dawes-Plan hatte die Deutsche Reichsbahn-Gesellschaft einen Teil der Reparationen zu leisten, indem sie 37 Jahre lang über eine direkte Steuer jährlich 660 Mio. RM aufbringen musste. Allerdings wurde die seit dem Dawes-Plan bestehende Hypothek gelöscht. Der restliche Betrag der Annuität war aus dem Reichshaushalt, nach dem 37. Jahr dementsprechend der gesamte Betrag aus dem laufenden Haushalt zu bestreiten. Wie unter dem Dawes-Plan ist auch im Zusammenhang mit dem Young-Plan 1930 eine internationale Anleihe zugunsten des Deutschen Reichs platziert worden.

Änderungen gegenüber dem Dawes-Plan

Die hypothekarische Belastung der Industrie mit 5 Mrd. RM aus dem Dawes-Plan entfiel; infolge innenpolitischer Entscheidungen wurde diese nun jedoch zugunsten der Osthilfe verwendet. Entfallen sind ebenfalls die sich am Wohlstandsindex ausrichtenden Zuschläge auf die Annuitäten. Mit dem Reparationsagenten, dem Transferkomitee, dem Treuhänder und den ausländischen Verwaltungsratsmitgliedern bei der Reichsbahn-Gesellschaft, aber auch durch Aufhebung der Sicherheiten und Pfänder sind zudem alle mit dem Dawes-Plan eingeführten ausländischen Kontrollen abgeschafft worden. Einzig die vertraglichen Bestimmungen über Reichsbank und Währung blieben weiterhin bestehen.

Gründung der Bank für Internationalen Zahlungsausgleich

Für die mit den Reparationen in Zusammenhang stehenden Transaktionen, für die Zusammenarbeit der Notenbanken und die Stabilität der Wechselkurse wurde jetzt die eigens dafür gegründete Bank für Internationalen Zahlungsausgleich (BIZ) mit Sitz in Basel zuständig. Damit aber ist auch die Verantwortung für den Transfer der Reparationen an das Deutsche Reich übertragen worden, sodass nunmehr einzig Reichsregierung und Reichsbank für die Zahlung in ausländischen Währungen und die Stabilität der Reichsmark verantwortlich zeichneten. Der Transferschutz des Dawes-Plans entfiel damit. 660 Mio. RM waren von jetzt an in jedem Fall in Devisen zu zahlen, für den Rest der Annuitäten bestand, beispielsweise im Fall einer Konjunkturschwäche, höchstens die Möglichkeit eines zweijährigen Zahlungsaufschubs.

Wegfall des Transferschutzes

Der Wegfall des Transferschutzes stellte real eine deutliche Verschlechterung des Young-Plans gegenüber dem vorhergegangenen Dawes-Plan dar. Für die geringeren Annuitäten, für die mit der endgültigen Regelung verbundene Räumung der noch besetzten Gebiete der Rheinprovinz sowie der Pfalz und für die Preisgabe aller internationalen Kontrollinstanzen aber glaubte die Reichsregierung auf den Transferschutz verzichten zu können. Sie wurde darin in ihrer Auffassung bestärkt, weil sie einem geheimen Telegrammwechsel des Reparationsagenten, dessen Code erfolgreich entschlüsselt worden war, entnommen hatte, dass der Transferschutz ohnehin nie gewährt worden wäre.

Im Zeichen der Weltwirtschaftskrise: Hoover-Moratorium und das Ende der Reparationen

Hoover-Moratorium

Ende der 1920er-Jahre hatten die Reparationszahlungen kurzzeitig immerhin eine Höhe von 3 % des deutschen Bruttosozialprodukts erreicht. Als jedoch während der Weltwirtschaftskrise mit der akuten Finanzkrise, deren Ausdruck die kurzzeitige Schließung der Bankschalter war, der vollständige wirtschaftliche und finanzielle Zusammenbruch des Deutschen Reichs drohte, griff der US-amerikanische Präsident Herbert C. Hoover ein. Vor allem amerikanische und britische Privatgläubiger hatten den Glauben an die Fähigkeit des Reichs verloren, künftig Reparationen und private Schulden begleichen zu können – zumal in Devisen. Weil die gesamte Wirtschaft der USA von einer völligen Zahlungsunfähigkeit und infolge weltweit vernetzter Handelsströme auch von einem wirtschaftlichen Zusammenbruch des Reichs betroffen gewesen wäre, erzwang Hoover Mitte 1931 gegen den Widerstand Frankreichs ein Moratorium (M20). Für die Dauer eines Jahres sind dadurch die deutschen Reparationszahlungen ausgesetzt worden, das Gleiche galt für den interalliierten Schuldendienst. Dahinter stand vor allem die Sorge einer Gruppe einflussreicher US-amerikanischer Bankiers um ihr im Deutschen Reich investiertes Kapital. Um die noch vor Inkrafttreten des Moratoriums am 30. Juni 1931 fällige Rate begleichen zu können, erhielt die Reichsbank zudem einen Kredit von den Zentralbanken Englands, der USA und Frankreichs sowie der BIZ über 420 Mio. RM, der später unter der nationalsozialistischen Regierung zurückgezahlt worden ist.

https://doi.org/10.36198/9783838557328-m20

Feststellung deutscher Leistungsunfähigkeit

Ein mit dem Young-Plan vorgesehener Sonderausschuss zur Prüfung der deutschen Leistungsfähigkeit, dessen Zusammentritt die Reichsregierung nach Inkrafttreten des Zahlungsaufschubs beantragte, stellte Ende 1931 tatsächlich fest, dass das Reich auch nach Ablauf des Moratoriums nicht wieder in der Lage sein werde, seinen Reparationsverpflichtungen und der Bedienung der Privatschulden nachzukommen. Der Ausschuss selbst schlug deshalb die Streichung der deutschen Reparationen wie der interalliierten Kriegsschulden vor. Bis auf eine symbolische Restverpflichtung in Höhe von 3 Mrd. RM verzichteten die Gläubiger des Deutschen Reichs auf der Konferenz von Lausanne Mitte 1932 dann tatsächlich auf ihre Forderungen und stellten anschließend ihre eigenen Zahlungen an die USA ein. Die USA duldeten zwar die Einstellung des Schuldendienstes, verzichteten aber niemals förmlich auf die Rückzahlung der interalliierten Schulden. In Höhe der Restzahlung hinterlegte das Reich bei der Bank für Internationalen Zahlungsausgleich in Basel verzinsliche Obligationen, die unter

Forderungsverzichte in Lausanne 1932

bestimmten Umständen auf dem Markt platziert und dadurch von einer Schuldverschreibung in liquide Mittel umgewandelt werden sollten. Würde eine Emission nicht gelingen, so sollten die Obligationen nach 15 Jahren vernichtet werden. Weil wegen fehlender Verzichtserklärung der USA auf Schuldenrückzahlung der Vertrag von Lausanne nie ratifiziert worden ist, sind diese Papiere 1948 vernichtet worden. Von den ursprünglich geforderten 132 Mrd. Goldmark wurden nach alliierter Bewertung insgesamt nur knapp 21 Mrd. RM gezahlt. Damit ist selbst die abschließende Reparationszahlung, die das förmliche Ende der Reparationen markierte, niemals geleistet worden.

Endgültige Schuldbegleichung 2010

Nach dem Scheitern der inflationären Lösung, also dem dem Deutschen Reich unterstellten Versuch, sich der Reparationen mittels Geldentwertung zu entledigen, war auch der kreditäre Lösungsversuch gescheitert. Das aus dem Ersten Weltkrieg resultierende Problem der Reparationen konnte damit nie gelöst werden. Allerdings erklärte sich die Bundesrepublik Deutschland als Rechtsnachfolgerin des Deutschen Reichs im Londoner Schuldenabkommen vom 27. Februar 1953 zu einer Regelung der privaten deutschen Auslandsschulden bereit. Darunter befanden sich auch die Teile der Reparationen, die auf dem Anleiheweg finanziert und damit in private Schulden umgewandelt worden waren, also aus der Dawes-Anleihe von 1924 sowie der Young-Anleihe von 1930. 1983 waren alle diese Forderungen beglichen. Weil aber der entsprechende Zinsdienst in den Jahren 1945 bis 1952 ausgesetzt und seine Begleichung auf die Zeit nach der Wiedervereinigung Deutschlands verschoben worden war, ist mit der Bedienung der sich daraus errechnenden 251 Mio. Deutsche Mark (DM) erst 1991 durch Ausgabe von Fundierungsanleihen begonnen worden. Die aus dem Bundeshaushalt im Jahr 2002 bestrittene Rate beispielsweise betrug so 4,1 Mio. Euro (€); endgültig wurde diese Schuld im Jahr 2010 beglichen.

Grundlegende Probleme: interalliierte Verschuldung, Transfer der Reparationen und internationales Handelssystem

Interalliierte Schulden

Insgesamt waren 28 Länder sowie drei selbstverwaltete Dominions des britischen Commonwealth von der Frage der Kriegsschulden und Reparationen betroffen. Die interalliierten Schulden waren im Wesentlichen während des Ersten Weltkriegs, in Einzelfällen und in geringerer Höhe auch in der Nachkriegszeit entstanden, indem alliierte Staaten kapitalschwächeren Verbündeten Kapital für die Kriegsführung und den Wiederaufbau zur Verfügung stellten. Gläubiger waren zunächst Großbritannien und Frankreich gewesen, die sich die entsprechenden Mittel entweder über Anleihen, also gegen Wertpapiere mit festem Zinsertrag im Inland, oder durch Kreditaufnahme besonders in den USA besorgten. Mit dem Kriegseintritt der USA 1917 begann dann deren Schatzamt, die alliierten Staaten bei der Platzierung umfangreicher Anleihen auf dem US-amerikanischen Markt maßgeblich zu unterstützen. Größter Schuldner der USA wurde so Großbritannien mit 4,7 Mrd. Dollar, gefolgt von Frankreich mit 3,5 Mrd. und Belgien mit rund 1,7 Mrd. Dollar. Großbritannien selbst hatte wiederum insgesamt 2,1 Mrd. Pfund vor allem an Russland, Frankreich und Italien verliehen, hinzu kamen 44 Mio. Pfund Forderungen aus der Überlassung von Kriegsmaterial, Wiederaufbaukrediten usw. sowie erhebliche Kredite an die Dominions und Kolonien. Werden die Schulden in den USA diesen Forderungen gegenübergestellt, verfügte Großbritannien über eine Netto-Forderung gegenüber seinen Alliierten in Höhe von 460 Mio. Pfund. Auch im Fall anderer Länder war die Situation vergleichbar, sodass alle Kredite zusammen ein kompliziertes System gegenseitiger Forderungen und Schulden bildeten (vgl. Schaubild 13).

Schaubild 13: Reparationen, interalliierte Verschuldung und andere Verbindlichkeiten gegenüber den USA nach dem Ersten Weltkrieg (in Mio. RM)

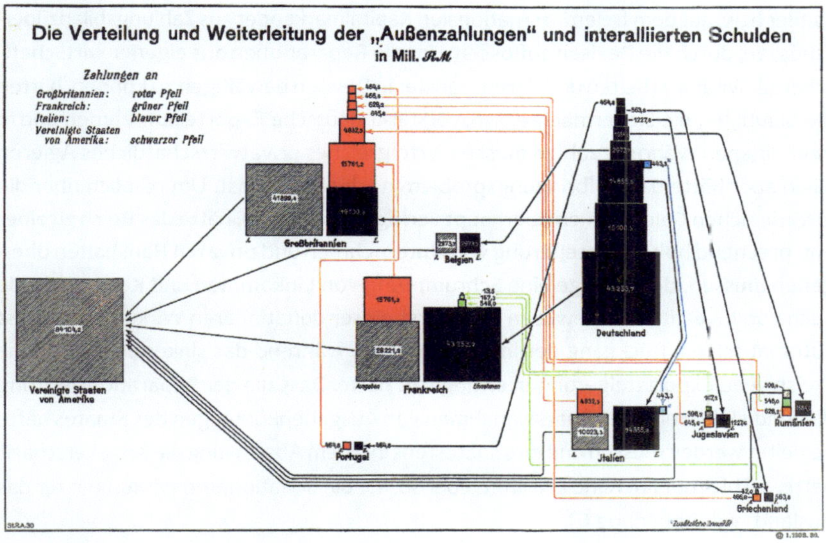

Quelle: Die interalliierten Schulden. Ihre Entstehung und ihre Behandlung im Youngplan. Bearbeitet im Statistischen Reichsamt. Berlin, 1930, S. 103 (= Einzelschriften zur Statistik des Deutschen Reichs, 11).

Transferproblem

Unabhängig davon, ob das Deutsche Reich in der Lage sein würde, die Geld- und Sachleistungen in der geforderten Höhe überhaupt aufzubringen und damit den Abbau der interalliierten Schulden in Gang zu bringen, galt es, das Transferproblem zu lösen, sprich die Transferierung der in inländischer Währung aufgebrachten Gelder in Pfund, Dollar oder Franc. Weil alle diese Währungen am internationalen Währungssystem des Goldstandards teilnahmen, hätte das Deutsche Reich seine Reparationsschulden theoretisch in der an das Gold gebundenen, auf das Kaiserreich zurückgehenden Mark oder nach der Währungsreform in Reichsmark begleichen können. Die Inflation hatte das Vertrauen der Anleger in die deutsche Währung allerdings nachhaltig gestört, sodass die Gläubiger auf einer Zahlung in wertbeständigen Devisen bestanden. Auch mit Gold hätte das Reich den Reparationsverpflichtungen nachkommen können.

Allerdings hatte die Reichsbank während des Kriegs massenweise Gold verausgabt, und auch der Devisenbestand selbst war geschrumpft. Gleiches trug sich noch einmal im Verlauf der Inflation zu. Aus den Beständen der Reichsbank konnte zudem nicht einfach eine Begleichung der Forderungen vorgenommen werden, weil der mit der Währungsreform eingeführte Gold-Devisen-Standard eine Deckung der umlaufenden Banknoten zu 40 % durch Gold und Devisen vorschrieb. Jede Unterschreitung dieses vorgeschriebenen Bestands bei der Reichsbank hätte also unmittelbare Auswirkungen auf die inländische Geldmenge haben müssen.

Aufbringungsproblem

Prinzipiell konnte das Deutsche Reich in dieser spezifischen Lage und unter den Bedingungen des Golddevisenstandards seinen Bedarf an internationaler Liquidität somit nur noch aus zwei Quellen speisen: aus Kreditaufnahmen bei Zentralbanken anderer Länder bzw. auf dem freien internationalen Kapitalmarkt oder aus Zahlungsbilanzüberschüssen, durch die Devisen zuflossen. Um die Reparationen aus eigener wirtschaftlicher Aktivität erarbeiten und deren Transfer in Devisen bewältigen zu können, hätten die Gläubiger, die Siegermächte also, verstärkt deutsche Exporte aufnehmen und in ihrer eigenen Währung zahlen müssen. Erfolgreiches privatwirtschaftliches Agieren allein aber hätte das Aufbringungsproblem noch nicht gelöst. Um nämlich über die erforderlichen Geldsummen überhaupt verfügen zu können, hätte das Reich zu einer entsprechend hohen Besteuerung von Unternehmen und privaten Haushalten übergehen müssen, deren Folge eine Schrumpfung von Einkommen und Konsum sowie auch von Investitionen gewesen wäre. Erst dieser deflationären Wirkung wäre fast automatisch ein Rückgang der Importe gefolgt, während das sinkende inländische Preisniveau Exportsteigerungen ermöglicht hätte. Dass die der Reparationsleistung dienende Erhöhung der Staatseinnahmen von Ausgabenkürzungen des Staates hätte begleitet werden müssen und dies spätestens in einem Abschwung die Krise verschärft hätte, sei hier nur am Rand erwähnt, ebenso wie die deflationären Wirkungen für das Ausland (vgl. Abbildung 6).

Deflationäre Wirkungen

Rückgang des Welthandelsvolumens

Der erforderlichen deutschen Exportoffensive aber standen die seit dem Ersten Weltkrieg gestörten internationalen Handelsbeziehungen entgegen. Schaubild 14 zeigt, dass der mit dem Ersten Weltkrieg ausgelöste Rückgang der Weltexporte während der gesamten 1920er-Jahre nicht wieder ausgeglichen werden konnte und sich dieser negative Trend nach der Weltwirtschaftskrise bis zu einem Tiefpunkt am Ende des Zweiten Weltkriegs fortsetzte. Erst zu Beginn der 1970er-Jahre erreichte der Welthandel wieder das Volumen von 1913. Zwischen 1925 (= 100) und 1929 (= 105) jedenfalls stagnierte die weltweite Ausfuhrentwicklung beinahe. Wenn die zurückgehende Bedeutung des Außenhandels auch eine allgemeine Erscheinung darstellte, so war das Deutsche Reich neben Großbritannien davon besonders betroffen.

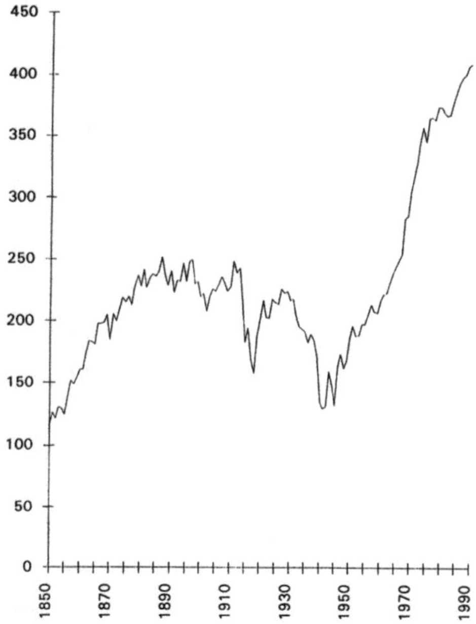

Schaubild 14: Entwicklung des Welthandelsvolumens 1850–1990 (in 1000 US-$ und Preisen von 1913)

Quelle: Ambrosius, Gerold: Internationale Wirtschaftsbeziehungen. In: Moderne Wirtschaftsgeschichte. Eine Einführung für Historiker und Ökonomen. Hrsg. von Gerold Ambrosius, Dietmar Petzina und Werner Plumpe. München, 1996, S. 305–336, hier S. 332.

Zurückgehende deutsche Exportquote

Entsprechend sank die am Volkseinkommen gemessene deutsche Exportquote von 20 % im Jahr 1913 auf 17 % im Jahr 1928, zeitgleich ist der deutsche Anteil am Weltexport von rund 13 % auf 9 % zurückgegangen. Dabei ist allerdings zu berücksichtigen, dass das Jahr 1913 in der Entwicklung des deutschen Exports den absoluten Höhepunkt darstellte. Walter G. Hoffmann weist beispielsweise einen bereits seit 1890, dann aber besonders zwischen 1900 und 1910 stark ansteigenden Index des Exportvolumens für das Deutsche Reich aus, der von 1909 auf 1910 sprunghaft auf 77,4 anstieg, 1911 dann 83,5 und ein Jahr später 89,7 betrug, um schließlich 1913 auf 100 zu klettern. Um die in den 1920er-Jahren erzielten Werte von 48,7 (1924), 66,4 (1925), 76,7 (1926), 77,4 (1927), 87,4 (1928) und 98,0 (1929) richtig einordnen zu können, müsste vernünftigerweise also mindestens der Durchschnitt der Jahre 1910–1913 als Basiswert (100) angenommen werden.

Deutsche Handelsbilanz

Einerseits verlor das Deutsche Reich also Anteile am Weltexport, sodass die Ausfuhren während der 1920er-Jahre auch etwas von ihrer Rolle als Wachstumsfaktor einbüßten. Selbst wenn aber die Quote der Vorkriegszeit nicht mehr erreicht wurde, konnte andererseits der deutsche Anteil zwischen 1925 und 1929 gesteigert werden (vgl. Tabelle 15). Zudem verbesserte sich zeitgleich der Saldo der deutschen Handelsbilanz: Zwar überstiegen die Importe wertmäßig nach wie vor die Exporte, das traditionelle Handelsbilanzdefizit aber verringerte sich in der zweiten Hälfte der 1920er-Jahre. Schließlich galt das Reich weiterhin als drittgrößter Exporteur der Welt hinter den USA und Großbritannien.

Tabelle 15: Anteile verschiedener Industrieländer am Weltexport 1910–1932 (in %)

	USA	Großbritannien	Deutsches Reich	Frankreich
1900	15,6	15,2	11,8	8,5
1905	13,8	13,8	11,8	8,1
1910	12,2	14,0	11,9	8,0
1913	13,4	14,0	13,1	7,3
1925	15,6	12,1	7,1	7,2
1926	16,0	10,8	8,4	6,5
1927	15,4	11,1	8,3	7,0
1928	15,6	10,9	9,1	6,3
1929	15,9	10,9	9,9	6,1
1930	14,6	10,7	11,1	6,5
1931	12,9	9,6	12,4	6,5
1932	12,8	10,4	11,0	6,3

Quelle: Statistisches Jahrbuch für das Deutsche Reich. Hrsg. vom Statistischen Reichsamt. Berlin, 52. Jg., 1933, Internationale Übersichten, S. 105.

Fehlende Nachfrage nach deutschen Waren und Dienstleistungen

Für eine Zahlung der Reparationen in Devisen hätten also vor allem die Siegerstaaten noch größere Kontingente reichsdeutscher Waren und Dienstleistungen beziehen müssen, wozu sie allerdings nicht bereit oder objektiv auch nicht in der Lage waren. So war gerade Großbritannien als größtes Abnehmerland deutscher Industrieprodukte von dem weltwirtschaftlichen Positionsverlust der westeuropäischen Industrieländer besonders betroffen. Die in Anbetracht veränderter weltwirtschaftlicher Rahmenbedingungen eingeführten Schutzzölle behinderten die internationalen Wirtschaftsbeziehungen während der gesamten 1920er-Jahre zusätzlich in zunehmendem Maß; hinzu kam der Einfluss mächtiger Interessengruppen wie der englischen und französischen Schwerindustrie, die die Gunst der Stunde zu nutzen versuchten, um ihre deutschen Konkurrenten auf dem Weltmarkt möglichst auszuschalten. Selbst im Fall einer reibungslosen Aufbringung und Übertragung der Reparationen aber wären die Folgen für das Deutsche Reich, die Gläubigerländer und sogar unbeteiligte Drittstaaten unkalkulierbar gewesen: Allein der forcierte deutsche Export bei gleichzeitiger Drosselung der deutschen Importe hätte nämlich eine Umkehr traditioneller weltwirtschaftlicher Handelsströme zur Folge gehabt. Gleiches gilt im Fall einer Vielzahl weiterer Länder, die infolge der interalliierten Verschuldung vor ähnlichen Herausforderungen wie das Deutsche Reich standen.

Umkehr traditioneller Handelsströme wäre erforderlich gewesen

Schlüsselrolle der USA

Die Gläubigerländer hätten wiederum in jedem Fall mit den empfangenen Reparationen, die ja einen Einkommenszuwachs darstellten, ihre Importe steigern müssen, wenn schon nicht aus dem Deutschen Reich selbst, so doch aus Drittstaaten. Allerdings erhöhten die Geldtransfers nach Frankreich und Großbritannien dort kaum die kaufkräftige, für Importe notwendige Nachfrage, weil diese Länder wiederum bei den USA hoch verschuldet waren und mit dem größten Teil der deutschen Zahlungen ihre dortigen Schulden tilgten. Und auch die Lieferung von Sachwerten machte manch regulären deutschen Warenexport überflüssig. Einzig in den USA stand damit schließlich aus dem internationalen Schuldendienst resultierende zusätzliche Kaufkraft zur Verfügung. Die zunehmende US-amerikanische Schutzzollpolitik aber verhinderte gerade gezielt eine verstärkte Nachfrage nach ausländischen, auch deutschen Waren und Dienstleistungen. Der für das reibungslose Funktionieren des internationalen Währungssystems und ein stabiles internationales Finanzsystem notwendige verstärkte Import ausländischer Güter hätte nämlich der US-amerikanischen Industrie geschadet. Die in der Folge massenweise in den USA vorhandenen liquiden Mittel suchten andererseits jedoch dringend nach einer ertragreichen Anlage und kehrten deshalb nach der Währungsstabilisierung in Form von Anleihen aus den USA in das Deutsche Reich zurück. Bei Erfüllung aller institutionell erforderlichen Voraussetzungen, darauf hat Peter Krüger bereits verwiesen, hätte es insofern gar kein Transferproblem geben können. Der Transfer der Reparationen wurde realiter jedoch wie von Keynes prophezeit zu einem unlösbaren Problem, weil vor allem die USA als globaler Gläubiger eine Steigerung der Importe aus dem Deutschen Reich verhinderten.

Außen- und innenpolitische sowie wirtschaftliche Bedeutung der Reparationen

Während in der Geschichtswissenschaft mit Blick auf die Außenpolitik sowie die Belastung für Demokratie und innenpolitische Stabilität die starke psychologische Bedeutung der Reparationen und ihre Verknüpfung mit dem Kriegsschuldartikel des Versailler Vertrags hervorgehoben wird, ist ihre Bedeutung für die ökonomische Sphäre also nicht ganz so einfach einzuschätzen. So stellten Reparationen bereits vor dem Versailler Vertrag einen üblichen Teil von Friedensverträgen dar und die Konsolidierung der dadurch hervorgerufenen hohen öffentlichen Verschuldung ist durchaus immer wieder gelungen.

Französische Goldzahlungen nach 1870/71

Dass eine hohe, durch Reparationen hervorgerufene Verschuldung nicht notwendigerweise in einem wirtschaftlichen Zusammenbruch enden musste, zeigt das Beispiel Frankreichs, das nach dem Deutsch-Französischen Krieg von 1870/71 mit 5 Mrd. Goldfrancs rund 20 % seines Sozialprodukts von 1869 an das Deutsche Reich hatte transferieren müssen. Zusammen mit seinen bereits vorhandenen Verbindlichkeiten betrug die Staatsschuldenquote Frankreichs damit seinerzeit gut 100 %. Entsprechend finden sich auch in der jüngeren Historiografie immer wieder Positionen, die die wirtschaftliche Fähigkeit des Deutschen Reichs zur Zahlung der Reparationsleistungen nicht bezweifeln, sofern diese politisch und gesellschaftlich akzeptiert worden wären. In diesem Zusammenhang hat nach Peter Krüger zuletzt auch Albrecht Ritschl darauf hingewiesen, dass die mit dem Londoner Ultimatum vom Deutschen Reich in Form von Schuldnerpapieren geforderten 132 Mrd. Goldmark in drei Tranchen unterteilt waren, deren erste Tranche zur Deckung der Kriegsschäden und deren zweite zur Deckung der Kriegsschulden dienen sollte. Während diese in jedem Fall zu zahlen gewesen wären, habe die letzte Tranche in Höhe von 82 Mrd. Goldmark unter Zahlungsvorbehalt gestanden und der britischen und französischen Regierung in erster Linie der innenpolitischen Kosmetik gedient. Die tatsächlich zu zahlenden 50 Mrd. Goldmark

Leistungsfähigkeit des Deutschen Reichs nach 1918/19

Drei Tranchen im Londoner Ultimatum

Gesamtverschuldung des Reichs, Frankreichs und Großbritanniens

schließlich hätten einer Gesamtverschuldung des Reichs von 143 % des Bruttosozialprodukts des Jahres 1913 entsprochen, was der seinerzeitigen Verschuldung Frankreichs (135 %) bzw. Großbritanniens (144 %) in etwa gleichgekommen wäre.

Bewertung der Annuitätenhöhe

Konsens besteht auch darüber, dass die jährlichen Raten der Reparationen nicht zu hoch bemessen, in einer Krise allerdings schwer aufzubringen waren. Eine Annuität von 2 Mrd. RM beispielsweise stellte ein Zehntel der öffentlichen Ausgaben des Haushaltsjahres 1928/29 dar und betrug damit 2,5 % des Volkseinkommens. Nach den Berechnungen von Horst Sanmann hat die Bundesrepublik Deutschland 1963 bei 2,8 % Wirtschaftswachstum unentgeltliche Leistungen zur Wiedergutmachung an das Ausland in Höhe von 1,7 % des Volkseinkommens erbracht. Demgegenüber hätte die Reparationsannuität im Krisenjahr 1932 allerdings mit 3,8 % des geschrumpften reichsdeutschen Volkseinkommens zu Buche geschlagen. Besonders mit Blick auf die schwierigen weltwirtschaftlichen Rahmenbedingungen während der gesamten 1920er-Jahre und mit Blick auf das an seiner vollen Entfaltung gehinderte ökonomische Potenzial des Deutschen Reichs sind aber insgesamt berechtigte Zweifel an der Schuldentragfähigkeit angebracht, zumal wenn die Gesamtsumme der Reparationen zugrunde gelegt wird, die eine Verschuldung von fast 300 % des Bruttosozialprodukts des Jahres 1913 bedeutet hätte.

Faktencheck „Die Reparationen“

- ✔ Der Reparationsdienst setzt eine Steigerung deutscher Exporte und damit die Bereitschaft des Auslands zum Import deutscher Waren voraus.
- ✔ Die Schutzzollpolitik der USA und interalliierte Schulden verhindern eine Lösung des Reparationsproblems.
- ✔ Kapitalimporte aus den USA konterkarieren den Dawes-Plan und verschleiern die deutsche Leistungsfähigkeit.
- ✔ Der Dawes-Plan verwandelt die öffentlich-rechtliche Reparationsschuld in eine kommerzielle Schuld, was zur Ursache der deutschen Banken- und Kreditkrise 1931 wird.
- ✔ Der Young-Plan fixiert 1929 die endgültige Reparationssumme, der Transferschutz entfällt.
- ✔ Das Hoover-Moratorium soll die drohende deutsche Zahlungsunfähigkeit und einen in deren Folge möglichen Zusammenbruch des internationalen Finanzsystems verhindern.
- ✔ Die Gläubiger verzichten in Lausanne 1932 auf Reparationsforderungen bei gleichzeitiger Einstellung des interalliierten Schuldendienstes.
- ✔ Die Bundesrepublik Deutschland bedient aber bis 2010 – aus Dawes- und Young-Anleihe resultierende – private deutsche Auslandsschulden.

7

Die Zeit der relativen Stabilität

Schlüsseldokument: Der österreichische Sozialdemokrat Otto Bauer über Rationalisierung und Fehlrationalisierung

In der Zeit zwischen 1924 und 1929 kehrte die deutsche Industrie, wenn auch nach Branchen differenziert, im Wesentlichen zu ihrem langfristigen Wachstumstrend zurück. Vor allem in Bezug zum (verkleinerten) Territorium der Weimarer Republik zeigen Produktionsergebnis und andere Indizes eine erfolgreiche Entwicklung: Bezogen auf das Gebiet von 1920 war die Industrieproduktion 1929 nämlich trotz Kriegs- und Inflationszeit um 13 % gegenüber 1913 gewachsen. Das Deutsche Reich war damit nach wie vor die zweitgrößte Industrienation der Welt, mit einer weltweit führenden, innovativen Chemischen und Elektroindustrie. Abgesehen von den „neuen“ Industrien kam es auch in anderen Branchen zu technisch-organisatorischen Neuerungen, die Produktivität und Output steigen ließen. So verzeichnete der Maschinen- und Fahrzeugbau zwischen 1926 und 1930 einen Produktivitätszuwachs von 25 %, und der Ruhrbergbau erreichte bereits 1925 wieder die Produktivität der Vorkriegszeit, drei bzw. vier Jahre vor England und Frankreich. Trotz Konjunkturkrise 1925/26 und anhaltend hoher Arbeitslosigkeit ließ die damit verbundene wirtschaftliche Prosperität die Zeit zwischen 1924 und 1929 auch für breitere gesellschaftliche Schichten fühlbar „golden“ werden. Begleitet von einer kulturellen Blüte, dem Trend zu einem freiheitlicheren, unbeschwert-vergnügten und konsumorientierten Leben sowie einer tief in die Gesellschaft reichenden Rationalisierungseuphorie lässt sich dennoch schwerlich von den „Goldenen Zwanzigern“ sprechen. Die fünf Jahre zwischen Währungsstabilisierung und New Yorker Börsenkrach waren ökonomisch nämlich nur relativ stabil und aus den verschiedensten Gründen strukturell äußerst krisenanfällig. Hierzu trug in einem nicht zu unterschätzenden Maß die Rationalisierung bei, die auf die Steigerung der betriebswirtschaftlichen Leistungsfähigkeit fokussierende technisch-organisatorische Umgestaltung der Industrie, die gleichzeitig die Arbeitslosenzahlen, die globale Überproduktion sowie die Kapitalkosten der Betriebe ansteigen ließ. Der frühere österreichische Außenminister und sozialdemokratische Theoretiker Otto Bauer beschrieb noch als Zeitgenosse die Rationalisierungskonjunktur der zwanziger Jahre, untersuchte dabei die verschiedenen Rationalisierungsarten einschließlich deren Folgen und sprach angesichts hoher Arbeitslosenzahlen und damit verbundener gesellschaftlicher Kosten in zeitgenössisch-sozialistischem Duktus unverblümt von einer „Fehlrationalisierung“ (M21).

https://doi.org/10.36198/9783838557328-m21

Zur Fehlinterpretation und Ambivalenz der „Goldenen Zwanziger"

Entwicklungen in Wirtschaft und Kultur

Die Jahre zwischen 1924 und 1929, zwischen Währungsstabilisierung und Beginn der Weltwirtschaftskrise, waren für das Deutsche Reich eine Zeit vergleichsweise wirtschaftlicher Prosperität. Die Reform der Währung, die vorläufige Regelung der Reparationsfrage nach dem Dawes-Plan und die Versorgung der Wirtschaft mit ausländischem Kapital ermöglichten ein für Investitionen und Wachstum günstiges Klima. In Anbetracht des wirtschaftlichen Aufschwungs wird diese Zeit – in Anlehnung an die kulturelle Blüte – gern auch als die „Goldenen Zwanziger" bezeichnet. Weil es sich rein ökonomisch betrachtet allenfalls um eine Zeit relativer Stabilität handelte, in der Retrospektive vielleicht sogar um eine „Krise vor der Krise", kann dieser Terminus aber weniger die wirtschaftliche oder politische Konsolidierung umschreiben, auch

Kulturelle Blüte

wenn diese Phase den Anschein innerer Befriedung zeigte. Der Ausdruck „Goldene Zwanziger" kann streng genommen nur die kulturelle Blüte geistig-künstlerischen Schaffens benennen, das die Republik mit ihrer freiheitlichen politischen Ordnung in dieser Dimension erst ermöglichte und garantierte. Im Gegensatz zu dem auf die vier, fünf Jahre relativer ökonomischer Stabilität übertragenen Etikett stehen die Goldenen Zwanziger somit vielmehr für deutsche Malerei, Literatur und deutsches Theater, Architektur und Wohnungsbau während der Weimarer Epoche insgesamt, auch wenn Kunst und Kultur vorwiegend auf großstädtische Milieus bezogen blieben.

Ambivalenz der kulturellen Entwicklung

Da die bis heute nachwirkenden, viel beachteten Strömungen in Kunst und Kultur aber auch dort Ängste erzeugen und Abwehrreaktionen (Stichwort „Amerikanismus") provozieren konnten, übernahmen sie keine politisch affirmativen, die Republik legitimierenden Funktionen und vermochten die politische Ordnung von daher nicht zu stabilisieren. Im Gegenteil, da das künstlerische Schaffen der Avantgarde stark mit dem Kunstgeschmack breiter Schichten kontrastierte, die Gesellschaft sogar polarisierte, verschärfte sich der aus politischen Gegensätzen resultierende Grunddissens. So wurden moderne Literatur, Malerei, Architektur und Bühnenkunst von starken antidemokratischen und kulturkonservativen Kräften ebenso bekämpft wie die veränderte Einstellung zu Sitte und freierer Lebensgestaltung. Nicht zuletzt die Nationalsozialisten bezeichneten schließlich die gesamte moderne Kunst als „Kulturbolschewismus" und „Entartung". Angesichts dessen hat Detlev J. K. Peukert die Weimarer Zeit auch als „Krisenjahre der Klassischen Moderne" bezeichnet, weshalb es auch richtiger ist, von deutscher Kultur während der Weimarer Zeit als von einer Kultur der Weimarer Republik zu sprechen.

Entstehung der Massenkultur

Die Weimarer Kultur wurde neben der Vielzahl künstlerischer Avantgardebewegungen vor allem auch durch die Entwicklung zur modernen Massenkultur geprägt. Es war dann auch gerade diese Entwicklung zur Massenkultur, die Interdependenzen zwischen Kultur und Wirtschaft generierte. In einer Stadt wie Berlin, mit 4,3 Mio. Einwohnern seinerzeit nach London und New York drittgrößte Stadt der Welt, zählte das Telefon mit rund 500.000 Anschlüssen bereits zu den Massenkommunikationsmitteln. Allgemein expandierte die Presse nach 1918 stark und brachte neben Boulevardblättern und zur Bildreportage übergehenden Illustrierten weitere neue Produkttypen hervor. Auch der 1923 seinen Sendebetrieb aufnehmende Rundfunk wurde zusammen mit dem Film, zumal seit dem Übergang zum Tonfilm 1929, zum Massenmedium. 1932 besaß statistisch gesehen jeder vierte Haushalt ein Radiogerät, womit die Deutschen nur von den Briten übertroffen wurden. War es in den Großstädten fast jeder zweite, nannte in kleineren Städten und Gemeinden allerdings nur jeder zehnte Haushalt einen Rundfunkempfänger sein Eigen. Mit der Verbreitung von Massengütern entwickelten sich auch Produktions- und Absatzmöglichkeiten für neue Industrien, deren Betätigungsfelder im Fall des Radios nicht nur den Bau von Sendeanlagen und Empfangsgeräten, sondern auch den Aufbau eines Rundfunknetzes mit entsprechendem Programm umfassten. So entwickelte sich beispielsweise die deutsche Filmindustrie während der Weimarer Jahre zu einer wichtigen Wirtschaftsbranche, die sogar Devisen einbrachte. In Deutschland wurden zu dieser Zeit mehr Kinofilme produziert als in allen anderen europäischen Staaten zusammen, eine Reihe von ihnen erlangte durch ihren künstlerischen Wert Weltruhm. In der kurzen Zeit zwischen 1924 und 1929 sind schließlich neben dem beginnenden Massenkonsum auch die Grundlagen der Massenproduktion, damit der Modernisierung der Produktionsprozesse gelegt worden. Allerdings hat die Forschung lange das Ausmaß der damit nicht selten in Zusammenhang stehenden betrieblichen Rationalisierungen überschätzt, weil die öffentliche Reflexion hierüber weit über deren tatsächliches Ausmaß hinausging. Rationalisierung war Gegenstand erhöhter allgemeiner Aufmerksamkeit, und so nahm die öffentliche Debatte um sie die Form eines universellen kulturellen Musters an, bei dem technische Effizienz nicht auf Produktions- und Arbeitsprozesse beschränkt blieb.

Massenkonsum und Massenproduktion

Veränderung des Konsumverhaltens

Nach den Entbehrungen der Kriegs- und Inflationszeit, die das bescheidene Hab und Gut ebenso wie große Vermögen von einem Tag auf den anderen in Nichts hatten auflösen können, sollte sich besonders auch die Einstellung zum Leben verändern. Eher zog man es vor, sich zu amüsieren, sein Leben heute zu genießen, als sich um die Zukunft zu kümmern. Auch das Vordringen der neuen Massenmedien wirkte sich auf Bewusstsein und Lebenswirklichkeit breiter Bevölkerungskreise aus, althergebrachte Tabus wurden zunehmend durchbrochen. Das Baden wurde zur Mode, Sport allgemein getrieben, der Körpersinn entwickelt, Freikörperkultur praktiziert. Die veränderte Einstellung zum Geschlechtlichen und zum anderen Geschlecht, gegenüber Kind und Heranwachsendem brachte eine Erweiterung und Veränderung der individuellen Lebenssphäre. Das so allumfassend veränderte Lebensgefühl machte sich in der Werbeindustrie und der Kunst bemerkbar, ebenso aber auch im Konsumverhalten. Selbst in Arbeiterhaushalten begann man nun auf Aussehen und Formgestaltung zu achten, und mehr und mehr gehörte auch der Kauf auf Kredit zum Lebensstil. Während sich vor dem Krieg notwendigerweise ausschließlich die Ärmsten für Konsumzwecke hatten verschulden müssen, begannen nun selbst Angehörige des Mittelstands auf Kredit zu konsumieren. Sinnbild des erst nach dem Zweiten Weltkrieg abgeschlossenen Trends zum modernen Massenkonsum, zur Massenkultur, ist das

Abbildung 7: Das Warenhaus Tietz am Alexanderplatz in Berlin in den 1920er-Jahren

Quelle: bpk – Bildarchiv Preußischer Kulturbesitz / Carl Weinrother.

Warenhaus, der bereits architektonisch an Kathedralen erinnernde „Konsumtempel“, das einerseits den Großhandel zum Teil verdrängte, andererseits zur Spezialisierung des Einzelhandels führte, wo von nun an vor allem Güter des gehobenen Bedarfs nachgefragt werden konnten.

Stabilisierungskrise 1923/24 und konjunktureller Einbruch 1925/26

Das Plakative der Bezeichnung „Goldene Zwanziger“ für die wirtschaftliche Sphäre zeigt sich daran, dass sich nach der durch die Stabilisierung der Währung hervorgerufenen Krise von 1923/24 in den Jahren 1925/26 fast nahtlos ein starker konjunktureller Einbruch anschloss. Unmittelbar nach Beendigung der Inflation, Mitte November 1923, geriet die deutsche Wirtschaft in eine bis Januar 1924 anhaltende Stabilisierungskrise, in der eine Anpassung der ökonomischen Tätigkeiten an die nunmehr reduzierte und stabil gehaltene Geldmenge erfolgte. Anschließend nahm die Produktion wichtiger Industriezweige wieder zu und die Arbeitslosigkeit ging zurück, unterstützt allerdings durch eine zunächst noch vergleichsweise großzügige Kreditpolitik der Reichsbank, die Anfang April 1924 enden sollte.

Übergang zu restriktiver Reichsbankpolitik

Aus Rücksicht auf die neue Währung beschränkte die Reichsbank nun nämlich die bei ihr von den Geschäftsbanken zur Rediskontierung nachgefragten Kredite rigoros, indem sie ab Februar 1924 keine Finanzwechsel mehr diskontierte, um dann ab April nur noch Kredite in dem Umfang zu gewähren, in dem vorangegangene Kredite getilgt worden waren. Dadurch wurde ein starker Geld- und Kreditmangel spürbar, der sich in einer akuten Krise der Realwirtschaft bis September 1925 ausdrückte, um anschließend bis zum Jahresende 1926 in eine mildere Depression überzugehen. Die kurze Krise 1925/26 zeigte zunächst alle Anzeichen einer schweren Depression, etwa indem das Nettosozialprodukt zu Marktpreisen von 67,3 Mrd. RM im Jahr 1925 auf 65,5 Mrd. RM, d. h. absolut zurückging. Allerdings stieg es 1927 bereits wieder sprunghaft auf 80,5 Mrd. RM an. Die Arbeitslosigkeit stieg von 636.000 Erwerbslosen im Oktober 1925 auf knapp 2,3 Mio. im Februar des folgenden Jahrs und immer noch 2,0 Mio. im Juni 1926. Zugleich stieg auch die Zahl der Konkurse von 8034 im Jahr 1924 auf 14.805 im Jahr 1925 und 15.829 im darauf folgenden Jahr 1926. In Anbetracht der Härte dieser Krise und zeitweise relativ günstiger finanzieller Rahmenbedingungen hat die Reichsregierung sogar erstmals ein Instrumentarium moderner Konjunkturpolitik entwickelt und angewandt. Neben der unmittelbaren Wirkung auf die konjunkturelle Entwicklung war eine weitere Folge der restriktiven Reichsbankpolitik, dass Industrie, Banken und die öffentliche Hand ihr Kreditbedürfnis verstärkt auf ausländischen Kapitalmärkten zu befriedigen begannen und diesen Weg auch dann noch anhaltend beschritten, als die Reichsbank im September 1924 ihre Kreditbeschränkung wieder aufgehoben hatte.

Krisenmerkmale 1925/26

Kreditnachfrage im Ausland

Schließlich machte sich nach der Währungsreform für die Industrie erstmals auch die im Vergleich zum Kaiserreich gestiegene Steuerbelastung bemerkbar. Die damit real zunehmende Kostenbelastung der Unternehmen bedeutete eine verringerte Möglichkeit der Selbstfinanzierung. So kann der hohe, sich während der Weltwirtschaftskrise destabilisierend auswirkende Fremdkapitalanteil an der Kapitalausstattung der deutschen Industrie auch als eine Folge des deutschen Steuersystems betrachtet werden. Immerhin unterlagen Gewinne der Körperschaftssteuer, was die Kreditaufnahme zu hohen Zinssätzen lukrativer erscheinen ließ als die – durch ausgewiesene und damit zu versteuernde Gewinne ermöglichte – Eigenkapitalbildung. Infolge der hohen Steuersätze reichten die Gewinne aber ohnehin oftmals schlicht nicht aus, um damit Investitionen finanzieren zu können. Die gleichzeitig infolge der Inflation geschwächte Börsentätigkeit führte deshalb zu einer zunehmenden Verschuldung der Industrie bei den Banken oder direkt im Ausland. Im Gegensatz zu amerikanischen Direktinvestitionen aber, die – häufig mit Technologietransfer verbunden – jungen dynamischen, d. h. vor allem innovationsfreudigen Industrien zugutekamen, agierten die deutschen Geschäfts- und darunter besonders die Großbanken eher konservativ, indem sie ihre Kreditvergabe vorwiegend auf ältere, vermeintlich sichere, folglich weniger innovationsfreudige und damit weniger Wachstum versprechende Branchen wie die Textilindustrie oder das Brauereigewerbe konzentrierten. Indem die Entwicklung neuer, Wachstum versprechender Branchen so erschwert wurde, musste sich die deutsche Volkswirtschaft als Ganzes in eher konservativen Bahnen entwickeln. An der Beibehaltung der überkommenen Strukturen hat auch die nach der Währungsstabilisierung einsetzende Rationalisierungskonjunktur nichts grundlegend geändert, zumal auch die Nachfrage nach neuen Produkten vergleichsweise gering blieb. Insofern konservierte der Konsum, der mittels Akzeleratorprinzip belebend auf die Investitionsgüterindustrien hätte wirken können, mit seiner spezifischen Zusammensetzung gleichfalls die bestehenden

Zunehmende Fremdfinanzierung der Unternehmen

Geschwächte Börsentätigkeit fördert Fremdfinanzierung

Ausbleibender Strukturwandel

Strukturen. Damit zeigten sich bereits krisenhafte Konturen, die in der Weltwirtschaftskrise krisenverstärkend wirken sollten.

„Relative Stabilität" der Weimarer Ökonomie

Nicht nur die zeitlich kurze Dimension, auch die krisenanfälligen Strukturen relativieren damit die Goldenen Zwanziger in wirtschaftlicher Beziehung. Obwohl die Ökonomie der Weimarer Republik mit der Reform der Währung und einer vorläufigen Regelung der Reparationsfrage durch den Dawes-Plan in eine Phase aufwärtsgerichteter wirtschaftlicher Entwicklung eintreten konnte, ist die Zeit bis zum Einsetzen der Weltwirtschaftskrise insofern angemessener als eine Phase relativer Stabilität zu charakterisieren. In diese kurze Zeit fiel zwar eine umfassende technische und organisatorische Erneuerung der Industrie, die ihren Ausdruck in der Mechanisierung von Produktionsprozessen, der Intensivierung des industriellen Kapitaleinsatzes, der Konzentration in größeren Unternehmenseinheiten sowie in der immer umfassenderen Regulierung der Märkte mit dem Ziel fand, über die Steigerung der Arbeitsproduktivität international konkurrenzfähig zu bleiben. In Anbetracht der Finanzierung dieser Prozesse mit ausländischem Kapital sprachen allerdings bereits die Zeitgenossen von einer Dollarscheinblüte bzw. einer Konjunktur auf Pump.

Merkmale der relativen Stabilität

Ein Merkmal der relativen Stabilität war zunächst, dass das zwischen 1924 und 1929 verzeichnete wirtschaftliche Wachstum langsamer vor sich ging als vor dem Ersten Weltkrieg. So überstieg die industrielle Produktion Deutschlands erst 1928 erstmals wieder den Vorkriegsstand und erreichte 1929 117 % des Stands von 1913 (zum Vergleich: USA 181 %; Frankreich 143 %; England 100 %; Weltdurchschnitt 153 %). Damit lag Deutschland auch am Ende der 1920er-Jahre hinter der relativen Entwicklung der Mehrzahl der Industriestaaten zurück; vor allem zählte es mit dem stagnierenden Großbritannien zu den Wachstumsverlierern der Nachkriegszeit (vgl. auch Tabelle 16). Die relative Stabilität spiegelt sich auch darin wider, dass nur 1924, 1925 und 1927 eigentliche Wachstumsjahre waren. Bei einem Wachstum des Volkseinkommens pro Kopf von rund 4 % realisierten andere Industrieländer weit höhere Wachstumsraten. Infolge unterlassener Investitionen in der Kriegs- und der Inflationszeit bestand zudem trotz anschließender Rationalisierung und Modernisierung weiterhin ein Rückstand Deutschlands in der Produktionstechnik und im Produktionsvolumen. Wichtige Wachstumskomponenten waren demgegenüber der steigende Verbrauch der Bevölkerung (1924–1929: +19 %), die Zunahme der Nettoinvestitionen und damit des Kapitalstocks (+22 %) sowie der kontinuierliche Anstieg der Ausfuhren bei allerdings gleichzeitigem Anstieg der Einfuhren. Gerade die konjunktursensible Entwicklung der Einfuhren weist darauf hin, dass die Konjunktur in erster Linie von den Investitionen getragen wurde, was jedoch einer sich später in der Weltwirtschaftskrise negativ auswirkenden Erweiterung der Produktionskapazitäten gleichkam, zumal die überproportionale Zunahme der Nettoinvestitionen eine Verbesserung auch der Arbeitsproduktivität bewirkte.

Tabelle 16: Deutschlands Industrieerzeugung 1925 im internationalen Vergleich (umgerechnet auf identisches Territorium, 1913 = 100)

Japan	222
Italien	157
USA	148
Australien	141
Tschechoslowakei	136
Indien	132
Weltdurchschnitt	121
Kanada	117
Frankreich	114
Schweden	113
Belgien	100
Österreich	95
Deutschland	95
Großbritannien	86
Russland	70
Polen	63

Quelle: Industrialization and Foreign Trade. Ed.: League of Nations. Economic, Financial and Transit Department. O. O., 1945, S. 134 ff. (= Series of League of Nations Publications, II. Economic and Financial 1945.II.A.10).

Investitionen

Obwohl sich die Anlageinvestitionen von 1924 auf 1928 verdoppelten, betrugen die industriellen Investitionen im Durchschnitt der Jahre 1924 bis 1928 nur 70 % derjenigen der Vorkriegsjahre. Die Investitionen waren während der 1920er-Jahre insgesamt zwar einerseits eine Wachstumskomponente, mit einer im Vergleich zur Vorkriegszeit niedrigeren Investitionsquote (1910–1913: 15,2 % des Nettosozialprodukts zu Marktpreisen; 1925–1929: 11,1 %) andererseits zugleich aber auch ein Grund für die eher stagnierende Grundtendenz. Darüber hinaus stellten sie in der spezifischen Situation sogar einen potenziellen Krisenfaktor dar: Die stark investive Betätigung bedeutete nämlich steigende Kapitalkosten, die schon in einer leichten Rezession über steigende Fixkosten zu Gewinneinbußen und Konkursen führen konnten.

Zur Rolle der Investitionen für den Wachstumsprozess

Prinzipiell haben alle (Netto-)Investitionen einen positiven Einkommenseffekt; Erweiterungsinvestitionen sowie Energie und Rohstoffe einsparende Rationalisierungsinvestitionen zeigen daneben einen ebensolchen Beschäftigungseffekt. Selbst bei auf die Substitution von Arbeit durch Kapital gerichteten Rationalisierungsinvestitionen muss der Beschäftigungseffekt nicht notwendig negativ sein, können diese doch auch eine gleiche Zahl an Arbeitsplätzen bei steigendem Output bedeuten.

Nettoinvestitionen (Arten, Wirkungen, Ursachen, Motive)

Arten	Erweiterungs-investitionen	Rationalisierungs-investitionen I (Substitution von Arbeit durch Kapital)	Rationalisierungs-investitionen II (Einsparung von Energie und Rohstoffen)	autonome Investitionen (neue Produkte, neue Verfahren)	autonome Investitionen im engeren Sinne (durch staatliche Auflagen bedingt)
Wirkungen					
Einkommens-effekt	Einkommen steigt	Einkommen steigt	Einkommen steigt	Einkommen steigt	Einkommen steigt
Kapazitäts-effekt	Kapitalstock erhöht sich	Arbeitsproduktivität steigt	Kapitalproduktivität steigt	Kapitalstock erhöht sich	Produktionspotential bleibt unbeeinflußt
Beschäfti-gungseffekt	steigendes Arbeitsplatzangebot	gleiche Zahl der Arbeitsplätze bei steigendem output oder weniger Arbeitsplätze bei gleichem output	gleiche oder steigende Zahl der Arbeitsplätze	steigendes Arbeitsplatzangebot	steigendes Arbeitsplatzangebot
Umwelt-effekt	belastend, steigender Rohstoff- und Energieverbrauch und erhöhte Emissionen	besonders belastend, Ersatz reproduzierbarer durch nichtreproduzierbarer Ressourcen, zusätzliche Emissionen	positiv, Einsparung von Energie- und Rohstoffen, geringe Emissionen	Effekt abhängig vom Produkt und Produktionsverfahren	positiv, soweit staatliche Auflagen dem Umweltschutz dienen
Ursachen	nachfrageinduziert	lohnkosteninduziert	energie- und rohstoffkosteninduziert	autonom	staatliche Vorschriften
Motive	↑ Gewinnsteigerung, Konkurrenzdruck, Veränderungen der Nachfrage	↑	↑	↑	

Daraus wird ersichtlich, dass Investitionen und dem von ihnen ausgehenden ***Multiplikatorprozess*** eine besondere Bedeutung für den Wirtschaftsprozess zukommt. Durch die Erhöhung der Investitionen steigt nämlich das Volkseinkommen in der ersten Periode in Höhe der Zusatzinvestitionen, da durch die Produktion der neuen Investitionsgüter bei den Wirtschaftssubjekten, die an ihrer Produktion beteiligt sind, neues Einkommen entsteht. Die Einkommensempfänger werden einen Teil ihres Einkommens für zusätzlichen Konsum ausgeben, wodurch die Unternehmen der Konsumgüterindustrie wiederum veranlasst werden, ihre Produktion auszudehnen. Erneut entsteht so zusätzliches Einkommen. In der nächsten Phase wird ein Teil des Zusatzeinkommens für Konsum ausgegeben, wodurch weitere Konsumgüterproduktion induziert wird. Dieser Prozess vollzieht sich so lange, bis das neue, höhere Gleichgewichtseinkommen erreicht ist. Es entsteht also ein ***expansiver kumulativer Prozess.*** Der gleiche Multiplikatoreffekt kann jedoch auch mit ***kontraktiver Wirkung*** auftreten.

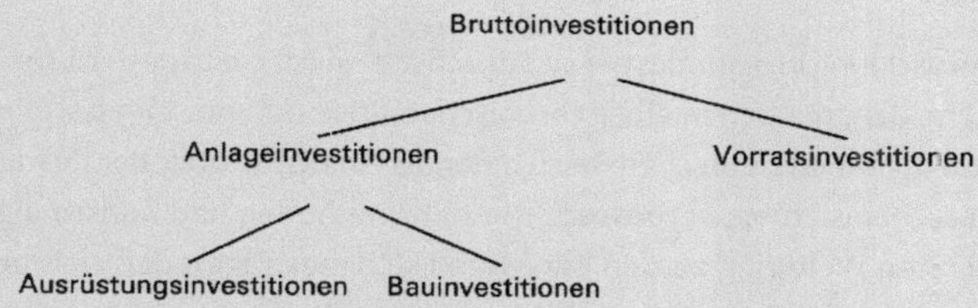

Eine besondere Rolle kommt dabei den ***Ausrüstungsinvestitionen*** zu, unter denen Maschinen, Fahrzeuge, Betriebs- und Geschäftsausstattungen subsumiert werden.
Sind die Ausrüstungsinvestitionen rückläufig, wird auch von einer ***Investitionslücke*** gesprochen. So lässt sich anhand langer statistischer Zahlenreihen für die Bundesrepublik nachweisen, dass sich Investitionslücken mit zeitlicher Verzögerung auch in einem schrumpfenden Bruttosozialprodukt niederschlugen.
Quelle: Ausführungen nach Taenzer, Uwe: Grundlagen der Wirtschaftswissenschaften. Teil 3: Makroökonomie. Volkswirtschaftliche Gesamtrechnung, Faktoren der gesamtwirtschaftlichen Entwicklung, Wirtschaftspolitik mit Umweltökonomie. Stuttgart/Dresden, ^{2}1993, S. 95–99.

Wachstumsindustrien und stagnierende Branchen

Im Zusammenhang mit der Investitionstätigkeit wird auch immer wieder auf die sektorale Fehlverteilung der Investitionen verwiesen, durch die Überkapazitäten in der Textil- und einigen Bereichen der Schwerindustrie entstanden. Daraus ergab sich eine strukturelle Ambivalenz zwischen modernen Wachstumsindustrien und klassischen Zweigen der Verbrauchsgüterindustrien, stagnierten doch gerade die klassischen Zweige der Verbrauchsgütererzeugung wie die Textilindustrie. Demgegenüber ließ die Entwicklung des Nachrichtenwesens, vor allem des Rundfunks, sowie die weitergehende Elektrifizierung die Elektroindustrie wachsen; zudem wuchsen Metallverarbeitung und Chemische Industrie durch die Entwicklung neuer chemischer Produkte wie Kunstseide und Stickstoff. Von Ausnahmen wie dem Automobilbau und dem Kohlenbergbau abgesehen, verlangsamte sich der technische Wandel seit 1927 zudem, was sich in sinkenden Produktivitätszuwächsen ausdrückte, zu denen Kapazitätsüberhänge in einzelnen Branchen traten. Auch wenn das Deutsche Reich, gemessen an den Zuwachsraten der industriellen Produktion, zu den Wachstumsverlierern zählte, nahm es hinsichtlich seines wirtschaftlichen Gesamtpotenzials immer noch den zweiten Platz hinter den USA ein. Insofern kann die bis 1928 fast durchgängig anhaltende Produktionszunahme auch als Ergebnis eines einmaligen Wiederaufbauprozesses gewertet werden. Dabei hing die Verlangsamung des deutschen Wachstums im Vergleich zur Vorkriegszeit auch mit der schwierigeren Exportsituation und dem begrenzten Binnenmarkt zusammen.

Die chronische Krise der Landwirtschaft

Von der Entwicklung in der Industrie ist zunächst deutlich die Lage der Landwirtschaft zu unterscheiden, die sich in einer chronischen Krise befand. 1913 hatte deren Pro-Kopf-Produktivität im Deutschen Reich mehr als ein Drittel über der des Jahres 1890 gelegen. Mechanisierung, verbesserte Betriebsmethoden und Kunstdünger hatten vor dem Ersten Weltkrieg zu den höchsten Flächenerträgen der Welt geführt. An diese Entwicklung konnte nach dem Krieg nicht mehr angeschlossen werden, d. h., die Flächenerträge der Zwischenkriegszeit erreichten jene von 1913 nicht mehr, auch wenn die Produktivität seit 1925 wieder anstieg. Während der Anteil der Industrie an den Gesamtinvestitionen stieg, fiel der Anteil der Landwirtschaft. Die niedrige Produktivität der Landwirtschaft war also Ausdruck unrentabler Arbeitsweisen, was wiederum die Preise für die deutschen landwirtschaftlichen Produkte erhöhte. Nach der Währungsstabilisierung stand das im Vergleich zur Vorkriegszeit geringere landwirtschaftliche Produktionsergebnis schließlich jedoch auch einer sinkenden Nachfrage und dadurch sinkenden Preisen gegenüber. Das alles spielte sich vor dem Hintergrund einer internationalen Agrarkrise ab, die Ausdruck eines weltweiten Ungleichgewichts zwischen stagnierender Nachfrage und agrarischen Produktionspotenzialen war, was sich wiederum in einem internationalen Preisverfall niederschlug. Vor allem die überseeischen Erzeugerländer USA, Kanada, Argentinien, Japan und Australien vermochten nun durch ihre Produktionssteigerungen das Weltmarktangebot samt seiner Preise zu beeinflussen. Stieg deren Angebot beispielsweise an Weizen zwischen 1905/14 und 1925/34 fast um das 1,5-Fache, so verdoppelte sich deren Export in derselben Zeitspanne sogar beinahe. Entsprechend fiel der internationale Weizenpreis in den 1920er-Jahren um nicht weniger als 40 %.

Internationale Agrarkrise

Schutzzölle verhindern landwirtschaftlichen Strukturwandel

Zugleich verschärfte die während der Weimarer Republik verfolgte Agrarpolitik die Folgen der internationalen Preiskrise. Weil die 1925 nach dem Auslaufen der Handelsbeschränkungen durch den Versailler Vertrag wieder eingeführten Schutzzölle zunächst einmal nur einen Ausgleich zwischen sinkenden inländischen Preisen und sinkenden Weltmarktpreisen darstellten, sanken die Einkommen der deutschen Landwirte weiter. Die Schutzzölle vermochten die deutsche Landwirtschaft vor dem starken internationalen Preisverfall somit nicht zu schützen, führten aber in der Folge zu anhaltend unrentabler Produktion und erhöhten mittelfristig über die künstlich erhöhten Preise für den Endverbraucher indirekt auch die Lohnkosten. Weitere vielfältige, zum Teil aus Zolleinnahmen und indirekten Steuern wie der Weinsteuer finanzierte Subventionen und Fördermaßnahmen, beispielsweise zur Bodenverbesserung und verstärkten Technisierung, konnten diesem Trend nicht entgegenwirken. Auch wenn zeitgenössische Landwirte dies nicht wahrhaben wollten, behinderte die Politik der hohen Zölle vor allem den notwendigen Strukturwandel in der Landwirtschaft und so die Anpassung an die veränderten Marktbedingungen (M22). Die Schutzzölle wirkten also einer Ausrichtung der agrarischen Produktion an neuen Verbrauchsgewohnheiten entgegen, die die Nachfrage nach mehr tierischen, weniger pflanzlichen Produkten

https://doi.org/10.36198/9783838557328-m22

steigen ließen und eine Verlagerung des Verbrauchs von Roggenbrot auf Weizengebäck bedingten. Damit trugen sie dazu bei, dass sich die deutsche Agrarwirtschaft nicht auf die verschärfte internationale Konkurrenz einstellte. Dabei waren es vor allem die großen Betriebe des Ostens, die mit ihrem traditionellen Produktangebot an Roggen und Kartoffeln die strukturellen Probleme der deutschen Landwirtschaft verschärften.

Inverse Reaktion auf Agrarpreise

Indem die durch Zölle vor dem Weltmarkt geschützten Landwirte durch Produktionsausweitung ihre Einnahmerückgänge auszugleichen versuchten, reagierten sie invers und verschärften damit die Preiskrise zusätzlich. In allen Ländern, die protektionistischen Schutz aufzubauen versuchten, schlug diese Politik deshalb fehl, d. h., ebenso wie im Deutschen Reich konnten die Agrarpreise dort infolge inverser Reaktionen nicht stabilisiert werden. Weil sich der Preisindex im Vergleich zur Vorkriegszeit für landwirtschaftliche Erzeugnisse 1924 auf nur 111 % im Gegensatz zu 143 % für Industriewaren belief, bestanden gerade bei sinkenden Erlösen für die landwirtschaftlichen Erzeuger keine Anreize für einen verstärkten, die Produktivität erhöhenden Maschineneinsatz. Allerdings war auch die Struktur der landwirtschaftlichen Betriebe mit einem hohen Anteil an Kleinbetrieben mit unter fünf Hektar Anbaufläche einer weitergehenden Mechanisierung hinderlich. Nur jeder zehnte deutsche Betrieb besaß eine für eine Maschinisierung nach amerikanischem Vorbild unabdingbare Größe von mehr als 20 Hektar. Und schließlich machte sich nach der Währungsstabilisierung in der Landwirtschaft auch der Mangel an Geldkapital bemerkbar. Mit der Inflation hatten sich die Landwirte zwar praktisch entschulden können, allerdings hatte die Geldentwertung auch bäuerliche Ersparnisse vernichtet. Außerdem war die Währungsstabilisierung Ende 1923 zu einem Zeitpunkt erfolgt, zu dem bereits die halbe Ernte für schlechtes Geld verkauft worden war. Die hohen Zinssätze der folgenden Zeit erschwerten Investitionen zusätzlich und trugen dazu bei, dass die Schulden bald wieder anwuchsen. Blieben die Investitionen im Agrarbereich so nach der Währungsstabilisierung rückläufig, folgte der Beschäftigtenanteil diesem Trend nur zögerlich. Der Anteil der in der Landwirtschaft beschäftigten Erwerbspersonen machte 1925 immerhin etwas mehr als 30 % aus, während sich der landwirtschaftliche Beitrag zum Volkseinkommen auf nur noch 16 % belief.

Mangel an Geldkapital

Steigende Verschuldung der Landwirtschaft

Große Teile der deutschen Landwirtschaft arbeiteten nach der Währungsstabilisierung unterhalb der Rentabilitätsgrenze, auch weil gestiegene Bodenpreise und Pachtsätze die ohnehin ungünstige Einnahme-Ausgabe-Relation weiter verschlechterten. Hinzu kamen gegenüber der Kaiserzeit erhöhte Steuerbelastungen, die sich nach der Währungsstabilisierung schätzungsweise auf das 3,7-Fache des Vorkriegsstands beliefen. Um neben dem Kauf von Saatgut, Kunstdünger und dringend benötigten modernen Gerätschaften alle weiteren Ausgaben tätigen zu können, nahmen die Landwirte häufig wieder Kredite auf. Allerdings wurden bei der Vergabe von Krediten gerade die am wenigsten effizienten Großbetriebe bevorzugt, die noch dazu den Roggenanbau trotz des schrumpfenden Marktes für Roggenprodukte ausdehnten. War die

Landwirtschaft mit der Währungsstabilisierung praktisch schuldenfrei gewesen, hatte ihre Verschuldung bis 1932 mit einem Schuldendienst von etwas mehr als 10 % der jährlichen landwirtschaftlichen Wertschöpfung so bereits wieder den Vorkriegsstand von rund 8 % überschritten. Allerdings taugt die Verschuldung der Agrarwirtschaft als Indikator für eine zunehmende Verschlechterung der wirtschaftlichen Situation der Landwirtschaft nur bedingt, weil damit die Einkommensentwicklung im primären Sektor der Volkswirtschaft im Vergleich zur allgemeinen Einkommensentwicklung völlig außer Acht gelassen wird.

Von der chronischen zur akuten Agrarkrise

In erster Linie war es nämlich die Entwicklung der Preise für Agrarprodukte, die die Lage der Landwirtschaft so prekär machte. Sie lagen 1920 sieben- bis achtmal, die landwirtschaftlichen Produktionskosten jedoch zehn- bis sechzehnmal höher als vor dem Krieg. Zunächst stiegen die Preise für agrarische Produkte an, wenn auch weniger stark als die für Industriewaren, bis die Agrarkrise 1927/28 in Deutschland offen ausbrach. Dabei waren die Weltmarktpreise für Weizen bereits seit 1925 gefallen, infolge der Schutzzölle setzte der Rückgang der Getreidepreise in Deutschland jedoch erst jetzt mit Verzögerung ein. Das war ein originär deutsches Problem, denn durch die Steigerung der inländischen Produktion waren die deutschen Weizenpreise unter die Weltmarktpreise gefallen. Die Roggenpreise lagen zeitgleich, wenn auch nur geringfügig, unter Weltmarktniveau; schließlich gingen auch die Viehpreise, besonders die Preise für Schweine, zurück. In Anbetracht zusammenbrechender Weltmarktpreise mussten die Zölle, die ja die Einfuhr preisgünstiger ausländischer Erzeugnisse hatten verteuern sollen, schließlich ganz versagen und damit die deutsche Agrarkrise in ihr akutes Stadium treten lassen. Indem sich der Preisverfall beschleunigte, wurde auch die Kreditkrise akut. Für Landwirte wurde es dadurch immer schwieriger, langfristige Kredite zu günstigen Konditionen zu erhalten. Als schließlich die Kreditinstitute nach der akuten Bankenkrise Mitte 1931 durch Rückforderungen von Krediten oder durch hohe Zinssätze ihre Liquidität zu erhalten versuchten, reichten in Anbetracht des deflationären Preisverfalls viele hypothekarischen Sicherheiten zur Kreditsicherung nicht mehr aus, sodass es zu unzähligen Konkursen und Zwangsversteigerungen landwirtschaftlicher Betriebe kam.

Die industrielle Rationalisierungskonjunktur

Rationalisierung als Reaktion auf weltwirtschaftliche Veränderungen

Die Rationalisierungswelle in der Industrie während der Weimarer Republik war eine Reaktion der Unternehmen auf weltweite ökonomische Veränderungen, denen sie durch eine Konzentration der Produktion und deren effizientere Gestaltung, beispielsweise zur Einsparung von Rohstoffen, zu begegnen versuchten. Weil die industriellen Kapazitäten während der Inflationszeit ausgebaut worden waren, musste zudem die krisenhafte Überproduktion nach der Währungsreform und der damit verbundenen Wiedereingliederung des Reichs in den Weltmarkt bewältigt werden. An der aufgeschobenen Modernisierung und Rationalisierung, die sich in verschleißbedingtem Substanzverlust und technischer Rückständigkeit ausdrückte, zeigt sich, wie sehr

Durch Inflation aufgeschobene Modernisierung

die Inflation alle Grundlagen rationalen, an seriöser betriebswirtschaftlicher Kalkulation ausgerichteten Verhaltens zerstört hatte. War die gesamte deutsche Industrie infolge der entwerteten Währung einerseits vor ausländischer Konkurrenz weitgehend geschützt gewesen, hatten Konsumgüterhersteller wie die deutsche Automobilindustrie andererseits mit anhaltender Flucht in die Sachwerte rechnen können. Die mit sinkendem Wert der Währung ermöglichte kostengünstige Entlohnung der Arbeitskräfte hatte Letzterer beispielsweise jedoch keine Veranlassung gegeben, die handwerkliche Produktion von Personenkraftwagen auf stärker mechanisierte Prozesse oder gar Fließbandproduktion umzustellen. Neben den sich von der unmittelbaren Vorkriegszeit nicht wesentlich unterscheidenden Produktionsverfahren und Konstruktionstechniken hatten die Hersteller zudem ihre Produkte selbst in technischer und optischer Hinsicht vernachlässigt. Als die Währungsstabilisierung die Unternehmen dann wieder der internationalen Konkurrenz aussetzte, war der Kunde nicht mehr bereit, ein der amerikanischen Konkurrenz weit unterlegenes Produkt mit nunmehr stabiler Reichsmark zu erwerben.

Kontinuierliche Rationalisierung seit dem Kaiserreich

Mit der Währungsreform musste es also zwangsläufig zu einer Korrektur dieser Entwicklung kommen, zumal die deutsche Industrie, was Rationalisierung betrifft, an bis zur Jahrhundertwende zurückgehende Vorgänge anknüpfen konnte. Während des Ersten Weltkriegs waren zudem Normung und Typisierung forciert und in der Nachkriegszeit mit der Gründung diverser Organisationen, wie des Reichskuratoriums für Wirtschaftlichkeit in Industrie und Handwerk (RKW, 1921) oder des Reichsausschusses für Arbeitszeitermittlung (Refa, 1924), ein institutioneller Rahmen geschaffen worden, der die betriebliche Umsetzung von Rationalisierungsmaßnahmen unterstützen half.

Rationalisierung

Unter Rationalisierung sind Maßnahmen zu verstehen, die der Erhöhung der Wirtschaftlichkeit von Unternehmen dienen. ***Formen*** der Rationalisierung sind:

1. die rationelle Gestaltung des Einsatzes der Arbeitskräfte (***Scientific Management***);
2. die Substitution des Faktors Arbeit durch Mechanisierung und Automatisierung (***technische Rationalisierung***).
   Durch die zunehmende Übertragung industrieller Handarbeit auf mechanische Vorrichtungen und Maschinen wird die ***Standardisierung*** der Rationalisierungsobjekte unumgänglich, d. h. die Vereinheitlichung einzelner, austauschbarer Teile mittels ***Normung*** und ganzer Produkte mittels ***Typisierung***, so dass auch die Verwendung von ***Baukastensystemen*** bedeutsam wird;
3. die Systematisierung beispielsweise des Rechnungswesens sowie die Verbesserung organisatorischer Strukturen (***betriebswirtschaftliche Rationalisierung***);
4. die Zusammenarbeit und Kooperation zwischen rechtlich und wirtschaftlich selbstständigen Unternehmen mit dem Ziel, Betriebsgrößenvorteile realisieren zu können (***zwischenbetriebliche Rationalisierung***).

Drei Rationalisierungsphasen

In einer ersten Rationalisierungsphase 1925/26 reagierte die Industrie auf die veränderten Rahmenbedingungen mit einer starken Konzentration und Zentralisation des Kapitals sowie „negativen Rationalisierungen“, d. h. mit Unternehmenszusammenschlüssen, Betriebsstilllegungen und Entlassungen. Erst in der zweiten Rationalisierungsphase 1926/1927 kam es schließlich vorwiegend zu technischen Rationalisierungen, bei denen Produktionsmittel erneuert und ersetzt wurden. Mit der dritten Phase, die bereits mit der Weltwirtschaftskrise zusammenfiel, rückte die Intensivierung der Arbeit in den Vordergrund. Neben den zeitlichen Phasen müssen die Rationalisierungen allerdings auch nach Wirtschaftsbereichen differenziert werden. In den Teilen der Produktion, in denen die menschliche Arbeitsleistung wesentlich das Produktionsergebnis bestimmte, zum Beispiel im Maschinenbau, erfolgte die Ökonomisierung nämlich vornehmlich durch eine Reorganisation des Produktionsprozesses. In Bereichen, in denen Maschinen weitgehend selbsttätig das Produktionsergebnis bewirkten und das Betriebsergebnis damit wesentlich von den Maschinenlaufzeiten abhing, war die Arbeitszeitverlängerung ein wesentliches Mittel der Kostensenkung und Gewinnerhöhung. Erst die mit dem Dawes-Abkommen ermöglichte Aufnahme amerikanischer Kredite leitete überhaupt die Phase technischer Rationalisierungen ein, die gern mit dem Übergang von der Einzel- zur Fließfertigung in Verbindung gebracht wird. Das markanteste Beispiel hierfür ist außerhalb der Elektroindustrie das der Firma Opel.

Rationalisierung nach Produktionsprozess

Übergang von Einzel- zu Fließfertigung

Beispiel Opel

Im Gegensatz zu den vielen anderen deutschen im Werkstättenbetrieb fertigenden Fahrzeugherstellern war Opel bereits seit Sommer 1924 zur fließenden Fertigung übergegangen, weil das im besetzten Gebiet gelegene Rüsselsheimer Unternehmen der französischen und amerikanischen Konkurrenz schutzlos ausgesetzt war. Mit Einführung der Serienproduktion und des Fließbands übernahm Opel eine Pionierrolle. Das Werk hatte nach seiner Reorganisation das technische Niveau amerikanischer Autobauer erreicht und war das modernste im Deutschen Reich, auch wenn es sich bei dem Kraftfahrzeug selbst um die Kopie des 5 CV handelte, bei dem sich nur die Farbe von Citroëns Zweisitzer unterschied. Das vom Volksmund als „grüner Laubfrosch“ bezeichnete Automobil wurde jedoch das wirtschaftlich erfolgreichste während der gesamten Weimarer Zeit. Bis 1931 sind von diesem ständig billiger werdenden 4-PS-Kleinwagen knapp 121.000 Stück gebaut worden, was einem Marktanteil von fast 21% entsprach. Dadurch avancierte Opel zum größten Automobilproduzenten im Reich. Weil es sich bei den Automobilen trotz verschiedener Restriktionen, beispielsweise in Form hoher KFZ-Steuern oder infolge einer vergleichsweise kleinen, wenn auch kapitalkräftigen Käuferschicht, um einen Wachstumsmarkt handelte, führten die von der Anlage her arbeitssparenden Rationalisierungen bei Opel sogar zu zusätzlicher Beschäftigung.

Abbildung 8: Im Beisein von Dr. Wilhelm Opel läuft ein „Laubfrosch“ vom Band (1931)

Quelle: bpk – Bildarchiv Preußischer Kulturbesitz.

Übergang zur Fließfertigung

Die Reorganisation bei Opel bestand darin, dass die mechanischen Bearbeitungswerkstätten aufgelöst und in fünf großen Abteilungen zusammengefasst wurden. Innerhalb dieser Fertigungsbereiche sind die Maschinen dann in der Reihenfolge der notwendigen Arbeitsoperationen aufgestellt worden. Die Produktion sollte nicht nur von Abteilung zu Abteilung, sondern auch von Arbeitsplatz zu Arbeitsplatz fließen. Anders als unter den Bedingungen der Werkstattproduktion wurde nicht mehr gleichzeitig eine größere Menge von gleichen Teilen in verschiedenen Räumen hergestellt und bis zum nächsten Arbeitsgang gestapelt, jetzt wurden vielmehr unterschiedliche Teile in der Reihenfolge ihrer späteren Zusammensetzung gefertigt. Um die Fließfertigung zu ermöglichen, transportierten Förderbänder, Ketten, Rutschen und Gleise die Werkstücke von einem Arbeitsplatz zum anderen. Im Gegensatz zu Ford, in dessen Fabriken die gesamte Produktion mittels Transportbändern verbunden war, gab es bis 1929 bei Opel noch kein ununterbrochenes Band, sondern nur einen mithilfe verschiedener Transportmittel hergestellten Arbeitsfluss. Es handelte sich hierbei also noch um ein Mischsystem von Fließarbeit und Fließbandarbeit. Das erste, 1924 bei Opel eingeführte Fließband, an dem direkt gearbeitet wurde, war das Endmontageband, das zunächst nicht länger als 45 Meter war und sich ruckartig alle 30 Minuten langsam vorwärtsbewegte. Diesem Endmontageband arbeiteten alle anderen Produktionsbereiche zu, deren Aggregate in einem festgelegten Tempo wiederum durch Förderbänder zugeführt wurden. Fließarbeit beschränkte sich in der Anfangsphase also noch darauf, eine maximale und gleichmäßige Durchlaufge-

Erstes Fließband 1924

schwindigkeit des Arbeitsobjekts zu erreichen. Hierfür hatten Arbeitsleistung und Arbeitsgeschwindigkeit, Maschinen und Arbeitsplätze so aufeinander abgestimmt zu sein, dass das Rohmaterial in einer fest definierten Folge von Arbeitsgängen zu einem Produkt wuchs. Weil es in diesem System keine Zwischenlager mehr gab, konnte jede Stockung an einer Stelle im Herstellungsprozess zu einem Produktionsstopp in allen folgenden Werksabschnitten führen.

Schaubild 15: Der Weg eines Werkstückes bei Werkstatt- und Fließfertigung

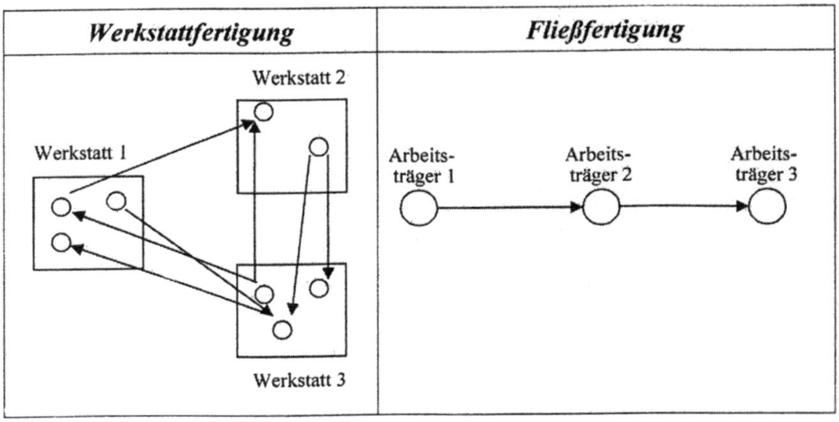

Verbreitung von Fließ- und Bandarbeit im Reich allgemein

Das Beispiel Opel darf nicht darüber hinwegtäuschen, dass in allen deutschen Industriebetrieben mit mehr als 50 Beschäftigten selbst um das Jahr 1930 nur ungefähr 1 % der Arbeitskräfte an rund 80.000 Fließ- und Bandarbeitsplätzen seiner Tätigkeit nachging. Schätzungsweise arbeiteten zur gleichen Zeit nur 2 % bis 3 % aller Betriebe mit Fließfertigung. Oftmals fehlte schlicht die Nachfrage, die ein Produkt zum Massengut hätte werden lassen und damit wiederum die Fließproduktion wirtschaftlich hätte rechtfertigen können. Denn trotz steigender Verkaufszahlen von insgesamt 132.000 PKW im Jahr 1924 auf 433.200 im Jahr 1929 blieb die Massenmotorisierung im Deutschen Reich zunächst noch aus – der Absatz war auf die Oberschicht und den oberen Mittelstand sowie den Export von Luxusautomobilen beschränkt. In dem vor allem hinter England und Frankreich, aber auch hinter Dänemark, Schweden, Belgien und den Niederlanden zurückbleibenden Kraftfahrzeugbestand pro 1000 Einwohner drückte sich deutlich das Wohlstandsgefälle zwischen den westeuropäischen Ländern und dem Reich aus, in dem nach wie vor der Personenverkehr auf der Schiene führend war. Wenn überhaupt eine Massenmotorisierung stattzufinden begann, dann mit dem Motorrad, von dem 1924 noch 98.000 Stück, 1929 aber bereits 608.300 verkauft wurden. In den Vereinigten Staaten von Amerika war der Übergang zum Massengut demgegenüber bereits beim Automobil, aber auch bei zahlreichen Haushaltsgeräten wie dem Staubsauger, der Wasch- oder Bügelmaschine erfolgt.

Der Verzicht auf die technische Option der Fließbandproduktion und der damit verbundene Verzicht auf die *economies of scale*, die durch Fixkostendegression hervorgerufenen Größenvorteile, bedeutete in Anbetracht des Nachfrageverhaltens insofern nicht selten eine wirtschaftlich rationale Entscheidung. Andererseits konnte die Einführung der Fließarbeit neben technisch-organisatorischer Rationalität auch den rationellen Einsatz der vergleichsweise teuren Arbeitskräfte implizieren, die dadurch von vormals hochqualifizierten Facharbeitern in der handwerklichen Produktion zu unselbstständigen Gliedern einer Arbeitskette wurden. Die Übergänge zur effektiven Arbeitsplatzgestaltung mittels Arbeitszeit- und Akkord- bzw. Prämienlohngestaltung sowie mittels Arbeits- und Zeitstudien waren hier fließend. Gerade Letztere zielten auf die Beseitigung von Arbeitszeitverlusten und damit Kosteneinsparungen.

Verzicht auf Fließbandproduktion rationale Entscheidung?

Economies of scale – Massenproduktionsvorteile

Als ***economies of scale***, Skaleneffekte oder -erträge, werden Kostenersparnisse bezeichnet, die durch Massenproduktion erzielbar sind. Je höher die Menge der hergestellten Güter ist, desto geringer sind die fixen Kosten, also die Kosten für Gebäude, Verwaltungspersonal usw., die unabhängig von der Produktionsmenge pro Stück anfallen. Die Größenkostenersparnis ist eine wesentliche Ursache für Unternehmenskonzentrationen.

Weitere Rationalisierungsmaßnahmen wie im Steinkohlenbergbau, aber auch in den großen Büroräumen der Fabriken, wo neben Schreibmaschinen Rechenmaschinen, mechanische Brieföffner und -verschließer, Adressiermaschinen sowie mit Pressluft betriebene Rohrpostsysteme Einzug gehalten hatten, zielten auf eine Arbeitsintensivierung mittels umfangreicher Mechanisierung oder, wie in kapital- und energieintensiven Industriezweigen, auf Kostensenkungen infolge von Einsparungen bei Kohle, Gas, Dampf und Elektrizität. Mit bereits in der Kaiserzeit praktizierten Unternehmenszusammenschlüssen wurde zudem die betrieblich-organisatorische Rationalisierung vorangetrieben, die durch Abstimmung der Produktionsprogramme, Ressourceneinsparungen sowie Erzielung von Synergieeffekten Kostensenkungen bewirken sollte. Die Konzentrationsbewegung hatte sich allerdings schon gleich nach 1918 verstärkt, um vor allem in ihrer vertikalen Form einerseits dem Mangel an Rohstoffen, andererseits den Absatzschwierigkeiten begegnen zu können. Der für die unmittelbare Nachkriegszeit typischen vertikalen Konzentration folgte die Welle horizontaler Unternehmenszusammenschlüsse nach der Währungsstabilisierung.

Mechanisierung

Unternehmenszusammenschlüsse

Zwischenbetriebliche Rationalisierung – Formen von Unternehmenskonzentration

Eine Unternehmenskonzentration kann auftreten in Form von:

— ***Kartellen***
In einem Kartell behalten die Unternehmen weitgehend ihre wirtschaftliche Selbstständigkeit und verzichten nur auf einen Teil ihrer unternehmerischen Funktionen, beim

Preiskartell beispielsweise auf eine autonome Preisfestsetzung, beim Syndikat auf einen eigenständigen Verkauf.

– ***Konzernen***
In einem Konzern geht die wirtschaftliche Selbstständigkeit der einzelnen Unternehmen verloren und auf die Mutter- oder Dachgesellschaft über, rechtlich bleiben die Unternehmen jedoch eigenständig.

– ***Fusionen***
Durch Fusion verschmelzen Unternehmen zu einem rechtlich und wirtschaftlich selbständigen Einheitsunternehmen.

Die Zusammenfassung zu einem Einheitsunternehmen, Kartell oder Konzern kann auf freiwilliger Basis erfolgen oder aber auch vom Branchenführer oder der Mehrzahl der Unternehmen durch ruinösen Wettbewerb erzwungen werden. Verlieren die betroffenen Unternehmen ihre wirtschaftliche und rechtliche Selbstständigkeit, handelt es sich um einen ***Trust***.
Eine ***horizontale Konzentration*** entsteht durch Zusammenfassung von Unternehmen innerhalb einer Produktionsstufe. ***Vertikale Konzentration*** ergibt sich, wenn Unternehmen mit vor- und nachgelagerten Produktionsstufen zusammengefasst werden, also z. B. Kohle und Eisen abgebaut, Stahl verarbeitet, Walzwerkprodukte und Lastkraftwagen hergestellt werden.
Eine ***konglomerate Konzentration*** entsteht durch die Zusammenfassung von Unternehmen der verschiedensten Produktionsstufen und Branchen. Es werden also Unternehmen zusammengefasst, die produktions- und absatzmäßig nichts miteinander zu tun haben. Durch eine konglomerate Konzentration ergibt sich eine Produktbreite, die zu einer Risikostreuung führt: Verluste in einer Branche können durch Gewinne in einer anderen Branche aufgefangen werden.
Die ***komplementäre Konzentration*** schließlich umfasst alle Varianten der Zusammenarbeit von Unternehmen, die in einem sich ergänzenden Verhältnis zueinander stehen oder vertraglich in ein solches Verhältnis überführt werden sollen. Rationalisierungseffekte entstehen hier durch die Nutzung nachfragebedingter Verbundwirkungen zwischen den Kooperationspartnern.

Vereinigte Stahlwerke

Nach einer ersten Konzentrationswelle standen sich so 1924 beispielsweise in der Eisen- und Stahlindustrie zwölf Konzerne gegenüber, die über drei Viertel der gesamten Hochofen- und Stahlwerkskapazitäten verfügten. 1926 entstand dann auf dieser Grundlage durch Fusion von Thyssen, Phönix, den Rheinischen Stahlwerken und den Rheinelbe-Unternehmen, der Deutsch-Luxemburgischen Bergwerks- und Hütten-AG, der Gelsenkirchener Bergwerks-AG sowie des Bochumer Vereins mit den Vereinigten Stahlwerken der zweitgrößte Stahlhersteller der Welt. Zugleich handelte es sich bei den Vereinigten Stahlwerken weltweit um den größten Konzern überhaupt, neben dem im Deutschen Reich fortan nur noch Hoesch, Krupp, Klöckner, Mannesmann und die Gutehoffnungshütte als namhafte Unternehmen eigenständig bestehen blieben. Walzwerke wurden jetzt regelmäßig in unmittelbarer Nähe der Hüttenwerke, Kohlegruben und Koksöfen errichtet, weitere Kosten durch eine verbesserte Anlagenplanung eingespart. Ziel des Zusammenschlusses war angesichts der weltweiten Überkapazitäten bei der Stahlerzeugung in erster Linie der Kapazitätsabbau. Dazu wurde die Produktion der Hochofen-, Stahl- und Walzwerke sowie der Zechen und Kokereien aufeinander abgestimmt und auf die effizientesten Anlagen konzentriert. Durch Stilllegung unrentabler Hochöfen ist deren Anzahl bei den Vereinigten Stahlwerken von 23 auf 9, die der Siemens-Martin-Stahlwerke von 20 auf 8, der Bandeisenwalzwerke von 7 auf 3, der Stab- und Formeisenwalzwerke von 17 auf 10, der Röhrenwerke von 8 auf 3 und die der Drahtverfeinerungsbetriebe von 9 auf 4 geschrumpft. Von zunächst 48 Schachtanlagen mit 153 Schächten und über 145 Eisenbetriebsstätten waren im Jahr 1933 nur noch 25 vorhanden. Zwischen 1924 und 1930 erhöhte sich so die Durchschnittsleistung der Hochofenwerke im Reichsgebiet je Ofen und Betriebswoche von 1655 t = 100 (1924) auf 2567 t = 155,11 (1929), stieg der Förderanteil je Arbeiter im Ruhrgebiet von 857 kg = 100 (1924) auf 1352 kg = 157,76 (1930). Sowohl in der Eisenindustrie als auch im Kohlenbergbau waren die Beschäftigtenzahlen gleichzeitig rückläufig (M23). Claus-Dieter Krohn hat darauf hingewiesen, dass solche Konzentrationsmaßnahmen sogar durch umfangreiche steuerliche Hilfen und Subventionen der öffentlichen Hand gefördert worden sind.

https://doi.org/10.36198/9783838557328-m23

Zielkonflikt Rationalisierung – Absatzbedingungen

Trotz der zum Teil gravierenden Einschnitte – die an der I.G. Farbenindustrie AG beteiligten Unternehmen entließen beispielsweise noch vor ihrem Zusammenschluss fast 20.000 ihrer 90.000 Beschäftigten – erhöhte sich die Leistungsfähigkeit der neu geschaffenen Unternehmen. Das hing auch damit zusammen, dass Rationalisierungen in vielen Industriezweigen häufig von expansiven Strategien begleitet wurden und so zu einer Ausweitung der Kapazitäten führten. Beispielsweise ist die Schließung von 54 Warmwalzwerken der Vereinigten Stahlwerke mit der Errichtung von 15 Neuanlagen begleitet worden. Obwohl die Zahl der Hochöfen im preußischen Rheinland-Westfalen zwischen 1913 und 1928 so von 118 auf 72 sank, stieg die wöchentliche durchschnittliche Produktion zugleich um mehr als das Doppelte. Betriebswirtschaftlich erfolgreiche Rationalisierungen (vgl. Tabelle 17) boten insofern angesichts leistungsfähigerer Kapazitäten keinen Ausweg aus dem Dilemma der weltweiten Überproduktion, sie verstärkten im Gegenteil die Suche nach Exportmärkten. Angesichts niedriger Weltmarktpreise war die Auslastung industrieller Kapazitäten deshalb nicht selten nur durch ein Preisdumping bei den Ausfuhren möglich, dessen Verluste wiederum auf dem durch Zölle und Kartellabsprachen weitgehend geschützten deutschen Inlandsmarkt kompensiert werden sollten.

Tabelle 17: Entwicklung der Arbeitsproduktivität in ausgewählten deutschen Industrien, 1913–1929 (1925 = 100)

Jahr	Kohlebergbau	Eisen- und Stahlindustrie	Metallverarbeitung	Chemische Industrie	Textilindustrie	Bekleidung, Lederwaren
1913	94,1	100,3	92,3	87,2	117,8	89,1
1925	100,0	100,0	100,0	100,0	100,0	100,0
1926	108,9	124,2	103,8	92,1	103,9	97,8
1927	115,4	153,0	115,0	121,0	115,8	117,2
1928	121,7	147,0	125,8	120,8	114,1	98,1
1929	130,8	164,9	134,4	133,9	109,1	93,6

Quelle: Balderston, Theo: The Origins and Course of the German Economic Crisis November 1923 to May 1932. Berlin, 1993, S. 438 (= Schriften der Historischen Kommission zu Berlin, 2).

Nachteile technischer Rationalisierungen

Vor allem bei zurückgehender Nachfrage, die sich mit jeder Rezession ergeben konnte, drohte also eine Verschärfung der krisenhaften gesamtwirtschaftlichen Entwicklung. Aber auch betriebswirtschaftlich war ein Nachfragerückgang nicht unbedenklich, stieg doch im Fall technischer Rationalisierungen mit den Kapitalkosten der Anteil der fixen im Verhältnis zu den variablen Kosten für den gesunkenen Einsatz an Rohstoffen, Energieträgern und Löhnen. Jeder Produktionsrückgang bedeutete so einen nicht unerheblichen Kostenanstieg mit entsprechenden Gewinneinbußen und führte spätestens während der Weltwirtschaftskrise nicht selten zu Konkursen. Der sich in höheren Fixkosten niederschlagende Anstieg der Kapitalintensität sollte schließlich auch ein Grund dafür werden, dass sich die Preise in den betroffenen Branchen während der Weltwirtschaftskrise relativ starr verhielten. Trotz des allgemeinen Preisverfalls war hier deshalb wegen der hohen Kosten je Produkteinheit eine Preissenkung zunächst nicht zu erwarten. Angesichts dessen setzte sich Ende der 1920er-, Anfang der 1930er-Jahre zunehmend die Ansicht durch, es habe ein Übermaß an Investitionen, zumal an technischen Rationalisierungen gegeben, was unter dem griffigen Schlagwort der Fehlinvestitionen subsumiert worden ist. Dies ist insofern zu relativieren, als es mit Ausnahme der Eisen- und Stahlindustrie, dem Bergbau und der Chemischen Industrie tatsächlich gar nicht zu flächendeckenden technischen Rationalisierungen gekommen ist. Das hing auch damit zusammen, dass die technisch-organisatorische Reorganisation nach amerikanischem Vorbild in Branchen mit zahlreichen kleinen und mittleren Firmen mit Einzel- und Kleinserienfertigung nicht einfach übertragbar war. Die Produktivitätssteigerungen in der deutschen Industrie waren deshalb in erster Linie Ergebnis der Schließung kleinerer und unrentabler Betriebseinheiten, neuer Entlohnungssysteme, der Straffung von Organisationsstrukturen und der Konzentration auf ausgewählte Kerngeschäfte. Beispielsweise gab die Firma Siemens 1927 ihre Automobilproduktion auf und verkaufte anschließend auch noch ihre Flugzeugmotorenfertigung.

These von „Fehlinvestitionen“

Ausbleibende Beschäftigungseffekte

Mit der kontinuierlichen Zunahme der Produktivität war mittelfristig zudem kein positiver Beschäftigungseffekt verbunden. In einer Messinggießerei – sicherlich ein Extrembeispiel – ist Ende der 1920er-Jahre ein um 50 % bis 60 % erhöhter Output mit einer im Vergleich zu 1923 auf 60 % reduzierten Belegschaft erzielt worden. Insgesamt stieg in der Metallverarbeitung zwischen 1926 und 1930 die Produktivität pro Arbeitsstunde um 25 %, um 18 % im Bergbau und um 13 % in der Chemischen Industrie. Zwischen 1924 und 1929 stiegen zwar auch die Löhne, vor allem aber erhöhte sich die Zahl der Arbeitslosen. Während die älteren, sich dem neuen Arbeitsrhythmus langsamer anpassenden, damit weniger produktiven Arbeitskräfte entlassen wurden, konnten Schulabgänger in der so auf Effizienz ausgerichteten Arbeitswelt kaum Fuß fassen. Selbst in den Boomjahren 1927/28 sank die Zahl der Erwerbslosen kaum unter eine Million, und im Frühjahr 1929 war sie bereits wieder auf mehr als zwei Millionen angestiegen. Darunter musste wiederum auch die Binnennachfrage leiden, deren Schwäche sich vollends in der Weltwirtschaftskrise auszuwirken begann, als der Staat seine Nachfrage zeitgleich massiv drosselte und auch die Exporte wegbrachen. Vor allem aber konnte die während der Zeit der relativen Stabilität durch Prozessinnovationen hervorgerufene Arbeitslosigkeit nicht durch von Produktinnovationen und Massenkonsum begründete neue Wachstumsmärkte kompensiert werden.

Zu den Beschäftigungseffekten technologischen Wandels

Technischer Fortschritt kann durch seine drei primären Dimensionen (1) Entwicklung neuer Materialien als Input für den Produktionsprozess, (2) Prozessinnovationen sowie (3) Produktinnovationen arbeits-, kapital- oder ressourcensparend wirken.

In der Wirtschaftswissenschaft konkurrieren ***zwei Hypothesen*** über die quantitativen Beschäftigungseffekte des technologischen Wandels miteinander, die Freisetzungshypothese und die Kompensationshypothese.

Nach der ***Freisetzungshypothese*** beinhaltet der technische Fortschritt in erster Linie Prozessinnovationen, die Arbeitskräfte freisetzen, wobei die entstandene Arbeitslosigkeit infolge fehlender Kompensationsmechanismen nicht ausgeglichen werden kann. Nach der ***Kompensationshypothese*** löst der technische Fortschritt demgegenüber auch Effekte aus, die die Freisetzungen wieder kompensieren, wie beispielsweise die Verbesserung der internationalen Wettbewerbsfähigkeit, die über Nachfrage- und Produktionssteigerungen zu zusätzlicher Beschäftigung führt, ebenso wie die vermehrte Maschinenherstellung oder auch Preissenkungen die Nachfrage nach zusätzlichen Gütern erhöht.

Obwohl die theoretischen Ansätze zur Erklärung der Zusammenhänge von Beschäftigungseffekten und technischem Fortschritt auf bereits in den 1930er-Jahren entwickelten Argumentationsmustern beruhen, kann bis heute nicht eindeutig beurteilt werden, ob der technische Fortschritt zu Arbeitslosigkeit führt oder nicht. Empirische Untersuchungen auf einzelwirtschaftlicher Ebene haben inzwischen allerdings gezeigt, dass Technik zwar erhebliche Rationalisierungseffekte zur Folge haben kann, gleichzeitig aber auch beträchtliche Kompensationseffekte generiert werden können, sodass von technologisch bedingter Arbeitslosigkeit zumindest in der jüngeren Vergangenheit schwerlich die Rede sein kann. Einstimmigkeit aber herrscht zumindest darüber, dass ***Freisetzungseffekte eher den Prozessinnovationen*** und ***Kompensationseffekte eher den Produktinnovationen zuzurechnen*** sind. Unter zeitlichen Gesichtspunkten tritt der Freisetzungseffekt vor allem kurzfristig, der Kompensationseffekt erst längerfristig ein.

Quelle: Nach Schmid, Alfons: Technischer Wandel und Beschäftigung. In: May, Hermann (Hrsg.): Handbuch zur ökonomischen Bildung. München/Wien, 72003, S. 235–251.

Zweifelhafte Adaption des US-Produktionssystems?

Mehr als 700 staatliche und private Institute wirkten schließlich darauf hin, mit technologischen und betriebswirtschaftlichen Verbesserungen sowie durch die Anwendung wissenschaftlicher Methoden das Produktionsergebnis mit weniger Arbeitskräften erhöhen zu können. Dabei war es selbstredend ein Fortschritt, wenn nunmehr die Verfüllung von Zementsäcken mechanisiert wurde, fielen so doch staubige, die Lunge der Arbeiter zerstörende Arbeitsplätze in Zementfabriken weg. Die Heerscharen von Geschäftsmännern und Ingenieuren, die sich in die industriellen Produktionsstätten der USA begaben und dort besonders Henry Fords Fabrik zunächst in Highland Park, anschließend in River Rouge in Detroit inspizierten, übersahen jedoch regelmäßig die mit der *High-tech-* und *Low-cost-*Produktion verknüpften hohen Arbeitslöhne, die wiederum hohen Konsum implizierten. Oftmals ist sogar mit dem fehlenden Inlandsmarkt gegen eine Adaption des Gesamtsystems argumentiert worden. Anstatt das Ford'sche System der Massenproduktion zu übernehmen, sollte deutsche Qualitätsarbeit deshalb eher durch Zeit- und Bewegungsstudien organisiert werden, was zwar die Arbeit intensivierte, zugleich aber auch die Autonomie der hochqualifizierten Arbeiter gefährdete und die effizient gestalteten Arbeitsprozesse monoton erscheinen ließ.

Taylorismus und Ford'sches Produktionssystem

Frederick Winslow Taylor (1856–1915) zielte mit seinem System der wissenschaftlichen Betriebsführung (***Scientific Management***) auf eine Erhöhung der Arbeitsproduktivität. Mit diesem sollen Planung und Kontrolle der Produktion von den ausführenden Tätigkeiten getrennt und die Produktivitätssteigerung schließlich durch eine Maximalleistung des Faktors Arbeit und eine Minimierung der Leistungsverschwendung erzielt werden. Deren Ausführung basiert wiederum auf präzisen Anleitungen des Managements. Im Gegensatz zum Fließsystem liegt der Fokus der Maßnahmen insofern auf der Verrichtung der menschlichen Arbeit. Der Minimierung der Leistungsverschwendung und der exakten Berechnung von Leistung und Lohn dienen die Taylor'schen ***Zeitstudien***. Hierbei wird jede Arbeitsbewegung in einzelne Elemente zerlegt, jedes dieser Elemente auf Zweckmäßigkeit geprüft, überflüssige werden ausgeschieden und aus den verbliebenen eine neue, „synthetische" Arbeitsverrichtung definiert. Durch die Ausschaltung aller unnötigen Bewegungen kann mittels Zeitstudien die unbedingt notwendige Zeit für eine Arbeitsverrichtung ermittelt und hieran die leistungsbezogene Entlohnung gekoppelt werden.

Quelle: Ètienne-Jules Marey, Charles Fremont:
Chronophotograph of two men with mallets, 1894.

Zur exakteren Durchführung der Zeitstudien ermittelte der Taylorschüler ***Frank B. Gilbreth*** (1868–1924) schließlich in den Zeitstudien vorangestellten ***Bewegungsstudien***, die auf Bewegungen festhaltenden Fotos (***Chronocyclography***) beruhten, den anatomisch sinnvolleren Bewegungsablauf. Durch seine ***motion studies*** gilt Gilbreth deshalb neben Taylor als Begrün-

der der praktischen Arbeitsstudie sowie der neuzeitlichen Arbeitswissenschaft. Dennoch kam der Taylorismus vor allem wegen der Trennung der Hand- von der Kopfarbeit, wegen der monotonen Tätigkeit und der damit verbundenen Entfremdung der Arbeiter von der Arbeit, aber auch infolge der höheren Verletzungsgefahr schon bald in die Kritik.
Am strengsten realisierte ***Henry Ford*** (1863–1947) den Taylorismus mit der Einführung der ***Fließbandproduktion.*** Im Ford'schen Produktionssystem, das wie der Taylorismus ein einheitliches Betriebsführungssystem darstellt, stand jedoch die Ausgestaltung der Produktionsorganisation und Produktionstechnik im Mittelpunkt. Während im Taylorsystem die menschliche Arbeitsausführung durch genaueste Anweisungen und Kontrollen durch eine Unzahl von Meistern mit unterschiedlichster Funktion vorgegeben ist, übt bei Ford das Fließband diesen allumfassenden Arbeitszwang zur individuellen Leistungssteigerung aus. Finale Ziele beider Produktionssysteme waren die Beschleunigung der Produktion, die Erhöhung der Ausbringungsmenge sowie eine kontinuierliche Kostensenkung. Vor allem aber zielt das Ford'sche Produktionssystem auf Massenproduktionsvorteile (***economies of scale***).

Faktencheck „Die Zeit der relativen Stabilität“

- ✔ Die Jahre 1924 bis 1929 sind eine Zeit vergleichsweise wirtschaftlicher Prosperität sowie einer umfassenden technisch-organisatorischen Erneuerung der Industrie.
- ✔ Die Mechanisierung von Produktionsprozessen, die Intensivierung des industriellen Kapitaleinsatzes und die Konzentration zu größeren Unternehmenseinheiten sind Kennzeichen der Rationalisierung.
- ✔ Veraltete Produktionsstrukturen bei niedriger Produktivität prägen demgegenüber deutsche Landwirtschaft.
- ✔ Es zeigt sich eine Konservierung auch überkommener industrieller Strukturen bei nicht ausreichender Entwicklung neuer, Wachstum versprechender Branchen.
- ✔ Die Stabilisierungskrise 1923/24 und die Konjunkturkrise 1925/26 sind ebenfalls Ausdruck nur relativer Stabilität.
- ✔ Das für Investitionen notwendige Kapital stammt zunehmend von ausländischen Anlegern („Konjunktur auf Pump“).
- ✔ Die Rationalisierungen angesichts hoher Arbeitslosigkeit und weltweiter Überkapazitäten sind bei Zeitgenossen als „Fehlinvestitionen“ umstritten.

8

Einzug der Moderne: Alltag, Kultur und Emanzipation der Frau

Schlüsseldokument: Christine Fredericks betriebswirtschaftliche Studien zur rationellen Haushaltsführung

Die Jahre zwischen Währungsstabilisierung und Beginn der Weltwirtschaftskrise waren für das Deutsche Reich eine Zeit vergleichsweise wirtschaftlicher Prosperität. Erst dieser bescheidene wirtschaftliche Aufschwung ermöglichte der Moderne den Einzug in den Alltag der Menschen, begleitet von, teilweise verwoben mit einer kulturellen Blüte geistig-künstlerischen Schaffens. Die vergleichsweise jungen kulturellen Phänomene mit ihren Zentren in den größeren Städten, besonders in Berlin, und die moderne Massengesellschaft stießen jedoch auch auf Ablehnung, zumal sie die Beziehung der Geschlechter untereinander und damit auch die Familie grundlegend zu verändern schienen. Im Gegensatz zur durch Schule und Religion geprägten traditionellen Alltagskultur aber brachten Architektur und Wohnungsbau, „taylorisierte" Küche, „Neue Frau" sowie neu entwickelte Unterhaltungs- und Vergnügungsformate nicht nur neue Lebensweisen, sondern konnten als Teil der Massenkultur über das Konsumverhalten auch die wirtschaftliche Entwicklung beeinflussen. Dementsprechend, wenn auch im internationalen Vergleich mit etwas Verzögerung, hat sich seit Mitte der 1990er-Jahre in der Bundesrepublik Deutschland die Konsumgeschichtsschreibung etabliert, die sich u. a. des Einzugs der Moderne in seiner massenkulturellen Ausprägung, des „Take-off" der Weimarer Konsumgesellschaft annimmt. Vergleichbares kann auch für „die Frau der Goldenen Zwanziger" gelten, die sich mit Bubikopf, kurzem Rock und Zigarette auf langem Zigarettenhalter im Umfeld von Charleston, Jazz, Kaffeehäusern und einer vergnügungssüchtigen Nachkriegsgesellschaft in das kollektive Gedächtnis gegraben hat. Nicht zuletzt mithilfe einer aufstrebenden Werbeindustrie entstand vor dem Hintergrund massiver gesellschaftlicher Veränderungen das Bild von der selbstbestimmten „Neuen Frau", die gerne auf die neuen Helfer in ihrer elektrifizierten und mechanisierten Küche zurückgriff (vgl. Abbildung 9). Auch diese fand mithilfe der US-amerikanischen Konsumgeschichtsschreibung und deren Konstrukt des *commercialized feminism*, d. h. der mit Fragen des Konsums verknüpften Verbreitung neuer Geschlechterrollen besonders in den USA der 1920er-Jahre, wenngleich nur marginal und ausschließlich im Rahmen konsumhistorischer Studien, Eingang in die deutsche Wirtschaftsgeschichtsschreibung.

Einen wichtigen Stellenwert nahm für die Zeitgenossinnen dabei die nach Frederick W. Taylors Prinzipien wissenschaftlicher Betriebsführung rationeller organisierte Hausarbeit ein. Demnach konnte die Frau, zumal wenn sie einer eigenen Berufstätigkeit nachging, Zeit bei der Hausarbeit sparen, um diese wiederum im Sinn eigener Inter-

Abbildung 9: Werbegrafik der Siemens-Schuckertwerke, 1928

Quelle: Ullstein Bild Berlin.

https://doi.org/10.36198/9783838557328-m24

essen nutzen und so einem selbstbestimmten Dasein näher kommen zu können. Die 1920 erstmals in die deutsche Sprache übersetzten Erkenntnisse Christine Fredericks zur rationellen Haushaltsführung (M24) informierten jedoch nicht nur über die auf praktischen Versuchen beruhende rationelle Haushaltsführung, sondern über Für und Wider des Einsatzes mechanischer und elektrifizierter Haushaltsgeräte überhaupt.

Rationalisierung des Haushalts und Veränderung des Alltags

Erste Ansätze zur Rationalisierung des Haushalts

In Anbetracht der zunehmenden Erwerbstätigkeit der Frauen wurde – vor dem Hintergrund traditioneller Rollenverteilung – auch im Deutschen Reich darüber nachgedacht, inwiefern die berufstätige Frau und Mutter in ihrem eigenen Haushalt bestmöglich entlastet werden könne. Erste Überlegungen zu einer Rationalisierung der Hausarbeit lassen sich bereits auf die Zeit vor dem Ersten Weltkrieg zurückführen, als mit dem Konzept der Einküchenhäuser eine Zentralküche für mehrere Wohneinheiten zur Kollektivierung der Hausarbeit vorgesehen wurde, um die einzelne Hausfrau von Arbeit zu entlasten. Zu jener Zeit hatten in den USA zudem schon Christine Frederick und Lilian Gilbreth ihre Versuche unternommen, den Haushalt in Anlehnung an Erfahrungen in der Industrie rationeller zu gestalten. Die 1913 von Frederick als „New Housekeeping“ publizierten „Efficiency Studies in Home Management“ fanden schließlich auch in ihrer deutschen Übersetzung großen Anklang. Im Zeichen allgemeiner Rationalisierungseuphorie, nach der möglichst alles nach Effektivitätsgesichtspunkten zu gestalten war, sollte also auch die Hausfrau lernen, mit Geld, Material, Kraft und Zeit sparsam umzugehen. Die angespannte Wirtschaftslage nach dem Krieg verlangte von den Hausfrauen ohnehin eine sparsame Haushaltsführung; jetzt aber erblickten die Frauen angesichts einer Diskussion um die Rollenaufteilung in der Familie ebenfalls eine Chance, sich durch die neuen technischen Möglichkeiten von der einschränkenden Hausarbeit zu befreien.

Hausarbeit als Beruf

Zudem gab es zunehmende Bestrebungen, die Tätigkeit einer Hausfrau als ernst zu nehmenden Beruf anzusehen, für dessen planerische Tätigkeiten sogar ein Büro von Vorteil war. Oberste Priorität hatte schließlich eine ausführliche Kosten-Nutzen-Analyse; daneben sollte die Hausfrau einmal im Jahr eine Inventur durchführen sowie eine Vermögensübersicht erstellen. Um dementsprechend den gängigen Vorstellungen nachkommen zu können, entwickelte Erna Meyer 1926 die „Gedächtnishilfe der Hausfrau“, die aus einem Küchentagebuch, einem Hauswirtschaftsbuch und einer Kartothek bestand, um bei Hausfrauen die bestmögliche Organisations- und Leistungsfähigkeit zu entwickeln. Ziel war also auch hier, den Haushalt auf der gleichen Ebene wie einen Betrieb anzuordnen und die Frauen dementsprechend auszubilden. Die zunehmende Entlastung sollte der Frau schließlich die Wahrnehmung kultureller Aufgaben ermöglichen. Trotz aller Diskussionen um Hausarbeit als gesellschaftlich anerkanntem und geachtetem Beruf blieb diese jedoch unbezahlt und damit der entscheidende Aspekt der Erwerbstätigkeit unerfüllt. An die Stelle eines ökonomischen Anreizes trat lediglich ein ideeller, der in einem harmonischen Familienleben gesehen wurde. Allerdings stand hinter den Bestrebungen, Hausarbeit als Beruf anzuerkennen, auch die Einsicht, dass Hausfrauen nur dadurch von den Rationalisierungsbestrebungen zu überzeugen seien.

Arbeitswissenschaftliche Strukturierung der Hausarbeit

Bei der Rationalisierung des Haushalts sollten einzelne Tätigkeiten durch planmäßigere und schöpferische Arbeit überflüssig werden. Das beinhaltete aber mehr als nur die Minimierung der Wegstrecken und der Handgriffe; es ging vielmehr darum, die Arbeit im Haushalt zu strukturieren und nach arbeitswissenschaftlichen Gesichtspunkten zu gliedern. Das Hauptaugenmerk der Rationalisierung lag auf den Fragen, wie das tägliche Waschen, Kochen, Spülen und Reinigen möglichst effektiv gestaltet werden könnte, welche technischen Arbeitsgeräte hierzu verwendet werden sollten und wie eine funktionale Wohnung auszusehen hatte. Besonders engagiert zeigte sich hier die Abteilung Hauswirtschaft des Reichskuratoriums für Wirtschaftlichkeit, die sich darin hervortat, möglichst alle anfallenden Arbeiten zu analysieren und in darauf aufbauenden Unterrichtsmaterialien die Hausarbeit nach bestmöglichen, Kraft und Material sparenden Gesichtspunkten darzustellen. Der Frau selbst kam dann die Aufgabe zu, Tätigkeiten wie das Geschirrspülen in einzelne Arbeitsschritte zu zerlegen

Abbildung 10: Analyse der Arbeitswege und Schrittersparnis in der „Frankfurter Küche" von Margarete Schütte-Lihotzky

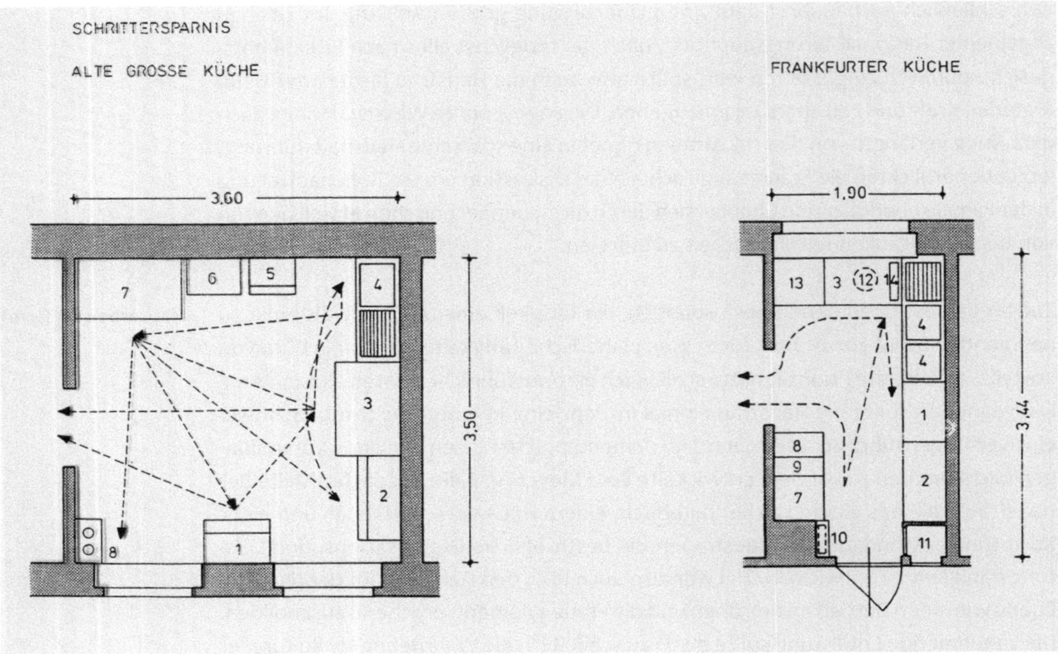

Quelle: Universität für angewandte Kunst Wien, Kunstsammlung und Archiv, Inventar-Nr. 50/43.

und diese anschließend in einer Bewegungsstudie zu analysieren, um überflüssige Bewegungen eliminieren zu können.

Zeit- und Kraftersparnis

Insbesondere die seinerzeit erschienenen Haushaltsratgeber propagierten die rationelle Haushaltführung und gaben konkrete Tipps, wie eine hohe Zeit- und Kraftersparnis tatsächlich zu erzielen war. Mithilfe von Grundrissvergleichen und darin enthaltenen Wegstrecken wurde der Hausfrau bis ins Detail vorgerechnet, welche unnötigen Wege sie in einem nicht vollkommen durchrationalisierten Haushalt während eines Tages zurücklegen musste (vgl. Abbildung 10). Neben der Eliminierung langer Wegstrecken stand die richtige Körperhaltung im Vordergrund. Das bedeutete nicht selten, die Arbeit sitzend statt stehend auszuführen sowie die richtige Arbeitshöhe zu ermitteln. Für gute Arbeitsergebnisse wurden insgesamt gesunde Arbeitsbedingungen wie eine entsprechende Versorgung mit frischer Luft und optimale Lichtverhältnisse als ausschlaggebend erachtet. Auch war es hierfür vonnöten, zwischen den einzelnen Arbeitsschritten entsprechende Pausen mit gymnastischen Übungen einzulegen.

Ergonomie

Arbeitsprogramm

Während der private Wohnraum für den berufstätigen Mann ein Ort war, an dem er sich nach seiner beruflichen Tätigkeit zurückziehen konnte, stellte er für die Frau einen Arbeitsplatz dar, an dem sie im Fall eigener Erwerbstätigkeit nach Feierabend weiter tätig zu sein hatte. Die Frau war zugleich dafür verantwortlich, einen Platz der Gemütlichkeit und Erholung für den Mann zu schaffen. Um das zu erreichen, musste die Frau zeitökonomisch vorgehen, sodass sie bis zur Rückkehr des Mannes alle anfallenden Arbeiten erledigt hatte. Auch deshalb sollte sich die Hausfrau ein Programm erarbeiten, in dem alle notwendigen Aufgaben aufgeführt wurden; im optimalen Fall wurden Zeitpläne erstellt, welche die Verteilung der Hausarbeit für den Tag, die Woche, den Monat und das Jahr vorsahen. Entsprechende Vordrucke waren bei den Hausfrauenverbänden zu erhalten. Um möglichst effektive Ergebnisse erzielen zu können, mussten die einzelnen auszuführenden Tätigkeiten zueinander in Beziehung gesetzt werden, sodass einander ähnliche Arbeiten nacheinander abgearbeitet werden konnten. Diese Pläne sollten schriftlich angefertigt werden, um als Gedächtnisstütze dienen zu können.

Gesellschaftliche Veränderungen Grund für Rationalisierung des Haushalts

Nicht selten halfen die in einem Betrieb erlernten Fähigkeiten wie das Erstellen von Zeitplänen und Listen oder die Einteilung von Raum und Zeit der Hausfrau, die Rationalisierungsmaßnahmen bei sich zu Hause umzusetzen. Vielfach hatten die berufstätigen Frauen durch die Doppelbelastung auch gar keine andere Wahl, als ihren Tagesablauf straff zu organisieren und in Zeitsequenzen und Arbeitseinheiten einzuteilen. Allerdings waren die Rationalisierungstendenzen keineswegs nur Folge zunehmender Frauenerwerbstätigkeit; sie ergaben sich vielmehr auch aus dem Bedürfnis bürgerlicher Frauen, die durch den Wegfall von Dienstboten verschlechterten Arbeitsbedingungen im Haushalt aufzufangen. Erstmals seit der Industrialisierung war es nämlich für Familien des Bürgertums finanziell schwierig geworden, Dienstboten zu unterhalten, zum anderen waren immer weniger Frauen oder Mädchen bereit, ihren Lohn mit solchen Tätigkeiten in fremden Haushalten zu verdienen, da die Anstellung in einer Fabrik oder einem Büro ein höheres Einkommen versprach. Gerade in der Werbung, die gezielt auf die Frau des Bürgertums zugeschnitten war, wurden deshalb die neusten technischen Entwicklungen als stilvolle Alternative für die fehlende Dienerschaft angepriesen.

Rationalisierung und Elektrifizierung

Einer massenhaften Ausbreitung der elektrischen Küche standen vorerst allerdings noch die anhaltend hohen Stromtarife entgegen. Deshalb waren auch 1933 erst 76 % der Berliner Haushalte an das Elektrizitätsnetz angeschlossen. Zudem konnten sich nur Haushalte der Ober- und der gehobenen Mittelschichten die neuartigen Elektrogeräte leisten, Haushalte also, in denen die Frauen ohnehin in den seltensten Fällen erwerbstätig waren. Insofern waren durch Familie und Beruf doppelt belastete Frauen in den wenigsten Fällen in der Lage, auf arbeitserleichternde Geräte wie einen Elektroherd oder sogar eine Waschmaschine zurückzugreifen. Erschwinglich wurden im Verlauf der 1920er-Jahre lediglich das Bügeleisen und der Staubsauger (vgl. Tabelle 18). Trotz oder gerade wegen dieser Tatsache blieben die Elektrifizierung und der damit verbundene zunehmende Gebrauch von Elektrogeräten im Haushalt ein Hauptanliegen der Rationalisierungsbewegung.

Tabelle 18: Ausstattung Berliner Haushalte mit elektrischen Geräten, 1928

Elektrische Geräte	Ausstattung in % der Haushalte
Bügeleisen	56,0
Staubsauger	28,0
Heizkissen	16,0
Haartrockner	8,6
Kochtöpfe, Kaffee- und Teemaschinen	5,8
Radiogeräte	5,2
Brat-, Back- und Röstapparate	1,7
Ventilatoren	1,6
Kochherde und -platten	1,5
Waschmaschinen	0,4
Kühlschränke	0,2

Quelle: Scharrer, Hans: Die Strombedarfsgestaltung der städtischen Kleinabnehmer unter besonderer Berücksichtigung der Elektrowärme. Diss. Kallmünz, 1933, S. 17.

Höhere Hygieneanforderungen

Tradition vs. Professionalisierung

Auch brachte die Rationalisierung der Hausarbeit keine wirkliche Arbeitsverringerung, da neue und höhere Ansprüche im Hinblick auf Hygiene, Sauberkeit, Säuglings- und Kinderpflege sowie Kindererziehung gestellt wurden. So konnte die Rationalisierung selbst sogar als Beitrag für die Volksgesundheit propagiert werden, die noch dazu der „Krise der Familie" entgegenwirkte: Anstatt die neu gewonnene Zeit für mehr freizeitliche Aktivitäten zu verwenden, wuschen, saugten oder nähten die Frauen im Reich nun zunehmend. Zudem würde die Zeit, so eine weitere Überlegung, die die Hausfrau während des Tages einsparte, der liebevollen Betreuung ihrer Kinder und ihres Ehemannes zugutekommen. Aus diesen Gründen trug die zunehmende Rationalisierung des Haushalts zunächst auch nicht dazu bei, die Emanzipation der Frau weiter voranzutreiben. Im Gegenteil sorgte sie eher dafür, dass Frauen noch enger an die Familien gebunden wurden. Dazu kam, dass deutsche Frauen das in der Werbung gezeichnete Bild der amerikanischen Hausfrau nicht zu kopieren bereit waren. Während der amerikanische Haushalt ein Paradies zu sein schien, in dem die in den Zeitschriften abgebildete Hausfrau infolge optimaler Zeiteinteilung genügend Zeit für sich selbst hatte, herrschte im Reich noch immer das Bild der Frau vor, die von morgens bis abends in der Küche stand und sich bis zur Selbstaufgabe für die Familie opferte. Mütterlichkeit als charakteristisches Merkmal hatte also auch für die professionalisierte Hausfrau weiterhin Bestand.

Das „Neue Bauen"

Wohnungsbau nach funktionellen Gesichtspunkten

Zeitgleich mit der Rationalisierungsbewegung engagierte sich der Weimarer Staat im Wohnungsbau mit dem Ziel, massenhaft billigen Wohnraum möglichst nach funktionellen Gesichtspunkten zu schaffen. Zugleich wurde eine möglichst menschenfreundliche Bauweise anvisiert, die den engen Schachtelbau mit finsteren Hinterhö-

Abbildung 11: Wohnhaus Hamburg-Blankenese des Architekten Karl Schneider, 1926/27

Quelle: Albertina, Wien – Dauerleihgabe der Österreichischen Ludwig-Stiftung für Kunst und Wissenschaft. Inventar-Nummer: LS2000/637/12.

fen der Gründerzeit überwinden und damit auch für untere Schichten Bedingungen schaffen sollte, die den allgemeinen Hygienevorstellungen entsprachen: Wohnraum mit eigenem Bad und WC, ausreichendem Lichteinfall und angemessener Belüftung. Hierunter fiel auch eine sich an kubischen und geometrischen Formen orientierende Inneneinrichtung, die jeden Schnörkel verschwinden ließ.

Bauhaus und Neues Bauen

Daneben versuchten die Architekten des Bauhauses, der 1925 nach Dessau verlegten Hochschule für Gestaltung, durch einen entsprechenden Baustil wie das Flachdach und mit Materialien wie Stahl, Glas und Beton Transparenz, Ökonomie und Funktionalität umzusetzen (vgl. Abbildung 11). Parallel zur Schule des Bauhauses wurden in verschiedensten Städten nicht nur Ein- sowie an den Prinzipien eines sozialen Wohnungsbaus ausgerichtete Mehrfamilienhäuser und Firmengebäude nach der Philosophie des Bauhauses errichtet. Vielmehr kam es in unterschiedlichen Stadtteilen Berlins, mit der Weißenhofsiedlung in Stuttgart oder dem Stadtplanungsprogramm „Neues Frankfurt" auch zur Errichtung umfangreicherer Wohngebiete bzw. ganzer Siedlungen. Unter dem zum Stadtbaurat ernannten Architekten Ernst May entstanden in Frankfurt am Main zwischen 1925 und 1933 beispielsweise rund 12.000 Wohnungen, die für den Wohnungsbau selbst und dessen Standardisierung (M25) Maßstäbe setzten. Anliegen der Architekturströmung des „Neuen Bauens" war nämlich insgesamt das moderne, sachliche und funktionale Bauen, in dessen Zentrum die „Neue Wohnung" stand. Dieses Konzept zielte auf einen Wohnungsbau für gering verdienende Arbeiter, dessen funktionale Elemente mit Standardisierung und Typisierung verbunden wurden, wodurch die anfallenden Baukosten auf ein Minimum reduziert werden sollten (M26).

https://doi.org/10.36198/9783838557328-m25

https://doi.org/10.36198/9783838557328-m26

Trotz staatlicher Zuschüsse aber konnten sich Arbeiterfamilien i. d. R. den gerade für diese Zielgruppe geschaffenen neuen Wohnraum nicht leisten.

Bauhaus-Küche

Das Neue Bauen nahm seinen Ausgangspunkt mit der 1923 entwickelten Bauhaus-Küche, mit der ein Wechsel von der Wohn- zur Arbeitsküche vollzogen wurde. Die mit zweckmäßigen Grundrissen konzipierten Küchen sollten sowohl hygienischen Ansprüchen genügen als auch auf Arbeitserleichterung zielen, was zur Verwendung von glatten Flächen und Materialien wie Glas, Aluminium oder emailliertem Metall führte. Die Küche wurde entsprechend den gängigen Rationalisierungsprinzipien entworfen und insofern zu einem Erprobungsraum für die nach tayloristischen Gesichtspunkten gestalteten Zeit- und Bewegungsstudien: Die Ausrichtung der Küche orientierte sich nicht am Grundriss, sondern an der Möbelanordnung. So war der Küchentisch nicht mehr Mittelpunkt der Küche, sondern an das Fenster gerückt und wurde so zum Arbeitstisch für die Hausfrau. Die lineare Anordnung der Inneneinrichtung weckt zwangsläufig Assoziationen mit dem linearen industriellen Produktionsprozess. Der traditionelle Einküchenschrank wurde nun in mehrere kleinere Ober- und Unterschränke zerteilt mit mittig integrierter Arbeitsplatte, worunter ein praktischer Hocker zu finden war.

Merkmale des Neuen Bauens

Um die Hausarbeit zu erleichtern und herrschenden Hygienevorstellungen zu entsprechen, wurde jetzt in Neubauten insgesamt auf jeglichen Plüsch und Pomp verzichtet. Die meisten der Wohnungen hatten eine relativ kleine Grundfläche, ihre zweckrational ausgestattete Küche, die sich am Vorbild einer Schiffsküche orientierte, war in das Zentrum der Wohnung verlegt, und die Wohnungen verfügten über eine Zentralheizung sowie fließendes Wasser. Grundelemente der Innenausstattung waren nützliche und platzsparende Einrichtungsgegenstände wie Metallmöbel, Einbauschränke oder auch Sofas mit Bettkasten. Bei den meisten der so errichteten Wohnungen handelte es sich um für eine Kleinfamilie geeignete Zwei- oder Dreizimmerwohnungen.

Wohnungsaufteilung

Die Aufteilung der Wohnungen entsprach bürgerlich-patriarchalischen Funktionen und Bedürfnissen. Der ehemalige Repräsentationsraum wurde zum Wohnzimmer umgewandelt, die Küche durch eine Schiebetür von diesem abgetrennt und zugleich auf engstem Raum, als reiner Hausarbeitsplatz, untergebracht, das Schlafzimmer der Eltern in möglichst weiter Entfernung von dem der Kinder konzipiert. Der Essplatz befand sich direkt neben der Küche und das Bad in unmittelbarer Nähe zum Schlafzimmer. Die alten großen Wohnküchen entsprachen auch in ihrer Ausstattung und der Anordnung der Küchenmöbel nicht mehr den neuesten Erkenntnissen: Hier hatte der Herd noch in einer Ecke, welche dem Ausguss entgegengesetzt gewesen war, und der Tisch in der Mitte des Raumes gestanden. Indem sich der Familienalltag hauptsächlich in der Wohnküche abgespielt hatte, war auch keinerlei funktionale Trennung von Arbeit und Familienleben vorhanden gewesen. Als problematisch wurde jetzt vor allem erachtet, dass die Anwesenheit vieler Familienangehöriger zu einer Überfüllung der Küche führte und die Luft oft stickig und damit unhygienisch war. Nach sich nun

Abbildung 12: Grundriss und Schnittzeichnungen der Frankfurter Küche

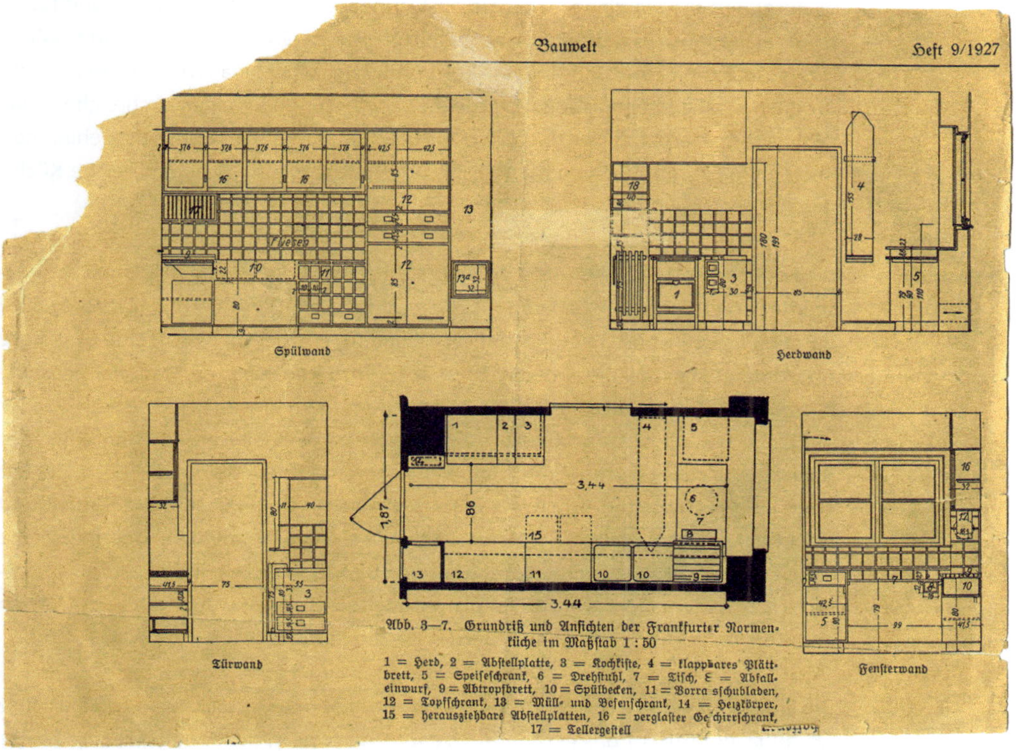

Quelle: Universität für angewandte Kunst Wien, Kunstsammlung und Archiv, Inventar-Nr. 50/2/Txt.

durchsetzender Meinung war zudem ein harmonisches Familienleben gerade nur bei einer strikten Trennung von Wohn- und Arbeitsraum möglich.

Frankfurter Küche

Die von der Küche des Bauhauses zu unterscheidende Frankfurter Küche entstand 1926 mit dem Siedlungswerk von Ernst May nach Entwürfen der Architektin Margarete Schütte-Lihotzky (vgl. Abbildung 12). Auf sechseinhalb Quadratmetern enthielt sie als Herzstück der Wohnung, von dem aus die restlichen Zimmer gestaltet wurden, alle nötigen Möbel und Einbauten. Vor allem aber stellte die Frankfurter Küche die erste im Voraus fabrizierte Küche für den Massenwohnungsbau dar. Dadurch gelang es, die Bauteile durch Massenproduktion im Verlauf der 1920er-Jahre zunehmend günstiger herzustellen. Die Küche konnte in drei verschiedenen Varianten erworben werden, die den unterschiedlichen Bedürfnissen der Haushalte, mit oder ohne Hausangestellte, entsprach. Ihr Grundtyp, der für einen Haushalt mit einem Jahreseinkommen von rund 5000 RM konzipiert war, stellte einen Kochraum für Kleinwohnungen dar, der sich direkt neben dem Wohnzimmer befand. Die Küche wurde durch eine Schiebetür vom Wohnraum abgetrennt, sodass neben der Küchenarbeit gleichzeitig die Kinder beaufsichtigt werden konnten. Sie war ausgestattet mit Gasherd, Wasserfang, entlüftetem Speiseschrank, mit Topf-, Vorrats- und Geschirrschrank, einem Arbeitstisch mit integrierter Abfallrinne, einem herausklappbaren Bügelbrett, Gewürz- und Tellertropfgestell sowie herausnehmbaren Schütten. Der zweite Typ der Frankfurter Küche für Haushalte mit einer Hausangestellten verfügte darüber hinaus über einen Sitzplatz für die Hausangestellte, zudem wurde die Schiebetür durch eine Durchreiche in das Wohnzimmer ersetzt. Der dritte Typ für Haushalte mit zwei Haushaltsgehilfinnen und einem Einkommen von mehr als 10.000 RM war in die Arbeitsbereiche Küche und Anrichte geteilt.

Organisationsprinzipien

Grundfläche und Platz konnten durch fest installierte, nach den einzelnen Arbeitsschritten angeordnete Küchenmöbel gespart werden. Die U-Form der Küche sollte das unnötige Hin- und Herlaufen auf ein Minimum reduzieren. Gleichzeitig trug diese Anordnung dazu bei, die Arbeitsgriffe schneller zu koordinieren. Rationalisierungsprinzipien aus den Büros bestimmten in großem Maß, in welcher Weise die Fächer und Schütten, die auch problemlos ohne Löffel verwendet werden konnten, in der Küche angeordnet wurden. Aufgrund der Lichtverhältnisse wurde der Tisch, der mit einer Emailleschale für Abfälle ausgestattet war, vor dem Fenster angebracht und unterhalb des Arbeitstisches befand sich ein Drehstuhl, auf dem bei Bedarf jegliche Arbeit auch im Sitzen erledigt werden konnte. Das Abtropfgestell für Geschirr erleichterte das Spülen; die Kochkiste, in der zubereitete Speisen warm gehalten werden konnten, befand sich neben dem Herd (vgl. Abbildung 13).

Kritik

Die Frankfurter Küche zeichnete sich durch ihren hohen Organisationsgrad aus. Ihre Grundfläche war auf das gerade Notwendige reduziert, der Arbeitsprozess bis ins kleinste Detail durchrationalisiert. Die so konzipierte Küche konnte jetzt jedoch nicht mehr als Aufenthaltsort für die Familie dienen, vielmehr wurde die Hausfrau in ihrer kleinen Arbeitsküche regelrecht isoliert, was die geschlechtsspezifische Arbeitsteilung in den Familien verstärkte. Die zeitgenössische Kritik aber richtete sich vor allem gegen die Überorganisation der Küche. Weil in der Folge durch Veränderungen versucht wurde, die Kritik der Nutzerinnen zu berücksichtigen, kam der Typ der Frankfurter Küche dann nicht mehr über den Status einer anonymen Einbauküche hinaus. Während des Zweiten Weltkriegs geriet sie schließlich in Vergessenheit und wurde erst nach 1945 in abgewandelter Form als Schwedenküche neu entdeckt.

Stuttgarter Küche

Zuvor, 1927, ist im Rahmen der Stuttgarter Werkbundausstellung eine von der Stuttgarter Hausfrauenkommission unter Leitung von Erna Meyer entwickelte Kleinküche vorgestellt worden. Im Gegensatz zur Frankfurter konnte die Stuttgarter Küche flexibler gestaltet werden, da sie anstelle von Einbaumöbeln über Typenmöbel verfügte. Diese konnten nach Belieben in Mietwohnungen mit unterschiedlichem Grundriss kombiniert und in der Reihenfolge der täglichen Arbeiten aufgestellt werden, was besonders den Hausfrauen zugutekam, die nicht in einem Neubau wohnten.

Anspruch und Realität der Haushaltsrationalisierung

Was die Rationalisierung des Haushalts betrifft, gab es in den 1920er-Jahren also tatsächlich positive Entwicklungen im Wohnungsbau, bei der Energieversorgung sowie

Abbildung 13: Frankfurter Küche von Margarete Schütte-Lihotzky

Quelle: Universität für angewandte Kunst Wien, Kunstsammlung und Archiv, Inventar-Nr. 50/8/FW
Foto: Hermann Collischonn.

beim Einsatz elektrischer Geräte. Alles das kam allerdings nur einer Minderheit von Frauen zugute. Die Haushaltsratgeber verschwiegen diese Realität keineswegs, sie versuchten vielmehr den Hausfrauen Tipps zu geben, wie die Rationalisierung auch in den Durchschnittshaushalt Einzug halten könnte. Ein wichtiger Schritt war beispielsweise, die Wohnung zunächst von unnötigen Staubfängern zu befreien (vgl. Abbildung 14). Trotz aller Bemühungen konnten sich Rationalisierung und Professionalisie-

Abbildung 14: Umgestaltung eines bürgerlichen und eines Arbeiterwohnzimmers in Anlehnung an Bruno Taut

Quelle: Orland, Barbara: Effizienz im Heim. Die Rationalisierungsdebatte zur Reform der Hausarbeit in der Weimarer Republik. In: Kultur und Technik. Zeitschrift des Deutschen Museums, 7. Jg. 1983, S. 221–234, hier S. 223.

rung der Hausarbeit aber auf Dauer nicht durchsetzen, was nicht nur daran lag, dass die Hausfrau zum einen hochqualifizierte Organisatorin war, zum anderen aber eine ungelernte Arbeitskraft blieb. Vielmehr stellten auch durch Tradition in den Köpfen der Nutzer geprägte Grenzen, auf die die Architekten des Neuen Bauens stießen, deren sozioökonomisches Konzept des kosteneffizienten Bauens zumindest in Teilen infrage. Während „Fress-", Kleidungs-, Wohnungs- und Reisewelle nach dem Zweiten Weltkrieg zur Entfaltung und Stabilisierung der als Wirtschaftswunder bezeichneten wirtschaftlichen Entwicklung beitrugen, stieß dieser Prozess in der Weimarer Zeit neben der geringeren Kaufkraft zudem auch noch auf technische Grenzen. Elektrische Haushaltsgeräte konnten jedenfalls solange nicht in Massen produziert und verkauft werden, solange Haushalte nicht flächendeckend an das Elektrizitätsnetz angeschlossen waren, die Stromerzeugung nicht gesteigert und der Strom selbst nicht effizient über größere Entfernungen transportiert werden konnte.

Die „Neue Frau“

Gesellschaftliche Veränderungen

Nachdem Frauen bereits während des Ersten Weltkriegs infolge der Abwesenheit ihrer zum Kriegsdienst verpflichteten Männer allein für ihre Familien verantwortlich gewesen waren, wurde ihnen mit der Weimarer Verfassung erstmals staatsbürgerliche Gleichstellung garantiert. Allerdings beinhaltete diese nicht die privatrechtliche Gleichstellung nach dem Bürgerlichen Gesetzbuch. Das hatte zur Folge, dass der Ehemann weiterhin das Entscheidungsrecht über alle ehelichen Angelegenheiten besaß; dasselbe galt im Hinblick auf die gemeinsamen Kinder und die Berufstätigkeit der Ehefrau. Trotz dieser real noch bis 1957/1976 bestehenden Einschränkungen entstand in den 1920er-Jahren ein gleichgestelltes Frauenbild. Zu diesem Bild gehörten auch eine gewisse ökonomische Unabhängigkeit sowie ein äußerst selbstbewusstes Auftreten. Mit Ausrufung der Republik änderte sich somit nicht nur das politische System, vielmehr begannen nun auch die traditionellen Rollenmuster einer Veränderung unterworfen zu werden.

Abbildung 15: Die Neue Frau (um 1925)

Quelle: Soden, Kristine von/Schmidt, Maruta (Hrsg.): Neue Frauen. Die zwanziger Jahre. Berlin, 1988, Titelbild.

Ursprünge der „Neuen Frau“

Damit bekam auch die „Neue Frau“ Bedeutung. Entstanden im Zuge revolutionärer Bewegungen, die sich die Schaffung eines „Neuen Menschen“ und damit auch die gleichgestellte Frau zur Aufgabe gemacht hatten, stellte dieses Konzept weiblicher Selbstbestimmung ursprünglich eine reine Vision dar. Zu Beginn der Weimarer Republik schienen dann jedoch alle Forderungen der Frauenbewegung des 19. Jahrhunderts in die Realität umgesetzt worden zu sein: das Frauenwahlrecht, die staatsbürgerliche Gleichstellung oder auch das Recht auf Bildung. Auch wenn jetzt bereits eine ganze Generation von Frauen den Status der Neuen Frau für sich reklamierte, wurde diese dabei nicht selten auf wenige äußerliche Attribute wie den Bubikopf, die Zigarette und das Hängerkleid reduziert. Indem die Forderungen als umgesetzt galten, setzten sich Vertreterinnen dieser Strömung damit ebenso bewusst von den anhaltenden Forderungen der Frauenrechtlerinnen nach weitergehender Emanzipation ab, wie sie sich von der Generation ihrer Mütter konsequent abzugrenzen versuchten.

Emanzipatorische Konzepte der 1920er-Jahre

Zwei unterschiedliche Entwürfe können hinsichtlich des emanzipatorischen Konzepts der Neuen Frau in den 1920er-Jahren unterschieden werden. Das eine ging von der selbstständigen, unverheirateten Frau aus, die die Ehe von Grund auf ablehnte, weshalb für sie die Berufstätigkeit zur Ausbildung einer selbstbewussten und eigenständigen Persönlichkeit an erster Stelle stand; das andere bezog sich auf die verheiratete Frau, die nun aber auch nach ihrer Eheschließung weiterhin ihre Berufstätigkeit ausübte und in einer Kameradschaftsehe lebte.

Realität der Neuen Frau

Werden Realität und Alltagsleben der 1920er-Jahre einer genaueren Betrachtung unterzogen, so lehnte die Neue Frau charakteristischerweise zwar die typische Mutterrolle, zugleich aber auch den Typus der unverheirateten Frauenrechtlerin ab. Die selbstbewusste, auf ihre äußeren Attribute reduzierte Neue Frau dagegen war zumindest in der großstädtischen Gesellschaft quer durch alle Bevölkerungsschichten, in Büros, Fabriken, Küchen, Cafés und im Film präsent. Mit ihren charakteristischen Merkmalen wie dem Bubikopf, den rot geschminkten Lippen, der Zigarette und dem kurzen Rock war sie dort ein Massenphänomen und damit zugleich auch ein Medienhype. Sie trieb Sport und nahm an Wettkämpfen teil, bevorzugt in den Sportarten Gymnastik, Fahrradfahren, Tennis, Schwimmen und Leichtathletik. Aber auch in bisher reine Männersportarten wagten sich Frauen vor: So gab es nun Pilotinnen, Fallschirmspringerinnen und Fechterinnen. Allerdings war dieses typische Bild der Neuen Frau häufig in der Stadt unter Angestellten, Akademikerinnen und Künstlerinnen anzutreffen, weitaus seltener unter Arbeiterinnen und auf dem Land.

Girl und Garçonne

Die – äußerliche – Verkörperung der Neuen Frau manifestierte sich auf zweierlei Art: einmal im Typ des Girls, zum anderen in der Garçonne. Während die Garçonne als die Frau wahrgenommen wurde, die sich auch im Krieg ohne Männer zurechtgefunden hatte und dieses Leben auch nach dessen Ende aufrechterhalten wollte, war das Girl eine aus den USA kommende, rein modische Erscheinung. Das Girl war jugendlich, sportlich, berufstätig, selbstbewusst, seine Kleidung ließ etwas Bein erkennen und ging mit modischem Bubikopf einher. Demgegenüber war die Garçonne ein rein europäisches, durch Kriegserfahrung geprägtes Phänomen. Bedingt durch die Selbstständigkeit während des Kriegs ging sie einer zur Selbstverständlichkeit entwickelten Berufstätigkeit nach. Die Garçonne war jedoch im öffentlichen Leben seltener anzutreffen als das Girl. Ihre typischen Merkmale waren die kurzen, zu einer Männerfrisur geschnittenen Haare, der männliche Schnitt ihrer Röcke oder sogar Hosen und als Accessoire häufig das Monokel, sodass ein androgynes Erscheinungsbild entstand. Diese Frauen galten als gebildet, intellektuell und finanziell unabhängig, was dem emanzipatorischen Konzept der Neuen Frau weit mehr entsprach als das Girl. Zugleich erschien dieser ganz bewusst auf weibliche Attitüden verzichtende Typus der Neuen Frau oftmals als verrucht, burschikos und lasziv.

Bedeutung der Frau als Konsumentin

Gleichgültig nun, ob es sich bei der einzelnen Neuen Frau um ein Image oder um einen intellektuell reflektierten Lebensstil handelte, bestand erstmals für Frauen aller Schichten die Möglichkeit, ihre Schichtzugehörigkeit rein äußerlich abzulegen und das herkömmliche Rollenmuster tiefergehend zu erschüttern. Entsprechend standen den Männern, die von der Neuen Frau fasziniert waren, jene gegenüber, die diese infolge von Erziehung und Tradition skeptisch bis entsetzt ablehnten. In der Regel aber bot erst ein gewisses Vermögen die Chance, das Leben einer Neuen Frau in vollen Zügen in Form von Kleidung, aber auch von Autos oder Reisen auszukosten. Insofern verwundert es nicht, dass die Frau zu genau dieser Zeit als Konsumentin insbesondere von Werbestrategen entdeckt worden ist. Sie erkannten die zentrale Rolle der Frau als Konsumentin von Kleidung, Kosmetik, Kino und kulturellen Veranstaltungen. Eine hervorgehobene Rolle spielte dabei die junge weibliche Angestellte. An ihr lässt sich sogar verdeutlichen, dass sich die entstehende Massenkultur zunächst auf eine Angestelltenkultur beschränkte: Die weiblichen Angestellten grenzten sich nämlich, indem sie sich in erster Linie über ihren Konsum definierten, von den Arbeiterinnen ab, die sich ausschließlich über ihre Arbeit in der industriellen Produktion definierten.

Versuch der Verdrängung weiblicher Erwerbstätiger

Je nach Arbeitsmarktbedarf ist weibliche Erwerbstätigkeit politisch gefördert oder bekämpft worden. Für die Weimarer Zeit sind hier vor allem die verschiedenen, mit der Demobilmachung in Verbindung stehenden Maßnahmen sowie die Doppelverdienerkampagnen von 1924 und 1929 zu erwähnen. Insofern wurde das in der Verfassung enthaltene Recht auf Arbeit in wirtschaftlich schlechten Zeiten immer wieder zu Ungunsten der Frauen infrage gestellt. Durch die Demobilmachungsverordnungen sank die weibliche Erwerbstätigkeit zwar vorübergehend tatsächlich auf ihr Vorkriegsniveau, trotz anhaltender Bemühungen gelang es allerdings nicht, diese auch im weiteren Verlauf auf dieses Niveau zurückzudrängen. Das hing einerseits damit zusammen, dass Frauen für gleiche Tätigkeiten weitaus schlechter bezahlt wurden und für Arbeitgeber insofern billige Arbeitskräfte darstellten. Andererseits trug die sich durchsetzende geschlechtsspezifische Arbeitsteilung in der Industrie dazu bei, dass Männer es ablehnten, „Frauenarbeit“ wie der einer Stenotypistin nachzugehen. Ein weiterer Versuch, Frauen aus der Berufstätigkeit hinauszudrängen, wurde in der Folge mit der parteiübergreifenden Kampagne um Doppelverdiener gestartet. Sie zielte auf diejenigen Frauen, die sowohl berufstätig als auch verheiratet waren. Hiervon waren im Rahmen der Entlassungswelle im öffentlichen Dienst 1923 zunächst sogar verheiratete, eigentlich unkündbare Beamtinnen betroffen, die als von ihren Ehemännern versorgt galten. Erneut sollten auch zu Beginn der Weltwirtschaftskrise weibliche Beschäftigte ihre Arbeitsplätze für arbeitslose Familienväter frei machen.

Veränderungen am Arbeitsmarkt

Dennoch nahm im Verlauf der Weimarer Republik die Zahl der weiblichen Erwerbstätigen stetig zu, wobei sich besonders der Anteil der weiblichen Angestellten erhöhte. Ein Grund dafür ist in der zunehmenden Technisierung und Rationalisierung zu sehen: Im Zuge der Rationalisierung sind die Arbeitsabläufe zunehmend funktionalisiert worden, was eine Isolierung von Verwaltungs- und Schreibarbeiten zur Folge hatte. Durch den gleichzeitig steigenden Einsatz moderner Büromaschinen, Registrierkassen und Diktiergeräten gestaltete sich die Arbeit im Schreibbüro zudem monotoner und sie wurde schlechter bezahlt. Männer mieden dieses Tätigkeitsfeld deshalb zunehmend, sodass sich hier für viele Frauen die Möglichkeit einer Erwerbstätigkeit bot. Massenhaft arbeiteten junge Frauen als Stenotypistinnen in den Kontoren oder als Verkäuferinnen in den neuen Warenhäusern, die den Massenkonsum befriedigten und zugleich als „Erlebnisräume" der neuen Freizeitkultur dienten. Bereits Mitte der 1920er-Jahre gab es fast 1,5 Millionen weibliche Angestellte, die typischerweise in der Großstadt lebten, weil sich ihnen hier die meisten Erwerbsmöglichkeiten boten.

Bevorzugung des Angestelltenverhältnisses

Von jungen Frauen wurde das Angestelltenverhältnis bevorzugt, weil es sich dabei um saubere Arbeit handelte und der Angestellten im Gegensatz zur Fabrikarbeiterin ein höheres Sozialprestige entgegengebracht wurde, mit dem – wenn auch unrealistische – Aufstiegshoffnungen verbunden waren. Insbesondere die sozialen Attitüden ließen viele Arbeitertöchter diesen Beruf wählen, selbst wenn sie als Fabrikarbeiterinnen höhere Einkommen hätten erzielen können. Die Hoffnung, als Verkäuferin Kontakt zu höheren Kreisen zu erhalten, speiste sich vermutlich auch aus zeitgenössischen Kinofilmen, die das Bild einer gleichbleibend hübschen, jungen, erotischen Angestellten transportierten, der es stets gelang, das Herz ihres Vorgesetzten zu erobern, um ihn anschließend zu ehelichen. Die Realität sah indessen ernüchternder aus. Technisierung und Rationalisierung gestalteten die Arbeit in den Büros zunehmend akkordähnlicher und die monotoner werdenden Arbeitsvorgänge hatten gesundheitliche Schädigungen zur Folge, worauf allerdings erst im Verlauf der 1920er-Jahre aufmerksam gemacht wurde. Insbesondere die Arbeit an den schwer zu bedienenden Schreibmaschinen bedeutete eine hochgradige Belastung für Finger und Sehnen und die hohe Geräuschkulisse in den Schreibbüros erhöhte nicht zuletzt auch die psychischen Anfälligkeiten. Für Verkäuferinnen bedeutete der lange Arbeitstag stundenlanges Stehen und erst nach jahrelangen Auseinandersetzungen durfte sich das Personal im Verlauf des Arbeitstags auch setzen.

Lebenswelt weiblicher Angestellter

Schon rein äußerlich unterschieden sich die Angestellten von den Fabrikarbeiterinnen durch ihr modisches Aussehen, das in ihrem Beruf auch erwartet wurde. In der Realität aber verdienten weibliche Angestellte oft so wenig, dass sie mit ihrem Gehalt nicht einmal ihren Lebensunterhalt bestreiten konnten. Sie mussten im Vergleich zu ihren Kollegen trotz gleichwertiger Arbeit mit durchschnittlich 10 % weniger Gehalt rechnen. Begründet wurde dieser Abschlag damit, dass die Frau weniger esse als der Mann, nicht rauche und aufgrund ihres Geschicks selbst für die Instandhaltung ihrer Kleidung sorgen könne. Der höhere Lohn für Männer wurde zudem mit einer zu ernährenden Familie oder mit der Absicht einer Familiengründung gerechtfertigt, teilweise aber auch mit längerer Berufszugehörigkeit, höherem Alter oder höherer Kompetenz. Tatsächlich absolvierten männliche Angestellte in der Regel eine mehrjährige kaufmännische Lehre, während der sie die verschiedenen Abteilungen in einem Betrieb kennenlernten. Weibliche Angestellte hingegen hatten im besten Fall eine einjährige Handelsschule besucht, und Aufstiegsmöglichkeiten gab es selbst für höher qualifizierte Frauen eher selten.

Eheschließung als Gegenentwurf

Insofern blieben die finanzielle Unabhängigkeit, umfangreicher Konsum und ein ausuferndes kulturelles Vergnügen für die meisten weiblichen Angestellten unerreichbar. Das schmale Gehalt hatte zunächst zur Konsequenz, dass fast alle ledigen weiblichen Angestellten bei ihren Eltern wohnen blieben. Dort teilten sie sich häufig ein Zimmer mit einer weiteren Person, mussten in vielen Fällen auch noch ihre Familie finanziell unterstützen und einen Großteil der Hausarbeit übernehmen. Gerade diese Doppelbelastung, die beengten Wohnverhältnisse, der geringe Verdienst und das oftmals autoritäre Elternhaus ließen die Zeit der Berufstätigkeit in einem negativen Licht erscheinen. Deshalb versprachen sich viele Mädchen und junge Frauen von der Ehe bessere Zeiten und sahen in ihrem zukünftigen Mann den Befreier aus dieser Lage. Von tatsächlicher Emanzipation der Frau durch eine Berufstätigkeit konnte allein aus diesen Gründen nicht gesprochen werden. Einen Großteil ihres Verdiensts gaben weibliche Angestellte sodann für ihr äußeres, auch von Arbeitgebern erwartetes Erscheinungsbild, also für Kleidung und Kosmetika aus, was ihre finanziellen Möglichkeiten weiter einschränkte. Schnell ließen sich weibliche Angestellte so auf ihr gutes, jugendliches Aussehen reduzieren. Dem entsprach der Umstand, dass ihre Berufstätigkeit oftmals nur eine kurze Episode von acht bis zehn Jahren darstellte, bis sie im Alter von etwa 25 Jahren eine Ehe eingingen. Gab die Angestellte nach ihrer Heirat ihre Berufstätigkeit nicht freiwillig auf, wurde ihr in vielen Fällen gekündigt. Von den Arbeitgebern wurden nämlich ledige junge Frauen bevorzugt, da diese in niedrigere Tarifgruppen eingestuft werden konnten, als konfliktscheu galten und mit Blick auf die akkordähnliche Arbeit in den Büros nervlich und physisch noch nicht vorbelastet waren.

Lebenswelt von Arbeiterinnen

Vor allem die mit einem Fabrikarbeiter verheirateten Arbeiterinnen mussten sich darauf einstellen, nach der Eheschließung berufstätig zu bleiben, um die Familie finanziell unterstützen zu können. Hinzu kam, vergleichbar den weiblichen Angestellten, die

Doppelbelastung durch Hausarbeit. Dementsprechend spielte auch bei den Fabrikarbeiterinnen die Freizeit eine sehr große Rolle; vor allem Kino und Tanzlokale halfen dabei, der Monotonie der Arbeit zu entfliehen. Mit den weiblichen Angestellten teilten die Arbeiterinnen das Schicksal mangelnder Qualifikation und, im Vergleich zu ihren männlichen Kollegen, schlechterer Bezahlung. Mit den gleichen Argumenten wie die weiblichen Angestellten, ergänzt um den Verweis auf ihre fehlende Muskelkraft, erhielten Arbeiterinnen für die gleiche Arbeit i. d. R. zwischen 20 % und 40 % weniger Lohn als Männer. Ausschlaggebend für die Tätigkeit in einer Fabrik waren aber die im Vergleich zur Landwirtschaft gesetzlich begrenzten Arbeitszeiten, der höhere Lohn und die körperlich leichtere Arbeit infolge der Mechanisierung der Arbeitsprozesse. Da die Fabrikarbeit zunächst nur als vorübergehende Tätigkeit bis zur Eheschließung angesehen, nicht aber als eine Lebensaufgabe begriffen wurde, finden sich bei den Arbeiterinnen die gleichen Schemata wie bei den weiblichen Angestellten wieder. Während für die bürgerliche Frauenbewegung die Berufstätigkeit der Frau der einzig wahre Weg zur Befreiung aus traditionellen Rollen- und Familienbildern darstellte, empfanden die wenigsten Arbeiterinnen ihre oft schwere und körperlich ungesunde Arbeit als Befreiung.

Frauen des Bürgertums

Durch die Entwertung der Geldvermögen konnten schließlich junge Frauen des Bürgertums nicht mehr davon ausgehen, durch eine standesgemäße Eheschließung versorgt zu werden. Das führte dazu, dass die ohnehin steigende Zahl der an deutschen Universitäten immatrikulierten Studentinnen bis auf 20.000 im Wintersemester 1931/32 anstieg. Der Anteil der Frauen unter den Studierenden wuchs damit von 5,4 % im Sommersemester 1914 auf 15,7 % im Sommersemester 1932. Allgemein entstammten Studentinnen höheren Schichten. Konnten es sich mittlere Schichten aus finanziellen Gründen nämlich leisten, ermöglichten sie in erster Linie ihren Söhnen eine universitäre Bildung, da dies als Aufstiegschance in eine höhere Schicht begriffen wurde. Für die Töchter galt auch hier, dass diese nach kurzer Berufstätigkeit ohnehin heiraten würden. Die wenigsten Studenten und Studentinnen entstammten unter den seinerzeitigen Umständen daher der Arbeiterschicht, der Schicht der einfachen Beamten sowie der Kleinlandwirte.

Lebenswelt von Studentinnen

Schließlich gestalteten sich die Lebensbedingungen der Studentinnen während der Weimarer Republik genauso wie die ihrer Kommilitonen zum Teil katastrophal. Allein im Jahr 1923 waren mehr als 50 % aller Studentinnen auf eine Werkarbeit angewiesen, die ihre finanzielle Situation jedoch nicht wesentlich verbesserte. Beim Werkstudententum gingen Studierende unterschiedlichen, dem Gelderwerb dienenden Tätigkeiten nach: Studentinnen gaben vor allem Nachhilfeunterricht, daneben wurden sie aber auch als Kindermädchen und als Stenotypistinnen eingesetzt. Bedingt durch die materielle Not traten oftmals gesundheitliche Probleme in Form von Unterernährung und Tuberkulose auf. Blieben die Töchter während ihres Studiums bei ihren Eltern wohnen, mussten auch sie nicht selten Kostgeld abgeben und wurden im Haushalt mit in die Pflicht genommen, es sei denn, die vom Studium der Tochter begeisterte Mutter stellte ihre Tochter davon frei. Suchte die Studentin eine Wohnung, wurde sie abermals Opfer des gesellschaftlichen Rollenverständnisses:

Weibliche Studierende hatten es schwer, Vermieter zu finden, da sie sich im Gegensatz zu ihren männlichen Kommilitonen selbst kochten, ihre Wäsche selbst wuschen und so die Unterkunft in Mitleidenschaft zogen.

Berufschancen von Akademikerinnen

Realistische Berufschancen hatten in Anbetracht der zahlenmäßig überproportionalen männlichen Konkurrenz wohl die wenigsten Akademikerinnen. Insgesamt sahen allerdings nicht nur sie schlechten Berufsaussichten entgegen, für die Weimarer Zeit kann vielmehr allgemein von einer regelrechten Berufsnot aller Akademiker gesprochen werden. Vielleicht mussten sich die weiblichen Studierenden auch gerade deshalb tagtäglich mit Beleidigungen ihrer Kommilitonen und Professoren auseinandersetzen. Beliebtestes Studienfach war von Beginn an die Medizin: Bereits im Sommersemester 1919 studierten 27,2 % aller Studentinnen Medizin, bei den männlichen Studierenden waren es demgegenüber 24,9 %. Die Wahl wurde oft mit dem pflegerischen Aspekt dieses Berufsbilds begründet, der noch am ehesten der traditionellen Frauenrolle entsprach. Daneben versprach der Beruf der Ärztin ein hohes gesellschaftliches Ansehen und er beinhaltete die Möglichkeit, auch nach der Eheschließung in der Praxis des Mannes berufstätig zu bleiben. Gerade aber Medizinerinnen wurden von ärztlichen Fachverbänden diskriminiert, die Frauen insgesamt nur 5 % der zu vergebenden Arztstellen zuwiesen. Aber auch für jene Frauen, die sich für ein Lehramtsstudium oder ein Studium der Rechtswissenschaften entschieden, waren die beruflichen Perspektive nicht sehr aussichtsreich, da auch hier Männer bevorzugt eingestellt wurden. Die Zahl der weiblichen Jura-Studierenden betrug dementsprechend auch nur knapp 3 % im Wintersemester 1927/1928. Trotz des formalen Rechts auf den Beamtenstatus im höheren Verwaltungsdienst wurden Frauen auch hier anhaltend diskriminiert, nicht zuletzt, weil diese Laufbahn die Ausübung konkreter Herrschaftsfunktionen implizierte, die eine rein männliche Domäne bleiben sollte. Ebenso schlecht sah es für Frauen aus, die eine Hochschulkarriere anstrebten, zumal für Frauen erst seit 1922 die Möglichkeit der Habilitation und damit das Recht, Vorlesungen zu halten, gegeben war. Insgesamt promovierten 10.595 Frauen in der Zeit von 1908 bis 1933, von denen aber nur 54 Dozentinnen und nur 24 Professorinnen wurden.

„Krise der Familie"

Weibliche Studierende begegneten besonders in der Öffentlichkeit großen Vorbehalten, da vor allem sie die traditionelle Frauenrolle infrage zu stellen schienen. Vielen galt die Institution der Ehe als durch das Frauenstudium gefährdet, hatte doch die Frauenarbeit dem Familienleben untergeordnet zu sein. Auch wenn es während der Weimarer Republik weitestgehend bei den traditionellen geschlechtsspezifischen Sozialisations- und Rollenmustern blieb, war die Institution der Familie doch von verschiedenen sozialen Veränderungen tangiert. Insofern wurde immer wieder die Krise der Familie thematisiert, die sich in stetig steigenden Scheidungs- und Abtreibungszahlen, sinkenden Geburtenraten sowie zunehmender Erwerbstätigkeit der Frauen auszudrücken schien. Verantwortlich dafür wurden die Frauen gemacht. Ihnen wurde Egoismus vorgeworfen, wenn es um ihr zunehmendes Bedürfnis nach Unabhängigkeit und Freiheit ging, da sie so ihrer eigentlichen Bestimmung nicht mehr nachkä-

Trend zur Kleinfamilie

men. Besonders besorgniserregend schien dabei die Tatsache zu sein, dass sich mit der Zwei-Kinder-Familie als Normalfall ein Trend zur kleineren Familie abzuzeichnen begann. Tatsächlich setzte sich die Tendenz zur Kleinfamilie insbesondere in Angestelltenkreisen durch. Während zu Beginn der 1920er-Jahre im Durchschnitt noch 2,27 Kinder in einer Familie geboren wurden, waren es gegen Ende des Jahrzehnts lediglich 1,98 Kinder. Weniger Kinder bedeuteten vor allem eine geringere finanzielle Belastung für die Familie und ermöglichten somit einen höheren Lebensstandard. Dass sich damit ebenso Interessen der Frauen verbinden konnten, ist unbestreitbar. Weniger Kinder versorgen zu müssen bedeutete für diese nämlich auch, dass der Lohn des Mannes für die Ernährung der Familie ggf. ausreichte und die Frau nach der Eheschließung keiner eigenen Erwerbstätigkeit nachzugehen brauchte. Die zunehmende Geburtenbeschränkung ging dabei weitestgehend von den Frauen selbst aus, als deren Sache Familienplanung und Geburtenkontrolle allgemein galten. Insofern wundert auch nicht, dass das Gros der Abtreibungen gerade von verheirateten Frauen vorgenommen wurde und hauptsächlich bei verheirateten Arbeiterinnen mit wachsender Kinderzahl die Bereitschaft zu einer Abtreibung wuchs.

Sexualreformbewegung

Unter dem Einfluss der für Geburtenregelung und Legalisierung der Abtreibung eintretenden Sexualreformbewegung sind während der Weimarer Republik in größeren Städten Sexualberatungsstellen errichtetet worden. Oft unter freier Trägerschaft, waren 500 solcher Beratungsstellen über das gesamte Reichsgebiet verteilt, 40 von ihnen waren allein in Berlin ansässig. Hier erhielten Frauen gezielte Informationen über Sexualität, zum Teil gaben die Beratungsstellen auch kostenlos Verhütungsmittel ab. Darüber hinaus boten sie Hilfe bei einer ungewollten Schwangerschaft an und verwiesen abtreibungswillige Frauen an entsprechende Ärzte. Hauptnutznießerinnen dieser Angebote waren Frauen aus dem Arbeitermilieu, die zu den am häufigsten

Abtreibungen

Ratsuchenden gehörten. Insbesondere in Krisenzeiten nahm die Zahl der Abtreibungen stark zu, sodass ihre Zahl für das Jahr 1931, trotz Strafbarkeit, auf eine Million geschätzt wird. Das würde einem Verhältnis von Abreibungen zu Lebendgeburten von 1 : 1 entsprechen; statistisch gesehen hätte so jede Frau zwei Abtreibungen in ihrem Leben zu bewältigen gehabt. (Zum Vergleich: 2019 sind in der bevölkerungsreicheren Bundesrepublik Deutschland 100.893 Schwangerschaftsabbrüche registriert worden.) Viele Frauen bezahlten die Abtreibung mit dem Tod oder gesundheitlichen Schäden, da sie nicht selten von Unqualifizierten durchgeführt wurden. Auch versuchten viele Frauen mithilfe von spitzen Gegenständen, alkoholischen Mixturen oder Gift selbst abzutreiben. Insbesondere im Arbeitermilieu war es aus finanziellen Gründen durchaus gängig, eine Abtreibung selbst durchzuführen. Infolgedessen verliefen in den 1920er-Jahren schätzungsweise zwischen 10.000 und 12.000 der Abtreibungen tödlich, und jährlich mussten durchschnittlich rund 125.000 Frauen wegen entsprechender Folgen in ein Krankenhaus eingeliefert werden.

§ 218 StGB

Da hart gegen Abtreibungen vorgegangen wurde, sind zwischen 1919 und 1932 rund 60.000 Frauen wegen des Verstoßes gegen § 218 des Strafgesetzbuchs (StGB) zu

Zuchthaus verurteilt worden. Aufgrund dessen kam es in den zwanziger Jahren verstärkt zu Protesten, die sich dagegen richteten, dass eine Schwangere, die den Fötus vorsätzlich abtrieb oder im Mutterleib tötete, mit Zuchthaus bis zu fünf Jahren bestraft werden konnte. Insbesondere Feministinnen setzten sich für die Streichung der §§ 218–220 StGB ein, die alle auf den Schutz des ungeborenen Lebens unter schwerer Strafandrohung zielten. Unter den Parteien trat allein die Kommunistische Partei (KPD) für eine völlige Abschaffung des § 218 ein; populär wurde in diesem Zusammenhang ihr Leitsatz „Dein Körper gehört Dir". Weil von den schlimmsten Folgen einer Abtreibung vielfach nur Frauen aus dem Arbeitermilieu betroffen waren – der § 218 wurde auch als „Klassenparagraf" bezeichnet –, forderte die Partei zum Schutz von Mutter und Kind sogar den kostenlosen Schwangerschaftsabbruch. Durch die 1926 erfolgte Novellierung konnte allerdings nur erreicht werden, dass eine Abtreibung anstatt mit Zuchthaus mit einer Gefängnisstrafe geahndet wurde. Frauen aus höheren Schichten verfügten demgegenüber über die finanziellen Mittel für Verhütungsmittel oder für eine durch einen Arzt unter entsprechend hygienischen Bedingungen durchgeführte Abtreibung, weshalb sie auch weniger von einer Gefängnisstrafe bedroht waren: Bei rund 92 % der verurteilten Vergehen waren Frauen aus unteren Schichten betroffen.

Kultur und kulturelles Vergnügen

Entstehung der Freizeit- und Vergnügungsindustrie

Während der Weimarer Republik setzte sich verstärkt ein Bewusstsein für freizeitliche Aktivitäten durch, sodass sich seit 1918 eine immer rascher ausbreitende Vergnügungsindustrie entwickelte, die selbst in den wirtschaftlich schlechten Jahren blühte. Allerdings blieb das freizeitliche Vergnügen in den neu entstandenen Amüsierkabaretts, Nackttanzlokalen und Bars während der Inflationszeit vornehmlich dem wohlhabenden Publikum, Spekulanten und Offizieren vorbehalten. Erst nach der Währungsstabilisierung vergnügte sich dann nicht mehr nur eine kleine exklusive Schicht: Jetzt entwickelte sich das Freizeitvergnügen zu einem Massenphänomen, dem allerdings vornehmlich Großstädter nachgingen. Jeden, der etwas auf sich hielt, zog es nun vom Land in die Großstadt. Da sich das kulturelle Vergnügen so gut wie ausschließlich in der Stadt abspielte, sah die Landbevölkerung dem Treiben in den Großstädten, der sog. Vergnügungssucht, sehr argwöhnisch zu. Vor allem der Aufstieg der Massenkultur wurde als Provokation und als Gefahr für die Hochkultur angesehen. Dabei galt Berlin, das schon zeitgenössisch als Vergnügungsmetropole bezeichnet wurde, als Hauptanziehungspunkt, mit dem Städte wie Stuttgart, Dresden, Leipzig und München zu konkurrieren versuchten. Berlin verfügte in den 1920er-Jahren über 49 Theater, drei Opernhäuser, drei Revuetheater und drei Varietés. Daneben beherbergte die Stadt 37 Filmgesellschaften und 1000 Verlage. Berlin wurde neben Paris und London zu einer Metropole, zum Spiegelbild der Moderne, was den Mythos der Goldenen Zwanziger maßgeblich beeinflusste.

Massenkultur

War freie Zeit bis dahin ein Privileg des Bürgertums gewesen, konnten sich besonders durch die Einführung fester Arbeitszeiten zunehmend alle Schichten dem freizeitlichen

Vergnügen hingeben. Immerhin regelten Achtstundentag, Tarifrecht und sozialpolitische Gesetzgebung Arbeits- und Freizeit gleichermaßen. Zugleich begünstigte die Entstehung der Massenkultur, die jedem Bürger offenstand, das Freizeitverhalten. Populär wurden nun Unterhaltungsangebote wie Kino und Revuen, Massenmedien wie der Rundfunk, Boulevardblätter und Frauenzeitschriften sowie verschiedenste Sportveranstaltungen. Dieses beispiellose neue Freizeitvergnügen trat zudem in Konkurrenz zu den konventionellen Bildungsangeboten wie dem Theater, der Bibliothek oder der Volkshochschule. Tanzveranstaltungen in Bars, Tanzdielen, Tanzcafés und Tanzpalästen waren besonders beliebt, sodass sich über alle Schichten hinweg eine bis dahin nicht gekannte Tanzbegeisterung ausbreitete. Ausdruck der Massenkultur war, dass jetzt bei Tanzveranstaltungen sowohl Männer im Frack als auch Männer in weniger eleganter Kleidung anzutreffen waren. Trotzdem kam es noch nicht zu einer Vereinheitlichung der Tanzorte, sodass die Tanzpaläste und Tanzclubs nach wie vor dem „besseren" Publikum vorbehalten blieben. Tanzdielen waren dagegen besonders bei ledigen Frauen und Männern beliebt, die dem kleinbürgerlichen Milieu entstammten. Oft handelte es sich bei diesen Dielen um renovierte Vorkriegskneipen, die in den Tanzveranstaltungen, die sie mit freiem Eintritt und günstigen Preisen für Getränke bewarben, Möglichkeiten zur Umsatzsteigerung erkannten. Wer Geld für ein Grammophon hatte, tanzte nun auch vermehrt zu Hause in der eigenen Wohnung.

Charleston Ausgelöst wurde die Tanzbegeisterung durch aus den USA kommende Tänze wie den Foxtrott, den Shimmy und den Charleston. Insbesondere der Charleston, dessen Sinn in der Erlangung eines rauschhaften ekstatischen Zustands lag, entwickelte sich seit 1925 zu einem Modetanz sowohl für die „Dame von Welt" als auch für die Büroangestellte. Er war in seiner ursprünglichen Form eine Jazz-Melodie aus dem Broadway-Musical *Running Wild* gewesen, wurde aber sehr schnell auf verschiedene

Jazz Arten improvisiert und auf unterschiedlichste Lieder übertragen. Der Jazz selbst löste wiederum neben Assoziationen des Wilden und Primitiven auch solche des großstädtischen Lebens und des Fabriklebens aus – die Jazzmusik war zunächst fast ausschließlich ein Phänomen der Großstadt. Allerdings wurde von seinen Kritikern gerade auch im Jazz der Verfall von Sitte und Moral gesehen und Jazzmusik häufig als „Niggermusik" diskreditiert. Der Jazz trug jedenfalls dazu bei, die Vergangenheit hinter sich zu lassen und sich einzig und allein auf das Hier und Jetzt konzentrieren

Drogen zu können. Insofern verfolgten seine Hörer ähnliche mentale, das Bewusstsein verändernde Ziele wie die Konsumenten von Alkohol, Morphium oder Kokain. Gerade Kokain galt während der Weimarer Republik als die Modedroge schlechthin, die an jeder Straßenecke in Berlin käuflich erworben werden konnte. Konsumiert wurde es zunächst vornehmlich von Neureichen, allerdings stellte das Reichsinnenministerium bereits 1922 fest, dass fast alle Schichten dem sog. Kokainismus frönten, also die Droge konsumierten.

Revuen Einen grandiosen Boom erlebten in der Weimarer Zeit auch die verschiedenen Revuen. Bereits im 19. Jahrhundert in Frankreich entstanden, wurde die Revue um 1910 in

New York um eine Burleske-Show weiterentwickelt, bis 1918 die uniformierten Girl-Gruppen aufkamen. Die ursprüngliche Bezeichnung „Revue" entstammt dem Militärwesen, wurde aber bereits in den 1830er-Jahren auf die Bühnenpräsentation bezogen. Die Unschärfe der Bezeichnung erklärt sich daraus, dass sich die Revuen vieler verschiedener Unterhaltungsgenres bedienten: Sketche, Szenen, Bilder, Tänze und Solonummern wurden theatralisch mit Musik und Dekoration unterlegt und durch möglichst wenig bekleidete Girls präsentiert. Die größte Aufmerksamkeit erlangten Revuen schließlich mit dem Entstehen der Unterhaltungsindustrie. Die Popularität der Revuevorstellungen lässt sich daran erkennen, dass 1926 jeden Tag 11.000 Menschen im Deutschen Reich eine Revue besuchten. Stellten die Jahre von 1924 bis 1927 den absoluten Höhepunkt der Revuekultur dar, zählte Berlin 1929 immer noch 23 Theater, die Revuen vor mehr als 1000 Zuschauern aufzuführen in der Lage waren. Die verschiedenen Revueveranstaltungen wurden vornehmlich von bürgerlichen Besuchern aufgesucht und stellten eine ernsthafte Konkurrenz für das Theater dar. Das Anziehende an den Revuen war das Unmoralische und Sittenwidrige: Die Veranstaltungen zogen an, weil sie auszogen.

Analogien zu Fordismus und Rationalisierung

In den verschiedenen Revuen schwenkten stets leicht bekleidete junge Frauen im gleichen Takt die Beine. Die einstudierte Choreografie hatte Ähnlichkeit mit einem gymnastischen Ballett, wobei die Beinarbeit, die Größe der Girls und deren möglichst identisches Aussehen von herausragender Bedeutung waren. Einzig die Hauptdarstellerin musste sich von den anderen Girls deutlich abheben und als Star erkennen lassen. Zu den bekanntesten Revuestars gehörten die Tiller-Girls (vgl. Abbildung 16), in deren Darstellungen sich auch die zunehmende Technikbegeisterung widerspiegelte. Vielfältige Analogien zu Fordismus und Rationalisierung wurden assoziiert, speziell durch die Gleichartigkeit der Bewegungen und des Aussehens, da hier wie dort stets alles typisiert und standardisiert wirkte, was den individuellen Menschen verdrängte. Mit der Zeit wurde die Nacktheit der Darstellerinnen zu einem unverzichtbaren Element der Revuen. Damit ist auch das Alter der Tänzerinnen zu erklären, das durchschnittlich zwischen 16 und 20 Jahren lag. Während die Choristinnen beim Girltanz die Aufmerksamkeit stets auf die im gleichen Takt schwingenden Beine zogen, sollten die Nackttänzerinnen das Interesse der männlichen Zuschauer auf ihren Busen lenken. Die zwischen musikalischer Unterhaltung, tänzerischen und gesanglichen Einlagen, Artistik und Pantomime im Mittelpunkt stehenden leicht bekleideten Frauen gaben den Revuen vielfach ihren Titel wie „Alles nackt" oder „Zieh dich aus".

Kino

Vor allem aber gehörte das Kino zu einem der beliebtesten Freizeitvergnügen aller Schichten. Infolge sehr niedriger Eintrittspreise für alle erschwinglich, wurde es besonders für die einfachen Leute zu einem äußerst begehrten Vergnügen. Während der Weimarer Zeit entstanden so in der ganzen Republik große Kinopaläste, die eine ähnliche Wirkung auf die Masse der Bevölkerung hatten wie die Oper im 19. Jahrhundert auf das Bürgertum. Allein Berlin verfügte über rund 360 Kinos: In 106 davon fanden je

Abbildung 16: Tiller-Girls in der Haller-Revue „An und Aus"

Quelle: Programmheft der Haller-Revue „An und Aus", Admiralspalast Berlin, 1924. Sammlung Wolfgang Jansen, Berlin.

600 Besucher Platz und die um den Kurfürstendamm angesiedelten acht Kinos boten Platz für insgesamt 7650 Zuschauer. Zudem waren die Berliner Kinos rund um die Uhr geöffnet. Der Aufschwung der Filmindustrie ließ im Verlauf der 1920er-Jahre in der Friedrichstraße ein regelrechtes Filmviertel entstehen: Zunächst nur der Standort der ersten Kinos und Filmateliers, siedelten sich recht bald Produktionsfirmen, Verleihgesellschaften, Agenturen, Filmcafés und Clubs an, sodass von einem Treffpunkt für die ganze Filmbranche gesprochen werden kann.

Sportveranstaltungen

Neben der eigenen sportlichen Betätigung erfreute sich sodann auch der Besuch von Sportveranstaltungen großer Beliebtheit. Vor allem Boxkämpfe, aber auch Fahrradrennen wie das rund um die Uhr ausgetragene Sechstagerennen oder Fußballspiele wurden jetzt mit bis zu 12.000 Zuschauern zu Massenveranstaltungen, bei denen alle Bevölkerungsschichten vertreten waren. In die Zeit zwischen 1924 und 1930 fiel folglich auch der Bau zahlreicher Fußballstadien, Sportarenen und -paläste. Die Fußballbegeisterung ging bereits so weit, dass sowohl die Spiele der Nationalmannschaft als auch die Meisterschaftsendspiele seit Mitte der 1920er-Jahre live im Radio übertragen und so von rund einer halben Million Menschen mitverfolgt werden konnten.

Sportvereine

Fußball als aktives Spiel hingegen war die sportliche Betätigung der Arbeiterklasse schlechthin: Während das Proletariat den Sportverein bevorzugte, ging das gehobene Bürgertum entweder ins Theater oder machte einen Ausflug mit dem Auto in die Natur oder auf die Rennbahn.

Kaffeehäuser

Daneben hatte das gehobene Bürgertum selbstverständlich auch seine eigenen Amüsierlokale, die Kaffeehäuser, bei denen es sich in der Hauptstadt um das eigentliche Zentrum des intellektuellen Berlins handelte. Dort traf man sich, um zu diskutieren, schrieb an einem Gedicht oder einem Roman, trank oder zeigte sich einfach nur. Weiterhin boten die Kaffeehäuser die Möglichkeit, neu entwickelte Konzepte einer recht breiten Interessengruppe vorzustellen und auf tatkräftige finanzielle Unterstützung zu hoffen. Insbesondere Künstler verbrachten deshalb sehr viel Zeit in solchen Kaffeehäusern, wobei sie, entsprechend ihrer Stilrichtung, unterschiedliche Cafés bevorzugten, sodass das Publikum der einzelnen Häuser stets sehr verschieden war. Das „Schlichter" beispielsweise war ein sehr attraktives Café für Maler, die politisch mehrheitlich eher nach links tendierten. Unter den häufigen Gästen befanden sich hier George Grosz, Otto Dix und Erwin Piscator. Hingegen wurde das „Schwannecke" eher von Schauspielern, die das Etablissement in der Regel nach Theaterschluss aufsuchten, und Literaten besucht. Im Gegensatz zum „Romanischen Café" wurde hier sehr gutes Essen angeboten, was sich auch in den Preisen niederschlug, weshalb hier verstärkt zahlungskräftige Kundschaft verkehrte. An die Bedeutung des „Romanischen Cafés" kamen andere Häuser dennoch nicht heran. Dort versammelte sich alles, was Künstler werden wollte, sodass es zu einer bekannten Anlaufstelle für In- und Ausländer wurde. Ungeschriebenes Gesetz war hier die hierarchische Einteilung der Sitzplätze: Links neben der Eingangstür befand sich das sog. „Bassin für Schwimmer", das den etablierten Persönlichkeiten vorbehalten war und rund 20 Sitzplätze umfasste. Rechter Hand des Eingangs im „Bassin der Nichtschwimmer" nahmen dagegen diejenigen Platz, die hofften, mit etablierten Persönlichkeiten in Kontakt zu kommen. Die Außenterrasse wurde fast ausschließlich von Touristen genutzt. Besonderheiten des „Romanischen Cafés" waren ferner der Stammtisch emanzipierter Frauen sowie die sog. Kükentische, an denen Damen verschiedenster Herkunft und Klasse – von der Prostituierten bis hin zur aufstrebenden Journalistin und Schauspielerin – Platz nahmen. Trotz allem aber haftete Frauen, die allein ein Kaffeehaus besuchten, weiterhin der zweifelhafte Ruf an, als Dame der Halbwelt auf der Suche nach einem Freier zu sein.

Rundfunk

Trotz der hohen Anschaffungskosten und der monatlichen Rundfunkgebühr von zwei Reichsmark verbreitete sich schließlich der Rundfunk in der Weimarer Republik recht schnell. Im Jahr 1933 zählte man bereits 4,3 Mio. registrierte Rundfunkteilnehmer, zu denen hauptsächlich die Schicht des städtischen Mittelstands zählte. Allerdings versuchten auch die Arbeiterfamilien entweder durch Gemeinschaftsempfang, Schwarzhören oder mittels selbst gebauter Radios in den Genuss von Rundfunkübertragungen zu kommen. Sollte zunächst noch via Radio vermittelte humanistische Bildung die Differenz zwischen Gebildeten und Ungebildeten verringern helfen, nahmen im Verlauf der Weimarer Republik auch Forderungen nach einer stärkeren Unterhaltungsfunktion des Rundfunks zu.

Pressewesen

Zunehmender Beliebtheit erfreuten sich neue Presseerzeugnisse wie Zeitschriften und Magazine, aber auch „Heftchen-Literatur" wie der billige Unterhaltungsroman aus dem Haus Ullstein, der für 2,85 RM zu massenhaftem Absatz führte. In der Hauptsache fanden die Boulevardzeitungen, die sich inhaltlich auf Sensations- und Unterhaltungsartikel beschränkten, aber auch einen Feuilletonteil mit Theaterkritiken enthielten, ihren Absatz im Straßenverkauf, da sie oft mit reißerischen Schlagzeilen die Aufmerksamkeit der Bevölkerung auf sich zogen. Die Möglichkeit des Straßenverkaufs ergab sich natürlich nur in größeren Städten, wo sich ein Großteil des Lebens auf der Straße abspielte. Neben dem Straßenverkauf boten die Verlage aber auch die Möglichkeit eines Abonnements an, was für sie die sicherste Einkommensquelle darstellte. Die Tatsache, dass einige Zeitungen sowohl als Mittags- wie auch als Abendblätter erhältlich waren, ist zum einen mit der großen Beliebtheit des Zeitungswesens zu erklären, in der Hauptsache aber mit den hohen Anschaffungskosten der Druckmaschinen, die sich durch höhere Verkaufszahlen schneller amortisieren sollten. Besondere Bedeutung erlangten die neu entstandenen Frauenzeitschriften, die von frauenrechtlerischen Inhalten wie in der „Kämpferin" bis hin zu Lesbenzeitschriften wie „Die Freundin" oder „Die Garçonne" reichten. „Die Freundin", Verbandsorgan des Bundes für Menschenrechte und des Bundes für ideale Frauenfreundschaft, erschien zwischen 1924 und 1933 zunächst einmal im Monat, ab 1925 halbmonatlich und seit 1927 sogar wöchentlich. Zwar sparte sie Themen wie Abtreibung, Verhütung und Scheidung aus, zielte aber auf homosexuelle Frauen und wurde deshalb dem „Gesetz zur Bewahrung der Jugend vor Schund- und Schmutzschriften" unterworfen. Obwohl laut Reichsverfassung keine Zensur stattfand, wurde diese Garantie zu Ende der Republik mittels Notverordnungen zunehmend ausgehöhlt. Bereits 1926 wurde der sog. Schmutz- und Schundparagraf erlassen, 1930 verschärfte ihn der Gesetzgeber. Dadurch sind auch Bücher wie Erich Maria Remarques „Im Westen nichts Neues" oder Bertolt Brechts Theaterstück „Die heilige Johanna der Schlachthöfe" verboten worden. Das Erscheinen von „Die Freundin" musste in der Zeit zwischen dem 25. Juni 1928 und dem 2. Juli 1929 eingestellt werden, bis die Nationalsozialisten sie 1933 endgültig als „entartet" verboten. Auch die Tatsache, dass von nun an die Röcke wieder länger und traditionelle Geschlechterrollen mit Hausarbeit und Kindererziehung als einzig denkbare Erfüllung weiblichen Daseins politisch befördert wurden, weist darauf hin, dass die „Neue Frau" in ihren unterschiedlichen Facetten samt ihres massenkulturellen Umfelds nicht mehr erwünscht war.

Schmutz- und Schundparagraf

Faktencheck „Einzug der Moderne: Alltag, Kultur und Emanzipation der Frau“

- ✔ Die Massenkultur kann über Massenkonsum und Freizeitindustrie wirtschaftliches Wachstum generieren.
- ✔ Die Anfänge des Massenkonsums zeigen sich in den 1920er-Jahren in neuen Produkten und Produkttypen sowie Unterhaltungs- und Vergnügungsformaten.
- ✔ Frauen, besonders weibliche Angestellte als Prototyp der Neuen Frau, werden von Werbestrategen als Konsumentinnen fokussiert („Angestelltenkultur“).
- ✔ Der Massenkonsum ruft wegen technischer Grenzen während der Weimarer Republik noch keine selbsttragende wirtschaftliche Entwicklung hervor.
- ✔ Der Durchsetzung des Konzepts des kosteneffizienten Neuen Bauens und der Rationalisierung der Hausarbeit stehen zudem sozioökonomische Grenzen entgegen.
- ✔ Die „Neue Frau“ scheitert weniger an traditionellen Rollenmustern als an der ökonomischen Realität der 1920er-Jahre.

9

Interessenvertretung und -politik

Schlüsseldokument: Korporativismus vs. Parlamentarismus

Wissenschaftstheoretisch kann Korporati(vi)smus, in Abgrenzung zum Pluralismus, als Form der Interessenvermittlung bezeichnet werden, bei der die Verbände als Transmissionsriemen der Interessenartikulation fungieren (M27). Im Deutschen Reich hatte sich der Korporativismus bereits seit 1880 auszubilden begonnen, bis er zur Bewältigung der mit der Kriegswirtschaft verbundenen Probleme bis 1918 seine höchste organisatorische Entwicklungsstufe erreichte und mit dem von Gewerkschaften und Arbeitgeberverbänden entwickelten Demobilmachungskonzept eine Brücke in die Republik schlug. Der pluralistische Weimarer Staat beruhte damit formal auf Parteien *und* organisierten Interessen, was die sozialen Folgen der kapitalistischen Marktwirtschaft zunächst abzumildern und damit auch die Funktionsfähigkeit des politischen Systems aufrechtzuerhalten half. Dieser kurzfristig erfolgreiche Interessenausgleich zwischen vorwiegend sozialdemokratischer Arbeiterschaft und Industrie stabilisierte das politische System zunächst also trotz aller Widrigkeiten. Allerdings vermochte der Korporativismus die Weimarer Demokratie längerfristig nicht zu legitimieren. Im Gegenteil diskreditierten Verbände durch fehlende Kompromissfähigkeit und äußerst hart ausgetragene Konflikte die parlamentarische Demokratie und bereiteten in der Endphase sogar ihre Zerstörung vor.

https://doi.org/10.36198/9783838557328-m27

Fehlende Legitimation des Weimarer Systems durch Parteien und Verbände

These vom nur partiell funktionierenden Korporativismus

Historiker haben immer wieder kritisiert, dass der Korporativismus deutscher Prägung eine eigentümliche privat-öffentliche Planung sozioökonomischer Prozesse habe entstehen lassen. Diese habe den demokratisch legitimierten Institutionen, wie beispielsweise dem Parlament, immer mehr ihrer Funktionen entzogen, bis unter veränderten politischen Konstellationen ein kleines Kartell von ausgewählten Verbandsfunktionären, Ministerialbürokraten und Politikern ungestört für das gesamte Gemeinwesen bindende Entscheidungen habe treffen können. Mit abnehmendem Gewicht der demokratischen Institutionen habe sodann die Interessenverschränkung zwischen Großindustrie, Agrarwirtschaft und alter, aus dem Kaiserreich stammender Ministerialbürokratie dem autoritären System des Nationalsozialismus den Weg geebnet. Die Rolle der wirtschaftlichen und politischen Eliten während, vor allem aber zu Ende der Weimarer Republik wird aus dieser Perspektive äußerst problematisch bewertet. Ebenso problematisch wird die Funktionsfähigkeit der Weimarer Marktwirtschaft und des politischen Systems selbst beurteilt, die doch eigentlich mit dem Korporativismus hatten aufrechterhalten werden sollen – was zumindest temporär auch gelang.

Abbildung 17: „Alle Räder stehen still – wenn Mein starker Arm es will!"

Quelle: Simplicissimus, 33. Jg., Nr. 36, 3. 12. 1928. Bereitgestellt durch Klassik Stiftung Weimar.

These von Systemstabilisierung mittels Subventionen

Die These vom dermaßen funktionierenden und von Industriellen sowie Großagrariern zerstörten korporativistischen System ist jedoch nicht unumstritten. Harold James beispielsweise ist der Meinung, dass der Korporativismus der mittleren Weimarer Jahre nur auf der Befriedigung einzelner Verbandsinteressen mittels Subventionen beruht habe, eine Aussöhnung konkurrierender Interessen sowie der unterschiedlichen Interessengruppen mit dem politischen System aber nicht gelungen sei. Da ein solches System nur bei wirtschaftlichem Wachstum überlebensfähig ist, habe mit dem Ausbleiben staatlicher Mittel auch der Kompromiss ausbleiben müssen. Schließlich habe mit dem Fehlen staatlicher Unterstützung der Zerfall der Interessenverbände selbst eingesetzt. Demnach hätte sich nicht nur der Machtzugewinn der Arbeiterschaft auf Kosten von Investitionen und Wachstum, auf Kosten allgemeiner Wohlfahrt also vollzogen. So gesehen ist die These von den zu hohen, weil politisch motivierten Löhnen und jene von der Überforderung des Sozialstaats – auf beide wird noch zurückzukommen sein – eine einseitige Betrachtungsweise, die der Ergänzung bedarf. Immerhin

Staatlicher Alimentierung folgt keine Systemlegitimation

verursachten sozialer Wandel insgesamt und die Formulierung von Ansprüchen auch anderer sozialer Gruppen staatliche Ausgaben, die über eine erhöhte Steuerquote ebenfalls zu einer wesentlichen Kostenbelastung der Unternehmen beitrug und deren Kapitalbildung beeinträchtigte. Nicht immer dienten die staatlicherseits zur Verfügung gestellten finanziellen Mittel dann aber der Anpassung an veränderte ökonomische Rahmenbedingungen, und selten betrachteten Interessenvertreter die Legitimation des politischen Systems durch adäquates verbandspolitisches Handeln als ihre Aufgabe, wie das Beispiel der Agrarwirtschaft zeigt.

Agrarier: Asymmetrie zwischen Repräsentanz und wirtschaftlicher Bedeutung

Wirtschaftlicher Bedeutungsverlust der Landwirtschaft

Der mit der Industrialisierung ausgelöste, langfristig auf Kosten der Landwirtschaft gehende Strukturwandel setzte sich nach dem Ersten Weltkrieg fort, wenngleich die Landwirtschaft während der die Industrie besonders treffenden Weltwirtschaftskrise kurzzeitig noch einmal an relativer Bedeutung gewann. Nach der Zahl der Beschäftigten Mitte der 1920er-Jahre immer noch der zweitgrößte Wirtschaftsbereich, sank ihr Beitrag zur Wertschöpfung seither jedoch kontinuierlich ab (vgl. Tabelle 1 und 2).

Politischer Einfluss der Großagrarier

Mit dem wirtschaftlichen Bedeutungsverlust der Agrarwirtschaft kontrastiert ihr politischer, durch spezifische Reichstagskonstellationen mittels Zentrum sowie DNVP artikulierter Einfluss. Spätestens seit Reichspräsident von Hindenburg 1927 dann durch ein „Geburtstagsgeschenk der deutschen Wirtschaft" selbst zum Großagrarier geworden war, hatten Landwirte einen starken Fürsprecher ihrer Interessen, dessen Einfluss zur Zeit der Präsidialkabinette noch zunahm. Eine solche Berücksichtigung wirtschaftlicher Einzelinteressen ist volkswirtschaftlich indessen abträglich, da sie politischen Mechanismen folgt und betriebswirtschaftlich notwendige Entscheidungen und Entwicklungen eher verhindert.

Begünstigung weniger effizienter Großbetriebe

So hat die Bevorzugung von Großbetrieben bei der Kreditvergabe in den zwanziger Jahren die weniger effizienten Teile der Landwirtschaft begünstigt und zugleich zu einer Ausdehnung des Roggenanbaus geführt, obwohl die Nachfrage nach Roggenprodukten anhaltend schrumpfte und nach einem verstärkten Weizenanbau verlangt hätte. Gleichzeitig war die zukunftsträchtige, weil marktorientierte Veredelungswirtschaft bereits durch die Zollpolitik der Vorkriegszeit relativ hinter dem Getreideanbau zurückgeblieben. Das Versäumnis der deutschen Landwirtschaft, sich während der Weimarer Zeit den gewandelten Ernährungsgewohnheiten und Weltmarktbedingungen anzupassen, drückte sich in einer ungünstigen Erlös- und damit Einkommensentwicklung aus. Zugleich stiegen aber die Preise für Industriegüter, auf deren Einsatz die Landwirtschaft bei ihrer Produktion angewiesen war.

Beibehaltung überkommener Produktionsstrukturen

Sollten die hinter der Vorkriegszeit zurückbleibenden Erträge gesteigert und die Agrarwirtschaft effizienter gestaltet werden, musste nach der Währungsstabilisierung in die unterkapitalisierte deutsche Landwirtschaft investiert werden, und das unter vergleichsweise schwierigen Bedingungen: So waren nicht nur Löhne und

Sozialabgaben, Boden- und Pachtpreise sowie Zinsen gestiegen, hinzu kam auch im Vergleich zur Vorkriegszeit, in welcher der Agrarbereich außerordentlich zuvorkommend besteuert worden war, eine erhöhte Gesamtsteuerlast. Da die kriegsbedingt entstandene Investitionslücke in der Landwirtschaft bis 1929 durch Kredite finanziert wurde, musste die im Lauf der Inflation reduzierte Verschuldung der Agrarwirtschaft schon bald wieder zunehmen. In Verbindung mit weitgehend unverändert beibehaltenen Produktionsstrukturen bewegten sich viele Betriebe trotz steigender Erträge deshalb schon in den wenigen guten Jahren hart an der Rentabilitätsgrenze. Angesichts dieser strukturellen Probleme erreichte die Verschuldung der Landwirtschaft trotz vielfältiger staatlicher Subventionen und anderer Förderungsmaßnahmen, wie der teilweisen Wiedereinführung und anschließenden regelmäßigen Erhöhung von Agrarschutzzöllen, bald wieder den Stand der Vorkriegsjahre. Infolge der Zollerhöhungen vor allem für Getreide aber hatten nicht nur die Verbraucher überhöhte Preise für inländischen Roggen zu zahlen, vielmehr wurden auch die vorwiegend Vieh produzierenden Betriebe zur Verfütterung des teuren inländischen Roggens gezwungen. Die Zollpolitik begünstigte insofern einmal mehr die Wirtschaften der östlichen Großagrarier und erschwerte die vorwiegend kleinbetriebliche Veredelungswirtschaft des Westens.

Chronische wird zur akuten Agrarkrise

Als die Weltmarktpreise für Agrarprodukte 1927/28 dann völlig zusammenbrachen und in Verbund mit einer gesteigerten inländischen Produktion auf den deutschen Agrarmarkt durchschlugen, konnte die landwirtschaftliche Produktion auch infolge ihrer überholten Struktur nicht mehr abgesetzt werden. Angesichts steigender Zinszahlungen wurden immer mehr Betriebe illiquide und mussten deshalb notverkauft oder zwangsversteigert werden.

Staatliche Stützungsmaßnahmen

Selbst durch massiv ausgeweitete staatliche Stützungskäufe gelang es 1930/31 schließlich nicht mehr, den Roggenpreis zu stabilisieren. Die für die Roggenstützung verfügbaren Mittel reichten schlicht nicht aus, um die enormen Mengen überschüssigen Roggens aufzukaufen. Deshalb wurde Mitte 1930 ein Verwendungszwang eingeführt, der den Anteil des zu verwendenden Roggens in Brotwaren gesetzlich festschrieb, das Angebot von Weizenmischbrot und Weizenkleingebäck in Gastwirtschaften verbot und von Werbeaktionen für den Verzehr von Roggenbrot begleitet wurde. Auch die Stützung anderer landwirtschaftlicher Erzeugnisse wie Weizen, Gerste und Kartoffeln scheiterte, da die mit den staatlichen Stützungskäufen einhergehende Preisstabilisierung die Landwirte zur Ausdehnung der Anbaufläche motivierte, was die Preise erneut sinken ließ.

Reichslandbund

Aus Sicht der Landwirte gab es somit vielerlei Gründe, um mit dem republikanischen System unzufrieden zu sein. Neben den bäuerliche Interessen vertretenden Bauernvereinen hatten sich die wichtigsten Agrarverbände deshalb schon früh zum rechtskonservativen, antiparlamentarischen, vorwiegend großagrarische Interessen vertretenden Reichslandbund zusammengeschlossen, der entgegen der ökonomischen Realität die deutsche Landwirtschaft als unentbehrliche Basis der Volksgemeinschaft definierte und insofern wirtschaftspolitische Zugeständnisse in Form von hohen

Schutzzöllen und Subventionen auf Kosten der Gesellschaft forderte. Prinzipiell orientierte sich die Landwirtschaft damit an Zielen, die sich im Rahmen einer pluralistischen Gesellschaftsordnung nicht realisieren ließen. Zu Ende der Republik wurden deshalb auch KPD und NSDAP für Landwirte Parteien mit hoher Attraktivität, weil beide das verhasste System jenseits aller Programmatik kompromisslos ablehnten.

Grüne Front

Zuvor war es zu dem wenig erfolgreichen Versuch gekommen, die wichtigsten agrarischen Interessenverbände in der „Grünen Front" zusammenzuführen. Zudem zeigten sich erst in Anbetracht der sich verstärkenden Agrarkrise einzelne agrarische Interessenvertreter gegenüber der parlamentarischen, pluralistische Interessen austarierenden Republik kooperationsbereit. In Anbetracht der akuten Agrarkrise seit 1927/28 wurden die staatlichen finanziellen Hilfen und agrarprotektionistischen Maßnahmen also als unabdingbar angesehen, was das Arrangement mit Staat und Regierung nun forcierte. Objektiv hatten sich die betriebswirtschaftlichen Umstände und die gesellschaftliche Stellung der Landwirte, vor allem im Vergleich mit ihrer bevorzugten Behandlung im Kaiserreich, zwar tatsächlich verschlechtert. Trotzdem konnten sie auch in der parlamentarischen Demokratie auf die Vertretung ihrer Interessen durch Zentrum und DNVP rechnen, bis Brüning große Teile ihrer Forderungen umsetzte. Dadurch steigerte sich die Staatshilfe für die Landwirtschaft von 500 Mio. RM 1927 auf 2 Mrd. RM im Krisenjahr 1931. Zu Ende der Republik, mit Beginn des staatlichen Umbaus, hatten Teile der Agrarwirtschaft deshalb recht erfolgreich auf Kosten anderer gesellschaftlicher Gruppen um ihre Interessen gekämpft, was Ursula Büttner vom „privilegierten Opfer" ökonomischer Prozesse sprechen lässt.

Landwirtschaft „privilegiertes Opfer"

Osthilfe

Der Agrarkrise, die bereits seit 1928 zu Protestveranstaltungen und Bauernaufmärschen auf dem Land führte, versuchte das Reich neben außenhandelspolitischen sowie anderweitigen Stützungsmaßnahmen auch mit einer Entschuldungs- und veränderten Steuerpolitik zu begegnen. Die fiskalpolitisch teuersten und an Konflikten reichsten Maßnahmen kamen in den als „Osthilfe" (M28) bezeichneten Um- und Entschuldungsmaßnahmen zum Tragen. Zunächst auf Ostpreußen begrenzt, wurde diese Hilfe unter maßgeblicher Intervention von Hindenburgs und vor dem Hintergrund der Weltwirtschaftskrise auf die gesamten ostdeutschen Gebiete ausgedehnt. Wirtschaftlicher und politischer Missbrauch führten jedoch zu einem auch in der Öffentlichkeit ausgetragenen Polit-Skandal (M29), der die berechtigten wirtschaftspolitischen Anliegen der Kritiker der Osthilfe in den Hintergrund treten ließ. Diese zielten nämlich auf eine Verknüpfung von Hilfsmaßnahmen mit an betriebswirtschaftlichen Kriterien ausgerichteten Strukturreformen, die breite Verteilung der Mittel an unterschiedlichste bäuerliche Schichten sowie eine transparente Vergabe der Mittel durch Ausschluss von Großagrariern an den Bewilligungsverfahren.

https://doi.org/10.36198/9783838557328-m28

https://doi.org/10.36198/9783838557328-m29

Kosten landwirtschaftlicher Interessenpolitik

Mit Harold James können die Nachteile, die diese Interessengruppenpolitik der Gesellschaft brachte, recht präzise benannt werden. Abgesehen von protektionistischen Forderungen, die nicht selten im Gegensatz zu notwendigen industriellen Handelsbeziehungen standen, oder von Maßnahmen zur Entschuldung der Landwirtschaft, die zulasten aller anderen gesellschaftlichen Gruppen gingen, kosteten allein die Getreidezölle die Konsumenten im Deutschen Reich 1,14 Mrd. RM oder 1,6 % des Nettosozialprodukts im Jahr 1930, 1,79 Mrd. RM oder 3,1 % im Jahr 1931 und 1,86 Mrd. RM bzw. 3,7 % im Jahr 1932. Das bedeutete in Anbetracht von Massenarbeitslosigkeit sowie Lohn- und Gehaltskürzungen eine enorme Belastung. Die infolge der Schutzzölle erhöhten Preise sind zusätzlich nicht nur mit einer Umverteilung des jeweiligen Nettosozialprodukts in Höhe von 1,2 %, 2,8 % bzw. 3,3 % zugunsten der Landwirtschaft gleichzusetzen; die so erhöhten Lebensmittelpreise hatten vielmehr schon zuvor, also bereits zu Ende der 1920er-Jahre, auch den Lohnschub verstärkt und stellten damit ebenfalls eine Kostenbelastung für die Industrie dar. Hierfür sorgten aber nicht zuletzt auch Teile der Industrie selbst. Denn Brüning persönlich ging auf dem Höhepunkt der Weltwirtschaftskrise davon aus, dass die von Kartellen und Syndikaten bestimmten Kohlepreise für die Bevölkerung eine Mehrbelastung von mindestens 5 Mrd. RM oder knapp 8,7 % des Nettosozialprodukts von 1931 bedeuteten.

Alter und neuer Mittelstand: Von der Verbitterung zu Panik und Protest

Mittelstand als heterogene Gruppe

Eine gesellschaftliche Gruppe, die ihre Interessen vor allem im Vergleich zu Arbeiterschaft und Großindustrie weniger gut vertreten sah, war die des sehr heterogenen Mittelstands, der wirtschaftlich selbständige Handwerker und Händler, den „alten" Mittelstand, sowie Angehörige freier Berufe, Angestellte und Beamte, den „neuen" Mittelstand, vereinte. An dieser Zusammensetzung wird bereits deutlich, dass sich generalisierende Urteile verbieten. So waren beispielsweise die Angehörigen des Mittelstands, die reine Rentiers gewesen waren, die eigentlichen Verlierer der Inflation, während das Handwerk die Inflation vergleichsweise gut überstanden hat.

Sozioökonomische Lage im alten Mittelstand

Dem Handwerk stellte sich auch die folgende relative Stabilität als Zeit verhältnismäßiger Prosperität dar, in der es seinen Umsatz um mehr als 50 % steigern konnte. Trotzdem verfügte rund die Hälfte der selbständigen Handwerker 1928 über ein niedrigeres Einkommen als ein Geselle. Lag in einem solchen Fall der monatliche Verdienst unter 125 RM, verfügte ein in der Industrie beschäftigter Facharbeiter über 200 bis 244 RM. Demgegenüber war der Einzelhandel besonders von Maßnahmen gegen Wucher und Preistreiberei betroffen. Bei ihm war zudem die Angst vor Warenhäusern und Einheitspreisgeschäften bzw. Konsumgenossenschaften latent vorhanden, obwohl sich der auf diese Konkurrenten entfallende Anteil des Einzelhandelsumsatzes auf unter 10 % belief. Die Hälfte der Einzelhändler konnte nicht einmal auf mithelfende Familienangehörige zurückgreifen. Selbst da, wo dies der Fall gewesen ist, war der 12- bis 15-stündige Arbeitstag die Regel, ohne dass sich dieser Einsatz in nennenswertem Umfang in materiellen Erfolgen niedergeschlagen hätte. In Anbetracht dessen geht Hans-Ulrich Wehler davon aus, dass wie in der Vorkriegszeit zwei Drittel aller Einzelhandelsgeschäfte nach nur sechs Jahren wieder schließen mussten.

Keine „Vernichtung“ des alten Mittelstands

Die industrielle Konzentration brachte dem gewerblichen Mittelstand auch eine geringer werdende Zahl an Lieferanten, von deren Bedingungen er zunehmend abhängig wurde. Obwohl er dadurch an sozioökonomischem Gewicht verlor, kann aber keineswegs von einer Vernichtung des Mittelstands, von dem noch die ältere Forschung ausgegangen war, gesprochen werden. Vielmehr nahm beispielsweise die Zahl der Beschäftigten, die in Handwerksbetrieben arbeiteten, absolut und relativ zu, wenn sich auch die Zahl der Betriebe im Vergleich zur Vorkriegszeit verringerte. Die Beschäftigtenzunahme kann auch damit erklärt werden, dass neue Handwerke entstanden, wie das des Kraftfahrzeug- und Landmaschinenmechanikers oder des Elektroinstallateurs. Erst die Weltwirtschaftskrise hat dann Teile des gewerblichen Mittelstands tatsächlich existenziell gefährdet: betrug der Umsatz 1932 bei den Investitionsgüterindustrien beispielsweise 62 % des Jahres 1928, halbierte er sich im Handwerk, dessen Gewinne zugleich auf 33,5 % der Gewinne des Jahres 1928 schrumpften. Im Einzelhandel wurde 1932 ein Umsatzrückgang auf knapp 64 % des Umsatzes von 1928 verzeichnet, bei den Gastwirten, allerdings im Jahr 1931, auf nur 71 %. Während der Einzelhandel mit Nahrungs- und Genussmitteln weniger von der Krise betroffen war, kämpfte jener mit Möbeln oder Beleuchtungsmitteln um sein wirtschaftliches Überleben. Trotzdem gingen 1932 weniger als 1 % aller Einzelhandelsbetriebe in Konkurs, auch wenn eine große Zahl handwerklicher und einzelhändlerischer Kleinstbetriebe ohne Angestellte kein höheres Einkommen als die Masse der Arbeiter erzielen konnte. Heinrich August Winkler hat denn auch schon früh festgestellt, dass die materielle Not der Arbeitslosen während der Weltwirtschaftskrise die wirtschaftliche Situation des gewerblichen Mittelstands bei Weitem übertroffen haben dürfte.

Bürgerliche Parteien ohne mittelstandspolitische Konzeption

Dies änderte nichts daran, dass sich der aus Handwerkern und Kleinhändlern bestehende alte Mittelstand von Beginn an wettbewerbsfeindlich gerierte und ihn der sozioökonomische Wandel beim neuen Staat Schutz gegen die Widrigkeiten der liberalen Marktwirtschaft suchen ließ. Die pluralistische Republik aber vermochte die gewünschte sozialprotektionistische Politik, die ein Höchstmaß an Schutz vor Gewerbefreiheit und den Ansprüchen von Arbeiterbewegung und Großindustrie versprach, nicht zu erfüllen. Trotzdem war der Weimarer Staat nicht untätig gewesen, zumal schon die Verfassung die Förderung des selbständigen Mittelstands dem Staat zur Pflicht gemacht hatte. So behielten Handwerkskammern und Innungen ihre Funktionen und Privilegien, wurden die Innungskrankenkassen als gesetzliche anerkannt und eigens für das Handwerk zuständige Kammern bei den Arbeitsgerichten eingerichtet. Keine der bürgerlichen Parteien aber war während des Bestehens der Weimarer Republik in der Lage, eine moderne tragfähige mittelstandspolitische Konzeption zu entwickeln und damit Angehörige des Handwerks und Einzelhandels über eine entsprechende Interessenvertretung an den Staat zu binden. Das subjektive Empfinden des alten Mittelstands, durch ruinösen Wettbewerb seines wirtschaftlichen Erfolgs beraubt zu werden und durch seine politische Isolation hieran nichts ändern zu können (M30), ist denn auch für die kontinuierliche Rechtsorientierung seiner Angehörigen verantwortlich gemacht worden.

https://doi.org/10.36198/9783838557328-m30

Sozioökonomische Lage im neuen Mittelstand

Wirtschaftliche Lage und soziale Erfahrungswelt wurden jedoch auch in einer weiteren Gruppe mittelständischen Charakters spätestens im Verlauf der 1920er-Jahre, meist jedoch bereits mit dem Ersten Weltkrieg erschüttert und infrage gestellt. Dabei handelt es sich um die Gruppe der Angestellten und der Beamten, die dem neuen Mittelstand zugerechnet werden. Die Angestellten nahmen als einzige soziale Gruppe in der Weimarer Republik absolut zu. Bei ihnen handelte es sich hauptsächlich um technische und kaufmännische Angestellte, die im Dienstleistungsbereich und der Industrie, vereinzelt auch in der Landwirtschaft als Verwalter, Gutsbeamte oder in ähnlichen Funktionen tätig waren; zu ihrer Gruppe gehörten jedoch auch Wissenschaftler und Ingenieure. Traditionell nahmen Angestellte für sich in Anspruch, abgeleitete Unternehmerfunktionen auszuüben oder als Privatbeamte, analog zu den dem großen Ganzen dienenden Staatsbeamten, dem Unternehmen zu dienen. Verschiedene Privilegien wie die Errichtung der eigenen Altersversicherung 1911 hatten diese mittelständische Mentalität zusätzlich genährt, die auf strikte Abgrenzung zum Proletariat ausgerichtet war. Die Beamten wiederum unterschieden sich von ihrem Selbstverständnis her von allen Arbeitnehmern, also auch den Angestellten, als Träger staatlicher Autorität und begriffen sich infolge ihrer Verpflichtung gegenüber dem Gemeinwohl als über allen gesellschaftlichen Konflikten stehend. Hierauf gründete ihr Anspruch auf Privilegierung und Exklusivität, was sich in – grundsätzlich auch vom Weimarer Staat garantierter – lebenslanger Anstellung mit angemessener Besoldung und sicherer Altersversorgung sowie Eingangsprüfungen und Laufbahnvorschriften ausdrückte. Der aus Angestellten, Beamten und Akademikern bestehende neue Mittelstand war in seiner auf Abgrenzung beruhenden Mentalität also durchaus dem alten Mittelstand vergleichbar; gleichzeitig teilten aber seine Angehörigen nicht selten die wirtschaftliche Lage des Proletariats.

Verschlechterte wirtschaftliche Position der Beamten

Gewiss stellte sich dies im Fall der Beamtenbesoldung differenzierter dar, die in den 1920er-Jahren vor allem eine Nivellierung zugunsten der mittleren und unteren Besoldungsgruppen erfuhr. Das Realeinkommen der höheren Beamten sank demgegenüber während der Inflationszeit zeitweilig auf weniger als 30 % im Vergleich zur Vorkriegszeit, zudem dürfte diese Gruppe nicht unerheblich in Kriegsanleihen und Wertpapieren angelegte Geldvermögen verloren haben. Nach einer Entlassungswelle und rigider Sparpolitik im Anschluss an die Währungsstabilisierung erfuhren die Beamten erst seit 1928, nach einer Besoldungsreform, bedeutende Einkommenssteigerungen, die aber auch jetzt nur die unteren Laufbahnen an ihre Einkommensposition der Vorkriegszeit anschließen ließ. Das Realeinkommen der mittleren und höheren Beamten blieb weiterhin bis zu 20 % bzw. 25 % hinter den Einkommen der Vorkriegszeit zurück. Nach nur vier Jahren wurde die Besoldung der Beamten unter dem Eindruck der Weltwirtschaftskrise dann bereits wieder massiv gekürzt, nominal insgesamt um gut ein Viertel, auch wenn sich diese Kürzungen in Anbetracht der Deflation real nicht so gravierend auswirkten. Der Verstoß gegen die Unkündbarkeit und die Unsicherheit bei der Einkommensentwicklung bewirkten aber nicht nur eine verschlechterte wirtschaftliche Position, sondern bedeuteten für die Beamten als Gruppe vor allem auch

Verschlechterte Position auch der Angestellten

einen Verlust an sozialem Ansehen und Standesehre. Auch die Angestellten bekamen jetzt Veränderungen der Arbeitswelt durch die Rationalisierung der Betriebe und Büros, besonders aber die Unsicherheit ihres Arbeitsplatzes infolge konjunktureller Krisen zu spüren. Durch eine verschlechterte Einkommensposition im Vergleich zur Vorkriegszeit verringerte sich nun auch der Abstand zur Arbeiterschaft, und zwar sowohl in materieller auch als in immaterieller, beispielsweise arbeitsrechtlicher Sicht. Das lag weniger an einem Abbau der Angestelltenprivilegien als an einer Verbesserung der Sozialgesetzgebung, durch die die Arbeiterschaft zunehmend Rechte erhielt, die zuvor Angestellten vorbehalten gewesen waren. Indem besonders Angestellte privat für ihre Alterssicherung vorsorgten, dürften auch sie nicht unerhebliche Werte durch die Inflation verloren haben.

Fehlende politische Repräsentanz auch des neuen Mittelstands

https://doi.org/10.36198/9783838557328-m31

Sowohl Beamten als auch Angestellten gelang es durch Betonung ihrer Sonderstellung nicht, ihre Interessen über ihre Verbände bzw. Gewerkschaften angemessen zu artikulieren und durch entsprechende Koalitionen im parlamentarischen System durchzusetzen (M31). Das war selbstverständlich auch Folge der berufsständischen Organisation des gesamten Mittelstands, beispielsweise in Angestelltenverbänden oder Handwerkerorganisationen, wodurch einmal mehr eine parlamentarische, den Arbeiterparteien vergleichbare Gesamtvertretung nicht gelang. Ähnlich wie der alte blieb also auch der neue Mittelstand politisch weitgehend isoliert.

Mittelstand Nutznießer kommunaler Kultur- und Freizeitorganisation

Offensichtlich stellte sich die Weimarer Republik für die heterogene Gruppe des Mittelstands damit ungleich weniger als Wohlfahrtsstaat dar als für die Arbeiterschaft, gerade auch wenn freiberuflich tätige Akademiker wie Ärzte und Rechtsanwälte oder auch mittelständische Wohnungsvermieter in die Betrachtung mit einbezogen werden. Allerdings ist nicht zu vernachlässigen, dass auch der Mittelstand am Ausbau der öffentlichen Wirtschaft partizipierte. Dabei ist weniger an die kommunale Daseinsvorsorge zu denken, unter der in erster Linie der Ausbau der Infrastruktureinrichtungen verstanden wird und mit der die Kommunen unterschiedlichen Intentionen nachkamen, also nicht nur sozial-, gesundheits- oder sogar wettbewerbspolitische, sondern auch finanz- und konjunkturpolitische Ziele verfolgten. Denn neben der Wasser- und Energieversorgung sowie dem öffentlichen Personennahverkehr verwalteten die Gemeinden in den 1920er-Jahren zunehmend auch Kultur- und Freizeiteinrichtungen, die in nicht unerheblichem Maß von Angehörigen des neuen Mittelstands genutzt worden sein dürften. Gerade Angestellte gaben nämlich mehr Geld für Freizeit, Sport und Vergnügen aus als Arbeiter oder auch Beamte, weshalb in diesem Zusammenhang die von den Kommunen errichteten Sport- und Grünanlagen, Schwimmbäder, Spielplätze, Museen, Theater und Orchester nicht zu vergessen sind.

Unternehmerverbände: Von der Tarifpartnerschaft zur radikalen Konfrontation

Vereinigung der Deutschen Arbeitgeberverbände

Einflussreiche Industrielle der 1913 gegründeten „Vereinigung der Deutschen Arbeitgeberverbände" (VDA) standen bereits unter den Bedingungen der Kriegswirtschaft mit den Gewerkschaften im Gespräch. Angesichts eines möglichen revolutionären, gegen das kapitalistische System gerichteten Staatsumsturzes samt Bedrohung des freien Unternehmertums räumte die VDA den Gewerkschaften schließlich neben einer institutionalisierten Zusammenarbeit in der Zentralarbeitsgemeinschaft und einer Vielzahl weiterer Zugeständnisse das Recht auf kollektive Arbeitsverträge und deren Anerkennung als gleichberechtigte Tarifpartner ein; vor allem gestand sie den von den Arbeitnehmervertretern seit den achtziger Jahren des 19. Jahrhunderts geforderten achtstündigen Arbeitstag zu. Die VDA vertrat die Unternehmerinteressen auch in der Folge während der gesamten Weimarer Republik in sozialpolitischen Belangen, insbesondere in Tariffragen und bei Arbeitskonflikten. Die wirtschaftspolitischen Interessen sollte demgegenüber der am 12. April 1919 von zuvor miteinander rivalisierenden Verbänden gegründete „Reichsverband der Deutschen Industrie" (RDI) vertreten. Sowohl VDA als auch RDI bestanden aus zahlreichen Mitgliedsverbänden, scheinen, da es zu keiner entsprechenden Abspaltung kam, auch die Interessen der mittelständischen Arbeitgeber angemessen vertreten zu haben und waren durch eine entsprechende Besetzung der Leitungsgremien auch in Personalunion miteinander verbunden. Allerdings bewahrte sich die Ruhrindustrie aufgrund ihres wirtschaftlichen Potenzials und ihres bis in die Kaiserzeit zurückreichenden politischen Einflusses innerhalb der VDA eine eigenständige Position, die sie vor allem über den „Verein deutscher Eisen- und Stahlindustrieller" (VES) und den „Verein zur Wahrung der gemeinsamen wirtschaftlichen Interessen in Rheinland und Westfalen" (Langnamverein) artikulierte. Hierdurch geriet die VDA auch schon bald wieder in Konflikt oder sogar Konfrontation mit den Gewerkschaften, während der RDI eher versuchte, Vertreter der Industrie für ein Reichstagsmandat zu gewinnen und seine Interessen durch Kontakte zur Ministerialbürokratie durchzusetzen.

Reichsverband der Deutschen Industrie

Ruhrindustrielle

Ziel: Rekonstruktion der Arbeitsbeziehungen der Vorkriegszeit

Die Haltung der deutschen Unternehmer und ihrer Verbände zu Demokratie, Republik und gewerkschaftlich vertretener Arbeitnehmerschaft war mindestens zwiespältig, wenn nicht gar in Teilen offen ablehnend. Von daher kam es schon sehr früh wieder zu Versuchen, die *industrial relations*, die Arbeitsbeziehungen der Vorkriegszeit möglichst schnell zu rekonstruieren. Noch bevor es also zu fundamentalen Angriffen auf das Schlichtungswesen und damit die Tariflöhne kam, ist das Kernstück sozialer Errungenschaften, der Achtstundentag, preisgegeben worden. Obwohl von den Arbeitgeberverbänden unter dem Eindruck der revolutionären Verhältnisse bereits in der Vereinbarung über die zu errichtende Zentralarbeitsgemeinschaft am 15. November 1918 zugestanden, verhärteten sich die Fronten nach dessen gesetzlicher Einführung mit Lohnausgleich sehr schnell. Vor allem die Ruhrindustriellen wollten sich mit längeren Arbeitszeiten nach Beendigung der Inflation positionieren. Nach Einstellung des

Bruch mit Achtstundentag

passiven Widerstands am 26. September 1923 und Verhandlungen zwischen Ruhrindustriellen und Besatzungsmächten verkündeten die westdeutschen Bergwerksbesitzer deshalb zunächst unter eklatanter Missachtung gesetzlicher Bestimmungen und gültiger Tarifvereinbarungen einseitig die Rückkehr zu längeren Arbeitszeiten (M32). Der Widerstand der Gewerkschaften und die ausbleibende Unterstützung durch Besatzungsbehörden sowie preußische Regierung ließen diesen Vorstoß zunächst zwar noch scheitern. In schwierigen Verhandlungen konnte Reichsarbeitsminister Heinrich Brauns (Zentrum) Arbeitnehmer- und Arbeitgebervertreter im besetzten Gebiet allerdings auf die Möglichkeit einer tariflich geregelten Verlängerung der gesetzlichen Arbeitszeit festlegen (M33). Aus schwacher Position heraus – die Arbeitgeber hatten ihre Belegschaften zum Ende des Monats vollständig entlassen – stimmten die Bergarbeiterverbände schließlich der Übertragung dieses Abkommens auf das gesamte Reichsgebiet zu. Etwa zeitgleich wurde auch in der zweiten Schlüsselbranche, der Metallindustrie, eine entsprechende Vereinbarung unterzeichnet. Mit der Arbeitszeitverordnung vom 21. Dezember 1923 sanktionierte die Reichsregierung den vorangeschrittenen Bruch mit dem Achtstundentag schließlich. Zwar hielt diese Verordnung noch am Grundsatz des Achtstundentages fest, eröffnete jedoch die Möglichkeit der Wiedereinführung einer zehnstündigen täglichen Arbeitszeit und des Zweischichtensystems, falls dies aus betriebstechnischen oder allgemein wirtschaftlichen Gründen notwendig sein sollte.

https://doi.org/10.36198/9783838557328-m32

https://doi.org/10.36198/9783838557328-m33

Reale Arbeitszeit definiert sich nach wirtschaftlichem Optimum

Bereits im Januar 1924 gingen die Stahlwerke auf dieser Basis allgemein vom Drei- zum Zweischichtensystem über, sodass sich die wöchentlichen Arbeitszeiten hier auf 68 oder sogar 78 Stunden erhöhten. Harold James führt die Hartnäckigkeit, mit der im Bergbau, in der Stahl- und Metallindustrie die Arbeitszeitverlängerung verfolgt wurde, auf einen spürbaren Mangel an qualifizierten Arbeitskräften zurück, deren Ausbildung während der Kriegs- und Inflationszeit vernachlässigt worden war. Die drastischen Verlängerungen der Arbeitszeiten waren andererseits nur angesichts temporärer Uneinigkeit mit daraus resultierender Schwäche der Gewerkschaften möglich, die sich vergeblich gegen die Arbeitszeitverlängerung zur Wehr zu setzen versuchten. Denn zunehmende Arbeitskonflikte, Proteste und Streiks, bei denen nicht selten deutsche Polizei oder sogar französische Armee eingriffen, verhinderten nicht, dass sich die Arbeitszeit auch in anderen Branchen wie der Textil-, der Metall- und der Elektroindustrie verlängerte. Wo, wie in der Schuh- oder Holzindustrie, kein Arbeitskräftemangel herrschte oder technische Gegebenheiten in Kombination mit dem Dreischichtensystem das wirtschaftliche Optimum versprachen, wurde allerdings der Achtstundentag beibehalten.

Politische Radikalisierung der Unternehmer

Von einigen Historikern wird die für die Arbeitnehmer günstig verlaufende Lohnentwicklung während der Weimarer Republik als Folge politischer Machtverschiebungen interpretiert. Den zeitgenössischen Unternehmern war sie vor allem aber eine wichtige Triebkraft zunehmender politischer Radikalisierung, da sie die internationale Wettbewerbsfähigkeit der deutschen Industrie durch den gewerkschaftlichen Druck

„Veto-Position“ der Schwerindustrie

bedroht sahen. Allerdings müsste hier korrekterweise nach Industriesektoren und einzelnen Entwicklungsphasen differenziert werden. So konnte Bernd Weisbrod vor allem die Macht der deutschen Schwerindustrie offenlegen, die zum einen auf ihrer wirtschaftlichen Schlüsselstellung, zum anderen auf den politischen Verbindungen, über die ihre Repräsentanten verfügten, beruhte. Damit habe die Schwerindustrie über eine „Veto-Position“ verfügt, mit der sie den Handlungsspielraum der demokratischen Regierungen eingeengt habe. Insofern habe sie die korporativistischen Grundlagen des Weimarer Systems zerstört, die ursprünglich der Konfliktentschärfung zwischen den organisierten Interessen hätten dienen sollen. Damit habe die Schwerindustrie dem politischen System insofern Schaden zufügt, als sie dessen Integrationskraft und Steuerungsfähigkeit ernsthaft bedroht, die sozialstaatlichen Inhalte ausgehöhlt und die demokratische Struktur geschwächt habe. So gesehen kann der Kollaps des Weimarer Systems auf den politischen Einfluss besonders der Kohle- und Stahlproduzenten an Rhein und Ruhr zurückgeführt werden. Als Rahmen, innerhalb dessen sich die Beziehungen zwischen den Arbeitsmarktparteien, aber auch die unterschiedlichen industriellen Interessen grundlegend veränderten, gelten die Gründung der Zentralarbeitsgemeinschaft einerseits sowie der Ruhreisenstreit andererseits. Dabei verwies das Scheitern der Zentralarbeitsgemeinschaft, das sich spätestens 1923 mit der Entscheidung gegen den Achtstundentag vollzog, bereits auf die Machtverschiebung zugunsten der Arbeitgeber. Parallel zum wirtschaftlichen Aufschwung setzten sich von nun an die Bemühungen der industriellen Arbeitgeber um die Zurückdrängung von Gewerkschaften und Sozialstaat fort.

Gewerkschaften: Arbeitnehmerinteressen in einem sich wandelnden Kräftefeld

Zu den wichtigsten, an Mitgliedern stärksten Verbänden gehörten in der Weimarer Republik die Gewerkschaften. Nach der Revolution erlebten diese Interessenverbände einen regelrechten Boom. So stiegen die Mitgliederzahlen der Freien Gewerkschaften zwischen 1918 und 1920 von 1,5 auf über 8 Mio., die der Christlichen Gewerkschaften sowie der Hirsch-Dunckerschen Gewerkvereine verdoppelten sich zeitgleich auf über 1,1 Mio. bzw. 225.000. Zusammen mit den Verbänden der Angestellten und Beamten waren 1920 rund 12,5 Mio. Arbeitnehmer organisiert. Angesichts der für die Arbeitnehmer unbefriedigenden wirtschaftlichen Entwicklung während der Inflation und infolge erfolgreicher unternehmerischer Angriffe auf sozialstaatliche Errungenschaften schrumpften die Mitgliederzahlen jedoch schon bald rapide, um nach einer Talsohle im Jahr 1926 drei Jahre später wieder zu steigen. Jetzt zählten die Freien und die Christlichen Gewerkschaften sowie die Hirsch-Dunckerschen Gewerkvereine immerhin wieder 5,8 Mio. Mitglieder; realpolitisch aber verhandelten die Arbeitgeber regelmäßig mit den Freien, je nach Region auch einmal mit den Christlichen Gewerkschaften.

Allgemeiner Deutscher Gewerkschaftsbund

Den größten Zuspruch unter den drei Richtungsgewerkschaften erzielten von jeher die der Sozialdemokratie politisch nahestehenden und mit dieser auch personell eng verbundenen Freien Gewerkschaften, die 1929 immerhin noch über 4,9 Mio. Mitglieder verfügten. 1919 fanden deren unterschiedliche Verbände unter dem Dach des „Allgemeinen Deutschen Gewerkschaftsbundes“ (ADGB) zusammen, dessen Vorsitzende Carl Legien sowie nach dessen Tod 1920 Theodor Leipart waren. Die Einzelverbände verfügten dabei über eigene Bildungseinrichtungen, eigene Presseorgane und sogar über gewerkschaftseigene Unternehmen wie Wohnungsbaubetriebe oder Versicherungen. Die zahlenmäßig und organisatorisch unbedeutende kommunistische „Revolutionäre Gewerkschafts-Opposition“ wurde vom ADGB – analog den Vorgängen zwischen SPD und KPD auf politischer Ebene – bekämpft. Eine dem ADGB vergleichbare Organisation unter dem Dachverband des „Deutsch-Demokratischen Gewerkschaftsbundes“ gelang den Christlichen Gewerkschaften und den liberalen Hirsch-Dunckerschen Gewerkvereinen aufgrund der weltanschaulichen Differenzen der in ihnen organisierten Arbeitnehmer nicht. Die sich daraufhin zum „Deutschen Gewerkschaftsbund“ (DGB) zusammenfindenden, christlich-national eingestellten Arbeitnehmer wurden mit dem Zentrumspolitiker Adam Stegerwald als Vorsitzendem immerhin von einem der einflussreichsten Politiker der Weimarer Republik vertreten. Kaum eine Rolle in der Gunst der Arbeitnehmer spielten während der Weimarer Zeit dagegen die wirtschaftsfriedlichen, von Unternehmerseite geförderten „gelben“ Werkvereine sowie die 1928 gebildete „Nationalsozialistische Betriebszellen-Organisation“.

Deutscher Gewerkschaftsbund

Gelbe Werkvereine

Verändertes Kräfteverhältnis schon 1923

Mit der Arbeitszeitverordnung von 1923, die die Möglichkeit eröffnete, vom Achtstundentag abzuweichen, war das veränderte Kräfteverhältnis, dem sich Gewerkschaften und auch der Staat gegenübersahen, sichtbar geworden. In der Folge versuchten die Gewerkschaften dann aber, und zunächst auch nicht ohne Erfolg, Löhne und Arbeitszeit im Rahmen der verbliebenen Tarifautonomie, deren Herzstück die Schlichtungsverordnung (SchlVO) war, in ihrem Sinn zu verbessern. Schon die Tarifvertragsverordnung vom 23. Dezember 1918 (TVVO) hatte die Tarifautonomie der Verbände garantiert, dem seinerzeitigen Reichsarbeitsamt zugleich aber zugebilligt, sich in wichtigen Fällen direkt in die Schlichtungsverhandlungen einzuschalten. Schon während der wirtschaftlichen Demobilmachung erfolgte auf dieser Grundlage die Abkehr von dem bis dahin gültigen Prinzip, dass ein Schiedsspruch der Schlichtungsinstanz nur dann Gültigkeit erlangte, wenn beide Tarifvertragsparteien zustimmten. Mit Verordnungen vom 4. und 24. Januar 1919 reklamierte der Staat jetzt nämlich das Recht, Schiedssprüche, die nicht von beiden Seiten angenommen worden waren, zur Vermeidung von Arbeitskonflikten für verbindlich zu erklären. Damit wurde auch verhindert, dass während der Inflation die Löhne hinter den Preisen zurückblieben. War die Verbindlichkeitserklärung zunächst noch auf Einzelarbeitsverträge beschränkt, dehnte eine Verordnung vom 3. September 1919 diese auch auf Gesamtvereinbarungen aus.

Staatliche Schlichtung zu Beginn der Republik

Schlichtungsverordnung vom 30.10.1923

Am 30. Oktober 1923 ist dann auf dieser Basis durch Ermächtigungsgesetz die Schlichtungsverordnung (SchlVO) erlassen und anschließend durch zwei Ausführungsverordnungen ergänzt worden. Zu einer gesetzlichen Regelung ist es infolge fehlender parlamentarischer Mehrheiten jedoch nicht gekommen, sodass aus dem Provisorium ein Dauerzustand wurde. Autonome Schlichtungsstellen behielten durch die Schlichtungsverordnung bei Auseinandersetzungen über Tarifverträge oder Betriebsvereinbarungen ausdrücklich Vorrang; erst wenn eine Einigung nicht gelang, besaß der Staat die Möglichkeit zur Zwangsschlichtung. Schlichtungsausschüsse und Schlichter sollten auf Antrag einer Partei oder von Amts wegen erst dann tätig werden, wenn keine von den Tarifparteien vereinbarte Schlichtungsstelle bestand oder diese keine Einigung herbeiführen konnte. Die Ausschüsse waren paritätisch mit Arbeitgeber- und Arbeitnehmervertretern besetzt, an deren Spitze ein oder mehrere von der obersten Landesbehörde bestellte unparteiische Vorsitzende standen. Für größere Wirtschaftsbezirke bestellte der Reichsarbeitsminister Schlichter, in besonderen Fällen konnten Sonderschlichter berufen werden. Sie alle handelten autonom, waren also an keinerlei Weisungen gebunden und behandelten ausschließlich Gesamtvereinbarungen. Für Einzelarbeitsstreitigkeiten waren deshalb von nun an nur noch die ordentlichen Arbeitsgerichte zuständig. Ziel des Vorsitzenden des Schlichtungsausschusses bzw. des Schlichters war zunächst, die Tarifparteien zu einer freiwilligen Einigung zu bewegen und entsprechend zu vermitteln. Gelang dies nicht, bildete er eine Schlichtungskammer mit zwei Arbeitgebern und zwei Arbeitnehmern als Beisitzern, vor der der Streitfall anschließend verhandelt wurde und die einen unverbindlichen Schiedsspruch fällte. Wurde dieser Schiedsspruch nicht von beiden Tarifparteien angenommen, konnte er auf Antrag einer Partei oder aus öffentlichem Interesse für verbindlich erklärt werden. Das fixierte eine am 29. Dezember 1923 erlassene Ausführungsverordnung. Die Verbindlichkeitserklärung sprach ein übergeordneter staatlicher Schlichter bis hin zum Reichsarbeitsminister aus, sodass der jeweils vorschlagende Ausschussvorsitzende bzw. Schlichter nicht über den eigenen Schiedsspruch entschied. Die Verbindlichkeitserklärung ersetzte die Annahme des Schiedsspruches und hatte die rechtliche Wirkung eines frei ausgehandelten Tarifvertrages mit entsprechenden Friedenspflichten, auch wenn beide Tarifparteien sie abgelehnt hatten. Der Staat konnte damit also gegen den Willen der Arbeitgeber und Arbeitnehmer Tarifverträge dekretieren, gegen die – wollten die Tarifparteien nicht schadensersatzpflichtig werden – nicht gestreikt oder ausgesperrt werden durfte.

Schlichtungsausschüsse

Verbindlichkeitserklärung

Bewertung des staatlichen Schlichtungswesens

Gerald D. Feldman und Irmgard Steinisch verbinden mit dem so verwirklichten Schlichtungswesen der Weimarer Republik eine beinahe unbegrenzte Interventionsmöglichkeit des Reichsarbeitsministers in kontroversen Tarifangelegenheiten, die diesem damit zugleich einen kontinuierlichen Einfluss auf die gesamte Tarifpolitik sicherte. Immerhin nahm der Reichsarbeitsminister seine in der Schlichtungsverordnung fixierte alleinige Entscheidungsgewalt in jahrelanger, zunächst auch unbeanstandeter Praxis wahr. Erst Ende der 1920er-Jahre kamen innerhalb der Großen Koalition Zweifel an der alleinigen Entscheidungsbefugnis des Reichsarbeitsministers auf, allerdings nicht etwa hinsichtlich der Zwangsschlichtung als solcher oder mit Blick auf die Funktion des Staates in Konkurrenz zu einer autonomen Schlichtung, sondern hinsichtlich der Frage, ob eine Verbindlichkeitserklärung in gesamtwirtschaftlich bedeutenden Fällen nicht von einem Entscheid des gesamten Kabinetts abhängig gemacht werden solle.

Reichweite staatlicher Verbindlichkeitserklärungen

Zwischen 1924 und 1932 war es zu mehr als 76.300 Schlichtungsverfahren gekommen, von denen nur etwa 5,5 % mit einer Verbindlichkeitserklärung beendet wurden. Allerdings betrafen diese Zwangsschiedssprüche immerhin 30 % aller Arbeitnehmer. Allein in den Jahren 1928 und 1929 wurden so die Löhne von mehr als der Hälfte aller Industriearbeiter durch Schiedssprüche festgelegt, weil diese vor allem auf die großen, maßgebenden Branchen zielten. Vieles deutet zudem darauf hin, dass das Schlichtungswesen tendenziell der Arbeitnehmerseite zugutekam, was nicht heißen soll, es habe die Arbeitnehmerschaft einseitig begünstigt. So wiesen die Verbindlichkeitserklärungen regelmäßig eine arbeitnehmerfreundliche Tendenz auf, und die weit überwiegende Mehrheit der Schlichtungsverfahren (85 % bis 90 %) und der Verbindlichkeitserklärungen (75 % bis 80 %) wurde von den Gewerkschaften beantragt bzw. angenommen. Außerdem sind mit den Verbindlichkeitserklärungen Lohnerhöhungen erleichtert und, besonders während der Weltwirtschaftskrise, Senkungen der Löhne erschwert worden. Bedeutende sozialdemokratische Führungspersönlichkeiten interpretierten die politische Lohnregelung – im Gegensatz zur produktivitätsorientierten – dementsprechend als wesentliche sozialpolitische Errungenschaft. Dafür spricht auch, dass die Arbeitgeberseite zunehmend gegen das Schlichtungswesen in Form der staatlichen Zwangsschlichtung agierte, was mit Johannes Bähr allerdings auch als neu entstandene Überlegenheit der Unternehmer gewertet werden kann. Vor allem die Schwerindustrie lehnte das Schlichtungswesen ab und bekämpfte es als Ausdruck des Wohlfahrtsstaats. Dabei übte die Arbeitgeberseite besonders an den „Stichentscheiden", dem Alleinentscheid des Schlichters und sog. „Ein-Mann-Schiedsspruch", Kritik. Damit waren solche Schiedssprüche gemeint, bei denen die Stimme des vom Reichsarbeitsminister nominierten Vorsitzenden den Ausschlag gab, weil sich der paritätisch aus Arbeitgebern und Arbeitnehmern zusammengesetzte Schlichtungsausschuss nicht auf einen Mehrheitsbeschluss hatte einigen können.

Kritik der Industrie an Stichentscheiden

Politisierung des Schlichtungswesens untergräbt staatliche Autorität

Indem Tarifstreitigkeiten in der Folge politisiert wurden, musste der in das Schlichtungswesen involvierte Staat an Autorität einbüßen. Einerseits hatte der Staat also die schon bald nicht mehr mögliche privatwirtschaftliche Einigung der Tarifparteien ersetzen und mit dem kollektiven Arbeitsrecht auch die sozialpolitischen Grundlagen der Weimarer Republik schützen wollen. Weil er dadurch als Zwangsschlichter in letzter Instanz fungierte, wurden die Arbeitsmarktparteien graduell allerdings auch aus der tarifpolitischen Verantwortung entlassen, was ihre Kompromissbereitschaft und damit die Funktionsfähigkeit des kollektiven Arbeitsrechts weiter schwächte, vor allem aber die auf Interessenausgleich gerichtete demokratische Entscheidungsfindung verhinderte. Immerhin führte das hartnäckige Festhalten an ursprünglichen Forderungen regelmäßig zu einer Zwangsschlichtung, deren Ergebnis den Verbandsmitgliedern leichter zu vermitteln war als eigenständig ausgehandelte,

https://doi.org/10.36198/9783838557328-m34

hinter den ursprünglichen Forderungen zurückgebliebene Kompromisse. Insofern spricht tatsächlich einiges für die Annahme, das staatliche Schlichtungswesen habe in diesem weiter gefassten Sinn eher kontraproduktiv gewirkt. Zwei Ereignisse, der Ruhreisenstreit und der Schiedsspruch von Bad Oeynhausen, unterstreichen (M34) diese zwiespältige Beurteilung.

Ruhreisenstreit 1928/29

Nach einem großen Arbeitskampf der Arbeitgebergruppe Nordwest der Eisen- und Stahlindustrie hatte Reichsarbeitsminister Rudolf Wissell (SPD) den Schiedsspruch des Sonderschlichters Dr. Wilhelm Joetten für verbindlich erklärt. Diese Verbindlichkeitserklärung kam gegen den entschiedenen Einspruch des Reichswirtschaftsministers Julius Curtius (DVP) zustande. Die Arbeitgeber selbst bestritten die Gültigkeit des Schiedsspruches, weil ihrer Meinung nach ein Alleinentscheid des Schlichtungskammervorsitzenden (Ein-Mann-Schiedsspruch) rechtlich nicht zulässig sei und Joettens Schiedsspruch zudem in den ungekündigten Manteltarifvertrag eingreife. Die Arbeitgeber der Arbeit-Nordwest sperrten daraufhin am 1. November 1928 fast 250.000 Beschäftigte aus und riefen zwei Tage später das Arbeitsgericht an. Der ehemalige Prozessbevollmächtigte des Metallarbeiterverbands im Ruhreisenstreit, Ernst Fraenkel, sprach von annähernd 300.000 ausgesperrten Metallarbeitern, von denen mehr als zwei Drittel keiner Gewerkschaft angehörten und von daher weder eine gewerkschaftliche Streikunterstützung erhielten noch eigentlich zur Wohlfahrtsunterstützung berechtigt waren. Vor allem aber stellte die Aussperrung von Arbeitswilligen in einer Tarifauseinandersetzung, zumal nach dem Zustandekommen einer Verbindlichkeitserklärung, einen klaren Rechtsbruch dar.

Urteil des Reichsarbeitsgerichts

In erster Instanz erhielten die Arbeitgeber mit Urteil vom 12. November 1928 in vollem Umfang Recht, während das von den Gewerkschaften angerufene Landesarbeitsgericht mit Urteil vom 24. November 1928 eine konträre Meinung vertrat. Noch bevor das Reichsarbeitsgericht zu einem letztinstanzlichen Urteil kam, konnten sich Arbeitgeber und Arbeitnehmer dann jedoch außergerichtlich durch einen Schiedsspruch des als Sonderschlichter fungierenden Reichsinnenministers Carl Severing (SPD) einigen. Damit erlangte das Urteil des Reichsarbeitsgerichts vom 22. Januar 1929 für die als Ruhreisenstreit bezeichnete Tarifauseinandersetzung selbst keine Bedeutung mehr. Für das Schlichtungswesen als Institution aber sollte es wegweisend sein. Obwohl es nämlich seit Erlass der Schlichtungs- und der zugehörigen Ausführungsverordnungen gängige und bis dato unbeanstandete Praxis gewesen war, dass ein unabhängiger Schlichter einen Alleinentscheid abgab, sofern sich die Tarifparteien nicht hatten einigen können, stand dieses durch die zweite Ausführungsverordnung gedeckte Vorgehen im Widerspruch zur eigentlichen Schlichtungsverordnung, die einen Schiedsspruch der Schlichtungskammer vorsah. Folgerichtig hob das Reichsarbeitsgericht die Zulässigkeit des Alleinentscheids auf. Mit dem Urteil wurde insofern die Stellung des Schlichters maßgeblich geschwächt, der von nun an keinen zwischen beiden Parteien vermittelnden Schiedsspruch mehr formulieren konnte und sich in der Praxis entweder der Position der Arbeitnehmer- oder jener der Arbeitgeberseite anschließen musste.

Nicht zuletzt aber diskreditierte das Urteil auch fünf Jahre Schlichtungspraxis. Nach Ernst Fraenkel war deshalb das Reichsarbeitsministerium der eigentlich Unterlegene im Ruhreisenstreit, weil es sich im Schlichtungswesen allgemein von rechtsirrigen Überlegungen habe leiten lassen.

Erneuter Tarifkonflikt der Eisen- und Stahlindustrie Nordwest

Eine weitere Wendung brachte der Schiedsspruch von Bad Oeynhausen zu Beginn der ersten Amtszeit Brünings, der abermals einen Tarifkonflikt bei der Arbeitsgruppe Nordwest der rheinisch-westfälischen Eisen- und Stahlindustrie schlichten sollte. Hauptziel der Arbeitgeberseite war die Streichung der Akkordsicherungsklausel gewesen, durch die der Akkordlohn um mindestens 15 % über dem Tariflohn liegen musste und die Senkung des Akkords aus rein wirtschaftlichen Gründen verboten war. Von Beginn an versuchte die Arbeitgeberseite, die Aufhebung der Akkordsicherungsklausel mit der Zusage von Preissenkungen zu verknüpfen. Damit traf sie den Nerv der Regierung Brüning, die der weltweiten Wirtschaftskrise mit Lohn- und Preissenkungen zu begegnen beabsichtigte. Der von dem zuständigen Schlichter Dr. Max Brahn gefällte Schiedsspruch kam den Forderungen der Arbeitgeber weitgehend entgegen: Durch Aufhebung der Akkordsicherungsklausel, die immerhin in rund 80 % aller Tarifverträge verankert war, hätte es in der Folge zu nicht unerheblichen Lohnsenkungen kommen müssen. Da der Schiedsspruch von Gewerkschaftsseite jedoch abgelehnt wurde, versuchten die betroffenen Arbeitgeber der Eisenindustrie eine Verbindlichkeitserklärung des Reichsarbeitsministers Adam Stegerwald (Zentrum) zu erreichen. Dieser machte seine Entscheidung allerdings von einer über die Lohnkosteneinsparung hinausgehenden Senkung des Eisenpreises abhängig. Die Zusicherung der Arbeitgeber, den Preis um 3,50 bis 4,00 RM je Tonne Eisen zu senken, ermöglichte dann tatsächlich den Schiedsspruch vom 10. Juni 1930.

Schiedsspruch von Bad Oeynhausen 1930

Frontalangriffe auf Tarifautonomie

Die Arbeitgeber konnten von nun an auf eine veränderte Praxis im staatlichen Schlichtungswesen, also auf weitere Lohnsenkungen hoffen. In der Tat schloss sich an den Schiedsspruch von Bad Oeynhausen eine Phase immer tiefergehender Eingriffe in das Tarifsystem an. So ermöglichte eine neue Schlichtungsverordnung vom 9. Januar 1931 dem Schlichter beispielsweise, einen Schiedsspruch gegen den Willen beider Tarifparteien zu fällen. Prinzipiell versetzte die so geänderte Schlichtungsverordnung das Arbeitsministerium damit in die Lage, Löhne nach eigenem Gusto festzusetzen. Die massiven, auf dem Notverordnungsrecht beruhenden Eingriffe der Regierung Brüning führten schließlich tatsächlich auch zu Lohnsenkungen, ohne dass allerdings die von der Regierung anvisierte Senkung des gesamtwirtschaftlichen Lohn- und Preisniveaus gelang. Das hatte seinen Grund darin, dass die Preissenkungen in der Eisenindustrie unmittelbar nach dem Oeynhausener Schiedsspruch zu gering ausgefallen waren und sich andere Branchen den Preissenkungen nicht anschlossen. Um sich für künftige Tarifverhandlungen Spielraum zu bewahren, verwarf die Industrie überfällige Preissenkungen im Gegenteil zunächst sogar erst einmal. Die Frontalangriffe auf die Tarifautonomie aber sollten sich mehren, beispielsweise indem mittels staatlicher Notverordnungen Tariflöhne gesenkt und Laufzeiten von Tarifverträgen verlängert wurden. Das reichte bis hin zur Notverordnung Franz von Papens vom 5. September 1932, die Unternehmern die Unterschreitung vereinbarter Tariflöhne mit Zustimmung eines Schlichters gestattete, während gewerkschaftliche Kampfmaßnahmen gegen Lohnsenkungen durch eine Ausführungsverordnung als Verstoß gegen die tarifvertragliche Friedenspflicht erklärt wurden. Auch wenn von Schleicher diese Bestimmungen aus taktischen Gründen wieder außer Kraft setzte, war der Weg für die radikale Beseitigung des kollektiven Arbeitsrechts ebenso wie die der Gewerkschaften als Institution und damit die Abkehr vom Interessenausgleich mit der Arbeiterschaft jetzt bereits vorgezeichnet.

Faktencheck „Interessenvertretung und -politik“

- ✔ Der Weimarer Pluralismus beruht auf Parteien und in Verbänden organisierten Interessen.
- ✔ Durch Ausbleiben staatlicher Mittel können organisierte Interessen längerfristig nicht zum Ausgleich gelangen, das politische System kann dadurch auf Dauer nicht stabilisiert werden.
- ✔ Die asymmetrische Repräsentanz lässt die Großagrarier zum privilegierten, andere gesellschaftliche und landwirtschaftliche Gruppen schädigenden „Opfer“ des Strukturwandels werden.
- ✔ Die Ablehnung der parlamentarischen Demokratie durch den Mittelstand speist sich aus der als belastend wahrgenommenen ökonomischen Lage und der fehlenden Interessenvertretung.
- ✔ Der ursprünglich von Arbeitgebern mit Arbeiterschaft ausgehandelte Interessenausgleich wird spätestens im Ruhreisenstreit 1928/29 aufgekündigt.
- ✔ Einem autoritär verfassten Staat wird aus Teilen der Industrie sowie durch agrarische und bürgerliche Interessenverbände aus unterschiedlichsten Motiven Vorschub geleistet.

Weimar – der überforderte Wohlfahrtsstaat

Schlüsseldokument: Der Reichsverband der Deutschen Industrie zur Wirtschafts- und Finanzpolitik

Als mit der Währungsreform die Inflation endete, konnten die öffentlichen Finanzen der Republik erstmals solide kalkuliert werden und die Privatwirtschaft zu einem betriebswirtschaftlichen, am Marktgeschehen ausgerichteten Kalkül zurückkehren. Erste Berechnungen legten nun aber nicht nur innerbetriebliche Kosten, sondern auch die Belastungen schonungslos offen, die sich für die Betriebe durch das erweiterte Engagement des Staats ergaben, darunter die der stark angewachsenen sozialstaatlichen Verpflichtungen. Damit brachen die wirtschaftliche und politische Entwicklung der Weimarer Republik bis zu deren Ende schwer belastende Konfliktlinien auf, die die Inflation bis dahin zugekittet hatte. So ließ die Notwendigkeit einer effizienten, kostenminimierenden Produktion die Unternehmer schon Ende des Jahres 1923, also mitten im Prozess der Währungsstabilisierung, von dem 1918 zugestandenen Achtstundentag abrücken. Weitere potenzielle Konfliktfelder stellten die Höhe der Löhne einschließlich der Lohnfindung im Rahmen des Schlichtungswesens sowie die Belastung der Privatwirtschaft durch Steuern dar, wodurch die öffentlichen Finanzen, aber auch der wohlfahrtsstaatliche Interventionsstaat selbst in die Kritik gerieten. In seiner Denkschrift über die „Deutsche Wirtschafts- und Finanzpolitik" (M35) gab der Reichsverband der Deutschen Industrie (RDI) bereits im Dezember 1925 – nicht ohne die Privatwirtschaft an ihre Aufgabe einer effizienten Prozessgestaltung zu erinnern – die entsprechende programmatische Richtung vor. In den folgenden Jahren traten weitere Kritiker hinzu, u. a. Reichsbankpräsident Hjalmar Schacht, der sich vor allem auch durch seine Kritik an der Verwendung öffentlicher Gelder in den Kommunen hervortat.

https://doi.org/10.36198/9783838557328-m35

Das Weimarer „Dilemma"

Das Bekenntnis zum über den Sozialstaat hinausgehenden, durchaus kostenträchtigen Wohlfahrtsstaat findet sich in der Weimarer Reichsverfassung in der Generalklausel des Artikels 151 (M36), mit der die Verfassung alle wirtschaftliche Tätigkeit auf die Grundsätze der Gerechtigkeit mit dem Ziel eines menschenwürdigen Daseins verpflichtete. Damit sind zugleich alle wirtschaftsliberalen Rechte unter sozialen Vorbehalt gestellt worden. Daneben findet sich eine Vielzahl sozialrechtlicher Einzelgarantien, die das Sozialstaatsprinzip sehr viel stärker betonen als das 1949 in Kraft getretene Grundgesetz der Bundesrepublik Deutschland. Sie zielen beispielsweise auf

- die Sozialbindung des Privateigentums (Art. 153, Abs. 3);
- die Bodenreform (Art. 155);

https://doi.org/10.36198/9783838557328-m36

- die Sozialisierung (Art. 156);
- den Schutz der Arbeitskraft (Art. 157 und 158);
- die Koalitionsfreiheit (Art. 159);
- das Sozialversicherungswesen (Art. 161);
- den Einsatz der Arbeitskraft für das „Wohl der Gesamtheit“ (Art. 163, Abs. 1);
- das Recht auf Arbeit (Art. 163, Abs. 2);
- die Mittelstandsförderung (Art. 164) sowie
- die betriebliche und überbetriebliche Mitbestimmung der Arbeitnehmer (Art. 165).

Wurzeln des Sozialstaats im Ersten Weltkrieg

Zur Zeit der Weimarer Republik erfolgte dem Verfassungsauftrag gemäß einerseits tatsächlich der Aufbau einer starken wohlfahrtsstaatlichen Sicherung. Der Staat hatte gesamtgesellschaftliche Verantwortung für besondere Lebenslagen übernommen, die bis dahin als individuelles Problem gegolten hatten. Allerdings hatte sich bereits während des Ersten Weltkriegs aus der punktuellen Armutsfürsorge der Kommunen eine umfassende Sozialpolitik entwickelt, gerade weil die nun entstehenden Armutszustände gesellschaftlich verursacht waren und dadurch legitime Entschädigungsansprüche auch gegenüber der neuen Republik nach sich zogen. Überhaupt hat fast alles, was als typische Errungenschaft des Weimarer Sozialstaats zählt und zwischen 1918 und 1920 Gesetzeskraft erhielt, seine Grundlagen in der Kriegszeit, als alte Forderungen der Arbeiterbewegung von den Militärs großzügig konzediert wurden. *In praxi* verhinderten dann aber die ökonomischen Rahmenbedingungen die Einlösung dieses wohlfahrtsstaatlichen Anspruchs.

Aktiver Interventionsstaat in der Krise 1925/26

Welche Schwierigkeiten der verfassungsmäßige Auftrag bereitete, zeigt beispielhaft der aus der aktiven Krisenpolitik von 1925/26 resultierende, kurzfristig aus Kassenreserven gedeckte Finanzbedarf, der langfristig weder mittels Anleihen oder Reichsbankkredit noch durch Einsparungen konsolidiert werden konnte. Der Frage, ob der Rückgang der Arbeitslosigkeit auf die entsprechende staatliche Einflussnahme oder die schnelle konjunkturelle Erholung zurückzuführen ist, kann an dieser Stelle nicht nachgegangen werden. Erstmals aber hatte der Staat danach gestrebt, auf eine sich abzeichnende Krise interventionistisch zu reagieren, um ihre sozialen und ökonomischen Folgen zu lindern. Mit seinen Bemühungen um eine Steigerung des Exports, der zusätzlichen Vergabe öffentlicher Aufträge und Arbeiten sowie der Förderung von Wohnungsbau, landwirtschaftlicher Siedlung und Strukturverbesserungen in den östlichen Grenzgebieten übernahm der Staat Aufgaben, die er bis dahin weitgehend von sich gewiesen hatte. Mit dieser Krisenbekämpfung zeigte sich der Weimarer Staat also als aktiver Interventionsstaat, als Wohlfahrtsstaat.

Sozial- und Wohlfahrtsstaat

Sowohl ***Sozial-*** als auch ***Wohlfahrtsstaat*** zielen auf die Modifizierung der Marktkräfte durch staatliche Förderung der sozialen Sicherheit des Einzelnen; beide stellen zudem eine besondere Form der Massendemokratie dar. Zu beider ***Aufgaben*** gehören nicht nur der Schutz vor

den Folgen von Alter, Invalidität, Krankheit, Unfall und Arbeitslosigkeit, sondern auch Hilfen für große Familien, Gesundheitsfürsorge und sozialen Wohnungsbau.
Kennzeichen eines Sozial- oder Wohlfahrtsstaats sind daneben die Versuche zum Ausgleich unterschiedlicher Startchancen durch ein staatliches Erziehungs- und Bildungswesen, die Umverteilung von Einkommen durch ein entsprechendes Steuersystem sowie die Regulierung des Arbeitsmarkts und der Arbeitsbedingungen. Ein solcher Staat tendiert von daher zur Angleichung der Lebensverhältnisse, zu Zentralisierung und Uniformität.
Im Gegensatz zum Sozialstaat verpflichtet sich der ***Wohlfahrtsstaat*** darüber hinaus aber auch, unerwünschte Entwicklungen des Wirtschaftsprozesses nicht etwa nur ***ex post*** zu korrigieren, sondern bereits zuvor aktiv zu werden und zur Erreichung seiner Ziele steuernd in den wirtschaftlichen Prozess einzugreifen. Der Wohlfahrtsstaat steht somit in enger Beziehung zu einer ***aktiven Konjunktur- und Wirtschaftspolitik.***
Der ***Begriff des Wohlfahrtsstaats*** enthält Anklänge an die bürgerliche Freiheiten beschränkende, bevormundende Wohlfahrt absolutistischer Staaten, deren Grundgedanken teilweise auch im deutschen Kaiserreich noch fortwirkten. Pejorativ wurde er von seinen Gegnern im Deutschen Reich spätestens seit Ende der 1920er-Jahre zu seiner Bekämpfung gebraucht. Der ***heutige Begriff*** des Wohlfahrtsstaats ist demgegenüber britischer Herkunft und diente zunächst der Kennzeichnung der nach 1945 unter der ***Labour Party*** verfolgten Sozialpolitik, bevor er sich über die skandinavischen und die Benelux-Staaten ausbreitete.

Überforderter Sozialstaat infolge schwacher Wirtschaftsleistung

Die Verausgabung öffentlicher Gelder für die Krisenbekämpfung war mit Blick auf die daraus folgenden Belastungen für die öffentlichen Haushalte auch in den folgenden Jahren streng genommen nur im Fall gesamtwirtschaftlicher Prosperität zu schultern, die sich während der gesamten 1920er-Jahre nicht einstellen sollte. Die relative Stagnation ließ insofern sogar einen systematisch überforderten Sozialstaat entstehen, der aus eben diesen Gründen wiederum auf breiter Front, also durchaus auch von gewerkschaftlicher Seite, abgelehnt und kritisiert wurde. Bei vergleichsweise schwacher Wirtschaftsleistung musste der Anteil der Staatsausgaben einschließlich der Sozialversicherung am Bruttosozialprodukt (BSP) so jedenfalls von 17,7 % 1913 über 25,0 % (1925) und 30,6 % (1929) auf 36,6 % 1932 steigen. (Zum Vergleich: Die solchermaßen definierte Staatsquote belief sich in der Bundesrepublik Deutschland beispielsweise im Jahr 2018 auf knapp 44 % des BSP.) Die Arbeitgeber sahen in den aus der Sozialstaatlichkeit resultierenden Kosten wiederum eine schwere Hypothek für die deutsche Wirtschaft im internationalen Vergleich und bekämpften mit dem Sozialstaat, der als Begleiterscheinung des parlamentarischen Parteienstaates angesehen wurde, nicht selten auch die Demokratie.

Ambivalente Bilanz

Einerseits hatte das Deutsche Reich mit der Verankerung sozialer Grundrechte oder auch der ausdrücklichen Anerkennung der Koalitionsfreiheit in der Verfassung also einen qualitativ neuen Weg in der Entwicklung des Sozialstaats beschritten. Andererseits verlor es in der Zwischenkriegszeit seine Spitzenposition im internationalen Vergleich, was den Anteil der Versicherten an den Erwerbspersonen betrifft. Zudem bewegten sich die verbrieften Leistungen teilweise auf minimalem Versorgungsniveau. So waren 1929 beispielsweise zwischen 20 % und 30 % der Rentner laufend auf zusätzliche öffentliche Fürsorgeleistungen angewiesen, weitere 20 % waren zusätzlich erwerbstätig, um nicht auf Fürsorge angewiesen zu sein. Auch fällt es nicht eben leicht, angesichts des verbreiteten, durch Arbeitslosigkeit hervorgerufenen sozialen Elends von einem Wohlfahrtsstaat zu sprechen.

Erwerbslosigkeit als Dauer- und Massenphänomen

Ähnlich verhielt es sich mit dem in Artikel 163 der Weimarer Reichsverfassung – neben der Pflicht zur Arbeit – erstmals in Deutschland verankerten Recht auf Arbeit. In der Realität war es nämlich vor allem die Erwerbslosigkeit, die sich als Dauerproblem der Weimarer Zeit erwies, u. a. weil sich auch als Kriegs- und Inflationsfolge das Arbeitskräfteangebot um Angehörige des Mittelstands, um erwerbsfähige Personen aus den abgetretenen Gebieten und dem Ausland sowie ehemalige Berufssoldaten vergrößert hatte (vgl. Tabelle 19). Spätestens seit 1929 überforderte diese Erwerbslosigkeit in Form von Massenarbeitslosigkeit das System der Arbeitslosenversicherung und zerrüttete – infolge von Kürzungen der Versicherungsleistungen und der Bezugsdauer – die Finanzen der Gemeinden als letzter zuständiger Instanz vollständig. Ausdruck des Auseinanderklaffens von verfassungsmäßigem Anspruch und sozialer Realität ist auch die mit der Arbeitslosigkeit anwachsende Zahl der Selbstmorde, die sich zwischen 1924 und 1929 mit jährlich 15.500 noch auf Vorkriegsniveau bewegt hatte, um bis 1932 auf ca. 19.000 Todesfälle pro Jahr anzusteigen.

Tabelle 19: Arbeitskräftepotenzial und Erwerbsquote im Deutschen Reich, 1907/10–1933

Jahr	Bevölkerung im arbeitsfähigen Alter		Erwerbspersonen		Erwerbsquote	
	in 1.000	%	in 1.000	%	Männer, in %	Frauen, in %
1907/10	39.507	60,9	28.092	45,5	61,1	30,4
1925	42.745	68,5	32.009	51,3	68,0	35,6
1933	44.932	68,8	32.296	49,5	65,7	34,2

Quelle: Petzina, Dietmar/Abelshauser, Werner/Faust, Anselm: Sozialgeschichtliches Arbeitsbuch. Bd. 3: Materialien zur Statistik des Deutschen Reiches 1914–1945. München, 1978, S. 29 und 54 (= Statistische Arbeitsbücher zur neueren deutschen Geschichte. Hrsg. von Jürgen Kocka und Gerhard A. Ritter).

„Weimar“ auch überforderter Industriestaat

Angesichts dieser Widersprüchlichkeiten stellt sich die Frage, ob die Weimarer Republik tatsächlich als Wohlfahrtsstaat bezeichnet werden kann. Jürgen von Kruedener ist beispielsweise der Ansicht, dass die Republik bereits als Sozialstaat überfordert war. Nach Werner Abelshauser war die Weimarer Republik ein überforderter Wohlfahrtsstaat, weil sie ihren Bürgern den versprochenen angemessenen Sozialstandard besonders während der Weltwirtschaftskrise, als diese ihn am dringendsten benötigten, vorenthielt. Die staatliche Garantie sozialer Sicherheit wurde vollends zur Farce, als nicht einmal das System der Sozialversicherung der krisenhaften Entwicklung standhalten konnte. Das aber hing wiederum sehr stark damit zusammen, dass die Weimarer Wirtschaft vergleichsweise leistungsschwach war, sodass nicht die Früchte wirtschaftlichen Wachstums, sondern ausschließlich die Kosten des Kriegs zu verteilen waren. Wird die Wachstumsschwäche zum Ausgangspunkt der Beurteilung genommen, war die Republik insofern ein ebenso überforderter Industriestaat, wie sie ein überforderter Wohlfahrtsstaat war. Auch für die politische Sphäre hatte das Folgen, weil sich der Verteilungskampf verschärfen musste, solange die wirtschaftliche Dynamik ausblieb. Zur Überforderung gehört dann aber auch die der politischen Entscheidungsträger und Eliten, die auf dem Höhepunkt der Weltwirtschaftskrise Sozialversicherungsleistungen kürzen ließen, durch die sie die finanziellen Lasten der Massenarbeitslosigkeit auf die Gemeinden abwälzten, während die Reichsanstalt für Arbeitsvermittlung und Arbeitslosenversicherung zeitgleich Beitragsüberschüsse verbuchte. Hatte die Weimarer Republik laut Volker Hentschel damit für die Entwicklung des deutschen Sozialstaats formal mehr als das Kaiserreich oder die Bundesrepublik Deutschland geleistet, konnte sie sich diesen Fortschritt nicht nur infolge der ausbleibenden wirtschaftlichen Prosperität, sondern auch aufgrund des fehlenden sozialen Konsenses überhaupt nicht leisten.

Massenarbeitslosigkeit und Arbeitslosenversicherung

Wandel des Systems der öffentlichen Fürsorge

Bereits während des Ersten Weltkriegs, spätestens jedoch nach Beendigung der Inflation zeigte sich, dass sich die aus dem Kaiserreich stammende Armenfürsorge überlebt hatte. Sie hatte Armut noch als individuelle Schuld definiert und sich infolge der Sozialversicherungspflicht für Industriearbeiter nur einer relativ begrenzten Anzahl von Armen widmen müssen. Erst Kriegsopfer und Inflationsgeschädigte machten hieraus eine breite Schicht, die mit den Mitteln der bisherigen, ausschließlich kommunalen Armenpflege nicht mehr zu versorgen war. Um Ehefrauen und Kinder einberufener Soldaten, Kriegsbeschädigte und ihre Familien sowie Witwen und Waisen nicht dem mit der Fürsorge verbundenen Stigma der Armut auszusetzen, entstanden noch im Ersten Weltkrieg Kriegsfürsorge und Kriegswohlfahrtspflege. Zur Ersteren gehörten gesetzliche Pflichtleistungen des Reichs für die Familien der zum Militärdienst Eingezogenen, zur Letzteren alle aus Anlass des Kriegs getätigten freiwilligen Aufwendungen von Gemeinden und Gemeindeverbänden. Die Kriegsfürsorge bestand im Gegensatz zur herkömmlichen Armenfürsorge aus einem höheren, vom Reich finanzierten oder bezuschussten Leistungsniveau. Damit übernahmen Reich und Länder erstmals Verantwortung im Bereich der Wohlfahrtspflege. Das sich damit ausbildende System der Fürsorge folgte dem Prinzip der Subsidiarität, d. h., es blieb ein Anschluss- oder Ergänzungssystem, das in dem Moment zum Tragen kam, in dem Ansprüche beispielsweise an die Sozialversicherung nicht mehr bestanden oder deren Leistungen zu gering waren. Es musste jedoch bereits während der Inflation, wie später noch einmal zur Zeit der Weltwirtschaftskrise, von Angehörigen des Mittelstands, Beziehern von Kleinstrenten und aus der Sozialversicherung ausgesteuerten Arbeitslosen massenweise in Anspruch genommen werden.

Öffentliche Fürsorge seit 1924/25

1924 fasste dann die Reichsverordnung über die Fürsorgepflicht das System öffentlicher Fürsorge zusammen, nicht ohne die in ihrer Höhe differierenden Leistungen beizubehalten. Zur „gehobenen", privilegierten Fürsorge zählten nun die Kriegsbeschädigten- und Kriegshinterbliebenenfürsorge, die Fürsorge für Invalide und Angestellte ohne Versicherungsschutz, die Kleinrentnerfürsorge, die Fürsorge für Schwerbeschädigte und Schwererwerbsbeschränkte, die Fürsorge für hilfsbedürftige Minderjährige und die Fürsorge für Wöchnerinnen. Die öffentliche Fürsorge wurde damit zu einer Art Sammelbecken all jener, die aus den verschiedensten Sicherungssystemen ausgesteuert worden waren. Obgleich also seit 1925 die Leistungssätze für die gehobene Fürsorge mindestens ein Viertel über den Sätzen der allgemeinen Armenfürsorge liegen sollten, wurden die genannten Sonderbereiche mit der klassischen Armenfürsorge, die sich um Fürsorgeempfänger allein aufgrund von deren Armut kümmerte, zusammengefasst. War damit für die Wohlfahrtspflege einerseits ein notwendiger reichseinheitlicher Rahmen mit allgemeingültigen Grundlagen geschaffen worden, war das andererseits für Kriegsbeschädigte und Angehörige des durch die Inflation deklassierten Mittelstands nicht selten ein kaum verkraftbarer, weil beschämender Tatbestand.

Arbeitslosigkeit als Lebensrisiko der Industriegesellschaft

Auch was das Risiko der Arbeitslosigkeit betrifft, brachte der Erste Weltkrieg eine radikale Wende. Bis dahin schienen kommunale versicherungsrechtliche Initiativen, gewerkschaftliche Unterstützungen, in Ausnahmefällen auch betriebliche Sicherungen wie die der Carl-Zeiss-Stiftung sowie kommunale Arbeitsbeschaffungsmaßnahmen und Notstandsarbeiten bei einer durchschnittlichen Arbeitslosigkeit von etwa 2 % ausreichend. Die in Verbindung mit der Mobilmachung sprunghaft angestiegenen Arbeitslosenzahlen zeigten jedoch auch in diesem Bereich die begrenzte Reichweite der These vom individuellen Verschulden. Arbeitslosigkeit, zumal als Massenphänomen, musste von jetzt an als Lebensrisiko in der Industriegesellschaft mit ihrem anonymen Arbeitsmarkt und damit gerade nicht als private Angelegenheit Einzelner betrachtet werden.

Von der Fürsorge zur Arbeitslosenversicherung

Noch im Dezember 1914 wurde deshalb die kommunale Erwerbslosenfürsorge eingerichtet, die arbeitswillige, durch den Krieg erwerbslos gewordene bedürftige Personen mithilfe von Reichszuschüssen unterstützte. Mit der Demobilmachung ist die Erwerbslosenfürsorge dann endgültig institutionalisiert worden, deren Kosten nun von Reich (50 %), Ländern (30 %) und Gemeinden (20 %) zu tragen waren.

Notstandsarbeiten

Parallel dazu sind auch wieder Notstandsarbeiten durchgeführt worden, mit denen in erster Linie die Ausgaben der Erwerbslosenfürsorge reduziert werden sollten. Überhaupt setzte sich bis zur Errichtung der Arbeitslosenversicherung im Jahr 1927 die Arbeitsvermittlung als primäre Aufgabe der Erwerbslosenfürsorge durch.

Zentrales Arbeitsnachweiswesen

Hierfür konnten die im Weltkrieg zur Beseitigung des für die Rüstungsproduktion bedrohlichen Arbeitskräftemangels aufgebauten zentralen Arbeitsnachweise genutzt werden, bevor in einem weiteren Schritt die materielle Versorgung der Arbeitslosen einsetzte. Dieses Prinzip fand sich bereits in der Weimarer Reichsverfassung, die fixierte, dass jedem Deutschen die Möglichkeit gegeben werden sollte, durch Arbeit seinen Lebensunterhalt zu verdienen. Erst wenn eine angemessene Arbeitsgelegenheit nicht nachzuweisen war, sollte für den notwendigen Unterhalt gesorgt werden.

Etablierung des Versicherungsprinzips 1927

Mit dem Gesetz über Arbeitsvermittlung und Arbeitslosenversicherung ist dann 1927 das Versicherungsprinzip vollends etabliert und das Bismarck'sche Sozialversicherungssystem der Kranken-, Unfall-, Invaliditäts- sowie der 1911 eingeführten Angestelltenversicherung um das Versicherungsrisiko „Arbeitslosigkeit" erweitert worden. Die Mittel hierfür wurden je zur Hälfte von Arbeitgebern und Arbeitnehmern mit 3 % des Grundlohns aufgebracht. Die Zahlungsfähigkeit der Arbeitslosenversicherung sollte zugleich durch die Verpflichtung des Reichs zu unbegrenzten Darlehen aufrechterhalten werden. Anspruch auf Leistungen hatte, wer in den der Erwerbslosigkeit vorangegangenen zwölf Monaten 26 Wochen lang einer versicherungspflichtigen Tätigkeit nachgegangen, arbeitsfähig und trotz seiner Arbeitswilligkeit mehr als sieben Tage arbeitslos war. Die Höhe der Leistungen richtete sich nach dem Lohn der letzten drei Monate sowie den Familienverhältnissen des Arbeitslosen. Die Versicherungsleistungen waren nicht selten bescheiden und konnten durchaus auch unterhalb des Existenzminimums liegen. Auf den halbjährlichen Bezug der Arbeitslosenunterstützung folgte im Fall anhaltender Arbeitslosigkeit die von Reich (¾) und Gemeinde (¼) aufgebrachte, auf einer individuellen Bedürftigkeitsprüfung basierende Krisenfürsorge als Anschlussunterstützung. Von deren Empfängern konnte auch eine Pflichtarbeit als Gegenleistung verlangt werden. Nach weiteren sechs Monaten fiel der Arbeitslose dann in die Zuständigkeit der allgemeinen kommunalen (Armen-)Fürsorge. Von dieser wurden auch all jene versorgt, bei denen die Leistungen aus der Arbeitslosenversicherung zur Bestreitung des notwendigen Lebensunterhalts nicht ausreichten, die die Voraussetzungen zum Bezug von Leistungen nicht erfüllten oder nicht zum Kreis der Versicherten zählten, wie Selbständige oder Angehörige freier Berufe.

Errichtung der Reichsanstalt für Arbeitsvermittlung und Arbeitslosenversicherung

Für die Organisation der Arbeitsvermittlung und der Versicherung wurde die Reichsanstalt für Arbeitsvermittlung und Arbeitslosenversicherung als Körperschaft des öffentlichen Rechts geschaffen, der Landesarbeitsämter und Arbeitsämter unterstanden. Unter dem Dach der Reichsanstalt entstand somit ein arbeitsmarktpolitisches Gesamtsystem, das von der Statistik über die Arbeitsvermittlung und Berufsberatung, die Arbeitsbeschaffung und Arbeitslosenversicherung sowie die Förderung der Arbeitsplatzerhaltung und der Arbeitsaufnahme bis hin zu Ansätzen einer aktiven Arbeitsmarktstrukturpolitik durch Förderung der beruflichen Mobilität reichte. Als fatal sollten sich jedoch die bei der Konzeption der neuen Institution zugrunde gelegten Eckpunkte (M37) bereits vor der Weltwirtschaftskrise erweisen. Die Annahmen über durchschnittlich 600.000 bis 700.000 Arbeitslose – 1926 waren beispielsweise im Durchschnitt rund 2 Millionen Menschen arbeitslos; vgl. auch Schaubild 16 – sowie die geplante Unterstützungsdauer waren zu optimistisch gewesen, sodass die Reichsanstalt quasi von Beginn an defizitär arbeitete. Laut Volker Hentschel hatte das jedoch weniger mit statistischen Fehlannahmen und versicherungsmathematischen Fehlberechnungen als mit der Frage politischer Machbarkeit bei der Einführung der Arbeitslosenversicherung zu tun.

Problematische Kalkulation

https://doi.org/10.36198/9783838557328-m37

Schaubild 16: Arbeitslosigkeit und der Kalkulation der Arbeitslosenversicherung zugrunde gelegte Arbeitslosenzahl im Deutschen Reich, 1924–1933

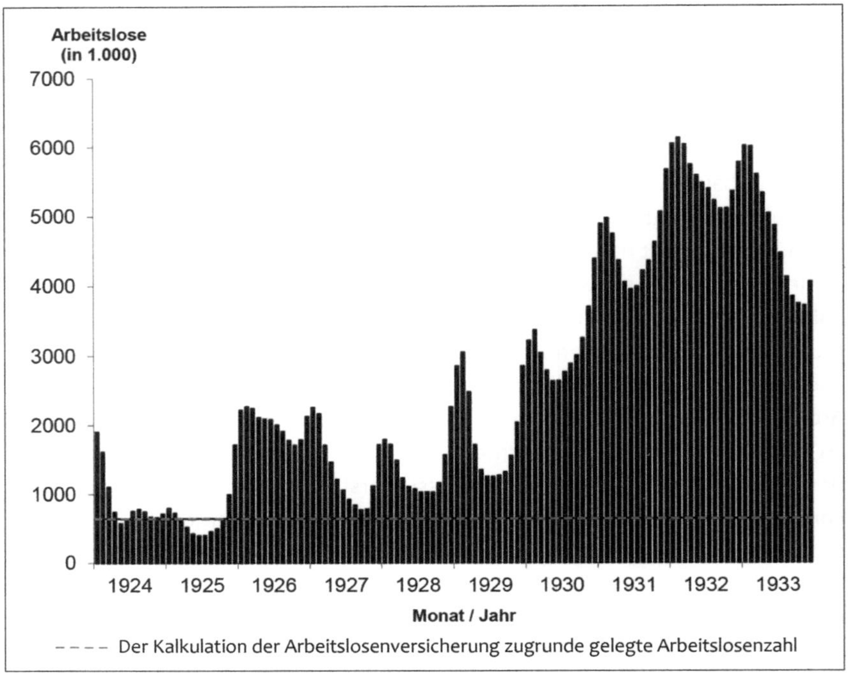

Quelle: Nach Konjunkturstatistisches Handbuch 1936. Hrsg. von Ernst Wagemann, Institut für Konjunkturforschung. Berlin, 1935, S. 16.

Erste Finanzierungsprobleme 1928/29

Obwohl die Arbeitslosenzahl seit November 1927 nicht mehr unter eine Million sank, konnten die Leistungen zunächst jedoch noch aus den Beiträgen bestritten werden. Erst mit dem seit Langem härtesten und längsten Winter 1928/29, der die Arbeitslosenzahl vorübergehend auf drei Millionen hochschnellen ließ, spitzte sich das Finanzierungsproblem zu. Bereits im März 1929 musste das Reich ein Defizit in der Arbeitslosenversicherung von 349 Mio. RM durch ein Darlehen decken. Weil die Reichsanstalt in der kurzen Zeit ihres Bestehens keine Rücklagen hatte bilden können und Darlehen des Reichs den ohnehin unausgeglichenen Reichshaushalt weiter belasteten, stand bereits das Kabinett Hermann Müller vor der Notwendigkeit, entweder die Leistungen der Arbeitslosenversicherung zu kürzen oder die Beitragssätze zu erhöhen. Die Große Koalition entschied sich zunächst für eine Erhöhung des Beitragssatzes von 3 % auf 3,5 % des Bruttoarbeitsentgelts. Schließlich aber scheiterte die Große, die letzte wirklich parlamentarisch-demokratische Weimarer Koalition über dem Streit, wie das Defizit der Arbeitslosenversicherung und bei den Staatsfinanzen am sinnvollsten auszugleichen sei.

Systematische Aushöhlung der Arbeitslosenversicherung seit Brüning

Unter Brüning ist anschließend das gesamte Sozialversicherungssystem systematisch mithilfe von Notverordnungen ausgehöhlt worden. Mehrfach wurden unter seiner Kanzlerschaft die Beiträge zur Arbeitslosenversicherung erhöht, deren Leistungen sowie die Leistungen der Arbeitslosenfürsorge aber kontinuierlich beschnitten. Schon im Juli 1930 hob Brüning die Beiträge mit Notverordnung auf 4,5 % an, bereits im Oktober desselben Jahres folgte eine Erhöhung auf 6,5 %. Vor allem aber wurde das Reich seit dem 1. April 1931 von der Verpflichtung entbunden, Defizite in der Arbeitslosenversicherung durch ein Darlehen überbrücken zu müssen, sodass sich die Reichsanstalt von nun an ausschließlich aus Beiträgen finanzieren musste. Mit Notverordnung vom Juni 1931 wurden deshalb die Unterstützungen zwischen 6,3 % und 14,3 %, für Saisonarbeitslose zwischen 7 % und 45 % gekürzt. Daneben verringerte sich die Unterstützungsdauer von 26 auf 20 Wochen und verminderte sich der Kreis der Anspruchsberechtigten. Hierdurch erhielten beispielsweise Arbeitnehmer über 60 Jahre keine Unterstützung mehr, Ehefrauen nur insofern, als sie bedürftig waren. Unter Papen sind die Versicherungsleistungen erneut um 25 % bis 30 % gesenkt, die Anspruchsdauer auf nur noch sechs Wochen begrenzt, die Leistungen der Krisenfürsorge um 17 % und der kommunalen Erwerbslosenfürsorge um 15 % reduziert worden. Damit ereilte die Arbeitslosenversicherung das Schicksal, das sämtlichen Sozialausgaben in der Endphase der Weimarer Republik widerfuhr: Sie verlor den ihr ursprünglich zugedachten Sinn und bewahrte die Anspruchsberechtigten nach Peter-Christian Witt „allenfalls noch vor dem Verhungern".

Wohnraummangel, Wohnungsfürsorge und staatlicher Wohnungsbau

Öffentliche Wohnungsfürsorge

Neben öffentlicher Fürsorge und Arbeitslosenversicherung stellte die Wohnungsfürsorge einen weiteren wichtigen Beitrag zur Weimarer Sozialstaatlichkeit dar. Die öffentliche Wohnungsfürsorge ist dabei zunächst in engem Zusammenhang mit der Gesundheitsfürsorge zu sehen. 1925 beispielsweise verfügte reichsweit ein Sechstel der an offener Tuberkulose erkrankten Besucher von Tuberkulosefürsorgestellen über kein eigenes Bett. Das wiederum hing mit nicht ausreichend vorhandenem Wohnraum zusammen, aber auch mit der Angewohnheit ärmerer Haushalte, durch die Aufnahme von Untermietern und Schlafburschen ihr Einkommen zu steigern.

Wohnraummangel

Eine auf individuelle Verhaltensänderung zielende Gesundheitsfürsorge konnte hier jedoch so lange keine Abhilfe schaffen, wie Wohnraummangel herrschte. Der aber war bereits vor dem Ersten Weltkrieg allgegenwärtige Realität gewesen und prägte anschließend vor allem die Lebensumstände der Arbeiterschaft. Unter Berücksichtigung der Wohnungsabgänge sind in der Zeit vor dem Ersten Weltkrieg jährlich rund 200.000 neue Wohneinheiten fertiggestellt worden. Während der Kriegs- und Inflationszeit war der private Wohnungsbau dann jedoch fast vollständig zum Erliegen gekommen, der öffentliche erst in Ansätzen vorhanden. So fehlten bereits im Jahr 1918 rund 800.000, 1919 annähernd 1 Mio. Wohnungen. Zehn Jahre Krieg und Inflation hatten in der Summe schließlich rechnerisch die Errichtung von rund 1,25 Mio. Wohneinheiten verhindert, bis 1926 erstmals wieder ein Netto-Zugang in Höhe des jährlichen Vorkriegsniveaus erreicht werden konnte (vgl. Tabelle 20). In den Jahren 1928 bis 1930 erreichten dann die Netto-Zugänge mit mehr als 300.000 Einheiten eine

Quantität, deren Beibehaltung ceteris paribus voraussichtlich Anfang der 1940er-Jahre zu einem Ausgleich zwischen Wohnungsangebot und -nachfrage geführt hätte. Unter diesen Umständen konnte die Wohnungsnot zwar noch nicht beseitigt, immerhin aber spürbar gelindert, vor allem aber die Qualität des Wohnens verbessert werden. Das ist auch das Ergebnis einer Konzeption menschenwürdigen Wohnens, die von Reformdebatten der Vorkriegszeit geprägt war und der sozialdemokratisch geführte Reichs- und Länderregierungen zum Durchbruch verholfen hatten.

Tabelle 20: Netto-Zugänge im deutschen Wohnungsbau, 1914–1933

Jahr	Wohnungszugang (= Neubau + Umbau – Abgang)	Jahr	Wohnungszugang (= Neubau + Umbau – Abgang)
1900–1913	p. J. Ø ca. 200.000	1925	178.930
1913	160.000–170.000	1926	204.670
1914–1918	ca. 180.000	1927	288.650
1919	56.714	1928	309.762
1920	103.092	1929	317.682
1921	134.223	1930	310.971
1922	146.615	1931	233.648
1923	118.033	1932	141.265
1924	106.502	1933	178.033

Quelle: Witt, Peter-Christian: Inflation, Wohnungszwangswirtschaft und Hauszinssteuer. Zur Regelung von Wohnungsbau und Wohnungsmarkt in der Weimarer Republik. In: Niethammer, Lutz (Hrsg.): Wohnen im Wandel. Beiträge zur Geschichte des Alltags in der bürgerlichen Gesellschaft. Wuppertal, 1979, S. 385–407, hier S. 391 und S. 400.

Angebotsdefizit bei erhöhter Wohnraumnachfrage

Das zunächst eklatante Angebotsdefizit traf unmittelbar nach Kriegsende auf eine deutlich erhöhte Nachfrage infolge der Flüchtlinge und Rückwanderer aus den abgetretenen Gebieten, einer steigenden Zahl von Eheschließungen, aufgelöster Garnisonen sowie in einzelnen Regionen infolge des Bedarfs der Besatzungstruppen. Ein in dieser Situation dem freien Spiel von Angebot und Nachfrage überlassener Wohnungsmarkt hätte zu drastischen Mietsteigerungen führen müssen, von denen finanziell schlechter gestellte Nachfrager aus dem Markt gedrängt worden wären. Angesichts der sozialhygienischen Dimension des Wohnungsmarktproblems hatte deshalb schon Artikel 155 der Weimarer Reichsverfassung jedem Deutschen, besonders aber den kinderreichen Familien eine den Bedürfnissen entsprechende Wohnstätte versprochen. Wohnungsfürsorge in der Weimarer Zeit konnte insofern ein breites Spektrum staatlicher Intervention im Wohnungssektor bedeuten, wozu

Wohnraummangelverwaltung

auch die Wohnungsbauförderung zu rechnen war. Langfristig zielte der Verfassungsauftrag tatsächlich darauf ab, den Wohnraummangel zu beseitigen. Bis aber dieses Ziel erreicht war, musste der Mangel durch Erhaltung, Erfassung und Verteilung des vorhandenen Wohnraums, durch Nachfragesteuerung und weitergehenden Mieterschutz verwaltet werden. Aus der Kriegszeit übernommene Instrumente wurden deshalb in den Anfangsjahren der Republik zu einem – von Kritikern mit negativer

Abbildung 18: Der Simplicissimus: Baut Wohnungen statt Paragraphen!

Quelle: Thomas Theodor Heine: Das Gesetz zum Schutz der Jugend gegen Schund und Schmutz. Baut Wohnungen statt Paragraphen! Titelblatt des Simplicissimus, 18/1926. Bereitgestellt durch Klassik Stiftung Weimar.

Konnotation als „Wohnungszwangswirtschaft" bezeichneten – System ausgebaut, das bis in die dreißiger Jahre hinein Bestand hatte und im Wesentlichen aus dem Wohnungsmangel-, dem Reichsmieten- und dem Reichsmieterschutzgesetz bestand.

Wohnungszwangsbewirtschaftung

Bis 1924 ist der vorhandene Wohnraum so durch eine Anzeigepflicht, die Umwandlung von anderweitig genutzten Räumen in Wohnungen, die Möglichkeit der Beschlagnahme von Wohngelegenheiten zugunsten Wohnraumsuchender, einen vielfältigen Mieterschutz, durch den Mietverhältnisse nur aus ganz besonderen Gründen von einem Gericht gelöst werden konnten, sowie die Einführung einer gesetzlichen Mietpreisbindung zwangsweise bewirtschaftet worden. Zentrale Aufgaben dieser Wohnungszwangsbewirtschaftung übernahmen dabei die in den Kommunen neu errichteten Wohnungsämter. Erst seit Mitte der 1920er-Jahre erfolgte dann eine gewisse Liberalisierung, indem die Wohnungszwangsbewirtschaftung schrittweise für einzelne Gemeinden sowie ausgewählte Wohnungstypen, beispielsweise für Wohnungen des höheren Preissegments, aufgehoben wurde. Andererseits blieben Regelungen hinsichtlich der Mieten solange bestehen, bis 1931 angesichts der Weltwirtschaftskrise die Mieten für Altbauten erstmals mittels Notverordnung gesenkt wurden. Insgesamt war das Weimarer Wohnungswesen Teil wohlfahrtsstaatlicher Entwicklung und ein zentraler Bereich staatlicher Intervention (M38), den das Reich im Hinblick auf die Wohnungsbaupolitik aber in erheblichem Ausmaß den Ländern überließ.

https://doi.org/10.36198/9783838557328-m38

Ausbleibender privater Mietwohnungsbau

Der gesamte vor Juli 1918 bestehende Wohnungsbestand ist damit praktisch der Verfügungsgewalt seiner Eigentümer entzogen worden, zudem blieben die staatlich reglementierten Mieten, zumal angesichts der Inflation, regelmäßig hinter der allgemeinen Preis- und Einkommensentwicklung zurück: Sie betrugen im Durchschnitt der Jahre 1924 bis 1932 116 % der Mieten des Jahres 1913, während sich, ebenfalls bezogen auf 1913, die Lebenshaltungskosten auf 141 % und die Baukosten auf 162 % erhöht hatten. Auch wenn neu errichtete Wohnungen nicht dem Bewirtschaftungssystem unterlagen, wurde das Mietniveau doch von den faktisch eingefrorenen Mieten der Altbauten bestimmt. Zugleich aber lag das Hypothekenzinsniveau in Anbetracht der allgemeinen Kapitalknappheit doppelt so hoch wie vor dem Krieg, sodass auch angesichts der übrigen gestiegenen Baukosten an kostendeckende Mieteinnahmen nicht zu denken und unter diesen Umständen kaum ein privater Investor bereit war, sich im Wohnungsbau zu engagieren. Anstatt 200.000 Wohnungen jährlich sind deshalb zwischen 1919 und 1923 nur knapp 560.000 Wohneinheiten hinzugekommen. Der Wohnungsbau stagnierte zunächst also weiterhin und bedurfte deshalb staatlicher Förderung.

Öffentliche Wohnungsbauförderung

Die öffentliche Wohnungsbauförderung zielte wiederum darauf ab, den privaten Bauherren das notwendige Kapital zu Bedingungen zur Verfügung zu stellen, die die Kalkulation von am Markt durchsetzbaren Mieten erlaubten. Ermöglicht wurde das in erster Linie durch die Vergabe zinsbegünstigter Hypotheken oder durch Subventionen, die entweder aus der Hauszinssteuer oder allgemeinen Etatmitteln und Anleihen aufgebracht wurden. Fast die Hälfte aller Wohnungsbauinvestitionen zwischen 1924 und 1932 speiste sich aus dieser Form der öffentlichen Förderung. Finanzielle Maßnahmen zur Unterstützung der Neubautätigkeit hatten zunächst durch die Inflation keinen Erfolg zeigen können; hierfür ist erst mit der 3. Steuernotverordnung vom 14. Februar 1924 bzw. seit 1. Juni 1926 durch das Gesetz über den Geldentwertungsausgleich bei bebauten Grundstücken die Grundlage gelegt worden. Erst jetzt war die Erhebung einer Geldentwertungsausgleichssteuer auf bebauten Grundbesitz durch die Kommunen möglich. Diese in Preußen als Hauszinssteuer bezeichnete Abgabe – die der folgenden, als Hauszinssteuerära bezeichneten Zeit ihren Namen gab – musste von den Nutzern von Altbauwohnungen aufgebracht werden. Sie stellte eine Art Ausgleichszahlung für diejenigen dar, die Vorteile aus der öffentlichen Mietpreisbindung zogen. Die in Form von staatlich festgesetzten Mietzuschlägen erhobene Steuer kam also nicht dem Vermieter zugute; von ihr mussten zudem mindestens 10 %, später 15 % bis 20 % in die Förderung des Wohnungsbaus fließen. Zwischen 1924 und 1931 stammten ca. 60 % der staatlichen Wohnungsbauförderung aus Mitteln der Hauszinssteuer. Bis zum Beginn der Weltwirtschaftskrise sicherte die Hauszinssteuer den Wohnungsbau finanziell so ab, dass neben modernen Neubausiedlungen in den Großstädten auch neue Gebäude für Schulen, Bücherhallen, Schwimmbäder oder andere Sport- und Grünanlagen entstehen konnten. Peter-Christian Witt schätzt, dass zwischen 1919 und 1932 rund 80 % aller neu errichteten Wohnungen und etwa die Hälfte aller Bauinvestitionen durch öffentliche Hände mitfinanziert wurden, während es sich in der

„Hauszinssteuer“

Vorkriegszeit seit Ende der 1890er-Jahre um nicht mehr als höchstens 10 % für den Wohnungsbau gehandelt haben dürfte.

Staatlicher Wohnungsbau

Trotzdem konnte der Wohnungsbau den skizzierten Umfang nur erreichen, weil sich Reich, Länder und besonders Kommunen zusätzlich mit erheblichen Summen engagierten, die zudem zu großen Teilen anstatt aus Steuereinnahmen über Anleihen und Kredite bestritten wurden (vgl. Schaubild 17). Gerade die hohen Ausgaben für die kommunale Wohnungsbauförderung über kurz- bis mittelfristige Kredite barg aber erhebliche Risiken, die im Fall konjunkturbedingt rückläufiger Steuereinnahmen jederzeit und nicht erst im Verlauf der Weltwirtschaftskrise hätten sichtbar werden können. In der Krise selbst halbierte sich das Aufkommen der Hauszinssteuer dann von 1930 bis 1933; 1933 ging der Anteil des damit geförderten Wohnungsbaus gegen null. Das war in erster Linie die Folge ordnungspolitischer Grundsatzentscheidungen und Brüning'scher Deflationspolitik, die in entsprechenden Notverordnungen den auf den Wohnungsbau entfallenden Teil des Hauszinssteueraufkommens Schritt für Schritt u. a. zugunsten der Erlöse für Wohnungsbesitzer abbaute und in deren Folge die Wohnungszwangswirtschaft beseitigt wurde.

Schaubild 17: Aufbringung der Wohnungsbauinvestitionen der Jahre 1924–1932

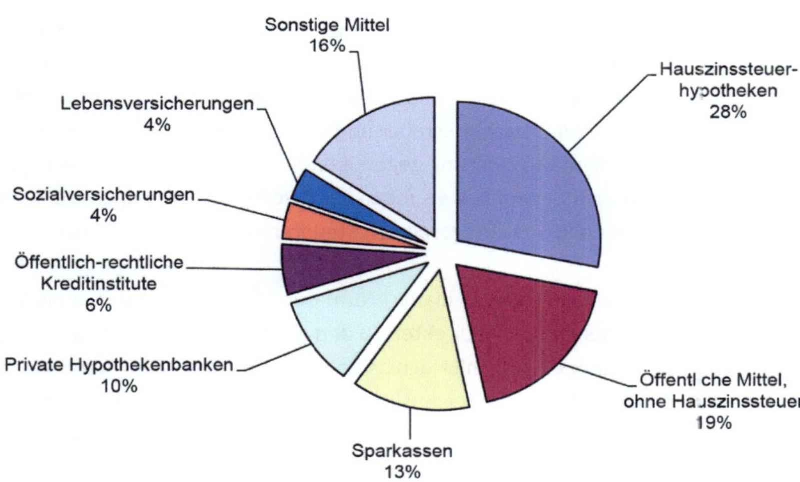

Quelle: Berechnet nach Fey, Walter: Leistungen und Aufgaben im Deutschen Wohnungs- und Siedlungsbau. Berlin, 1936, S. 14 (= Sonderhefte des Instituts für Konjunkturforschung, 42).

Sozial- und wirtschaftspolitische Dimension staatlichen Wohnungsbaus

Der Staat trug mit seinem Engagement im Wohnungsbau jedoch nicht nur unmittelbar sozialpolitischen Erfordernissen Rechnung, vielmehr besaßen die staatlichen Investitionen im Wohnungsbausektor auch eine konjunktur- und beschäftigungspolitische Dimension. In der Rezession 1925/26 beispielsweise hatte vor allem die Bauwirtschaft durch die öffentliche Förderung der krisenhaften Entwicklung noch einigermaßen trotzen und damit die gesamtwirtschaftliche Entwicklung positiv beeinflussen können. Völlig anders verhielt sich das in der Weltwirtschaftskrise, als nach Ausbruch der Kreditkrise im Sommer 1931 die Neubautätigkeit erneut fast ganz zum Erliegen kam. Durch die massiven Einbrüche in der Bauwirtschaft konnte jetzt keinerlei dämpfende Wirkung mehr auf die Konjunktur ausgehen, im Gegenteil wirkten die Einbrüche im Kontext deflatorischer Wirtschaftspolitik prozyklisch und damit gesamtwirtschaftlich krisenverstärkend.

Staatliche Umverteilung und öffentliche Finanzen

Finanzhoheit des Reichs

Hatte die Reichsverfassung von 1871 die Finanzhoheit noch bei den Einzelstaaten belassen, etablierte die Weimarer Verfassung mit Artikel 8 erstmals die Finanzhoheit des Reichs. Dadurch erhielt das Reich die seine Einnahmen betreffende Gesetzgebung, und es war auch berechtigt, die von den Ländern erhobenen Abgaben grundsätzlich zu regeln. Unterfüttert wurde dieses verfassungsmäßige Recht durch Artikel 83, der die Schaffung einer für die Steuereinziehung zuständigen Reichsfinanzverwaltung vorsah. Hierauf aufbauend, brachte die nach dem Zentrumspolitiker Matthias Erzberger benannte große Finanz- und Steuerreform (M39) den Übergang zur zentralistisch-unitaristischen Finanzhoheit mit einem einheitlichen Steuersystem und reichseigener Finanzverwaltung. Sie gilt deshalb als eines der größten Reformwerke der deutschen Verwaltungsgeschichte. Die ertragreichen Einnahmen der Einkommens-, Kapitalertrags-, Körperschafts- sowie der Verbrauchssteuern flossen dem Reich von nun an zusätzlich zu den Verkehrsabgaben und Zöllen vollständig zu; hinzu kamen 85 % der Umsatzsteuer, 80 % der Erbschaftssteuer und 50 % der Grunderwerbssteuer. Das bedeutete eine fundamentale Änderung gegenüber der Finanzverfassung des Kaiserreichs: Jetzt waren die Länder auf Zuweisungen des Reichs angewiesen, das zunächst 67 %, später immerhin noch 60 % der gesamten Steuererträge für sich beanspruchte.

Strukturreform der öffentlichen Finanzwirtschaft durch Matthias Erzberger

https://doi.org/10.36198/9783838557328-m39

Anspruch höherer Steuergerechtigkeit

Formal ist mit der Erzbergerschen Finanzreform der Jahre 1919/20 durch die Verschiebung des Gewichts von den indirekten zu den direkten Steuern und einen progressiven Anstieg der Steuersätze mit Höchstsätzen bis zu 60 % bei der Einkommens-, Vermögens- und Erbschaftssteuer der Anspruch einer höheren Steuergerechtigkeit formuliert worden. Ziel war es, das Steueraufkommen zu zwei Dritteln aus der Veranlagung von Einkommen und Erbschaften und nur zu einem Drittel aus den Konsum belastenden Steuern zu erzielen. Damit sollte die Steuerquote, das Verhältnis der Steuereinnahmen zum Bruttoinlandsprodukt, auf 25 % angehoben und im Vergleich zur Vorkriegszeit fast verdreifacht werden. (Zum Vergleich: die Steuerquote in der Bundesrepublik oszilliert seit Beginn der 1990er-Jahre – je nach Berechnungsmethode – zwischen 22 % und gut 24 %.) Obgleich selbst die vergleichsweise hohe Steuerquote in Anbetracht der Kriegsfolgelasten als nicht ausreichend galt, ist aus wirtschaftspolitischen Überlegungen auf eine höhere Besteuerung verzichtet worden, hätte diese doch eine weitere Kostenbelastung der Produktion mit in der Folge geringen

Steuerquote

marktwirtschaftlichen Anreizeffekten bedeutet. Von ihrer finanztechnischen Struktur und politischen Intention her war die Erzbergersche Finanzreform damit tatsächlich verteilungspolitisch ausgerichtet und sozial ausgewogen. Allerdings verfehlte sie ihre ursprünglichen verteilungspolitischen Ziele, weil die vorgesehene Form der Einkommens- und Vermögenssteuern nachträglich zugunsten der Unternehmereinkommen und -vermögen verändert wurde.

Erste Haushaltssanierung auf Grundlage von Steuernotverordnungen

Eine geordnete, an finanzpolitischen Notwendigkeiten und staatlicher Raison ausgerichtete Steuerpolitik und Haushaltsführung war bis zur Währungsstabilisierung unmöglich. Erst anschließend gelang deshalb dem parteilosen Finanzminister Hans Luther – auch weil nunmehr infolge des Dawes-Plans feste Reparationsraten Planungssicherheit brachten – die Haushaltssanierung durch eine drastische Kürzung von Sach- und Personalausgaben. Die Konsolidierung wurde insofern erleichtert, als die Währungs- und Finanzreform mittels Ermächtigungsgesetzen und mit uneingeschränkten legislativen Vollmachten in Form von Steuernotverordnungen durchgesetzt werden konnte. 397.000 Beamte, Angestellte und Arbeiter wurden so aus dem öffentlichen Dienst entlassen, zudem Beamtengehälter bei gleichzeitiger Verlängerung der wöchentlichen Arbeitszeit von 48 auf 54 Stunden auf 70 % des Vorkriegsstands gekürzt. Damit der in seiner Höhe unveränderte Reichszuschuss zur Erwerbslosenfürsorge ausreichte, wurden zudem deren Leistungssätze gesenkt. Auf der Einnahmenseite sind schließlich die Verbrauchssteuern, wie beispielsweise die Umsatzsteuer, von 0,5 % auf 2,5 %, stark angehoben, die Besitzsteuern jedoch gesenkt worden. Deshalb konnte das international besetzte Dawes-Komitee bereits 1924 feststellen, dass das bestehende Steuersystem die Bezieher höherer Einkommen und Besitzer von Vermögen weder im Vergleich zur Besteuerung der Arbeitnehmer noch im internationalen Vergleich angemessen besteuere (M40). Begleitet von einem wirtschaftlichen Aufschwung seit Anfang 1924, gelang im Etatjahr 1924/25 so nicht nur der Haushaltsausgleich, vielmehr konnten sogar Einnahmeüberschüsse erzielt werden. Hieran änderten bereits zur Mitte des Jahres vorgenommene Gehaltserhöhungen der öffentlichen Bediensteten, aber auch zwei in Form von Notverordnungen durchgesetzte, die drastischen Einsparmaßnahmen etwas korrigierenden Steuermilderungsgesetze vom Herbst 1924 nichts. Letztere senkten mit der Umsatzsteuer auf 1,5 % jedoch nicht nur die die Massen belastenden Steuern, sie senkten vielmehr kräftig auch die Höchstsätze bei der Einkommens-, Körperschafts- und Vermögenssteuer; ebenfalls wurden die Kapitalverkehrs-, Gesellschafts-, Wertpapier- und Wechselsteuern herabgesetzt. Dem stand wiederum nur eine geringfügige Erhöhung des Lohnsteuerfreibetrags von 600 RM auf 720 RM jährlich für Arbeitnehmer gegenüber.

Erneute Schonung höherer Einkommen und Vermögen

Steuermilderungsgesetze nach Einnahmeüberschüssen 1924/25

https://doi.org/10.36198/9783838557328-m40

Schlieben-Popitzsche Steuerreform 1925

Alle steuerpolitischen Maßnahmen seit 1923/24 waren – zur Bewältigung der Währungsreform – als Steuernotverordnungen erlassen und damit zeitlich befristet gewesen. Die große ausstehende, auf einem ordentlichen Gesetzgebungsverfahren beruhende Steuerreform kam dann im Sommer 1925 unter Reichsfinanzminister Otto von Schlieben (DNVP) zustande. Zwar übernahm das Schlieben-Popitzsche Gesetzeswerk die

Grundstruktur der Reform aus dem Jahr 1919, beendete aber zugleich endgültig den von Erzberger eingeleiteten Versuch einer bescheidenen Umverteilung (vgl. Tabelle 21).

Tabelle 21: Einkommensteuertarife in % des steuerpflichtigen Einkommens

<table>
<tr><th>Einkommen in M/RM</th><th>1920 Erzbergersche Finanzreform</th><th>1925 Schlieben-Popitzsche Steuerreform</th><th>1931 Verordnung zur Sicherung von Wirtschaft und Finanzen vom 1. Dezember 1930</th><th colspan="2">1931/32 Zweite Verordnung zur Sicherung von Wirtschaft und Finanzen vom 5. Juni 1931</th></tr>
<tr><td>1.000</td><td>10,0</td><td>10,0</td><td>10,0</td><td rowspan="10">Sätze von 1931 + Krisensteuer:</td><td>+ 0,75</td></tr>
<tr><td>5.000</td><td>12,0</td><td>10,0</td><td>10,0</td><td>+ 1,0</td></tr>
<tr><td>10.000</td><td>14,5</td><td>10,5</td><td rowspan="8">wie 1925 + 5 %</td><td>+ 1,5</td></tr>
<tr><td>20.000</td><td>19,2</td><td>13,5</td><td>+ 2,0</td></tr>
<tr><td>40.000</td><td>25,1</td><td>20,8</td><td>+ 2,0</td></tr>
<tr><td>60.000</td><td>28,9</td><td>25,0</td><td>+ 2,0</td></tr>
<tr><td>100.000</td><td>34,3</td><td>30,0</td><td>+ 2,5</td></tr>
<tr><td>500.000</td><td>50,6</td><td>38,0</td><td>+ 3,5</td></tr>
<tr><td>3.000.000</td><td>59,2</td><td>39,7</td><td>+ 4,0</td></tr>
<tr><td>Höchstsatz</td><td>60,0</td><td>40,0</td><td>+ 4,0</td></tr>
</table>

Quelle: Petzina, Dietmar/Abelshauser, Werner/Faust, Anselm: Sozialgeschichtliches Arbeitsbuch. Bd. 3: Materialien zur Statistik des Deutschen Reiches 1914–1945. München, 1978, S. 152 f. (= Statistische Arbeitsbücher zur neueren deutschen Geschichte. Hrsg. von Jürgen Kocka und Gerhard A. Ritter).

Frühes Ende steuerlicher Umverteilungspolitik

Mit dem Abbau produktionshemmender und besitzbelastender Steuern erfolgte jetzt sogar die Revision der steuerpolitischen Intentionen der Erzbergerschen Finanzreform. Parallel dazu hatte die breite Masse der Bevölkerung neben relativ gleich bleibenden Anteilen an Lohnsteuer und Sozialversicherungsbeiträgen, was in Jahren hoher Erwerbslosigkeit eine steigende Belastung bedeutete, erhöhte Umsatz- und Verbrauchssteuern sowie Aufschläge durch Zölle aufzubringen. Damit war der Versuch, unter veränderten politischen Rahmenbedingungen eine größere Verteilungsgerechtigkeit zu erzielen, bereits jetzt weitestgehend gescheitert. Werden nämlich die Einnahmen aus diversen Steuern, Zöllen, Abgaben und Beiträgen zum Sozialversicherungssystem für die Zeit nach 1925/26 analysiert, wie dies Peter-Christian Witt getan hat, zeigt sich, dass die zu jener Zeit politisch intendierte Entlastung der Unternehmen und privaten Vermögen gelungen zu sein scheint.

Steuerentlastungen im Rahmen antizyklischer Krisenbekämpfung

In Anbetracht der im Herbst 1925 einsetzenden Rezession kam es zu weiteren Entlastungen von Steuern und Abgaben. Hintergrund war hierbei die Absicht der Reichsregierung, die Rezession nicht nur mit einer aktiven Arbeitsbeschaffungspolitik, sondern auch mit einer Kostenentlastung besonders kleiner und mittlerer Betriebe zu bekämpfen. So wurde beispielsweise der Spitzensteuersatz der progressiv gestalteten Einkommensteuer von 60 % auf 40 % gesenkt, der Höchstsatz der Vermögenssteuer um die Hälfte auf 0,5 % gekürzt, die Körperschaftssteuer auf 20 %, die Gesellschaftssteuer auf 4 %, die Wertpapiersteuer von 3 % auf 2 % gesenkt und die Wechselsteuer auf 0,1% halbiert. Hinzu kamen Senkungen der Kapitalverkehrssteuern, aber auch die der Umsatzsteuer auf 1%. Für die Arbeitnehmer brachte die Erhöhung des Lohnsteuerfreibetrages von 720 RM auf 960 RM eine Erleichterung bei allerdings zugleich anhaltend hohem Preisniveau.

Fortsetzung der Unternehmensentlastung 1926

Die Politik der Unternehmensentlastung wurde in Anbetracht des anhaltenden Konjunktureinbruchs mit dem Steuermilderungsgesetz vom 31. März 1926 fortgesetzt. Um die Selbstheilungskräfte der Wirtschaft zu stärken, erfolgten noch einmal Senkungen von Umsatz-, Grund- und Gesellschaftssteuern, daneben wurden Luxus- und Wertzuwachssteuer aufgehoben. Nach Überwindung der Krise 1925/26 war allerdings ein parlamentarischer Konsens in steuerpolitischen Fragen kaum noch möglich. So kam es, dass das im Reichshaushalt entstandene Defizit von nun an zu einem Dauerproblem wurde, bis es mit dem Bruch der Großen Koalition in der vollends interessengeleiteten, staatszersetzenden Finanzpolitik Brünings mündete.

Bildung eines Betriebsmittelfonds

Dabei hatten die drakonische Ausgabenbegrenzung und die Steuererhöhungen Reich, Ländern und Gemeinden in Kombination mit dem wirtschaftlichen Aufschwung 1924/25 zunächst volle Kassen beschert. Reichsfinanzminister Luther bildete deshalb aus dem Überschuss von 1924 einen Betriebsmittelfonds von 252 Mio. RM, mit dem das Reich jederzeit am Monatsende seinen Kassenbedarf überbrücken oder auch außergewöhnliche Ausgaben finanzieren konnte. Auch sein Nachfolger Otto von Schlieben (DNVP) setzte die Thesaurierungspolitik, eine Politik der Geldhortung, zunächst fort, löste den Betriebsmittelfonds dann aber schon 1927/28 wieder auf, weil im Reichshaushalt wiederholt eine Lücke geklafft hatte, für deren Ausgleich die Überschüsse aus den Vorjahren und die Mittel aus dem Betriebsfonds benötigt wurden. Genau genommen wiesen ordentlicher und außerordentlicher Haushalt plus Verpflichtungen aus Anleihen ein Defizit von 1,43 Mrd. RM auf. Nur durch die zuvor angesammelten Überschüsse in Verbund mit einer günstigen Konjunkturentwicklung blieben also in der Zeit bis 1929 größere finanzielle Schwierigkeiten aus. Allerdings sind durch die Thesaurierungspolitik die Defizite und damit die sich immer schwieriger gestaltende Lage der Reichsfinanzen in den folgenden Jahren auch verschleiert worden. Die sich daraus ergebende Intransparenz weckte wiederum Begehrlichkeiten und verleitete Reichsregierung und Reichstag zu großzügigen Ausgaben, beispielsweise auch für die Befriedigung spezifischer Gruppeninteressen. Dabei ergänzten sich wirtschafts- und sozialpolitische Ziele in ihren negativen Etatwirkungen.

Thesaurierungspolitik verschleiert Defizite

Zum Haushaltswesen der Weimarer Zeit

Haushaltspläne werden vor Beginn eines Haushaltsjahrs durch Gesetz beschlossen (sog. Budgetrecht des Parlaments). Artikel 85 der Weimarer Reichsverfassung bestimmte, dass alle in Aussicht genommenen Einnahmen und Ausgaben des Reichs in den Haushaltsplan einzustellen waren. Wie bereits im Kaiserreich gliederte sich der Reichshaushalt in einen ***ordentlichen*** und einen ***außerordentlichen Haushalt***, wobei in den außerordentlichen Haus-

halt solche Ein- und Ausgaben einzustellen waren, die aus Kreditaufnahmen resultierten. Bis 1927/28 existierte daneben noch ein sog. ***Kriegslastenhaushalt***, der ebenfalls aus einem ordentlichen und einem außerordentlichen Teil bestand. In Artikel 87 schrieb die Reichsverfassung vor, dass eine Kreditaufnahme nur zu Investitionszwecken erfolgen durfte; zudem galt allgemein das finanzwissenschaftliche Prinzip, dass ordentliche Ausgaben durch ordentliche Einnahmen zu decken seien.
Das tatsächliche Ergebnis eines Haushaltsjahres ergibt sich schließlich nach Abschluss eines Rechnungsjahrs durch die ***Haushaltsrechnung***. ***Ex post*** werden also die tatsächlich geleisteten Ausgaben den tatsächlich realisierten Einnahmen gegenübergestellt. In der Weimarer Zeit bestimmte die Reichshaushaltsordnung, dass eventuelle ***Fehlbeträge*** als ordentliche Ausgabe in den Haushaltsplan des übernächsten Rechnungsjahres eingestellt zu werden hatten. Im Falle von über die ordentlichen Ausgaben hinausgehenden Einnahmen musste der entsprechende ***Überschuss*** zur Tilgung von Schulden verwendet werden. Tatsächlich hätte also der im Haushaltsjahr 1924/25 erwirtschaftete Überschuss entweder zur Schuldentilgung oder aber zur Verringerung des Anleihebedarfs im außerordentlichen Haushalt verbucht werden müssen. Stattdessen wurde dieser Überschuss in mehreren Teilbeträgen in den folgenden Haushaltsjahren als Einnahme verbucht. Konnte der Reichshaushalt in diesen Jahren erneut Überschüsse verzeichnen, kumulierten Überschüsse aus mehreren Jahren, was der Klarheit hinsichtlich der tatsächlichen Haushaltslage abträglich war. Vollends intransparent wurde das Finanzgebaren vor allem aber durch den mit Teilen des Überschusses aus dem Jahr 1924/25 eingerichteten ***Betriebsmittelfonds***, quasi einem Reservefonds.
Selbst bei ausgeglichenem Haushaltsplan und ausgeglichener Haushaltsrechnung besteht allerdings die Möglichkeit eines ***Kassendefizits***. Ein solcher Fehlbetrag ergibt sich aus dem zeitlichen Auseinanderfallen von staatlichen Ausgaben und Einnahmen. Mit dem Betriebsmittelfonds sollte gerade die Zahlungsunfähigkeit des Reichs verhindert werden, beispielsweise wenn am Monatsende (lat.: dem ***Ultimo***) Bezüge für die Beamten gezahlt werden mussten, andererseits aber Steuereinnahmen noch ausstanden. Solche Kassenschwankungen sind mit der Organisation des öffentlichen Haushaltswesens begründet und normalerweise vorübergehender Natur. Als es in der zweiten Hälfte der zwanziger Jahre allerdings dauerhaft zu Haushaltsdefiziten kam, mussten diese Fehlbeträge zur Aufrechterhaltung der Liquidität zusätzlich durch die Reichskasse finanziert werden. Unter eben solchen Kassenschwierigkeiten litt das Reich zunehmend und vor allem dauerhaft.
Einen Ausweg aus diesen Schwierigkeiten schien zunächst der ***öffentliche Kredit*** zu bieten. Modernen Industriestaaten wird unterstellt, sie kämen in jedem Fall ihrem Schuldendienst, also ihren Zins- und Tilgungsverpflichtungen nach und könnten dementsprechend nicht illiquide werden und ihren Konkurs erklären, da ihnen im Gegensatz zu privaten Haushalten oder Unternehmen im Regelfall Kredit fast unbegrenzt zur Verfügung stehe. De facto aber war die Inflation mit anschließender Währungsreform, indem sich das Deutsche Reich eines Großteils seiner Schulden durch Geldentwertung entledigen konnte, einem Staatsbankrott gleichgekommen. Deshalb war das Reich anschließend auf dem inländischen und dem internationalen Geld- und Kapitalmarkt einer – sich auch an der politischen Lage orientierenden, mehr oder weniger starken – Kreditrationierung ausgesetzt. Das Reich konnte sich also nicht (mehr) beliebig Geld leihen. Selbst in Jahren guter wirtschaftlicher Entwicklung erhielt es nicht den seiner Höhe und Fristigkeit nach im Haushaltsplan veranschlagten Kredit. Dadurch befand es sich spätestens seit Ende 1928 ständig am Rand der Zahlungsunfähigkeit. An fast jedem Monatsende konnten Beamte und Gläubiger des Reichs von nun an nie sicher sein, ob ihre Besoldung oder ausstehenden Forderungen pünktlich und in voller Höhe ausgezahlt werden würden.

Haushaltsdefizit und Staatsverschuldung werden zum Dauerproblem

Angesichts des durch Krieg, Inflation und Reparationen spürbaren Kapitalmangels mit in der Folge hohen Zinssätzen und schnell zunehmender Auslandsverschuldung verfolgten die stärker wirtschaftsfreundlichen Reichstagsparteien (DDP, DVP, DNVP) ihre Steuerentlastungspolitik zunächst mit dem Argument der Kostenentlastung der Unternehmen, zunehmend dann aber auch mit dem der Kapitalbildung. Den dadurch sinkenden Einnahmen standen tendenziell steigende Ausgaben durch die von SPD und Zentrum vertretene sozialpolitische Orientierung gegenüber. All dies hatte zur Folge, dass die Ausgaben erneut, wie vor der Währungsstabilisierung, schneller als die Einnahmen stiegen. So nahmen die Steuereinnahmen des Reichs zwischen 1925 und 1930 aufgrund der zunächst noch relativ günstigen wirtschaftlichen Entwicklung zwar um rund 38 % zu, im gleichen Zeitraum aber erhöhten sich die Ausgaben von Reich, Ländern und Gemeinden um ca. 50 %. Die Entwicklung aller dieser Haushalte plus jener der Sozialversicherungen zeigen, dass seit dem Haushaltsjahr 1925/26 die Einnahmen nicht mehr ausreichten, um die laufenden Ausgaben zu finanzieren. Die Verschuldung der öffentlichen Hand stieg dadurch in den folgenden vier Jahren von 11 Mrd. auf 21,3 Mrd. RM im Jahr 1930 an.

Finanzpolitik hart an der Grenze des Haushaltsdefizits

Während Schlieben zunächst noch einen ausgeglichenen Haushalt mit der Möglichkeit zur Reservebildung angestrebt hatte, brach sein Nachfolger Peter Reinhold (DDP) mit der Thesaurierungspolitik, weil diese über Steuern und Abgaben der deutschen Wirtschaft die für Investitionen notwendigen Mittel entzog. Dies wirkte sich in seinen Augen besonders negativ aus, da auch die restriktive Geldpolitik der Reichsbank eine allgemeine Kapitalknappheit hervorrief. Finanzpolitik wurde deshalb nun „hart an der Grenze des Defizits“, also mit dem Ziel eines ausgeglichenen, jedoch nicht überschüssigen Reichshaushalts verfolgt. Unter Reinhold konnte so zwar dem kurzen, aber kräftigen konjunkturellen Einbruch 1925/26 durch steuerliche Entlastungen der Unternehmen sowie durch ein Arbeitsbeschaffungsprogramm, das Investitionen für Reichsbahn und -post sowie den Wohnungsbau ebenso wie zusätzliche Mittel für die produktive Erwerbslosenfürsorge umfasste, relativ erfolgreich entgegengewirkt werden. Zugleich aber gerieten die Reichsfinanzen trotz schneller konjunktureller Erholung in eine angespannte Lage, sodass bereits die Mittel für das Arbeitsbeschaffungsprogramm mit Anleihen beschafft werden mussten. Als dann auch noch mit dem Betriebsmittelfonds die letzten Reserven aufgebraucht waren, war die Entscheidung für die folgenden Haushalte gefallen: Von nun an mussten sich Einnahmen und Ausgaben des Reichs die Waage halten, musste der Reichshaushalt ohne Defizit abschließen. Die Deckung von Kassendefiziten sollte deshalb in den folgenden Jahren zum dringendsten finanzpolitischen Problem werden.

Deckung von Kassendefiziten vordringlichstes Problem

Verstärkung der Kassenprobleme

Die ersten Schwierigkeiten zeigten sich bereits beim Haushalt für das Jahr 1928, als Gehaltserhöhungen der Staatsbediensteten verkraftet werden mussten und erstmals eine reguläre Reparationszahlung von 1,2 Mrd. RM zu bewältigen war, während die Konjunktur leicht stagnierte. Im folgenden Haushaltsjahr hätte es dann bereits eines Ausgleichs des Kassendefizits in Höhe von über einer Milliarde Reichsmark und eines Haushaltsfehlbetrages in Höhe von 738 Mio. RM bedurft. Allerdings konnten sich die Parteien der Regierungskoalition nur noch mühevoll und mit drei Monaten Verspätung auf einen Haushaltsplan einigen. Weil sie sich Einnahmeerhöhungen verweigert hatten, verschärften sich von nun an die Kassenprobleme. Erschwerend kam hinzu, dass der Reparationsagent, die Reparationsgläubiger und Reichsbankpräsident Hjalmar Schacht die Möglichkeit, Kassenfehlbeträge mit Anleihen zu überbrücken, zu sabotieren versuchten. Seit Frühjahr 1929 mussten deshalb am Monatsende regelmäßig Kredite bei Banken in Anspruch genommen werden, damit das Reich seinen Verpflichtungen tatsächlich nachkommen konnte. Die privaten Banken drängten den Finanzminister wiederum zunehmend, den Reichshaushalt zu sanieren, und betrieben in diesem Zusammenhang eine Interessenpolitik, die auch vor der Erpressung des Staats nicht Halt machte: Beispielsweise wollten sie das Kassendefizit im April 1929 nur überbrücken helfen, wenn die Kapitalertragsteuer aufgehoben und unliebsame Konkurrenten vom Kapitalmarkt verdrängt würden, im Fall der im Staatsbesitz befindlichen Reichskreditgesellschaft beispielsweise durch deren Auflösung.

Interessen privater Banken

Ende der 1920er-Jahre permanent drohende Zahlungsunfähigkeit des Reichs

Dem Reich drohte in Anbetracht seiner Liquiditätsprobleme seit Ende der 1920er-Jahre damit nicht nur ständig die Zahlungsunfähigkeit, es war zunehmend auch auf ausländische Kreditgeber angewiesen. In Anbetracht der sich verschlechternden wirtschaftlichen Lage engte sich sein finanzpolitischer Handlungsspielraum jedoch auch im Ausland weiter ein. Deshalb wurde die Konsolidierung des öffentlichen Haushalts und der Sozialversicherung das zentrale finanzpolitische Anliegen der Großen Koalition aus SPD, Zentrum, DDP, DVP und Bayerischer Volkspartei. Ausschließlich aus Gründen der Staatsräson trug die SPD nun eine Politik mit, die die Abgabenlast weiter auf den privaten Verbrauch und damit auf die Massen verlagerte, während Unternehmen und Kapitaleinkommen nachhaltig entlastet wurden. Immerhin konnte so eine gewisse Stabilisierung der Einnahmen erreicht werden. Erst als trotz der eingeleiteten Sparpolitik weitere finanzpolitische Maßnahmen nötig wurden und die Finanzierung der Arbeitslosenversicherung entweder durch Leistungskürzung oder Beitragserhöhung zur Debatte stand, verweigerte sich die SPD der Zusammenarbeit. Der folgende Bruch der Großen Koalition mündete direkt in die harte Sparpolitik Brünings während der Weltwirtschaftskrise. Früh hatten dem parlamentarischen System ablehnend gegenüberstehende Zeitgenossen die ausgabenträchtige Sozialpolitik ebenso angeprangert wie die vermeintliche Verschwendung öffentlicher Mittel in unnötigen kommunalen Projekten. Weil daraus unmittelbar die Steuerbelastung für Industrie und Besitzende folge und der „entbehrliche“ Konsum der breiten Massen zugleich zu gering besteuert werde, würden Staat und Wirtschaft über Gebühr beansprucht. In diese Richtung hat nicht zuletzt Reichsbankpräsident Schacht spätestens ab dem Zeitpunkt argumentiert, ab dem er eigene, bis heute undurchsichtige Ziele verfolgte und eine von der Reichsregierung losgelöste Finanzpolitik zu betreiben versuchte, für die der Reichsbank genau genommen das verfassungsrechtliche Mandat fehlte.

Große Koalition zerbricht an Frage der Konsolidierung

Zeitgenössische Kritik an öffentlichen Ausgaben

Urteil der Forschung

Tatsächlich hat der Staatsverbrauch in Industrieländern seinem Umfang nach laufend zugenommen, also die Ausgaben für Löhne und Gehälter der Staatsbediensteten sowie für den öffentlichen Verbrauch, für Investitionen, Zinsen und Übertragungen an private Haushalte in Form von Sozialleistungen bzw. Subventionen an Unternehmen. Das von dem deutschen Volkswirt und Finanzwissenschaftler Adolph Wagner (1835–1917) formulierte Gesetz wachsender Staatsausgaben traf im Vergleich zur Vorkriegszeit insofern gerade auch für den Weimarer Staat zu. Dies gilt umso mehr, wenn auch die von den Sozialversicherungen getätigten Ausgaben berücksichtigt werden (vgl. Tabelle 22). Der Vergleich der relativen Werte (in % des Volkseinkommens) mit den absoluten Ausgabewerten zeigt jedoch auch, dass der Anstieg des Staatsverbrauchs gemessen am Volkseinkommen besonders mit dem Zusammenbruch des Wirtschaftslebens während der Weltwirtschaftskrise in Zusammenhang steht und von daher auch eine Folge des schrumpfenden Volkseinkommens selbst darstellt. Die neuere Forschung ist dem zeitgenössischen Urteil über die Verwendung der Ausgaben ohnehin nicht mehr uneingeschränkt gefolgt. Namentlich Peter-Christian Witt konnte mit wichtigen Analysen vielmehr zeigen, dass die erhöhten Ausgaben für Soziales von den einkommensschwächeren Schichten selbst aufgebracht worden sind, zugleich aber spätestens mit der Sparpolitik während der Weltwirtschaftskrise ihren vor besonderen Lebenslagen schützenden Sinn verloren. Indem sie allenfalls noch vor dem Verhungern schützte, ging die sozialpolitische Komponente der Weimarer Verfassung spätestens jetzt vollständig verloren.

Tabelle 22: Öffentliche Ausgaben 1913–1933 in Mrd. M/RM, in Preisen von 1913

Jahr	Ausgaben in Mill. M/RM	davon in %			in % des Volkseinkommens
		Reich	Länder + Gemeinden	Sozialversicherung	
1913/14	8,245	28,9	60,8	10,3	16,9
1925/26	11,823	32,7	52,8	14,5	26,0
1926/27	14,356	33,5	51,0	15,5	32,9
1927/28	15,224	33,7	50,3	16,0	29,4
1928/29	16,237	36,0	47,3	16,8	30,7
1929/30	16,481	34,0	47,5	18,5	30,8
1930/31	16,797	34,9	45,1	20,0	33,4
1931/32	15,854	31,7	44,9	23,4	35,1
1932/33	14,656	33,0	46,8	20,2	35,7

Quelle: Witt, Peter-Christian: Finanzpolitik als Verfassungs- und Gesellschaftspolitik. Überlegungen zur Finanzpolitik des Deutschen Reiches in den Jahren 1930 bis 1932. In: GG, 8. Jg., 1982, S. 386–414, hier S. 396.

Verwendung der öffentlichen Ausgaben

Große Teile der öffentlichen Ausgaben entfielen zunächst auch tatsächlich auf Soziales, wobei die Sozialausgaben bis 1929/30 sogar überproportional wuchsen. Das gilt insbesondere für das Wohlfahrtswesen, das für die Unterstützung Erwerbsloser zuständig war, wenn diese keine Leistungen (mehr) aus der sozialversicherungsrechtlichen Erwerbslosenfürsorge erhielten (vgl. Schaubild 18). Insofern ist der Anstieg dieser Ausgaben nach 1928 in erster Linie auf die Zunahme der Arbeitslosigkeit zurückzuführen. Die Zahlen für die Zeit der Weltwirtschaftskrise zeigen dementsprechend, dass die Ausgaben in diesem Bereich trotz der verfolgten rigiden Sparpolitik absolut massiv anstiegen. Zugleich aber erhielt jetzt eine immer größere Zahl von Anspruchsberechtigten pro Kopf eine immer geringere Unterstützung. Dieselbe Tendenz zeigt sich bei den Ausgaben der Sozialversicherungssysteme, die – über die gesetzlichen Krankenkassen – allerdings auch unter der überproportionalen Zunahme der Arzthonorare litten. Wird schließlich auch noch die Einnahmenseite in die Analyse mit einbezogen (vgl. Tabelle 23), kann mit Witt davon ausgegangen werden, dass die gestiegenen (nominalen) Sozialausgaben besonders während, aber eben nicht nur in der Weltwirtschaftskrise voll von der breiten Masse der Bevölkerung selbst aufgebracht worden sind, und zwar bei relativ gleichbleibender Einnahmesumme aus Lohnsteuern und Sozialversicherungsbeiträgen in erster Linie über das erhöhte Umsatz- und Verbrauchssteueraufkommen.

Schaubild 18: Verwendung der öffentlichen Ausgaben nach Verwaltungszweigen 1913–1933 in Mrd. M/RM, in Preisen von 1913

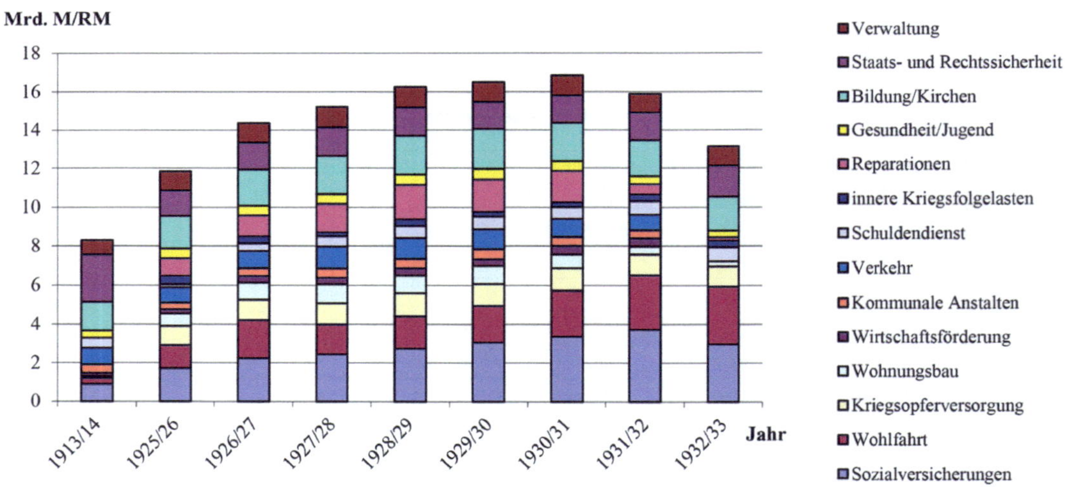

Quelle: Nach Angaben von Witt, Peter-Christian: Finanzpolitik als Verfassungs- und Gesellschaftspolitik. Überlegungen zur Finanzpolitik des Deutschen Reiches in den Jahren 1930 bis 1932. In: GG, 8. Jg., 1982, S. 386–414, hier S. 398.

Tabelle 23: Aufkommen der öffentlichen Einnahmen nach Steuer-, Abgaben- und Beitragsarten 1913–1933, in %

	1913/14	1925/26	1926/27	1927/28	1928/29	1929/30	1930/31	1931/32	1932/33
Summe in Mrd. M/RM (lfd. Preise)	5,841	13,294	15,132	17,747	19,471	19,552	19,185	16,741	13,811
davon in %									
Lohnsteuer, Sozialversicherungsbeiträge der Arbeitnehmer	47,2	18,4	19,1	20,0	21,3	21,1	21,2	22,6	21,0
Einkommensteuer, Körperschaftssteuer, Sozialversicherungsbeiträge der Arbeitgeber		20,5	21,1	22,0	24,4	23,7	22,6	21,8	17,5
Umsatzsteuer, Verbrauchssteuern, Zölle, Beförderungssteuer	28,1	30,6	26,5	25,6	22,1	22,4	23,5	25,6	32,2
Vermögenssteuer, Erbschaftssteuer	2,7	5,1	5,8	5,2	4,3	4,7	4,1	4,1	4,2
Grund-, Gebäude-, Grunderwerbs-, Zuwachssteuern	11,2	8,5	8,1	7,6	7,2	7,3	7,9	8,7	10,5
Gewerbesteuer	4,5	4,3	4,3	4,5	4,6	4,8	5,0	4,4	4,0
Hauszinssteuer	–	9,5	10,1	9,1	8,6	8,5	8,0	7,9	6,4
Sonstige Steuern (Abführungen der Reichsbahn, Industriebelastung usw.)	6,3	3,7	5,1	5,9	7,6	7,6	7,7	5,0	4,2

Quelle: Witt, Peter-Christian: Finanzpolitik als Verfassungs- und Gesellschaftspolitik. Überlegungen zur Finanzpolitik des Deutschen Reiches in den Jahren 1930 bis 1932. In: GG, 8. Jg., 1982, S. 386–414, hier S. 404.

Kritische Analyse der Ausgabenstruktur

Die Versorgung der Millionen Kriegsopfer und -hinterbliebenen (1924 waren 720.931 Kriegsbeschädigte, 371.795 Kriegerwitwen und 1.027.972 Waisen versorgungsberechtigt) darf bei einer seriösen strukturellen Analyse außerdem nicht im Zusammenhang mit dem „Wohlfahrtsstaat" diskutiert werden, stellte sie doch, ebenso wie die hierdurch bedingte, allerdings nicht zu quantifizierende Zunahme der Rentenfälle in der Sozialversicherung, eine Kriegsfolgelast dar. Werden also die Ausgaben der Kriegsopferversorgung als Kriegsfolgelasten gewertet und mit Ausgaben für Polizei, Wehrmacht, (verdeckter) Rüstung und weiteren Ausgaben für innere Kriegslasten und Reparationen addiert, weist auch der Posten Rechts- und Staatssicherheit eine überproportionale Steigerung auf. Ebenso stellte die öffentliche Förderung des Wohnungsbaus zumindest teilweise eine Last vergangener Zeiten dar, war doch der Wohnungsbau während der Kriegs- und der Inflationszeit fast vollständig zum Erliegen gekommen. Neben seiner unbestrittenen sozialpolitischen Bedeutung handelte es sich hierbei zugleich um wichtige öffentliche Investitionen mit gesamtwirtschaftlicher Bedeutung, deren drastische Reduzierung nach 1929/30 krisenverschärfend wirkte. Gleiches gilt für die Bereiche Verkehr und kommunale Anstalten.

Subventionen für Industrie und Landwirtschaft

Schließlich sind zu den Ausgaben, die die Förderung der Wirtschaft betreffen, zumindest teilweise auch noch Ausgaben aus dem Posten innere Kriegsfolgelasten zu zählen, weil Industrie und Landwirtschaft neben Subventionen auch für die Verluste in den abgetretenen Gebieten entschädigt worden sind. Dass mit den fraglichen Subventionen vor allem illiquide landwirtschaftliche Großbetriebe im Osten sowie die Schwerindustrie mit ihrem überproportionalen Produktionsapparat auf Kosten gesamtwirtschaftlich bedeutenderer und beschäftigungspolitisch wichtigerer Industrien unterstützt wurden, stellt ein Problem ganz anderer Qualität dar. Eine vergleichbare Verteilungswirkung zeigte im Übrigen das gesamte Steuersystem, das auf Kosten der breiten Masse dieselben Wirtschaftsbereiche begünstigte.

Zu hohe Lohneinkommen zulasten der Investitionstätigkeit?

Ausbreitung des Tarifwesens

War die ausgabenträchtige Sozialpolitik und damit der Weimarer Sozialstaat in der zeitgenössischen Diskussion insgesamt umstritten, stand daneben ganz besonders das staatliche Schlichtungswesen mit seiner unmittelbaren Wirkung auf die Löhne im Mittelpunkt der Kritik. Auch wenn die Verbreitung von Tarifverträgen bereits vor der Jahrhundertwende kontinuierlich zuzunehmen begonnen hatte, wurden solche Verträge erst nach der Novemberrevolution zu einem Massenphänomen. Der kollektive, von den Verbänden ausgehandelte Tarifvertrag war damit zu einem zentralen Ordnungsprinzip mit Rechtsqualität geworden, von dem individuelle Arbeitsverträge nur im qualitativ höheren Sinn abweichen durften. Der Staat verzichtete dabei zunächst bewusst darauf, sich in die industriellen Arbeitsbeziehungen einzumischen, sicherte sich jedoch von Anfang an das Recht, privat ausgehandelte Tarifverträge für allgemeinverbindlich zu erklären. Zentralarbeitsgemeinschaft und Tarifvertragsordnung sorgten auf dieser Basis dafür, dass die Zahl der in den Genuss tarifvertraglicher Regelung Kommenden im ersten Jahr nach Kriegsende von knapp 1,13 Mio. auf fast 6 Mio. Beschäftigte anstieg. Die Anzahl der Tarifverträge erhöhte sich gleichzeitig um 41%; im Gegensatz zum Kaiserreich, wo Firmen- und Ortstarife überwogen hatten, entwickelten sich diese zudem zu Bezirks- und Reichstarifverträgen. Bis 1922 hielt dieser Trend zunächst an, um dann auf etwas niedrigerem Niveau zu stagnieren. Dennoch gingen selbst während der Weltwirtschaftskrise immer noch rund 12,5 Mio. Beschäftigte einer tariflich geregelten Arbeit nach (vgl. Schaubild 19).

Schaubild 19: Anzahl der Tarifverträge und deren Reichweite (in Mio. Arbeitnehmer), 1912–1932

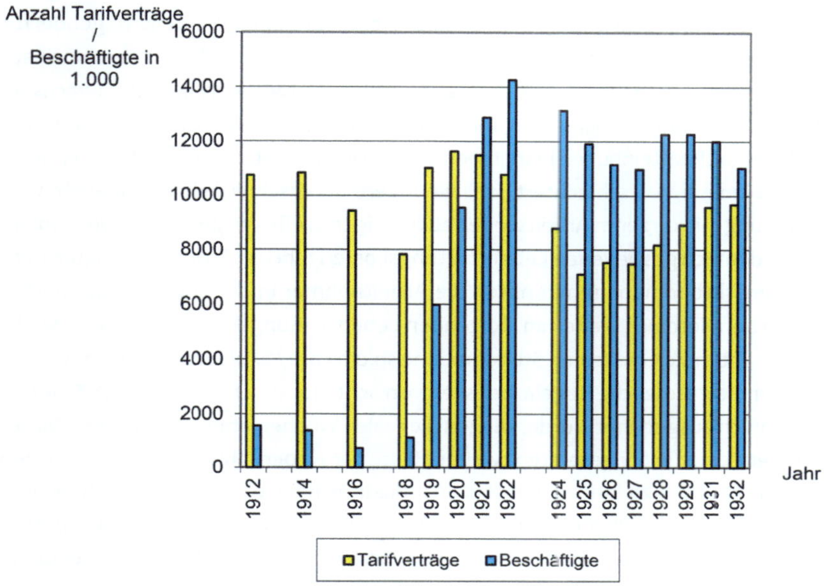

Quelle: Statistisches Jahrbuch für das Deutsche Reich. Hrsg. vom Statistischen Reichsamt. Berlin, 35. Jg. ff., 1914 ff.

Arbeitskämpfe 1919–1924

Parallel zur Ausdehnung des Tarifwesens erhöhte sich die Zahl der Arbeitskämpfe: zwischen 1919 und 1924 gingen jährlich zwischen 11 Mio. und 32 Mio. Arbeitstage durch Streiks verloren. (Zum Vergleich: im Jahr 2018, einem Jahr mit vergleichsweise zahlreichen Streiks, belief sich die Zahl der Streiktage in der Bundesrepublik auf knapp 1,2 Mio.). Offensichtlich schien also die mit der Zentralarbeitsgemeinschaft institutionalisierte und mit der Tarifvertragsordnung fixierte autonome Gestaltung der Arbeitsbeziehungen durch Gewerkschaften und Arbeitgeberverbände zu versagen und enormen volkswirtschaftlichen Schaden anzurichten. Weil die Tarifpartnerschaft also nur sehr eingeschränkt funktionsfähig war, erließ die Regierung Stresemann auch in Anbetracht von Hyperinflation und Ruhrkampf eine Verordnung zur Schlichtung von Arbeitsstreitigkeiten, mit der bewusst ein arbeitsmarktpolitisches Instrument jenseits tariflicher Autonomie geschaffen wurde und das die Möglichkeit einer kontinuierlichen Beeinflussung der gesamten Tarifpolitik in die Hände des Reichsarbeitsministers legte.

Lohnhöhe als Teil der Borchardt-Kontroverse

Im Rahmen der sog. Borchardt-Kontroverse um alternative Handlungsspielräume in der Weltwirtschaftskrise ist auch darüber gestritten worden, ob die so unter staatlicher Beteiligung ausgehandelten Löhne während der 1920er-Jahre nicht zu hoch ausgefallen seien und damit – über die verschlechterte Gewinnsituation der Unternehmen – die Investitionstätigkeit und die konjunkturelle Entwicklung insgesamt

Lohnentwicklung 1924–1932

nachteilig beeinflusst hätten. Die sich teilweise drastisch unterscheidenden Arbeitszeiten sowie weitere statistische Schwierigkeiten lassen jedoch zunächst nur grobe Schlüsse zur Lohnentwicklung während der Weimarer Republik zu. Der folgende, für den gewerblichen Bereich erkennbare Trend dürfte im Wesentlichen aber auch auf die Angestelltengehälter zutreffen, wenngleich mit etwas geringeren Zuwächsen: Nach der Währungsstabilisierung mussten die Lohneinkommensbezieher zunächst deutliche Kaufkrafteinbußen hinnehmen. Ihre Reallohnposition hatte sich im Vergleich zu 1913 eindeutig verschlechtert, weil niedrigere durchschnittliche Stundenlöhne in Verbindung mit kürzeren Arbeitszeiten zu niedrigeren effektiv gezahlten Wochenlöhnen bei deutlich gestiegenen Lebenshaltungskosten führten. Trotz eher ungünstiger Arbeitsmarktbedingungen konnten die Arbeitnehmer in der Folge Reallohnerhöhungen bei allerdings weiterhin steigenden Lebenshaltungskosten durchsetzen. Bis 1926 erhöhten sich die realen Stundenlöhne so um ca. 27 %. Weil zugleich die Arbeitszeit über die gesetzliche Regelarbeitszeit von acht Stunden täglich bzw. 48 Stunden wöchentlich ausgedehnt wurde, stiegen die realen Wochenlöhne noch stärker. Dieser Trend setzte sich in der gesamten zweiten Hälfte der 1920er-Jahre fort; vor allem in den Jahren 1927 und 1928 fanden in fast allen Industrien noch einmal deutliche Reallohnsteigerungen statt. Wegen der krisenbedingt sinkenden Arbeitszeiten verringerten sich dann 1930 erstmals wieder die realen Wochenlöhne, obwohl die Stundenlöhne zum Teil selbst 1931 noch leicht anstiegen. Auf dem lohnpolitischen Tiefpunkt während der Weltwirtschaftskrise, im Jahr 1932, sanken dann sowohl Stunden- als auch Wochenlöhne nominal erheblich. Auch real waren die Löhne damit unter den Stand der Vorkriegszeit gesunken.

Nominal- und Reallöhne

Nominale Angaben drücken Löhne, Preise, Wirtschaftsleistung und andere Größen in Geldwerten des Jahres aus, über das gerade eine Aussage gemacht werden soll (jeweilige Preise, Löhne des jeweiligen Berichtsjahres etc.).
Um eine Vergleichbarkeit über längere Zeiträume zu ermöglichen, müssen jedoch alle Größen in ***konstante Werte***, beispielsweise die Preise eines bestimmten Basisjahres, umgerechnet werden. Erst wenn so ***unter Berücksichtigung der Preissteigerungsrate reale Größen*** wie zum Beispiel ***Reallöhne*** ermittelt werden, ist eine gesicherte Aussage über die Lohnentwicklung möglich.

Gestiegene Lohnquote Ausdruck zu hoher Löhne?

Demgegenüber liefert die gestiegene Lohnquote Befürwortern der Borchardt-These den Beweis dafür, dass die Lohnentwicklung in der zweiten Hälfte der zwanziger Jahre nicht kostenniveauneutral gewesen sei. Der also über die Änderungsrate der sonstigen Produktionskosten hinausgehende Anstieg des durchschnittlichen Reallohns wird wiederum auf die staatlich organisierte Lohnpolitik zurückgeführt. Tatsächlich hat übrigens selbst die sozialreformerische Wochenzeitschrift „Soziale Praxis" in einer ihrer Ausgaben des Jahres 1927 der Behauptung der Arbeitgeberverbände, in den beiden Jahren zuvor seien 55 % bis 60 % der gesamten Lohnsteigerungen durch staatlichen Zwang zustande gekommen, nicht widersprochen. Tatsächlich dürfte sich die bereinigte Lohnquote, d. h. der Anteil der Löhne und Gehälter einschließlich der Arbeitgeberbeiträge zur Sozialversicherung am Volkseinkommen bei konstant gehaltenen Beschäftigtenzahlen, während der Weimarer Zeit um 11 bis 13 Prozentpunkte gegenüber der Vorkriegszeit erhöht haben. Dieser Umstand kann aber auch wiederum zu einem Teil mit dem Wandel der Beschäftigungsstruktur erklärt werden, der sich beispielsweise in einer Verschiebung zugunsten besser verdienender Angestellter und Beamter ausdrückte. Neben dem zurückgegangenen Anteil der Einkommen aus Unternehmertätigkeit kann der hohe Anteil der Löhne und Gehälter am Volkseinkommen zudem auch auf die durch die Inflation vernichteten Vermögen sowie die geschrumpften Einkommen aus Vermietung und Verpachtung zurückgeführt werden, deren Anteil am Volkseinkommen, ausgedrückt in der Gewinnquote, entsprechend gesunken war.

Lohnquote vs. bereinigte Lohnquote

Der Anteil der Einkommen aus unselbständiger Arbeit am Volkseinkommen wird als ***Lohnquote***, der Anteil aus Unternehmertätigkeit und Vermögen als ***Gewinnquote*** bezeichnet. Beide Begriffe sind damit Bestandteil der Verteilungsrechnung des Volkseinkommens.
Lohn- bzw. Gewinnquote spielen oftmals als Argumentationshilfe bei Tarifverhandlungen und in der wirtschaftspolitischen Diskussion eine erhebliche Rolle. Es wird dabei häufig unterstellt, dass die Gesellschaft in zwei Klassen gespalten sei, wobei auf die Arbeitnehmerhaushalte nur die Einkommen aus unselbstständiger Arbeit entfallen, während die Unternehmerhaushalte die Bezieher der Einkommen aus Unternehmertätigkeit und Vermögen seien. Die Realität ist jedoch differenzierter, weshalb der ***Aussagewert von Lohn- und Gewinnquote beschränkt*** ist. Das Gesamteinkommen eines Haushalts kann sich nämlich aus verschiedenen Einkommensarten zusammensetzen; Arbeitnehmer können auch Empfänger von Vermögenseinkommen wie Zinserträgen oder Einkünften aus Vermietung und Verpachtung sein. Außerdem können sie aus einer selbständigen Nebentätigkeit auch Unternehmereinkommen beziehen. Verzerrt wird der Aussagewert der Lohnquote ferner dadurch, dass in ihr auch die Gehälter von Spitzenmanagern, beispielsweise der Vorstände von Aktiengesellschaften, enthalten sind.
Da die Zahlen der Unselbständigen und der Selbständigen zudem mittel- bis langfristig Veränderungen unterliegen, hat streng genommen nur die ***bereinigte Lohnquote***, bei der der Anteil der Arbeitnehmer an den Erwerbstätigen auf der Basis eines Jahres konstant gehalten wird, einen aussagekräftigen Wert.

These von der Überlastung der deutschen Wirtschaft

https://doi.org/10.36198/9783838557328-m41

Je nach Blickwinkel deuten demnach also nicht nur die Kosten staatlicher Sozial-, sondern auch die aus gewerkschaftlicher Lohnpolitik einschließlich spezifisch institutionalisierter Lohnfindung resultierenden Kosten auf eine Überlastung der deutschen Wirtschaft während der Weimarer Republik hin. Hierauf hat Ende 1929 auch bereits der Reichsverband der Deutschen Industrie in einer weiteren seiner Denkschriften (M41) hingewiesen. Folglich schwächte die Umverteilung zugunsten schwächerer Einkommensschichten gerade jene Einkommen, die für private Investitionen sowie deren Finanzierung grundlegend sind. Daraus musste fast zwangsläufig eine Funk-

These vom politisch motivierten Lohnschub

tionsunfähigkeit des wirtschaftlichen Systems resultieren. Zum Beweis dessen wird von Historikern, die die These von der Überlastung und den zu hohen Löhnen vertreten, ebenfalls die kumulierte Reallohnposition herangezogen. Mit dieser Methode der Verteilungsanalyse wird die Abweichung der durchschnittlichen Reallöhne von der Entwicklung der Produktivität angezeigt. Steigen Reallöhne und Produktivität um denselben Prozentsatz, wirkt die Lohnerhöhung verteilungsneutral, d. h., sie lässt die funktionale, über den Markt erfolgte Verteilung des Volkseinkommens unverändert. Schätzungsweise war das im Jahr 1913 der Fall, weshalb dessen Konstellation in Schaubild 20 als definierte Norm, die die Y-Achse im 0-Punkt schneidet, zugrunde gelegt wurde. Bis dahin stieg also die kumulierte Reallohnposition der in der Industrie abhängig Beschäftigten schnell an, ohne jedoch die Verteilung des Volkseinkommens grundsätzlich zu verändern. Demgegenüber lag die Reallohnposition der abhängig Beschäftigten in der Industrie zwischen Währungsstabilisierung und Weltwirtschaftskrise weit über der Produktivitätsentwicklung und damit der Verteilungsneutralität, was zulasten der Einkommen aus Unternehmertätigkeit und Vermögen ging. Dieser gesamtwirtschaftlich negativ wirkende Lohnschub wird als Folge des Machtzugewinns der Arbeiterschaft und somit als politisch motiviert interpretiert.

Schaubild 20: Kumulierte Reallohnposition der abhängig Beschäftigten in der Industrie (1913 = 0)

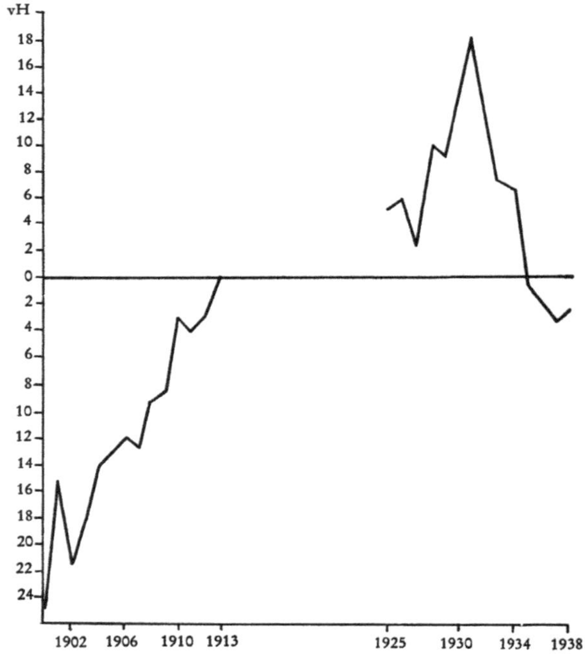

Quelle: Abelshauser, Werner: Verelendung der Handarbeiter? Zur sozialen Lage der deutschen Arbeiter in der großen Inflation der frühen zwanziger Jahre. In: Vom Elend der Handarbeit. Probleme historischer Unterschichtenforschung. Hrsg. von Hans Mommsen und Winfried Schulze. Stuttgart, 1981, S. 445–476, hier S. 448 (= Geschichte und Gesellschaft. Bochumer Historische Studien, 24).

Frage nach Gründen für geringe Produktivitätsfortschritte

So schlüssig das Konzept der kumulierten Reallohnposition auch sein mag, es fragt nicht differenzierter nach Gründen für ausbleibende höhere Produktivitätsfortschritte. Immerhin gibt es laut Heike Knortz auch Anzeichen dafür, dass Unternehmer in der frühen Phase der Weimarer Republik besonders die Arbeiterschaft für die rückgängige Arbeitsproduktivität verantwortlich machten, nicht aber nach Betriebsorganisation und Betriebsmitteln, also nach den Faktoren Technik und Kapital fragten und damit ihre eigene Verantwortung für das Betriebsergebnis vernachlässigten. In diesem Sinn mahnte selbst der RDI die Anwendung technisch-organisatorischer Mittel in seiner 1925 vorgelegten Denkschrift an. Immerhin nahm ja trotz Rationalisierungswelle in der zweiten Hälfte der 1920er-Jahre die Produktivität während der Weimarer Republik insgesamt langsamer zu als in der vorangegangenen oder auch der folgenden Zeit: Pro Arbeitsstunde wuchs sie pro Jahr zwischen 1880 und 1913 um 1,99 %, 1913–1929 um 1,37 % und 1929–1938 um 2,36 %.

Für und Wider der Borchardt-These

Mangels ausreichender empirischer Daten konnte die These von den zu hohen Löhnen während der Weimarer Republik bis heute nicht verifiziert oder falsifiziert werden, zumal sich Gegner und Befürworter der Borchardt-These auch wegen unterschiedlicher zugrunde gelegter ökonometrischer Modelle unversöhnlich gegenüberstehen. Immerhin könnte auch das überdurchschnittliche Realzinsniveau im Deutschen Reich für die unter dem Investitionsniveau des Kaiserreichs liegenden Investitionsraten während der 1920er-Jahre verantwortlich sein. Und selbst wenn die Weimarer Ökonomie tatsächlich an zu hohen Lohnkosten gekrankt hätte, bliebe unklar, ob dies tatsächlich dem Schlichtungswesen zugeschrieben werden kann. Über Bejahung oder Ablehnung der Borchardt-These entscheidet so nicht selten die subjektive Weltanschauung des Einzelnen. Johannes Bähr argumentiert beispielsweise, dass sich die Lohnpolitik keinesfalls nur zulasten der Industrie ausgewirkt habe. Das Schlichtungswesen habe nämlich kein höheres Lohnniveau hervorgebracht, als es ohne staatliche Zwangsschlichtung ohnehin zustande gekommen wäre, es habe zugleich aber härtere und damit kostenträchtigere Tarifauseinandersetzungen und Arbeitskämpfe verhindert. Allerdings ist mit einer solchen Bewertung staatlicher Sozialpolitik noch keine Aussage über den Lohn als betrieblicher Kostenfaktor getroffen.

Sozialstaat als Kostenfaktor für die Industrie

Wie Borchardt und Weimarer Unternehmer hatten übrigens auch schon zeitgenössische Ökonomen über die aus dem Schlichtungswesen resultierenden hohen Löhne geklagt, nicht ohne auf die ihrer Meinung nach ebenfalls zu hohen Lohnnebenkosten als Folge der sozialen Sicherung zu verweisen. Der Weimarer Sozialstaat als Ganzes belastete demnach die Industrie mit Kosten, die ihre internationale Wettbewerbsfähigkeit und über verminderte Erträge auch ihre Investitionsfähigkeit schwächten. Dabei blieb jedoch unberücksichtigt, dass das soziale System auch maßgeblich durch Kriegsfolgelasten und Inflationsfolgen belastet wurde und spätestens in der Weltwirtschaftskrise dem Adjektiv „Sicherung“ Hohn sprach, zumal die Sozialversicherungen neben Beitragserhöhungen die Leistungen massiv reduzierten.

Ende der Sozialpartnerschaft

Unbestritten ist jedenfalls, dass sich die Tarifparteien in den Schlüsselindustrien der deutschen Wirtschaft zu Ende der 1920er-Jahre aus diesen Gründen wieder ebenso unversöhnlich gegenüberstanden wie seinerzeit im Kaiserreich. Die Sozialpartnerschaft, die mit der Zentralarbeitsgemeinschaft zu Ende des Ersten Weltkriegs so vielversprechend begonnen hatte, war deshalb spätestens mit dem grundlegenden Angriff der Arbeitgeber auf die Praxis des Schlichtungswesens während des Ruhreisenstreites gescheitert. Das Recht der kollektiven Tarifautonomie ist anschließend nur noch formal beseitigt worden, unter dem Weimarer Präsidialregime zunächst *peu à peu*, vollends dann unter dem Nationalsozialismus.

Faktencheck „Weimar – der überforderte Wohlfahrtsstaat“

- ✔ Das verfassungsrechtliche Bekenntnis zum Wohlfahrtsstaat kann infolge schwacher wirtschaftlicher Entwicklung nicht eingelöst werden.
- ✔ Das Weimarer „Dilemma“ manifestiert sich in einem „überforderten“ Wohlfahrtsstaat mit hoher Arbeitslosigkeit und Finanzierungsproblemen der Arbeitslosenversicherung.
- ✔ Die infolge des Kriegs notwendige Wohnraumbewirtschaftung führt zum Ausfall privater Bautätigkeit, dies wiederum zu kreditfinanziertem staatlichen Wohnungsbau, dessen Ausfall nach der Kreditkrise 1931 selbst wiederum krisenverstärkend wirkt.
- ✔ Die von Matthias Erzberger intendierte Umverteilung mittels Steuersystem wurde früh aufgegeben, die steigenden Sozialausgaben wurden zugleich von einkommensschwächeren Schichten aufgebracht.
- ✔ Neben der Sozialpolitik allgemein stand das staatliche Schlichtungswesen in der Kritik, das zu überhöhten Löhnen geführt und über diese Kostenbelastung die Investitionsfähigkeit der Industrie geschwächt habe.

Die Vorboten der Weltwirtschaftskrise

Schlüsseldokument: Der Journalist und Reichstagsabgeordnete Friedrich Stampfer über die Vorgeschichte der Weltwirtschaftskrise

Die Weltwirtschaftskrise nahm nach allgemeinem Verständnis mit dem starken Einbruch der Aktienkurse an der New Yorker Börse am 24. Oktober 1929, dem *Black Thursday*, ihren Ausgang. Die Fixierung auf dieses geschichtsträchtige Datum verdeckt allerdings, dass die Kurse schon zuvor seit Wochen gesunken waren und die Kursverluste am folgenden Dienstag, den 29. Oktober, noch einmal sehr viel stärker ausfielen, weil nun fast alle Investoren gleichzeitig panisch versuchten, ihre Aktien zu verkaufen. In den Hintergrund tritt dabei oftmals auch, dass die durch den Börsenkrach ausgelöste Depression nicht nur in den USA, sondern vor allem auch im Deutschen Reich erst 1932 ihren Tiefpunkt erreichte und die wirtschaftlichen Daten für die USA erst 1939 oder gar 1941 ihre Überwindung anzeigten. Gründe für die so lange währende Krise finden sich in den dem *Crash* vorgelagerten strukturellen Problemen wirtschaftlicher, aber auch politischer Provenienz. Im Zentrum dieser strukturellen Problemlagen standen die USA und Europa, standen makroökonomische Ungleichgewichte sowie die Instabilität des internationalen Bankensektors. Dadurch pflanzte sich die Krise – mit unterschiedlicher Intensität und unterschiedlichem zeitlichen Verlauf – nicht nur in alle Erdteile fort, sondern mündete nach Finanz- und daraus folgender Produktionskrise auch in eine Krise des internationalen Finanzsystems sowie in eine Krise politischer Systeme. Der Journalist Friedrich Stampfer, 1920 bis 1933 Reichstagsabgeordneter für die SPD, hat diese schließlich in der Weltwirtschaftskrise kumulierenden und sich in deren Verlauf krisenverschärfend entwickelnden Zusammenhänge schon 1936 sehr genau beschrieben. In seinen Memoiren „Die vierzehn Jahre der ersten Deutschen Republik“ (M42) gab Stampfer zugleich einen Ausblick auf den weiteren Verlauf der Weltwirtschaftskrise im Deutschen Reich.

https://doi.org/10.36198/9783838557328-m42

Börsenkrach und Wirtschaftskrise in den USA

Black Thursday

Nach deutlichen Kursrückgängen in den vorangegangenen Wochen brach am 24. Oktober 1929, dem *Black Thursday*, der in Europa wegen der Zeitverschiebung als *Black Friday* bezeichnet wird, Panik unter den Anlegern der New Yorker Börse aus, die zu deren Zusammenbruch führte. Dieser New Yorker Börsenkrach bedeutete das Ende einer jahrelangen, durch Spekulation getriebenen Hausse in den USA (vgl. Schaubild 21). Während der *Roaring Twenties* waren Aktien häufig auf Kredit erworben und nur kurze Zeit gehalten, angesichts steigender Kurse also schnell wieder gewinnbringend verkauft worden, um solche Transaktionen von Neuem, möglichst aber mit höherem finanziellen Volumen starten zu können. Als die Aktienkurse zu fallen

Schaubild 21: Die Entwicklung des Dow Jones in den 1920er- und 1930er-Jahren

Quelle: Basierend auf Arezzotrade, Italia. http://www.arezzotrade.com/Grafici_Storici/dowjones1895_oggi.htm#3.

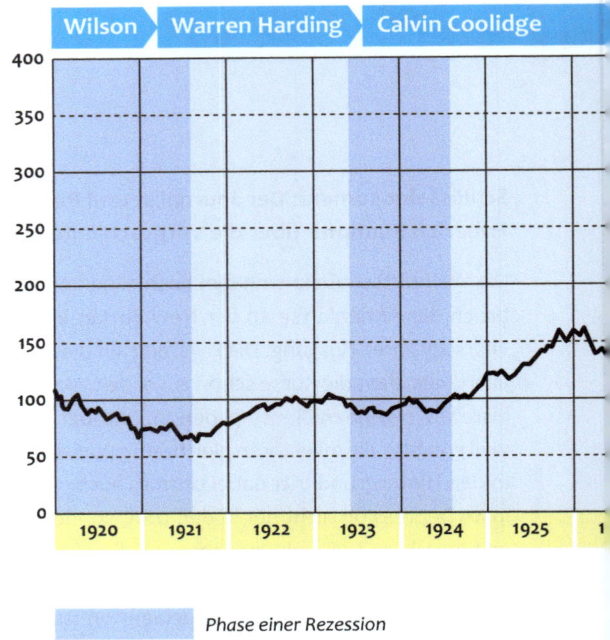

begannen, mussten die Verluste aus kreditfinanzierten Aktien dann durch deren Verkauf begrenzt werden, was den Börsenwert in der Folge weiter sinken ließ. Jetzt entstand ein Wettlauf um Liquidität, denn um weitergehende Verluste zu vermeiden oder Verbindlichkeiten nachkommen zu können, riefen neben Privatanlegern bald auch zahlreiche Firmen ihr Kapital zurück. Die Zahlungsunfähigkeit vieler Kreditnehmer in Verbindung mit dem Sturm auf Banken führte in der Folge zu deren Illiquidität. Über die durch die Zusammenbrüche von US-Banken entstandene Kreditkrise konnte sich die Finanzkrise schließlich in der Realwirtschaft mit Unternehmensinsolvenzen und Massenarbeitslosigkeit fortpflanzen, da nun kein Geld mehr zur Verlängerung oder zur Vergabe neuer Kredite für Investitionen zur Verfügung stand.

These vom gesättigten US-Konsumgütermarkt

Auch wenn der New Yorker Börsenkrach vom 24. Oktober 1929 allgemein mit dem Beginn der Weltwirtschaftskrise gleichgesetzt wird, können die Kursverluste dieses Tags und der folgenden Monate nicht die sich anschließende schwere und lang anhaltende Wirtschaftskrise in den USA erklären. Zu den verschiedenen, miteinander in Beziehung stehenden Ursachen hierfür wird vielmehr der gesättigte US-Markt für langlebige Konsumgüter gezählt, dem allerdings überdimensional große Produktionskapazitäten gegenüberstanden. Beispielsweise verfügte 1928/29 bereits jeder fünfte Amerikaner über einen Kraftwagen, zudem besaß die überwiegende Mehrzahl der amerikanischen Haushalte schon jetzt Kühlschränke, die allerdings nicht selten auf Kredit angeschafft worden waren. Hinzu kam die Überproduktion in der Landwirtschaft, die spätestens um 1928 einen massiven Preisverfall für agrarische Produkte bewirkte. Zurückzuführen ist sie auf die während des Ersten Weltkriegs weltweit

Überproduktion der US-Landwirtschaft

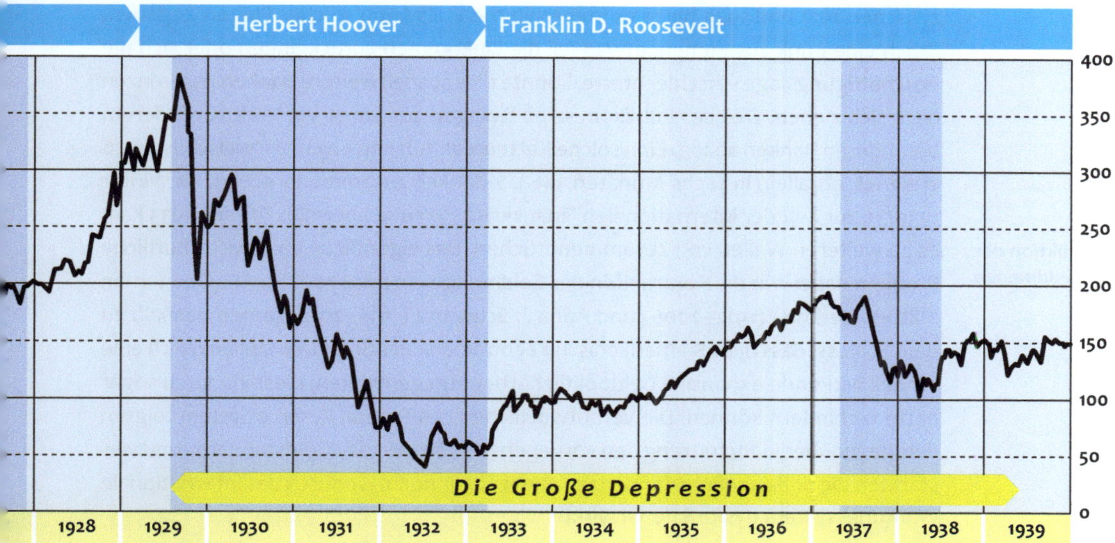

ausgedehnten Anbauflächen, auf den zunehmenden Einsatz von Kunstdünger sowie auf die Substitution tierischer Zugkräfte durch Traktoren, die die Nachfrage nach Futtermitteln, also landwirtschaftlichen Erzeugnissen, verminderte.

These von sehr ungleicher Einkommensverteilung

Der US-Ökonom John Kenneth Galbraith (1908–2006) hat die These von der Sättigung des Marktes für langlebige Konsumgüter demgegenüber ausdrücklich verneint. Seiner Meinung nach entsprachen die Produktionskapazitäten sogar dem Kaufwillen der Bevölkerung, beherrschten Optimismus und Fortschrittsgläubigkeit das Bewusstsein der US-Bürger. Galbraith führt die sich an den Börsenkrach anschließende Depression deshalb auf eine zu jener Zeit in den USA besonders ungleiche Einkommensverteilung zurück. Weil der Kurseinbruch in erster Linie die Wohlhabenden traf, von deren Einkommen der Konsum von Luxusgütern ebenso wie hohe Investitionen abhingen, begann sich deren Ausgabenverhalten schließlich auf die Ökonomie insgesamt auszuwirken.

Labiler US-Bankensektor

Durch den Zusammenbruch von Finanzinstituten infolge des Kurssturzes kam es zudem zu einer Kreditkrise, sodass Geld für Neuinvestitionen systembedingt nicht mehr zur Verfügung stand. Ohnehin galt der Bankensektor in den USA infolge einer Vielzahl selbstständiger Institute traditionell als labil: Streng genommen gab es keine Filialbanken, sodass jede Bank lokal agierte und deshalb von wenigen örtlichen Industrien abhing. Jeder Kundenansturm konnte so eine Bank wegen des fehlenden finanziellen Rückhalts schnell in große Schwierigkeiten bringen, und Bankeninsolvenzen waren im amerikanischen Wirtschaftsleben tatsächlich keine Seltenheit. Bereits zwischen 1921 und 1929 hatte es immerhin mehr als 5000 solcher Pleiten gegeben. Brach eine Bank zusammen, etwa weil die Einkommen zurückgingen oder sich die Beschäftigungslage verschlechterte, konnte dies schnell weitere Bankeninsolvenzen nach sich ziehen, weil das Publikum seine Einlagen aus Sorge vor Verlust wiederum bei anderen Banken abzog. Eine solche Kettenreaktion hatte sich beispielsweise 1926 ereignet, als allein in sechs Monaten 346 US-Banken zusammenbrachen. Im Winter 1930/31, zur Zeit der internationalen Finanzkrise 1931 und abermals Anfang 1933 kam es zu weiteren Wellen von Zusammenbrüchen. Das eigentliche volkswirtschaftliche Problem dabei war die Kontraktion der Geldmenge um rund 30 %. Die US-Ökonomen Milton Friedman (1912–2006) und Anna J. Schwartz (1915–2012) kamen deshalb zu dem Schluss, dass die US-amerikanische Zentralbank der *Great Depression* durch eine schnell wirkende expansive Geldpolitik hätte entgegenwirken, diese dadurch sogar hätte verhindern können. Die Verantwortlichen des *Federal Reserve System* folgten demgegenüber jedoch streng den vorgegebenen Regeln des Goldstandards und verstärkten die deflationären Tendenzen damit sogar noch, wodurch das internationale Währungssystem dysfunktional wirkte.

Kontraktion der Geldmenge

Globale Außenwirtschaftsprobleme mit Wurzeln in den USA

Zu den monetären kamen außenwirtschaftliche Probleme. Während die USA zum größten Gläubiger auf den internationalen Finanzmärkten aufgestiegen waren, suchten die Schuldnerländer Wege, um ihre Schulden zurückzahlen zu können. Die USA waren aber durch die 1921 wieder eingeführten Prohibitivzölle dem allgemeinen Protektionismus der Nachkriegszeit gefolgt, der den internationalen Warenaustausch behinderte und mit dem die ohnehin labile wirtschaftliche Situation noch anfälliger wurde. Mit der Erhöhung der US-Zölle Ende der 1920er-Jahre fiel für die Schuldnerländer die Möglichkeit, durch eine Erhöhung ihrer Exporte in die USA Geld zum Schuldenabbau verdienen zu können, schließlich völlig weg, sodass viele Auslandsschulden notleidend wurden. Dadurch gingen in der Folge wiederum die Exporte vor allem der amerikanischen Farmer zurück, weil die Schuldnerländer ihrerseits die Importe reduzieren mussten. In Anbetracht dieser Schwächen war die US-Wirtschaft für den Börsenzusammenbruch sehr anfällig gewesen, der unter anderen Umständen vielleicht nur begrenzten ökonomischen Schaden angerichtet hätte. Dem Börsenkrach war in den USA nichtsdestotrotz ein Jahrzehnt relativ robuster wirtschaftlicher Entwicklung, vor allem aber optimistischer Erwartungen vorangegangen. Spätestens seit 1924 hatten die Aktienkurse zu steigen begonnen, wenn auch mit einem kleineren Rückschlag 1926, bis sie seit 1927 dann fast unaufhaltsam stiegen. In dieser Hausse-Stimmung und allgemeinen Euphorie wurden die ersten Anzeichen der einsetzenden Depression, wie die bereits zu Beginn des Jahrzehnts stark nachgebenden Agrarpreise oder die im Frühjahr 1926 in Florida zusammengebrochene Grundstücksspekulation, ignoriert. Unter diesen Bedingungen war die Neuausgabe von Wertpapieren die gesamten 1920er-Jahre hindurch sehr hoch gewesen, was einerseits Kapital für Investitionen eingebracht und damit wesentlich zum Wachstum der Wirtschaft beigetragen hatte. Andererseits fachte die Gründung immer neuer Gesellschaften und die Möglichkeit, Aktienkäufe nur zum Teil bar bezahlen zu müssen, die Spekulation an.

Börsen-Hausse seit 1924

Aktienspekulation

Typischerweise bilden die Börsenkurse die unterschiedlichen Einschätzungen über die wirtschaftliche Entwicklung der einzelnen Kapitalgesellschaften ab, sodass normalerweise immer eine Anzahl von Investoren zum gerade aktuellen Kurs Aktien erwerben oder eben verkaufen will. Während der 1920er-Jahre hatten sich allerdings die Aktienkurse von der realwirtschaftlichen Entwicklung abgekoppelt und waren schließlich in eine kreditfinanzierte Massenspekulation gemündet. Angeheizt wurde diese zusätzlich durch die Wiedereinführung des Goldstandards in Großbritannien. Die damit verbundene Überbewertung des Pfunds verteuerte nämlich britische Waren und machte den Wirtschaftsstandort insgesamt für Ausländer unattraktiv. Deshalb wurde massenweise Geld und Gold aus Großbritannien abgezogen und in den Vereinigten Staaten angelegt. Im Jahr 1927 senkte das *Federal Reserve System* zudem den Diskontzinssatz und kaufte Staatsanleihen in beträchtlichem Umfang auf. Die hierdurch zusätzlich in Umlauf gekommene Liquidität wurde umgehend in Aktien angelegt und heizte die Spekulation noch weiter an. Immer wieder einmal eintretende Kursrückgänge und damit verbundene Verluste wurden aber bald wieder durch eine sich schnell erholende Kursentwicklung und daraus resultierende Gewinne ausgeglichen. Spätestens seit Sommer 1928 spiegelten so die Börsenkurse den Zustand der Realwirtschaft nicht mehr wider.

Termingeschäfte und Tagesgeld

Neben der Aktienspekulation kam es zu einer einzigartigen Ausweitung des Termingeschäfts. Dadurch musste der Wertpapierkäufer nicht mehr den vollständigen Kaufpreis aufbringen, sofern er die erworbenen Aktien bei seinem Makler als Pfand für den von diesem vermittelten Kredit hinterlegte. Das Volumen der den Maklern hierfür zunächst nur von Banken, schließlich jedoch auch von Unternehmen und Privatpersonen aus dem In- und Ausland zur Verfügung gestellten Kredite war von maximal 1,5 Mio. Dollar zu Beginn der 1920er-Jahre auf 7 Mrd. Dollar im Sommer 1929 angestiegen. Hoch spekulativ waren die Termingeschäfte, weil die Dividenden, die Einkünfte aus den Wertpapieren, weit unter den zu zahlenden Kreditzinsen lagen. Es lockte somit einzig der Gewinn aus jederzeit liquidierbaren Aktien, die allerdings nur zu steigen schienen. Die exorbitanten Gewinne aus diesen Geschäften – 1928 konnten mit solchermaßen eingesetztem Kapital auf dem Markt für tägliches Geld 12 % Zinsen erzielt werden – animierte sogar produzierende Unternehmen dazu, ihre Gewinne an der Wall Street zu verleihen. *Standard Oil of New Jersey* brachte auf diese Weise 1929 beispielsweise täglich durchschnittlich 69 Mio. Dollar in den Markt für tägliches Geld ein. Zudem nahmen Banken beim *Federal Reserve* Geld für 5 % Zinsen auf, um es für 12 % weiterzuverleihen. Die Spekulation hätte allein durch erhöhte Mindestanforderungen für die Kreditvergabe unterbunden werden können. So verlangten die Makler regelmäßig rund die Hälfte des Aktienwerts in bar, was häufig die komplette Barschaft der Kundschaft darstellte. Bereits mit einer moderaten Erhöhung der Deckungsbeiträge hätte demnach der Börsenboom ein frühzeitigeres, kontrolliertes Ende nehmen können. Hierzu waren aber weder Regierung noch Zentralbank bereit, sodass die Börsenspekulation ab Juli 1929 ihren absoluten Höhepunkt erreichte.

Börsenfieber als Teil US-amerikanischer Kultur

Galbraith hat in seinem Klassiker über den großen Crash sehr eindringlich dargestellt, wie die Vorgänge an der Börse die US-Amerikaner zu beherrschen begannen und damit zumindest temporär zu einem Teil der amerikanischen Kultur wurden. Trotzdem darf nicht übersehen werden, dass die Börsenspekulation auch zum gesellschaftlichen Ereignis hochstilisiert worden ist. Denn allen Verlautbarungen zum Trotz, Menschen aller Schichten hätten am Aktienmarkt investiert und selbst die klassische Hausfrau habe sich neben der Frage, ob es auf dem Wochenmarkt frischen Fisch zu kaufen gebe, auch für „*Wright* Luftfahrt" interessiert: Die große Masse der US-Amerikaner blieb dem Aktienmarkt fern; sie wusste nicht einmal, wie man Wertpapiere kauft. So schätzt Galbraith die Zahl der Spekulanten auf dem Höhepunkt der Blase 1929 bei einer Gesamtbevölkerung von 120 Mio. auf weniger als eine Million. Um diese zum Kauf zu animieren, hat in der Regel eine gewisse Anzahl von Händlern das ihnen zur Verfügung stehende Geld in einem Pool zusammengeführt, um eine ausgesuchte Aktie durch Aufkäufe im Kurs steigen zu lassen. Die Kurssteigerung animierte das breite Publikum zum Kauf, und die dadurch weiter steigenden Kurse ermöglichten den am Pool beteiligten Händlern einen stattlichen Gewinn.

Hausse-Ende bereits Anfang September 1929

Mit dem 3. September 1929 kam dann das Ende der Hausse am Aktienmarkt. Verschiedene Kurse gaben nach, und der Markt war von nun an nicht mehr durch seine vorhergehende, aufwärtsgerichtete Stabilität gekennzeichnet. Nun folgende Höhepunkte waren nur noch kurze Unterbrechungen einer langen Abwärtsentwicklung, die jedoch noch nicht als solche wahrgenommen wurde. Im Oktober wurde der Abwärtstrend deutlicher, bis die New Yorker Börse zwischen dem 21. und 29. Oktober 1929 völlig zusammenbrach. Bis dahin gab es durchaus Gründe anzunehmen, dass sich der Markt bald wieder stabilisieren würde, u. a. auch deshalb, weil New Yorker Banken zwischenzeitlich die Kurse durch Aufkauf unvorstellbarer Mengen von Aktien zu stützen versuchten. Einige Anleger scheinen aber die Entwicklung in der Realwirtschaft, wie die rückläufige Industrieproduktion oder das rückläufige Frachtaufkommen der Bahn, genau beobachtet und mit dem Verkauf ihrer Anteile begonnen zu haben. Weitere Anleger folgten, bis am 21. Oktober 1929 die bis dahin höchste Anzahl an Aktien an einem einzigen Tag verkauft wurde.

Unsicherheit führt zu Verkaufspanik

Hauptursache für die nun einsetzende Panik war in erster Linie die Unsicherheit. Die Maklerbüros hatten zu jener Zeit den Charakter von Clubs angenommen, in denen sich Anleger jederzeit mittels Börsenfernschreiber über letzte Kursnotierungen oder neueste Anlagetipps informieren konnten. An Börsentagen mit normaler Geschäftstätigkeit errechneten die Makler aufgrund ihrer Kaufs- und Verkaufsorders die Kurse, sie selbst oder von ihnen beauftragte Börsenschreiber übermittelten diese anschließend zur Anzeige auf einer Informationstafel sowie per Fernschreiber an die Börse. Schon während der Hausse war der Börsenfernschreiber an sehr geschäftigen Tagen technisch bedingt jedoch hinter den Kurssteigerungen zurückgeblieben; nun ereignete sich dasselbe bei rapide fallenden Kursen unter umgekehrtem Vorzeichen: Aufgrund der Verkaufsorders informierte der Fernschreiber nicht selten erst mehr als eine Stunde nach Börsenschluss über die letzten Transaktionen und damit über den Schlusskurs.

24. Oktober 1929

Der solchermaßen ablaufende 21. Oktober, ein Montag, ist schließlich durch die Ereignisse des folgenden Donnerstags, des 24. Oktobers, noch in den Schatten gestellt worden. An diesem Tag wollte jeder verkaufen, auch weil die Börsenschreiber erneut den über Draht übermittelten Kursmeldungen hinterherhinkten und dadurch Konfusion und Angst erzeugten. Weil Kunden im Vorfeld dieser Ereignisse der Aufforderung ihrer Händler, auf Kredit gekaufte Aktien mit zusätzlichem Kapital abzusichern, nicht nachgekommen waren, hatten die Händler außerdem zu ihrer eigenen Sicherheit Kursmarken gesetzt. Sobald sinkende Aktienkurse diese Marken unterschritten, löste dies automatisch *Stop-Loss-Orders* aus. Jede solcher Orders erhöhte aber die zum Verkauf stehenden Papiere und trieb die Kurse damit weiter nach unten. Allerdings war der folgende Dienstag, der 29. Oktober 1929, für die Börsenentwicklung noch dramatischer. Es herrschte ein Überangebot an Verkaufsorders, für die keine Käufer mehr zu finden waren. Bei Börsenschluss waren ca. 16,5 Mio. Aktien an der New Yorker Börse verkauft worden – obwohl die Zahl der Verkaufswilligen noch weitaus höher gelegen hatte –, während am Donnerstag zuvor, dem *Black Thursday*, nur rund 13 Mio. Anteile den Besitzer gewechselt hatten. Mit diesen Kurseinbrüchen sind jedenfalls die Gewinne der gesamten vorausgegangen zwölf Monate vernichtet worden. Trotz verkürzter Börsenöffnung setzte sich der Abwärtstrend in der Folge fort. Erst im Juni 1932 erreichte der Aktienindex mit 58 Punkten dann seinen tiefsten Stand – der Tag vor dem *Black Thursday* hatte noch mit 415 Punkten eröffnet –, und am 28. Oktober 1929 war der Index an einem einzigen Tag um diese Punktzahl gefallen.

29. Oktober 1929

Folgen für die Realwirtschaft

Viele Unternehmen und Banken außerhalb von New York riefen in der Folge ihr Kapital zurück, weshalb nun auch das Volumen der Maklerkredite zu schrumpfen begann. Das war insofern gefährlich, als sich diejenigen, die ihre Aktien halten wollten, kein zusätzliches Geld mehr leihen konnten. Obwohl New Yorker Banken einsprangen und nun auch das *Federal Reserve System* alles versuchte, um keine Kreditknappheit entstehen zu lassen, wurden jetzt auch die Aktien solider Unternehmen wie *United States Steel* oder *General Motors* in Mitleidenschaft gezogen. Um noch etwas von ihrem Geld retten zu können, mussten nämlich viele Anleger gerade diese Papiere verkaufen, die bis dahin relativ robust dem Geschehen widerstanden hatten und somit die einzigen waren, die noch zu Geld zu machen waren. Gleichzeitig erlitten private Anleger und Firmen durch den Rückruf von Geldern große Verluste. In der Folge kürzten die Unternehmen ihre Ausgaben, wodurch die Industrieproduktion zurückging und die Lager abgebaut wurden. Anfang Juli 1932 waren beispielsweise die Kapazitäten der US-Stahlunternehmen nur noch zu 12 % ausgelastet. Als immer öfter auch Hypothekenkredite gekündigt wurden, kam es zu massenweisen Zwangsvollstreckungen, weil Hausbesitzer keine neuen Darlehen erhielten. Dadurch sanken wiederum die Immobilienpreise und die Bautätigkeit ging zurück. Die so ausgelöste Depression, in deren Verlauf im Jahr 1933 mit fast 13 Millionen Menschen rund 25 %

der Zivilbeschäftigten arbeitslos waren, sollte sich in den USA rund zehn Jahre lang hinziehen. Als sich die Kreditmärkte durch die Intervention des *Federal Reserve*, das schließlich u. a. Wertpapiere auf dem offenen Markt kaufte oder den Diskontzinssatz senkte, wieder beruhigt hatten, war die Deflation schon zu weit vorangeschritten, als dass die Realwirtschaft vor der Krise hätte bewahrt werden können. Und weil der Börsenkrach einen globalen Wettlauf um Liquidität ausgelöst hatte, konnte sich auch die daraus folgende Krise der Realwirtschaft weltweit fortpflanzen.

Die akute Krise der deutschen Landwirtschaft

Kreditfinanzierte Investitionen

Der Rückruf US-amerikanischen Kapitals auch im Ausland bereitete in der stark internationalisierten Weltwirtschaft einen idealen Nährboden für die Globalisierung der durch den New Yorker Börsenkrach ausgelösten krisenhaften Entwicklung. Neben außenwirtschaftlichen Problemen und einem nur leidlich funktionierenden internationalen Finanzsystem machten weitere krisenhafte Entwicklungen die deutsche Wirtschaft nicht erst zu Ende der 1920er-Jahre für entsprechende Ereignisse anfällig, wie zunächst das Beispiel der Landwirtschaft zeigt. So hatten Weltkrieg und Inflation die notwendige Modernisierung der Landwirtschaft zunächst verhindert. Sollten die hinter der Vorkriegszeit zurückbleibenden Erträge gesteigert und die Agrarwirtschaft effizienter ausgestaltet werden, musste deshalb unter vergleichsweise ungünstigen Bedingungen in die unterkapitalisierte deutsche Landwirtschaft investiert werden. Die kriegsbedingt entstandene Investitionslücke in der Landwirtschaft wurde deshalb bis 1929 durch Kredite finanziert. Nicht zuletzt hohe Zinssätze trugen in der Folge dazu bei, dass die im Lauf der Inflation reduzierte Verschuldung der Agrarwirtschaft bald wieder zunahm. Daneben ließ die nach der Währungsstabilisierung sinkende Nachfrage nach Agrarprodukten auch deren Preise sinken, während die Preise für Industriegüter, auf deren Einsatz die Landwirtschaft bei ihrer Produktion angewiesen war, stiegen. Zwar war diese auseinanderklaffende Preisschere eine internationale Erscheinung, sie öffnete sich mit einem Index, der auf der Vorkriegszeit basierte (= 100) und sich 1924 für Preise landwirtschaftlicher Erzeugnisse auf 111, für Industriewaren jedoch auf 143 belief, im Deutschen Reich allerdings besonders weit.

Landwirtschaftliche Preisschere

Strukturelle Probleme

Vielfältige staatliche Subventionen und andere Förderungsmaßnahmen, wie die teilweise Wiedereinführung von Agrarschutzzöllen, sollten deshalb zur Steigerung der landwirtschaftlichen Produktivität beitragen, die weit hinter der der Industrie zurücklag. Trotz aller Fortschritte durch Technik und Agrarwissenschaft blieben die alten Produktionsstrukturen jedoch weitgehend erhalten. In der Folge beanspruchte oftmals allein der Zinsdienst den Einnahmeüberschuss. Indem die finanziellen Lasten durch Zinsen und Amortisationen stiegen, bewegten sich viele Betriebe der deutschen Landwirtschaft trotz steigender Erträge bald hart an der Rentabilitätsgrenze. Hinzu kam gegenüber der Vorkriegszeit, in der die Landwirtschaft außerordentlich zuvorkommend besteuert worden war, eine um das 3,7-Fache erhöhte Gesamtsteuerlast. Weil es sich hierbei um strukturelle Probleme handelte, die sich durch steigende

Boden- und Pachtpreise verstärkten, kann von einer chronischen Agrarkrise gesprochen werden, durch die die Verschuldung der Landwirtschaft bald wieder den Stand der Vorkriegsjahre erreichte.

Chronische wird zur akuten Agrarkrise

Im Deutschen Reich schlug die chronische Agrarkrise in eine akute Krise der Landwirtschaft um, als die Preise für Agrarprodukte auf dem Weltmarkt 1927/28 völlig zusammenbrachen. Die Krise wurde damit in dem Moment akut, als die gesteigerte landwirtschaftliche Produktion auch infolge ihrer überholten Struktur nicht mehr abgesetzt werden konnte, während Importe, Hortungen und Spekulationen die Preise zeitgleich stark sinken ließen. So war die Veredelungswirtschaft bereits durch die Zollpolitik der Vorkriegszeit relativ hinter dem Getreideanbau zurückgeblieben, vor allem aber war innerhalb der Getreidewirtschaft die Roggenproduktion immer noch nicht zugunsten eines verstärkten Weizenanbaus eingeschränkt worden. Die Bevorzugung von Großbetrieben bei der Kreditvergabe hatte in den zwanziger Jahren sogar die weniger effizienten Teile der Landwirtschaft begünstigt und zugleich zu einer Ausdehnung des Roggenanbaus geführt, obwohl die Nachfrage nach Roggenprodukten anhaltend schrumpfte. Zudem war der deutsche Agrarmarkt durch Schutzzölle gegen die seit 1925 auf dem Weltmarkt fallenden Weizenpreise geschützt, sodass der Rückgang der Getreidepreise im Deutschen Reich erst Mitte des Jahres 1927 einsetzte. Die anschließend weiter erhöhten Zölle konnten dann aber infolge des starken internationalen Preisverfalls der Landwirtschaft nicht mehr zu hohen und stabilen Verkaufserlösen verhelfen.

Akute Schulden-/ Kreditkrise

Im Unterschied zur Produktionskrise in der Industrie äußerte sich die Agrarkrise nicht in einer abnehmenden Erzeugung. Die im Gegenteil steigende Agrarproduktion war zudem von einer langsamer als das Angebot steigenden Nachfrage begleitet worden, bis die Nachfrage mit Ausbruch der Weltwirtschaftskrise sank, um schließlich völlig zusammenzubrechen. Die Preise für landwirtschaftliche Produkte sanken nun schneller, als die Ernteerträge steigen konnten, sodass die Einnahmen der deutschen Landwirtschaft zwischen 1928/29 und 1932/33 um mehr als ein Drittel zurückgingen. Da die Preise für landwirtschaftliche Produktionsmittel nicht im gleichen Maß sanken, wuchsen Schuldenlast und damit Zinsdienst der Landwirte weiter. Immer weniger landwirtschaftliche Betriebe vermochten die steigenden Zinszahlungen aus ständig sinkenden Geldeinnahmen zu bestreiten, sodass immer mehr Betriebe illiquide wurden, die dann notverkauft oder zwangsversteigert werden mussten. Mit dem beschleunigten Preisverfall war die Schulden- und damit die Kreditkrise akut geworden.

Staatliche Stützungsmaßnahmen

Der Agrarkrise, die seit 1928 zu Protestveranstaltungen und Bauernaufmärschen auf dem Land führte, versuchte das Reich mit außenhandelspolitischen sowie anderweitigen Stützungsmaßnahmen bzw. einer Entschuldungs- und veränderten Steuerpolitik zu begegnen. In der Folge wurden die Zölle vor allem für Getreide erhöht, sodass nicht nur die Verbraucher überhöhte Preise für inländischen Roggen zu zahlen hatten, sondern auch die vorwiegend Vieh produzierenden Betriebe gezwungen wurden,

den teuren inländischen Roggen zu verfüttern. Die Zollpolitik begünstigte insofern die Wirtschaften der östlichen Großagrarier und erschwerte die vorwiegend kleinbetriebliche Veredelungswirtschaft des Westens. Erst mit fortschreitender Krise wurden auch die Zölle für Vieh wirksam erhöht, erreichten aber auch dann nicht das Niveau der Getreidezölle, die teilweise über 100 % der Inlandspreise betrugen.

Stützungskäufe

Selbst die seit Anfang 1926 erfolgten staatlichen Stützungskäufe mussten angesichts der akuten Agrarkrise scheitern. Trotz massiver Roggenaufkäufe in den Jahren 1930/31 gelang es nämlich nicht, den Roggenpreis auf einer für die Landwirte akzeptablen Höhe zu stabilisieren. Die für die Roggenstützung verfügbaren Mittel reichten schlicht nicht aus, um die enormen Mengen überschüssigen Roggens aufzukaufen. Deshalb wurde Mitte 1930 ein Verwendungszwang eingeführt, der den Anteil des in Brotwaren zu verwendenden Roggens gesetzlich festschrieb, das Angebot von Weizenmischbrot und Weizenkleingebäck in Gastwirtschaften verbot und von Werbeaktionen für den Verzehr von Roggenbrot begleitet wurde. Auch die Stützung anderer landwirtschaftlicher Erzeugnisse wie Weizen, Gerste und Kartoffeln scheiterte, da die mit den staatlichen Stützungskäufen einhergehende Preisstabilisierung zur Ausdehnung der Anbaufläche motivierte, was die Preise erneut sinken ließ. Die USA und Kanada hatten bis 1929 im Übrigen ebenfalls versucht, mittels staatlicher Aufkäufe die Weizenpreise zu stabilisieren. Aber auch hier misslang die damit verbundene staatliche Lagerhaltung, u. a. durch die Bemühungen von Ländern wie Australien und der UdSSR, ihre Exporterlöse durch Mehrproduktion konstant zu halten. Nach einer bis dahin eher moderaten Preissenkung von 30 % kam es so allein im Jahr 1930 zu einem weltweiten Preissturz von 40 %, 1931 von 28 % und 1932 noch einmal von 12 %.

Die krisenhafte Entwicklung der deutschen Industrieproduktion

Zunehmende Lagerhaltung 1928

Im Gegensatz zur Landwirtschaft hatten die nach der Währungsstabilisierung einsetzenden Rationalisierungen die Produktivität in der deutschen Industrie bedeutend gesteigert. Während jedoch die Arbeitsleistung pro Stunde und Arbeiter von 1913/14 bereits 1925 schon wieder leicht übertroffen wurde, erreichten die Nettolöhne erst 1928 wieder das Vorkriegsniveau. Damit musste die Kaufkraft auf dem Binnenmarkt hinter der wachsenden Produktion zurückbleiben, und tatsächlich nahm die Lagerhaltung, erstes Anzeichen eines Konjunkturumschwungs, sowohl bei den Konsum- als auch den Investitionsgütern bereits im Jahr 1928 zu. Hinter zunehmender Lagerhaltung stehen gewöhnlich zurückgehende Bestellungen und damit Absatzrückgänge, was sich wiederum negativ auf die Produktion auswirkt. In der Folge stagnierte die Produktion bei Konsumgütern des elastischen Bedarfs, also solchen, auf deren Erwerb Verbraucher temporär verzichten können, oder die Produktion ging, wie in der Textilindustrie, sogar zurück. In der Folge nahmen auch die Nettoinvestitionen in der Konsumgüterindustrie ab, die Eisen- und Stahlerzeugung sank, während Konkurse und Arbeitslosigkeit anstiegen.

Scheitelpunkt der Konjunktur 1929

1929 wurden im Vergleich zum Vorjahr erneut weniger Konsumgüter hergestellt. Weil die Investitionsgüterherstellung noch leicht zunahm, sank zwar die Gesamtproduktion noch nicht, aber sie stagnierte beinahe. Zudem gingen jetzt bereits die für eine künftige positive wirtschaftliche Entwicklung wichtigen Investitionen und hier wiederum vor allem die der Industrie, weniger die der öffentlichen Hand, zurück. Der Höhepunkt der Konjunktur war also spätestens im Herbst 1929 überschritten, auch wenn die Investitionsgüterindustrien noch bis 1930 verstärkt exportierten und 1929 die höchste Ausfuhr seit Kriegsende erzielen konnten. Der schrumpfende Binnenmarkt zeigt jedenfalls an, dass sich die deutsche Volkswirtschaft, als sie 1929/30 vom Zusammenbruch der Weltwirtschaft getroffen wurde, bereits auf dem Weg in die Rezession befand.

Zum Stellenwert von Nettoinvestitionen

Unter ***Kapital*** wird in makroökonomischer Perspektive der Produktionsfaktor Kapital verstanden, also die produzierten Produktionsmittel. Der Bestand an Produktionsmitteln in einer Volkswirtschaft an einem Stichtag wird als ***Kapitalstock*** bezeichnet. Es ist also eine Bestandsgröße.

Veränderungen des Kapitalstocks werden durch ***Investitionen*** hervorgerufen. Als ***Bruttoinvestitionen*** wird der Teil des Bruttosozialprodukts bezeichnet, der zum Ersatz ausgeschiedener dauerhafter Produktionsmittel, zur Erweiterung und Verbesserung des Produktionsapparates oder zur Vergrößerung von Lagerbeständen verwendet wird. Im Gegensatz zum Kapitalstock sind Investitionen keine Bestands-, sondern Stromgrößen; sie beziehen sich auf eine Periode, z. B. ein Jahr. Veränderungen in den Beständen von Rohstoffen, Halb- und Fertigfabrikaten in den Unternehmen zählen ebenfalls zu den Investitionen.

Die ***Ersatzinvestitionen*** entsprechen dem Teil der Bruttoinvestitionen, der notwendig ist, um den durch den Produktionsprozess bewirkten Verschleiß an Produktionsmitteln, der rechnerisch in Form von Abschreibungen erfasst wird, zu ersetzen. Werden die Ersatz- von den Bruttoinvestitionen subtrahiert, ergeben sich die ***Nettoinvestitionen***, in deren Höhe der Kapitalstock verändert wird. Sind die Bruttoinvestitionen größer als die Ersatzinvestitionen, die den Verschleiß der Produktionsmittel im laufenden Jahr ausgleichen, entstehen ***positive Nettoinvestitionen***, die den Kapitalstock erhöhen. Der Produktionsapparat hat sich also um ΔK während einer Periode vergrößert.

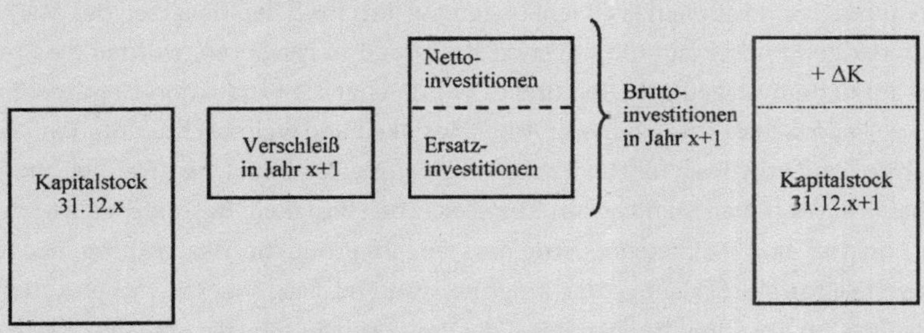

Reichen die Bruttoinvestitionen nicht aus, um den Kapitalstock zu erhalten, so ist der durch den Produktionsprozess bedingte Verschleiß der Produktionsmittel in der laufenden Periode größer als die Reinvestition. Es treten dadurch ***negative Nettoinvestitionen*** in Höhe von –ΔK auf. Die Bruttoinvestitionen entsprechen in diesem Fall den Ersatzinvestitionen.

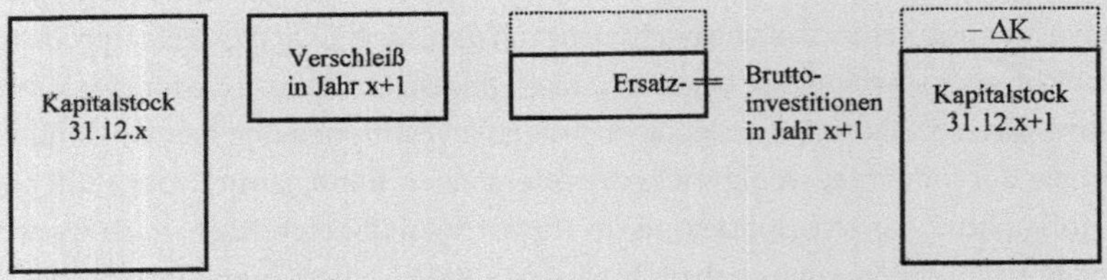

Wären die Bruttoinvestitionen in einer Periode gleich null, würde der gesamte durch den Produktionsprozess bedingte Verschleiß des Kapitalstocks nicht ersetzt werden, die Ersatzinvestitionen wären also ebenfalls null und die Nettoinvestitionen in Höhe der Abschreibungen negativ. In den USA lagen die Bruttoinvestitionen im Jahr 1932 tatsächlich beinahe bei null. Investitionen sind durch ihren ***positiven Einkommenseffekt*** und den damit verbundenen ***Multiplikatorprozess*** für das wirtschaftliche Wachstum von besonderer Bedeutung. Durch die Erhöhung der Investitionen steigt das Volkseinkommen in der ersten Periode in Höhe der Zusatzinvestitionen, da durch die Produktion der neuen Investitionsgüter bei denen, die an ihrer Produktion beteiligt sind, neues Einkommen entsteht. Die Einkommensempfänger werden einen Teil ihres Einkommens für zusätzlichen Konsum ausgeben. Dadurch werden die Unternehmen der Konsumgüterindustrie veranlasst, ihre Produktion auszudehnen. Es entsteht wiederum zusätzliches Einkommen. In der nächsten Phase wird ein Teil des Zusatzeinkommens für Konsum ausgegeben, wodurch weitere Konsumgüterproduktion induziert wird. Dieser Prozess vollzieht sich so lange, bis das neue, höhere Gleichgewichtseinkommen erreicht ist. Es entsteht also ein expansiver kumulativer Prozess. Der gleiche Multiplikatoreffekt tritt jedoch auch mit kontraktiver Wirkung auf.

Quelle: Nach Taenzer, Uwe: Grundlagen der Wirtschaftswissenschaften. Teil 3: Makroökonomie. Volkswirtschaftliche Gesamtrechnung, Faktoren der gesamtwirtschaftlichen Entwicklung, Wirtschaftspolitik. Stuttgart/Dresden, [2]1994, S. 93 ff.

Industrielle Konzentration verschärft Produktionskrise

Die Produktionskrise der deutschen Volkswirtschaft wurde schließlich durch die relativ starke wirtschaftliche Konzentration verschärft. Entgegen dem allgemein sich durchsetzenden erheblichen Preisrückgang, einem offensichtlichen Ausdruck der Überproduktionskrise, verhinderten Kartellbildungen in Verbindung mit vertikalen Unternehmenskonzentrationen Preissenkungen. Anstatt nach den Gesetzen des Marktes mit niedrigen Preisen auf die sinkende Nachfrage zu reagieren, wurden die Preise also auf hohem Niveau gehalten und es wurde eher die Produktion eingeschränkt, was volkswirtschaftlich zu höherer Arbeitslosigkeit und weiter schrumpfenden wirtschaftlichen Aktivitäten führte. Dabei verzeichnete das Deutsche Reich seit 1927/28 ohnehin einen hohen Stand an struktureller Arbeitslosigkeit.

Schwerfällige Preisanpassung besonders in kartellierter Roheisenindustrie

Besonders die Kartelle der Rohstoff- und Halbzeugindustrie passten ihre Produktionskapazitäten nur sehr schwerfällig an die rückläufige Nachfrage an, während die in eher schwachen Kartellen organisierten Konsumgüterindustrien die Preise relativ schnell senkten. Da sich die für die einzelnen Kartell-Mitglieder festgelegten Produktionsquoten nach den jeweils vorhandenen Produktionskapazitäten richteten, sahen sich einzelne Mitgliedsunternehmen sogar veranlasst, ihre Kapazitäten noch in der Krise zu erhöhen. Besonders deutlich wird dieses Vorgehen im Fall der hochgradig konzentrierten Roheisenindustrie im Vergleich zur Textilindustrie, die weitgehend unter den Bedingungen freier Konkurrenz agierte (vgl. Tabelle 24). Allerdings waren in dieser Branche infolge der vorangegangenen Rationalisierungen auch die Fixkosten, bei zurückgehender Nachfrage somit die Kosten je Produkteinheit gestiegen, was Preissenkungen erschwerte, während die in der Textilindustrie bestehenden Kartelle allein durch ihre große Anzahl schwach waren, also keinerlei Preisbindung durchzusetzen vermochten. Die meisten Kartelle der Textilindustrie hatten ohnehin nur der Qualitätsvereinheitlichung dienen, also weder Preise noch Produktionsmengen festsetzen sollen.

Tabelle 24: Entwicklung von Produktion und Preisen in der Eisen- und Textilindustrie, 1925–1932 (1928 = 100)

Jahr	Eisenindustrie		Textilindustrie	
	Preise	Produktion	Preise	Produktion
1925	101	88	120	90
1926	97	87	94	83
1927	98	112	96	109
1928	100	100	100	100
1929	102	110	88	92
1930	99	80	66	90
1931	89	57	48	88
1932	81	39	39	80

Quelle: Kuczynski, Jürgen: Die Geschichte der Lage der Arbeiter unter dem Kapitalismus. Bd. 5: Darstellung der Lage der Arbeiter in Deutschland von 1917/18 bis 1932/33. Berlin, 1966, S. 21.

Differenzierung der Inlands- und Exportpreise durch Stahlkartelle

Da im Zeichen der weltweiten Krise die Weltmarktpreise sanken, Stabstahl und Grobbleche somit im Ausland zu den vorgesehenen Preisen nicht abzusetzen waren, differenzierten die Stahlkartelle zudem zwischen Inlands- und Exportpreisen. Trotz gesunkener Selbst- und Lohnkosten beispielsweise berechneten sie dem inländischen Abnehmer mehr als das Doppelte des Exportpreises, was die Krise im Inland weiter verschärfte. Die auf einem preisempfindlichen Markt agierende weiterverarbeitende Industrie, deren Erlöse infolge der hohen, gleichbleibenden Einkaufspreise bei rückgängigen Absatzpreisen schrumpften, musste infolgedessen ihre Produktion reduzieren, Arbeitskräfte entlassen und somit wiederum ihre Nachfrage nach Grundstoffen drosseln. Aber auch jetzt reagierten die Kartelle und Konzerne dieser Branchen nicht mit einer Senkung der Verkaufspreise, vielmehr legten sie Produktionsstätten still und entließen weitere Arbeitskräfte. Erst auf Intervention der Reichsregierung Ende des Jahres 1931 gaben die Preise für industrielle Rohstoffe und Halbfabrikate leicht nach.

Die deutsche Staatsschuldenkrise

Krisenhafte Entwicklung der Staatsfinanzen

Zu den Problemen in der deutschen Industrie und Landwirtschaft kam bereits im Vorfeld der Weltwirtschaftskrise auch die krisenhafte Entwicklung der Staatsfinanzen. Nach 1918 wuchsen im Deutschen Reich wie in allen westlichen Industriestaaten die staatlichen Aufgaben und damit auch die öffentlichen Ausgaben. Im Deutschen Reich nahmen Letztere zwischen 1925 und 1930 um rund 50 % zu, während die Steuereinnahmen zeitgleich nur um ca. 38 % stiegen. Da die Einnahmen des Reichs also nicht ausreichten, wurden die Ausgaben in nicht unerheblichem Umfang durch Kredite finanziert. So kam es bereits zur Zeit der relativen Stabilität immer wieder zu Finanzierungslücken im Reichshaushalt, die mit kurzfristigen, i. d. R. aus dem Ausland stammenden Krediten überbrückt wurden. Die seit 1926/27 zunehmende Verschuldung belastete den Reichshaushalt infolge der daraus resultierenden Zins- und Tilgungszahlungen weiter. Jede zusätzliche finanzielle Belastung, wie etwa eine Erhöhung der Beamtenbesoldung oder aber ein Steuerausfall infolge einer Konjunkturverschlechterung, bedeutete in dieser Situation einen erheblichen Unsicherheitsfaktor für den Haushalt. Problematisch konnte es vor allem dann werden, wenn auf den internationalen Kreditmärkten Zweifel an der Kreditwürdigkeit des Reichs aufkamen.

Drohende Zahlungsunfähigkeit seit Mitte 1928

Tatsächlich spitzte sich die Lage dementsprechend bereits in der zweiten Hälfte des Jahres 1928 zu: Das Reich befand sich am Rand der Zahlungsunfähigkeit und sollte das Haushaltsjahr mit einem Fehlbetrag abschließen. Spätestens von Dezember 1928 an war nun fast jedes Monatsende von Zahlungsschwierigkeiten überschattet, d. h., dass beispielsweise Beamte und Gläubiger des deutschen Staats nie sicher sein konnten, ob Besoldung oder ausstehende Forderungen pünktlich und in voller Höhe ausgezahlt werden würden. Ähnlich erging es den Kommunen, die im Fall abnehmender Kreditzuflüsse in schwere Finanznöte geraten mussten. Reichsbankpräsident Schacht, der schon zuvor wiederholt vor den Folgen der öffentlichen Verschuldung im Ausland für Wirtschaft und Währung gewarnt hatte (M43), verglich die Situation des Deutschen Reichs Ende März 1929, als sich die Situation erneut zuspitzte, unverhohlen mit der eines Bankrotteurs, weil das Reich inzwischen so viel Schulden hatte, dass es für den Schuldendienst neue Kredite aufnehmen musste. Zwei Monate später konnte die Zahlungsunfähigkeit nur verhindert werden, weil Firmen der deutschen Großindustrie und ein deutsches Bankenkonsortium dem Reich einen Kredit des Bankhauses *Dillon, Read & Co.* vermitteln konnten, das allerdings im internationalen Finanzhandel nicht als beste Adresse galt. Die so erhaltenen 50 Mio. Dollar oder 210 Mio. RM wurden allein durch die Verbindlichkeiten der Monate Juni und Juli fast vollständig aufgebraucht.

https://doi.org/10.36198/9783838557328-m43

Ausfall des inländischen Kapitalmarkts

Bis Ende des Jahres 1929 befand sich das Reich von daher in einer permanenten Zahlungskrise, die die Reichsregierung immer nur kurzfristig, bis zum nächsten Monatsende, zu überbrücken vermochte. Um die Liquidität des Reichs zu sichern, halfen immer wieder auch deutsche Körperschaften mit kurzfristigen Krediten aus, wie die Deutsche Renten-Kreditanstalt mit 6 Mio. RM oder die Deutsche Bau- und Bodenbank mit 10 Mio. RM. Eine längerfristig tragbare Lösung der chronischen Kassennot gelang der Reichsregierung damit allerdings nicht. Im Gegenteil, der Versuch, über eine bereits im Mai 1929 aufgelegte Reichsanleihe auch an inländisches Kapital zu gelangen und damit zumindest mittelfristig die Staatsschulden konsolidieren zu können, scheiterte: Statt der vorgesehenen 500 Mio. RM konnten mit der Platzierung der sog. Hilferding-Anleihe nur 187 Mio. RM am Markt mobilisiert und so dem Reich verfügbar gemacht werden.

Überschuldung des Reichs, aber auch anderer Staaten

Das Deutsche Reich hatte also, wenn auch nicht ganz freiwillig, seit der zweiten Hälfte der zwanziger Jahre auf Pump gelebt und saß förmlich noch vor dem New Yorker Börsenkrach in der Schuldenfalle. Dabei war die Höhe der gesamten Auslandsschulden mit Blick auf das industrielle Potenzial des Deutschen Reichs sowie seine durch Protektionismus eingeschränkten Exportmöglichkeiten nicht zu rechtfertigen gewesen. Vieles spricht insofern für eine mangelnde Voraussicht der Anleger, die dem Reich Geld liehen, mit dem es wiederum frühere Schulden begleichen konnte. Weil die Bedienung des Schuldendienstes die finanziellen Möglichkeiten des Reichs überstieg, hätten in weltwirtschaftlich geordneten Zeiten Kapitalimporte dieser Größenordnung über einen längeren Zeitraum wohl nicht aufrechterhalten werden können. Diese Problematik war so nur durch ihre Verknüpfung mit der Reparationsproblematik eine spezifisch deutsche. Ansonsten handelte es sich dabei nämlich um ein weltweites Phänomen, denn bereits Mitte der 1920er-Jahre hätte ebenso offenkundig sein müssen, dass viele, beispielsweise auch lateinamerikanische Länder, mehr Kapital aufnahmen, als sie vernünftigerweise in der Lage waren zurückzuzahlen.

Die chronische Krise des deutschen Banken- und Kreditsystems

Instabilität des deutschen Kreditsystems

Neben realwirtschaftlichen sowie finanzpolitischen strukturellen Schwächen und der sich im Abschwung befindlichen Industrieproduktion sollte vor allem der deutsche Bankensektor dazu beitragen, die Krise der Weltwirtschaft in das Deutsche Reich zu tragen. Dessen Instabilität resultierte aus der Vernichtung von großen Teilen des deutschen Geldkapitals durch die Inflation, was anschließend zur Finanzierung von Investitionen der deutschen Industrie nicht mehr zur Verfügung stand. Aber auch die Verringerung der Einlagen bei den Kreditbanken trug zur Schwächung des deutschen Kreditsystems und damit zu dessen Krisenanfälligkeit bei. So hatten nämlich gerade die Großbanken nach der Inflation die Guthaben der Kleinsparer nicht aufgewertet, was diese zu den Sparkassen abwandern ließ, die Aufwertungen zwischen 15 % bis 25 % vornahmen. Durch diese Vernachlässigung der Kleinsparer verloren die großen Kreditbanken eine sichere Grundlage für das industrielle Kreditgeschäft. Gleichzeitig verblieb Kapital zunehmend als Betriebsreserven in den Konzernen, was die Kreditbanken zusätzlich schwächte. So hatten die Konzerne unter den Bedingungen knappen Kapitals eigene Finanzabteilungen errichtet oder sich sogar eigene Konzernbanken angeschlossen, die für die kurzfristige Kreditgewährung innerhalb des Unternehmens zuständig waren, als Beteiligungsgesellschaften fungierten oder auch die Aufnahme

Lösung der Konzerne aus der Abhängigkeit der Banken

von Anleihen vermittelten. Indem sich die Konzerne damit aus der Abhängigkeit der Banken zu lösen begannen hatten, wurden diese zugleich weitgehend von der Verwaltung umsatzstarker Kassen- und Betriebsreserven ausgeschlossen. Die Banken konnten daher vielfach nicht einmal mehr ihre Kontrollfunktion erfüllen: Die wirtschaftliche Lage ihrer Kunden, an die sie in großem Umfang aus dem Ausland stammendes Kapital in Form von Krediten weiterleiteten, blieb ihnen verschlossen. Offensichtlich verzichteten die Banken schließlich sogar ganz darauf, die Geschäftsbücher der Konzerne einzusehen.

Verlust von Kontrollfunktionen

Kumulation von Inflationsfolgen und Reparationslasten

Neben dem großen, aus dem geschwächten Bankensystem resultierenden Kapitalmangel und dem seit Kriegsende chronischen Handelsbilanzdefizit, das es zu finanzieren galt, waren es die nach dem Dawes-Plan jährlich in steigendem Maß zu leistenden Reparationszahlungen, die einen Rückgriff auf ausländisches Kapital unumgänglich machten. Dabei waren es vor allem die unter starker Konkurrenz agierenden deutschen Großbanken, die dem Kapitalbedarf mit der Hereinnahme ausländischen Kapitals begegneten. Weil also die durch die Inflation massiv geschädigten inländischen Sparguthaben nicht ausreichten, erfolgte die kapitalintensive Modernisierung der deutschen Volkswirtschaft vor allem mit Rückgriff auf ausländisches Kapital.

Asymmetrie am internationalen Kapitalmarkt

Der Kapitalmangel zog dabei steigende Zinssätze nach sich, die ihrerseits wiederum ausländisches Kapital nach Deutschland lockten. Aber nicht nur die Reparationsverpflichtungen Deutschlands, sondern auch die aus der Kriegszeit stammenden Forderungen der USA an ihre Verbündeten brachten in erheblichem Umfang internationale Geldströme hervor, denen kein Austausch von Waren oder Dienstleistungen gegenüberstand. Diese Geldübertragungen verstärkten das Zinsgefälle zwischen Schuldner- und Gläubigerländern weltweit, was wiederum einen Gegenstrom hauptsächlich US-amerikanischen, Anlage suchenden Kapitals entstehen ließ. Auch die Reichsbank unterstützte diese Entwicklung mit ihrer Diskontpolitik: Ihre auf die Inflation folgende, an Geldwertstabilität ausgerichtete Politik der Kreditrestriktion führte in Verbund mit vergleichsweise hohen Diskontsätzen zu über dem internationalen Niveau liegenden Zinssätzen, was vor allem US-amerikanischen, aber auch britischen und niederländischen Anlegern Anreize bot, Kapital in Deutschland zu platzieren.

Fehlende Kongruenz bei den Fälligkeiten

Aus der Asymmetrie des internationalen Kapitalmarkts ergab sich, dass die Zinsen für kurzfristige Kredite, für Kredite also mit einer Laufzeit von bis zu drei Monaten, im Deutschen Reich höher waren als der Zins für langfristige Kredite auf den ausländischen Kapitalmärkten. Zugleich nahm das ausländische Kapital diese kurzfristigen Kredite aber auch wegen des mangelnden Vertrauens in die Stabilität der deutschen Währung und Volkswirtschaft gerne und in großem Maßstab an. Die deutschen Kreditinstitute finanzierten mit diesen kurzfristigen ausländischen Krediten allerdings industrielle Investitionsvorhaben, d. h., sie vergaben diese Gelder ohne Rücksicht auf deren Fälligkeit langfristig. Gerade weil sich die Banken nicht um die Kongruenz zwischen aufgenommenen und ausgeliehenen Geldern sorgten, wäre ein höherer Eigenkapitalanteil unabdingbar gewesen. Das Verhältnis von Eigenkapital zu Fremdkapital hatte sich infolge der Inflation jedoch sehr ungünstig entwickelt. Zudem wollten namentlich die Berliner Großbanken ihr Eigenkapital über Gewinne aus den hohen Zinssätzen für langfristig vergebenes Kapital schnell aufstocken. Mit zunehmender Kreditvergabe aber gestaltete sich das Verhältnis zwischen eigenen und fremden Mitteln, das sich in einer unvorteilhaften Relation von Eigenkapital und Reserven der Banken im Verhältnis zu ihrer Bilanzsumme ausdrückt, noch ungünstiger (vgl. Tabelle 25).

Tabelle 25: Verhältnis von Kapital und Reserven im Verhältnis zur Bilanzsumme deutscher Geschäftsbanken

Jahr	1913	1924	1925	1926	1927	1928	1929	1930
Kapital + Reserve in % der Bilanzsumme	23,2	17,7	13,8	12,3	11,1	8,1	7,0	7,6

Quelle: Haebler, Ilse: Die Krise im deutschen Kreditbankwesen und die Mittel zu ihrer Überwindung. Diss. Hamburg, 1934, S. 34.

Problematisches Verhältnis von Eigen- zu Fremdkapital

Prinzipiell war es für das deutsche Finanzsystem außerordentlich riskant, dass das Fremdkapital bei den Banken einen so hohen Stellenwert einnahm. Allerdings hatte die dadurch gefährdete Bankenliquidität im Deutschen Reich bereits vor 1914 in der Kritik gestanden. Hatte sich das Verhältnis von Eigen- zu Fremdkapital bei den deutschen Banken vor dem Krieg aber noch auf 1 : 3 belaufen, betrug dieses Verhältnis 1929 nur noch 1 : 10,4, bei den Berliner Großbanken sogar nur noch 1 : 15,5. Hinzu kamen jetzt noch das Risiko eines außergewöhnlich hohen Anteils ausländischen Kapitals am Fremdkapital sowie die langfristige Anlage kurzfristiger Kredite. Eine weitere Belastung stellte die vergleichsweise geringe Barliquidität der deutschen Banken dar, weil die Institute abermals unter dem Gesichtspunkt der Gewinnmaximierung möglichst viel der ihnen zur Verfügung stehenden Mittel ausliehen. Während die Barliquidität der privaten deutschen Aktienbanken 1913 noch 7,3 % betragen hatte, war sie 1929 auf 3,8 % gesunken. Zur gleichen Zeit lag sie bei den US-amerikanischen und englischen Banken zwischen 9 % und 10 %.

Geringe Barliquidität deutscher Banken

Kurzzeitiger Kapitalabzug bereits 1927

Schon aus geringstem Anlass drohte unter diesen Bedingungen eine Bankenkrise, die sich schnell zu einer Krise des gesamten Finanzsystems ausweiten konnte. Tatsächlich sind bereits 1927 ausländische Anleihen aus spekulativen Gründen unerwartet aus Deutschland abgezogen worden. Auch wenn die kurzfristigen Kredite anschließend immer wieder verlängert wurden, hätte dies von den Banken als Warnsignal gedeutet werden müssen. Denn diese kurze Krise zeigte bereits die Gefahren an, die sich in der Liquiditätskrise von 1931 dramatisch zuspitzen sollten. Gleiches trug sich zu, als es im Frühjahr 1929 infolge der fälligen, in Gold- und Devisen zu zahlenden Reparationsrate zu einer temporären Finanzkrise kam, weil ausländische Banken abermals ihre kurzfristigen Gelder zurückgerufen hatten. Der vorübergehende Rückgang der Auslandskredite im ersten Halbjahr 1929 hatte auch eingesetzt, weil im Februar in Paris innerhalb der Reparationskommission unter Leitung von Owen D. Young äußerst kontrovers

Kurze Finanzkrise im Frühjahr und Herbst 1929

über die Kreditwürdigkeit Deutschlands diskutiert worden war: Der Reichshaushalt des Jahres 1928 hatte mit über den Einnahmen liegenden Ausgaben abgeschlossen, sodass sich das chronische Haushaltsdefizit und die damit verbundene Kassennot des Reichs 1929 fortzusetzen drohten. Wegen der ohnehin bereits bestehenden Verschuldung hatte das Reich anschließend tatsächlich alle Mühe, seinen eingegangenen Zahlungsverpflichtungen nachzukommen. Der Sturz der Aktienkurse an der New Yorker Börse im Oktober desselben Jahres bot schließlich den Anlass für eine weitere Liquiditätskrise. Die in den USA ausgelöste Depression traf nicht zuletzt infolge dieser finanzpolitischen Verwerfungen neben den Vereinigten Staaten selbst das Deutsche Reich besonders hart. Neben Friedrich Stampfer hat vor allem auch die Deutsche Bank und Disconto-Gesellschaft diese und weitere strukturelle Krisenlagen in ihrer Denkschrift vom 1. Oktober 1931 (M44) analysiert.

https://doi.org/10.36198/9783838557328-m44

Faktencheck „Die Vorboten der Weltwirtschaftskrise"

- ✔ Der *Black Thursday* beendet die durch Spekulation getriebene Hausse in den USA.
- ✔ Der Wettlauf um Liquidität führt in den USA nach einem Börsenkrach zur Finanzkrise mit Unternehmensinsolvenzen und Massenarbeitslosigkeit.
- ✔ Die US-Depression zieht infolge außenwirtschaftlicher und globaler finanzpolitischer Verwerfungen weltweit Ökonomien in eine Abwärtsspirale.
- ✔ Die Agrarkrise, der Konjunkturabschwung, das instabile Bankensystem sowie die Staatsschuldenkrise als vorgelagerte strukturelle Problemlagen machen das Deutsche Reich für globale krisenhafte Entwicklungen besonders anfällig.

12

Der Verlauf der Weltwirtschaftskrise im Deutschen Reich

Schlüsseldokument: Der Wirtschaftsjournalist Hans E. Priester über die Bankenkrise im Deutschen Reich

Trotz finanz- und realwirtschaftlicher Strukturprobleme, des temporären Abzugs von Auslandsgeldern und des New Yorker Börsenkrachs war es im Deutschen Reich bis Frühjahr 1931 zu keiner akuten Kreditkrise gekommen. Erst die Zahlungsunfähigkeit der größten Geschäftsbank in Österreich ließ internationale Anleger dann in Furcht vor einer ähnlichen Entwicklung ihr Kapital verstärkt aus Deutschland zurückrufen. Dieser Abfluss der Gelder bedrohte einerseits das hiesige Bankenwesen und ließ andererseits die Geldmenge schrumpfen. Anschließend trieb die Deflation Unternehmen der Realwirtschaft in die Illiquidität, was Banken erneut in Bedrängnis brachte. Es war schließlich das die Reparationszahlungen für ein Jahr aussetzende, eigentlich zur Stabilisierung des internationalen Finanzsystems ausgehandelte Hoover-Moratorium, das das Misstrauen der inländischen Sparer schürte. Deren panikartigem Bankensturm war kein Kreditinstitut gewachsen, weshalb die Reichsregierung zur Stützung des gesamten Finanzsystems zwei Bankfeiertage ausrufen musste, an denen alle Kreditinstitute geschlossen blieben. Noch während der Depression analysierte der

Abbildung 19: Im Kampf um ihre Spareinlagen – Massenandrang der Sparer vor der städtischen Sparkasse in Berlin

Quelle: Bundesarchiv Koblenz, Bild 102–12023 / Georg Pahl / CC-BY-SA 3.0. Mit Hinweisen zum Lizenzrecht abrufbar unter https://commons.wikimedia.org/w/index.php?curid=5480279.

https://doi.org/10.36198/9783838557328-m45

Wirtschaftsjournalist Dr. Hans E. Priester den Zusammenbruch der Österreichischen Creditanstalt und den daraus folgenden Flächenbrand im deutschen Finanz- und Kreditwesen (M45). Aber nicht nur er, auch weitsichtige Bankiers blickten in eine düstere Zukunft für das internationale Finanz- und Währungssystem.

Wirtschaftstheoretische Definition und Entstehung der Deflation

Definition

Eine Deflation ist das Gegenteil einer Inflation, also das über einen längeren Zeitraum zu beobachtende Sinken des Preisniveaus. Im Fall einer Deflation sinken nicht die Preise einzelner Güter, vielmehr sinken die Preise im Durchschnitt und über eine längere Zeit hinweg spürbar. Das ist insofern gesamtwirtschaftlich problematisch, als der Wert laufender Kredite im Vergleich zu den damit beschafften Sachwerten steigt – und damit die Gefahr der Überschuldung der Kreditnehmer; entsprechend sind die Unternehmen immer weniger zu investieren bereit. Wie die Inflation wird auch die Deflation als Abweichung vom Zustand des gesamtwirtschaftlichen (monetären) Gleichgewichts angesehen. Die originäre Ursache einer Deflation ist in einer hinter der Wachstumsrate der Produktion zurückbleibenden Geldmengenexpansion, gleichsam in einer Verminderung der Geldmenge zu sehen (vgl. Schaubild 22). Dabei kann die Geldmenge durch eine restriktive Geldpolitik, beispielsweise über die Erhöhung des Leitzinssatzes, schrumpfen. In die gleiche Richtung wirkt eine sinkende Umlaufgeschwindigkeit des Geldes, wenn also mit Geld keine Nachfrage realisiert, sondern gehortet wird.

Entstehungsursachen

Schaubild 22: Abweichung vom gesamtwirtschaftlichen (monetären) Gleichgewicht als Voraussetzung für eine Deflation

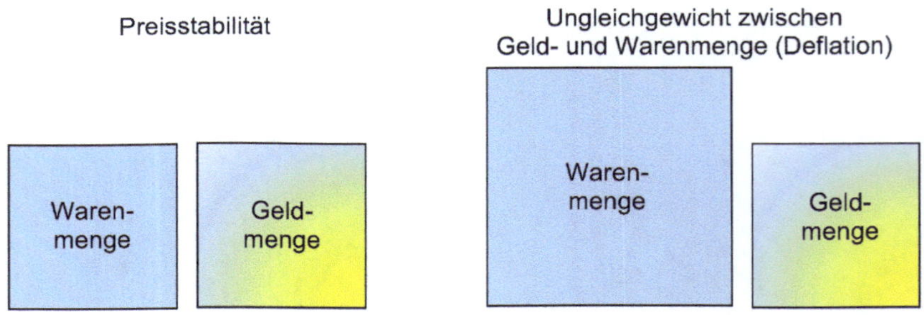

Abweichung auch vom Gütergleichgewicht

Das Abweichen vom monetären Gleichgewicht ist bei einer Deflation jedoch zugleich mit einer Abweichung vom gesamtwirtschaftlichen Gütergleichgewicht verbunden. Weil die Auslastung des Produktionspotenzials anhaltend unter dem der Vollbeschäftigungssituation liegt, ist die Deflation schließlich auch durch eine Abnahme der Beschäftigung gekennzeichnet. Der Beschäftigungsrückgang ist also Folge einer ungenügenden Gesamtnachfrage, wobei sich der Absatzmangel zu Beginn einer deflatorischen Situation im Schrumpfen der Auftragsbestände, der Verkürzung der Lieferfristen und einer zunehmenden, unfreiwilligen Lagerbildung ausdrücken kann.

Deflatorische Lücke

Zurückgehend auf Keynes wird in diesem Zusammenhang von einer deflatorischen Lücke gesprochen. Zu einer deflatorischen Lücke kommt es, wenn die die volkswirtschaftliche Gesamtnachfrage beeinflussenden Größen Sparen und Import aufgrund der individuellen Pläne der Wirtschaftssubjekte einen höheren Wert aufweisen als die von unternehmerischen Plänen abhängigen Investitionen oder die Exporte. In einer solchen Situation ist die dem Vollbeschäftigungseinkommen entsprechende Produktion nicht (mehr) voll absetzbar. Der entstandene Angebotsüberhang drückt nun so lange auf Preise und Beschäftigung, bis sich ein neues Gleichgewicht unterhalb des Vollbeschäftigungsgleichgewichts einstellt. Dieses deflatorische Unterbeschäftigungsgleichgewicht bleibt so lange bestehen, bis es zu einer die gesamtwirtschaftliche Nachfrage erhöhenden Veränderung des Investitions- oder Konsumverhaltens, der Staatsausgaben oder auch der Geldmenge kommt.

Deflation als Folge gestörten Marktgleichgewichts

Deflationäre Tendenzen können durch unterschiedliche, vom Wirtschaftsgeschehen selbst hervorgerufene Impulse ausgelöst werden. So gehen etwa vom Arbeitskräfte substituierenden technischen Fortschritt und den damit verbundenen Produktivitätszuwächsen grundsätzlich deflationäre Impulse aus, wenn beispielsweise die Kostensenkungen in Preisnachlässen weitergegeben werden. Prinzipiell kann schon die Erwartung von Preisrückgängen bei vielen Marktteilnehmern über die sich hieraus ergebende Nachfragezurückhaltung deflationäre Tendenzen entstehen lassen oder deflationsverstärkend wirken, wenn die Nachfragezurückhaltung wiederum den Preisdruck und die Absatzschwierigkeiten verschärft. Selbst ein Überangebot auf Teilmärkten kann zu einem – zunächst auf diese begrenzten – deflatorischen Preisdruck führen, der dann in Erwartung von weiteren Preisrückgängen auf anderen Teilmärkten über eine entsprechende Nachfragezurückhaltung auf die gesamte Volkswirtschaft übergreifen kann. Daneben können allerdings auch institutionelle Gegebenheiten deflatorische Impulse verstärken, etwa wenn Zinsen für langfristige Unternehmenskredite im Falle einer deflationären Entwicklung nicht nach unten angepasst werden und dadurch Investitionen entsprechend zurückgehen.

Deflation als Folge exogener Ereignisse

Vor allem aber kann eine die Geldmenge drastisch begrenzende Geld- und Kreditpolitik zu deflatorischen Tendenzen führen. In einem solchen Fall ist die Finanzierung wirtschaftlicher Transaktionen, die für einen höheren Beschäftigungsgrad erforderlich wäre, nicht möglich, was sich wiederum auf Preise und Beschäftigung auswirkt. Auch die Haushaltspolitik der öffentlichen Hand kann deflatorisch wirken oder die Krise in ihrer deflatorischen Entwicklung sogar noch verstärken, wenn der Staat in einer Rezession oder gar Depression seine Ausgaben reduziert. Neben der privaten kommt es dadurch auch noch zu einem Ausfall staatlicher Nachfrage, was neben der Nachfragelücke die Beschäftigungs- und Preisrückgänge vergrößert. Ebenso können Handelsrestriktionen wichtiger Handelsnationen deflatorische Impulse auslösen, wenn die dadurch wegbrechenden (globalen) Absatzmärkte im Inland in einem Überangebot mit anschließend sinkenden Preisen und rückläufiger Beschäftigung münden.

Funktionsuntüchtige internationale Währungsordnung

Schließlich besteht die Möglichkeit einer Deflation auch im Fall einer nicht funktionstüchtigen internationalen Währungsordnung. Deflatorische Wirkungen können beispielsweise bei festen Wechselkursen dann entstehen, wenn ein Land an einem überhöhten Wechselkurs dauerhaft festhält. Weil bei freiem Handels- und Kapitalverkehr schließlich der festgesetzte Wechselkurs nicht mehr dem freien Spiel der marktwirtschaftlichen Kräfte entspricht, verteuern sich Exporte, während Importe günstiger werden. Das so entstehende Zahlungsbilanzdefizit muss die Zentralbank durch Interventionen beseitigen. Der hieraus resultierende Verlust an Währungsreserven zwingt die wirtschaftspolitischen Akteure schließlich dauerhaft zu einer kontraktiven Politik, die wiederum Preisdruck und Unterbeschäftigung erzeugen kann.

Die konjunkturelle Depression

Erste Krisenanzeichen Ende 1928

Die ersten Anzeichen eines Abschwungs, die sich im Deutschen Reich spätestens im zweiten Halbjahr 1928 zeigten, wurden zunächst noch durch eine internationale Hochkonjunktur gemildert. Verstärkte Exporte konnten das Schrumpfen des Binnenmarktes deshalb jetzt noch weitgehend ausgleichen. Trotz des bereits stagnierenden Verbrauchs der Bevölkerung setzte sich auch der Kapazitätsausbau noch bis 1929 fort, wodurch allerdings zusätzliche Überkapazitäten entstanden. Die anschließend sinkenden Netto- und Ersatzinvestitionen verringerten die Nachfrage nach Gütern gewerblicher Herkunft in der Folge aber stark (vgl. auch Tabelle 26). Verschärft wurde die Lage jetzt bereits durch den kontinuierlichen Abzug ausländischer Mittel, was die finanziell abgesicherte Nachfrage ebenso verminderte wie die im Sommer 1930 einsetzende staatliche Sparpolitik. Vor allem konnte in Anbetracht der weltweiten Krise, aber auch infolge wirtschaftspolitischer Maßnahmen im Export kein Ausgleich mehr für die rückläufige gesamtwirtschaftliche Nachfrage gefunden werden: Bereits 1930 waren die USA mit dem *Smoot-Hawley Tariff Act* zu einem umfassenden Schutzzollsystem übergegangen, das spätestens im Zeichen des Zusammenbruchs des internationalen Finanzsystems in einen globalen protektionistischen Wettlauf mündete und den internationalen Handel weiter schrumpfen ließ. War die industrielle Produktionskapazität so 1929 immerhin noch zu etwa 70 bis 75 % ausgelastet, fiel der Auslastungsgrad auf rund 45 % im Jahr 1932. Dabei zeigte die Krise in den einzelnen Industriezweigen sehr unterschiedliche Wirkungen. So schlug sich die Depression am wenigsten in der Nahrungsmittelindustrie nieder, während im Bereich der Verbrauchsgüterindustrie vor allem die für den Luxusbedarf produzierenden Zweige in Mitleidenschaft gezogen wurden. Am stärksten betroffen waren die Investitionsgüterindustrien wie Eisen und Stahl sowie der Lastwagen- und Maschinenbau.

Einsetzender Abschwung Ende 1929

Tabelle 26: Produktion und Preise im Deutschen Reich während der Weltwirtschaftskrise (1928 = 100)

	1929	1930	1931	1932	1933	1934
Produktion						
Investitionsgüter	103	84	54	35	45	75
Rohstoffe und Halbfabrikate	103	86	61	46	54	77
Konsumgüter (des täglichen Bedarfs)	101	101	95	85	88	98
Luxusgüter	97	91	87	74	80	90
Preise						
Rohstoffe und Halbfabrikate	101	101	96	86	83	83
Konsumgüter	98	91	80	67	64	67

Quelle: Zusammengestellt und berechnet nach: Konjunkturstatistisches Handbuch 1936. Hrsg. von Ernst Wagemann, Institut für Konjunkturforschung. Berlin, 1935, S. 52 f., 104 und 106.

Tiefpunkt der Depression 1932

1932 wurde der Tiefpunkt der Depression erreicht; erst ab Mitte dieses Jahres zeigten sich dann leichte Anzeichen einer konjunkturellen Erholung. Zwischen oberem und unterem Wendepunkt war die Güterproduktion damit von 1928 = 100 auf 71,5 % im Jahr 1932 gesunken, wobei allein die industrielle Produktion auf 58 % zurückgegangen war. In jeweiligen Preisen gerechnet waren die Bruttoanlageinvestitionen 1932 auf zwei Drittel des Stands von 1929 geschrumpft. Unter Berücksichtigung der vom Institut für Konjunkturforschung geschätzten Abschreibungen waren die Nettoanlageinvestitionen 1932 mit 1,7 Mrd. RM sogar negativ. Damit ist der Anlagenbestand der deutschen Wirtschaft nicht nur nicht erweitert worden, sondern hat sich sogar um diesen Betrag verkleinert. Unter diesen Umständen sank das Volkseinkommen pro Kopf von 1929 bis 1932 nominal um etwas mehr als 41 %, real um rund 25 %. Während die Beschäftigung von 18 Mio. im Jahr 1928 auf 12,5 Mio. im Jahr 1932 zurückging, stieg zugleich die Zahl der registrierten Arbeitslosen jahresdurchschnittlich von 1,9 Mio. auf 5,6 Mio. Nicht berücksichtigt ist hierbei die Zahl derer, die Kurzarbeit leisteten. Gemessen an der Zahl der Erwerbsfähigen waren 1929 bereits 9,6 %, 1932 schließlich rund 30,8 % der Erwerbsfähigen arbeitslos (vgl. auch Tabelle 27).

Tabelle 27: Daten zur wirtschaftlichen und konjunkturellen Entwicklung im Deutschen Reich, 1926–1935 (1928 = 100)

	1926	1927	1928	1929	1930	1931	1932	1933	1934	1935
Bruttosozialprodukt, (jeweilige Preise)	84	94	100	101	94	79	65	67	75	83
Brutto-Anlageinvestitionen (jeweilige Preise)	78	95	100	93	76	47	31	37	60	–
Investitionsgüter-Herstellung	70	93	100	103	83	57	38	49	74	–
Verbrauchsgüter-Herstellung	79	99	100	97	91	82	74	80	93	–
Aktienkurse (1924/26 = 100)	109	158	148	134	109	81	55	67	78	–
Beschäftigte in Mio.	–	–	18,0	17,9	16,5	14,4	12,5	13,4	15,5	16,4
Arbeitslosenquote in %	–	–	7,0	9,6	15,7	23,9	30,8	26,3	14,9	11,6

Quelle: Fischer, Wolfram: Die wirtschaftspolitische Situation der Weimarer Republik. Celle, 1960, S. 109 (= Schriftenreihe der Niedersächsischen Landeszentrale für Politische Bildung, Zeitgeschichte – Heft 9).

Bis 1930/31 typische konjunkturelle Abwärtsbewegung

Noch bis in die erste Hälfte des Jahres 1930, wenn nicht sogar bis zum Frühjahr 1931 hatte es dennoch zunächst so ausgesehen, als handle es sich im Deutschen Reich um eine normale, in zyklischen Abständen wiederkehrende Rezession, eine typische konjunkturelle Abwärtsbewegung der Binnenwirtschaft mit kurzer Depression als unterem Wendepunkt. Hierfür sprachen auch ein von Oktober 1929 bis August 1930 von 7,5 % auf 4 % gesenkter Diskontsatz oder die gleichzeitig um 10 % sinkenden Preise für industrielle Rohstoffe und Halbzeuge. Angesichts der zunehmenden Arbeitslosigkeit wurde allgemein auch die für eine Krise typische Senkung der Tariflöhne erwartet.

Leichte konjunkturelle Erholung Mitte 1931

Der Rückgang der Zahl der gemeldeten Erwerbslosen bis zum Juni 1931 um 1 Million, die zwischenzeitlich um 1,3 % angestiegene Industrieproduktion und eine sich nach wie vor einigermaßen auf dem Weltmarkt behauptende Exportwirtschaft waren sogar Anzeichen einer leichten konjunkturellen Erholung. Es war schließlich die deutsche Bankenkrise, die sich zur internationalen Finanzkrise entwickelte, die Realwirtschaft mit voll Wucht traf und den leichten Aufschwung der Konjunktur zunichtemachte.

Die Banken- und Finanzkrise

Abzug ausländischer Gelder nach NSDAP-Wahlerfolg 1930

Die NSDAP, die hemmungslos gegen die Annahme des die Reparationszahlungen regelnden Young-Plans agitierte, wurde bei der Reichstagswahl im September 1930 die zweitstärkste Reichstagsfraktion. Angesichts dieses Erfolgs erschien den ausländischen Geldgebern die politische Stabilität der Weimarer Republik fraglich. Deshalb wurden bereits in den ersten Wochen nach der Wahl ausländische Einlagen und Kredite bei den deutschen Großbanken gekündigt. Hierunter befand sich auch vor den hohen Steuersätzen flüchtendes deutsches Kapital. Die damit in Verbindung stehenden Goldverkäufe der Reichsbank zeigen sogar, dass als Erste in Frankreich lebende Deutsche aus der Mark flüchteten, denen sich dann Briten, Franzosen, Niederländer und Schweizer sowie als Letzte schließlich auch US-Amerikaner anschlossen.

Anhaltender Kapitalabzug 1931

Ausländische Kreditausfälle, zu denen auch die des bolivianischen Staates im Dezember 1930 gehört hatten, ließen US-Banken in der Folge auch hinsichtlich weiterer Kredite an europäische Kunden vorsichtiger werden. Deshalb setzte sich der Abzug ausländischen Kapitals in den ersten vier Monaten des Jahres 1931, wenn auch mit verminderter Geschwindigkeit, fort. Im Ergebnis war die Geldmenge im Deutschen Reich so bereits zwischen Sommer 1930 und Juni 1931 um 17 % geschrumpft. Diese Entwicklung spielte sich vor dem Hintergrund einer ohnehin restriktiven Geld- und Kreditpolitik der Reichsbank ab, die seit der Rückkehr zum Goldstandard 1924 der leicht überbewerteten Reichsmark geschuldet war. Großbritannien hatte sich in vergleichbarer Lage befunden, während die wirtschaftlich erstarkten USA und das mit einem niedrigeren Franc-Kurs zum Goldstandard zurückgekehrte Frankreich erhebliche Goldvorräte angehäuft hatten, sich in der Krise aber nicht bereit zeigten, das internationale Finanzsystem zu stützen.

Zusammenbruch der Österreichischen Creditanstalt

Auslöser der Bankenkrise im Deutschen Reich, aber auch in Ungarn, der Tschechoslowakei, Rumänien und Polen wurde schließlich die Zahlungsunfähigkeit der Österreichischen Creditanstalt am 13. Mai 1931. Zu diesem Zeitpunkt hatten ihre Vorjahresverluste fast das gesamte Eigenkapital der Bank aufgezehrt. Nachdem Frankreich auch noch den Zollanschluss Österreichs an das Deutsche Reich verhindert hatte und sich damit die Aussichten auf eine wirtschaftliche Erholung in Österreich verringert hatten, setzte ein massiver Abzug ausländischer Gelder aus Österreich ein. Dem folgenden Ansturm auch der inländischen Sparer war das Bankhaus nicht gewachsen. Obwohl die größte österreichische Geschäftsbank etwas später mithilfe der *Bank of England* gerettet werden konnte, befürchteten die internationalen Kapitalanleger für das Deutsche Reich eine ähnliche Entwicklung. Sie begannen daher umgehend, auch hier die fälligen Kredite zurückzurufen, anstatt sie zu verlängern. Immerhin litten die deutschen Großbanken ebenso wie die Creditanstalt an einem ungünstigen Verhältnis zwischen Eigenkapital und Fremdmitteln. Nach einem Verlust fremder Gelder in Höhe von 870 Mio. RM im Jahr 1930 verloren die deutschen Großbanken so allein in der ersten Juni-Hälfte für 1,4 Mrd. RM Devisen und Gold, mit dem im Goldstandard ebenfalls Forderungen beglichen werden konnten. Als die Banken daraufhin Mitte 1931 zum Schutz ihrer Liquidität den Geldmarktzins erhöhten und ihre Kreditvergabe reduzierten, gerieten – zur schnellen Kreditrückzahlung gezwungen – selbst als stabil zu bezeichnende Firmen in Schwierigkeiten.

Verstärkter Abzug ausländischer Gelder auch bei deutschen Banken

Schrumpfung der Geldmenge setzt sich fort

Die Versuche der Banken, ihre Liquidität zu erhalten, führten in Verbindung mit der Reichsbankpolitik zu einer weiteren Schrumpfung der Geldmenge. Weil die Großbanken insbesondere industrielle Investitionen finanziert hatten, die mit fortschreitender Krise unausgelastet blieben und damit nicht mehr rentabel genutzt werden konnten, beklagten sie ferner generell nicht pünktlich getilgte Kredite. Daneben hatten sie industrielle Betriebsmittel, also Rohstoffe und Halbwaren finanziert, die einem massiven Preisverfall anheimgefallen waren. Zudem hatten die deutschen Großbanken genau wie die Österreichische Creditanstalt in Zeiten guter Konjunktur Aktien- und andere Wertpapierkäufe getätigt, deren Kurse zwischenzeitlich ebenfalls erheblich an Wert verloren hatten, was die Bilanzen der Geldhäuser zusätzlich in Schieflage brachte. Die Spirale aus steigender Schuldenlast, allgemeiner Zahlungsunfähigkeit mit daraus folgenden Bankzusammenbrüchen und in der Folge schrumpfender Geldmenge ist ja das prinzipielle Problem bei einer Deflation: Weil die Schuld selbst und damit die Schuldendienstverpflichtung in nominalen Beträgen festgelegt sind, führt allein schon der allgemeine Preisrückgang zu einer steigenden Schuldenlast. So erhöhte sich selbst der Schuldendienst des Deutschen Reichs trotz Sparmaßnahmen im Verhältnis zum Volkseinkommen von 9 % im Jahr 1929 auf 20 % in der Zeit 1932/33. In Verbindung mit den weltweit zurückgehenden Exporterlösen führte die deflationäre Entwicklung so auch zu Zahlungsschwierigkeiten von Ländern der Dritten Welt, sodass teilweise sogar Staaten ihre Zahlungen einstellen mussten.

Interdependenz von Finanzkrise und Krise der Realwirtschaft

Der Abzug ausländischer Gelder beschleunigte sich anschließend mit der Krise der Realwirtschaft. Ende Mai 1931 waren zunächst der Warenhauskonzern Karstadt und der Versicherungskonzern Nordstern in finanzielle Bedrängnis geraten. Die Regierungserklärung Brünings vom 5. Juni 1931, in der der Reichskanzler scharf gegen weitere Reparationszahlungen polemisierte, verschärfte die Lage noch. Allein in den folgenden vier Tagen musste die Reichsbank Devisen im Wert von 400 Mio. RM abgeben, um den Banken die Rückzahlung gekündigter ausländischer Kredite zu ermöglichen. Die Devisenabflüsse hielten weiter an, bis Mitte Juni die Norddeutsche Wollkämmerei und Kammgarnspinnerei AG (Nordwolle), der größte europäische Textil-Konzern, in Konkurs gehen musste, weil sie Anfang 1931 in Erwartung steigender Preise ihren Jahresbedarf an Wolle auf Kredit eingekauft und zudem seit 1928 Verluste von mehr als 200 Mio. RM erlitten hatte. Da die Darmstädter und Nationalbank (Danat-Bank) ebenso wie die Dresdner Bank dem Konzern große Summen geliehen hatten, aber auch, weil kriminelle Praktiken bei der Nordwolle im Ausland das Vertrauen in die Solidität deutscher Unternehmen insgesamt erschütterten, brach eine weitere Lawine von Kreditabzügen los.

Nordwolle

Unterschreitung der vorgeschriebenen Banknotendeckung

Zur Bedienung gekündigter ausländischer Kredite musste die Reichsbank allein am 17. Juni 1931 Devisen im Wert von 10 Mio. RM abgeben. Als sich am 18. Juni die Lage beruhigt zu haben schien, hatte die Reichsbank seit Beginn des Monats, also innerhalb von nur 17 Tagen, Devisen und Gold im Wert von 1,4 Mrd. RM verloren. Damit war zugleich die Notendeckung von annähernd 60 % Ende Mai auf nur noch 48 % gesunken. Die durch den Young-Plan vorgeschriebene 40 %ige Mindestdeckung wurde schließlich Mitte Juli 1931 mit 35,8 % erstmals, seither laufend unterschritten und betrug teilweise, wie Ende des Jahres 1931, nur noch 24,2 %. Auch in der Folge nahm der Gold- und Devisenbestand der Reichsbank weiter rapide ab (vgl. Tabelle 28).

Tabelle 28: Gold- und Devisenbestand der Reichsbank einschließlich ihrer Auslandsdepots, 1913–1945

31.12.	Mio. M	31.12.	Mio. RM
1913	1.130,0	1925	1.398,7
1914	2.092,8	1926	1.922,7
1915	2.445,2	1927	2.040,9
1916	2.520,5	1928	2.405,4
1917	2.406,6	1929	2.506,3
1918	2.262,2	1930	2.806,0
1919	1.089,5	1931	1.914,4
1920	1.091,6	1932	974,6
1921	995,4	1933	529,7
1922	1.004,8	1934	164,7
1923	467,0	1935	91,0
1924	598,9	1936	75,2

Quelle: Zusammengestellt und berechnet nach: Material für ein Studium von Deutschlands Wirtschaft, Währung und Finanzen. Zusammengestellt im Auftrage der Reichsregierung. Berlin, 1924, S. 63 f.; sowie: Statistisches Jahrbuch für das Deutsche Reich. Hrsg. vom Statistischen Reichsamt. Berlin, 45. Jg. ff., 1924 ff.

Hoover-Moratorium

Da die Abzüge ausländischen Kapitals anhielten, liehen die Zentralbanken Großbritanniens, Frankreichs, der USA sowie die Bank für Internationalen Zahlungsausgleich der Reichsbank zur Sicherung der Ende Juni 1931 fälligen Reparationszahlung 100 Mio. Dollar; anschließend trat das vom US-amerikanischen Präsidenten Hoover verkündete Moratorium in Kraft, das die Reparationszahlungen bis zum 30. Juni 1932 aussetzte. Diese an sich wünschenswerte internationale Hilfsaktion zur Stabilisierung des deutschen Banken- und internationalen Finanzsystems schürte jetzt aber das Misstrauen der inländischen Sparer, die nunmehr ihrerseits ihre Bank- und Sparkasseneinlagen zu kündigen begannen.

Keine Stützung der illiquiden Danat-Bank

Weil zudem viele Kommunen ihre Kredite nicht mehr bedienen konnten, gerieten Anfang Juli 1931 auch die besonders für das regionale Finanzgeschäft zuständigen Sparkassen samt deren Zentralinstituten, den Girozentralen, in Bedrängnis. Am 11. Juli wurde deshalb neben der Darmstädter und Nationalbank auch die als Girozentrale für die rheinischen Sparkassen fungierende Landesbank der Rheinprovinz zahlungsunfähig. Die Reichsbank stützte, weil es sich hier um ein öffentlich-rechtliches Institut handelte, von dem die rheinischen Sparkassen abhingen, die rheinische Girozentrale mit einem Kredit von 30 Mio. RM, verweigerte aber der über ihr eigenes, expansives Geschäftsgebaren stürzenden Danat-Bank jede Hilfe. Weil die Deutsche Bank die Gelegenheit nutzen wollte, mit der Danat-Bank einen Konkurrenten zu liquidieren, blieb auch von privatwirtschaftlicher Seite Hilfe aus. Andererseits hätten die Konkurrenten auch ein unkalkulierbares Risiko übernommen, das aus spekulativen Geschäftspraktiken sowie der Verlegung auf das höchst politische Geschäft der Gemeindefinanzierung resultierte. Eine gemeinsame Stützungsaktion von Staat und führenden Kredithäusern, mit der der Zusammenbruch der Danat-Bank sowie des gesamten Finanzsystems hätte vermieden werden können, kam letztlich infolge der von den finanzpolitischen Notwendigkeiten divergierenden politischen Interessen der Reichsregierung nicht zustande. Immerhin hatte Brüning die Forderung aus Bankkreisen, zur Überwindung der Krise mithilfe französischer Kredite eine Verständigung mit Frankreich zu suchen, brüsk zurückgewiesen.

Nach Bankensturm Bankfeiertage am 14./15. Juli 1931

Als die alte und angesehene Danat-Bank am Montag, den 13. Juli 1931 ihre Auszahlungen einstellte, setzte ein panikartiger Ansturm auf alle Banken und Sparkassen des Reichs ein. Schätzungen zufolge wurde etwa 1 Mrd. RM, ein Fünftel der umlaufenden Geldmenge, dem Kreislauf entzogen, indem das Geld unter Matratzen verschwand oder anderweitig gehortet wurde. Nach nur wenigen Stunden konnten die Berliner Banken nur noch 20 % der verlangten Beträge auszahlen, die Sparkassen zahlten schließlich nur noch bis zu 100 RM aus. Viele von ihnen hätten selbst bald die Schalter schließen müssen. Doch dazu kam es nicht mehr, weil die Reichsregierung kurzerhand den folgenden 14. und den 15. Juli zu Bankfeiertagen erklärte, an denen alle Kreditinstitute geschlossen blieben. Um eine zu starke Entwertung der Aktien und Kurseinbrüche bei den Staatspapieren zu verhindern, wurden zudem die Börsen sofort ausgesetzt. Jetzt erklärte sich auch die Dresdner Bank für zahlungsunfähig.

An die Kunden der Mannheimer Städtischen Sparkasse

Die Reichsregierung hat nach den beiden Bankfeiertagen die Wiederaufnahme der Zahlungen eingeleitet. Die Stockung im Geldverkehr kann aber wegen des Mangels an Geldzeichen nur allmählich behoben werden. Nach Anordnung der Reichsregierung dürfen darum in der Zeit vom 16 bis 18. Juli von Sparkassen und Banken nur Zahlungen für Gehalts- und Lohnzwecke und zur Sicherung aller Unterstützungsleistungen erfolgen, sowie zur Zahlung von Steuern und sonstigen öffentlichen Abgaben, soweit nicht bargeldlose Entrichtung möglich ist.

Aus diesem Grunde und um auch eine ordnungsgemäße Abwicklung des Zahlungsverkehrs zu gewährleisten, kann die Städtische Sparkasse vom 16. bis 18. Juli Inhaber von Sparbüchern zu ihren Schaltern nicht zulassen, sondern muß sich darauf beschränken, zunächst die Kunden des Scheck- und Giroverkehrs im Rahmen der neuen Anordnung der Reichsregierung zu befriedigen.

Die Inhaber von Sparbüchern werden deshalb auf das dringendste gebeten, in dieser Woche nicht mehr zur Sparkasse zu kommen.

Eine Gefährdung der Guthaben ist in keiner Weise gegeben. Es wird insbesondere darauf hingewiesen, daß die Stadt Mannheim mit ihrem ganzen Vermögen für die Guthaben einsteht, die überdies zum weitaus größten Teil auch noch durch erststellige Hypotheken gedeckt sind.

Mannheim, den 15. Juli 1931.

Der Oberbürgermeister
Die Direktion der Städtischen Sparkasse

Abbildung 20: Die Mannheimer Sparkasse informiert über die Wiederaufnahme eines eingeschränkten Zahlungsverkehrs

Quelle: Walter, Friedrich: Schicksal einer deutschen Stadt. Geschichte Mannheims 1907–1945. Frankfurt am Main, 1950, Bd. 2, S. 154.

Da es sich bei ihr ebenfalls um eine systemrelevante Bank handelte, von der nicht zuletzt mehr als 1000 Genossenschaftsbanken abhängig waren, stellte die Regierung nun jedoch mehrere hundert Millionen Reichsmark zu deren Stützung zur Verfügung. Nach der staatlich angeordneten Zwangspause wurden die Abhebungen bei Banken und Sparkassen zunächst auf dringende Fälle, wie etwa Lohnzahlungen, beschränkt, bis allmählich wieder die Auszahlung von Sparguthaben bis maximal 30 RM pro Tag möglich wurde (vgl. Abbildung 20). Der Zahlungsverkehr blieb damit in den auf die Bankfeiertage folgenden drei Wochen stark begrenzt. Mit Beschränkungen für Auslandsreisen sollte zudem verhindert werden, dass beispielsweise deutsche Kurgäste auf ihren Reisen in Schweizerische Sanatorien Koffer voller Geld mitnahmen und dieses damit dem Geldkreislauf endgültig, aber auch der Besteuerung durch das Reich entzogen.

Finanzkrise Treiber von Deflation und Konjunkturabschwung

Die Banken mussten ihre Kreditvergabe infolge der erlittenen Verluste an Eigen- und Fremdkapital spätestens von nun an erheblich einschränken. Und auch die meisten der bis dahin abgehobenen Gelder standen dem Kreditsektor nicht mehr als Investitionsmittel zur Verfügung, weil sie entweder im Sparstrumpf gehortet wurden oder sogar ins Ausland transferiert worden waren. Der fast zum Stillstand gekommene Zahlungsverkehr und die daraus folgende Bargeldnot mit steigenden Zinsen ließen wiederum die Preise weiter nachgeben: So belief sich der Preissturz bei Getreide infolge der jetzt sehr geringen Nachfrage auf 30 %. Die Finanzkrise sollte so den Konjunkturabschwung der Realwirtschaft noch einmal beschleunigen.

Folgen für Bankensektor

Unmittelbare Folge der Bankenkrise aber war eine Schrumpfung im Bankenwesen selbst. Von den vor Ausbruch der Krise zunächst fast 1400 privaten Geschäftsbanken waren Ende 1932 nur noch 929 vorhanden, zeitgleich war die Zahl der Privatbankiers von 1100 auf 709 und die der Regional- und Lokalbanken von 211 auf 157 gesunken. Die Fremdmittel allein der Berliner Großbanken, also von Deutscher Bank und Disconto-Gesellschaft, Reichs-Kredit-Gesellschaft, Berliner Handelsgesellschaft, Dresdner Bank, Commerz- und Privatbank sowie Darmstädter und Nationalbank, verringerten sich 1931 um 30 %, die der Provinzbanken um 44 %, die der Girozentralen und Landesbanken um 25 %, die der Privatbankiers um 17 %, die der Sparkassen um 6 % und die der Kreditgenossenschaften um 7 %. Das dadurch von den Banken gedrosselte Kreditgeschäft ließ das Volumen kürzerfristiger Kredite von 60,2 Mrd. RM im Jahr 1930 um knapp 9 % auf rund 53,5 Mrd. RM 1932, allein jenes der von den Berliner Großbanken gewährten Kredite von 9,3 Mrd. RM um gut 60 % auf 5,6 Mrd. RM schrumpfen.

Staatliche Stützungsmaßnahmen

Stabilisierung des Finanzsektors

Die Bankfeiertage und die sich anschließenden Beschränkungen im Zahlungsverkehr dienten nicht nur der Beruhigung des Publikums, sie mussten auch für durchgreifende Maßnahmen zur Stabilisierung des für eine Volkswirtschaft unabdingbaren Finanzsektors genutzt werden. Es galt, die Illiquidität weiterer Banken und damit einen völligen Zusammenbruch des deutschen Geld- und Kreditsystems zu vermeiden. Damit die Kreditinstitute wieder ihrer Geldversorgungsaufgabe nachgehen konnten, galt es, den Abzug ausländischer Kredite möglichst zu unterbinden sowie den Banken liquide Mittel zuzuführen und sie zudem weitergehend zu rekonstruieren. Parallel zum Hoover-Moratorium und der den Zahlungsverkehr mit dem Ausland betreffenden Kontrolle des Devisenverkehrs gründete das Reich zur Rettung des deutschen Finanzsektors deshalb gemeinsam mit mehreren öffentlich-rechtlichen und privaten Banken bereits am 25. Juli 1931 die mit 200 Mio. RM ausgestattete Akzept- und Garantiebank. Diese Bank diskontierte allen in Bedrängnis geratenen Kreditinstituten ihre Handelswechsel oder verwandelte Buchforderungen, die nicht fristgerecht eingingen, durch Akzept in reichsbankfähige Wechsel, um damit Liquidität zu erhalten. Bis Ende 1931 diskontierte die Akzept- und Kreditbank Wechsel in Höhe von 48 Mio. RM und vermittelte durch ihr Akzept zugleich fast 1,6 Mrd. RM zur Stützung des Inlandskredits, wovon in erster Linie die Sparkassen und Girozentralen, aber auch private Geschäftsbanken profitierten.

Gründung der Akzept- und Garantiebank

Reformierung des Finanzsystems

Noch in der Krise ist auch mit einer umfassenden Reformierung des Finanzsystems begonnen worden. Gerade die Berliner Großbanken hatten nämlich, als ihre Aktienkurse an Wert zu verlieren begannen, zur Kursstützung eigene Aktien aufgekauft. Solche Transaktionen waren zwar rechtlich zulässig, jedoch wurde durch den Besitz eigener Aktien das nach dem Aktienrecht haftende Kapital verringert, zumal diese Papiere gerade in wirtschaftlich schlechten Zeiten nur mit sinkenden Kurswerten zu veräußern waren. Wenn also eine Bank wie die Danat-Bank im Sommer 1931 bei einem Aktienkapital von 60 Mio. RM eigene Aktien im Wert von 28 Mio. RM in ihrem Portefeuille hatte, dann betrug ihr haftendes Kapital nur noch 32 Mio. RM. Nicht ganz so dramatisch sah es bei der Dresdner Bank aus, die bei einem Aktienkapital von 100 Mio. RM 34 Mio. RM Aktien zurückgekauft hatte, bei der Commerz- und Privatbank mit einem Verhältnis von 75 Mio. RM zu 37 Mio. RM oder der Deutschen Bank und Diskonto-Gesellschaft, die nur 35 Mio. RM eigener Aktien bei einem Aktienkapital von 285 Mio. RM besaß. Eine Aktienrechtsnovelle verbot angesichts dessen von nun an das Halten von mehr als 10 % des eigenen Aktienkapitals. Mit dieser Novelle, mit der zugleich eine staatliche Bankenaufsicht eingeführt wurde, sollten so künftig Spekulationen der Banken mit eigenen Aktien unterbunden werden, was zu den immensen finanziellen Schwierigkeiten der Banken in der Krise beigetragen hatte. Daneben erhielten die Sparkassen jetzt den Status von Anstalten des öffentlichen Rechts, mussten von nun an Liquiditätsreserven halten und wurden bei ihrer Kreditvergabe vom Staat kontrolliert. Mit ihrer Verselbstständigung gegenüber den Gemeinden durften sie fortan auch nur noch 25 % ihrer Kredite an die Kommunen vergeben, die allerdings weiterhin für ihre Sparkassen haften mussten.

Novellierung des Aktienrechts

Reform des Sparkassensektors

Sanierung der Banken

Die Reorganisation des Finanzwesens begleitete eine Rekonstruktion der angeschlagenen Banken und Sparkassen. Die Sanierung der Dresdner Bank beispielsweise gelang, indem ihr Kapital mithilfe des Staats aufgestockt und die entsprechenden Aktien im Gegenzug vom Reich übernommen wurden. Im Frühjahr 1932 ordnete die Reichsregierung zudem die Fusion mit der Danat-Bank an, wodurch die Dresdner Bank schließlich zur kapitalstärksten deutschen Bank wurde. Zuvor war die Danat-Bank durch die westdeutsche Industrie mit neuem Aktienkapital versorgt worden. Weil das Reich als größter Kapitalgeber schließlich 91 % des gesamten Aktienkapitals der Dresdner Bank besaß, war sie zudem de facto zu einer Staatsbank geworden. Ansonsten nutzte der Staat seinen nun errungenen starken Einfluss – immerhin beteiligte sich das Reich auch mit 70 % an der Commerz- und Privatbank sowie mit 30 % an der Deutschen Bank – allerdings nicht zu einer weitergehenden Modifizierung der Geschäftsbankenpolitik, sondern begnügte sich mit personellen Veränderungen in den Bankleitungen, die zudem auch noch politischen Motiven folgten. Damit waren praktisch alle Großbanken, auch wenn die Beteiligung an ihrem Aktienkapital nicht direkt vom Reich ausging, sondern wie im Fall der Deutschen Bank und Disconto-Gesellschaft über die Reichsbank-Tochter Golddiskontbank erfolgte, bis zu den Reprivatisierungen 1936/37 in staatlicher Hand.

Ungeachtet dessen konnte sich die Bankenkrise zunächst noch weiter in der Realwirtschaft fortpflanzen. Hieraus folgende Konkurse, die weitere Verluste bei den Banken verursachten, zwangen die Reichsbank am 23. Dezember 1932 schließlich sogar zur Gründung der Deutsches Finanzierungsinstitut AG (Finag) sowie der Tilgungskasse für gewerbliche Kredite (Tilka). Bei beiden handelte es sich um Spielarten einer *„Bad Bank"*, also um ausschließlich zur Übernahme und Abwicklung notleidender Kredite anderer Geldhäuser gegründete Banken. Die Finag half den Banken dabei, nicht bediente Forderungen in liquide Mittel umzuwandeln: Von den Banken übernommene Aktien der Schuldner konnten an die Finag weitergegeben und so die ursprüngliche Forderung liquidiert werden. Später sollten die Banken die Aktien wieder zurückkaufen, sodass es sich bei dieser Art der Transaktion faktisch um einen Kredit handelte, den die Finag den Banken gewährte und bei dem die Aktien als Sicherheit dienten. Verluste der Banken bei Vergleichsverfahren konnten dagegen mithilfe der Tilka auf mehrere Jahre verteilt werden. Dazu wurden abgeschriebene Forderungen bei der Tilka eingebracht, wodurch sie in voller Höhe in den Bilanzen der Banken als Aktiva weitergeführt werden konnten. Schätzungsweise sind bei der Tilka wertlos gewordene Forderungen in Höhe von rund 100 Mio. RM eingebracht worden, davon allein ca. 35 Mio. RM durch die Deutsche Bank und 20 Mio. RM durch die Commerz- und Privatbank.

Einrichtung von „Bad Banks"

Deutsches Finanzierungsinstitut AG

Tilgungskasse für gewerbliche Kredite

Angesichts der unzureichenden Kreditversorgung hatte der Staat seit Ende 1931 auch damit begonnen, sich an der Rettung von Industrieunternehmen zu beteiligen. So übernahm das Reich Bürgschaften für hohe Kredite der beiden größten deutschen Reedereien Hapag und Norddeutscher Lloyd oder half mit direkten Finanzhilfen bei der Sanierung beispielsweise der Suhler Waffenfabriken in Zella-Mehlis, des Röchling- und Borsig-Konzerns oder der Oberschlesischen Hütten AG. Zu welchen Verwerfungen solche Staatseingriffe gerade in Krisenzeiten führen können, zeigt das Beispiel der Gelsenberg-Affäre, die auf dem Kauf von Aktien der Gelsenkirchener Bergwerks-AG fußt, den das Reich durch Abwicklung über eine nicht publikationspflichtige Tochter der zwischenzeitlich verstaatlichten Dresdner Bank hatte geheim halten wollen. Mit den Kursstürzen während der Weltwirtschaftskrise war Friedrich Flick, der über eine Mehrheitsbeteiligung an der Gelsenkirchener Bergwerks-AG auch die Vereinigte Stahlwerke AG kontrollierte, in finanzielle Schwierigkeiten geraten. Seine Unternehmensbeteiligungen stellten durch die gesunkenen Börsenkurse nur noch Bruchteile ihres ursprünglichen Wertes dar, dienten gleichzeitig aber als Sicherheiten für Kredite, mit denen er wiederum einen Großteil seiner Akquisitionen finanziert hatte. Als die Gläubiger im Verlauf der Krise 66 Mio. RM zurückforderten, waren seine ehemals 110 Mio. RM betragenden Unternehmensbeteiligungen insofern nur noch 25 Mio. RM wert, weshalb er seine Anteile an der Gelsenkirchener Bergwerks-AG zu veräußern versuchte. Seit Januar 1932 verhandelte Flick über den Verkauf seiner Anteile an das Deutsche Reich, nachdem private Verkaufsversuche gescheitert waren und er öffentlich die Verkaufsabsicht eines Schlüsselunternehmens der deutschen Schwerindustrie an französische Investoren hatte lancieren lassen. Aus politischen Gründen stimmte

Staatliche Industriebeteiligungen

Gelsenberg-Affäre

die Reichsregierung am 6. Mai 1932 dem Kauf des Aktienpakets zu einem Preis von 99 Mio. RM zu. Das entsprach 90 % des Aktiennennwertes, obwohl der Börsenwert zu dieser Zeit allenfalls gerade einmal 30 % betragen hatte. Damit war Flick in der Lage, alle seine Verbindlichkeiten zu tilgen, zudem leistete er verschiedene Zahlungen an Fonds aktiver Politiker, beispielsweise 450.000 RM an den Fonds zur Finanzierung der Wiederwahl Hindenburgs zum Reichspräsidenten. Mit dem Rückkauf der Aktien konnten die Vereinigten Stahlwerke 1936 erneut einen Gewinn von 33 Mio. RM verbuchen, auch weil das Reich auf eine Entschädigung für das übernommene wirtschaftliche Risiko verzichtete. Der finanziellen Alimentierung eines deutschen Großindustriellen in Zeiten höchster volkswirtschaftlicher und staatspolitischer Not, die in allen politischen Lagern für Empörung gesorgt hatte, folgte mit der Reprivatisierung also eine Alimentierung der Aktionäre.

Die Systemkrise: Das Zerbrechen der Weltwährungsordnung

Übergang zur Devisenbewirtschaftung

Die Rettungsaktion des deutschen Staates zur Aufrechterhaltung des Finanzsystems, die diesen 223,5 Mio. RM und die halbstaatliche Golddiskontbank 37,5 Mio. RM kostete, konnte zwar einen weiteren Flächenbrand im Finanzsystem verhindern, den anhaltenden Rückruf ausländischer Kredite und den damit verbundenen Abfluss von Devisen jedoch nicht aufhalten. Die Kapitalabzüge konnten nicht einmal durch eine Diskontsatzerhöhung auf zunächst 10 %, schließlich auf 15 % gestoppt werden. Deshalb hob die Reichsregierung den freien Devisenverkehr bereits am 1. August 1931 auf. Damit beschritt das Deutsche Reich als erster Staat in der Weltwirtschaftskrise den Weg der Devisenbewirtschaftung, um den mit der Kapitalflucht und der Kündigung weiterer Auslandskredite verbundenen Devisenverlusten zu begegnen. Mit Einführung der Devisenbewirtschaftung wurde der private Devisenhandel verboten; alle ausländischen Zahlungsmittel aus privatem Besitz mussten ab diesem Zeitpunkt an die Reichsbank verkauft werden. Der Zahlungsverkehr mit dem Ausland durfte von nun an nur über die Reichsbank bzw. über von ihr beauftragte Devisenbanken zu einem amtlich festgelegten Kurs abgewickelt werden. Der Erwerb von Devisen war generell genehmigungspflichtig und das Ein- oder Ausführen von Reichsmark verboten. Unmittelbare Folge der Devisenbewirtschaftung, d. h. der damit vorgenommenen Devisenkontingentierung, war eine drastische Reduzierung der deutschen Importe. So ging die Wareneinfuhr mit einem Wert von 10,6 Mrd. RM im Jahr 1930 über knapp 7 Mrd. RM 1931 auf knapp 4,8 Mrd. RM 1932 zurück. Mit der Devisenbewirtschaftung endete vor allem aber der zweite Goldstandard in Deutschland, der mit der Währungsreform von 1923/24 eingeführt worden war. Dieser Schritt leitete zugleich das Ende des internationalen Goldstandards und damit der Weltwährungsordnung ein. Die Bewirtschaftung der Devisen sollte im Deutschen Reich schließlich bruchlos in die nationalsozialistische Außenwirtschaftspolitik münden und, von niemandem vorhergesehen, bis 1958, bis zur vollständigen Konvertierbarkeit der zehn Jahre zuvor eingeführten Deutschen Mark (DM), beibehalten werden.

Ende des Goldstandards

Stillhalteabkommen mit ausländischen Gläubigern

Zudem vereinbarte die Reichsregierung mit den Regierungen Großbritanniens und der USA ein für deutsche Schuldner und ausländische Gläubiger sechs Monate gültiges, in den folgenden Jahren aber immer wieder verlängertes Stillhalteabkommen, was einer Aufhebung des freien Zahlungsverkehrs gleichkam. Bei jeder Verlängerung wurde eine Teilrückzahlung geleistet, um so zu einer allmählichen Tilgung aller ausländischen Kredite gelangen zu können. Dem zunächst nur private kurzfristige Auslandsschulden betreffenden Abkommen folgte am 15. April 1932 ein vergleichbares, die öffentlichen Schulden betreffendes Stillhalteabkommen. Damit wurden Auslandsschulden der Länder und Gemeinden in Höhe von 250 Mio. RM gestundet. Die Rückzahlung der betroffenen, ursprünglich kurzfristigen Kredite wurde so bis 1939 hinausgezogen. Die Tilgung gelang bis dahin aber nur, weil zwischenzeitlich eine Senkung des Zinssatzes auf die weitergezahlten Zinsen stattgefunden und die Pfund- und Dollarabwertung den Schuldenabbau erleichtert hatte. Ohne die Stillhalteabkommen wäre es wohl zu einer förmlichen Zahlungseinstellung von deutscher Seite gekommen, was den Zusammenbruch britischer, schweizerischer und amerikanischer Banken zur Folge hätte haben können. Die Abkommen, die zu drei Vierteln in längerfristigen Sachwerten angelegte kurzfristige Kredite schützten, um diese in absehbarer Zeit liquide machen zu können, waren insofern sowohl in deutschem Sinn als auch im Interesse der ausländischen Gläubiger.

Abkehr Großbritanniens vom Goldstandard

Weil in der Folge amerikanische, schweizerische und niederländische Banken, wollten sie ihre Liquidität verbessern, ihr Kapital nicht mehr aus dem Deutschen Reich abrufen konnten, kündigten sie ihre kurzfristigen Anlagen in Großbritannien. Dadurch geriet der Außenwert des britischen Pfunds unter Druck. Nach den Regeln des Goldstandards hätte die Zentralbank Großbritanniens nun zur Aufrechterhaltung des administrativ festgelegten Kurses dem real sinkenden Wert durch eine verstärkte restriktive Politik entgegensteuern müssen. Stattdessen hob die britische Regierung am 20. September 1931 jedoch die Goldeinlösepflicht der *Bank of England* auf (M46). Der größte Teil des britischen Weltreichs, weitere, unter englischem Einfluss stehende Staaten wie Ägypten oder Länder wie Irland, die ihre Währungen an das britische Pfund gekoppelt hatten, folgten dem britischen Beispiel. Dem Vorgehen dieses sog. Sterling-Blocks schlossen sich schließlich wiederum die skandinavischen Staaten, Argentinien, Japan und Portugal an. Insgesamt bestimmte sich der Wechselkurs von 25 Währungen von jetzt an nur noch nach dem Verhältnis von Angebot und Nachfrage. Das ließ beispielsweise den Außenwert des Pfunds bis Anfang 1932 um rund 40 % fallen. Nunmehr bestand das Weltwährungssystem neben den bis 1936 am Goldstandard festhaltenden Ländern Frankreich, Belgien, der Schweiz und den Niederlanden aus einem Sterling- und einem die Währungen der Devisenbewirtschaftung unterwerfenden Sperrwährungsblock, nach Abwertung des US-Dollars 1933 zusätzlich aus einem Dollarblock mit den Ländern Nord- und Mittelamerikas sowie der Karibik.

Zerfall des Währungssystems in Gold-, Sterling-, Dollar- und Sperrwährungsblock

https://doi.org/10.36198/9783838557328-m46

Funktionsweise des Goldstandards und anderer Währungssysteme

Für den internationalen Handels-, Zahlungs- und Kapitalverkehr muss ein internationales Währungssystem existieren, das die Bezahlung von Waren, Dienstleistungen und Kapitalgütern in den verschiedenen Währungen ermöglicht und den internationalen Kapitalverkehr organisiert. Folgende ***Währungssysteme*** sind denkbar:

1. ***System freier Konvertibilität*** (unbeschränkte Umtauschbarkeit) der Währungen mit
   - festen (unveränderlichen) Wechselkursen
   - stufenflexiblen, d. h. grundsätzlich festen, von Fall zu Fall aber änderbaren Wechselkursen
   - flexiblen Wechselkursen mit Eingreifen der Währungsbehörde (***managed floating***, schmutziges ***floating***)
   - frei flexiblen Wechselkursen (***floating***)
2. ***System der Devisenbewirtschaftung***
   Hier unterliegen die Devisen einer Ablieferungspflicht und werden mengenmäßig von einer Behörde bewirtschaftet.

Der in ausländischer Währung ausgedrückte Preis für eine Einheit Inlandswährung wird als (nominaler) ***Wechselkurs*** bezeichnet. Dieser Wechselkurs verknüpft die in der einheimischen Währung ausgedrückten Preise der in verschiedenen Ländern produzierten Güter und Dienstleistungen, wodurch diese erst international vergleichbar werden. Durch eine Änderung des Wechselkurses ändern sich auch die Preisrelationen zwischen In- und Ausland, wobei zwischen einer ***Auf- und Abwertung*** unterschieden werden kann.
Sank z. B. der Wechselkurs von 1 $ = 0,90 RM auf 1 $ = 0,85 RM, so hatte die Reichsmark eine Aufwertung, der Dollar eine Abwertung erfahren. Die Reichsmark war mehr wert geworden, wie sich an der umgekehrten Notierung verdeutlichen lässt: 1 RM = 1,11 $ steigt auf 1 RM = 1,18 $.
Bei konstanten Preisen und einer Aufwertung der Reichsmark wären dann die Preise der US-Güter, in Reichsmark gerechnet, gesunken und die Preise der deutschen Güter, in Dollar gerechnet, gestiegen. Da Güter, deren Preise sinken, i. d. R. vermehrt nachgefragt werden, hätte im Beispiel die Importmenge des Reichs ansteigen müssen; umgekehrt hätte die Exportmenge des Reichs abgenommen.
Die durch die Preisrelation in den beteiligten Ländern hervorgerufene ***Änderung der internationalen Güterströme*** ist eine normale, sich in der Waren- und Dienstleistungsbilanz niederschlagende Reaktion und die wesentliche Wirkung einer Wechselkursänderung. Transportkosten, Zölle, besondere Verhaltensweisen bestimmter Marktteilnehmer, Qualitäten usw. können diese normale Reaktion jedoch beeinflussen und ggf. sogar außer Kraft setzen.

Der Wechselkursmechanismus bei flexiblen Wechselkursen
Bei flexiblen Wechselkursen vollzieht sich die ***Preisbildung für die verschiedenen Währungen auf dem Devisenmarkt*** nach den Regeln von Angebot und Nachfrage. Hier entspricht z. B. die Dollarnachfrage dem Dollarwert der Güterimporte und das Dollarangebot dem Dollarwert der Güterexporte. Bei normaler Reaktion sinkt dann die Dollarnachfrage (= Dollarwert der Güterimporte) mit steigendem Wechselkurs, während das Dollarangebot (= Wert der Güterexporte) steigt. Der Wechselkursmechanismus ist nichts anderes als der Preismechanismus auf dem Devisenmarkt. Bei einem Währungssystem mit frei flexiblen Wechselkursen ergibt sich also ohne Eingreifen einer staatlichen Stelle immer ein Wechselkurs, der die geplante Nachfrage nach Devisen und das geplante Angebot von Devisen ausgleicht.

Bei einer Abwertung, durch die beispielsweise der Preis der Reichsmark gesunken wäre, hätte in der Folge die Nachfrage des Auslands nach reichsdeutschen Gütern zunehmen müssen, die Exportwerte des Reichs wären also gestiegen. Andererseits wäre der Dollar „teurer“ geworden, das Reich hätte den Wert seiner Importe einschränken müssen. Gegenüber der Ausgangssituation wären schließlich also die Im- und Exportwerte des Reichs im selben Umfang angestiegen. Auf diese Weise sorgt der gestiegene Wechselkurs dauerhaft für einen Ausgleich von Angebot und Nachfrage.

Der Wechselkursmechanismus bei festen Wechselkursen

Bei festen Wechselkursen ***garantiert ein Land einen von ihm festgelegten Wechselkurs*** bei voller Konvertibilität der Währungen, indem es notfalls durch Interventionen am Devisenmarkt dafür sorgt, dass dieser Wechselkurs auch der Gleichgewichtswechselkurs des Devisenmarktes ist. Ein System fester Wechselkurse entsteht dann, wenn mehrere Länder ihre Währungen gegenüber einer Leitwährung in dieser Weise fixieren.
Ein Währungssystem mit festen Wechselkursen stellte das ***System der Goldwährung*** dar, das zuletzt vor dem Ersten Weltkrieg und zum Teil auch nach dem Ersten Weltkrieg (etwa von 1924 bis 1931) bestand. Der Festkurs-Charakter lag bei der Goldwährung darin, dass der Wert der einzelnen Währungen in Goldeinheiten von bestimmter Feinheit fixiert wurde (Goldparität), z. B. 1 RM = 0,359 Gramm Gold und 1 englisches Pfund = 7,18 Gramm Gold. Hieraus ergab sich durch einfache Rechnung (7,18 : 0,359) der Wechselkurs 1 Pfund = 20 RM, der so lange fest blieb, wie die Goldparitäten unverändert blieben. Gefordert waren in diesem System neben der Festlegung der Goldparität lediglich die Bereitschaft der Teilnehmer, freie Goldexporte und -importe zuzulassen, und die Verpflichtung der Zentralbanken, jederzeit Geldnoten in unbegrenztem Umfang gegen Gold einzutauschen.

Ist die Höhe des festgesetzten Wechselkurses nicht mit dem Wechselkurs des freien Spiels der marktwirtschaftlichen Kräfte identisch, können für die an einem solchen Währungssystem teilnehmenden Länder jedoch zwei ***zentrale Probleme*** entstehen:

1. Zahlungsbilanzungleichgewichte zu finanzieren (***Liquiditätsproblem***)
2. Zahlungsbilanzungleichgewichte zu korrigieren (***Korrekturproblem***)

Weichen beispielsweise die realen Marktgegebenheiten vom Paritätskurs ab, kann ein Nachfrageüberhang nach Dollar entstehen: Zum Paritätskurs werden mehr Dollar nachgefragt als angeboten. Ohne Eingreifen der Zentralbank würde der Wechselkurs steigen. Um dies zu verhindern – es sind ja feste Wechselkurse und freie Konvertibilität vereinbart –, muss die Zentralbank den Nachfrageüberhang beseitigen. Das heißt, in Höhe der Dollarlücke muss die Zentralbank zusätzliche Dollar aus eigenen Devisenbeständen auf dem Devisenmarkt verkaufen, das Dollar-Defizit also finanzieren. Dieser Fremdwährungsabfluss stellt das sog. ***Zahlungsbilanzdefizit des Inlands*** dar. Währungsreserven ermöglichen es bei festen Wechselkursen somit, kurzfristig Zahlungsbilanzdefizite zu finanzieren. Auf Dauer kann allerdings keine Zentralbank ein solches Defizit finanzieren, da sie hierfür nicht über ausreichend Devisen verfügt. Dieses Problem der Zentralbank, bei einem Zahlungsbilanzdefizit Auszahlungen in einer Währung leisten zu müssen, die sie nicht selbst schöpfen kann und von der sie nur über einen begrenzten Bestand verfügt, wird als ***Liquiditätsproblem*** bezeichnet. Im umgekehrten Fall entsteht für das Land mit Zahlungsbilanzüberschuss kein Liquiditätsproblem.
Diese ***Asymmetrie des Liquiditätsproblems*** ist von großer Bedeutung, da Länder mit einem Zahlungsbilanzdefizit vor der Notwendigkeit stehen, über kurz oder lang ihr Defizit beseitigen zu müssen, während sich für Überschussländer diese Notwendigkeit nicht

zwingend ergibt. So müssen ***Defizitländer*** versuchen, Exporte zu fördern und Importe zu vermindern. Außerdem können Defizitländer durch eine restriktive Geldpolitik den Zins anheben und dadurch Kapitalimporte anregen – allerdings auf Kosten der Investitionen und damit der Beschäftigung. So würde beispielsweise die Beseitigung der Arbeitslosigkeit durch eine expansive Geld- und Fiskalpolitik das Defizit vergrößern, die Beseitigung des Defizits durch eine kontraktive Geld- und Fiskalpolitik hingegen die Arbeitslosigkeit erhöhen. Doch auch bei langfristigen Zahlungsbilanzüberschüssen ergeben sich nachteilige Wirkungen für das betreffende Land: Im Grunde verschenkt es wegen der Unterbewertung seiner Währung einen Teil der im Inland produzierten Güter, weil, gemessen an den zu zahlenden Importpreisen, zu billig exportiert wird. Das ***Überschussland*** müsste demgegenüber mit den Mitteln der Geld- und Fiskalpolitik eine expansive interne Wirtschaftspolitik einleiten und damit die Geldmenge erhöhen, den Zinssatz senken, die Staatsausgaben erhöhen und die Steuern senken. Auch für das Überschussland kann sich dadurch ein Zielkonflikt ergeben, wenn es gleichzeitig inflationäre Preissteigerungen zu verzeichnen hat.

Wesentlich für die Funktionsfähigkeit des Systems fester Wechselkurse ist in jedem Fall, dass alle Länder bei ***Zielkonflikten*** bereit sind, dem Ausgleich der Zahlungsbilanz Priorität vor den binnenwirtschaftlichen Zielen einzuräumen. Ist diese Bereitschaft nicht vorhanden, muss vom Prinzip der unveränderlich festen Wechselkurse oder marktkonformer Eingriffe abgegangen werden, beispielsweise durch Auf- oder Abwertung, oder es müssen mit Mitteln der Devisenbewirtschaftung Ex- und Import so kontrolliert werden, dass die Zahlungsbilanz rechnerisch ausgeglichen ist.

Quelle: Nach Baßeler, Ulrich/Heinrich, Jürgen/Utecht, Burkhard: Grundlagen und Probleme der Volkswirtschaft. Stuttgart, [19]2010, S. 597–621.

Widerstände im Reich gegen Abwertung der Reichsmark

Obwohl das Deutsche Reich einerseits als erstes Land die Konvertibilität seiner Währung aufgehoben hatte und der Goldstandard zwischenzeitlich auch infolge eines allgemeinen Abwertungswettlaufs de facto funktionsuntüchtig geworden war, hielt es andererseits fortgesetzt an seiner Goldparität fest. Die Reichsmark wurde dadurch gegenüber anderen Währungen stark, gegenüber dem britischen Pfund zum Beispiel um 30 % aufgewertet. Die auch im Deutschen Reich erörterte Abwertung wurde aber verworfen, weil sie mit Bestimmungen des Young-Plans kollidierte, deren Änderung nur mit Zustimmung aller Reparationsgläubiger zu erreichen gewesen wäre. Die zeitgleichen deutsch-französischen Spannungen sprachen deshalb von vornherein gegen eine Abwertung. Neben der Rücksichtnahme auf Reparationsvereinbarungen hielt die Reichsregierung aber auch wegen der an die Goldklausel gebundenen Auslandsschulden sowie aus Angst vor einer erneuten Inflation an der Goldparität der Reichsmark fest. Eine Abwertung der Reichsmark jedenfalls hätte die an den beibehaltenen Goldwert gebundenen Auslandsschulden, ausgedrückt in Reichsmark, entsprechend erhöht.

Zusammenbruch der deutschen Exportwirtschaft

Durch die Beibehaltung der Goldparität aber standen Deutschlands Exporteure auf dem Weltmarkt Konkurrenten gegenüber, die ihre Produkte ausschließlich aufgrund der abgewerteten heimischen Währungen wesentlich billiger anbieten konnten. Die Abwertungsspirale, die zudem vom Aufbau eines Systems prohibitiver Einfuhrzölle begleitet wurde, schlug so mit ganzer Wucht auf die bis dahin noch einigermaßen ertragreiche deutsche Exportwirtschaft durch. Einzig die Exporte in die Sowjetunion, die sich durch ihre ordnungspolitische Entscheidung für eine zentrale Planung und Steuerung von Produktion und Verteilung von der bis dahin tiefsten Krise des marktwirtschaftlichen Systems abgekoppelt hatte, waren hiervon nicht betroffen. Selbst auf dem Höhepunkt der Weltwirtschaftskrise, als der deutsche Export flächendeckend einbrach, konnten die Lieferungen deutscher Investitionsgüter in die Sowjetunion von 4,6 % im Jahr 1929 auf 25,7 % 1932 gesteigert werden. Allein im Jahr 1931 wurden 74 % der deutschen Werkzeugmaschinen in die UdSSR geliefert. Damit sicherte die Sowjetunion Arbeitsplätze im Deutschen Reich, zugleich war sogar eine ganze Anzahl deutscher Facharbeiter in der Sowjetunion selbst beschäftigt. Systembedingt aber, infolge des nicht konvertierbaren Rubels, erfolgten diese Exporte teilweise als Kompensationsgeschäfte, d. h. im Tausch beispielsweise gegen Holzlieferungen, die wiederum in anderen deutschen Branchen Arbeitsplätze gefährdeten.

Ausnahme: Exporte in die UdSSR

Zur Interpretation von Krisenverlauf und -ursachen

Es gibt unterschiedliche Interpretationen, mit denen die bis dato schwerste Depression der Weltwirtschaft, die 1929 mit dem Platzen der US-Börsenblase begann und von der sich einige Länder selbst gegen Ende der 1930er-Jahre noch nicht vollständig erholt hatten, zu erklären versucht wird. Auch wenn sich jeder Erklärungsansatz auf eine spezifische Ursache zu stützen scheint, wird in den wenigsten Fällen monokausal argumentiert.

Keine monokausalen Krisenursachen

Ältere Autoren, unter ihnen Zeitgenossen, betrachten den Abschwung von 1929 bis 1932 als normale Phase eines Konjunkturzyklus, zumal sich dieser in seiner Periodizität in die üblichen konjunkturellen Vorgänge, wie die vorhergehende Hochkonjunktur, einordnen lässt. Die außergewöhnliche Stärke des konjunkturellen Tiefs wird hier mit strukturellen Veränderungen und mit aus der Nachkriegszeit resultierenden außergewöhnlichen Gegebenheiten erklärt. Auch ist darauf verwiesen worden, dass der konjunkturelle Abschwung, der Abschwung innerhalb eines sieben bis elf Jahre währenden Juglar-Zyklus (vgl. Schaubild 23), mit dem Abschwung eines 50 bis 60 Jahre dauernden Kondratjew-Zyklus zusammentraf (vgl. Abbildung 21). Dadurch hätten sich die negativen zyklischen Effekte nach 1929 kumuliert. In diese Erklärung wird teilweise sogar noch die Abschwungphase eines sich drei bis vier Jahre hinziehenden Kitchin-Zyklus integriert.

Normaler Konjunkturabschwung bei strukturellen Veränderungen

Überlagerung verschiedener zyklischer Abschwünge

Schaubild 23: Phasen eines Konjunkturzyklus

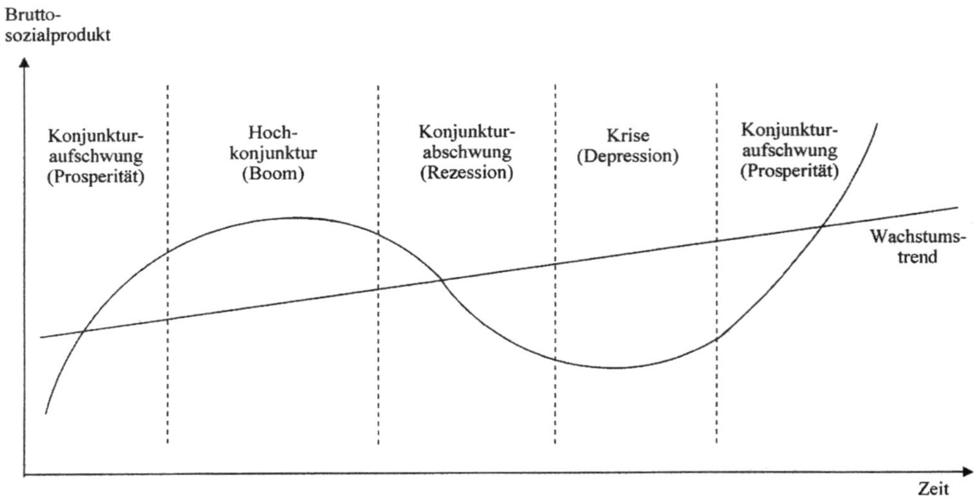

Abbildung 21: Die Kondratjew-Zyklen

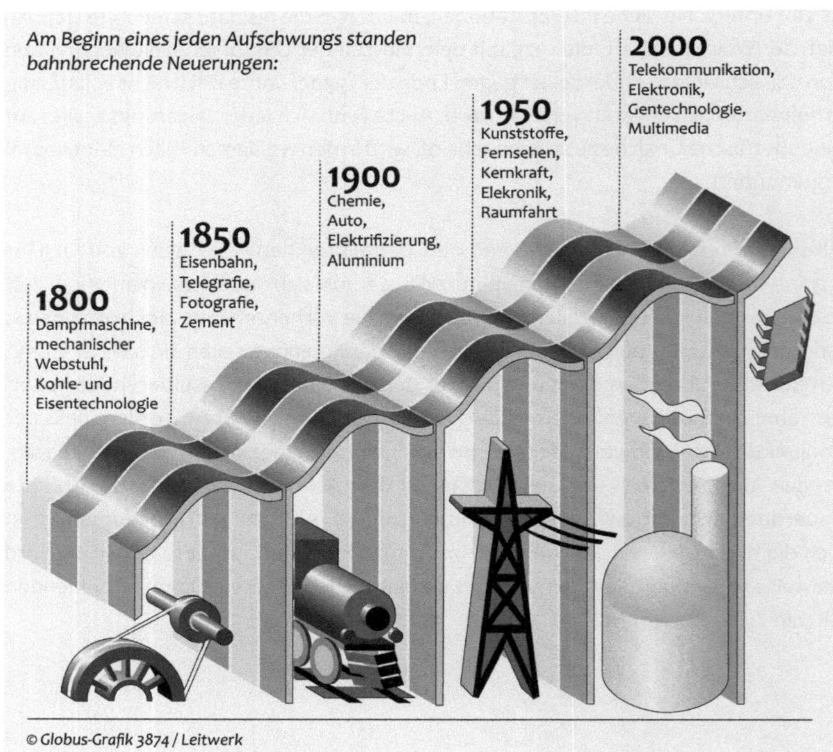

Quelle: Deutsche Presse-Agentur GmbH, © Globus-Grafik 3874 / Leitwerk.

Eine weitere, ebenfalls eher beschreibende denn erklärende These ist jene von der Überproduktion. Hier wird besonders die aus agrarischer Überproduktion resultierende weltweite Krise der Landwirtschaft betont, die auf den anschließend einsetzenden konjunkturellen Abschwung in den Industriestaaten einwirkte, bis sich beide Problemlagen wechselseitig beeinflussten und verstärkten. Im Gegensatz dazu steht die auf eine unzureichende Nachfrage nach Konsumgütern abhebende Unterkonsumtionstheorie. Immerhin bestand während der gesamten zwanziger Jahre ein Mangel an Nachfrage, was ein – zumal instabiles – Gleichgewichtsverhältnis unterhalb des Vollbeschäftigungsniveaus im Sinn von Keynes entstehen ließ. Hervorgerufen wurde der sich innerhalb und zwischen einzelnen Ländern auswirkende Nachfragemangel durch Veränderungen der Bevölkerung infolge des Kriegs, durch eine Änderung der Einkommensverteilung, aber auch durch Veränderungen im Geschmack und in der Technologie. Zumindest für die USA, von denen die Krise der Weltwirtschaft ausging, kann eine solche Entwicklung nachgewiesen werden.

These von der Überproduktion

Unterkonsumtionstheorie

Auch wenn der US-amerikanische Markt für langlebige Konsumgüter entweder gesättigt war oder sich seit Mitte der zwanziger Jahre dem Zustand der Sättigung näherte, was auch eine Erschöpfung der Investitionsmöglichkeiten intendiert, gewannen zumindest im Abschwung monetäre Faktoren an Bedeutung. Tatsächlich tendierte nämlich das instabile Geld- und Bankensystem dazu, Veränderungen der Geldmenge zu intensivieren anstatt zu dämpfen. Insofern hätte der weltwirtschaftliche Abschwung partiell verhindert werden können, wenn zumindest die Geldmenge der Boomjahre 1928/29 stabilisiert, besser sogar noch vergrößert worden wäre. In Anlehnung an Milton Friedman und Anna J. Schwartz erklären Anhänger der monetaristischen Theorie den spezifischen Verlauf der Großen Depression in den USA deshalb auch mit einem durch den Börsenkrach und anschließende Bankzusammenbrüche verursachten massiven Rückgang der Geldmenge. Eine diesem Rückgang entgegenwirkende expansive Geldpolitik der US-amerikanischen Zentralbank, des *Federal Reserve System*, hätte demzufolge das Ausmaß der Krise deutlich begrenzen können. Tatsächlich aber folgten die Verantwortlichen des *Federal Reserve Board* den Regeln des seinerzeitigen internationalen Währungssystems, des Goldstandards, nach denen die umlaufende Geldmenge in einem festgeschriebenen Verhältnis durch Gold gedeckt sein musste. Auch um einen Abfluss von Gold ins Ausland oder gar den Zusammenbruch des Goldstandards zu verhindern, bewegte sich die Geldpolitik in althergebrachten Bahnen und verstärkte damit die deflationären Tendenzen. Der US-Ökonom Barry Eichengreen ist deshalb der Meinung, dass das System des Goldstandards nunmehr dysfunktional und damit krisenverstärkend wirkte.

Monetäre Faktoren

Kontraktion der Geldmenge in den USA

Ohnehin sind auch das schlechte Funktionieren des Goldstandards nach 1918 und die daraus folgende Instabilität des internationalen Währungssystems als Krisenfaktoren benannt worden. So war die Restauration des Goldstandards nach dem Ersten Weltkrieg bei gestiegener Geldmenge, aber stagnierender Goldförderung nur gelungen, weil sich die Goldwährungsländer in Genua 1922 auf eine restriktive Geldpolitik und,

Gold-Devisen-Standard generiert deflationären Druck

neben Gold, auf die Zulassung von Devisen als Reservemedium geeinigt hatten. Abgesehen davon, dass mit der Einführung des Gold-Devisen-Standards die Einhaltung der Goldkonvertibilität bei den Reservewährungen infrage gestellt wurde, intendierte die restriktive Geldpolitik einen permanenten deflationären Druck.

„Goldsterilisierung" durch USA

Zudem hatten die USA zwischen den beiden Weltkriegen eine Politik der „Goldsterilisierung" betrieben. In solchen Fällen neutralisieren Länder, denen Gold zufließt, abweichend von den Regeln des internationalen Goldstandards die inflatorische Wirkung des Goldzuflusses durch kontraktive Maßnahmen. Anstatt also durch Exportförderung für einen Ausgleich der Goldbestände zwischen den am Goldstandard teilnehmenden Ländern zu sorgen, erfolgte eine Hortung des Goldes bei der amerikanischen *Federal Reserve Bank*. Das aber förderte über den verringerten Notenumlauf in anderen Ländern deflationäre Tendenzen. Diese Politik wird dafür mitverantwortlich gemacht, dass sich die Weltwirtschaftskrise so stark und anhaltend entwickeln konnte. Allerdings kann mit der schlechten Handhabung des Goldstandards und der dadurch erzeugten strukturellen Deflation nicht der plötzliche Abschwung von 1929 erklärt werden. Die monetären Mechanismen verursachten den Abschwung also nicht etwa, vielmehr verstärkten sie ihn, nachdem er einmal in Gang war. Damit wäre ein lang andauernder Deflationsprozess für die Schwere der Krise verantwortlich, der sich wiederum auf einen Mangel an Investitionsmöglichkeiten sowie ausreichende technische Neuerungen zurückführen lässt. Ein verdeckter, untergründiger Deflationstrend, der auch den leichten atypischen Preisrückgang während des Booms in den USA erklären könnte, wäre dann mit der endenden Hochkonjunktur zusammengetroffen, sodass sich die beiden Tendenzen gegenseitig verstärken konnten.

Kumulierende monetäre und realwirtschaftliche Prozesse

Fehlendes intaktes Finanzsystem

Eine weitere, auf strukturelle Phänomene zielende Erklärung bildet die These vom instabilen Gleichgewicht, in dem sich die Weltwirtschaft in den 1920er-Jahren befand. Die strukturellen Verwerfungen durch den Krieg in Form der Überproduktion von Weizen, Zucker, Wolle, Baumwolle, Kohle sowie im Schiffbau hätten durch ein intaktes Finanzsystem leicht korrigiert werden können. Die Versuche, das durch Kriegsschulden, Reparationen und die Überbewertung des Pfunds bzw. die Unterbewertung des französischen Franc angegriffene Weltwährungssystem zu stabilisieren, scheiterten jedoch an nationalen Egoismen und zweifelhaften ökonomischen Vorstellungen, wie der von der Notwendigkeit eines ausgeglichenen Budgets. Als die Krise dann akut war, hätte es eines Lands bedurft, das seinen Markt für besonders vom Nachfragerückgang betroffene Produkte geöffnet, Ländern mit Zahlungsbilanzschwierigkeiten antizyklisch langfristig Kapital bereitgestellt oder gar die Aufwertung seiner Währung zugelassen hätte. Darauf, wie weitsichtig und verantwortungsbewusst der englische Notenbankpräsident Montague Norman noch in der Bankenkrise mit der Stabilisierung der Österreichischen Creditanstalt agierte, hat schon Hans E. Priester hingewiesen. Großbritannien, das bis zum Ersten Weltkrieg die Rolle der Führungsmacht auf den internationalen Finanzmärkten ausgefüllt hatte, war durch die Gold- und Kapitalabflüsse infolge der jahrelangen Pfundüberbewertung finanzwirtschaftlich jedoch nicht

Ausfall Großbritanniens als Führungsmacht internationaler Finanzmärkte

mehr in der Lage, für die notwendige Stabilisierung des Weltwirtschaftssystems zu sorgen. Gleichzeitig waren die USA hierzu (noch) nicht willens. Das dort 1930 in Kraft getretene *Smoot-Hawley*-Zollgesetz bewirkte im Gegenteil einen weltweiten Wettlauf um die Einführung von Zöllen und die Einschränkung von Importen, was zur Deflation beitrug und schließlich zum Zusammenbruch des Goldstandards führte. Der Ökonom und Wirtschaftshistoriker Charles P. Kindleberger (1910–2003) erklärte die Dauer und Stärke der Weltwirtschaftskrise innerhalb dieses Szenarios schließlich mit dem fehlenden antizyklischen Kapitalexport. So habe sich der Kapitalexport Großbritanniens vor 1914 im Vergleich zu den Inlandsinvestitionen immer asymmetrisch entwickelt. Demnach ließ eine Rezession im Inland den Kapitalexport ansteigen, während der inländische Boom seine Reduktion bewirkte. Ein solcher antizyklischer Kapitalexport, der das Weltwirtschaftssystem lange Zeit stabilisiert hatte, war in den 1920er-Jahren nicht mehr vorhanden. In der Zeit nach dem Krieg korrelierte der amerikanische Kapitalexport im Gegenteil positiv mit den Inlandsinvestitionen, d. h., die US-amerikanische Hochkonjunktur ging mit einer Zunahme der Auslandskredite einher, die Depression der 1930er-Jahre mit der Umkehr der Kapitalströme zurück in die USA.

Rolle US-amerikanischer Wirtschaft

Konjunkturelle Schwächen waren zudem weltweit vorhanden, sodass eine Rezession in den frühen dreißiger Jahren aller Wahrscheinlichkeit nach ohnehin eingetreten wäre. Die Ereignisse in den USA aber bestimmten weitgehend Zeitpunkt, Schwere und Ausmaß der bereits 1929 einsetzenden und schon Anfang 1930 in eine schwere Depression mündenden Rezession. Mit dem Ersten Weltkrieg waren die USA zur führenden Industrienation und zum größten Gläubigerland weltweit aufgestiegen. Zugleich hatte New York London als wichtigstes Finanzzentrum der Welt abgelöst. Der lange, nur 1921 und 1924 kurz unterbrochene Wachstumstrend von Produktion und Aktienkursen hatte eine euphorische Atmosphäre entstehen lassen, die mit der Erwartung einer anhaltend günstigen wirtschaftlichen Entwicklung einherging. Selbst Normalbürger verschuldeten sich, um gewinnbringend in Aktien zu investieren. Eine Folge dieser Entwicklung war auch der Rückruf von im Ausland investiertem Kapital seit 1928, weil das US-amerikanische Aktiengeschäft größere Gewinne versprach als Auslandsanlagen. Mit dem Kurssturz im Herbst 1929 riefen Anleger dann aber verstärkt ihr Kapital aus dem Ausland zurück, um hiermit Verbindlichkeiten begleichen zu können. Denn vielfach sind Aktien verlustreich verkauft worden, um durch schnelles Handeln wenigstens die Verluste begrenzen zu können, zu deren Ausgleich nun das Kapital benötigt wurde. Dadurch ist wiederum der transatlantische Kapitalkreislauf von Reparationen, interalliierten Kriegsschulden und amerikanischem Kapitaltransfer in das Deutsche Reich massiv gestört worden. Die folgende Schrumpfung der US-amerikanischen Realwirtschaft infolge der Konsum-, aber auch der Investitionsausfälle griff anschließend ebenfalls auf andere Länder über, die den freien Handel nunmehr zudem durch Schutzzölle mehr und mehr blockierten.

Weltweite strukturelle Nachkriegsprobleme

In einer Reihe von Ländern, in denen Ende der 1920er-Jahre die Konjunktur rückläufig war, wurde zudem noch gegen strukturelle, aus der Nachkriegszeit resultierende

Verzerrungen der Ökonomien gekämpft, was sie besonders krisenanfällig machte. Mit den sich in Überschusskapazitäten widerspiegelnden Deflationstendenzen, den infolge von Reparationen und Kriegsschulden unausgeglichenen Zahlungsbilanzen und den aus der schrumpfenden Geldmenge sowie aus Börsenkrach und Bankenkrise resultierenden unsicheren Verhältnissen im Geld- und Kreditwesen gingen beispielsweise spezifisch deutsche Probleme einher, wie die hohe kurzfristige Auslandsverschuldung deutscher Banken und Unternehmen oder die Strukturschwäche des deutschen Bankensystems infolge der Inflation allgemein. Schließlich bedeutete auch die einseitige Kreditvergabe an Großindustrie und Großagrarier, vorwiegend also die Versorgung traditioneller Produktionszweige mit Investitionsmitteln, eine Fehlleitung von Kapital, was zunächst in den gesamten 1920er-Jahren zur Verlangsamung des deutschen Wirtschaftswachstums beigetragen hat und schließlich, als die schwachen Schuldner im Zeichen der Krise in wirtschaftliche Schwierigkeiten geraten waren, zur Unterminierung des Bankensystems selbst führte. Die Finanzlage von Industrie und Banken ist zudem von einer Politik in Mitleidenschaft gezogen worden, mit der die Reichsregierung die Staatsschulden zu konsolidieren beabsichtigte.

Reichsdeutsche Probleme

Ausbreitung der Krise Folge globaler Wirtschafts- und Finanzbeziehungen

Das weltweite Übergreifen der Depression ist angesichts der engen internationalen Wirtschaftsbeziehungen und der durch feste Wechselkurse und Goldstandard geprägten ebenso engen monetären Beziehungen nicht überraschend. Weil die Gläubigerländer es den Schuldnern unter diesen Bedingungen ermöglicht hatten, Kapital aufzunehmen, dessen Rückzahlung gefährdet war, ist nach Derek H. Aldcroft eine Depression prinzipiell nicht zu verhindern gewesen. Die Frage jedoch, warum die Weltwirtschaftskrise das Deutsche Reich härter als andere europäische Industriestaaten traf, ist bis dato nicht übereinstimmend beantwortet worden. Nach wie vor gibt es also keine allgemeingültige, verschiedene Ursachen integrierende Erklärung für das Ausmaß der Krise in Deutschland. Zum einen wird angeführt, es habe sich die Struktur des bis 1927 geschrumpften Welthandels verändert, wodurch Volkswirtschaften wie die deutsche mit hoher Exportabhängigkeit besonders krisenanfällig gewesen seien. Zum anderen werden die massenhaft eingesetzten arbeitsplatzsparenden Techniken der Zwischenkriegszeit als krisenverschärfend charakterisiert. Während die sich aus schwierigen Kapitalmarktverhältnissen ergebenden relativ hohen Zinsbelastungen eigentlich zu einem verstärkten Einsatz von vergleichsweise billigeren Arbeitskräften hätte führen müssen, habe der durch demografische Verluste und den Rückgang des Bevölkerungswachstums hervorgerufene Arbeitskräftemangel in wichtigen Bereichen der deutschen Wirtschaft die Substitution des Faktors Kapital durch den Faktor Arbeit aber erschwert. Demnach kumulierte also die Kapitalknappheit mit problematischen Arbeitsmarktstrukturen. Diesem Schluss widerspricht aber die Tatsache, dass sich infolge des demografischen Übergangs trotz der Kriegsverluste die Zahl der Personen im erwerbsfähigen Alter erhöhte: von 39,5 Mio. im Jahr 1910 auf 42,8 bzw. 44,9 Mio. in den Jahren 1925 bzw. 1933. Wird die demografische „Überlastung" des Arbeitsmarkts in Betracht gezogen, scheint es, als hätten die Unternehmen vielmehr die

Besondere Krisenanfälligkeit des Reichs durch hohe Exportabhängigkeit

Kapitalknappheit kumuliert mit demografischen Problemen

Ausbildung des Humankapitals zugunsten arbeitssparender, aber kapitalintensiver Technologien vernachlässigt.

Monopolistische Organisation der deutschen Wirtschaft

Hinzu kam im Deutschen Reich der hohe Grad monopolistischer Organisation, der in der Schwerindustrie zu Produktionseinschränkungen bei unverändertem Preisniveau führte, was anderweitig wiederum massive Produktionsrückgänge und eine Verteuerung von Investitionen bewirkte. Ähnlich wirkte sich die lobbyistische Führungsrolle der ostelbischen Getreideproduzenten aus, die ihren quasi monopolistisch-politischen Einfluss zur Durchsetzung höherer Schutzzölle und zur Stützung der Getreidepreise nutzten, wodurch sich wiederum die Massenkaufkraft verringerte und die Krise verstärkt wurde. Preisen, die entgegen den Gesetzen des Marktes in der Krise nicht sanken, stand andererseits ein von den Gewerkschaften verstärktes unflexibles Lohnsystem gegenüber, sodass auch in dieser Beziehung schon recht bald vom typischen Fall eines Angebotskartells gesprochen worden ist. Die nach unten starren Löhne verstärkten als Produktionskosten wiederum die Inflexibilität der Preisstrukturen.

Faktencheck „Der Verlauf der Weltwirtschaftskrise im Deutschen Reich“

- ✔ Der Ende 1929 einsetzende konjunkturelle Rückgang mündet 1932 in Tiefpunkt der Depression.
- ✔ Es kommt zu einem kontinuierlichen Rückruf von Auslandsgeldern aus Deutschland spätestens seit Mitte 1930.
- ✔ Der Rückruf von Kapital nach Zusammenbruch der Österreichischen Creditanstalt bringt Banken wie Unternehmen der Realwirtschaft in Schwierigkeiten.
- ✔ Das die Reparationszahlungen aussetzende Hoover-Moratorium führt zu einem Bankensturm inländischer Sparer.
- ✔ Bankenfeiertage und das Aussetzen der Börse dienen der Beruhigung des Publikums, aber auch der Vorbereitung einer umfassenden Reorganisation und Reformierung des deutschen Finanzsystems.
- ✔ Stillhalteabkommen und Devisenbewirtschaftung unterbinden weiteren Abzug ausländischer Gelder, lassen aber Gläubiger kurzfristige Anlagen in Großbritannien abrufen.
- ✔ Die folgende Aufhebung der Goldeinlösepflicht der *Bank of England* besiegelt das Ende des Goldstandards.

13 Wirtschafts- und Finanzpolitik in der Weltwirtschaftskrise

Schlüsseldokument: Finanzstaatssekretär Schäffers Vorschläge zur Krisenbekämpfung

Die deutsche Wirtschafts- und Finanzpolitik in der Weltwirtschaftskrise ist untrennbar mit dem mithilfe von Notverordnungen regierenden Reichskanzler Heinrich Brüning verbunden. Traditionellen wirtschaftspolitischen Vorstellungen entsprechend, zielte Brüning auf eine Konsolidierung der Finanzen; zugleich suchte er durch äußersten Sparwillen, die Unmöglichkeit von Reparationszahlungen zu demonstrieren. Weil für den Reparationsdienst Devisen benötigt wurden, die allein aus Exportüberschüssen der deutschen Wirtschaft zu erlangen waren, sollten die Produktionskosten deutscher Exporteure zudem gesenkt und damit deren Wettbewerbsfähigkeit erhöht werden. Dem dienten die staatlichen Maßnahmen zur Senkung des Lohn- und Preisniveaus, die allerdings einen massiven Ausfall kaufkräftiger Nachfrage erzeugten, was in der Konsumgüterindustrie zu weiteren Produktionseinschränkungen mit zusätzlichen Entlassungen führte. Über die Einschränkung der Investitionen schlug diese Entwicklung anschließend auch auf die Investitionsgüterindustrie durch, sodass die Wirtschafts- und Finanzpolitik die Krise noch verstärkte. In seiner Denkschrift vom 2. September 1931 (M47) verdeutlichte der Staatssekretär im Finanzministerium, Hans Schäffer, wie die Unterauslastung in der Industrie unter diesen Bedingungen sogar zu steigenden Fixkosten führte, um anschließend Arbeitsbeschaffungsmaßnahmen zu empfehlen und Möglichkeiten zu ihrer Finanzierung zu diskutieren.

https://doi.org/10.36198/9783838557328-m47

Die krisenverschärfende Parallelpolitik Brünings

Defizitärer Reichshaushalt 1929

Bereits vor Ausbruch der Weltwirtschaftskrise hatte der Haushalt des Deutschen Reichs Jahr für Jahr Defizite aufgewiesen. Auch als das Haushaltsjahr 1929 begann, bestand ein Fehlbetrag aus dem Vorjahr im Umfang von 1,13 Mrd. RM. Trotz umfangreicher Diskussionen über zu ergreifende Gegenmaßnahmen konnte die Große Koalition unter Reichskanzler Hermann Müller jedoch durch Zugeständnisse vonseiten der SPD und Kompromisse aufseiten der bürgerlichen Parteien DVP, Zentrum, BVP und DDP zunächst einen formal ausgeglichenen Reichshaushalt erzielen. Die sich verschlechternde wirtschaftliche Lage gefährdete die Finanzen des Reichs jedoch schon bald erneut, sodass das Reich im September 1929 mit dem schwedischen Industriellen Ivar Kreuger über eine Anleihe in einer Größenordnung von 125 Mio. Dollar verhandeln musste, für die als Gegenleistung das Zündholzmonopol herausgegeben werden sollte. Mit der Überlassung des Zündholzmonopols sind schließlich Einnahmen aus einer steuerähnlichen Quelle für Jahrzehnte an einen ausländischen Investor verpfändet worden, um die Kassennot des Reichs zu lindern.

Abtretung des Zündholzmonopols

Übergang zur Deflationspolitik noch unter Großer Koalition

Vor diesem Hintergrund stimmte der Reichstag am 12. Dezember einer Erhöhung der Beiträge zur Arbeitslosenversicherung sowie der Tabak- und Biersteuer zu, während im Gegenzug Unternehmen durch Steuersenkungen entlastet werden sollten. Trotz der Sparpolitik und des damit beginnenden deflationären Kurses in der Reichsfinanzpolitik erzwangen von nun an immer wieder auftretende Kassendefizite weitere finanzpolitische Maßnahmen, ohne dass das Defizit im Reichshaushalt beseitigt worden wäre. Weil in deren Fokus zunehmend Kürzungen bei der Arbeitslosenversicherung oder weitere Beitragserhöhungen rückten, gegen die sich die an der Regierung beteiligte SPD verwahrte, zerbrach die Große Koalition unter Hermann Müller. Mit dem anschließend folgenden Kabinett Brüning wurde eine Präsidialregierung installiert, die mithilfe von Notverordnungen auf der Grundlage von Artikel 48 der Reichsverfassung ihr Amt führte.

Befugnisse des Reichspräsidenten nach Artikel 48

Trotz der liberalen Vorstellung, dass eine übermäßige Machtkonzentration bei einem Staatsorgan zu verhindern sei, hatte die Weimarer Reichsverfassung dem Reichspräsidenten eine solche de facto verschafft. Dieses Potenzial resultierte neben der langen Amtsdauer von sieben Jahren und der Möglichkeit unbegrenzter Wiederwahl direkt durch das Volk vor allem aus dem Recht zur Ernennung und Entlassung der Regierung, dem Recht zur Reichstagsauflösung nach Artikel 25 sowie den Befugnissen nach Artikel 48. Artikel 48, der Notstandsartikel, war unter dem Eindruck der schweren politischen Unruhen des Frühjahrs 1919 und der separatistischen Bestrebungen in Bayern und im Rheinland in die Weimarer Reichsverfassung aufgenommen worden. Demnach konnte der Reichspräsident, wenn Länder gegen Verfassung oder Reichsgesetze verstießen, diese mithilfe des Militärs zu deren Beachtung zwingen (Reichsexekution) oder aber im Fall eines Ausnahmezustands, also bei erheblicher Störung der öffentlichen Sicherheit und Ordnung, alle nötigen Gegenmaßnahmen ergreifen, wie den Einsatz von Militär oder die Aussetzung der Grundrechte. Allerdings hatte der Reichspräsident anschließend den Reichstag unverzüglich über alle diese Maßnahmen zu informieren und sie auf Verlangen des Reichstags außer Kraft zu setzen.

Gebrauch des Notstandsartikels

Bereits Friedrich Ebert hatte als erster Reichspräsident ausgiebig von Artikel 48 Gebrauch gemacht; zunächst vorwiegend zur Niederschlagung von Unruhen, zur Zeit von Hyperinflation und Währungsreform dann aber auch zur Durchsetzung wirtschaftspolitischer Maßnahmen. Gerade Letztere waren niemals im Geist der Verfassung zur Überwindung einer plötzlichen Notsituation, sondern als dauerhafte Reformen vorgesehen gewesen. Friedrich Eberts grundsätzlicher Verfassungstreue zum Trotz kam das Instrumentarium aus Artikel 48 also bereits vor 1930 im verfassungsrechtlich bedenklichen Sinn zum Einsatz. Allerdings erfolgten die von Ebert aufgrund des Artikels durchgeführten Maßnahmen in Einvernehmen mit Reichsregierung und Reichstagsmehrheit; auch hat Friedrich Ebert niemals eine im Reichstag gescheiterte Gesetzesvorlage mittels Artikel 48 in Kraft gesetzt.

Übergang zum Präsidialkabinett und Regieren per Notverordnung

Damit hob sich die von Friedrich Ebert praktizierte Anwendung des Notstandsartikels scharf von dem Notverordnungsregime des zweiten Reichspräsidenten, Paul von Hindenburg, ab. Schon Heinrich Brünings Ernennung zum Reichskanzler Ende März 1930 war seit Längerem ohne Berücksichtigung der Mehrheitsverhältnisse im Reichstag sowie ohne Verhandlungen mit den Fraktionen geplant gewesen; zudem war Reichspräsident Hindenburg gewillt, diesem die Instrumente des Artikels 48 sowie der Reichstagsauflösung ohne Einschränkung zur Verfügung zu stellen. Und so machte der von Hindenburg als Kanzler eingesetzte, einem Minderheitskabinett vorstehende Brüning gleich zu Beginn seiner Amtszeit deutlich, dass künftig von diesen Rechten Gebrauch gemacht würde, sollte der Reichstag der Regierung das Misstrauen aussprechen oder deren Gesetzentwürfe ablehnen. Entscheidend war von jetzt an also der Wille des Reichspräsidenten und seiner Umgebung, Reichstag und Parteien aus dem politischen Willensbildungs- und Entscheidungsprozess auszuschalten und ein einzig vom Vertrauen des Präsidenten – anstatt von einer parlamentarischen Mehrheit – abhängiges Kabinett zu installieren. Das eigentliche Machtzentrum der Republik schrumpfte so auf einen kleinen, um Hindenburg gescharten Kreis einflussreicher Männer – eine „präsidentielle Hofkamarilla" (Peter-Christian Witt) –, der dem hochbetagten Reichspräsidenten seine Vorstellungen aufzudrängen vermochte. Damit hatten konservative, nicht demokratisch legitimierte Machteliten ohne nennenswerten gesellschaftlichen Rückhalt, zu der die alten Machtgruppen des Bismarckreichs: Bürokratie, ostelbische Großagrarier, Schwerindustrie, aber auch die militärische Führung gehörten, die Weichen zu einem autoritären Regime bereits vor der Ernennung Hitlers zum Reichskanzler gestellt. Die von Heinrich Brüning als Kanzler geführte Reichsregierung war somit eine nicht verfassungskonforme Exekutive, die ihre wirtschafts- und finanzpolitischen Vorstellungen mithilfe von Notverordnungen auf der Grundlage von Artikel 48 der Reichsverfassung durchsetzte.

Staatskrise in der Wirtschaftskrise

Ausschaltung des Reichstags

Die Ausschaltung des Parlaments schlug sich in seinen rapide abnehmenden Sitzungstagen – von 94 im Jahr 1930 auf 13 im Jahr 1932 – nieder, wodurch die Regierung ihren politischen Kurs ungestört verfolgen konnte. Auch in der Zahl der ordentlich zustande gekommenen Gesetze (1930: 98, 1932: 5), denen 1930 noch fünf, 1932 jedoch 66 Notverordnungen gegenüberstanden, macht sich der Bedeutungsverlust des Reichstags bemerkbar. Seit Juni 1931 wurde das Parlament schließlich nicht einmal mehr vor der Verabschiedung einer größeren Notverordnung eingeschaltet. Neben dem nunmehr tonangebenden Kabinett war es der Zugang zum Reichspräsidenten und zu den verschiedenen Ministerien, der über die Umsetzung von Interessen in politische Maßnahmen entschied. Dadurch nahm wiederum der Einfluss der Ministerialbürokratie selbst zu, vor allem aber auch der der industriellen und landwirtschaftlichen Interessenverbände. Bereits unter dem zweiten Kabinett Brüning verschärfte sich die Form dieses Prozedere, indem gewichtige Interessengruppen ihre Forderungen unmittelbar bei Hindenburg vorbrachten, somit nicht mehr nur das Parlament umgingen, sondern zunehmend auch die Regierung ignorierten und damit selbst gegen die Logik des Präsidialsystems verstießen. Schließlich sind die deutlich totalitärere Züge annehmenden Präsidialkabinette Papen und Schleicher auch nicht mehr vom Reichstag toleriert worden, wie immerhin noch das Kabinett Brüning.

Zeit permanenten Verfassungsbruchs

Brünings Auftrag zur Kabinettsbildung nach dem Auseinanderbrechen der Großen Koalition unter Reichskanzler Hermann Müller war von Hindenburg mit der Bedingung verknüpft worden, sich im politischen Spektrum nach rechts zu orientieren und die Sozialdemokratische Partei als politische Kraft auszuschalten. Obwohl die SPD die mit Abstand stärkste Fraktion im Reichstag stellte und die stabilste der staatstragenden Parteien war, sie zudem aus Gründen der Staatsräson und aus parteipolitischem Kalkül das Kabinett Brüning tolerierte, meinte Brüning deshalb, mit der sozialdemokratischen Fraktion zu gegebenem Anlass politische Kompromisse nicht einmal verhandeln zu müssen. Dadurch kam es im Juli 1930 zur Reichstagsauflösung, weil der von Brüning vorgesehene Weg zur Sanierung der Staatsfinanzen von den Parlamentariern abgelehnt worden war. In staatsrechtlich unzulässiger Weise setzte Brüning daraufhin seine Vorlage als Notverordnung in Kraft. Dies war das erste Mal, dass ein vom Reichstag abgelehnter Gesetzentwurf in Form einer Notverordnung durchgesetzt wurde: Nachdem die von der SPD-Fraktion beantragte Aufhebung dieser Notverordnung im Reichstag eine Mehrheit erhalten hatte, ließ Brüning den Reichstag auflösen und die aufgehobene Notverordnung einige Tage später in verschärfter Form erneut als Notverordnung in Kraft treten. Damit hatte die Zeit permanenter Verfassungsbrüche begonnen; zugleich gab es bereits jetzt Ansätze zur Restauration überkommener Strukturen und für den Übergang vom parlamentarischen zu einem autoritären System. Die letzten Monate der Republik unter den Kanzlern Franz von Papen und Kurt von Schleicher gingen diesbezüglich weit über Brünings Vorgehen hinaus: Hatte Brüning das Parlament noch auf die Duldung seiner Regierungsarbeit beschränkt, versuchte der offen einen neuen Staat fordernde Papen 90 % der gewählten Reichstagsabgeordneten zu bekämpfen. Und anstatt die SPD, wie Brüning es tat, nur mithilfe des Notstandsartikels von der Regierung auszuschließen, brach Papen u. a. mit einem staatsstreichartigen Manöver die Verfassung und entfernte die Partei in Preußen aus der Regierung, indem er diese absetzte und das Amt des preußischen Ministerpräsidenten in Personalunion übernahm (Preußenschlag).

Brüning, Papen, Schleicher

Haushaltssanierung erklärtes Ziel Brünings

Den Zeitgenossen galt der ausgeglichene Staatshaushalt ohne Rücksicht auf die jeweilige konjunkturelle Lage als Kennzeichen solider Finanzwirtschaft. Entsprechend war die Sanierung des Reichshaushalts auch das erklärte Ziel Heinrich Brünings, das dieser seit der Übernahme des Amts des Reichskanzlers am 30. März 1930 in verfassungswidriger Weise zu verfolgen begann. Die Ausgabenkürzungen, mit denen der Haushalt entlastet werden sollte, führten in der Folge aber zum Ausfall öffentlicher Nachfrage und über die Kürzung der Sozialleistungen zu einem weiteren Rückgang der durch Steuererhöhungen ohnehin geschwächten privaten Nachfrage. Brünings parallel zu den deflatorischen Marktprozessen angelegte, d. h. prozyklische Politik wirkte von daher unzweifelhaft krisenverschärfend. Indessen verfolgten aber auch alle anderen bedeutenden Industriestaaten während der Weltwirtschaftskrise eine Politik des Sparens, eine Parallelpolitik, mit der die deflationäre Krise verstärkt worden ist. Brüning wollte jedoch nicht nur die laufenden Staatsausgaben mit den Staatseinnahmen zur Deckung bringen, sein Ziel war darüber hinausgehend auch das Tilgen

Finales Ziel Brünings

außerordentlicher Schulden, um Deutschland zu wirtschaftlicher und politischer, damit nationaler Stärke zurückzuführen. Der unerwartete Triumph der Nationalsozialisten bei der Reichstagswahl im September 1930 ließ Brüning schließlich das Ziel der Streichung der Reparationsschuld in den Mittelpunkt seiner Politik rücken. Die NSDAP hatte bereits im Wahlkampf die Reparationsregelung des Young-Plans für die sich verschlechternde Wirtschaftslage verantwortlich gemacht. Vor allem würde der Wegfall der Reparationszahlungen die Sanierung der Reichsfinanzen erleichtern. Zu einer solchen Politik motivierte auch, dass mit Fortschreiten der Wirtschaftskrise nicht nur Teile der Unternehmerschaft, sondern auch Nationalökonomen zu der Überzeugung gelangten, das Reparationsproblem habe den Mechanismus der Selbstheilungskräfte der Wirtschaft außer Kraft gesetzt.

Streichung der Reparationen erhält nach Erdrutschsieg der NSDAP Priorität

Durch die massiven Stimmengewinne der NDSAP war es jedoch zu Kündigungen ausländischer Kredite gekommen, sodass die drohende Zahlungsunfähigkeit des Reichs nur noch mittels eines durch das amerikanische Bankhaus *Lee, Higginson & Co.* vermittelten Überbrückungskredits in Höhe von 125 Mio. US-Dollar (458 Mio. RM) vorläufig abgewendet werden konnte. Unterdessen blieb die Haushaltslage weiter angespannt, und ein erneuter Kredit des Bankhauses *Dillon, Read & Co.* war durch den Widerstand der Reichsbank, aber auch des Reparationsagenten vereitelt worden. Reichsbankpräsident Schacht hatte seine Einwilligung zu dem Kredit verweigert, weil er das Reich unabhängiger von ausländischen Krediten sehen wollte. Stattdessen stellten jetzt durch Vermittlung der Reichsbank inländische Banken dem Reich einen Kredit in Höhe von 350 Mio. RM zur Verfügung, hinzu kamen 216 Mio. RM des Reparationsagenten. Neben der Lösung der chronischen Zahlungskrise sollte es also auch darum gehen, das einstige hohe Ansehen des Deutschen Reichs auf den internationalen Geld- und Finanzmärkten wiederherzustellen. Das Ziel, den Haushalt im Fall sinkender Steuereinnahmen durch entsprechend zu kürzende Ausgaben zu entlasten, schlug aber bereits im Dezember 1931 erneut fehl, und nur mit Mühe und unter Mobilisierung der letzten Reserven gelang die Überwindung der Zahlungsschwierigkeiten. Wie unter seinem Vorgänger machte nämlich die sich ständig verschlechternde Wirtschaftslage die Haushaltsrechnungen auch der Regierung Brüning anhaltend, nun jedoch in zunehmendem Maß zunichte. Weil die Zahl der Arbeitslosen und damit die Steuerausfälle regelmäßig unterschätzt und die Steuereinnahmen zu hoch veranschlagt wurden, vergrößerte sich in ebensolcher Regelmäßigkeit das zu erwartende Defizit. Daraufhin wurden zur Beseitigung des Defizits vor allem die Verbrauchssteuern erhöht, um anschließend feststellen zu müssen, dass der Etat erneut defizitär war. Andererseits erhielten die Gutsbetriebe im Osten des Reichs anhaltend Subventionen in Gestalt der Osthilfe, und auch der Wehretat bleib weitgehend von Kürzungen verschont.

Anhaltende Haushaltsdefizite

Der finanzielle Spielraum des Deutschen Reichs, das unter diesen Bedingungen im Ausland anhaltend um Kapital werben musste, verkleinerte sich auch aus außenpolitischen Gründen stark. So verfügte etwa der Pariser Finanzplatz über außergewöhnlich hohe Mittel, zudem lag eine langfristige Kapitalausfuhr im Interesse französischer

Zurückweisung eines französischen Kreditangebots

Finanzpolitik. Dennoch wurde das Kreditangebot Frankreichs, das an den Verzicht auf den Bau größerer Kampfschiffe (Panzerkreuzer) und auf die Zollunion mit Österreich gekoppelt war, von Brüning abgelehnt. Die Zahlungsfähigkeit des Reichs, dessen Kreditwürdigkeit auf dem internationalen Kreditmarkt ohnehin gegen null ging, hing daraufhin ausschließlich von teurem privatem Leihkapital ab, was die Handlungsmöglichkeiten der Regierung weiter einschränkte. Weil alle anderen Kreditmöglichkeiten ausgeschöpft waren, stand die Reichskasse so spätestens seit Jahresbeginn 1932 ständig am Rand der Zahlungsunfähigkeit.

Staatlich forcierte Preisniveausenkung

Bereits zuvor war Brüning zur staatlich forcierten Senkung des Preisniveaus übergegangen. Weil für die Reparationszahlungen Devisen benötigt wurden, die allein aus Exportüberschüssen der deutschen Wirtschaft zu erlangen waren, hing der Reparationsdienst, so des Kanzlers Annahme, letztlich von den Preisen deutscher Exportwaren ab. Eine Senkung der Produktionskosten sollte folglich die Wettbewerbsfähigkeit deutscher Exporteure verbessern und damit deren Deviseneinnahmen erhöhen. Als Appelle zur Herabsetzung der Preise wirkungslos blieben, verfügte die Reichsregierung deshalb am 16. Januar 1931 die zwangsweise Herabsetzung der Endverkaufspreise für Markenartikel um 10 %. Die infolge der weltweiten Krise rasch und stark fallenden Preise auf den internationalen Märkten mussten Brünings Ziel der Exportwarenpreissenkung jedoch von Beginn an konterkarieren. Andererseits scheiterten zunächst noch die Versuche der Industrie, Brüning von weiteren, über eine Lockerung der Tarifverträge und die Abschaffung der staatlichen Zwangsschlichtung zu erzielende Kosten- und damit Preissenkungen zu überzeugen. Zum Erstaunen der Industrie argumentierte Brüning jetzt sogar, jede Lohnkürzung bedeute auch eine Schrumpfung der Kaufkraft und damit des Absatzes. Brüning hat in diesem Zusammenhang sogar die Mehrkosten kritisiert, die die Bevölkerung durch die Preisgestaltung der Kartelle und Syndikate zu tragen hatte. Wie die Notverordnung vom 8. Dezember 1931 später zeigte, sollte das Lohnniveau trotzdem schon recht bald zum Angriffsziel Brüning'scher Deflationspolitik werden, allerdings eben nicht das alleinige.

Lohnniveau wird Angriffsziel

Forcierung der deflationären Parallelpolitik

Nach dem Scheitern der „Exportoffensive" des Sommers 1931 und der massenhaften Zunahme der Arbeitslosigkeit infolge der Produktionsrückgänge konnte den Gläubigern dann eindringlich demonstriert werden, dass das Deutsche Reich trotz äußerster Leistungswilligkeit die Reparationslasten objektiv nicht aufzubringen imstande war. Brüning setzte seine deflationäre Parallelpolitik strikt fort, indem er mehrfach die unterschiedlichsten Steuern, die Beiträge zur Arbeitslosenversicherung sowie verschiedene Zolltarife erhöhte und darüber hinausgehend neue Steuern und Abgaben einführte. Gleichzeitig wurden öffentliche Ausgaben sowie Löhne, Gehälter und Pensionen von Staatsbediensteten kontinuierlich gekürzt, die Leistungen der Arbeitslosenversicherung, der Arbeitslosenfürsorge, der gesetzlichen Rentenversicherung und der Kriegsopferversorgung beschnitten. Per Notverordnung ist schließlich sogar die Errichtung neuer Verwaltungsgebäude bis 31. März 1934 vollständig untersagt worden. Davon abgesehen waren Länder und Gemeinden auch infolge der Weimarer

Abbildung 22: „I moan, Herr Dokta, die scharfe Medizin hilft mein Michl aa nimmer" – Emil Kneiß über die Notverordnung zur Sanierung von Wirtschaft und Finanzen vom 5. Juni 1931

Quelle: Der Buzi-Maler | Forschungen zum Leben und Werk des Malers Emil Kneiss. http://www.der-buzi-maler.de. © Vanessa Wittmann.

Finanzverfassung gezwungen, die Parallelpolitik des Reichs auf ihre Haushaltspolitik zu übertragen. Einzig im Bereich des Arbeitsmarkts konnten sie ein bescheidenes Gegengewicht zum Deflationsdruck bilden, indem sie die Entlassung von Arbeitskräften in ihren eigenen Unternehmungen auf ein Mindestmaß reduzierten. Die wichtigsten Wirtschaft und Finanzen betreffenden Maßnahmen früher Notverordnungen stellten sich wie folgt dar.

Notverordnung vom 16.7.1930

Die Notverordnung vom 16. Juli 1930 führte mit der „Reichshilfe der Festbesoldeten" einen Einkommensteuerzuschlag von 5% auf die Gehälter der Beamten und Angestellten im öffentlichen Dienst ein. Daneben sollte eine neu eingeführte Ledigensteuer, eine kommunale Bürgersteuer sowie die Biersteuer neue Einnahmen sichern, während die Leistungen der Arbeitslosenversicherung gekürzt, die der Krankenversicherung und der Reichsversorgung beschränkt wurden. Die Osthilfe wurde demgegenüber mit zusätzlichen Mitteln ausgestattet. Mit der Notverordnung vom 1. Dezember 1930 fiel die „Reichshilfe der Festbesoldeten" zwar weg, dagegen wurden die Beamtengehälter um 6% gesenkt, die Bürgersteuer wurde gestaffelt und die Tabaksteuer erhöht. Demgegenüber kam es zu einer Senkung der Vermögenssteuer ebenso wie der Umsatz-, der Grund- und der Gewerbesteuer. Weil die Einnahmen aus der Hauszinssteuer fortan nur noch zur Hälfte für den Wohnungsbau bereitstehen sollten, wurden der Wohnungsbau und mit ihm die Arbeitsbeschaffungsmöglichkeiten eingeschränkt. Eine zweite Notverordnung zur „Sanierung von Wirtschaft und Finanzen" vom 5. Juni 1931 kürzte die Gehälter der Beamten, Angestellten und Arbeiter des öffentlichen Dienstes erneut, erhöhte einige Verbrauchssteuern wie die Zuckersteuer merklich,

Notverordnung vom 1.12.1930

Notverordnung vom 5.6.1931

führte eine Krisensteuer ein und kürzte die Leistungen der Arbeitslosenhilfe. Gespart wurde auch in weiteren Bereichen der Sozialversicherung, der Reichsversorgung, der Wohnungswirtschaft und der Fürsorge.

Notverordnung vom 8.12.1931

Mit der vierten Notverordnung zur „Sicherung von Wirtschaft und Finanzen" vom 8. Dezember 1931 wurden alle gebundenen Preise um 10 %, die Bezüge der Beamten, Arbeiter und Angestellten im öffentlichen Dienst um weitere 9 % sowie die Tariflöhne und -gehälter um 10 % bis 15 % gekürzt. Das bedeutete einen direkten Eingriff des Staats in die Tarifverträge und eine Festsetzung der Löhne durch den Staat, ohne dass dem Schlichtungswesen fortan noch eine größere Rolle zugekommen wäre. Von nun an sollte zudem ein Kommissar für die Preisüberwachung eine Überteuerung von Gütern des täglichen Bedarfs verhindern. Gesenkt wurden allerdings auch öffentliche Tarife, besonders der Reichsbahn, während landwirtschaftliche Produkte ausdrücklich keine Preissenkung erfuhren. Obwohl die Reichsregierung bereits im Juli 1930 durch die sog. Kartell-Notverordnung ermächtigt worden war, Preisbindungen der Kartelle für nichtig zu erklären, senkte erstmals die jetzige Notverordnung auch die Preise der Kartelle und Konzerne. Schließlich wurden Kreditzinsen um rund ein Viertel von 8 % auf 6 % und Wohnungsmieten um 10 % gesenkt. Auf den Besitz gewährte Steuererleichterungen gingen mit einer Erhöhung der Umsatzsteuer einher. Während der „Beratende Sonderausschuss" der Bank für Internationalen Zahlungsausgleich in Basel über die Behandlung der Reparationsfrage zu tagen begann, hoffte das Kabinett Brüning, unter Aufrechterhaltung der Goldbindung und damit des Markkurses mit dieser Notverordnung die Produktionskosten im Reich durch flächendeckende Preis-, Zins-, Lohn- und Mietsenkungen anhaltend reduzieren (M48) und gleichzeitig zu einem ausgeglichenen Haushalt gelangen zu können.

https://doi.org/10.36198/9783838557328-m48

Unmittelbare Folgen der Deflationspolitik

Allein durch die Notverordnungen der Jahre 1930 und 1931 verloren Beamte und Angestellte so binnen eines Jahres bis zu 23 % ihrer Bezüge, Arbeiter des Reichs und von Gemeinden zwischen 11,5 % und 13 %. Mit ähnlichen Einkommensausfällen waren Rentner und Pensionäre sowie Bezieher von Leistungen aus der Kriegsopferversorgung, der Kranken- und Arbeitslosenversicherung konfrontiert. Da die Lohn- und Gehaltssenkungen einen massiven Ausfall kaufkräftiger Nachfrage bedeuteten, führte das in der Konsumgüterindustrie trotz gekürzter Grundstoffpreise und Kreditzinsen zu weiteren Produktionseinschränkungen mit zusätzlichen Entlassungen. Über die Einschränkung der Investitionen schlug diese Entwicklung auch auf die Investitionsgüterindustrie durch. In Erwartung weiterer Preissenkungen stellten die Verbraucher zudem Anschaffungen zurück, was sich selbst bei den für den Hausbrand wichtigen Kohlekartellen in rückläufigen Bestellungen bemerkbar machte. Die sich im sinkenden Preisniveau ausdrückende Geldwertsteigerung entwertete zugleich aber das als Sicherheit dienende Sachkapital, wodurch bei anhaltender Deflation selbst solide Firmen finanztechnisch als überschuldet galten und trotz voller Auftragsbücher illiquide wurden. Obwohl zwischenzeitlich verschiedene realistische Vorschläge für eine kreditfinanzierte antizyklische Krisenbekämpfung vor-

Junktim mit Reparationen verhindert Politikwechsel

lagen und Brüning deren prinzipielle Notwendigkeit anscheinend allmählich auch zu erkennen schien, hatte er selbst die Deflationspolitik zu stark mit der angestrebten Lösung der Reparationsfrage verknüpft, um von ihr abweichen zu können. Und so lehnte er Kredite der öffentlichen Hand zur Schaffung von Arbeitsplätzen sowie die Lockerung der Deckungsvorschriften der Reichsbank ab, weil dadurch im Ausland der Eindruck hätte entstehen können, Deutschland wolle durch Kreditschöpfung seine Wirtschaftslage verbessern, sich zugleich aber seiner Reparationsverpflichtungen entledigen.

Haushalte der Länder und Gemeinden

Da sich die wirtschaftliche und finanzielle Lage der Länder und Gemeinden von der des Reichs nicht wesentlich unterschied, sparten auch diese rigoros. Seit der „Verordnung des Reichspräsidenten zur Sicherung der Haushalte von Ländern und Gemeinden" („Dietramszeller Notverordnung") vom 28. März 1931 bedurften die Landeshaushalte dazu auch keiner parlamentarischen Zustimmung mehr. Preußen etwa schränkte mit seiner „Sparverordnung zur Sicherung des Haushaltes, Vereinfachung der Verwaltung und Senkung der Personalkosten" von Ende Dezember 1931 zahlreiche staatliche Verwaltungen ein, wie etwa die Forst-, die Handels- und Gewerbeverwaltung oder sogar das Justiz- und das Schulwesen. Konkret sind Verwaltungskreise zusammengelegt, 60 Amtsgerichte suspendiert, eine Reihe landwirtschaftlicher Versuchsanstalten, Staatstheater und Pädagogische Akademien geschlossen, Schulklassen zusammengelegt und Lehrer entlassen worden. Zuvor hatte das Reich bereits, wie auch in anderen Fällen, mit 50 Mio. RM aus akuten Zahlungsschwierigkeiten geholfen, allerdings um unpopuläre Einsparmaßnahmen kurz vor den Landtagswahlen zu vermeiden.

Wirtschaftliche, soziale und systemische Folgen der Parallelpolitik

Wirtschaftlicher Niedergang

Mit dem Jahr 1929 hatte ein bis dahin nie dagewesener wirtschaftlicher Niedergang eingesetzt, in dessen Folge das deutsche Sozialprodukt pro Kopf mehrere Jahre in Folge zurückging (vgl. Schaubild 24). 1932 war das Sozialprodukt gegenüber 1928 schließlich um 26,3 % gesunken und lag damit auf dem Niveau der Jahrhundertwende. Im gleichen Zeitraum sank die Industrieproduktion, der Wert der Ausfuhren verminderte sich von 12,3 Mrd. auf 5,7 Mrd. RM und der zur Verfügung stehende Kapitalstock schrumpfte. Die Arbeitslosenrate betrug auf dem Höhepunkt der Krise, jeweils zum Jahreswechsel 1931/32 und 1932/33, rund 30 %. Der Versuch, die Staatsfinanzen durch eine deflationäre Parallelpolitik zu sanieren, stoppte zwar den Trend zum wachsenden Defizit und auch der Haushaltsausgleich wurde nur knapp verfehlt, der Umfang der kurzfristigen Verschuldung änderte sich allerdings nicht. Diese bescheidenen Ergebnisse sind im Wesentlichen dadurch erzielt worden, dass Lohnsteuerzahler und Verbraucher überproportional belastet worden sind und so einen immer größeren Anteil am Aufkommen der öffentlichen Einnahmen leisteten, während der von den Einkommensteuerzahlern und Unternehmen aufgebrachte Anteil zurückging. Abgesehen davon, dass die Wirtschaftspolitik während der Weltwirtschaftskrise prozyklisch und damit krisenverschärfend wirkte, war sie insofern vor allem sozial unausgewogen und auch widersprüchlich, weil sie – entgegen klassisch-liberaler Anschauung – großagrarische Interessen mit Subventionen und Schutzzöllen bediente.

Schaubild 24: Nettosozialprodukt im Deutschen Reich und in der Bundesrepublik Deutschland je Einwohner, jeweilige Grenzen und Preise von 1913

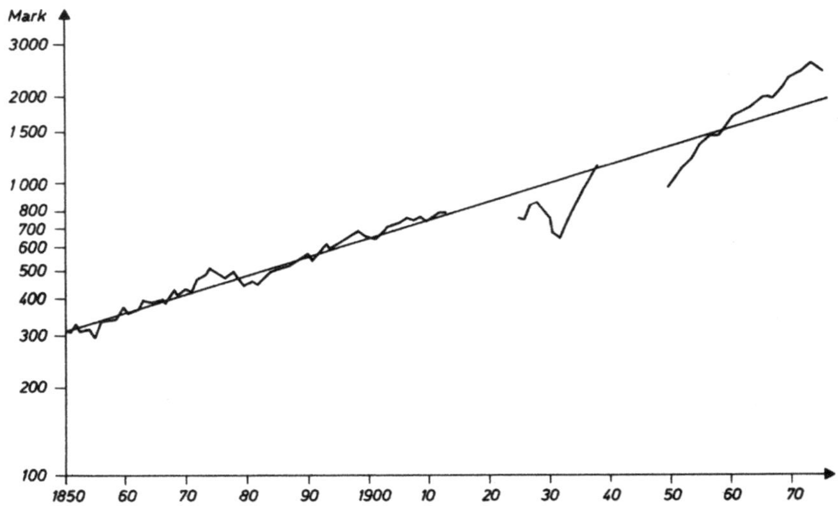

Quelle: Borchardt, Knut: Zwangslagen und Handlungsspielräume in der großen Weltwirtschaftskrise der frühen dreißiger Jahre. Zur Revision des überlieferten Geschichtsbildes. In: Wachstum, Krisen, Handlungsspielräume der Wirtschaftspolitik. Studien zur Wirtschaftsgeschichte des 19. und 20. Jahrhunderts. Göttingen, 1982, S. 175.

Arbeitslosigkeit

Zu lokalen Schwerpunkten der Arbeitslosigkeit entwickelten sich die Industriestädte. Am heftigsten waren hier wiederum die Orte betroffen, in denen hochwertige, aber nicht lebensnotwendige Exportartikel hergestellt wurden, wie zum Beispiel Solinger Messer und Scheren, deren Absatz in der ganzen Welt zurückging. Im Gegensatz etwa zur Beamtenstadt Münster, in der nur 5,8 % der Einwohner als arbeitslos gemeldet waren, kam Solingen so auf 16,9 % Arbeitslose. In den Industriestädten des Deutschen Reichs gehörten von jetzt an lange Schlangen vor den Arbeitsämtern zum gewohnten Bild, zu denen sich Arbeitslose formierten, um auf das Abstempeln eines Scheins zu warten, der zum Bezug der Erwerbslosenunterstützung berechtigte. Neben diesen sichtbaren Menschenschlangen wuchs aber im Verlauf der Krise das hauptsächlich aus Frauen und Jugendlichen bestehende Heer „unsichtbarer" Arbeitsloser, das sich beim Arbeitsamt nicht mehr erfassen ließ, weil es die Hoffnung auf einen Arbeitsplatz aufgegeben hatte oder einfach keinen Anspruch (mehr) auf staatliche Unterstützung besaß. Wer in dieser Situation nicht bei Verwandten unterkam, begab sich auf Wanderschaft – das waren im Jahr 1932 immerhin ca. 400.000 Erwerbslose.

Tabelle 29: Arbeitslose und Arbeitslosenquote im Deutschen Reich, 1921–1933

Jahr	Arbeitslose	
	in 1000	in % der abhängigen Erwerbspersonen
1921	346	1,8
1922	215	1,1
1923	818	4,1
1924	927	4,9
1925	682	3,4
1926	2025	10,0
1927	1312	6,2
1928	1391	6,3
1929	1899	8,5
1930	3076	14,0
1931	4520	21,9
1932	5603	29,9
1933	4804	25,9

Quelle: Petzina, Dietmar/Abelshauser, Werner/Faust, Anselm: Sozialgeschichtliches Arbeitsbuch. Bd. 3: Materialien zur Statistik des Deutschen Reiches 1914–1945. München, 1978, S. 119 (= Statistische Arbeitsbücher zur neueren deutschen Geschichte. Hrsg. von Jürgen Kocka und Gerhard A. Ritter).

Finanzen der Reichsanstalt für Arbeitslosenversicherung

Die Reichsanstalt für Arbeitsvermittlung und Arbeitslosenversicherung war erst 1927 gegründet worden, weshalb das Reich bereits im März 1929 ein Defizit in der Arbeitslosenversicherung von 349 Mio. RM durch ein Darlehen decken musste. Weil die Reichsanstalt noch keine Rücklagen hatte bilden können, stand daher bereits das Kabinett Hermann Müller vor der Notwendigkeit, entweder die Leistungen der Arbeitslosenversicherung zu kürzen oder die Beitragssätze zu erhöhen. Die Große Koalition entschied sich für eine Erhöhung des Beitragssatzes von 3 % auf 3,5 % des Bruttoarbeitsentgelts. Mit Notverordnung hob Brüning im Juli 1930 die Beiträge schließlich auf 4,5 % an, bereits im Oktober desselben Jahres folgte eine Erhöhung auf 6,5 %. Vor allem aber wurde das Reich seit 1. April 1931 von der Verpflichtung entbunden, Defizite in der Arbeitslosenversicherung durch ein Darlehen überbrücken zu müssen, sodass sich die Reichsanstalt von nun an ausschließlich aus Beiträgen finanzieren musste. Mit Notverordnung vom Juni 1931 wurden deshalb die Unterstützungen zwischen 6,3 % und 14,3 %, für Saisonarbeitslose zwischen 7 % und 45 % gekürzt. Daneben verringerte sich die Unterstützungsdauer von 26 auf 20 Wochen und der Kreis der Anspruchsberechtigten wurde vermindert. Dadurch erhielten beispielsweise Arbeitnehmer über 60 Jahre keine Unterstützung mehr, Ehefrauen nur insofern, als sie bedürftig waren. Unter Papen sanken die Versicherungsleistungen erneut um 25 % bis 30 %, die Anspruchsdauer wurde auf nur noch sechs Wochen begrenzt und damit das Grundprinzip der Versicherung, nach dem die Zahlung von Beiträgen einen Leistungsanspruch begründet, weiter ausgehöhlt.

Beitragsüberschüsse der Reichsanstalt

Während sich unter diesen Bedingungen die Zahl der unterstützten Erwerbslosen ständig verringerte und die vielfach gekürzten Leistungen spätestens seit 1931 ohne zusätzliche Unterstützung der Wohngemeinde kaum noch das Existenzminimum einer Familie sicherten, konnte die Reichsanstalt im Haushaltsjahr 1931 bereits einen Beitragsüberschuss von 24,1 Mio. RM verbuchen, im folgenden Jahr sogar von 372,8 Mio. RM. Zugleich ist es den Reichsregierungen im Verlauf der Krise gelungen, die finanziellen Lasten der Massenarbeitslosigkeit auf die Gemeinden abzuwälzen: So mussten nach massiven Kürzungen der Krisenfürsorge deren karge Leistungen von den Kommunen aufgestockt werden, bevor die Erwerbslosen vollkommen von der kommunalen Armenfürsorge abhängig wurden. Infolge gestiegener Sozialausgaben und sinkender Einnahmen gerieten ihrerseits wiederum viele Städte und Gemeinden in finanzielle Schwierigkeiten. Oftmals konnten Kommunen, die in ihrer Not auf Kredite ihrer Sparkassen zurückgriffen und diese damit ebenfalls in finanzielle Bedrängnis brachten, nur noch durch die Hilfe des zuständigen Landes vor ihrer Zahlungsfähigkeit bewahrt werden. Dadurch gerieten wiederum die Länder selbst in Gefahr. Neben Sachsen, Hessen sowie kleineren Ländern und zahlreichen Kommunen drohte im Sommer 1931 die Zahlungseinstellung Hamburgs, Ende desselben Jahres die Zahlungsunfähigkeit Preußens. Zur Entlastung der städtischen Haushalte begannen die Kommunen schließlich mit der Durchführung von Notstandsarbeiten, die nur dazu dienten, Erwerbslose so lange zu beschäftigen, bis sie wieder ein Anrecht auf Leistungen aus der Arbeitslosenversicherung erlangt hatten. Während so knapp 41% der im Januar 1933 registrierten 6,014 Mio. Erwerbslosen von der kommunalen Wohlfahrt Leistungen erhielten, wurden nur noch 15,8% durch die Reichsanstalt unterstützt. 23,6% der Erwerbslosen empfingen Krisenunterstützung, 19,7% hatten überhaupt keine Ansprüche mehr. Natürlich waren die von der kommunalen Wohlfahrt oder von der Krisenfürsorge abhängigen Erwerbslosen, die sich hauptsächlich von Brot und Kartoffeln ernähren mussten, am härtesten betroffen. Allerdings waren auch noch im Erwerbsleben Stehende massenweise von Kurzarbeit, Lohn- und Gehaltskürzungen sowie Einzelhändler und Handwerksmeister von durchschnittlich 45% Umsatzrückgang und damit Einkommenseinbußen betroffen (vgl. Tabelle 30).

Drohende Zahlungsunfähigkeit von Ländern und Gemeinden

Kommunale Armenfürsorge

Tabelle 30: Volkseinkommen, Arbeitnehmer- und Unternehmereinkommen sowie Bruttoinvestitionen im Deutschen Reich, 1928–1932 (1928 = 100)

Jahr	Volkseinkommen	Arbeitnehmereinkommen	Unternehmereinkommen	Bruttoinvestitionen	
				privat	öffentlich
1928	100	100	100	100	100
1929	99	101	99	82	101
1930	91	94	89	67	82
1931	73	80	74	45	49
1932	58	62	60	29	33

Quelle: Steitz, Walter (Hrsg.): Quellen zur Deutschen Wirtschafts- und Sozialgeschichte vom Ersten Weltkrieg bis zum Ende der Weimarer Republik. Darmstadt, 1993, S. 537 (= Ausgewählte Quellen zur Deutschen Geschichte der Neuzeit, Freiherr vom Stein-Gedächtnisausgabe, 38).

Lebenshaltung im Zeichen der Krise

Trotz der Kürzungen schrumpften aber die Reallöhne durch den Preisrückgang nicht so nachhaltig wie die Lebenshaltungskosten (vgl. Tabelle 31). Arbeitslose und ihre Familien, besonders wenn sie auf die karge, nur auf den zum Überleben unerlässlichen Bedarf beschränkte kommunale Wohlfahrtsunterstützung angewiesen waren, litten demgegenüber in der Regel Hunger. So reichte die Unterstützung für einen Erwachsenen in Hamburg 1931 pro Woche neben Brot und Kartoffeln nur für 500 g Margarine, 500 g Fleisch, Wurst oder Fisch, 250 g Zucker, 250 g Kaffee-Ersatz und einen Liter Milch. Leistungskürzungen mussten unter diesen Bedingungen zur Linderung der größten Not unweigerlich durch Sachzuweisungen, die Einrichtung von Volksküchen und sogar Wärmehallen wieder ausgeglichen werden.

Tabelle 31: Entwicklung von Lebenshaltungskosten (ohne Wohnung) und Löhnen im Deutschen Reich während der Weltwirtschaftskrise (1928 = 100)

	1929	1930	1931	1932	1933	1934
Nominale Wochenlöhne	103	92	88	83	102	107
Reale Wochenlöhne	101	96	96	93	105	105
Kosten der Lebenshaltung	102	95	90	88	97	103

Quelle: Statistisches Handbuch von Deutschland 1928–1944. Hrsg. vom Länderrat des Amerikanischen Besatzungsgebiets. München, 1949, S. 463 und 472.

Soziale Folgen

Erneut hatte sich damit im Deutschen Reich innerhalb eines Jahrzehnts unglaubliche wirtschaftliche und soziale Not verbreitet, obwohl es eine Arbeitslosenversicherung gab. Begleitet von bürgerkriegsähnlichen Auseinandersetzungen zwischen nationalsozialistischen Sturmabteilungen (SA) und kommunistischem Rotfrontkämpferbund in den Großstädten, führte diese Not auf dem Höhepunkt der Krise zu einer beispiellosen Selbstmordwelle, die in keinem anderen Industrieland auch nur annähernd erreicht worden ist. Während sich die Zahl der Selbstmorde 1932, berechnet auf 1 Mio. Einwohner, in Großbritannien auf 85, in den USA auf 133 und in Frankreich auf 155 belief, betrugen sie im Deutschen Reich 260. Nach einer anderen Statistik, die einen Längsschnittvergleich erlaubt, nahmen sich in den Jahren 1931 und 1932, hochgerechnet auf 1 Million Einwohner, jeweils 590 deutsche Männer und Frauen das Leben, was im Vergleich zur Vorkriegszeit eine Zunahme um 147,8 % bedeutete (vgl. Tabelle 32). (Zum Vergleich: 2018 sind in der Bundesrepublik Deutschland 110 Suizide je 1 Mio. Einwohner registriert worden.) Hatten zu Beginn der Krise vor allem Bankiers und Industrielle nach dem Zusammenbruch ihres Unternehmens ihrem Leben ein Ende gesetzt, breitete sich die Selbstmordwelle seit 1930 auf den Mittelstand aus, für den die wirtschaftliche Notlage zugleich den sozialen Abstieg bedeutete. Die Angst vor dem Empfang von Almosen führte nicht selten dazu, dass gerade in diesen Kreisen ganze Familien geschlossen in den Tod gingen. Mit anhaltender Depression schließlich nahmen sich zunehmend auch Langzeiterwerbslose das Leben, vom täglichen aussichtslosen Gang zum Arbeitsamt, dem oft stundenlangen Anstehen vor Notküchen, dem Herumlungern in städtischen Parkanlagen oder dunklen, ungeheizten, engen

Wohnungen zermürbt. Das waren Entwicklungen, die mit der Weimarer Reichsverfassung eigentlich ausdrücklich hatten vermieden werden sollen.

Tabelle 32: Selbstmorde pro 100.000 Einwohner im Deutschen Reich, 1913–1933

Jahr	Selbstmorde	Jahr	Selbstmorde
1913	23,2	1926	53,0
1919	18,4	1927	51,0
1920	21,7	1928	51,0
1921	20,7	1929	53,0
1922	21,9	1930	57,0
1923	21,4	1931	59,0
1924	47,0	1932	59,0
1925	49,0	1933	58,2

Quelle: Statistisches Jahrbuch für das Deutsche Reich. Hrsg. von Statistischen Reichsamt. Berlin, 1924, 1926 und 1934; Petzina, Dietmar/Abelshauser, Werner/Faust, Anselm: Sozialgeschichtliches Arbeitsbuch. Bd. 3: Materialien zur Statistik des Deutschen Reiches 1914–1945. München, 1978, S. 136 (= Statistische Arbeitsbücher zur neueren deutschen Geschichte. Hrsg. von Jürgen Kocka und Gerhard A. Ritter).

Agrarschutz im Widerspruch zur Preissenkungspolitik

Vollends pervertiert wurde die sozial so folgenreiche Deflationspolitik schließlich durch Brünings Agrarpolitik. Nicht nur dass die umstrittene Osthilfe den Reichshaushalt schwer belastete: Den hierfür im Haushaltsjahr 1930 aufgewendeten Ausgaben von knapp 60,8 Mio. RM standen beispielsweise nur 45 Mio. RM für die wertschaffende Arbeitslosenfürsorge sowie 6,5 Mio. RM für das Wohnungs- und Siedlungswesen gegenüber. Importkontingente und die mehrfache Erhöhung der Einfuhrzölle, die neben anderem die Einkommen in der Landwirtschaft verbessern sollten, bewirkten vielmehr sogar eine Erhöhung der Lebensmittelpreise. Neben vielen Widersprüchen, die die Agrarschutzpolitik allgemein kennzeichnete, war die mit diesem System verfolgte Hochpreispolitik damit die widersprüchlichste, weil sie der deflationistischen Preissenkungspolitik diametral zuwiderlief. Zwar gaben die Preise in Anbetracht der fehlenden Kaufkraft bald nach, von den Preisrückgängen war aber besonders die Veredelungswirtschaft betroffen. Durch unterschiedliche Einfuhrzölle begünstigte der Agrarprotektionismus überhaupt in erster Linie die Roggenproduzenten, also vornehmlich die Gutsbetriebe im Osten des Reichs, denen ohnehin schon Maßnahmen zur Umschuldung und des Vollstreckungsschutzes zugutekamen, während die Viehzüchter des Nordwestens den vergleichsweise teuren deutschen Roggen verfüttern mussten, ohne allerdings Möglichkeit zu haben, die höheren Gestehungskosten an die Verbraucher weiterzugeben.

Agrarpolitik besiegelt auch Ende der Freihandelsära

Schließlich war das zu Ende der Weimarer Republik bestehende und unter dem Eindruck der akuten Krise ausgebaute komplexe System der Agrarregulierung, das aus Schutzzöllen und Einfuhrbeschränkungen, staatlichen Monopolen, Verarbeitungsvorschriften, Krediten und Subventionen, Frachterleichterungen sowie weiteren Sondervergünstigungen bestand, nicht dazu angelegt, die tiefe strukturelle Krise der Landwirtschaft zu überwinden. Der hiervon profitierenden

Gruppe der ostelbischen Großagrarier stand vielmehr die Masse kleiner Betriebe sowie – als Verbraucher – die gesamte Bevölkerung als Verlierer dieses Systems gegenüber. Der unter diesen Bedingungen weiter schrumpfende Binnenmarkt führte bei weiter zunehmender landwirtschaftlicher Produktion im Lauf der Zeit jedoch auch in der ostdeutschen Landwirtschaft zu notleidenden Betrieben. Die Agrarschutzpolitik lief damit nicht nur der deflationistischen Preissenkungspolitik diametral zuwider, sie vermochte auf Dauer auch ihr Ziel nicht zu erreichen. Vor allem aber stellten die deutschen Agrarzölle neben der allgemeinen Erhöhung der Importzölle seit 1930, der Bildung von Handelsblöcken und dem später folgenden teilweisen Aufbau bilateraler, weitgehend devisenfreier Verrechnungssysteme auch ein Element der endenden Freihandelsära dar, die sich in einer zunehmenden Abnahme des Welthandels niederschlug (vgl. Schaubild 25). Weil nämlich mit den Agrarschutzzöllen zugleich auch Erlöse bei Handelspartnern zunichtegemacht wurden, mussten diese ihrerseits ihre Nachfrage nach deutschen Industriegütern einschränken.

Schaubild 25: Der schrumpfende Welthandel, 1929–1933

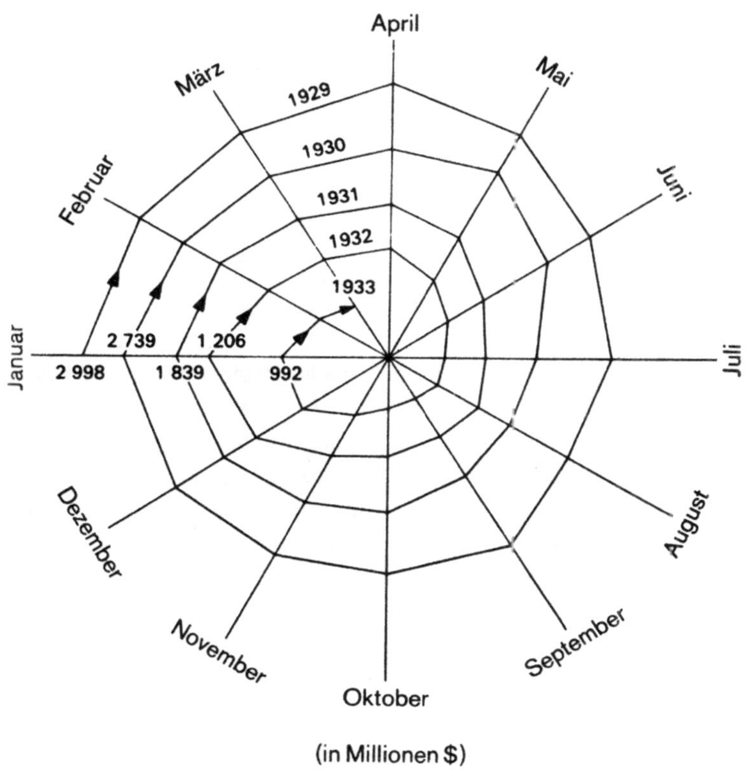

Quelle: Kindleberger, Charles P.: Die Weltwirtschaftskrise 1929–1939. München, [3]1984, S. 179 (= Geschichte der Weltwirtschaft im 20. Jahrhundert, Bd. 4). © 1973 Deutscher Taschenbuch Verlag, München.

Haushaltsausgleich nicht realisierbar

Es ist beachtlich, dass die Handelsbilanz des Deutschen Reichs unter diesen Umständen selbst 1932 noch 1,05 Mrd. RM Überschuss auswies. Allerdings konnte dieser Saldo den Gold- und Devisenverlust in der Kapitalbilanz infolge der Kreditabzüge nicht ausgleichen, sodass sich das Volumen dieser Bestände bei der Reichsbank von 3 Mrd. RM zu Beginn des Jahrs 1930 auf nur noch 970 Mio. RM im Juli 1932 reduzierte. Konnten zudem trotz der kostspieligen Stützung illiquider Kreditinstitute die Ausgaben des Reichs im Haushaltsjahr 1931 um 19 % gekürzt werden, waren die Einnahmen zugleich jedoch um 20 % rückläufig. Obwohl also die Steuerlast für die Bürger in der Krise gestiegen war, hatten steigende Ausgaben des Reichs zugleich die Staatsquote steigen lassen (vgl. Tabelle 33). Hier rächte sich der abnehmende Konsum infolge von Arbeitslosigkeit, Lohn- und Gehaltskürzungen sowie zunehmender Besteuerung des Verbrauchs, der die Einnahmen des Reichs – trotz Erhöhung der Steuertarife – über sinkende Lohnsteuern sowie zurückgehende Umsatz- und Unternehmereinkommensteuern in Mitleidenschaft zog. Aufbringung und Transfer der Reparationsrate waren damit unmöglich geworden.

Tabelle 33: Entwicklung von Staatsquote und Steuerlastquote im Deutschen Reich (in % des BSP), 1913–1932

	1913	1925	1929	1932
Staatsausgaben ohne Sozialversicherung	16,0	21,1	23,5	27,4
Sozialversicherung	1,7	3,9	7,1	9,2
Staatsausgaben mit Sozialversicherung	17,7	25,0	30,6	36,6
Steuerlast	9,0	17,0	18,0	23,0

Quelle: Petzina, Dietmar/Abelshauser, Werner/Faust, Anselm: Sozialgeschichtliches Arbeitsbuch. Bd. 3: Materialien zur Statistik des Deutschen Reiches 1914–1945. München, 1978, S. 150 (= Statistische Arbeitsbücher zur neueren deutschen Geschichte. Hrsg. von Jürgen Kocka und Gerhard A. Ritter).

Einstellung der Reparationszahlungen

In diesem Sinne führte Brünings Politik außenpolitisch tatsächlich zum Erfolg, wenn auch nicht mehr unter seiner Kanzlerschaft: In Anbetracht des uneingeschränkten Willens zur Erfüllung der Reparationsverpflichtungen unter widrigsten ökonomischen Umständen und ohne Rücksichtnahme auf die soziale Lage der Bevölkerung zeigten sich die Gläubigerstaaten angesichts der Zahlungsunfähigkeit des Reichs zu einer Revision des Young-Plans bereit. Die in Lausanne tagende Konferenz beschloss ein paar Wochen nach Brünings Rücktritt, am 9. Juli 1932, die Einstellung der Reparationszahlungen gegen eine einmalige, nicht vor 1935 fällige Abfindung von 3 Mrd. RM. In Anbetracht des sozialen Elends erscheint die Erreichung dieses politischen Ziels allerdings als sehr teuer erkauft.

Produktionskrise, Bankenkrise, Systemkrise

Wie schwer ein Land von der weltweiten Wirtschaftskrise erfasst wurde, hing letztlich von seiner spezifischen Wirtschaftsstruktur ab. Im Deutschen Reich war es die bedeutende Rolle der Investitionsgüterindustrien, deren rückläufige Entwicklung, einmal von dem allgemeinen Abwärtstrend erfasst, stark krisenverstärkend wirkte.

Allerdings wurde die Krise hier auch von der staatlichen Wirtschafts- und Finanzpolitik verstärkt. Die Rezession, also der konjunkturelle Abschwung, ist im Deutschen Reich zudem spätestens mit dem Ausbruch der Bankenkrise im Sommer 1931 verschärft worden, um dann in eine Depression überzugehen. Hatte die Weltwirtschaftskrise im Reich somit als Produktionskrise begonnen, folgte der sich im Zuge der Bankenkrise entwickelnden schweren Depression schließlich eine strukturelle Krise des kapitalistischen Systems: Weil die Weltwirtschaftskrise der 1930er-Jahre nicht nur viele nationale Ökonomien in tiefe Mitleidenschaft zog, sondern auch den Zusammenbruch der weltwirtschaftlichen Beziehungen sowie ihrer institutionellen Ordnung, so etwa des internationalen Währungssystems, herbeiführte, hat sie die Welt in Friedenszeiten wie keine Wirtschaftskrise zuvor oder danach verändert. Im Deutschen Reich wurde die solchermaßen allumfassende Krise der Weltwirtschaft zudem noch von einer Krise des politischen Systems begleitet, was letztlich in den Untergang des republikanisch-demokratischen Systems mündete. Der Reichsregierung war es unter diesen Bedingungen zwar gelungen, den Zusammenbruch des gesamten deutschen Bankensystems ebenso wie den Staatsbankrott abzuwehren. Mit ihrer Ablehnung der französischen Hilfe verschärften die politisch Verantwortlichen aber nicht nur die Depression und zerstörten die liberale Wirtschaftsordnung, sie unterminierten damit auch die internationalen politischen Beziehungen, das internationale politische System als Ganzes.

Der Übergang zu defizitfinanzierten Arbeitsbeschaffungsprogrammen und die Entspannung der konjunkturellen Lage

WTB-Plan

Die Wirtschaftskrise hatte im Winter 1931/32 gerade ihren katastrophalen Höhepunkt erreicht gehabt, als die Freien Gewerkschaften Ende Januar 1932 der Öffentlichkeit einen von Wladimir Woytinski, Fritz Tarnow und Fritz Baade verfassten Plan (WTB-Plan) vorlegten. Der WTB-Plan basierte auf von Wladimir Woytinsky im Juni 1931 publizierten und seither innergewerkschaftlich diskutierten Vorhaben (M49), nach denen durch Aufträge der Reichsbahn, der Reichspost, der Kommunalverbände und verschiedener weiterer Körperschaften des öffentlichen Rechts in Höhe von 2 Mrd. RM eine Million Arbeitslose in Beschäftigung gebracht werden sollten. Die Finanzierung, die infolge zurückfließender Steuereinnahmen und Sozialabgaben sowie Entlastungen in der Arbeitslosenunterstützung tatsächlich nur ein Volumen von 1,2 Mrd. RM hätte betragen müssen, sollte über Wechselkredite der Reichsbank erfolgen. Die Verfasser, drei Spitzenfunktionäre des Allgemeinen Deutschen Gewerkschaftsbunds, widerlegten dabei ausdrücklich, dass eine Geldschöpfung dieser Größenordnung die Stabilität der Währung gefährde.

https://doi.org/10.36198/9783838557328-m49

Plan Adam Stegerwalds

Der WTB-Plan beflügelte Brünings Arbeitsminister Adam Stegerwald (Zentrum), seinerseits die Politik der Arbeitsbeschaffung voranzutreiben. Der der Reichskanzlei insofern am 3. März 1932 unterbreitete Vorschlag sah Investitionen in Höhe von bis zu 1,45 Mrd. RM bei Bahn und Post, im Straßenbau, aber auch bei landwirtschaftlichen Meliorationen, bei Wasserbauvorhaben und im Kleinwohnungsbau vor. Als Reichsbankpräsident Luther finanzielle Hilfe für einzelne Maßnahmen signalisierte, stellte sich selbst Brüning dem Vorhaben nicht mehr entgegen. Das am 19./20. Mai 1932 verabschiedete Programm sah schließlich Ausgaben zur Arbeitsbeschaffung in Höhe von 60 Mio. RM für den Straßenbau, von 50 Mio. RM für den Wasserbau und von 25 Mio. RM für Meliorationen vor. Die mit dem Bauvorhaben beauftragten Unternehmen, so der Plan, zogen zur Finanzierung Wechsel auf die „Deutsche Gesellschaft für öffentliche Arbeiten AG" (Öffa), die von der Reichsbank rediskontiert werden konnten (vgl. Hinweise zur „Wechselfinanzierung am Beispiel der Mefo" weiter unten). Infolge des Akzepts der Öffa und der Rediskontzusage der Reichsbank waren die Banken dann auch bereit, die Wechsel gegen Reichsmark anzukaufen. Diese Konstruktion erschloss dem Reich einen legalen Weg zur Vergrößerung der umlaufenden Geldmenge, den später freilich auch Hjalmar Schacht als Reichsbankpräsident zur Finanzierung der Arbeitsbeschaffungs- und Rüstungsprogramme Hitlers nutzte.

Festhalten Papens am Sparkurs

Der auf den am 30. Mai 1932 gestürzten Heinrich Brüning (Zentrum) folgende Franz von Papen (bis zum Austritt am 3. Juni 1932 ebenfalls Zentrum) hielt dennoch zunächst an der harten Sparpolitik seines Vorgängers fest. Immerhin hatte sich am Ende des Haushaltsjahrs 1931/32 der Fehlbetrag im Reichshaushalt auf fast 1,7 Mrd. RM belaufen und die Reichsbahn hatte Schulden in derselben Höhe. Hinzu kamen die Verschuldung von Ländern und Kommunen sowie jede Menge weiterer Verpflichtungen, z. B. aus dem Anleihedienst des Dawes-Plans in Höhe von 84 Mio. RM oder infolge der an die USA zu zahlenden Besatzungskosten in Höhe von rund 25 Mio. RM. Für all diese Posten reichte das Steueraufkommen des Reichs bei Weitem nicht aus.

Forcierter Sozialabbau durch Notverordnung vom 14.6.1932

Mit der den Sozialabbau forcierenden Notverordnung vom 14. Juni 1932 zur „Erhaltung der Arbeitslosenhilfe" ging Papen sogar weit über die ursprünglich vorgesehenen Sparmaßnahmen hinaus. Die Leistungen der Arbeitslosenversicherung wurden dadurch erneut um 23 % gekürzt und nur noch sechs anstatt 20 Wochen gezahlt, die Leistungen der Krisenfürsorge um 17 % und die der kommunalen Erwerbslosenfürsorge um 15 % reduziert.

Erste Maßnahmen zur Arbeitsbeschaffung

Allerdings stellte Papen erstmals auch eine größere Summe für Arbeitsbeschaffungsmaßnahmen durch öffentliche Aufträge bereit, wofür Reichsbank und Geschäftsbanken der Regierung jetzt einen Überbrückungskredit in Höhe von 125 Mio. RM gewährten. Damit unterschied sich dieses Vorgehen maßgeblich von einem noch unter Brüning verabschiedeten, bescheidenen Arbeitsbeschaffungsprogramm, das aus zum Teil ohnehin fälligen Ersatzinvestitionen bestanden hatte und aus Steuermitteln finanziert werden sollte, sodass es sich nur um eine Verschiebung, nicht aber eine Schöpfung von Kaufkraft handelte. Die Erhöhung der Kaufkraft wäre seinerzeit nur durch eine Anleihe aus dem Ausland oder durch Kreditaufnahme bei der Reichsbank möglich gewesen. Letzteres war aber an der noch allgemein verbreiteten Inflationsfurcht, die Auslandsanleihe an den sich wandelnden innenpolitischen Verhältnissen gescheitert. Der Brüning'schen Deflationspolitik entgegenwirkende Pläne zur stärkeren Finanzierung des Wohnungsbaus, von zusätzlichen, privat vorfinanzierten

Investitionen im Bereich von Reichsbahn und Reichspost sowie der Reichsautobahn Hamburg–Basel waren zudem an Brünings industriefreundlichem Finanzminister Paul Moldenhauer gescheitert, der staatliche Arbeitsbeschaffungsmaßnahmen ablehnte, um den Einfluss der öffentlichen Hand in der Wirtschaft nicht weiter zu vergrößern.

Freiwilliger Arbeitsdienst

Schließlich wurde der in der Ära Brüning entstandene Arbeitsdienst per Notverordnung vom 16. Juli 1932 für alle Deutschen im Alter zwischen 18 und 25 Jahren geöffnet, wodurch sich die Zahl seiner Teilnehmer mit 250.000 schnell fast verzehnfachte. Zunächst hatten Kommunen und private Träger unterschiedliche Bildungsprogramme, zusätzlichen Unterricht an Berufs- und Volksschulen, aber auch Sport, Spiel und Geselligkeit angeboten. Allerdings hatten sich die Kommunen mit wachsender Finanznot aus dieser Form der Sozialarbeit zurückgezogen. Der Freiwillige Arbeitsdienst (FAD), der zunächst nur den aus Reichsmitteln unterstützten Erwerbslosen offenstand, war dann durch Notverordnung vom 5. Juni 1931 geschaffen worden, um junge, teilweise noch minderjährige Arbeitslose von der Straße zu holen. Mit knapp 7000 freiwillig im Arbeitsdienst Beschäftigten um die Jahreswende 1931/32 hatte aber auch er die Lücke, die die kommunale Sozialarbeit hinterlassen hatte, nicht zu schließen vermocht. Mit der Öffnung des FAD unter Papen traten jetzt allerdings neben Gemeinden, Sportvereinen und kirchlichen Organisationen zunehmend rechte politische Verbände sowie nationalsozialistische Organisationen als Projektträger auf.

Stimulierung privater Investitionen

Am 28. August kündigte Papen an, zur Stimulierung der privaten Investitionstätigkeit Investitionen der öffentlichen Hand in Höhe von 300 Mio. RM mit Steuersenkungen und Subventionen zu verknüpfen. Mit der folgenden Notverordnung vom 4. September 1932 sollten also vorhandene Pläne zur Arbeitsbeschaffung durch Förderung der privaten Unternehmerinitiative umgesetzt werden. Eine solche aktive Konjunkturpolitik hatte Brüning noch verworfen, sie konnte jetzt aber mit dem aus der Streichung der Reparationen erweiterten finanzpolitischen Spielraum gerechtfertigt werden. Als Investitionsanreiz gab die Reichsregierung befristet für ein Jahr Steuergutscheine in Höhe von 40% der entrichteten Umsatz-, Gewerbe- und Grundsteuer sowie von 100% im Fall von Beförderungssteuern aus. Die Gutscheine mit einem Volumen von 1,7 Mrd. RM beabsichtigte der Staat vom 1. April 1934 bis 31. März 1939 für die dann fälligen Steuern in Zahlung zu nehmen. Allerdings konnten die Steuergutscheine auch verkauft, an der Börse gehandelt oder beliehen werden, sodass sofort liquide Mittel für Investitionszwecke mobilisiert werden konnten. Das Reich machte allerdings keine Vorgaben, wie die Gutscheine zu verwenden waren. Damit blieb es den Unternehmen überlassen, ob sie mit ihnen tatsächlich investierten, Schulden beglichen oder sogar ihre Liquiditätsreserven erhöhten. Über diese Variante hinaus stellte das Reich 700 Mio. RM in Form von Steuergutscheinen für die Beschäftigung zusätzlich eingestellter Arbeitskräfte zur Verfügung. Für jeden ab 1. Oktober 1932 neu beschäftigten Arbeitnehmer erhielten Unternehmen eine Prämie in Form eines Steuergutscheins in Höhe von 400 RM im Jahr. Diese Lohnsubvention zielte in erster Linie auf die lohnintensiven kleinen und mittleren Unternehmen, die sich in Anbetracht der

Steuergutscheine

Lohnprämien

wirtschaftlichen Unsicherheit jedoch mit Neueinstellungen zurückhielten. Bis Ende 1932 sind so nur Lohnprämien in Höhe von 50 Mio. RM abgerufen worden. Ohnehin lag der mit dem Papen-Plan verbundenen Kreditschöpfung streng genommen die Annahme zugrunde, die Wirtschaftskrise sei Ausdruck mangelnder unternehmerischer Kapitalkraft. In Anbetracht der stark unausgelasteten Kapazitäten und fehlender, durch Kaufkraft abgestützter Nachfrage konnte von diesem System deshalb keine wirtschaftliche Belebung ausgehen.

Durchbrechen von Tarifverträgen

Auf Druck der Unternehmerverbände begann die Regierung Papen schließlich zudem, die zwischen Arbeitgebern und Gewerkschaften abgeschlossenen Tarifverträge zu durchbrechen. Mit der gleichzeitigen Kürzung der Erwerbslosenunterstützung fiel die Regierung damit in eine harte Deflationspolitik zurück, die Papens Politik der Arbeitsbeschaffung bereits im Ansatz konterkarierte. Die Regierung rechtfertigte das Aufbrechen der Tarifvereinbarungen mit der dadurch erhofften Beschäftigungszunahme. Die Notverordnung „zur Vermehrung und Erhaltung der Arbeitsgelegenheit" vom 5. September 1932 jedenfalls ließ Lohnkürzungen bis zu 50 % für die gesamte Belegschaft im Fall eines um 25 % aufgestockten Personalbestands bei verkürzter Wochenarbeitszeit zu. Das von der Reichsregierung vorgegebene Ziel einer Stärkung der Massenkaufkraft war auf diese Weise allerdings nicht zu erlangen, und so profitierte in erster Linie die Großindustrie von dieser Verordnung, die, wie beispielsweise der IG-Farben-Konzern, seit Langem wieder zahlreiche zusätzliche Arbeitskräfte innerhalb kurzer Zeit einstellte. Die Zahl der Arbeiter erhöhte sich hier zwischen dem 1. Oktober 1932 und dem 1. Februar 1933 von 47.441 auf 52.489. Die mit Kaufkraft ausgestattete Nachfrage aber musste trotz zusätzlicher Beschäftigung zurückgehen: Immerhin konnte ein Unternehmen, das 100 Arbeiter zu einem Tariflohnsatz von 1 RM pro Stunde 48 Stunden in der Woche beschäftigte, also pro Woche 4800 RM Löhne gezahlt hatte, diese Lohnsumme durch Reduzierung der Arbeitszeit auf 40 Stunden bei Neueinstellung von 25 Arbeitskräften um 425 RM verringern. Da der Tariflohn in einem solchen Fall für zehn Arbeitsstunden um die Hälfte reduziert werden konnte, belief sich die Lohnsumme nur noch auf 4375 RM. Wenn Unternehmen diese durch Lohnsenkung und verkürzte Arbeitszeit eingesparten Lohngelder nicht sofort für investive oder konsumtive Zwecke nutzten, schrumpfte die gesamtwirtschaftliche Nachfrage sogar weiter.

Lohnkürzungen durch Notverordnung vom 5.9.1932

Langsame wirtschaftliche Erholung

Noch bevor die Papen'schen Maßnahmen wirken konnten, begann sich das wirtschaftliche Klima zu verbessern. So begann der Aktienindex (1924–1926 = 100), der bis auf 49,6 Punkte im April 1932 gesunken war, bis Dezember 1932 wieder auf 61,8 Punkte zu steigen. Mit ihrer kontinuierlichen Diskontsatzsenkung von 8 % im Dezember 1931 bis auf 4 % im September 1932 hatte die Reichsbank zudem den Kreditspielraum der Geschäftsbanken erweitert. Darüber hinaus unterstützten Zinszuschüsse oder die Übernahme von Bürgschaften durch die Gemeinden die sich ohnehin im Gang befindliche Belebung der Bauwirtschaft, und durch ein verändertes Produktionsprogramm kam es auch in der Automobilindustrie im Winter 1932/33 zu einem leichten konjunkturellen Aufschwung. Aber auch wenn die Arbeitslosigkeit im Spätherbst 1932 die Zahlen des Vorjahrs erstmals nicht deutlich überschritt, schien sich die Lage auf dem Arbeitsmarkt nicht zu entspannen.

Staatliche Auftragsvergabe

https://doi.org/10.36198/9783838557328-m50

Schleichers Abkehr von rigidem Sparkurs

Deshalb rückte der am 4. Dezember 1932 in das Amt des Reichskanzlers gekommene parteilose Kurt von Schleicher in den knapp zwei Monaten seiner Regierungszeit vom rigiden Sparen im Bereich der Sozialpolitik ab. Umgehend weitete er die Winterhilfe sowie die vergünstigte Abgabe von Lebensmitteln und Brennmaterial an Bedürftige aus, vor allem aber stellte Schleicher die staatliche Auftragsvergabe in den Vordergrund seiner Wirtschaftspolitik. Unter Mitarbeit des unter ihm geschaffenen „Reichskommissariats für Arbeitsbeschaffung" trat Schleichers Sofortprogramm (M50), das die Reparatur oder Verbesserung bestehender Anlagen und Gebäude vor allem im Bereich der Länder und Gemeinden vorsah und hauptsächlich mittleren und kleinen Unternehmen zugutekommen sollte, bereits am 28. Januar 1933 in Kraft. Schleicher, der seinem Kabinett einen breiten gesellschaftlichen Rückhalt („Querfront") zu verschaffen und so die Zusammenarbeit mit den Gewerkschaften wieder aufzunehmen suchte, hob zudem die Möglichkeit der Tariflohnsenkung spätestens zum 31. Januar 1933 wieder auf, wobei die Wochenarbeitszeit auf 40 Stunden begrenzt blieb. Schleichers Programm, das lange Planungszeiten ebenso vermied wie einen weitergehenden Einsatz von Maschinen, war tatsächlich auf eine rasche Belebung der Wirtschaft angelegt und eignete sich zur wirtschaftlichen Initialzündung wesentlich besser als die Förderung privater Investitionen durch seinen Vorgänger. Auch konnten Länder und Gemeinden bereits Ende Februar 1933 über die für sie vorgesehenen Mittel von 400 Mio. RM verfügen. Inzwischen war mit der Ernennung Hitlers zum Reichskanzler allerdings der Übergang zur offenen Diktatur erfolgt.

Talsohle im Sommer 1932 durchschritten

Zum Zeitpunkt der nationalsozialistischen Machtübernahme am 30. Januar 1933 hatte die deutsche Volkswirtschaft ihren konjunkturellen Tiefpunkt, der auf den Sommer 1932 datiert werden kann, bereits hinter sich. Die konjunkturelle Entwicklung besonders früh abbildende Indikatoren wie die inländische Auftragsentwicklung im Maschinenbau zeigen sogar, dass die Erholung noch früher eingesetzt hatte. Der deutschen Entwicklung entsprechen auch die weltwirtschaftlichen Trends, die im selben Zeitraum eine Umkehr des Schrumpfungsprozesses aufweisen. Für die Erholung der Wirtschaft war die Wirtschaftspolitik der Nationalsozialisten somit nicht verantwortlich. Einerseits profitierte das nationalsozialistische Regime von der allgemeinen wirtschaftlichen Belebung, andererseits begannen jetzt aber auch die arbeitsmarktpolitischen Maßnahmen der Kabinette Papen und Schleicher allmählich Wirkung zu zeigen. Mit diesen standen den Nationalsozialisten zudem entwickelte und bereits erprobte konjunkturpolitische Instrumente zur Verfügung.

Kein „nationalsozialistischer Wirtschaftsaufschwung"

So unterschied sich das erste Gesetz zur Verminderung der Arbeitslosigkeit vom 1. Juni 1933, das erste Reinhardt-Programm der Nationalsozialisten, weder hinsichtlich seines finanziellen Volumens noch in der Art der vorgesehenen öffentlichen Arbeiten oder in der Methode der Finanzierung von den Plänen des ADGB und des Reichsarbeitsministers Stegerwald aus dem Jahr zuvor. Der Mannheimer Wirtschaftshistoriker Christoph Buchheim hat darüber hinausgehend dargelegt, dass die Verminderung der Arbeitslosigkeit – im Gegensatz zur Wiederaufrüstung – gerade nicht Hitlers oberste Priorität war. Hitler habe die von den Vorgängerregierungen verabschiedeten Arbeitsbeschaffungsprogramme vielmehr sogar für Zwecke der Aufrüstung umfunktionieren wollen. Nachdem die Zahl der registrierten Arbeitslosen im Januar 1933 die Sechs-Millionen-Marke wieder leicht überschritt, vergingen deshalb mehrere Monate, bis die ab Mitte 1933 dann reichlich zur Verfügung gestellten finanziellen Mittel beschäftigungswirksam werden konnten. Auch die dann gemeldeten Arbeitsmarkterfolge sind Buchheim zufolge wenig spektakulär gewesen, weil beispielsweise die an Jungvermählte vergebenen Ehestandsdarlehen an die Bedingung der Aufgabe der bezahlten Beschäftigung durch die Ehefrau, mit Verdrängungsprozessen also, verknüpft waren.

Wechsel in der Reichsbankführung erleichtert Geldschöpfung

Was sich von der republikanischen Zeit grundsätzlich unterschied, war allerdings die Führungsspitze bei der Reichsbank. Am 16. März 1933 wurde der konservative Luther von Hjalmar Schacht als Reichsbankpräsident abgelöst. Der experimentierfreudigere Schacht ermöglichte dann bis zum Frühjahr 1936 die Bereitstellung von insgesamt 5,2 Mrd. RM für Arbeitsbeschaffungsmaßnahmen, die mit der verdeckten Aufrüstung verknüpft waren. Zu diesem Zweck wurde die Methode der Wechselfinanzierung, nunmehr u. a. mithilfe der eigens hierfür gegründeten „Metallurgischen Forschungsanstalt m. b. H.“, perfektioniert. War der Notenbankkredit an das Reich nach wie vor an die engen Vorgaben des Bankgesetzes von 1924 gebunden, so sind diese mit der Wechselfinanzierung prinzipiell umgangen worden. Trotzdem unterschritt die Zahl der Erwerbslosen erst im April 1937 wieder die Eine-Million-Grenze.

Entstehen eines Kaufkraftüberhangs

Da dem Bargeldumlauf in Höhe von 10,4 Mio. RM 1938 jedoch bereits schon wieder Kredite des Reichs bei der Reichsbank mit einem Volumen von knapp 9,4 Mio. RM und infolge der Wiederaufrüstung den Einkommen auch keine Güter und Dienstleistungen in angemessener Quantität gegenüberstanden, war ein Teil der Kaufkraft erneut nicht gedeckt und hätte bei freier Marktwirtschaft, die inzwischen nicht mehr bestand, umgehend zu inflationären Erscheinungen führen müssen. Damit hatte das NS-Regime bereits jetzt die Wurzeln für die Inflation nach 1945 gelegt.

Wechselfinanzierung am Beispiel der Mefo

Die Methode der Wechselfinanzierung ist bereits in Weimarer Zeit entwickelt, dann aber unter dem NS-Regime perfektioniert worden. Grund hierfür war die Begrenzung des Notenbankkredites durch das Bankgesetz von 1924. Mit der Wechselfinanzierung sollte diese Vorschrift umgangen, also die ***Geldschöpfung ungehindert*** vonstattengehen können. Firmen, die zur Geldschöpfung mittels Wechselfinanzierung gegründet wurden, waren beispielsweise die schon 1930 ins Leben gerufene Deutsche Gesellschaft für öffentliche Arbeiten AG (Öffa), die Deutsche Rentenbank-Kreditanstalt, die Deutsche Bau- und Bodenbank AG, die Deutsche Verkehrskreditbank AG sowie die Reichsautobahn-Bedarfs-GmbH.

Bis 1938 wurden schließlich im Wesentlichen die ***Rüstungsanstrengungen*** des Deutschen Reichs durch Mefo-Wechsel finanziert, was besonders plakativ zeigt, dass die wenigsten Maßnahmen des NS-Staates zur Arbeitsbeschaffung produktiv waren. Die dadurch lange vor Beginn des Zweiten Weltkrieges im Vergleich zum Güterangebot unverhältnismäßige Zunahme der Geldmenge hätte bei freier Marktwirtschaft analog den Vorgängen von 1914/23 unweigerlich zu inflationären Erscheinungen geführt.
Für diese „geräuschlose" Geldschöpfung wurden eigens ***Scheinfirmen*** gegründet, die ***Me***tallurgische ***Fo***rschungsanstalt m. b. H. (Mefo) beispielsweise durch die Gutehoffnungshütte, Krupp, Rheinmetall und Siemens. Durch die Rechtsform einer Kapitalgesellschaft galten ihre Wechsel als ***Handelswechsel***, was die Rolle des Reichs verschleierte: Auf die Mefo sollten Wechsel von Arbeit schaffenden Unternehmen gezogen werden können. Mit Ausstellung eines Wechsels durch ein Güter oder Dienstleistungen produzierendes Unternehmen wurde die Mefo zur Zahlung für Güter oder Dienstleistungen aufgefordert, die eigentlich das Reich in Auftrag gegeben hatte. Durch ihr Akzept nahm allerdings die Mefo das Zahlungsversprechen an.
Die Mefo hätte diese Zahlungen, mit denen letztlich die Rüstungsausgaben des Deutschen Reichs am Reichshaushalt vorbei finanziert wurden, niemals leisten können. Vielmehr war von Beginn an vorgesehen, dass die Arbeit schaffenden Unternehmen die in ihrem Besitz befindlichen Wechsel bei der ***Reichsbank*** diskontierten, d. h. unter Zinsabschlag umgehend liquide Mittel erhielten, wodurch sich die Geldmenge erhöhte. Gleiches geschah durch ***Indossament***, wenn also das begünstigte Unternehmen die Wechselforderung zum Forderungsausgleich an seine Lieferanten weiterreichte.

Kenntnisstand zeitgenössischer Wirtschaftswissenschaft

Seit dem 19. Jahrhundert hatte sich die Wirtschaftswissenschaft ausschließlich um langfristige Erklärungen für die Entwicklung der Wirtschaft bemüht. Vor allem die deutsche, dem Historismus verpflichtete Nationalökonomie mit ihren wichtigsten Vertretern Werner Sombart und Joseph Schumpeter sah ihre Aufgabe dabei im zurückblickenden Beobachten anstatt in der Entwicklung krisenüberwindender Instrumente. Das resultierte auch aus der Tatsache, dass das liberale Wirtschaftssystem als grundsätzlich stabil, darin auftretende Abwärtstrends als notwendige, das Marktgeschehen korrigierende Reinigungskrisen betrachtet wurden. Auch die Mitte der 1920er-Jahre entstehende Konjunkturlehre, deren prominenteste Vertreter Ernst Wagemann, Wladimir Woytinsky und Arthur Spiethoff waren, kam zunächst über empirische Studien über die Konjunkturzyklen nicht hinaus. Die Wissenschaft der Nationalökonomie hatte bei Ausbruch der Weltwirtschaftskrise deshalb höchstens unterschiedlichste Diagnosen, aber keine wirtschaftspolitisch verwertbaren Krisenstrategien anzubieten. So berichtete beispielsweise der ehemalige preußische Finanzminister, die an Sitzungen des Kabinetts Brüning teilnehmenden Nationalökonomen hätten einzig Ausgabenkürzungen empfohlen. Demnach musste der Staat seinen Haushalt ausgleichen, durfte keine zusätzlichen Schulden machen, musste vielmehr sogar vorhandene Schulden tilgen und zugleich Steuern und Abgaben, somit die Produktionskosten für private Unternehmen reduzieren, damit die Wirtschaft aus sich heraus Kräfte zum Aufschwung entwickeln konnte.

Fehlende wissenschaftliche Krisenstrategie

Weltwirtschaftskrise auch Krise der Wirtschaftswissenschaft

Die Weltwirtschaftskrise war von daher nicht nur eine Krise der Ökonomie, sondern auch der Wirtschaftswissenschaft. Erst mit Verschärfung der Depression bildeten sich dann ganz unterschiedliche, sich nicht an einzelnen Lagern orientierende Vorstellungen davon heraus, welche Maßnahmen zu ergreifen waren. So sind in der Folge beispielsweise staatliche Eingriffe sowohl von nichtsozialistischen als auch von der Sozialdemokratie nahestehenden Ökonomen abgelehnt worden. Wichtigste Gegner des Interventionismus waren Edgar Salin, Gustav Stolper, Ludwig von Mises, Alfred Weber und Carl Landauer. Diesen standen Vertreter geldpolitischer Theorien gegenüber, die das Problem der monetär nicht abgestützten Nachfrage erkannten, wie Irving Fisher, John Maynard Keynes, Knut Wicksell, Carl Snyder, Ludwig Albert Hahn, Walter Eucken, Friedrich Hayek und Wilhelm Röpke. Mit zunehmender Tiefe und anhaltender Länge der Depression sollten sich schließlich überall auf der Welt Vorstellungen durchsetzen, die bis zur Gegenwart mit dem Namen John Maynard Keynes in Verbindung gebracht werden.

Aufstieg des Keynesianismus

Gerade weil die Weltwirtschaftskrise zu einem weltweiten Umbruch im wirtschafts- und finanztheoretischen Denken führte und so einen Wandel der fundamentalen Prinzipien staatlicher Wirtschafts- und Finanzpolitik auslöste, ist ihr von dem deutschen Ökonom Andreas Predöhl (1893–1974) eine Epochenbedeutung zugeschrieben worden. Mit zunehmender Verstärkung der Krise durch Brünings Parallelpolitik waren nämlich allgemein Zweifel an der Richtigkeit der überkommenen Wirtschaftstheorie und der aus ihr abgeleiteten Politik aufgekommen. Allerdings sind erst seit dem Frühjahr 1931 Vorschläge zur Krisenbekämpfung publiziert worden, die die neuen, wesentlichen Erkenntnisse abbildeten, denen Keynes erst 1936 mit seiner „General Theory of Employment, Interest and Money“ die breite theoretische Fundierung gab. Demnach ergeben sich konjunkturelle Schwankungen aus dem Umfang der Gesamtnachfrage nach Gütern und Dienstleistungen, beruhen Depressionen also auf einer zu geringen gesamtwirtschaftlichen Nachfrage. Soll eine Depression bekämpft werden, muss demnach die Gesamtnachfrage erhöht werden. Theoretisch kommt hierfür die Nachfrage der inländischen privaten Unternehmen und der privaten Haushalte, die Nachfrage des Auslands oder die Nachfrage des Staats infrage. In der Praxis kann die Nachfrage allerdings nur von staatlicher Seite ausgeweitet werden, da Haushalten und Unternehmen in der Krise hierzu Mittel oder Anreize fehlen, während die Aktivitäten des Auslands nicht steuerbar sind. Entscheidend ist jetzt also geworden, dass zusätzliche Nachfrage entsteht, die Staatsnachfrage die bereits vorhandene gesamtwirtschaftliche Nachfrage damit übersteigt. Das wiederum verbietet die Finanzierung der zusätzlichen staatlichen Nachfrage durch Steuern, erfordert vielmehr ihre Finanzierung mittels Kredit. Statt das staatliche Handeln auf Haushaltsausgleich abzustellen, muss der Staat ein kreditfinanziertes Haushaltsdefizit (*deficit spending*) in Kauf nehmen, das freilich im kommenden Aufschwung mittels Steuererhöhungen wieder auszugleichen ist.

Alternative Handlungsspielräume in der Weltwirtschaftskrise?

Zeitgenössische wirtschaftspolitische Alternativvorschläge

Diskussionen um wirtschaftspolitische Alternativen zum Deflationskurs gewannen im Deutschen Reich erst nach der Bankenkrise vom Juli 1931 in der Öffentlichkeit an Bedeutung, nun aber auch in Kreisen der Nationalökonomie. Ein Teil der Vorschläge sah eine Reichsmarkabwertung vor, um die Wettbewerbsposition der deutschen Wirtschaft zu verbessern; andere enthielten Programme für eine aktive Konjunkturpolitik und waren meist von den Ideen Keynes' inspiriert. Hiernach sollten öffentliche die fehlenden privaten Investitionen ersetzen und über den Weg der inneren Kreditschöpfung finanziert werden. Bei den Urhebern handelte es sich im Wesentlichen um jüngere, der Sozialdemokratie nahestehende Wirtschaftswissenschaftler und -publizisten. Angesichts der katastrophalen Verschärfung der Depression und unter dem Eindruck der wirtschaftswissenschaftlichen Neuorientierung in England haben sich im Winter 1931/32 aber auch bedeutende liberale Gelehrte wie Wilhelm Röpke und Joseph Schumpeter öffentlich zu Keynes' Forderung nach expansiver Geldpolitik bekannt oder zumindest die Aufgabe der Deflationspolitik verlangt. Hinzu kamen die Bemühungen um eine neue Wirtschaftspolitik aus dem Umkreis der Regierung, wie die Vorschläge des Oberregierungsrats Wilhelm Lautenbach aus dem Wirtschaftsministerium, die Denkschrift des Staatssekretärs im Finanzministerium, Hans Schäffer, der Plan des Präsidenten des Statistischen Reichsamts, Ernst Wagemann, das Arbeitsbeschaffungsprogramm des Arbeitsministers und Zentrumspolitikers Adam Stegerwald, aber auch das der Gewerkschaften, wie der WTB-Plan des Allgemeinen Deutschen Gewerkschaftsbunds. Neben einer sozialdemokratischen Denkschrift vom 31. Juli 1931 und den Vorschlägen der Angestellten- und Beamtenverbände oder selbst aus Teilen der Unternehmerschaft ist das Arbeitsbeschaffungsprogramm des Zentralausschusses des vorläufigen Reichswirtschaftsrats vom März 1932 bemerkenswert. Es sah einen Reichsbankkredit in Form der später tatsächlich verwendeten Mefo-Wechsel vor.

Urteil der Geschichtswissenschaft

Mit zunehmender Bedeutung des Keynesianismus nach 1945 und entsprechender wirtschaftswissenschaftlicher Kritik an den prozyklischen Wirkungen ist Brünings krisenverschärfende Deflationspolitik schließlich auch von der Geschichtswissenschaft als völlig falsche wirtschaftspolitische Option beurteilt und in Anbetracht der Zerstörung der Republik insgesamt als verfehlte politische Option dargestellt worden. So hat der Ökonom Horst Sanmann die deutsche Wirtschafts- und Finanzpolitik in der Ära Brüning schon 1965 einer ausführlichen Analyse unterzogen und dabei nachgewiesen, dass die ersten Vorschläge für eine aktive Konjunkturpolitik von Brüning fast einhellig abgelehnt worden seien, weil die Finanzierung eines Budgetdefizits durch eine zusätzliche Kreditaufnahme hätte erfolgen müssen. Aus den Erfahrungen zu Beginn der 1920er-Jahre meinten die Zeitgenossen indes folgern zu müssen, dass solche Defizite in eine Inflation münden. Tatsächlich war die Große Inflation durch jahrelange unermessliche Budgetdefizite verursacht worden. Die daraus resultierende Inflationsangst bezeichnet Sanmann in Anbetracht der starken Deflation zwar als Hysterie, sie habe aber jede auf Geldschöpfung gerichtete expansive Politik zunichtegemacht.

Werner Jochmann über Brünings wirtschaftspolitisches Scheitern

Der Historiker Werner Jochmann pflichtete dem insofern bei, als er 1978 mit hermeneutischer Methode akribisch Akten und Nachlässe auswertete, die Brünings Charakter als den einer tief gestörten Persönlichkeit erscheinen lassen, die sich der Schäden, die die Finanzpolitik der Wirtschaft zufügte, wenn auch nicht in ihrem ganzen Ausmaß, so doch im Prinzip bewusst gewesen ist. Die wirtschaftlichen Zusammenhänge habe Brüning demgegenüber in Gänze verkannt, weil er sich zum einen in die Vorstellung verbissen habe, die Reparationen seien die Ursache der wirtschaftlichen Misere, und weil er sich zum anderen den mit anhaltender Krise entstehenden und verbreitenden Alternativvorschlägen aus persönlichen Gründen verschlossen habe. Vollständig der zeitgenössischen Vorstellung verhaftet, durfte der Staat insofern auf keinen Fall regulierend oder korrigierend in das Wirtschaftsgeschehen eingreifen, weil auf Perioden der Prosperität notwendigerweise solche der Depression folgen, in denen sich die Wirtschaft reinigt und Kräfte für einen neuen Aufschwung sammelt. Zwischenzeitlich seien aber, so Jochmann weiter, die in Deutschland entwickelten Gedanken zur Kreditausweitung und insbesondere die Forderung nach einer aktiven Konjunkturpolitik von im Ausland entstanden Plänen und Überlegungen zur Krisenbekämpfung gestützt worden. Zudem habe John Maynard Keynes seine erst nach der Weltwirtschaftskrise publizierten Ideen des *deficit spending* seit 1929 mit wachsendem Nachdruck in Vorträgen und Aufsätzen auch in Deutschland vertreten. Dass über den beginnenden Wandel der volkswirtschaftlichen Vorstellungen, der mit Keynes' Namen verbunden ist, in Brünings Erinnerungen wie in seinen Briefen und Gesprächen aus der Emigrationszeit kaum Aufschluss zu erhalten ist, zeige einmal mehr eine alle Ratschläge verschmähende und in kaum noch zu verstehender Prinzipientreue verharrende Reichsregierung, die innenpolitisch vollkommen gescheitert sei und damit die Hauptlast für den Untergang der Weimarer Republik trage.

Borchardt-Kontroverse um alternative Handlungsspielräume

Mit dem 1979 von dem Münchner Wirtschaftshistoriker Knut Borchardt veröffentlichten Aufsatz über „Zwangslagen und Handlungsspielräume in der großen Weltwirtschaftskrise der frühen dreißiger Jahre" begann dann jedoch eine breite Kontroverse darüber, ob es in der Weltwirtschaftskrise überhaupt Alternativen zur von Büning und dessen Amtsnachfolgern praktizierten Politik gegeben habe. An der sich in der Folge über Jahre entwickelnden Diskussion beteiligten sich zahlreiche namhafte Wirtschaftshistoriker und Historikerinnen, deren wichtigste Thesen, sofern sie für die übergeordnete Fragestellung relevant sind, im Folgenden dargestellt werden.

Knut Borchardts Frage nach Gründen für prozyklische Wirtschaftspolitik

Knut Borchardts erkenntnisleitende Frage lautet, ob tatsächlich ein Mangel an Einsicht und Fähigkeiten oder ob objektive Gründe die Verantwortlichen von einer expansiven Konjunkturpolitik abhielten. Ein Blick auf den Produktionsindex für Verbrauchsgüter des elastischen Bedarfs (vgl. Schaubild 26), also solcher Konsumgüter, auf die Haushalte auch verzichten können, zeigte ihm zunächst, dass von den handelnden zeitgenössischen Akteuren eine Änderung der konjunkturpolitischen Strategie nicht vor Sommer 1931 hätte erwartet werden können. Der sich bis dahin vollziehende Abschwung ist nämlich im Frühjahr 1931 von einem kurzen konjunkturellen Aufschwung unterbrochen worden, der von den Zeitgenossen tatsächlich als Trendwende gedeutet worden sei. Weil wirtschaftspolitische Maßnahmen mit zeitlicher Verzögerung wirken, sei es somit objektiv zu spät gewesen, um den Anstieg der Arbeitslosigkeit auf sechs Millionen Menschen im Winter 1931/32 zu verhindern. Auslandskredite zur Finanzierung der für eine expansive Konjunkturpolitik notwendigen Mehrausgaben des Staats wären zu jenem Zeitpunkt ohnehin nicht zu erhalten gewesen, und gegen eine interne Geldschöpfung habe in erster Linie die juristische Konstruktion der von der Reichsregierung autonomen Reichsbank sowie die im Reichsbankgesetz verankerte eingeschränkte Kreditvergabe an das Reich gesprochen. Zudem seien Inflationsangst und Reparationsproblem politisiert, innenpolitisch also instrumentalisiert worden und damit unantastbar gewesen.

Schaubild 26: Produktionsindex der Verbrauchsgüter des elastischen Bedarfs, 1925–1937 (1928 = 100)

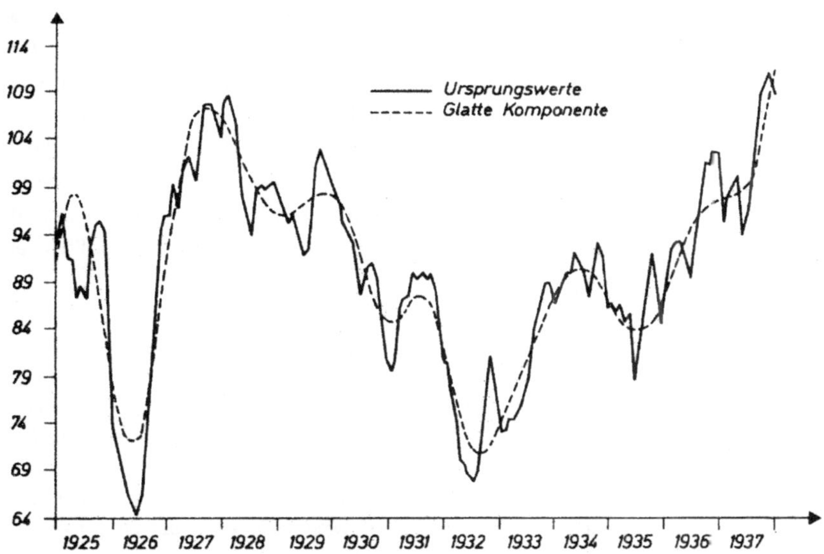

Quelle: Borchardt, Knut: Zwangslagen und Handlungsspielräume in der großen Weltwirtschaftskrise der frühen dreißiger Jahre. Zur Revision des überlieferten Geschichtsbildes. In: Ders.: Wachstum, Krisen, Handlungsspielräume in der Wirtschaftspolitik. Studien zur Wirtschaftsgeschichte des 19. und 20. Jahrhunderts. Göttingen, 1982, S. 165–182, hier S. 168 (= Kritische Studien zur Geschichtswissenschaft, 50).

Fehlende konjunkturpolitische Alternativen

Borchardt ist zudem der Meinung, keine der seinerzeit vorgeschlagenen Alternativen hätte die Konjunktur nennenswert beeinflussen können, da selbst die auf die Zeitgenossen am abenteuerlichsten wirkenden Pläne eine Erhöhung der Staatsausgaben um nur etwa 2 Mrd. RM vorgesehen hätten, während die rechnerische Nachfragelücke 1932 jedoch über 30 Mrd. RM betragen habe. Der zumindest annäherungsweise Ersatz ausgefallener privater Nachfrage durch eine kreditfinanzierte Nachfrage des Staats ist aber gerade der Sinn antizyklischer Konjunkturpolitik, da Schwankungen der gesamtwirtschaftlichen Nachfrage als entscheidend für den Konjunkturverlauf angesehen werden.

These von der „kranken" Weimarer Wirtschaft

Darüber hinausgehend – und diese Feststellung sollte der Auslöser für die sich anschließende Kontroverse werden –, glaubt Borchardt vielmehr, dass generell keine konjunkturpolitischen Lösungsmöglichkeiten während der Weltwirtschaftskrise vorhanden gewesen seien, weil es sich schon vor der akuten Krise um eine strukturell „kranke" Wirtschaft gehandelt habe. Zum Beweis führt er die zwischen 1925 und 1929 im Vergleich zur Vorkriegszeit zurückgebliebene Investitionstätigkeit im Reich an; auch habe die gesamtwirtschaftliche Arbeitsproduktivität der zwanziger Jahre das Vorkriegsniveau nicht erreicht, während gleichzeitig die Reallöhne nach 1924 kräftig und ohne Rücksicht auf die Produktivitätsentwicklung oder die internationale Wettbewerbsfähigkeit gestiegen seien. Besonders signalisiere der weit über dem der Vorkriegszeit liegende private und staatliche Verbrauch die Merkmale einer in Verteilungskämpfen verstrickten Wirtschaft. Die die Produktivitätsentwicklung übersteigenden Lohnzuwächse in Verbund mit der Positionsverschlechterung der Einkommen, aus denen üblicherweise Investitionen getätigt werden, hätten Arbeitslosigkeit gleichsam provoziert. Diese „Krankheit", die sich aus ökonomischen und politischen Zwangslagen ergeben habe, sei nicht kurierbar gewesen – durch die in hohem Maß politisch bestimmte Lohnbildung und die staatliche Zwangsschlichtung habe der Weimarer Staat schlicht über seine wirtschaftlichen Verhältnisse gelebt. Das wirtschafts- und sozialpolitische System sei per se, vergleichbar dem politischen System, funktionsunfähig gewesen.

Produktivitätsorientierte Löhne

Löhne stellen nicht nur das ***Entgelt für geleistete Arbeit***, sondern für Unternehmen in erster Linie einen ***Kostenfaktor*** dar, der in den Preis des Produkts eingeht. Je mehr eine Arbeitskraft pro Stunde produziert, desto niedriger sind die Lohnkosten je Produkteinheit, die ***Lohnstückkosten***. Hinter der Forderung nach produktivitätsorientierten Lohnerhöhungen steht insofern auch der ***Zielkonflikt*** zwischen der Gewinnmaximierung der Unternehmen einerseits und dem Bestreben nach Maximierung der Reallöhne und damit der Einkommen der Arbeitnehmer andererseits.
Zugleich ist eine produktivitätsorientierte Lohnpolitik Grundlage dafür, die volkswirtschaftlich wünschenswerte ***Relation von Geld- und Warenmenge*** aufrechtzuerhalten, die Warenmenge also mit der umlaufenden Geldmenge Schritt halten zu lassen. Würde über die Löhne nur die mit Kaufkraft ausgestattete Nachfrage längerfristig wachsen, käme es zu einem Geldüberhang, zu inflationären Tendenzen. Würde die Warenmenge bei gleichbleibenden oder gar sinkenden Löhnen längerfristig wachsen, wäre das Ergebnis eine Deflation.

1982 unterzog der Berliner Wirtschaftshistoriker Carl-Ludwig Holtfrerich Borchardts Beurteilung der Brüning'schen Wirtschaftspolitik einer kritischen Prüfung. Tatsächlich habe sich Brüning, so Holtfrerich, in keiner politischen Zwangslage befunden. Vielmehr habe er die krisenverschärfende Wirtschaftspolitik aus voller Überzeugung verfolgt und damit eine Politik generiert, die auch unter verfassungspolitischen Gesichtspunkten negativ zu beurteilen sei. Schließlich hätten zeitgenössische konjunkturpolitische Vorschläge kein Hindernis in der Finanzierungstechnik gesehen oder sogar direkt auf die Überwindung technischer Restriktionen bei der Reichsbank gezielt. Da es nach der Bankenkrise genügend konjunkturpolitische Empfehlungen und Überlegungen aus dem Regierungsapparat selbst und aus dem Umfeld der die Kabinette Brüning tragenden politischen Kräfte gegeben habe, hätte Brüning zudem auch deren Unterstützung für eine alternative Wirtschaftspolitik finden können, wenn er dies nur gewollt hätte.

Carl-Ludwig Holtfrerich verneint politische Zwangslage

Rund 21.000 verschiedene, an die Reichsbank adressierte Währungsprojekte, die hauptsächlich die Lösung der Mark vom Goldstandard vorschlugen, widerlegen nach Holtfrerich zudem die unterstellte weitverbreitete Inflationsangst. Die Autoren namhafter Alternativvorschläge seien zudem für eine Reflation der Wirtschaft eingetreten und hätten eine die Konjunktur anregende Politik gleichzeitig immer gegen den Vorwurf einer damit verbundenen Inflation verteidigt. Indem Brüning trotz der wachsenden innenpolitischen Widerstände bis zum Ende seiner Amtszeit also unbeirrt am Deflationskurs festgehalten habe, habe er seinen Handlungsspielraum aufgrund eigener politischer Prioritäten eingeschränkt. Außenpolitisch habe er damit die Revision von Versailles verfolgt, die endgültige Streichung der Reparationen, innenpolitisch die Konsolidierung der öffentlichen Finanzen und die Reform der Sozialversicherungen. Ziel sei auch gewesen, neben den zu hohen sozialen Ansprüchen an den Staat den – nach Meinung Brünings und des größten Teils der Industrie – zu hohen Löhnen entgegenzuwirken. Eine Zwangslage aber, zumal eine innenpolitische, die Alternativen grundsätzlich ausgeschlossen hätte, habe es wohl nicht gegeben. Nach Gottfried Plumpe hätte eine vernünftige Alternative zudem bereits in der Rückkehr zur klassischen Ökonomie bestanden, also im Unterbleiben politischer Eingriffe in das Preis-Lohn-Gefüge. Denn weder internationale Abkommen noch innenpolitischer Druck hätten die Regierung Brüning zur verschärften Fortsetzung ihres Deflations- und Sparkurses in Form der dritten und vierten Notverordnung gezwungen; der Grund hierfür lag vielmehr in der Entscheidung der Regierung, der Streichung der Reparationen noch vor dem Ende der großen Krise oberste Priorität einzuräumen.

Zurückweisen auch der These verbreiteter Inflationsangst

Zeitgleich mit Holtfrerich hat sich auch Claus-Dieter Krohn kritisch, teilweise polemisch in die Debatte eingeschaltet. Der Historiker verwahrt sich in erster Linie gegen den implizierten Tenor Borchardts, der Weimarer Staat sei im Wesentlichen ein Subventions- und Umverteilungsstaat vorzugsweise zugunsten der Arbeitnehmer gewesen, der ständig über seine wirtschaftlichen Verhältnisse gelebt habe. So seien beispielsweise die im Vergleich zur Gewinnquote gestiegenen Lohnanteile am Volkseinkommen von

Claus-Dieter Krohn gegen These vom Weimarer Subventions- und Umverteilungsstaat

1925/29 gegenüber der Vorkriegszeit wenig aussagekräftig, da zwischenzeitlich die Zahl der Beschäftigten angestiegen sei und das gewählte zeitliche Raster von 1910/13 und 1925/29 spezifische Verschiebungen während der Perioden nicht berücksichtige. Auch sei der Anstieg der Lohnquote nach 1924 nicht das Ergebnis bewusster Umverteilungspolitik gewesen, sondern der Zunahme der Beschäftigung infolge von Krieg und Inflation geschuldet. Und im Gegensatz zu der von Borchardt beklagten, im Vergleich zur Vorkriegszeit zurückgebliebenen Kapitalintensität habe die nach 1925 eingeleitete Rationalisierung die seit 1928 aus kumulierten Kapazitäts- und Absatzproblemen bestehende Strukturkrise sogar noch verstärkt. Das Problem seit Mitte der 1920er-Jahre, und besonders nach Ausbruch der Weltwirtschaftskrise, sei insofern nicht so sehr die mangelnde Kapitalintensität gewesen; es habe vielmehr darin bestanden, die defizitäre Nachfrage zu aktivieren und die vorhandenen Produktionskapazitäten ohne zusätzliche Investitionen auszunutzen. Da andere Industrieländer über vergleichbare Kapazitätsprobleme verfügt und zudem Schutzzölle errichtet hätten, sei hierin die eigentliche Wachstumsbremse der deutschen Wirtschaft zu suchen, nicht etwa in den vermeintlich zu hohen Lohnkostenanteilen der deutschen Exporte.

Borchardts These von den zu hohen Löhnen in der Weimarer Republik

Die Kontroverse um Knut Borchardts These von den Zwangslagen und Handlungsspielräumen hat sich nicht nur an der Aussage entzündet, zu Brünings rigoroser Deflationspolitik habe es angesichts der spezifischen ökonomischen Situation keine Alternative gegeben. Claus-Dieter Krohn hat die Debatte vielmehr auch auf die zweite wesentliche Aussage Borchardts gelenkt, nach der die Weimarer Wirtschaft bereits lange vor Ausbruch der Weltwirtschaftskrise 1929 krank gewesen sei, und zwar besonders auch infolge eines – gemessen am Produktivitätsfortschritt – überhöhten Lohnniveaus. Hinsichtlich der von nun an im Mittelpunkt stehenden Lohnhöhe war es zunächst Carl-Ludwig Holtfrerichs Anliegen, das „Lohndiktat“ des Weimarer Staats zu widerlegen. Zwar hätten Inflationserwartungen bei den Lohnforderungen kurz nach der Währungsstabilisierung zunächst tatsächlich zu international vergleichsweise hohen Lohnsteigerungen geführt. Allerdings habe die Arbeitsproduktivität je Beschäftigten seit 1927 ständig über dem Stand von 1913 gelegen; die Produktivität pro Arbeitsstunde 1930/31 habe jene von 1905 sogar dramatisch überschritten. Auch der Lohnindex zeige, dass die Lohnentwicklung in der Weimarer Republik den durch die Produktivitätsentwicklung gezogenen Rahmen nicht gesprengt habe. Entsprechend sei Borchardts Argument von der über die Kostenneutralität hinausgehenden Lohnentwicklung nicht aufrechtzuhalten, zumal die günstigere Entwicklung der *terms of trade*, der Austauschverhältnisse im Außenhandel, oder auch der Kapitalkosten den gesamtwirtschaftlichen Verteilungsspielraum erweitert hätten. Die gestiegene Lohnquote sei somit nicht unmittelbar das Ergebnis zu hoher Löhne, sondern das Symptom einer vor allem durch Handelsschranken begrenzten spezifischen Gewinnsituation gewesen. Zudem führt auch Holtfrerich die gestiegene Lohnquote auf die Zunahme der abhängig Beschäftigten zurück: Die Rentiers der Vorkriegszeit seien nach der Inflation gezwungen gewesen, eine Erwerbstätigkeit aufzunehmen. Allein dadurch habe die Lohnquote steigen müssen, ohne dass dies zulasten der Einkom-

Laut Holtfrerich gestiegene Lohnquote keine Folge zu hoher Löhne

men aus Unternehmertätigkeit gegangen wäre. Aus der erhöhten Lohnquote der Weimarer Zeit kann für Holtfrerich also gerade nicht auf gesunkene Einkommen aus Unternehmertätigkeit geschlossen werden. Und nur unter dieser Prämisse wäre die Behauptung von den Investitionsspielraum der Unternehmen einschränkenden zu hohen Löhnen haltbar.

Kostenlast der Industrie laut Charles S. Maier auch Folge von Kapitalkosten

1985 widmete sich das gesamte Heft 3 der Zeitschrift „Geschichte und Gesellschaft" der Kontroverse um die Wirtschaftspolitik zu Ende der Weimarer Republik. Der dort zu Wort gekommene US-amerikanische Historiker Charles S. Maier glaubt in Anbetracht der von Brüning insgesamt verfolgten Politik, diesem habe der für eine wirtschaftspolitische Wende notwendige Wille gefehlt, weil Brünings ideologisches Weltbild eine Übereinkunft mit den Gewerkschaften im Sinn einer Sozialpartnerschaft ausgeschlossen habe. Der unter dem nationalsozialistischen Regime initiierte Aufschwung jedenfalls hätte auch einem demokratischen Staat gelingen können, was wiederum zeige, dass die Weimarer Wirtschaft doch nicht allzu krank gewesen sein dürfte. Wenn unbestritten auch strukturelle Schwächen bestanden hätten, so bleibe doch die Frage offen, in welchem Ausmaß der Lohndruck zu diesen Schwierigkeiten beigetragen habe. Sofern die Lohnsteigerungen der 1920er-Jahre die deutsche internationale Wettbewerbsfähigkeit überhaupt beeinträchtigt hätten, sei dies ausschließlich wegen der Geschwindigkeit, mit der die Erhöhungen seit 1924 erfolgt seien, der Fall gewesen, nicht jedoch, weil das Niveau der deutschen Löhne außergewöhnlich hoch gewesen sei. Das zeige der Vergleich mit ausländischen Löhnen. Wenn deutsche Industrielle Ende der 1920er-Jahre eine drückende Kostenlast verspürt hätten, dann hätte diese gleichermaßen aus den Kreditverpflichtungen herrühren müssen, die sie nach der Inflationszeit zu Rationalisierungszwecken vor allem im Ausland eingegangen seien. Schlechterdings könne aus einem steigenden Lohnanteil und einer fallenden Investitionsquote nicht der Schluss gezogen werden, Lohnkürzungen seien der einzige Weg, um anhaltende Arbeitslosigkeit zu beseitigen.

Gottfried Plumpes These von zu hohen Investitionen

In diese Richtung argumentiert auch Gottfried Plumpe, für den in Anbetracht der internationalen Situation, der Handelsbeschränkungen und der deutschen Auslandsschulden in den Jahren nach 1926 nicht etwa zu wenig, sondern entschieden zu viel investiert worden ist. Die Kapazitäten seien in einem Ausmaß ausgebaut worden, das die ohnehin bestehenden strukturellen Ungleichgewichte erheblich verstärkt habe. Deshalb sei das entscheidende Problem der Unternehmen nach 1928 nicht etwa die Höhe der Personalkosten gewesen, die durch Entlassungen relativ flexibel hätten angepasst werden können, sondern die Schere zwischen Erlösen und Kapitalkosten, die durch die sinkende Auslastung in die Höhe geschnellt seien. In diese Richtung hatte ja bereits Staatssekretär Schäffer in seiner Denkschrift auf der Grundlage des Beispiels der Röchling-Werke argumentiert. Für die verschlechterte Kosten-Erlös-Situation der Unternehmen waren dem Historiker Jürgen von Kruedener zufolge neben den gestiegenen Kapitalkosten zudem die Lohnnebenkosten in Form der Sozialversicherungsbeiträge verantwortlich. Da die überdurchschnittlich stark gestiegenen

Jürgen von Kruedeners Fokus auf Lohnnebenkosten

Sozialversicherungsbeiträge zugleich die Reallöhne, also das den Arbeitnehmern zur Verfügung stehende Einkommen verringert hätten, hätten Lohnempfänger wie Unternehmen das neue Gesellschaftssystem tendenziell als Beeinträchtigung ihrer ökonomischen Lage erlebt.

Albrecht Ritschls Paradoxon gestiegener Lohnstückkosten bei gesunkener Kaufkraft

Der Borchardt-Schüler Albrecht Ritschl stellte 1990 schließlich für die 1920er-Jahre im Vergleich zu 1913 gestiegene Lohnstückkosten bei gleichzeitig gesunkener Kaufkraft der Arbeiterschaft fest, die erst 1928 das Vorkriegsniveau wieder überschritt. Ritschl führt dieses Paradoxon – und mit ihm einen wichtigen Streitpunkt innerhalb der Borchardt-Kontroverse – auf das Zusammenwirken von verkürzter Arbeitszeit und verringerter Arbeitsproduktivität zurück: Die reduzierte Arbeitszeit schlug sich in erheblich gestiegenen Lohnkosten nieder, die von den Unternehmen nicht beliebig in steigende Preise überwälzt werden konnten. Umgekehrt arbeiteten die Lohnbezieher kürzer als vor dem Krieg, verdienten damit zugleich aber auch weniger.

Resümee

Die Debatte um Knut Borchardts These von den mangelnden alternativen Handlungsspielräumen deutscher Politik in der Weltwirtschaftskrise kann bis heute als nicht abgeschlossen gelten. Ob ein als gesichert geltender Erkenntnisstand überhaupt zu erreichen ist, sei dahingestellt. Unbestreitbar sind mit der Kontroverse um Borchardts Thesen jedoch Zweifel an der bis dato gängigen Sichtweise aufgekommen, nach der eine expansive Fiskal- und Geldpolitik dem Deutschen Reich mit seinen vielfältigen strukturellen Problemen einen sehr viel günstigeren Verlauf der großen Depression ermöglicht hätte. Allerdings ist bei dieser Kontroverse weitgehend die Frage unberücksichtigt geblieben, ob die Regierung Brüning, auch wenn sie glaubte, keinen finanziellen Spielraum für eine umfangreichere Erhöhung der Staatsausgaben zu besitzen, nicht wenigstens in der Lage gewesen wäre, den Abschwung nicht noch zu verstärken. Immerhin deutet die Wende in der Konjunkturpolitik während Brünings letzter Amtstage auf eine solchermaßen vorhandene Alternative hin. Fritz Blaich betonte in anderem Zusammenhang denn auch die möglichen positiven psychologischen Folgen gerade auch für die Unternehmerschaft, die eine Rückgabe der Beitragsüberschüsse der Reichsanstalt für Arbeitslosenversicherung in Höhe von 24,1 Mio. RM an die Beitragszahler hätte bewirken können. Abgesehen davon, dass die Rücklage zu einer Zeit, als Millionen von Arbeitslosen täglich ums Überleben kämpften, das Sozialversicherungssystem pervertierte, hätte eine solche bescheidene konjunkturpolitische Geste vielleicht sogar ausgereicht, über vermehrte Konsumausgaben auch dem Pessimismus im Unternehmerlager zu begegnen und damit die Talsohle des Abschwungs schneller zu verlassen.

Faktencheck „Wirtschafts- und Finanzpolitik in der Weltwirtschaftskrise“

- ✔ Finanzpolitische Notwendigkeiten lassen schon die Große Koalition unter Hermann Müller zu Sparmaßnahmen greifen.
- ✔ Unter Reichskanzler Brüning erhält die Konsolidierung der Finanzen durch das Junktim mit der Reparationsfrage trotz schwerster sozialer Verwerfungen Priorität.
- ✔ Für Reparationszahlungen notwendige Devisen sollen im Export erzielt, Produktionskosten deutscher Exporteure deshalb gesenkt werden.
- ✔ Den Maßnahmen zur Senkung des Preis- und Lohnniveaus stehen die Erhöhung von Steuern und Abgaben sowie die Lebensmittelpreise erhöhende Ausgaben für den Agrarschutz gegenüber.
- ✔ Der Ausfall kaufkräftiger Nachfrage sowie Kaufrückstellungen in Erwartung weiterer Preissenkungen verstärken die Deflation.
- ✔ Trotz vorhandener Pläne einer kreditfinanzierten antizyklischen Krisenbekämpfung erfolgt erst unter Reichskanzler Schleicher die Abkehr vom rigiden Sparkurs.
- ✔ Ob eine expansive Fiskal- und Geldpolitik dem Reich einen günstigeren Verlauf der großen Depression ermöglicht hätte, ist angesichts struktureller Probleme zweifelhaft.
- ✔ Die Nationalsozialisten profitieren von der allgemeinen wirtschaftlichen Belebung, den vorhergehenden arbeitsmarktpolitischen Maßnahmen sowie den erprobten bescheidenen konjunkturpolitischen Instrumenten.

14

Die Weimarer Wirtschaft im Spiegel der Literatur der Neuen Sachlichkeit

von Beate Laudenberg

Schlüsseldokument: Erich Kästners Kurzgefasster Lebenslauf (1930)

Wer nicht zur Welt kommt, hat nicht viel verloren.
Er sitzt im All auf einem Baum und lacht.
Ich wurde seinerzeit als Kind geboren,
eh ich's gedacht.

Die Schule, wo ich viel vergessen habe,
bestritt seitdem den grössten Teil der Zeit.
Ich war ein patentierter Musterknabe.
Wie kam das bloss? Es tut mir jetzt noch leid.

Dann gab es Weltkrieg, statt der grossen Ferien.
Ich trieb es mit der Fussartillerie.
Dem Globus lief das Blut aus den Arterien.
Ich lebte weiter. Fragen Sie nicht, wie.

Bis dann die Inflation und Leipzig kamen;
mit Kant und Gotisch, Börse und Büro,
mit Kunst und Politik und jungen Damen.
Und sonntags regnete es sowieso.

Nun bin ich zirka 31 Jahre
und habe eine kleine Versfabrik.
Ach, an den Schläfen blühn schon graue Haare,
und meine Freunde werden langsam dick.

Ich setze mich sehr gerne zwischen Stühle.
Ich säge an dem Ast, auf dem wir sitzen.
Ich gehe durch die Gärten der Gefühle,
die tot sind, und bepflanze sie mit Witzen.

Auch ich muss meinen Rucksack selber tragen!
Der Rucksack wächst. Der Rücken wird nicht breiter.
Zusammenfassend lässt sich etwa sagen:
Ich kam zur Welt und lebe trotzdem weiter.

In: Kästner, Erich: Werke. Hrsg. von Franz Josef Görtz. Bd. 1: Zeitgenossen haufenweise. Gedichte. Hrsg. von Harald Hartung. München, 1998. S. 136.
Erstdruck als „Knappgefasster Lebenslauf" in Neue Leipziger Zeitung, 31. 8. 1930, S. 33, zeitgleich im 3. Gedichtband „Ein Mann gibt Auskunft", 1930.

Als Erich Kästner 1930 diesen poetisch gefassten Lebenslauf schreibt, ist er – wie die Sprechinstanz seines Gedichts – 31 Jahre alt (s. Vers 17) und hat gerade zwei Gedichtbände sowie sein erstes Kinderbuch („Emil und die Detektive", 1929) veröffentlicht. Damit hat Kästner sich im Literaturbetrieb nicht nur einen Namen gemacht, sondern auch seine Profession gefunden und somit durchaus einen persönlichen Anlass, um auf den eigenen Lebenslauf „mit Witz" (Vers 24) zurückzublicken. Aber auch politisch zeichnet sich für Kästner schon ab, dass er mit seiner „kleinen Versfabrik" (Vers 18) und seinen vielen zeitkritisch-satirischen Texten im „Rucksack" (Vers 25) Probleme bekommen würde. Schließlich hat er schon 1927 in Leipzig die Erfahrung machen müssen, dass, wer sich „sehr gerne zwischen Stühle" (Vers 21) setzt, vor die Tür gesetzt wird: Als Kästner wegen eines erotischen Gedichts von der „Neuen Leipziger Zeitung" entlassen wird, geht er – wie so viele seiner Generation – nach Berlin.

Die Geburt der jungen Literaturschaffenden der Weimarer Republik fällt kulturgeschichtlich in die Endphase der Gründerzeit, der Heinrich Mann mit seinem Roman „Im Schlaraffenland" (1900) ein Denkmal setzte. Wessen Eltern nicht zur reichen Parvenü-Gesellschaft zählen, hat nicht viel zu erwarten. Und wer im letzten Jahrzehnt des Kaiserreichs nicht als „Musterknabe" die Schule besucht, hat viel zu erdulden, wie die kritischen Schulromane der frühen literarischen Moderne zeigen (z. B. Hermann Hesses „Unterm Rad" von 1905 oder Hans Falladas „Der junge Goedeschal" von 1920). Selbst der Musterschüler Kästner lernt ab der fünften Klasse seinen „Zuchtmeister" und dessen „Rohrstock" zu fürchten, was er in seiner Autobiografie „Als ich ein kleiner Junge war" (1957) ausführlich beschreibt. Diese endet mit folgender Feststellung: „Am 1. August 1914, mitten im Ferienglück, befahl der deutsche Kaiser die Mobilmachung" (vgl. dazu auch Vers 9). Als die vorhergehende Dichtergeneration ihre Ansichten zum Krieg und seinen Folgen in dem Band mit dem bezeichnenden Titel „Menschheitsdämmerung" 1919 veröffentlicht, legt der 1899 in Dresden Geborene gerade das Abitur mit Auszeichnung ab, nimmt in Leipzig ein Studium der Germanistik, (Theater-)Geschichte und Philosophie auf und wird sechs Jahre später zum Thema „Friedrich der Große und die deutsche Literatur" promoviert.

Dem Gedichttitel entsprechend kurzgefasst werden Geburt, Kindheit, Schul- und Studienzeit in jeweils einer Strophe dargestellt. Dagegen nimmt die Adoleszenzphase in den 1920er-Jahren mehr als die Hälfte des „Lebenslauf"-Gedichts ein; sie ist geprägt durch die Inflation und ihre Folgen. Wie kaum ein anderes Thema beherrscht die „Tragödie von 1923" (Heinrich Mann) die deutschsprachige Literatur der Weimarer Republik, ihre Auswirkungen werden daher im Fokus des Kapitels stehen.

Die Literatur der Neuen Sachlichkeit

Die Literarische Moderne

Die Gründung der Weimarer Republik fällt literarhistorisch in eine Epoche, deren vielfältige Strömungen unter die Bezeichnung *literarische Moderne* (1890–1930) subsumiert werden. Diese ist in ihrer ersten Hälfte vor allem durch heterogene, sich zum Teil widersprechende *Ismen* geprägt: Naturalismus, Ästhetizismus, Impressionismus und Symbolismus. 1912, im „Schwellenjahr" (Jauß) der Moderne, gibt in der Literatur – wie in der Malerei („Die Brücke", Kubismus, „Blauer Reiter") – eine neue Generation den Ton an: Infolge des 1. futuristischen Manifests (Paris 1909) etabliert sich der Expressionismus als literarische Avantgarde, die mit der Lyrik-Anthologie „Menschheitsdämmerung" (1919) ihren Höhe- und zugleich Wendepunkt erreicht. Die junge Schriftstellergeneration um den „Jahrgang 1899" (so ein weiteres autobiografisches Gedicht Kästners) entwickelt einen eigenen Stil, der sich zwar realistisch gibt, aber über die Schreibweise des 19. Jahrhunderts, insbesondere des bürgerlichen Realismus und des Naturalismus, hinausgeht und daher – nach der 1925 von Gustav F. Hartlaub kuratierten Ausstellung moderner Malerei in Mannheim – *Neue Sachlichkeit* genannt wird.

Deren Bedeutung über ihr mimetisches Verfahren zur Darstellung zeitgenössischer Themen hinaus spiegeln Titel neuerer Untersuchungen wie die „Anmerkungen zur neusachlichen Männlichkeit" (Wieland 2009/10) oder „Weibliche Sachlichkeit" (Weymann 2009/10) wider; der Historiker Alexander Preisinger (2008) erkennt sogar neben einer literarischen auch eine monetäre Sachlichkeit. Da die jungen Autoren und Autorinnen ihre Erfahrungen zeitnah literarisch verarbeiten, finden ihre authentischen und faktenreichen Werke eine breite Leserschaft. Denn der Aufschwung bringt Mitte der 1920er-Jahre mit neuen Wirtschaftsfeldern auch neue kulturelle Möglichkeiten hervor.

Modernisierung des Literaturbetriebs

Im Bereich des Literaturbetriebs sind dies neben modernen Vertriebsformen (z. B. Druck von Fortsetzungsromanen in Zeitungen, Gründung von Büchergilden) neue Themen, wie sie Max Barthels „Verse von Fabrik, Landstraße, Wanderschaft, Krieg und Revolution" (1926) oder Marieluise Fleißers „Roman vom Rauchen, Sporteln, Lieben und Verkaufen" (1931) aufzählen. Damit einher gehen neue Genres wie der Arbeiter-, Angestellten-, Aufsteiger-, Arbeitslosen-, Industrie- und Produktionsroman oder die Kampf- bzw. Agitationsliteratur und die Kapitalismussatire. In der Erzählliteratur treten neue Figuren auf (z. B. der Gigolo, der Filmstar, der Schieber oder die weibliche Angestellte) und in Bühnenstücken werden kanonische Figuren bzw. Stoffe in die modernen Verhältnisse versetzt (z. B. Bertolt Brechts „Die heilige Johanna der Schlachthöfe", 1931). Neuartige Gattungen und Schreibweisen (z. B. Collage, Reportage, Filmroman) orientieren sich vor allem an der neuen massenmedialen Konkurrenz. Zur Massenware wird nun auch das Buch: Literatur wird zur Verbreitung politischer

Ideen genutzt, parteinahe Verlage übernehmen die Produktion, Buchgemeinschaften die Verbreitung. Der 1924 gegründete Bücherkreis will sich beispielsweise als „eine Vereinigung des werktätigen Volks zur Pflege des guten und wertvollen Buches" (H. 4, 1928, S. 80) verstanden wissen. Diesen Buchgemeinschaften ist eine längere Lebensdauer und größere Wirkung beschieden als den Interessenverbänden wie etwa dem Schutzverband Deutscher Schriftsteller oder der politisch links orientierten „Gruppe 1925", die in den beiden Jahren ihres Bestehens in der Öffentlichkeit kaum wahrgenommen wird.

Aufgrund ihrer realistischen, häufig kaum kunstvollen Darstellung überwiegend alltäglicher Inhalte wird ein Großteil der Literatur der Weimarer Republik in der Forschung als trivial etikettiert. Damit rückt sie ungerechtfertigterweise in die Nähe der „in der Inflationszeit weit verbreitete[n] antidemokratische[n] und irrationalistische[n] Massenliteratur, die aus den wirtschaftlichen Ängsten und dem utopischen Sehnsüchten ihrer Leser Kapital zu schlagen wusste" (Kaes 1989, S. 329). Es ist bezeichnend, dass der Begriff Trivialliteratur seine pejorative Akzentuierung in der Weimarer Republik durch die Dissertation zum „Trivialroman des 18. Jahrhunderts" erhält, die die Germanistin Marianne Thalmann 1923 vorlegt. Selbst einige Schriftsteller betrachten ihre Werke in dieser Hinsicht kritisch – zumal aus der Rückschau wie beispielsweise Robert Neumann, der in einem autobiografischen Bericht seinen Roman „Sintflut" als „über-naturalistischen Überroman" bezeichnet. Andere, wie Lion Feuchtwanger, verteidigen ihre „Gestaltung des unmittelbar Greifbaren: Sitten und Gebräuche des heraufkommenden Proletariats, die Institutionen Amerikas, Fabriken, Konzerne, Autos, Sport, Petroleum, Sowjetrussland", oder sie erläutern, wie Hans Fallada in „Bauern, Bonzen und Bomben", ihr mimetisches Verfahren:

> „Dieses Buch ist ein Roman, also ein Werk der Phantasie. Wohl hat der Verfasser Ereignisse, die sich in einer bestimmten Gegend Deutschlands abspielten, benutzt, aber er hat sie, wie es der Gang der Handlung zu fordern schien, willkürlich verändert. Wie man aus den Steinen eines abgebrochenen Hauses ein neues bauen kann, das dem alten in nichts gleicht, außer dem Material, so ist beim Bau dieses Werkes verfahren."

„Jahrbuch zur Kultur und Literatur der Weimarer Republik"

Obwohl oder gerade weil neusachliche Werke zu ihrer Zeit Mode- bzw. Bestseller-Literatur sind, bleibt ihnen eine wissenschaftliche Beachtung lange versagt. Erst durch den Paradigmenwechsel infolge der 1968er-Revolte finden zumindest einige Autoren und auch Autorinnen der Neuen Sachlichkeit Beachtung, zunächst allerdings aus einem stark politisierenden Blickwinkel wie beispielsweise bei Helmut Lethen oder Jost Hermand. Mit den „Neue[n] Interpretationen zu Romanen der Weimarer Republik" von Sabina Becker und Christoph Weiss setzt Mitte der 1990er-Jahre eine Hinwendung zu Einzeluntersuchungen ein, die ihren Publikationsort unter anderen im „Jahrbuch zur Literatur der Weimarer Republik" finden (seit 2001 „Jahrbuch zur Kultur und Literatur der Weimarer Republik"). Mit ihren Habilitationsschriften legt die Germanistin Sabina Becker neben einer Würdigung der „Ästhetik der neusachlichen Literatur" (Bd. 1) eine umfangreiche Quellensammlung (Bd. 2) vor.

Eine nennenswerte Be(tr)achtung dieser „Literatur mit *Nutzwert*“ (Becker 2007) unter ökonomischen Vorzeichen erfolgt erst seit Beginn der 2000er-Jahre. Abgesehen von einzelnen Annäherungen von wirtschaftswissenschaftlicher Seite wird das literaturwissenschaftliche Interesse durch die Monografien von Jochen Hörisch („Poesie des Geldes“, 1996) und Joseph Vogl („Poetik des ökonomischen Menschen“, 2002) befördert.

Für die Auswahl der fiktionalen Literatur dieses Kapitels ist die Inflation mit ihren Folgen zwar maßgeblich, berücksichtigt werden aber auch weitere thematische Felder. Bei der Analyse der fiktionalen Texte ist zu bedenken, was Alexander Preisinger und Bernadette Harrant (2010, S. 63) kritisch anmerken: „Wer Literatur liest, wird zweifelsohne keine wirtschaftswissenschaftlichen Analysen erwarten. Narrativierung, Kollektivsymbole und rhetorische Mittel sind die zentralen Strategien bei der Transformation der Wirklichkeit in literarische Formen, die sich in ihrer analytischen Tiefe nicht mit wissenschaftlichen Fachdiskursen messen können und sollen.“

Familienschicksale in der Inflation

Anders als Kästner schreibt der um nur zwei Jahre ältere Karl Löwith einen längeren Lebensbericht zwecks Teilnahme an einem Preisausschreiben, mit dem die Harvard University 1940 die Lebenserfahrungen in Deutschland vor und nach 1933 erkunden wollte. Im Kapitel „Die Auszehrung alles Bestehenden durch die Inflation“ hält der Philosoph fest: „Es gab kaum eine deutsche Familie, deren Fundamente nicht unterhöhlt oder weggeschwemmt wurden. [...] Alte und wohlsituierte Familien waren mit einem Schlage verarmt, und junge Habenichtse waren durch Bankspekulationen zu großem Vermögen gekommen.“ (Löwith 1940/1986, S. 60 f.) Das prominenteste der literarischen Beispiele für die Verarmung solch wohlsituierter Familien stammt aus der Feder von Thomas Mann, der in seiner Inflationsnovelle „Unordnung und frühes Leid“ (1925 in „Die neue Rundschau“, 1926 im Fischer-Verlag) aufzeigt, wie die Familie des Geschichtsprofessors Abel Cornelius in der bayrischen Hauptstadt durch die Inflation zum ‚Villenproletariat‘ degradiert wird. Wie es den gesellschaftlichen Kreisen ober- und unterhalb dieser Münchner Akademikerfamilie in der Hauptstadt ergeht, zeigen folgende Texte.

Joseph Roth: Ballade vom Zusammenbruch einer bessern Familie

> Zehnmal im Tage las er die Kurse und telephonierte
> mit der Devisenabteilung von Mendel und Compagnie – –
> Hundertmal fuhr er im Auto zur Börse, und wie ein Hirte
> des Abends in Paaren heimführt das folgsame Vieh –
> so trieb er Effekten vom Haussetag in schweren Massen nach Hause,
> weiße, bunte, gescheckte durch seiner Konti Gebiet;
> pfiff dazu mit den Händen ein abendlich Schäferlied
> und gönnte selbst in der Nacht den Sorgen keinerlei Pause.

Seine Gattin hieß Jetti, und trotzdem entbehrte
sie den liebenden Mann, den ihr die Börse entzog – –
vierzehn Teller zerschlug ihr die Köchin, die deshalb flog – –
und der Sealpelz der Freundin, mit der sie nicht ungern verkehrte,
wider Erwarten gelang er – (sie hatte die gute Figur) –
und raubte Jetti den Schlaf in ruhigen Nachmittagsstunden – –
also beschloß sie (plötzlich und ausgerechnet beim Jour),
noch in dieser Saison gründlich und sehr zu gesunden.

Und sie fuhren zu Lahmann bei Dresden, um sich zu retten
aus dem Nervenzusammenbruch, der katastrophal
manchmal die besseren Kreise befällt, so daß sie zum heiligen Gral,
dem in Sanatorien befindlichen, pilgern in Schlafwagenbetten.
Eh' sie die Ruhe gefunden, hat es lange gedauert,
Kurse stiegen und fielen, es gab Segen und Fluch.
Manchen traf der Schlag, und er kroch unters Leichentuch – –
Heute noch, während ich dieses schreibe, schauert
meine Schreibmaschine zurück vor solchem Familienzusammenbruch.

Josephus, in: Lachen links. Das republikanische Witzblatt, 22. 2. 1924.
In: Roth, Joseph: Werke. Bd. 2: Das journalistische Werk, 1924–1928. Hrsg. und mit einem Nachw. von Klaus Westermann. Köln, 1990, S. 13 f.

Mit ihrem Publikationsorgan „Lachen links", dem republikanischen Witzblatt der Sozialdemokraten, ist die „Ballade vom Zusammenbruch einer bessern Familie" bereits als sozialkritische Satire gekennzeichnet. Joseph Roth, der 1894 im galizischen Brody in eine jüdische Kaufmannsfamilie hineingeboren wird und sein Germanistik-Studium in Lemberg und Wien bedingt durch den Ersten Weltkrieg nicht abschließen kann, geht 1920 nach Berlin und hält sich dort mit Reportagen für renommierte Zeitungen über Wasser, bis die „Frankfurter Zeitung" ihn 1925 als Korrespondenten nach Paris und ein Jahr später durch die Sowjetunion schickt. Als die Ballade unter dem Pseudonym Josephus im Februar 1924 erscheint, beginnt die „Frankfurter Zeitung" gerade mit einem Vorabdruck seines zweiten Romans „Hotel Savoy", in dem Roth ein Psychogramm der Nachkriegsgesellschaft entwirft und das Hotel samt seinem Besitzer untergehen lässt. Dagegen ist das Ausmaß des in der Ballade dargestellten „Familienzusammenbruchs" eine Frage des Blickwinkels: Der sarkastische Unterton des Erzählgedichts, verstärkt durch die mythischen Vergleiche und die Personifikation des Schreibmediums, rückt die Dimension dieses Zusammenbruchs in einem der teuersten Sanatorien seiner Zeit ins rechte Licht: Die Folgen der Inflation in besseren Kreisen sind auch bessere, denn sie gehen nur an die Nerven, kaum aber an die Existenz.

https://doi.org/10.36198/9783838557328-m51

Ganz anders ergeht es der Hauptfigur in Hans Falladas Roman „Der eiserne Gustav" (1938) (M51). Hatte Fallada in seinem ein Jahr zuvor veröffentlichten Inflationsroman „Wolf unter Wölfen" die bürgerliche Hauptfigur abseits von Berlin auf Gut Neulohe an der Inflation über sich hinauswachsen und an deren Ende mit der moralisch starken Armutsprostituierten Petra (*nomen est omen*) eine Familie gründen lassen (siehe Knortz/Laudenberg 2016), zeigt er hier den Zusammenbruch der Familie des Droschkenkutschers in einem zeitlich weiter ausholenden Rahmen. Führt Gustav Hackendahl im Osten Berlins zu Beginn des Ersten Weltkriegs einen erfolgreichen Fuhrpark, steht er an dessen Ende nur noch mit einem einzigen Pferd und einer Droschke, aber ohne seine Nachkommen dar, die er wegen ihres moralischen Absturzes durch Zuhälterei und Kriminalität als missraten verstößt. Geht sein Geschäft aufgrund der automobilen Konkurrenz schon schlecht, bedroht die Inflation seine Existenzgrundlage, denn „in diesen Zeiten konnte ein Pferd nicht einmal mehr sich selbst ernähren, geschweige denn zwei alte Leute" (Fallada 2019, S. 463). Da am Ende der Romanhandlung andere Zeiten aufscheinen und Fallada seinen neusachlichen Stil in die Zeit des Nationalsozialismus hinüberzuretten versucht, entspricht er dem Einwand wegen „fehlender Propagandawirkung" seitens der Reichspropagandaleitung und verändert den Schluss. Die bereits Anfang der 1960er-Jahre rekonstruierte Urfassung ist 2019 von der Fallada-Biografin Jenny Williams nochmals erweitert worden.

Zur Vertiefung

Mascha Kaléko: Herrschaftliche Häuser. Gedicht. In: Dies.: Sämtliche Werke und Briefe in vier Bänden. Bd. 1. München, 2012, S. 74 f.
Irmgard Keun: Geschichte des Bohnerwachsvertreters Hans und seiner Familie. In: Gilgi – Eine von uns (1931). In: Dies.: Das Werk. Bd. 1: Texte aus der Weimarer Republik 1931–1933. Göttingen, 2017, S. 190–194.
Thomas Mann: Unordnung und frühes Leid. Frankfurt am Main, 1926.

Inflationskönige

Kurt Tucholsky: Raffke. Couplet (Für Kurt Korff)

Ick bin die allerneuste Zeiterscheinung,
Sie treffen mir an alle Orte an –
ick pfeife uff die öffentliche Meinung,
weil ick als Raffke mir det leisten kann.
Ick bin die feinste von die feinen Nummern,
ick steh schon in die Illustrierte drin;
denn ob Jeschäfte oder Sekt und Hummern:
Ick knie mir rin, ick knie mir richtig rin!

Mein Vata war ein kleiner Weichenstella,
und meine Jugend, die war sehr bewegt –
ick stand doch damals in'n Jemisekella,
wo meine Frau die Jurken einjelegt.
Denn stieg ick uff. Und wurde richtig Raffke.
Und steckt die janze Welt in'n Dalles drin: –
Det macht mir nischt, denn ick vadiene daffke.
Ick knie mir rin, ick knie mir richtig rin!

Von wejen Kunst un so – ick kenn Tosellin!
Ick weiß, der Strauß, der singt det hohe Fis.
Nur weiß ick nich jenau von Boticellin,
ob det nun 'n Cognak oder'n Keese is!
'n Bild in Auftrag jeben dhu ick imma –
weil ick nu mal 'n jroßa Meez'n bin –
Jefällt mirs nich, häng icks ins Badezimma:
Ick knie mir rin, ick knie mir richtig rin!

In der Jeschäfte wüsten Lärm und Hasten
vajeß ick auch die süße Liebe nicht.
Sie, meine Olle is valleicht 'n Kasten –
die hat so zweihalb Zentner Schwerjewicht!
Aus meinen Schloß mit seine Silberputten,
da mach ick raus, wenn ick alleene bin –
Et jibt ja Jott sei Dank noch so viel Nutten –
Ick knie mir rin, ick knie mir richtig rin!

Wat Sie hier sehn an meinen dicken Händen,
den janzen Perlen- und Brillant-Salat –
Sie, det sinn alles meine Dividenden –
denn ick bin dreißigfacher Aufsichtsrat.
Und in den alljemeinen Weltenkoller,
da schieb ick still zur Bank von England hin:
Und macht ihrs doll – ick mache immer Dollar!
Ick knie mir rin, ick knie mir richtig rin!

Theobald Tiger
Drei-Masken-Verlag Berlin 1922.
Tucholsky, Kurt: Gedichte, Lieder, Couplets. Hrsg. von Peter Langemeyer. Stuttgart, 2006, S. 47f.

Als Kurt Tucholsky sein Gedicht „Raffke" 1922 publiziert, ist der titelgebende Begriff ein Novum; der 1890 in Berlin geborene Autor könnte der namenlose Journalist sein, dem Joseph Roth in seiner ironisch sarkastischen „Rehabilitierung ‚Raffkes'" die Erfindung zuschreibt: „Die Endsilbe seines Namens, den ein Journalist erfunden hat, deutet auf jene Bezirke hin, aus denen Raffke stammt. Es ist die Endsilbe kleinbürgerlicher Namen" (Roth 1989, S. 921). Wie die Bezeichnung ist der Bezeichnete ein „Sohn dieser Zeit [...] ein Raff-Ritter in dem Jahrhundert des Merkantilismus", mit dem sich, so Roth 1923 im „Berliner Börsen-Courier", „die vom Dollar am Wege Gelassenen" gutstellen sollten, denn dieser werde „geistige Genüsse suchen" und ein „ehrlicher Konsument" ihrer Werke sein (ebd.). Das Besondere an Tucholskys Gedicht ist, dass er einen Raffke selbst zu Wort kommen lässt: Dieser lobpreist die eigenen ‚Verdienste' im Berliner Dialekt, dem die Bezeichnung *Raffke* ihre Endung verdankt. Als „allerneuste Zeiterscheinung" (Tucholsky 1922, Vers 1) erlangt der Typus internationale Berühmtheit durch Fritz Langs Verfilmung des Romans „Dr. Mabuse, der Spieler" (1921), zu dem der Autor Norbert Jacques durch den in eigener Anschauung erlebten Schwarzhandel am Bodensee angeregt wurde.

Auch sog. Inflationskönige dienen mal mehr, mal weniger explizit als Vorlage von Romanen; im Fall des berühmt-berüchtigten deutschen Beispiels wird der Mühlheimer Großindustrielle Hugo Stinnes 1925, ein Jahr nach seinem Tod, einerseits offen verehrt in Nathanael Jüngers (alias Johann Rump) „Kaufmann aus Mülheim", andererseits verdeckt verteufelt in Heinrich Manns „Kobes", für den George Grosz Lithografien beigetragen hat. Der Maler nennt in einem Essay des gleichen Jahres seine Zunft „eine Banknotenfabrik und Aktienmaschine, deren sich der reiche Ausbeuter und ästhetische Fatzke bedient, um sein Geld mehr oder weniger lukrativ anzulegen, um vor sich und der Gesellschaft als Förderer der Kultur [...] dazustehen" (Grosz 1925, S. V).

Abbildung 23: Coverbild der Originalausgabe von Heinrich Manns Kobes

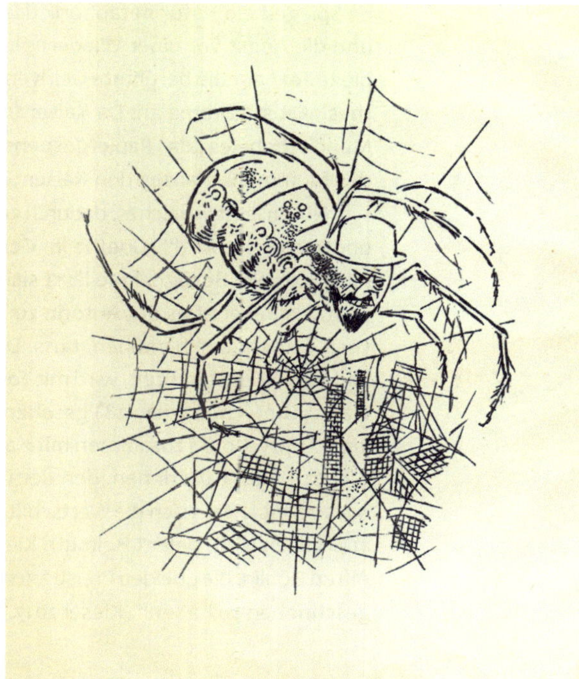

Quelle: Mann, Heinrich: Kobes. Mit zehn Lithographien von George Grosz. Berlin, 1925.

Namenlos bleibt dagegen „ein Kaufherr, geheimer Lenker von Banken, von Trusts und Syndikaten" (Langgässer 1932, S. 59) als Hauptfigur in Elisabeth Langgässers Erzählung (M52), die den Namen der römischen Gottheit des Handels und der Diebe trägt. Als letzte von drei Novellen entstanden, steht „Merkur" zwischen den beiden ebenfalls mit Gottheiten überschriebenen Erzählungen im „Triptychon des Teufels" (1932), das im Untertitel als ein „Buch vom Hass, dem Börsenspiel und der Unzucht" angekündigt wird. Der Protagonist, von dessen Verschwinden zur Hochphase der Inflation und der Suche nach ihm die Rahmenhandlung erzählt, versteht sich nicht nur auf das Börsenspiel, sondern auch auf „angewandte Kunst, die fast schon wieder zwecklos und Spiel zu werden sich anschickt" (ebd., S. 68). Die Binnenerzählung lässt ihn mit holländischen Staatspapieren, „bereit, eine große Summe zu opfern" (ebd.), im rheinischen Karneval eine zweifelhafte Bar betreten, um einem durchreisenden Holländer „seltene Ornamente" abzukaufen. Durch den plötzlichen Tod des aufgrund der Hermes-Maskerade als Doppelgänger erscheinenden Händlers kann er die Kunststücke kostenfrei an sich nehmen. Anhand der Erwähnung des auf diese Episode folgenden Kapp-Putsches zeitlich fixierbar, vertreibt sich der ‚lange gerüstete Kaufherr' die drei Jahre bis zu seinem Verschwinden mit einem neuen „Spiel, das, wie jedes andere seinen Sinn in sich selber fand; und zwischen Mars und Venus, den Göttern des lustvollen Mordes und der enttäuschenden Liebe, tat Merkur mit Lust und Liebe, was die Banken zum Erbeben brachte" (ebd., S. 89). Denn ob „sie das Ungeheuer der großen Inflation als Lava oder Lawine, Flut oder Staubregen

https://doi.org/10.36198/9783838557328-m52

fühlten – die dumpfen Gestalten der Zeit, die sich verwandelte, verlangten nach ihrem Fasching" (ebd.).

Spiegelt die Naturmetaphorik das zeitgenössische (Un-)Verständnis der Inflation und die Angst vor einer Wiederholung wider, spielt dieser literar-ästhetisch komplexe Text auf die berühmte Geldvermehrung am Kaiserhof im zweiten Teil von Goethes „Faust"-Drama an: Da Kaiser und Hof lieber Karneval feiern wollen, erschafft Mephistopheles „das Papiergespenst der Gulden" (Vers 6196 ff.), indem er während des Mummenschanzes den Kaiser „in der Maske des großen Pan ein Papier unterschreib[en lässt], welches, dadurch zu Geldeswert erhoben, tausendmal vervielfältigt und verbreitet wird" (Goethe im Gespräch mit Eckermann am 27. Dez. 1829). Diese intertextuelle Bezugnahme lässt sich auch für den Titel geltend machen, ohne dass man das Bekenntnis der Autorin zum Katholizismus und zum literarischen „Renouveau Catholique" bemühen muss. Da Langgässer die Trilogie mit einem Begriff der bildenden Kunst betitelt, wird mit Torsten Leinen auch eine Nähe zu Otto Dix' „Großstadt"-Triptychon (1927/28) gesehen. Langgässer erhält bereits vor der Publikation ihres Triptychons (zusammen mit Käte Beil) den Literaturpreis für unveröffentlichte Werke junger Autorinnen, den der Deutsche Staatsbürgerinnen-Verband 1931 erstmals vergibt. Dass sich die Wertschätzung von Schriftstellerinnen durch ihre Kollegen in Grenzen hielt, belegt Helmuth Kiesel mit einer Bemerkung des Jurors und Autors Alfred Döblin, die „beiden Preisträgerinnen sollten sich nicht einbilden, große Literatur geschrieben zu haben" (Kiesel 2017, S. 620).

Zur Vertiefung

Nathanael Jünger: Kaufmann aus Mülheim. Ein Hugo Stinnes-Roman, dem deutschen Volke geschrieben. Wismar, 1925.
Fritz Lang: Dr. Mabuse, der Spieler. Erster Teil: Der große Spieler – Ein Bild der Zeit. Zweiter Teil: Inferno – Menschen der Zeit. Uco-Film Berlin (UA: 27.4./26.5.1922).
Heinrich Mann: Kobes. Novelle, mit zehn Lithographien von George Grosz. Berlin, 1925.

Die Welt der Angestellten am Beispiel der Neuen Frau

Zu Beginn seiner 1929 zunächst in der „Frankfurter Zeitung" publizierten Studie über die Angestellten zitiert Siegfried Kracauer die Reaktion einer Privatangestellten auf seine Bitte, ihm „aus ihrem Büroleben zu erzählen": „Das steht doch schon alles in den Romanen" (Kracauer 1971, S. 10). Der Soziologe sieht das aber anders – „Hunderttausende von Angestellten bevölkern täglich die Straßen Berlins, und doch ist ihr Leben unbekannter als das der primitiven Völkerstämme, deren Sitten die Angestellten in den Filmen bewundern" (Kracauer 1971, S. 11) – und beabsichtigt daher mit seiner Studie, „das Licht der Öffentlichkeit auf die öffentlichen Zustände der Angestellten" (ebd.) zu lenken.

Ein künstlerisches Schlaglicht auf diese Zustände wirft Mascha Kaléko, 1907 in Galizien geboren, mit ihren russisch-österreichischen Eltern über mehrere Etappen nach Berlin migriert, wo sie Ende der 1920er-Jahre Teil der sich im Romanischen Café versammelnden Avantgarde wird. Die dem Titel ihrer Gedichtsammlung entsprechend stenogrammartig dargestellte Tätigkeit des ‚Mädchens an der Schreibmaschine' kennt Kaléko aus eigener Erfahrung, denn sie beginnt 1925 anstelle eines Studiums auf Wunsch ihres Vaters eine Bürolehre.

Mascha Kaléko: Mädchen an der Schreibmaschine (1934)

Die Maschine heißt Continental, römisch zwei.
Das Mädchen: Fräulein Siebert. Zumindest zwischen neun und fünf. Nach Feierabend gibt es auch einen Vornamen, – Inge, Lore oder Elisabeth. Von den zärtlichen Abkürzungen, die »Sein« Vorrecht sind, ganz zu schweigen. Die haben nichts zu suchen zwischen Stenogrammblock, Firmenbogen und Kohlepapier. Keine Privatgedanken in der Geschäftszeit, bitte sehr, sonst gibt's Tippfehler.
Unvermeidlich allerdings ist das Lächeln als Nachwirkung gewisser Telephongespräche …
Punkt neun beginnt der »Betrieb«. Neun Uhr zehn, ausgeschlafen oder müde, keinen geht das an, klappern die schmalen Finger des Mädchens schon herum auf der stählernen Schreibkiste. Tipp tipp tick … tipp tipp tick … ein sanftes Klingeln, ping. Wir zeichnen mit vorzüglicher Hochachtung …
Im ersten Brief kommt ein Gähnen auf je ein Komma. Beim zweiten beginnt man den Ärger über die prallgefüllte U-Bahn langsam zu verwinden. Beim dritten aber ist man schon ganz mittendrin.
Ja, es kann schon einmal vorkommen, daß man sich an der reinen Weiße eines knisternden Schreibmaschinenbogens über der Walze freut. Oder vielleicht über anderthalb Meter Sonnenstrahl, die durch das staubige Bürofenster auf die Tasten fallen, ein grellbeschienenes A oder Z, – es ist merkwürdig, wie einen derartige Lächerlichkeiten zuweilen froh stimmen können. An solchen Tagen möchte man fortwährend singen mitten im Büro, so ist einem zumute. Aber man wird sich das verkneifen …
Der Chef.
Na!
Ganz unvorschriftsmäßig: keine Glatze, keinen »Bauch«, keine Zigarre. Mitte dreißig ist er und »leichtsinnig«. Jeden Mittag um zwei ruft die blonde Telephonistin aus der Zentrale in die Muschel: »Herr Direktor, Frau Gemahlin auf der vierten Leitung …« Sie ist gut informiert über das Privatleben des »Alten«. Erkennt jede Stimme. Totsicher. »Wenn ich reden wollte …« — Aber darauf ist man als intelligente Sekretärin nicht angewiesen.
Wenn er »Kindchen« sagt und »Viel zu tun, Schatz«, so handelt es sich um »Frau Gemahlin«. Lächelt er jedoch verliebt in das Sprechrohr, spielt er verwirrt an der Telephonschnur, verlegen wie ein kleiner Junge, dann weiß man Bescheid und verdrückt sich leise, auf die Gefahr hin, daß man mitten im Stenogramm stecken geblieben ist. Wenn sie es wüßte, diese »Andere«, daß sie das Barometer ist für das gesamte Büro, sie würde sicher pünktlich anrufen, um jeden Tag auf »Schön Wetter« zu stellen.
So aber. Nicht ganz einfach …
Alle Chefs diktieren ein garantiert einwandfreies Deutsch, haben einen erstklassigen Stil, anerkannt, garantiert, unwiderruflich. Wünschen keinerlei Stilkorrekturen.
»Fräulein Siebert, zum Diktat!«
Schlachtruf.
Stenoblock, zwei messerscharfe Kopierstifte, rasch den Kamm durchs Haar, kein Kohlepapierfleck auf der Nase? Nein, sagt der Taschenspiegel, also los.

> »Schreiben Sie!«
> Alle Chefs diktieren ein einwandfreies Deutsch … erstklassiger Stil … (siehe oben!). Anerkannt. Garantiert. Unwiderruflich.
> »… Und schrieben wir Ihnen letzthin auf Ihr Wertes vom 4. cr., daß sie nicht akzeptieren müssen, wenn wir mehr wie die Konkurrenz in Rechnung stellen …«
> Wünschen keinerlei Stilkorrekturen.
> Auch wenn ein mittelkluger Quartaner schon begriffen hat, daß es nach dem Komparativ »als« heißt und daß … und daß … und daß …
> Keine Stilkorrekturen …
> Aber, armes Fräulein Siebert, schreibt das brave Mädchen gehorsam ab aus dem Stenogramm, dann ist er tiefgekränkt: »Dreimal in einem Satz ›schließlich‹. Fräulein Siebert, ich muß schon bitten …!«
> Chefkrach, Kollegentratsch, nichts als Ärger …
> Und sie stützt ihren Kopf verzweifelt in die Hände, Ellenbogen an den kühlen Lackrahmen der Continental römisch zwei. So traurig ist das Leben. So öde ist dieses Büro. Keinem geht es so miserabel wie mir. Für dieses lächerliche Gehalt. Und das Mädchen hinter der Schreibmaschine hat es gründlich satt. Macht ein Gesicht, das durchaus nicht zu dem lustigen Rot der neuen Bluse vom letzten Ausverkauf paßt. Und tut, als ob das immer so wäre. Und als säße es auf einer Insel mitten im Unglücksmeer, ganz allein mit seinen paar lumpigen Stenogrammen und seinem elenden Klapperkasten.
> Vergißt, daß es einen Büroschluß gibt, Feierabend geheißen, Spazierengehen zu zweien, Arm in Arm mit schlenkernder Mappe und Stadtköfferchen, Warten und Erwartetwerden an der Haltestelle. Telephongespräche zwischen Frühstückspause und Lohnlisten, Wochenende in weißem Sweater und Seemannshose aus Leinen, Paddelboot X und Bücher, Frühling, Sommer und Herbst. Sechs schwarze Kalenderblätter und immer wieder das ersehnte rote. Leben am laufenden Band. Montag bis Freitag findet Alltag statt.
> Sonnabend mittag um zwei aber fängt der Sonntag an …

Kaléko, Mascha: Sämtliche Werke und Briefe in vier Bänden. Hrsg. und komm. von Jutta Rosenkranz. Bd. 1. München, 2012, S. 127–129.

In dem rationalisierten „Betrieb“ einer Sechstagewoche erlaubt sich Kalékos „intelligente Sekretärin“ zwar keinen Widerspruch gegenüber ihrem Chef und dessen Schreibstil, aber doch eigene Tagträumereien, sofern diese die korrekte Ausführung der Arbeit nicht beeinträchtigen. Ihre Träume lassen kurz das Leben jenseits des Büros aufleuchten; ein Leben, das zwar Züge desjenigen eines Girls trägt, wie sie das Cover sowohl der Rowohlt- als auch der dtv-Ausgabe darbieten, das sich aber auf Zweisamkeit resp. auf einen Mann ausrichtet, den zu ehelichen das „Mädchen an der Schreibmaschine“ aus dem verhassten Berufsleben befreien könnte (vgl. Abbildungen 24 und 25).

https://doi.org/10.36198/9783838557328-m53

Da ist die 21-jährige Gilgi (M53), deren Name sich schon alliterierend mit dem Girl-Konzept verbindet, sehr viel selbstbewusster, indem sie den neuen Trend im Jahr 1931 von Darstellungen der älteren Generation unterscheidet, denn „am schlimmsten sind so Alte, die sich auf neue Zeit umgestellt haben. Da schreiben welche von moderner Sportjugend, Autofahren, kurzen Kleidern, kurzen Haaren und Jazzmusik

Abbildung 24: Cover des Rowohlt Verlags 2011

Abbildung 25: Cover des Deutschen Taschenbuch Verlags 2016

und haben ein kolossales Talent, den Nagel gerad' neben den Kopf zu treffen." (Keun 2017, S. 108) Die Heldin des Erstlings von Irmgard Keun besitzt eine eigene „Erika-Schreibmaschine", auf der sie „zehn spanische Geschäftsbriefe – zur Übung" schreibt (ebd., S. 93). Sie hat ein klares Ziel vor Augen, will sparen, um ein eigenes Geschäft aufzubauen, und tippt daher abends noch die Kriegserinnerungen eines ehemaligen Offiziers, „der anscheinend sein Vermögen geschickt durch die Inflation balanciert hat [...]. Zahlt anständig, der Mann. Stunde 1,50" (ebd., S. 94). Sie ist stolz darauf, ihr „Leben wie eine sauber gelöste Rechenaufgabe vor sich zu haben" (ebd., S. 86), bis mit Martin „eine Betriebsstörung" (ebd., S. 111) in ihr Leben tritt, sie anstelle ihrer Kollegin, die für ihre Mutter sorgen muss, entlassen wird und schließlich alles aufgibt, was ihr lieb und teuer war. Ihre Versuche, „ein System in die gemeinsame Wirtschaft zu bringen" und Martin anzugewöhnen, „Einnahmen und Ausgaben aufzuschreiben" (ebd., S. 127), scheitern. Erst als sie schwanger wird, lässt sie Martin in Köln zurück, um sich in Berlin eine eigene Existenz aufzubauen. Angesichts ihrer Stärke und Reflektiertheit, die durch die personale Erzählweise glaubhaft zur Geltung kommen, zählt sie zu den starken Frauenfiguren der neusachlichen Literatur. Dass es solche Figuren auch in den Romanen über männliche Angestellte gibt, mag das Beispiel

NORMAL-ETAT
von Johannes und Lämmchen Pinneberg
pro Monat.
Darf unter *keinen Umständen*
überschritten werden!!!

A. Einnahmen:

Gehalt pro Monat		200,–

B. Ausgaben:

a. Lebensmittel:		
Butter & Margarine	10,–	
Eier	5,–	
Gemüse	8,–	
Fleisch	12,–	
Wurst u. Käse	5,–	
Brot	9,–	
Kolonialwaren	5,–	
Fische	3,–	
Obst	5,–	62,–
Ausgaben Lebensmittel Summe:		62,–
b. Sonstiges:		
Versicherungen u. Steuern	23,75	
GDA-Beitrag	5,10	
Miete	40,–	
Fahrgeld	9,–	
El. Licht	3,–	
Feuerung	5,–	
Kleidung u. Wäsche	12,–	
Schuhwerk	4,–	
Waschen & Rollen & Plätten	3,–	
Reinigungsmittel	5,–	
Zigaretten	5,–	
Ausgänge	3,–	
Blumen	1,15	
Neuanschaffungen	10,–	
Unvorhergesehenes	5,–	134,–
Ausgaben Sonstiges Summe:		134,–
Gesamtausgaben:		196,–
Bleibt Bestand:		4,–

Abbildung 26: Lämmchens Etataufstellung

Quelle: Fallada, Hans: Kleiner Mann – was nun? (1932). Ungekürzte Neuausgabe mit einem Nachwort von Carsten Gansel. Berlin, 2016, S. 241 f.

Hans Falladas zeigen, dem Kracauers Studie als Quelle für sein Werk „Kleiner Mann – was nun?" (1932) diente. Als der gelernte Buchhalter Johannes Pinneberg, „ein ganz durchschnittlicher junger Mann" (Fallada 2016, S. 280), als Verkäufer im Warenhaus Mandel angestellt wird, fertigt seine Lämmchen genannte Frau eine Aufstellung an (vgl. Abbildung 26), mit der sie sich beide verpflichten, „unter keinen Umständen und unter keinem Vorwande Geld zu anderen als den vorgesehenen Zwecken zu entnehmen" (ebd., S. 242).

Als Johannes arbeitslos wird, vermag er nur dank seiner resoluten Frau den ‚einzigen Luxus' seiner Klasse, nämlich „ohne Schwindel und Lüge" zu leben (ebd., S. 438 f.): Die im Gegensatz zu ihrem Mann als Verkäuferin ausgebildete Emma Mörschel, Tochter eines sozialdemokratisch, bisweilen kommunistisch gesinnten Arbeiters, ist die eigentliche Hauptfigur des Romans – auch wenn sie kaum Züge der modernen oder gar der Neuen Frau trägt. Als verheiratete Mutter eines kleinen Jungen kann sie mit Putzen und Nähen zwar nur ein Zubrot verdienen, ermöglicht aber durch ihre effiziente Haushaltsführung ein kleines, wenngleich äußerst bescheidenes Familienglück.

Zur Vertiefung

Christa A. Brück: Schicksale hinter Schreibmaschinen. Berlin, 1930.
Erich Kästner: Chor der Fräuleins. Gedicht 1928. In: Kästner, Erich: Werke. Hrsg. von Franz Josef Görtz. Bd. 1: Zeitgenossen haufenweise. Gedichte. Hrsg. von Harald Hartung. München, 1998, S. 12.
Kurt Tucholsky: Angestellte. Gedicht (26. Januar 1926 in der „Weltbühne" unter dem Pseudonym Theobald Tiger: https://archive.org/details/DieWeltbhne22-11926/page/n135/mode/2up).

Die Welt des Warenhauses

Nicht diejenigen, die ihr Geld in den Konsumtempeln der Weimarer Republik lassen, sondern die, die dort ihr Geld verdienen, kommen in der neusachlichen Literatur zu Wort. Dies gilt für viele Gedichte wortwörtlich im Gegensatz zur Prosa, in der meist eine am Geschehen nicht beteiligte Instanz erzählt (z. B. Fallada „Kleiner Mann – was nun?"). In der sog. Rollenlyrik lassen sich typisierte Figuren – im Beispiel von Mascha Kaléko ein Liftboy – vermeintlich authentisch über ihre Situation aus.

Mascha Kaléko: Randbemerkungen eines Liftboys (1931)

Das stößt hier und drängelt so ohne Manieren.
– Von wegen »gebildet« und »besseres Haus«!
Die Gnädje im Fehpelz, die sollt' sich genieren.
Sie denkt: Nur ein Liftboy – was macht das schon aus ...
– Hätt ich zu bestimmen, ich wüßt, was ich täte!

»*Erster*: Porzellanwaren und Wirtschaftsgeräte ... !«

... Mitunter da denk ich, das menschliche Leben
Ist oft wie so'n Fahrstuhl im Warenhaus:
– Wer Geld hat, kann rauf bis zum Dachgarten schweben,
Wer keins hat, muß meist schon im Zwischenstock raus.
Und immer heißt's »Abwärts!« nach einigen Jahren ...

»*Zweiter*: Gardinen und Einrichtungswaren ... !«

Wenn ich erst mal Geld hab, dann werdet Ihr staunen:
Da pfeif ich auf meine geputzte Livrée!
Beschwerde gefällig? Abteilung für Launen.
– *Ich* sage so kühl wie ein Kunde: »Ich geh«.
... Nur Elli vom Lichthof –. Doch noch ist's ein Traum ...

»*Dritter*: Frisier- und Erfrischungsraum!«

Kaléko, Mascha. Sämtliche Werke und Briefe in vier Bänden. Hrsg. und komm. von Jutta Rosenkranz. Bd. 1. München, 2012, S. 21.

Ob des Fahrstuhlführers Gedanken oder seine Ausrufe des Stockwerks als die im Titel angekündigten Marginalien anzusehen sind, hängt vom Blickwinkel ab. Rückblickend bzw. aus damaliger Sicht vorausdeutend ist der Liftboy selbst zu einer durch technische Entwicklung wegrationalisierten Marginalie der Warenhausgeschichte geworden. In Joseph Roths bereits erwähntem Roman „Hotel Savoy“ (1924) stellt sich der Liftboy Ignatz am Ende als Besitzer des Hotels heraus, mit dem er untergeht. In Kalékos Gedicht ist es der Traum des jungen Mannes, der glaubt, seinem Schicksal entkommen zu können, zumal er sich der herablassenden Kundschaft moralisch überlegen fühlt. Darüber hinaus verkennt er nicht die Ungerechtigkeit der sozialen Verhältnisse, die er in einem seinem Arbeitsplatz entlehnten Vergleich zum Ausdruck bringt, gibt sich aber einstweilen – Kalékos Sekretärin vergleichbar – mit seinem Traum von besseren Arbeits- und Lebensverhältnissen incl. Liebesglück zufrieden.

https://doi.org/10.36198/9783838557328-m54

Wie sich die Welt des Warenhauses für diejenigen darstellt, die weder dort arbeiten noch einkaufen und sich überhaupt nur durch einen Trick Zugang verschaffen können, zeigt der Roman „Der Fußball“ von Lisa Tetzner (1932) (M54): Als die beiden achtjährigen Freunde Erwin und Paul sich im Kaufhaus Tietz den Fußball, der im Sonderangebot mit dem zeittypischen Aufruf ‚Treibt Sport!‘ angepriesen wird, anschauen wollen, werden sie vom „Portier in grüner Uniform mit blanken Knöpfen“ aufgrund ihrer „Proletenkleidung“ abgewiesen (Tetzner 2016, S. 59). Beeindruckt die Kinder der Tietz’sche „Riesenblock [...] mit den großen Quadersteinen und der hohen Kuppel“ (ebd., S. 58) bereits von außen, verlieren sie angesichts der Ausstattung und Warenfülle im Inneren ihr Ziel fast aus den Augen. Bis sie zehn Mark für einen Ball gespart haben, wird aufgrund ihrer familiären Verhältnisse in der Weltwirtschaftskrise allerdings beinahe ein Jahr vergehen: „Fast alle Väter waren arbeitslos und gingen stempeln. Das gab die Woche? Für 5–6 Personen 17,40. Manche hatten schon das nicht mehr. Sie bekamen nur noch einmal die Woche 10,00 Mark von der Wohlfahrt.“ (Tetzner 1932, S. 12) In der Bearbeitung des Textes als erster Teil der neunbändigen Reihe „Die Kinder aus Nr. 67“ (1933–1949) lässt die Autorin in den 1950er-Jahren nur noch den ersten Satz dieser Passage stehen, so dass der Preis des Fußballs nicht mehr in Relation zur finanziellen Situation der Eltern gesetzt werden kann. In der aktuellen Ausgabe bei Fischer fehlt der ganze Absatz (siehe Tetzner 2016, S. 54).

Auch wenn Tetzners „Odyssee einer Jugend“ (Untertitel der Reihe) durch eine Verfilmung der ersten beiden Teile 1980 (und die Publikation als Klett-Leseheft für den Literaturunterricht 1981) kurzzeitig Aufmerksamkeit erhält, zählt der Literaturdidaktiker Dieter Wrobel die „Dilemmageschichten aus dem Vorkriegs-Berlin“ zu den ‚vergessenen Texten der Moderne‘. Die zahlreichen Dilemma-Situationen, die die beiden Jungen beim Kaufhausbesuch, bei dem sie der Versuchung eines Diebstahls widerstehen, und beim anschließenden Sparen entscheiden müssen, hören mit dem Erwerb des Fußballs nicht auf, da die Großstadt keinen Platz zum Spielen für sie bereithält. Auch wenn Erwins Beschwerdebrief an den Oberbürgermeister unbeantwortet bleibt, lässt dieser in der Zeitung ankündigen, dass „in einigen Stadtteilen Nebenstraßen [...] Spielstraßen für die Jugend werden“ sollen (Tetzner 2016, S. 107). Während die Einrichtung von verkehrsberuhigten Straßen trotz der Bemühungen des Arztes

Carl Hamburger (z. B. in der Zeitschrift für Schulgesundheitspflege und soziale Hygiene von 1929) noch lange auf sich warten lässt, tritt die politische Wende fast unmittelbar ein, die Pauls Vater bei der Pfändung der wenigen Habseligkeiten der Familie und deren Unterbringung im Familienasyl erhofft: „‚Wartet nur, bis der Hitler und die Revolution kommt [sic!].‘“ (Tetzner 2016, S. 76) Kennt Tetzner das Milieu aus ihrem Umgang mit Arbeiterkindern beim Rundfunk, schöpft der (Reform-)Lehrer Carl Dantz aus seinen Erfahrungen als Redakteur der Schulzeitung an der Bremer Versuchsschule Helgolanderstraße (1922–1933). Trotz ihres Titels „Unsere Schule“ ist die Zeitung thematisch nicht nur dem Schulleben verpflichtet, sondern lässt die Kinder in ihrer Stadt beispielsweise die Wohn- oder Arbeitsbedingungen recherchieren und beschreiben. Individualisiert hat Dantz diese Erfahrungen in „Peter Stoll“, einem Kinderbuch, in dem der Protagonist – im Gegensatz zu Erwin und Paul – seine proletarische Kindheit selbst erzählen darf – und das, wie die Herausgeber feststellen, in einem literarischen Realismus, der „verlangt, die Wirklichkeit – schreibend – auf die Möglichkeiten ihrer Veränderung hin zu untersuchen“ (Dantz 1986, S. 186). Letztlich entscheidet sich der Ich-Erzähler ganz bewusst dafür, in die Fußstapfen seines Arbeiter-Vaters zu treten; er schreibt kein Gedicht à la Kästner zum ‚Jahrgang 1920‘, sondern erzählt als Lehrling von seinen „Flegel-, Lehr- und Wanderjahren“ (Dantz 1930).

Zur Vertiefung

Elek Barna: Nach dem Warenhausdiebstahl. Zeichnung (Scherl's Magazin 1930). Abgedruckt in Lorenz, Detlef: Bilder in der Presse. Pressezeichner und Presse-Illustrationen im Berlin der Weimarer Republik. Dokumentation und Künstlerlexikon. Berlin, 2019, S. 428.
Joseph Breitbach: Rot gegen Rot. Drei Erzählungen (1928/29). Hrsg. von Alexandra Plettenberg-Serban und Wolfgang Mettmann. Göttingen, 2008.
Carl Dantz: Peter Stoll. Ein Kinderleben. Von ihm selbst erzählt. Berlin, 1925.

Ausblick: „Babylon Berlin“

Die hier präsentierten Texte, die für die neusachliche Literatur exemplarisch sind und von Zeitzeugen ohne bzw. aus einer sehr geringen historischen Distanz verfasst wurden, zeigen verschiedene ökonomische Ansichten der Weimarer Republik; Goldene Zwanziger zeigen sie allerdings nicht. Denn die meisten der dargestellten Figuren gehören wie diejenigen, die sie erfunden haben, nicht zu der Schicht, die von der kurzzeitigen politischen und ökonomischen Stabilisierung profitierte. Die Autoren und Autorinnen der Neuen Sachlichkeit fühlten sich vielfach den Verhältnissen verpflichtet, aus denen sie stammten, verfolgten eine kritische Zeitgenossenschaft und waren oft auch zum Lebensunterhalt im Zeitungs- bzw. Nachrichtenwesen beschäftigt.

Aus einer gut 80-jährigen Distanz heraus die Weimarer Republik im realistischen Genre des Kriminalromans wiederaufleben zu lassen, entbehrt zwar einer solchen auktorialen Authentizität, ermöglicht aber eine Gesamtschau, wie sie gegenwärtig die Verfilmung von Volker Kutschers Kriminalromanen unter dem Titel „Babylon Berlin“ (Borries u. a. 2017 ff.) bietet. Die Premiere der ersten und zweiten Staffel machte

2017 Kutschers Reihe zehn Jahre nach dem Erscheinen ihres ersten Bandes einem internationalen Publikum bekannt. Die Handlung von Kommissar Gereon Raths erstem Fall spielt zur Zeit des Karstadtbaus am Berliner Hermannplatz; sie beginnt mit einer Verfolgungsjagd auf dem „riesige[n] Baugerüst“ (Kutscher 2007, S. 21) und endet auf der Dachterrasse des ‚sandfarbenen Kolosses‘ am Tag seiner Eröffnung. Die Hauptfigur, die im dritten Band („Goldstein“, 2010) Kaufhausdiebe verfolgen wird, wundert sich: „Dieses zweitürmige Exemplar moderner Gigantomanie ausgerechnet in Neukölln, wo sich vor wenigen Wochen noch Polizei und Kommunisten blutige Straßenkämpfe geliefert hatten!“ (ebd., S. 491) Die Filmserie zeigt das Baugerüst in der vierten Episode bei ebendiesen Straßenkämpfen am 1. Mai 1929. Auch wenn der Film der literarischen Vorlage nicht im Detail folgt, eignet er sich gut zur Ergänzung bzw. Wiederholung. Zu den hier vorgestellten Themen bietet neben der Hörbuch-Version der Gereon-Rath-Romane die Babylon-Berlin-Serie nicht nur für Lesemuffel ein vielfältiges, audio-visuell ästhetisch inszeniertes Anschauungsmaterial der letzten Jahre der Weimarer Republik – und zwar, „indem sie sich gerade nicht auf die bekannte Ikonographie der 1930er-Jahre bezieht“ (Weber 2020, S. 95).

Wurden in diesem Kapitel hauptsächlich literarische Texte besprochen, deren Handlungsorte neben Berlin weitere deutsche Städte sind (München in Thomas Manns und Köln in Elisabeth Langgässers Inflationsnovelle), ließen sich deutschsprachige Romane mit Spielstätten, die heute außerhalb der deutschen Staatsgrenze liegen, vergleichend heranziehen: Neben Łódź in dem bereits erwähnten Roman „Hotel Savoy“ (Roth 1924) und Danzig in Felix Scherrets „Inflationsroman aus einer alten Stadt“ (1930) ist allen voran Wien zu nennen. Die fiktionale Literatur über die österreichischen Verhältnisse ist mittlerweile recht gut erforscht (Kucher 2007; Müller 2009; Preisinger/Harrant 2010). Da „die Welt von gestern“, so der Titel von Stefan Zweigs „Erinnerungen eines Europäers“ (postum 1942) sich morgen wiederholen kann, lassen sich nach Christine Künzel schließlich – analog zur wirtschaftshistorischen Forschung – auch die literarischen Reaktionen auf die Finanzkrise von 2008 vergleichend in den Blick nehmen.

Auswahlbibliografie

Quellen

Quellen zur Wirtschaft in den 1920er-Jahren, Quelleneditionen, Zeitzeugenberichte, Statistiken

Ausschuß zur Untersuchung der Erzeugungs- und Absatzbedingungen der deutschen Wirtschaft: Verhandlungen und Berichte des Unterausschusses für Arbeitsleistung (IV. Unterausschuß). Berlin, 1927; Die Reichsbank. Verhandlungen und Berichte des Unterausschusses für Geld-, Kredit- und Finanzwesen (V. Unterausschuß). Berlin, 1929.

Bevölkerung und Wirtschaft. Langfristige Reihen 1871 bis 1957 für das Deutsche Reich und die Bundesrepublik Deutschland. Hrsg. vom Statistischen Bundesamt Stuttgart, 1958 (= Statistik der Bundesrepublik Deutschland, 199).

Bevölkerung und Wirtschaft 1872–1972. Herausgegeben anlässlich des 100jährigen Bestehens der zentralen amtlichen Statistik. Hrsg. vom Statistischen Bundesamt Wiesbaden. Stuttgart/Mainz, 1972.

Das deutsche Volkseinkommen vor und nach dem Kriege. Hrsg. vom Statistischen Reichsamt. Berlin, 1932 (= Einzelschriften zur Statistik des Deutschen Reichs, 24).

Der Auswärtige Handel Deutschlands in den Jahren 1920, 1921 und 1922 verglichen mit dem Jahre 1913 nach Warengruppen, Warengattungen und Ländern. Bearbeitet im Statistischen Reichsamt. Berlin 1924 (= Statistik des Deutschen Reichs, 310).

Deutsches Geld- und Bankwesen in Zahlen 1876–1975. Hrsg. von der Deutschen Bundesbank. Frankfurt am Main, 1976.

Deutschlands Wirtschaft, Währung und Finanzen. Im Auftrage der Reichsregierung den von der Reparationskommission eingesetzten Sachverständigenausschüssen übergeben. Berlin, 1924.

Deutschlands Wirtschaftslage unter den Nachwirkungen des Weltkrieges. Unter Verwendung von amtlichem Material zusammengestellt im Statistischen Reichsamt. Berlin, 1923.

Die deutsche Zahlungsbilanz der Jahre 1924–1933. Hrsg. vom Statistischen Reichsamt. Berlin, 1934 (= Wirtschaft und Statistik, Sonderheft 14).

Die deutschen Banken 1924–1926. Hrsg. vom Statistischen Reichsamt. Berlin, 1927 (= Statistik des Deutschen Reichs, Einzelschriften 3).

Die Entwicklung der öffentlichen Finanzwirtschaft im Deutschen Reich von der Währungsstabilisierung 1923 bis zur Machtergreifung durch den Nationalsozialismus 1933. In: Die Finanzwirtschaft der öffentlichen Verwaltung im Deutschen Reich (Aufgaben, Einnahmen, Personalstand und Schulden) für das Rechnungsjahr 1932/33 mit Hauptergebnissen für das Rechnungsjahr 1933/34. Bearbeitet im Statistischen Reichsamt. Berlin, 1936, S. 7–30 (= Statistik des Deutschen Reichs, 475).

Die Finanzlage der Gemeinden und Gemeindeverbände. Hrsg. vom Statistischen Reichsamt. Berlin, 1932 (= Wirtschaft und Statistik, Sonderheft 9).

Finanzen und Steuern im In- und Ausland. Ein statistisches Handbuch. Hrsg. vom Statistischen Reichsamt. Berlin, 1930.

Haese, Klaus/Schütte, Wolfgang U.: Frau Republik geht pleite. Deutsche Karikaturen der Zwanziger Jahre. Kiel, 1989.

Handbuch der Politik. 6 Bände. Berlin/Leipzig, [3]1920–1926.
Hentschel, Volker: Zahlen und Anmerkungen zum deutschen Außenhandel zwischen dem Ersten Weltkrieg und der Weltwirtschaftskrise. In: ZUG 31/1986, S. 95–116.
Hoffmann, Walther G./Grumbach, Franz/Hesse, Helmut: Das Wachstum der deutschen Wirtschaft seit der Mitte des 19. Jahrhunderts. Berlin/Heidelberg/New York, 1965.
Keese, Dietmar: Die volkswirtschaftlichen Gesamtgrößen für das Deutsche Reich in den Jahren 1925–1936. In: Conze, Werner/Raupach, Hans (Hrsg.): Die Staats- und Wirtschaftskrise des deutschen Reichs 1929/33. Stuttgart, 1967, S. 35–81 (= Industrielle Welt, 8).
Keiser, Günther/Benning, Bernhard: Kapitalbildung und Investitionen in der deutschen Volkswirtschaft 1924 bis 1928. Berlin, 1931 (= Vierteljahrshefte zur Konjunkturforschung, Sonderheft 22).
Kolb, Eberhard/Roters, Eberhard/Schmied, Wieland: Kritische Grafik in der Weimarer Zeit. Stuttgart, 1985.
Konjunkturstatistisches Handbuch 1936. Hrsg. von Ernst Wagemann, Institut für Konjunkturforschung. Berlin, 1935.
Material für ein Studium von Deutschlands Wirtschaft, Währung und Finanzen. Zusammengestellt im Auftrage der Reichsregierung. Berlin, 1924.
Mitchell, Brian R.: European Historical Statistics 1750–1975. London, [2]1980.
Petzina, Dietmar/Abelshauser, Werner/Faust, Anselm: Sozialgeschichtliches Arbeitsbuch. Bd. 3: Materialien zur Statistik des Deutschen Reiches 1914–1945. München, 1978 (= Statistische Arbeitsbücher zur neueren deutschen Geschichte. Hrsg. von Jürgen Kocka und Gerhard A. Ritter).
Quellen zur Geschichte des Parlamentarismus und der politischen Parteien. Dritte Reihe: Die Weimarer Republik. Im Auftrage der Kommission für Geschichte des Parlamentarismus und der politischen Parteien hrsg. von Karl Dietrich Bracher, Erich Matthias und Rudolf Morsey. Düsseldorf, 1970 ff.
Stampfer, Friedrich: Die vierzehn Jahre der ersten deutschen Republik. Karlsbad, 1936.
Statistisches Handbuch von Deutschland 1928–1944. Herausgegeben vom Länderrat des Amerikanischen Besatzungsgebiets. München, 1949.
Statistisches Jahrbuch für das Deutsche Reich. Hrsg. von Statistischen Reichsamt. Berlin, 40. Jg. ff., 1919 ff.
Steitz, Walter (Hrsg.): Quellen zur Deutschen Wirtschafts- und Sozialgeschichte vom Ersten Weltkrieg bis zum Ende der Weimarer Republik. Darmstadt, 1993, S. 234–255 (= Ausgewählte Quellen zur Deutschen Geschichte der Neuzeit, Freiherr vom Stein-Gedächtnisausgabe, 38).
Ursachen und Folgen. Vom deutschen Zusammenbruch 1918 und 1945 bis zur staatlichen Neuordnung Deutschlands in der Gegenwart. Eine Urkunden- und Dokumentensammlung zur Zeitgeschichte. Herausgeber und Bearbeiter: Herbert Michaelis und Ernst Schraepler unter Mitwirkung von Günter Scheel. Bd. 3 bis Bd. 8. Berlin, 1959 ff.
Wagenführ, Rolf: Die Industriewirtschaft. Entwicklungstendenzen der deutschen und internationalen Industrieproduktion 1860 bis 1932. Berlin, 1933 (= Vierteljahrshefte zur Konjunkturforschung, Sonderheft 31).
Wirtschaft und Statistik. Hrsg. vom Statistischen Bundesamt Wiesbaden. Stuttgart, N. F. 1/1949 ff.
World Economic Survey. Hrsg. von League of Nations. Economic, Financial and Transit Department, Economic Intelligence Service. Geneva, 1932 ff.
World Production and Prices 1925/32. Hrsg. von League of Nations. Economic Intelligence Service. Geneva, 1933.

Zahlen zur Geldentwertung in Deutschland 1914 bis 1923. Hrsg. von Statistischen Reichsamt. Berlin, 1925 (= Wirtschaft und Statistik, Sonderheft 1).

Große Inflation einschließlich Währungsreform

An Ambassador of Peace: Lord d'Abernon's Diary. Vol. II: The Years of Crisis, June 1922 – December 1923. London, 1929.

Bresciani-Turroni, Costantino: The Economics of Inflation. A Study of Currency Depreciation in Post-War Germany 1914–1923. London, 1937.

Eulenburg, Franz: Die sozialen Wirkungen der Währungsverhältnisse. In: Jahrbücher für Nationalökonomie und Statistik, Bd. 122, 1924, Heft 1, S. 748–794.

Gesetz über die Aufwertung von Hypotheken und anderen Ansprüchen (Aufwertungsgesetz). Vom 16. Juli 1925, in: RGBl., 1925, Nr. 31, S. 117–135.

Gesetz über die Ablösung öffentlicher Anleihen. Vom 16. Juli 1925, in: RGBl., 1925, Nr. 32, S. 137–144.

Hemingway, Ernest: Crossing to Germany is Way to Make Money. In: Toronto Daily Star, 19. 9. 1922.

Hesse, Friedrich: Die deutsche Wirtschaftslage von 1914 bis 1923. Krieg, Geldblähe und Wechsellagen. Jena, 1938 (= Beiträge zur Erforschung der wirtschaftlichen Wechsellagen Aufschwung, Krise, Stockung, 16).

Ostwald, Hans: Sittengeschichte der Inflation. Ein Kulturdokument aus den Jahren des Marksturzes. Berlin, 1931.

Reichsbankgesetz vom 30. August 1924. In: RGBl., 1924, Nr. 32, S. 235–246.

Überreizte Nerven. In: Berliner Illustrirte Zeitung, Nr. 34, 26. 8. 1923.

Verordnung über die Errichtung der Deutschen Rentenbank. In: RGBl., Nr. 100, S. 963–966.

Wirtschaftliche Demobilmachung

Koeth, Joseph: Die wirtschaftliche Demobilmachung. Ihre Aufgaben und ihre Organe. In: Handbuch der Politik. Bd. 4: Der wirtschaftliche Wiederaufbau. Berlin/Leipzig, [3]1921, S. 163–168.

Moellendorff, Wichard von: Deutsche Gemeinwirtschaft. Berlin, 1916.

Reparationen

Bericht des Kommissars bei der Reichsbank (1. September 1927 bis 31. August 1928). Berlin, den 10. Dezember 1928. In: Deutschland unter dem Dawes-Plan. Die Reparationsleistungen im zweiten Teil des vierten Planjahres. Der Bericht des Generalagenten vom 22. Dezember 1928 nebst Sonderberichten der Kommissare und Treuhänder. Berlin, 1929, S. 218–288.

Der Friedensvertrag von Versailles nebst Schlußprotokoll und Rheinlandstatut sowie Mantelnote und deutsche Ausführungsbestimmungen. Neue durchgesehene Ausgabe in der durch das Londoner Protokoll vom 30. August 1924 revidierten Fassung. Berlin, 1924.

Die Berichte der von der Reparationskommission eingesetzten beiden Sachverständigenkomitees vom 9. April 1924. In: Verhandlungen des Reichstages. Stenographische Berichte. Anlagen zu den Stenographischen Berichten. Berlin, 2. Wahlperiode 1924.

Die interalliierten Schulden. Ihre Entstehung und ihre Behandlung im Youngplan. Bearbeitet im Statistischen Reichsamt. Berlin, 1930 (= Einzelschriften zur Statistik des Deutschen Reichs, 11).

Gesetz über den Friedensschluß zwischen Deutschland und den alliierten und assoziierten Mächten. In: RGBl. 1919, Nr. 140 vom 12. August 1919, S. 687–1349.

Heinecke, G. E.: Revision des Youngplans! Ein Überblick über den Inhalt der gegenwärtigen Reparationsregelung und eine Darstellung der Revisionsgrundlagen und -möglichkeiten. Berlin, 1931 (= Veröffentlichungen des Reichsverbandes der Deutschen Industrie, 56/1931).

Jessen, Jens: Artikel „Reparationen". In: Elster, Ludwig (Hrsg.): Wörterbuch der Volkswirtschaft in drei Bänden. Bd. 3. Jena, [4]1933, S. 35–95.

Keynes, John Maynard: Der Friedensvertrag von Versailles. Berlin, 1921.

Ders.: The Capacity of Germany to pay Reparations. In: Essays in persuasion. London, 1931, S. 7–18.

Ders.: The Economic Consequences of the Peace. London, 1920. Deutsch: Die wirtschaftlichen Folgen des Friedensvertrages. München/Leipzig, 1920.

Relative Stabilität und Rationalisierungskonjunktur

Bauer, Otto: Rationalisierung – Fehlrationalisierung. Wien, 1931 (= Kapitalismus und Sozialismus nach dem Weltkrieg, 1).

Hosfeld, Rolf/Pölking, Hermann: Wir Deutschen 1918 bis 1929. Vom Kriegsende bis zu den Goldenen Zwanzigern. München/Zürich, 2009. [Populärwissenschaftlicher Band mit 102 Fotografien und einer DVD mit zeitgenössischen Filmen aus Privatarchiven.]

Poensgen, Helmuth: Die Rationalisierung in der Wirtschaft. In: Mitteilungen des Vereins zur Wahrnehmung der gemeinsamen wirtschaftlichen Interessen in Rheinland und Westfalen, 4/1927, S. 5–20.

Alltag, Architektur, Kultur und Emanzipation der Frau

Die rationelle Haushaltsführung. Betriebswirtschaftliche Studien. Autorisierte Übersetzung von „The New Housekeeping. Efficiency Studies in Home Management by Christine Frederick". Von Irene Witte. Mit einem Geleitwort von Adele Schreiber. Berlin, 1921.

Frederick, Christine: The New Housekeeping. Efficiency Studies in Home Management. Garden City/New York, 1913.

Dies.: The New Housekeeping. Efficiency Studies in Home Management. 1913 Excerpts, originally published in Ladies' Home Journal, Sept.–Dec. 1921, illustrations from the 1913 publication. https://nationalhumanitiescenter.org/pds/gilded/progress/text4/frederick.pdf.

Herrmann, Elsa: So ist die Neue Frau. Hellerau, 1929.

Müller-Wulckow, Walter: Architektur der Zwanziger Jahre in Deutschland. Neu-Ausgabe der vier Blauen Bücher von 1929 und 1932. Königstein im Taunus, 1975.

Witte, Irene: Die rationelle Haushaltsführung. Betriebswirtschaftliche Studien. Autorisierte Übersetzung von The New Housekeeping. Efficiency Studies in Home Management by Christine Frederick. 2., vermehrte und durchgesehene Auflage. Berlin/Heidelberg, 1922.

Interessenvertretung und -politik

Feldman, Gerald D./Homburg, Heidrun: Industrie und Inflation. Studien und Dokumente zur Politik der deutschen Unternehmer 1916–1923. Hamburg, 1977.
Geiger, Theodor: Panik im Mittelstand. In: Die Arbeit. Zeitschrift für Gewerkschaftspolitik und Wirtschaftskunde, 10/1930, S. 637–654.
Hamann, K./Hartenstein, H.: Die Osthilfegesetze. Eine Darstellung der Osthilfemaßnahmen, der gewerblichen Kreditgewährung durch die Industriebank und der Aufbringungsumlage, sowie eine Zusammenstellung sämtlicher einschlägiger Vorschriften (Nach dem Stande vom 31. Juli 1931). Berlin, 1931.
Preller, Ludwig: Sozialpolitik in der Weimarer Republik. Unveränderter Nachdruck des 1949 erstmals erschienenen Werkes. Kronberg im Taunus/Düsseldorf, ²1978 (¹1949).
Quellen zur Geschichte der deutschen Gewerkschaftsbewegung im 20. Jahrhundert. Hrsg. von Hermann Weber, Klaus Schönhoven und Klaus Tenfelde. Bd. 2: Die Gewerkschaften in den Anfangsjahren der Republik 1919–1923. Köln, 1985; Bd. 3: Die Gewerkschaften von der Stabilisierung bis zur Weltwirtschaftskrise 1924–1930. Köln, 1986; Bd. 4: Die Gewerkschaften in der Endphase der Republik 1930–1933. Köln, 1988.
Schneider, Michael: Auf dem Weg in die Krise. Thesen und Materialien zum Ruhreisenstreit 1928/29. Wentorf bei Hamburg, 1974 (= Die Arbeiterbewegung in den Rheinlanden, 2).
Spethmann, Hans: Zwölf Jahre Ruhrbergbau. Aus seiner Geschichte von Kriegsanfang bis zum Franzosenabmarsch 1914–1925. 5 Bände. Berlin, 1928–1930.
Walter, Hilde: Die Misere des „neuen Mittelstandes“. In: Die Weltbühne, 25. Jg., 1929, Heft 4, S. 130–132.

Sozialstaat, öffentliche Finanzen, Reichsbankpolitik

Arbeitsrecht und Sozialpolitik. Sammlung der einschlägigen Reichsgesetze und Verordnungen. Textausgabe mit kurzen Anmerkungen und Sachverzeichnis. Hrsg. von Gustav Böhm. München, 1929.
Aufstieg oder Niedergang? Deutsche Wirtschafts- und Finanzreform 1929. Eine Denkschrift des Präsidiums des Reichsverbandes der Deutschen Industrie. Berlin, 1929 (= Veröffentlichungen des Reichsverbandes der Deutschen Industrie, 49).
Briefs, Goetz: Reform der Arbeitslosenversicherung. In: Magazin der Wirtschaft. Eine Wochenschrift, Nr. 21, 23.5.1929, S. 799–804.
Brusatti, Alois/Haas, Wilhelm/Pollak, Walter: Geschichte der Sozialpolitik mit Dokumenten. Wien/Linz/München, 1962.
Denkschrift über die Wohnungsnot und ihre Bekämpfung. Abgeschlossen am 1. Oktober 1927. Der Reichsarbeitsminister an den Reichstag. In: Reichstagsprotokolle. Verhandlungen des Deutschen Reichstags. III. Wahlperiode 1924/27. Drucksache Nr. 3777. Berlin, 10.12.1927.
Deutsche Sozialpolitik 1918–1928. Erinnerungsschrift des Reichsarbeitsministeriums. Berlin, 1929.
Deutsche Wirtschafts- und Finanzpolitik. Berlin, 1925 (= Veröffentlichungen des Reichsverbandes der Deutschen Industrie, 29).
Die deutsche Sozialpolitik. Eine Materialsammlung nach dem Stande vom 15. Januar 1926. Hrsg.: Reichszentrale für Heimatdienst. Berlin, 1926.
Die Steuerbelastung in Deutschland. Bearbeitet im Reichsfinanzministerium. Abgeschlossen am 30. April 1920. Berlin, 1920.

Finanzen und Steuern im Inland und Ausland. Ein statistisches Handbuch. Bearbeitet im Statistischen Reichsamt. Berlin, 1930.
Petzina, Dietmar/Abelshauser, Werner/Faust, Anselm: Sozialgeschichtliches Arbeitsbuch. Bd. 3: Materialien zur Statistik des Deutschen Reiches 1914–1945. München, 1978 (= Statistische Arbeitsbücher zur neueren deutschen Geschichte. Hrsg. von Jürgen Kocka und Gerhard A. Ritter).
Preller, Ludwig: Sozialpolitik in der Weimarer Republik. Düsseldorf, [2]1978 (Stuttgart, [1]1949.)
Schraepler, Ernst: Quellen zur Geschichte der sozialen Frage in Deutschland. Bd. 2: 1871 bis zur Gegenwart. Göttingen, [3]1996 (= Quellensammlung zur Kulturgeschichte, 9).
Stolleis, Michael (Hrsg.): Quellen zur Geschichte des Sozialrechts. Göttingen/Frankfurt am Main/Zürich, 1976.
Tennstedt, Florian: Quellen zur Geschichte der Sozialversicherung. In: Zeitschrift für Sozialreform, 21. Jg., 1975, S. 225–233, 358–365 und 422–427.

Weltwirtschaftskrise

Deutschland in der Weltwirtschaftskrise in Augenzeugenberichten. Herausgegeben und eingeleitet von Wilhelm Treue. Düsseldorf, [2]1967.
Michaelis, Herbert/Schraepler, Ernst/Scheel, Günther (Hrsg./Bearb.): Ursachen und Folgen. Vom deutschen Zusammenbruch 1918 und 1945 bis zur staatlichen Neuordnung Deutschlands in der Gegenwart. Eine Urkunden- und Dokumentensammlung zur Zeitgeschichte. Bd. 3–8. Berlin, 1958–1963.
Petzina, Dietmar/Abelshauser, Werner/Faust, Anselm: Sozialgeschichtliches Arbeitsbuch. Bd. 3: Materialien zur Statistik des Deutschen Reiches 1914–1945. München, 1978 (= Statistische Arbeitsbücher zur neueren deutschen Geschichte. Hrsg. von Jürgen Kocka und Gerhard A. Ritter).
Priester, Hans E.: Das Geheimnis des 13. Juli. Ein Tatsachenbericht von der Bankenkrise. Berlin, 1932.
Pünder, Hermann: Politik in der Reichskanzlei. Aufzeichnungen aus den Jahren 1929–1932. Hrsg. von Thilo Vogelsang. Stuttgart, 1961 (= Schriftenreihe der Vierteljahrshefte für Zeitgeschichte, 5).
Schacht, Hjalmar: 76 Jahre meines Lebens. Bad Wörishofen, 1953.
Schulz, Gerhard/Maurer, Ilse/Wengst Udo/Heideking, Jürgen (Hrsg./Bearb.): Politik und Wirtschaft in der Krise 1930–1932. Quellen zur Ära Brüning. Teil 1 und 2. Düsseldorf, 1980 (= Quellen zur Geschichte des Parlamentarismus und der politischen Parteien. Dritte Reihe: Weimarer Republik. Hrsg. von Karl Dietrich Bracher, Erich Matthias, Rudolf Morsey, Bd. 4/1 und 4/2).
Somary, Felix: Erinnerungen aus meinem Leben. Zürich, 1955.
Steitz, Walter (Hrsg.): Quellen zur Deutschen Wirtschafts- und Sozialgeschichte vom Ersten Weltkrieg bis zum Ende der Weimarer Republik. Darmstadt, 1993 (= Ausgewählte Quellen zur Deutschen Geschichte der Neuzeit, Freiherr vom Stein-Gedächtnisausgabe, 38).
Stampfer, Friedrich: Die vierzehn Jahre der ersten Deutschen Republik. Hamburg, [3]1952 [1936].
Woytinsky, Wladimir: Aktive Weltwirtschaftspolitik. In: Die Arbeit. Zeitschrift für Gewerkschaftspolitik und Wirtschaftskunde, 6/1931, S. 413–440.

Literatur der Neuen Sachlichkeit

Barna, Elek: Nach dem Warenhausdiebstahl (Scherl's Magazin 1930). Abgedruckt in: Lorenz, Detlef: Bilder in der Presse. Pressezeichner und Presse-Illustrationen im Berlin der Weimarer Republik. Dokumentation und Künstlerlexikon. Berlin, 2019, S. 428.

Borries, Achim von/Handloegten, Hendrik/Tykwer, Tom: Babylon Berlin. Fernsehserie nach Kriminalromanen von Volker Kutscher in 28 Episoden/3 Staffeln seit 2017, EA: Sky 13.10.2017, ARD 30.9.2018.

Breitbach, Joseph: Rot gegen Rot. Drei Erzählungen (1928/29). Hrsg. von Alexandra Plettenberg-Serban und Wolfgang Mettmann. Göttingen, 2008.

Brück, Christa A.: Schicksale hinter Schreibmaschinen. Berlin, 1930.

Dantz, Carl: Peter Stoll. Ein Kinderleben. Von ihm selbst erzählt. Zeichnungen von Max Graeser. Reprint nach der Ausgabe Berlin: Dietz 1925; neu hrsg. von Johannes Merkel und Dieter Richter. München, ^{2}1986 (^{1}1978).

Ders.: Peter Stoll: der Lehrling erzählt von Flegel-, Lehr- und Wanderjahren. Berlin, 1930.

Dix, Otto: Großstadt (Triptychon 1927/28). http://www.u.arizona.edu/~chisholm/GER588_files/dix.jpg.

Fallada, Hans: Bauern, Bonzen und Bomben (1931). Neuausgabe mit einem Nachwort von Michael Töteberg. Reinbek bei Hamburg, 2018.

Ders.: Kleiner Mann – was nun? (1932). Ungekürzte Neuausgabe mit einem Nachwort von Carsten Gansel. Berlin, 2016.

Ders: Der eiserne Gustav (1938). Urfassung hrsg. und mit einem Nachwort von Jenny Williams. Berlin, 2019. [Zur Editionsgeschichte s. https://www.aufbau-verlag.de/index.php/der-eiserne-gustav-5561.html.]

Ders.: Wolf unter Wölfen (1937). Neuausgabe mit einem Nachwort von Michael Töteberg. Reinbek bei Hamburg, 2018.

Feuchtwanger, Lion: Die Konstellation der Literatur (Berliner Tageblatt vom 2.11.1927). In: Ders.: Ein Buch nur für meine Freunde. Frankfurt am Main, 1984, S. 408–410.

Grosz, George: Statt einer Biographie (1925). In: Ders.: Das Gesicht der herrschenden Klasse & Abrechnung folgt. 2., überarb. und verbess. Auflage. Frankfurt am Main, 1973.

Jünger, Nathanael: Kaufmann aus Mülheim. Ein Hugo Stinnes-Roman dem deutschen Volke geschrieben. Wismar, 1925.

Kästner, Erich: Werke. Hrsg. von Franz Josef Görtz. Bd. 1: Zeitgenossen haufenweise. Gedichte. Hrsg. von Harald Hartung. München, 1998.

Kaléko, Mascha: Sämtliche Werke und Briefe in vier Bänden. Bd. 1: Werke. Mit zahlreichen Faksimiles und Fotografien. Hrsg. und komm. von Jutta Rosenkranz. München, 2012.

Keun, Irmgard: Gilgi – Eine von uns (1931). In: Dies.: Das Werk. Im Auftrag der Deutschen Akademie für Sprache und Dichtung und der Wüstenrot Stiftung hrsg. von Heinrich Detering und Beate Kennedy. Mit einem Essay von Ursula Krechel. Bd. 1: Texte aus der Weimarer Republik 1931–1933. Göttingen, 2017, S. 37–226.

Kracauer, Siegfried: Die Angestellten. Aus dem neuesten Deutschland (1930). Frankfurt am Main, 1971.

Kutscher, Volker: Der nasse Fisch. Roman. Köln, 2007.

Lang, Fritz: Dr. Mabuse, der Spieler. Erster Teil: Der große Spieler – Ein Bild der Zeit. Zweiter Teil: Inferno – Menschen der Zeit. Uco-Film Berlin (UA: 27.4./26.5.1922).

Langgässer, Elisabeth: Merkur. In: Dies.: Triptychon des Teufels. Ein Buch von dem Hass, dem Börsenspiel und der Unzucht. Dresden, 1932, S. 59–88; auch in: Dies.: Gesammelte Werke. Bd. 5: Die Erzählungen. Hamburg, 1964, S. 172–193.

Löwith, Karl: Mein Leben in Deutschland vor und nach 1933. Ein Bericht (1940). Mit einem Vorwort von Reinhart Koselleck und einem Nachwort von Ada Löwith. Stuttgart, 1986 (postum veröffentlicht).
Mann, Heinrich: Kobes. Novelle, mit zehn Lithographien von George Grosz. Berlin, 1925; als fotomechanischer Nachdruck: Berlin u. a., 1969.
Mann, Thomas: Unordnung und frühes Leid und andere Erzählungen. Frankfurt am Main, 1987.
Roth, Joseph: Werke. Bd. 1: Das journalistische Werk, 1915–1923; Bd. 2: Das journalistische Werk, 1924–1928. Hrsg. und mit einem Nachw. von Klaus Westermann. Köln, 1989 f.
Scherret, Felix: Der Dollar steigt. Inflationsroman aus einer alten Stadt. Berlin, 1930.
Tetzner, Lisa: Der Fußball. Eine Kindergeschichte aus Großstadt und Gegenwart. Mit Bildern von Bruno Fuck (Potsdam, 1932). Zsgest. von Jutta Grützmacher und Inge Menyesch. Stuttgart, 1981 (hier zitiert nach „Erwin und Paul", Bd. 1 der Reihe „Die Kinder aus Nr. 67", Frankfurt am Main, 2016, S. 9–108).
Tucholsky, Kurt: Gedichte, Lieder, Couplets. Hrsg. von Peter Langemeyer. Stuttgart, 2006.

Literatur

Gesamtdarstellungen; Deutsche Wirtschaft in den 1920er-Jahren

Abelshauser, Werner: Aus Wirtschaftskrisen lernen – aber wie? Krisenszenarien im Vergleich. In: VfZ, 57. Jg., 2009, S. 467–483.
Ders./Petzina, Dietmar: Krise und Rekonstruktion. Zur Interpretation der gesamtwirtschaftlichen Entwicklung Deutschlands im 20. Jahrhundert. In: Schröder, Wilhelm Heinz/Spree, Reinhard (Hrsg.): Historische Konjunkturforschung. Stuttgart, 1980, S. 75–114 (= Historisch-Sozialwissenschaftliche Forschungen, 11).
Aldcroft, Derek H.: Die zwanziger Jahre. Von Versailles zur Wall Street 1919–1929. München, 1978 (= Geschichte der Weltwirtschaft im 20. Jahrhundert, 3).
Ambrosius, Gerold: Der Staat als Unternehmer. Öffentliche Wirtschaft und Kapitalismus seit dem 19. Jahrhundert. Göttingen, 1984.
Ders.: Staat und Wirtschaft im 20. Jahrhundert. München, 1990 (= Enzyklopädie Deutscher Geschichte, 7).
Ders.: Von Kriegswirtschaft zu Kriegswirtschaft 1914–1945. In: Deutsche Wirtschaftsgeschichte. Ein Jahrtausend im Überblick. Hrsg. von Michael North. München, 2000, S. 282–350.
Balderston, Theo: Economics and Politics in the Weimar Republic. Cambridge, 2002.
Bracher, Karl Dietrich/Funke, Manfred/Jacobsen, Hans-Adolf (Hrsg.): Die Weimarer Republik 1918–1933. Politik, Wirtschaft, Gesellschaft. Düsseldorf, ^{3}1998 (= Schriftenreihe der Bundeszentrale für Politische Bildung, 251).
Braun, Hans-Joachim/Kaiser, Walter: Energiewirtschaft, Automatisierung, Information seit 1914. Berlin, 1992 (= Propyläen Technikgeschichte, 5).
Buchheim, Christoph: Einführung in die Wirtschaftsgeschichte. München, 1997.
Büttner, Ursula: Weimar. Die überforderte Republik 1918–1933. Leistung und Versagen in Staat, Gesellschaft, Wirtschaft und Kultur. Stuttgart, 2008.
Eifert, Christiane: Deutsche Unternehmerinnen im 20. Jahrhundert. München, 2011 (= Schriftenreihe zur Zeitschrift für Unternehmensgeschichte, 24).

Evans, Richard J./Geary, Dick: The German Unemployed. Experiences and Consequences of Mass Unemployment from the Weimar Republic to the Third Reich. London/Sydney, 1987.

Feldenkirchen, Wilfried: Die deutsche Wirtschaft im 20. Jahrhundert. München, 1998 (= Enzyklopädie Deutscher Geschichte, 47).

Hansen, Ernst Willi: Reichswehr und Industrie. Rüstungswirtschaftliche Zusammenarbeit und wirtschaftliche Mobilmachungsvorbereitungen 1923–1932. Boppard, 1978 (= Militärgeschichtliche Studien, 24).

Harold, James: Deutschland in der Weltwirtschaftskrise 1924–1936. Stuttgart, 1988.

Henning, Friedrich-Wilhelm: Deutsche Wirtschafts- und Sozialgeschichte in der ersten Hälfte des 20. Jahrhunderts. Paderborn/München/Wien/Zürich, 2003 (= Handbuch der Wirtschafts- und Sozialgeschichte Deutschlands, Bd. 3).

Krohn, Claus-Dieter: Wirtschaftstheorien als politische Interessen. Die akademische Nationalökonomie in Deutschland 1918–1933. Frankfurt/New York, 1981 (= Campus Forschung, 226).

Mommsen, Hans/Petzina, Dietmar/Weisbrod, Bernd (Hrsg.): Industrielles System und politische Entwicklung in der Weimarer Republik. 2 Bde. Kronberg im Taunus/Düsseldorf, ^{2}1977.

Petzina, Dietmar: Die deutsche Wirtschaft in der Zwischenkriegszeit. Wiesbaden, 1977 (= Wissenschaftliche Paperbacks, 11).

Peukert, Detlev J. K.: Die Weimarer Republik. Krisenjahre der Klassischen Moderne. Frankfurt, 1987.

Pierenkemper, Toni: Gewerbe und Industrie im 19. und 20. Jahrhundert. München, 1994 (= Enzyklopädie Deutscher Geschichte, 29).

Spree, Reinhard (Hrsg.): Geschichte der deutschen Wirtschaft im 20. Jahrhundert. München, 2001 (= Beck'sche Reihe, 1443).

Stibbe, Matthew: Germany 1914–1933. Politics, Society and Culture. London/New York, 2013.

Taylor, Frederick: Inflation. Der Untergang des Geldes in der Weimarer Republik und die Geburt eines deutschen Traumas. München, 2013.

Wehler, Hans-Ulrich: Deutsche Gesellschaftsgeschichte. Bd. 4: Vom Beginn des Ersten Weltkriegs bis zur Gründung der beiden deutschen Staaten 1914–1949. München, 2008.

Weitz, Eric D.: Weimar Germany. Promise and tragedy. Princeton, 2007.

Große Inflation einschließlich Währungsreform

Abelshauser, Werner: Verelendung der Handarbeiter? Zur sozialen Lage der deutschen Arbeiter in der großen Inflation der frühen zwanziger Jahre. In: Vom Elend der Handarbeit. Probleme historischer Unterschichtenforschung. Hrsg. von Hans Mommsen und Winfried Schulze. Stuttgart, 1981, S. 445–476 (= Geschichte und Gesellschaft. Bochumer Historische Studien, 24).

Blaich, Fritz: Der Schwarze Freitag. Inflation und Wirtschaftskrise. München, 1985.

Büsch, Otto/Feldman, Gerald D. (Hrsg.): Historische Prozesse der deutschen Inflation 1914–1924. Ein Tagungsbericht. Berlin, 1978 (= Einzelveröffentlichungen der Historischen Kommission zu Berlin, 21).

Czada, Peter: Große Inflation und Wirtschaftswachstum. In: Mommsen, Hans/Petzina, Dietmar/Weisbrod, Bernd (Hrsg.): Industrielles System und politische Entwicklung in der Weimarer Republik. 2 Bde. Düsseldorf, 1977, Bd. 1, S. 386–395.

Ders.: Ursachen und Folgen der großen Inflation. In: Finanz- und wirtschaftspolitische Fragen der Zwischenkriegszeit. Von Derek H. Aldcroft, Peter Czada, Gerd Hardach u. a. Hrsg. von Harald Winkel. Berlin, 1973, S. 9–43 (= Schriften des Vereins für Socialpolitik, N. F., 73).

Feldman, Gerald D. (Hrsg.): Die Nachwirkungen der Inflation auf die deutsche Geschichte 1924–1933. München, 1985 (= Schriften des Historischen Kollegs, Kolloquien, 6).

Ders.: The Great Disorder. Politics, Economics and Society in the German Inflation 1914–1924. New York/Oxford, 1997.

Feldman, Gerald D./Holtfrerich, Carl-Ludwig/Ritter, Gerhard A./Witt, Peter-Christian (Hrsg.): Die Anpassung an die Inflation. Berlin/New York, 1986 (= Veröffentlichungen der Historischen Kommission zu Berlin, 67).

Dies. (Hrsg.): Die deutsche Inflation. Eine Zwischenbilanz. Berlin/New York, 1982.

Dies. (Hrsg.): Die Erfahrung der Inflation im internationalen Zusammenhang und Vergleich. Berlin/New York, 1984.

Dies. (Hrsg.): Konsequenzen der Inflation. Berlin, 1989 (= Einzelveröffentlichungen der Historischen Kommission zu Berlin, 67).

Feldman, Gerald D./Homburg, Heidrun: Industrie und Inflation. Studien und Dokumente zur Politik der deutschen Unternehmer 1916–1923. Hamburg, 1977 (= Historische Perspektiven, 5).

Geyer, Martin H.: Verkehrte Welt. Revolution, Inflation und Moderne, München 1914–1924. Göttingen, 1998 (= Kritische Studien zur Geschichtswissenschaft, 128).

Graham, Frank D.: Exchange, Prices and Production in Hyper-Inflation: Germany 1920–1923. Princeton, 1967.

Holtfrerich, Carl-Ludwig: Die deutsche Inflation 1914–1923. Ursachen und Folgen in internationaler Perspektive. Berlin/New York, 1980.

Ders.: Politische Faktoren der deutschen Inflation 1914–23. In: Wachstumsschwankungen. Wirtschaftliche und soziale Auswirkungen (Spätmittelalter bis 20. Jahrhundert). 8. Arbeitstagung der Gesellschaft für Sozial- und Wirtschaftsgeschichte. Referate und Diskussionsbeiträge, hrsg. von Hermann Kellenbenz. Stuttgart, 1981, S. 165–184 (= Beiträge zur Wirtschaftsgeschichte, 13).

Jones, Larry Eugene: Die Rückwirkungen der Inflation auf die Entwicklung des deutschen Parteiensystems in der Weimarer Republik. In: Historische Prozesse der deutschen Inflation 1914–1924. Ein Tagungsbericht. Hrsg. von Otto Büsch und Gerald D. Feldman. Berlin, 1978, S. 288–295 (= Einzelveröffentlichungen der Historischen Kommission zu Berlin, 21).

Knortz, Heike: Der Arbeitsmarkt in der frühen Weimarer Republik. Ein Beitrag zur „Vollbeschäftigungsthese" der Inflationsforschung. In: Jahrbuch für Wirtschaftsgeschichte, Bd. 1, 1997, S. 119–134.

Kruedener, Jürgen Freiherr von: Die Entstehung des Inflationstraumas. Zur Sozialpsychologie der deutschen Hyperinflation 1922/23. In: Feldman, Gerald D./Holtfrerich, Carl-Ludwig/Ritter, Gerhard A./Witt, Peter-Christian (Hrsg.): Konsequenzen der Inflation. Berlin, 1989, S. 213–286 (= Einzelveröffentlichungen der Historischen Kommission zu Berlin, 67).

Kunz, Andreas: Civil Servants and the Politics of Inflation in Germany 1914–1924. Berlin/New York, 1986 (= Veröffentlichungen der Historischen Kommission zu Berlin, 66).

Laursen, Karsten/Pedersen, Jørgen: The German Inflation 1918–1923. Amsterdam, 1964.

Nagel, Bernhard/Köklü, Alper: Mark ist gleich Mark. Der Gesetzespositivismus des Reichsgerichts und die Hyperinflation des Jahres 1923. Marburg, 2006.

Nussbaum, Manfred: Wirtschaft und Staat in Deutschland während der Weimarer Republik. Vaduz/Liechtenstein, 1978 (= Wirtschaft und Staat in Deutschland. Eine Wirtschaftsgeschichte des staatsmonopolistischen Deutschland vom Ende des 19. Jh. bis 1945 in drei Bänden. Hrsg. von Helga Nussbaum und Lotte Zumpe, Bd. 2).

Rittmann, Herbert: Deutsche Geldgeschichte seit 1914. München, 1986.

Rowley, Eric E.: Hyperinflation in Germany. Perceptions of a Process. Aldershot, 1994.

Schötz, Hans Otto: Der Kampf um die Mark 1923/24. Die deutsche Währungsstabilisierung unter dem Einfluss der nationalen Interessen Frankreichs, Großbritanniens und der USA. Berlin/New York, 1987 (= Veröffentlichungen der Historischen Kommission zu Berlin, 68).

Specht, Agnete von: Politische und wirtschaftliche Hintergründe der deutschen Inflation 1918–1933. Frankfurt/Bern, 1982 (= Europäische Hochschulschriften, Reihe III, 179).

Sprenger, Bernd: Das Geld der Deutschen. Geldgeschichte Deutschlands von den Anfängen bis zur Gegenwart. Paderborn/München/Wien/Zürich, 1991.

Währung und Wirtschaft in Deutschland 1876–1975. Hrsg. von der Deutschen Bundesbank. Frankfurt am Main, [2]1976.

Webb, Steven B.: Hyperinflation and Stabilization in Weimar Germany. New York/Oxford, 1989.

Wirtschaftliche Demobilmachung

Bessel, Richard: Unemployment and Demobilisation in Germany After the First World War. In: The German Unemployed. Experiences and Consequences of Mass Unemployment from the Weimar Republic to the Third Reich. Hrsg. von Richard J. Evans und Dick Geary. London/Sydney, 1987, S. 23–43.

Ders.: Germany after the First World War. Oxford, 1993.

Biechele, Eckhard: Der Kampf um die Gemeinwirtschaftskonzeption des Reichswirtschaftsministeriums im Jahre 1919. Eine Studie zur Wirtschaftspolitik unter Reichswirtschaftsminister Rudolf Wissel in der Frühphase der Weimarer Republik. Diss. Berlin, 1972.

Braun, Klaus: Konservativismus und Gemeinwirtschaft. Eine Studie über Wichard von Moellendorff. Duisburg, 1978.

Die Organisierung des Friedens: Demobilmachung 1918–1920. Göttingen, 1983 (= GG, 9. Jg., 1983, Heft 2).

Ehlert, Hans Gotthard: Die wirtschaftliche Zentralbehörde des Deutschen Reiches 1914 bis 1919. Das Problem der „Gemeinwirtschaft" in Krieg und Frieden. Wiesbaden, 1982 (= Beiträge zur Wirtschafts- und Sozialgeschichte, 19).

Erdmann, Gerhard: Die deutschen Arbeitgeberverbände im sozialgeschichtlichen Wandel der Zeit. Neuwied/Berlin, 1966.

Feldman, Gerald D.: Vom Weltkrieg zur Weltwirtschaftskrise. Studien zur deutschen Wirtschafts- und Sozialgeschichte 1914–1932. Göttingen, 1984 (= Kritische Studien zur Geschichtswissenschaft, 60).

Ders./Steinisch, Irmgard: Industrie und Gewerkschaften 1918–1924. Die überforderte Zentralarbeitsgemeinschaft. Stuttgart, 1985 (= Schriftenreihe der Vierteljahrshefte für Zeitgeschichte, 50).

Jaeger, Hans: Geschichte der Wirtschaftsordnung in Deutschland. Frankfurt am Main, 1988.

Knortz, Heike: Der Arbeitsmarkt in der frühen Weimarer Republik. Ein Beitrag zur „Vollbeschäftigungsthese" der Inflationsforschung. In: Jahrbuch für Wirtschaftsgeschichte, Bd. 1, 1997, S. 119–134.

Dies.: Wirtschaftliche Demobilmachung 1918/22. Das Beispiel Rhein-Main-Gebiet. Diss. Frankfurt am Main/Berlin/Bern/New York/Paris/Wien, 1992 (= Studien zur Technik-, Wirtschafts- und Sozialgeschichte, 4).
Krüger, Dieter: Das Stinnes-Legien-Abkommen 1918–1924. Voraussetzungen, Entstehung, Umsetzung und Bedeutung. Hrsg. von Gesamtmetall – Gesamtverband der Arbeitgeberverbände der Metall- und Elektro-Industrie e. V. Berlin, 2018.
Mai, Gunther: Arbeitsmarktregulierung oder Sozialpolitik? Die personelle Demobilmachung in Deutschland 1918 bis 1920/24. In: Feldman, Gerald D./Holtfrerich, Carl-Ludwig/Ritter, Gerhard A./Witt, Peter-Christian (Hrsg.): Die Anpassung an die Inflation. Berlin/New York, 1986, S. 202–236 (= Veröffentlichungen der Historischen Kommission zu Berlin, 67).
Rouette, Susanne: Frauenerwerbsarbeit in Demobilmachung und Inflation 1918–1923. Struktur und Entwicklung des Arbeitsmarktes in Berlin. In: Arbeiter im 20. Jahrhundert. Hrsg. von Klaus Tenfelde. Stuttgart, 1991, S. 32–65 (= Industrielle Welt, 51).
Schieck, Hans: Der Kampf um die deutsche Wirtschaftspolitik nach dem Novemberumsturz 1918. Diss. Heidelberg, 1958 [Masch.].
Schmid, Dieter: Wichard von Moellendorff. Ein Beitrag zur Idee der wirtschaftlichen Selbstverwaltung. Diss. Berlin, 1970.
Schmidt, Günter: Zur Staats- und Machtfrage in der Novemberrevolution (Wirtschaftsexperimente des Demobilmachungsamtes). In: Jahrbuch für Geschichte, 2/1967, S. 249–282.
Schwarz, Egbert F.: Vom Krieg zum Frieden. Demobilmachung in Zeiten des politischen und sozialen Umbruchs im Ruhrgebiet. Diss. Frankfurt am Main/Berlin/Bern/New York/Paris/Wien, 1995 (= Europäische Hochschulschriften, Reihe III, 657).
Song, Gi-Chul: Die staatliche Arbeitsmarktpolitik in Deutschland zwischen der Revolution 1918/19 und der Währungsreform 1923/24. Möglichkeiten und Grenzen des arbeitsmarktpolitischen Staatsinterventionismus in der Weimarer Republik. Hamburg, 2003 (= Beiträge zur deutschen und europäischen Geschichte, 31).
Weimer, Pascal: Die Gemeinwirtschaft in der Anfangszeit der Weimarer Republik. Diss. Berlin, 2002 (= Berliner Juristische Universitätsschriften. Grundlagen des Rechts, 20).
Wette, Wolfram: Die militärische Demobilmachung in Deutschland 1918/19 unter besonderer Berücksichtigung der revolutionären Ostseestadt Kiel. In: GG, 12. Jg., 1986, S. 63–80.
Zunkel, Friedrich: Industrie und Staatssozialismus. Der Kampf um die Wirtschaftsordnung in Deutschland 1914–1918. Düsseldorf, 1974 (= Tübinger Schriften zur Sozial- und Zeitgeschichte, 3).

Reparationen

27. Februar 2003–50 Jahre Londoner Schuldenabkommen. Gastbeitrag der Bundeswertpapierverwaltung. In: Bundesministerium der Finanzen: Monatsbericht 02.2003. Berlin, 2003, S. 91–95.
Die Entstehung des Youngplans dargestellt vom Reichsarchiv 1931–1933. Durchgesehen und eingeleitet von Martin Vogt. Boppard am Rhein, 1970 (= Schriften des Bundesarchivs, 15).
Fischer, Wolfram: Die wirtschaftspolitische Situation der Weimarer Republik. Celle, 1960 (= Schriftenreihe der Niedersächsischen Landeszentrale für Politische Bildung, Zeitgeschichte – Heft 9).
Flaskamp, Jürgen: Aufgaben und Wirkungen der Reichsbank in der Zeit des Dawes-Planes. Bergisch-Gladbach/Köln, 1986.

Glashagen, Winfried: Die Reparationspolitik Heinrich Brünings 1930–1931. Studien zum wirtschafts- und außenpolitischen Entscheidungsprozeß in der Auflösungsphase der Weimarer Republik. 2 Bände. Diss. Phil. Bonn, 1980.

Heyde, Philipp: Das Ende der Reparationen. Deutschland, Frankreich und der Youngplan 1929–1932. Paderborn/München/Wien/Zürich, 1998 (= Sammlung Schöningh zur Geschichte und Gegenwart).

Kent, Bruce: The Spoils of War. The Politics, Economics and Diplomacy of Reparations 1918–1932. Oxford, 1989.

Klotz, Andreas: Das Problem der Reparationen im Deutschen Reichstag. Marburg, 1996 (= Edition Wissenschaft, Reihe Geschichte, 19).

Kolb, Eberhard: Die Reichsbahn vom Dawes-Plan bis zum Ende der Weimarer Republik. In: Die Eisenbahn in Deutschland. Von den Anfängen bis zur Gegenwart. Hrsg. von Lothar Gall und Manfred Pohl. München, 1999, S. 109–163.

Krüger, Peter: Das Reparationsproblem der Weimarer Republik in fragwürdiger Sicht. Kritische Überlegungen zur neuesten Forschung. In: VfZ, 29. Jg., 1981,. S. 21–47.

Ders.: Deutschland und die Reparationen 1918/19. Die Genesis des Reparationsproblems in Deutschland zwischen Waffenstillstand und Versailler Friedensschluß. Stuttgart, 1973. (= Schriftenreihe der Vierteljahrshefte für Zeitgeschichte, Nr. 25).

Ders.: Die Außenpolitik der Republik von Weimar. Darmstadt, 1985.

Krumeich, Gerd (Hrsg.): Versailles 1919. Ziele – Wirkung – Wahrnehmung. Essen, 2001 (= Schriften der Bibliothek für Zeitgeschichte, N. F. 14).

Meyer, Gerd: Die deutsche Reparationspolitik von der Annahme des Young-Plans im Reichstag (12. März 1930) bis zum Reparationsabkommen auf der Lausanner Konferenz (9. Juli 1932). Diss. Düsseldorf, 1991.

Ritschl, Albrecht: Deutschlands Krise und Konjunktur 1924–1934. Binnenkonjunktur, Auslandsverschuldung und Reparationsproblem zwischen Dawes-Plan und Transfersperre. Berlin, 2002 (= Jahrbuch für Wirtschaftsgeschichte, Beiheft 2).

Ronde, Hans: Von Versailles bis Lausanne. Der Verlauf der Reparationsverhandlungen nach dem Ersten Weltkrieg. Stuttgart/Köln, 1950 (= Göttinger Studien zum Völkerrecht und Internationalen Privatrecht, II).

Ruser, Ursula-Maria: Die Reichsbahn als Reparationsobjekt. Freiburg, 1981.

Schuker, Stephen A.: American „Reparations" to Germany, 1919–1933. Implications for the Third-World Debt Crisis. Princeton, 1988 (= Princeton Studies in International Finance, 61).

Ders.: The End of French Predominance in Europe. The Financial Crisis of 1924 and the Adoption of the Dawes Plan. Chapel Hill, 1976.

Schwabe, Klaus (Hrsg.): Die Ruhrkrise 1923. Wendepunkt der internationalen Beziehungen nach dem Ersten Weltkrieg. Paderborn, ^{2}1986.

Wandel, Eckhard: Die Bedeutung der Vereinigten Staaten von Amerika für das deutsche Reparationsproblem 1924–1929. Tübingen, 1971 (= Tübinger Wirtschaftswissenschaftliche Abhandlungen, 11).

Wüest, Erich: Der Vertrag von Versailles in Licht und Schatten der Kritik. Die Kontroverse um seine wirtschaftlichen Auswirkungen. Zürich, 1962 (= Wirtschaft, Gesellschaft, Staat. Zürcher Studien zur allgemeinen Geschichte, 21).

Relative Stabilität und Rationalisierungskonjunktur

Blaich, Fritz: Die Wirtschaftskrise 1925/26 und die Reichsregierung. Von der Erwerbslosenfürsorge zur Konjunkturpolitik. Kallmünz, 1977.

Bönig, Jürgen: Die Einführung von Fließarbeit in Deutschland bis 1933. Zur Geschichte einer Sozialinnovation. Münster/Hamburg, 1993. (= Sozial- und Wirtschaftsgeschichte, 1).

Ders.: Fließarbeit und Bandarbeit in der deutschen Rationalisierung der 1920er Jahre. In: TG, 56/1989, S. 237–263.

Ders.: Technik, Rationalisierung und Arbeitszeit in der Weimarer Republik. In: TG 47/1980. S. 303–324.

Braun, Hans-Joachim: Produktionstechnik und Arbeitsorganisation. In: Troitzsch, Ulrich/Weber, Wolfhard (Hrsg.): Die Technik. Von den Anfängen bis zur Gegenwart. Braunschweig, [3]1989.

Ders./Kaiser, Walter: Energiewirtschaft, Automatisierung, Information seit 1914. Berlin, 1992 (= Propyläen Technikgeschichte, 5)

Buchheim, Christoph: The “Crisis Before the Crisis” – The Export Engine Out of Gear. In: Harold, James: (Hrsg.): The Interwar Depression in an International Context. München, 2002, S. 113–122 (= Schriften des Historischen Kollegs, Kolloquien, 51).

Flik, Reiner: Von Ford lernen? Automobilbau und Motorisierung in Deutschland bis 1933. Köln/Weimar/Wien, 2001 (= Wirtschafts- und Sozialhistorische Studien, 11).

Freyberg, Thomas von: Industrielle Rationalisierung in der Weimarer Republik. Untersucht an Beispielen aus dem Maschinenbau und der Elektroindustrie. Frankfurt am Main/New York, 1989 (= Forschungsberichte des Instituts für Sozialforschung Frankfurt am Main).

Geschichte der Produktivkräfte in Deutschland von 1800 bis 1945 in drei Bänden. Bd. 3: Produktivkräfte in Deutschland 1917/18 bis 1945. Wissenschaftliche Redaktion Rudolf Berthold. Berlin (DDR), 1988.

Hinrichs, Peter/Kolboom, Ingo: Industrielle Rationalisierung in Deutschland und Frankreich bis zum Zweiten Weltkrieg. In: Cohen, Yves/Manfraß, Klaus (Hrsg.): Frankreich und Deutschland. Forschung, Technologie und industrielle Entwicklung im 19. und 20. Jahrhundert. Internationales Kolloquium veranstaltet vom Deutschen Historischen Institut Paris in Verbindung mit dem Deutschen Museum München und der Cité des Sciences et de l’Industrie Paris, München, 12.–15. Oktober 1987. München, 1990, S. 383–410.

Homburg, Heidrun: Rationalisierung und Industriearbeit. Arbeitsmarkt – Management – Arbeiterschaft im Siemens-Konzern Berlin 1900–1939. Berlin, 1991 (= Schriften der Historischen Kommission zu Berlin, 1).

Kirchberg, Peter: Die Motorisierung des Straßenverkehrs in Deutschland von den Anfängen bis zum Zweiten Weltkrieg. In: Niemann, Harry/Herrmann, Armin (Hrsg.): Die Entwicklung der Motorisierung im Deutschen Reich und in den Nachfolgestaaten. Stuttgarter Tage zur Automobil- und Unternehmensgeschichte. Stuttgart, 1995, S. 9–22.

Kleinschmidt, Christian: Rationalisierung als Unternehmensstrategie. Die Eisen- und Stahlindustrie des Ruhrgebiets zwischen Jahrhundertwende und Weltwirtschaftskrise. Essen, 1993 (= Bochumer Schriften zur Unternehmens- und Industriegeschichte, 2).

Kugler, Anita: Arbeitsorganisation und Produktionstechnologie der Adam Opel Werke (von 1900 bis 1929). Berlin [Masch.], 1985 (= IIVG Papers, pre85–202).

Dies.: Von der Werkstatt zum Fließband. Etappen der frühen Automobilproduktion in Deutschland. In: GG, 13. Jg., 1987, S. 304–339.

Lippert, Frank: Lastkraftwagenverkehr und Rationalisierung in der Weimarer Republik. Technische und ökonomische Aspekte fertigungsstruktureller und logistischer Wand-

lungen in den 1920er Jahren. Frankfurt am Main/Berlin/Bern/New York/Paris/Wien, 1999 (= Europäische Hochschulschriften, Reihe V, 2412).
Plumpe, Gottfried: Die I.G. Farbenindustrie AG. Wirtschaft, Technik und Politik 1904–1945. Berlin, 1990 (= Schriften zur Wirtschafts- und Sozialgeschichte, 37).
Reckendrees, Alfred: Das „Stahltrust"-Projekt. Die Gründung der Vereinigte Stahlwerke A.G. und ihre Unternehmensentwicklung 1926–1933/34. München, 2000 (= Schriftenreihe zur Zeitschrift für Unternehmensgeschichte, 5).
Stahlmann, Michael: Die Erste Revolution in der Autoindustrie. Management und Arbeitspolitik von 1900–1940. Frankfurt am Main/New York, 1993.
Stollberg, Gunnar: Die Rationalisierungsdebatte 1908–1933. Freie Gewerkschaften zwischen Mitwirkung und Gegenwehr. Frankfurt am Main/New York, 1981.
Tessner, Magnus: Die deutsche Automobilindustrie im Strukturwandel von 1919 bis 1938. Köln, 1994 (= Wirtschafts- und Rechtsgeschichte, 25).
Welskopp, Thomas: Arbeit und Macht im Hüttenwerk. Arbeits- und industrielle Beziehungen in der deutschen und amerikanischen Eisen- und Stahlindustrie von den 1860er bis zu den 1930er Jahren. Bonn, 1994.
Ziebura, Gilbert: Weltwirtschaft und Weltpolitik 1922/24–1931. Zwischen Rekonstruktion und Zusammenbruch. Frankfurt am Main, 1984 (= Neue Historische Bibliothek, Edition Suhrkamp, N. F. 261).

Alltag, Architektur, Kultur und Emanzipation der Frau

Alter, Peter (Hrsg.): Im Banne der Metropolen. Berlin und London in den zwanziger Jahren. Göttingen/Zürich, 1993 (= Veröffentlichungen des Deutschen Historischen Instituts London, 29).
Andritzky, Michael (Hrsg.): Oikos. Von der Feuerstelle zur Mikrowelle. Haushalt und Wohnen im Wandel. Katalogbuch zur Ausstellung in Stuttgart und Zürich. Gießen, 1992.
Ankum, Katharina von (Hrsg.): Frauen in der Großstadt. Herausforderungen der Moderne? Dortmund, 1999.
Anselm, Sigrun/Beck, Barbara (Hrsg.): Triumph und Scheitern in der Metropole. Zur Rolle der Weiblichkeit in der Geschichte Berlins. Berlin, 1987.
Benker, Gitta/Störmer, Senta: Grenzüberschreitungen. Studentinnen in der Weimarer Republik. Pfaffenweiler, 1991 (= Frauen in Geschichte und Gesellschaft, 21).
Berrisch, Lisa: Rationalisierung der Hausarbeit in der Zwischenkriegszeit. In: Schweizerische Zeitschrift für Geschichte, 34. Jg., 1984, S. 385–397.
Bock, Gisela: Frauen in der europäischen Geschichte. Vom Mittelalter bis zur Gegenwart. München, 2005 (= Beck'sche Reihe, 1625).
Bock, Petra/Koblitz, Katja (Hrsg.): Neue Frauen zwischen den Zeiten. Berlin, 1995.
Bösch, Frank (Hrsg.): Medialisierung und Demokratie im 20. Jahrhundert. Göttingen, 2006 (= Beiträge zur Geschichte des 20. Jahrhunderts, 5).
Borscheid, Peter: Die „taylorisierte" Hausfrau. Zu den Auswirkungen der Rationalisierungsbewegung auf den Privathaushalt der 20er Jahre. In: Gerhard, Hans-Jürgen (Hrsg.): Struktur und Dimension. Festschrift für Karl Heinrich Kaufhold zum 65. Geburtstag. Bd. 2: Neunzehntes und Zwanzigstes Jahrhundert. Stuttgart, 1997, S. 477–484 (= VSWG, Beiheft 133).
Cott, Nancy F.: Die moderne Frau. Der amerikanische Stil der zwanziger Jahre. In: Geschichte der Frauen. Hrsg. von Georges Duby und Michelle Perrot. Bd. 5: 20. Jahrhundert. Frankfurt, 2012, S. 93–109.

Dammann, Hanns-Clas: Stimme aus dem Äther – Fenster zur Welt. Die Anfänge von Radio und Fernsehen in Deutschland. Diss. Köln, 2005.

Die Frankfurter Küche. Eine museale Gebrauchsanweisung. Hrsg. von Werkbundarchiv – Museum der Dinge Berlin und Renate Flagmeier. Berlin, ^{2}2013.

Die wilden Zwanziger. Weimar und die Welt 1919–33. Berlin, ^{2}1986.

Dussel, Konrad: Deutsche Tagespresse im 19. und 20. Jahrhundert. Münster, 2004 (= Einführungen. Kommunikationswissenschaft, 1).

Eichstedt, Astrid/Polster, Bernd: Wie die Wilden. Tänze auf der Höhe ihrer Zeit. Berlin, 1985.

Eifert, Christiane: Deutsche Unternehmerinnen im 20. Jahrhundert. München, 2011 (= Schriftenreihe zur Zeitschrift für Unternehmensgeschichte, 24).

Dies./Rouette, Susanne (Hrsg.): Unter allen Umständen. Frauengeschichte(n) in Berlin. Berlin, 1986.

Faulstich, Werner (Hrsg.): Die Kultur der 20er Jahre. München, 2008.

Fiedler, Jeannine/Feierabend, Peter (Hrsg.): Bauhaus. Köln, 1999.

Flemming, Jens/Saul Klaus/Witt, Peter-Christian (Hrsg.): Familienleben im Schatten der Krise. Dokumente und Analysen zur Sozialgeschichte der Weimarer Republik. Düsseldorf, 1988.

Fräulein vom Amt. Hrsg. von Helmut Gold und Anette Koch anläßlich der Ausstellung „Fräulein vom Amt" im Deutschen Postmuseum, Frankfurt am Main (4.5.1993–15.8.1993). München, 1993.

Frevert, Ute: Frauen-Geschichte. Zwischen Bürgerlicher Verbesserung und Neuer Weiblichkeit. Frankfurt am Main, 1986.

Führer, Karl Christian: Wirtschaftsgeschichte des Rundfunks in der Weimarer Republik. Potsdam, 1997 (= Veröffentlichungen des Deutschen Rundfunkarchivs, 6).

Gay, Peter: Die Republik der Außenseiter. Geist und Kultur der Weimarer Zeit 1918–1933. Frankfurt am Main, 2004.

Glaser, Hermann: Kleine Kulturgeschichte Deutschlands im 20. Jahrhundert. München, 2002 (= Beck'sche Reihe, 1480).

Görtemaker, Manfred (Hrsg.): Weimar in Berlin. Porträt einer Epoche. Berlin, 2002.

Grossmann, Atina: Die „Neue Frau" und die Rationalisierung der Sexualität in der Weimarer Republik. In: Snitow, Ann/Stansell, Christine/Thompson, Sharon (Hrsg.): Die Politik des Begehrens. Sexualität, Pornographie und neuer Puritanismus in den USA. Berlin, 1985, S. 38–62.

Hagemann, Karen: Frauenalltag und Männerpolitik. Alltagsleben und gesellschaftliches Handeln von Arbeiterfrauen in der Weimarer Republik. Diss. Bonn, 1990.

Dies. (Hrsg.): Eine Frauensache. Alltagsleben und Geburtenpolitik 1919–1933. Eine Ausstellungsdokumentation. Pfaffenweiler, 1991.

Haupt, Heinz-Gerhard/Torp, Claudius (Hrsg.): Die Konsumgesellschaft in Deutschland 1890–1990. Ein Handbuch. Frankfurt/New York, 2009.

Hausen, Karin: Große Wäsche. Technischer Fortschritt und sozialer Wandel in Deutschland vom 18. bis ins 20. Jahrhundert. In: GG, 13. Jg., 1987, S. 273–303.

HaushaltsTräume. Ein Jahrhundert Technisierung und Rationalisierung im Haushalt. Begleitbuch zur gleichnamigen Ausstellung. Hrsg. von der Arbeitsgemeinschaft Hauswirtschaft e. V. und der Stiftung Verbraucherinstitut. Königstein im Taunus, 1990.

Hirdina, Heinz: Rationalisierte Hausarbeit. Die Küche im Neuen Bauen. In: Jahrbuch für Volkskunde und Kulturgeschichte, Bd. 26, 1983, S. 44–80.

Hoeres, Peter: Die Kultur von Weimar. Durchbruch der Moderne. Berlin, 2008 (= Deutsche Geschichte im 20. Jahrhundert, 5).

Huerkamp, Claudia: Frauen, Universitäten und Bildungsbürgertum. Zur Lage studierender Frauen 1900–1930. In: Siegrist, Hannes (Hrsg.): Bürgerliche Berufe. Zur Sozialgeschichte der freien und akademischen Berufe im internationalen Vergleich. Göttingen, 1988, S. 200–222 (= Kritische Studien zur Geschichtswissenschaft, 80).
Jansen, Wolfgang: Glanzrevuen der zwanziger Jahre. Berlin, 1987.
Kessemeier, Gesa: Sportlich, sachlich, männlich. Das Bild der „Neuen Frau“ in den Zwanziger Jahren. Zur Konstruktion geschlechtsspezifischer Körperbilder in der Mode der Jahre 1920 bis 1929. Diss., Dortmund, 2000.
Kniesche, Thomas W. (Hrsg.): Dancing on the Volcano. Essays on the Culture of the Weimar Republic. Columbia, 1994.
Kleinschmidt, Christian: Konsumgesellschaft. Göttingen, 2008.
Knortz, Heike/Hartmann, Sarah: Mythos und Realität: Die Frau der „Goldenen Zwanziger Jahre“. In: Treibel, Annette/Soff, Marianne (Hrsg.): Gender interdisziplinär. Forschungsbeiträge der Pädagogischen Hochschule Karlsruhe. Karlsruhe, 2014. S. 83–103.
König, Wolfgang: Geschichte der Konsumgesellschaft. Stuttgart, 2000 (= VSWG, Beiheft 154).
Kramer, Helgard/Eckart, Christel/Riemann, Ilka/Walser, Karin: Grenzen der Frauenlohnarbeit. Frauenstrategien in Lohn- und Hausarbeit seit der Jahrhundertwende. Frankfurt am Main/New York, 1986.
Lorentz, Ellen: Aufbruch oder Rückschritt? Arbeit, Alltag und Organisation weiblicher Angestellter in der Kaiserzeit und Weimarer Republik. Bielefeld, 1988 (= Theorie und Praxis der Frauenforschung, 9).
Lüdtke, Alf/Marßolek, Inge/von Saldern, Adelheid: Amerikanisierung. Traum und Alptraum im Deutschland des 20. Jahrhunderts. Stuttgart, 1996 (= Transatlantische Studien, 6).
Lüdtke, Helga: Der Bubikopf. Männlicher Blick – weiblicher Eigen-Sinn. Göttingen, 2021.
Maase, Kaspar: Grenzenloses Vergnügen. Der Aufstieg der Massenkultur 1850 bis 1970. Frankfurt am Main, [4]2007.
Mücke, Anke: Lebenssituation von Frauen in der Weimarer Republik. In: Frauenforschungsprojekt zur Geschichte der Theologinnen, Göttingen: „Darum wagt es, Schwestern …“ Zur Geschichte evangelischer Theologinnen in Deutschland. Neukirchen-Vluyn, 1994, S. 71–108 (= Historisch-Theologische Studien zum 19. und 20. Jahrhundert, 7.)
Niethammer, Lutz (Hrsg.): Wohnen im Wandel. Beiträge zur Geschichte des Alltags in der bürgerlichen Gesellschaft. Wuppertal, 1979.
Nitschke, August/Ritter, Gerhard A./Peukert, Detlev J. K./vom Bruch, Rüdiger (Hrsg.): Jahrhundertwende. Der Aufbruch in die Moderne 1880–1930. Bd. 2. Hamburg, 1990.
Orland, Barbara: Effizienz im Heim. Die Rationalisierungsdebatte zur Reform der Hausarbeit in der Weimarer Republik. In: Kultur und Technik. Zeitschrift des Deutschen Museums, 7. Jg., 1983, S. 221–234.
Otto, Friedrich: Morgen ist Weltuntergang. Berlin in den zwanziger Jahren. Berlin, 1998.
Petersen, Klaus: Zensur in der Weimarer Republik. Stuttgart/Weimar, 1995.
Peukert, Detlev J. K.: Die Weimarer Republik. Krisenjahre der Klassischen Moderne. Frankfurt am Main, 1987.
Pohl, Hans (Hrsg.): Die Frau in der deutschen Wirtschaft. Referate und Diskussionsbeiträge des 8. wissenschaftlichen Symposiums der Gesellschaft für Unternehmensgeschichte e. V. am 8. und 9. Dezember 1983 in Essen. Stuttgart, 1985 (= Zeitschrift für Unternehmensgeschichte, Beiheft 35).
„Rationelle Haushaltsführung“ und die „Neue Frau“ der zwanziger Jahre. Ausgewählt und kommentiert von Helgard Kramer. In: Feministische Studien, 1/1982, S. 117–126.

Reese, Dagmar/Rosenhaft, Eve/Sachse, Carola/Siegel, Tilla: Rationale Beziehungen? Geschlechterverhältnisse im Rationalisierungsprozess. Frankfurt am Main, 1993.
Rybczynski, Witold: An Active Comfort. In: Old-House Interiors, Winter 1998, S. 31–34.
Sachse, Carola: Anfänge der Rationalisierung der Hausarbeit in der Weimarer Republik. In: HaushaltsTräume. Ein Jahrhundert Technisierung und Rationalisierung im Haushalt. Begleitbuch zur gleichnamigen Ausstellung. Hrsg. von der Arbeitsgemeinschaft Hauswirtschaft e. V. und der Stiftung Verbraucherinstitut. Königstein im Taunus, 1990, S. 49–61.
Schär, Christian: Der Schlager und seine Tänze im Deutschland der 20er Jahre. Sozialgeschichtliche Aspekte zum Wandel in der Musik und Tanzkultur während der Weimarer Republik. Diss. Zürich, 1991.
Schebera, Jürgen: Damals im Romanischen Café. Künstler und ihre Lokale im Berlin der zwanziger Jahre. Revidierte Neuauflage. Berlin, 2005.
Schlegel-Matthies, Kirsten: „Im Haus und am Herd". Der Wandel des Hausfrauenbildes und der Hausarbeit 1880–1930. Diss. Stuttgart, 1995.
Schneider, Irmela (Hrsg.): Radio-Kultur in der Weimarer Republik. Eine Dokumentation. Tübingen, 1984 (= Deutsche Text-Bibliothek, 2).
Soden, Kristine von (Hrsg.): 70 Jahre Frauenstudium. Frauen in der Wissenschaft. Köln, 1979 (= Kleine Bibliothek, 148).
Dies./Schmidt, Maruta (Hrsg.): Neue Frauen. Die zwanziger Jahre. Berlin, 1988.
Torp, Claudius: Konsum und Politik in der Weimarer Republik. Göttingen, 2011 (Kritische Studien zur Geschichtswissenschaft, Bd. 196).
Vollmer-Heitmann, Hanna: Wir sind von Kopf bis Fuß auf Liebe eingestellt. Die zwanziger Jahre. Hamburg, 1993 (= Reihe Frauenleben).
Wellner, Gabriele: Industriearbeiterinnen in der Weimarer Republik: Arbeitsmarkt, Arbeit und Privatleben 1919–1933. In: GG, 7. Jg., 1981, S. 534–554.
Zeit und Geschichte. Kulturgeschichtliche Perspektiven. Hrsg. von Erhard Chvojka, Andreas Schwarzc und Klaus Thien. Wien/München, 2002.
Zukowsky, John (Hrsg.): Architektur in Deutschland 1919–1939. Die Vielfalt der Moderne. München, 1994.

Interessenvertretung und -politik

Becker, Heinrich: Handlungsspielräume der Agrarpolitik in der Weimarer Republik zwischen 1923 und 1929. Stuttgart, 1990.
Blaich, Fritz: Staat und Verbände in Deutschland zwischen 1871 und 1945. Wiesbaden, 1979.
Ders.: Staatsverständnis und politische Haltung der deutschen Unternehmer 1918–1930. In: Bracher, Karl Dietrich/Funke, Manfred/Jacobsen, Hans-Adolf (Hrsg.): Die Weimarer Republik 1918–1933. Politik – Wirtschaft – Gesellschaft. Bonn, ^{2}1988, S. 158–178 (= Schriftenreihe Studien zur Geschichte und Politik, 251).
Brunner, Detlev: Bürokratie und Politik des Allgemeinen Deutschen Gewerkschaftsbundes 1918/19 bis 1933. Köln, 1992 (= Schriftenreihe der Otto Brenner Stiftung, 55).
Führer, Karl Christian: Betrogene Gewinner? Die deutschen Hausbesitzer und der Streit um den Gewinn aus Inflation und Währungsreform 1923–1943. In: VSWG, 82. Jg., 1995, S. 29–53.
Ders.: Mieter, Hausbesitzer, Staat und Wohnungsmarkt. Wohnungsmangel und Wohnungszwangswirtschaft in Deutschland 1914–1960. Stuttgart, 1995 (= VSWG, Beiheft 119).
Gessner, Dieter: Agrarverbände in der Weimarer Republik. Wirtschaftliche und soziale Voraussetzungen agrarkonservativer Politik vor 1933. Düsseldorf, 1976.

Hamel, Iris: Völkischer Verband und nationale Gewerkschaft. Der Deutschnationale Handlungsgehilfen-Verband 1893–1933. Frankfurt am Main, 1967.

Hartwich, Hans-Hermann: Arbeitsmarkt, Verbände und Staat 1918–1933. Die öffentliche Bindung unternehmerischer Funktionen in der Weimarer Republik. Berlin, 1967 (= Veröffentlichungen der Historischen Kommission zu Berlin, 23).

Kocka, Jürgen: Die Angestellten in der deutschen Geschichte 1850–1980. Vom Privatbeamten zum angestellten Arbeitnehmer. Göttingen, 1981.

Ders.: Zur Problematik der deutschen Angestellten 1914–1933. In: Mommsen, Hans/Petzina, Dietmar/Weisbrod, Bernd (Hrsg.): Industrielles System und politische Entwicklung in der Weimarer Republik. 2 Bde. Düsseldorf, 1977, Bd. 2, S. 792–811.

Matthias, Erich/Schönhoven, Klaus (Hrsg.): Solidarität und Menschenwürde. Etappen der deutschen Gewerkschaftsgeschichte von den Anfängen bis zur Gegenwart. Bonn, 1984.

Merkenich, Stephanie: Grüne Front gegen Weimar. Reichs-Landbund und agrarischer Lobbyismus 1918–1933. Düsseldorf, 1998 (= Beiträge zur Geschichte des Parlamentarismus und der politischen Parteien, 113).

Neebe, Reinhard: Großindustrie, Staat und NSDAP 1930–1933. Paul Silverberg und der Reichsverband der Deutschen Industrie in der Krise der Weimarer Republik. Göttingen, 1981.

Plumpe, Werner: Betriebliche Mitbestimmung in der Weimarer Republik. Fallstudien zum Ruhrbergbau und zur Chemischen Industrie. München, 1999 (= Quellen und Darstellungen zur Zeitgeschichte, 45).

Ders.: Tarifsystem und innerbetriebliche Konflikte in der Weimarer Republik. In: Führer, Karl Christian (Hrsg.): Tarifbeziehungen und Tarifpolitik in Deutschland im historischen Wandel. Bonn, 2004, S. 26–63 (= Historisches Forschungszentrum der Friedrich-Ebert-Stiftung, Reihe Politik- und Gesellschaftsgeschichte, 63).

Potthoff, Heinrich: Freie Gewerkschaften 1918–1933. Der Allgemeine Deutsche Gewerkschaftsbund in der Weimarer Republik. Düsseldorf, 1987 (= Beiträge zur Geschichte des Parlamentarismus und der politischen Parteien, 82).

Prinz, Michael: Vom neuen Mittelstand zum Volksgenossen. Die Entwicklung des sozialen Status der Angestellten von der Weimarer Republik bis zum Ende der NS-Zeit. München, 1986.

Unterstell, Rembert: Mittelstand in der Weimarer Republik. Die soziale Entwicklung und politische Orientierung von Handwerk, Kleinhandel und Hausbesitz 1919–1933. Ein Überblick. Frankfurt am Main/Bern/New York/Paris, 1989 (= Europäische Hochschulschriften, Reihe III, 408).

Weisbrod, Bernd: Schwerindustrie in der Weimarer Republik. Interessenpolitik zwischen Stabilisierung und Krise. Wuppertal, 1978.

Winkler, Heinrich August: Geschichte der Arbeiter und der Arbeiterbewegung in Deutschland seit dem Ende des 18. Jahrhunderts. Bd. 1: Von der Revolution zur Stabilisierung. Arbeiter und Arbeiterbewegung in der Weimarer Republik 1924 bis 1930. Berlin/Bonn, 1984; Bd. 2: Der Schein der Normalität. Arbeiter und Arbeiterbewegung in der Weimarer Republik 1924 bis 1930. Berlin/Bonn, 21988.

Ders.: Mittelstand, Demokratie und Nationalsozialismus. Die politische Entwicklung von Handwerk und Kleinhandel in der Weimarer Republik. Köln, 1972.

Ders.: Vom Protest zur Panik: Der gewerbliche Mittelstand in der Weimarer Republik. In: Ders.: Zwischen Marx und Monopolen. Der deutsche Mittelstand vom Kaiserreich zur Bundesrepublik Deutschland. Frankfurt am Main, 1991, S. 38–51.

Witt, Peter-Christian: Inflation, Wohnungszwangswirtschaft und Hauszinssteuer. Zur Regelung von Wohnungsbau und Wohnungsmarkt in der Weimarer Republik. In: Niethammer, Lutz (Hrsg.): Wohnen im Wandel. Beiträge zur Geschichte des Alltags in der bürgerlichen Gesellschaft. Wuppertal, 1979, S. 385–407.

Zollitsch, Wolfgang: Arbeiter zwischen Weltwirtschaftskrise und Nationalsozialismus. Ein Beitrag zur Sozialgeschichte der Jahre 1928 bis 1936. Göttingen, 1990 (= Kritische Studien zur Geschichtswissenschaft, 88).

Sozialstaat, öffentliche Finanzen, Reichsbankpolitik

Abelshauser, Werner (Hrsg.): Die Weimarer Republik als Wohlfahrtsstaat. Zum Verhältnis von Wirtschafts- und Sozialpolitik in der Industriegesellschaft. Stuttgart, 1987 (= VSWG, Beiheft 81).

Ambrosius, Gerald: Die öffentliche Wirtschaft in der Weimarer Republik. Kommunale Versorgungsunternehmen als Instrumente der Wirtschaftspolitik. Baden-Baden, 1984 (= Schriften zur öffentlichen Verwaltung und öffentlichen Wirtschaft, 78).

Bachmann, Ursula: Reichskasse und öffentlicher Kredit in der Weimarer Republik 1924–1932. Frankfurt am Main/Berlin/Bern/New York/Paris/Wien, 1996 (= Europäische Hochschulschriften, Reihe V, 1854).

Bähr, Johannes: Staatliche Schlichtung in der Weimarer Republik. Tarifpolitik, Korporatismus und industrieller Konflikt zwischen Inflation und Deflation 1919–1932. Berlin, 1989 (= Einzelveröffentlichungen der Historischen Kommission zu Berlin, 68).

Baumgarten, Dietrich: Deutsche Finanzpolitik 1924–1928. Diss. Berlin, 1965.

Berringer, Christian: Sozialpolitik in der Weltwirtschaftskrise. Die Arbeitslosenversicherungspolitik in Deutschland und Großbritannien im Vergleich 1928–1934. Berlin, 1999 (= Schriften zur Wirtschafts- und Sozialgeschichte, 54).

Bischoff, Sabine: Arbeitszeitrecht in der Weimarer Republik. Berlin, 1987 (= Schriften zum Sozial- und Arbeitsrecht, 89).

Blaich, Fritz: Die Wirtschaftskrise 1925/26 und die Reichsregierung. Von der Erwerbslosenfürsorge zur Konjunkturpolitik. Kallmünz, 1977.

Bogs, Walter: Die Sozialversicherung in der Weimarer Demokratie. München, 1981 (= Vierteljahresschrift für Sozialrecht, Beiheft 2).

Braun, Ulrich: Die Besteuerung der Unternehmen in der Weimarer Republik von 1923 bis 1933. Diss. Köln, 1988 (= Reihe Wirtschafts- und Rechtsgeschichte, 9).

Clingan, C. Edmund: Finance from Kaiser to Führer. Budget Politics in Germany 1912–1934. Westport/London, 2001 (= Contributions to the Study of World History, 79).

Crew, David F.: Germans on Welfare. From Weimar to Hitler. New York/Oxford, 1998.

Die Entstehung des Wohlfahrtsstaates in Großbritannien und Deutschland 1850–1950. Hrsg. von Wolfgang J. Mommsen in Zusammenarbeit mit Wolfgang Mock. Stuttgart, 1982 (= Veröffentlichungen des Deutschen Historischen Instituts London, 11).

Engelberger, Josef: Tarifautonomie im Deutschen Reich. Entwicklung des Tarifvertragswesens in Deutschland von 1870/71 bis 1945. Berlin, 1995 (= Schriften zur Wirtschafts- und Sozialgeschichte, 45).

Feldman, Gerald D./Steinisch, Irmgard: Die Weimarer Republik zwischen Sozial- und Wirtschaftsstaat. Die Entscheidung gegen den Achtstundentag. In: ASG, XVIII. Jg., 1978, S. 353–439.

Flaskamp, Jürgen: Aufgaben und Wirkungen der Reichsbank in der Zeit des Dawes-Planes. Bergisch-Gladbach/Köln, 1986.

Fraenkel, Ernst: Der Ruhreisenstreit 1928–1929 in historisch-politischer Sicht. In: Hermens, Ferdinand A./Schieder, Theodor (Hrsg.): Staat, Wirtschaft und Politik in der Weimarer Republik. Festschrift für Heinrich Brüning. Berlin, 1967, S. 97–117.
Frerich, Johannes/Frey, Martin: Handbuch der Geschichte der Sozialpolitik in Deutschland. Bd. 1: Von der vorindustriellen Zeit bis zum Ende des Dritten Reiches. München/Wien, 1993.
Führer, Karl Christian: Arbeitslosigkeit und die Entstehung der Arbeitslosenversicherung in Deutschland 1902–1927. Berlin, 1990 (= Einzelveröffentlichungen der Historischen Kommission zu Berlin, 73).
Ders.: Mieter, Hausbesitzer, Staat und Wohnungsmarkt. Wohnungsmangel und Wohnungszwangswirtschaft in Deutschland 1914–1960. Stuttgart, 1995 (= VSWG, Beiheft 119).
Fukuzawa, Naoki: Staatliche Arbeitslosenunterstützung in der Weimarer Republik und die Entstehung der Arbeitslosenversicherung. Frankfurt am Main/Berlin/Bern/New York/Paris/Wien, 1995 (= Europäische Hochschulschriften, Reihe V, 1613).
Habedank, Heinz: Die Reichsbank in der Weimarer Republik. Zur Rolle der Zentralbank in der Politik des deutschen Imperialismus 1919–1933. Berlin (DDR), 1981 (= Forschungen zur Wirtschaftsgeschichte, 12).
Hardach, Gerd: Die beiden Reichsbanken: Internationales Währungssystem und nationale Währungspolitik 1924–1931. In: Mommsen, Hans/Petzina, Dietmar/Weisbrod, Bernd (Hrsg.): Industrielles System und politische Entwicklung in der Weimarer Republik. 2 Bde. Kronberg im Taunus/Düsseldorf, [2]1977, Bd. 1, S. 375–386.
Hek, Arie van der: Hjalmar Schacht. Präsident der Reichsbank zwischen zwei Weltkriegen. Wiesbaden, 2020.
Heindl, Wolfgang: Die Haushalte von Reich, Ländern und Gemeinden in Deutschland von 1925 bis 1933. Frankfurt am Main/Bern/New York/Nancy, 1984 (= Europäische Hochschulschriften, Reihe V, 565).
Hentschel, Volker: Geschichte der deutschen Sozialpolitik (1880–1980). Soziale Sicherung und kollektives Arbeitsrecht. Frankfurt am Main, 1983 (= Edition Suhrkamp, N. F. 247).
Herrmann, Volker: Vom Arbeitsmarkt zum Arbeitseinsatz. Zur Geschichte der Reichsanstalt für Arbeitsvermittlung und Arbeitslosenversicherung 1929–1939. Frankfurt am Main/Berlin/Bern/New York/Paris/Wien, 1993 (= Europäische Hochschulschriften, Reihe III, 557).
Hertz-Eichenrode, Dieter: Wirtschaftskrise und Arbeitsbeschaffung. Konjunkturpolitik 1925/26 und die Grundlagen der Krisenpolitik Brünings. Frankfurt am Main/New York, 1982.
Holtfrerich, Carl-Ludwig: Vom sozialpolitischen Aufbruch zur sozialen Demontage. Die Weimarer Republik und die Weltwirtschaftskrise. In: Henning, Hansjoachim/Lindenlaub, Dieter/Wandel, Eckhard (Hrsg.): Wirtschafts- und sozialgeschichtliche Forschungen und Probleme. Karl Erich Born zur Vollendung des 65. Lebensjahres zugeeignet von Kollegen, Freunden und Schülern. St. Katharinen, 1987, S. 335–346.
James, Harold: Deutschland in der Weltwirtschaftskrise 1924–1936. Darmstadt, 1988.
Ders.: The Reichsbank and Public Finance in Germany 1924–1933: A Study of the Politics of Economics during the Great Depression. Frankfurt am Main, 1985 (= Schriftenreihe des Instituts für bankhistorische Forschung e. V., 5).
Kienitz, Sabine: „Als Helden gefeiert – als Krüppel vergessen“. Kriegsinvaliden im Ersten Weltkrieg und in der Weimarer Republik. In: Beyrau, Dietrich (Hrsg.): Der Krieg in religiösen und nationalen Deutungen der Neuzeit. Tübingen, 2001, S. 217–237.

Knortz, Heike: Arbeitszeitverkürzung als Konfliktpotential. Zum Problem sinkender „Arbeitsintensität" in der frühen Weimarer Republik. In: Jahrbuch für Wirtschaftsgeschichte, 2004/1, S. 175–193.
Kommunale Finanzpolitik in der Weimarer Republik. Hrsg. von Karl-Heinrich Hansmeyer. Stuttgart/Berlin/Köln/Mainz, 1973 (= Schriftenreihe des Vereins für Kommunalwissenschaften e. V. Berlin, 36).
Krohn, Claus-Dieter: Stabilisierung und ökonomische Interessen. Die Finanzpolitik des Deutschen Reiches 1923–1927. Düsseldorf, 1974 (= Studien zur modernen Geschichte, 13).
Kruedener, Jürgen Freiherr von: Die Überforderung der Weimarer Republik als Sozialstaat. In: GG, 11. Jg., 1985, S. 358–376.
Leuchten, Alexius: Der Kampf um den Achtstundentag. Auseinandersetzungen um die gesetzliche Regelung der Arbeitszeit in der Weimarer Republik. Ein Beitrag zur Geschichte des Arbeits- und Sozialrechts 1918–1933. Diss. Augsburg, 1978.
Lewek, Peter: Arbeitslosigkeit und Arbeitslosenversicherung in der Weimarer Republik 1918–1927. Stuttgart, 1992 (= VSWG, Beiheft 104).
Lieberman, Ben: From Recovery to Catastrophe. Municipal Stabilization and Political Crisis in Weimar Germany. New York/Oxford, 1998.
Maurer, Ilse: Reichsfinanzen und große Koalition. Zur Geschichte des Reichskabinetts Müller (1928–1930). Bern/Frankfurt am Main, 1973 (= Moderne Geschichte und Politik, 1).
Möller, Alex: Reichsfinanzminister Matthias Erzberger und sein Reformwerk. Bonn, 1971 (= Blickpunkt Finanzen. Informationshefte des Bundesministeriums für Wirtschaft und Finanzen, Heft 7).
Müller, Helmut: Die Zentralbank – eine Nebenregierung. Reichsbankpräsident Hjalmar Schacht als Politiker der Weimarer Republik. Opladen, 1973 (= Schriften zur politischen Wirtschafts- und Gesellschaftslehre, 5).
Preller, Ludwig: Sozialpolitik in der Weimarer Republik. Düsseldorf, [2]1978 (Stuttgart, [1]1949).
Reinhardt, Simone: Die Reichsbank in der Weimarer Republik. Eine Analyse der formalen und faktischen Unabhängigkeit. Frankfurt am Main/Berlin/Bern/Bruxelles/New York/Oxford/Wien, 2000.
Ritter, Gerhard A.: Der Sozialstaat. Entstehung und Entwicklung im internationalen Vergleich. München, [2]1991.
Sachße, Christoph/Tennstedt, Florian: Geschichte der Armenfürsorge in Deutschland. Bd. 2: Fürsorge und Wohlfahrtspflege 1871–1929. Stuttgart/Berlin/Köln/Mainz, 1988.
Scharf, Günter: Geschichte der Arbeitszeitverkürzung. Der Kampf der deutschen Gewerkschaften um die Verkürzung der täglichen und wöchentlichen Arbeitszeit. Köln, 1987 (= Schriftenreihe der Otto Brenner Stiftung, 40).
Schiffmann, Dieter: Von der Revolution zum Neunstundentag. Arbeit und Konflikt bei BASF 1918–1924. Frankfurt am Main/New York, 1983.
Schneider, Michael: Auf dem Weg in die Krise. Thesen und Materialien zum Ruhreisenstreit 1928/29. Wentorf bei Hamburg, 1974 (= Die Arbeiterbewegung in den Rheinlanden, 2).
Ders.: Streit um Arbeitszeit. Geschichte des Kampfes um Arbeitszeitverkürzung in Deutschland. Hrsg. von Hans Mayr und Hans Janßen. Köln, 1984.
Steiger, Karsten: Kooperation, Konfrontation, Untergang. Das Weimarer Tarif- und Schlichtungswesen während der Weltwirtschaftskrise und seine Vorbedingungen. Stuttgart, 1998 (= Beiträge zur Unternehmensgeschichte, 5).
Steinisch, Irmgard: Arbeitszeitverkürzung und sozialer Wandel. Der Kampf um die Achtstundenschicht in der deutschen und amerikanischen Eisen- und Stahlindustrie 1880–1929. Berlin/New York, 1986.

Stolleis, Michael: Geschichte des Sozialrechts in Deutschland. Ein Grundriß. Stuttgart, 2003.
Stucken, Rudolf: Deutsche Geld- und Kreditpolitik 1914–1963. Tübingen, [3]1964 ([1]1937).
Tschirbs, Rudolf: Tarifpolitik im Ruhrbergbau 1918–1933. Berlin, 1986 (= Veröffentlichungen der Historischen Kommission zu Berlin, 64).
Witt, Peter-Christian: Die Auswirkungen der Inflation auf die Finanzpolitik des Deutschen Reiches 1924–1935. In: Feldman, Gerald D. (Hrsg.): Die Nachwirkungen der Inflation auf die deutsche Geschichte 1924–1933. München, 1985. S. 43–94. (= Schriften des Historischen Kollegs, Kolloquien 6).
Ders.: Finanzpolitik als Verfassungs- und Gesellschaftspolitik. Überlegungen zur Finanzpolitik des Deutschen Reiches in den Jahren 1930 bis 1932. In: GG, 8. Jg., 1982, S. 386–414.
Ders.: Finanzpolitik und sozialer Wandel. Wachstum und Funktionswandel der Staatsausgaben in Deutschland, 1871–1933. In: Sozialgeschichte Heute. Festschrift für Hans Rosenberg zum 70. Geburtstag. Hrsg. von Hans-Ulrich Wehler. Göttingen, 1974, S. 565–574 (= Kritische Studien zur Geschichtswissenschaft, 11).
Ders.: Inflation, Wohnungszwangswirtschaft und Hauszinssteuer. Zur Regelung von Wohnungsbau und Wohnungsmarkt in der Weimarer Republik. In: Niethammer, Lutz (Hrsg.): Wohnen im Wandel. Beiträge zur Geschichte des Alltags in der bürgerlichen Gesellschaft. Wuppertal, 1979, S. 385–407.
Zahn, Clemens: Arbeitskosten und Lebenslagen zwischen Inflation und Großer Krise. Zur Geschichte der Weimarer Lohnbewegung. St. Katharinen, 1996 (= Studien zur Wirtschafts- und Sozialgeschichte, 11).
Zeppenfeld, Burkhard: Handlungsspielräume städtischer Finanzpolitik. Staatliche Vorgaben und kommunales Interesse in Bochum und Münster 1913–1935. Essen, 1999.
Zollitsch, Wolfgang: Arbeiter zwischen Weltwirtschaftskrise und Nationalsozialismus. Ein Beitrag zur Sozialgeschichte der Jahre 1928 bis 1936. Göttingen, 1990 (= Kritische Studien zur Geschichtswissenschaft, 88).

Weltwirtschaftskrise

Abelshauser, Werner: Kriegswirtschaft und Wirtschaftswunder. Deutschlands wirtschaftliche Mobilisierung für den Zweiten Weltkrieg und die Folgen für die Nachkriegszeit. In: VfZ, 47. Jg., 1999, S. 503–538.
Abraham, David: The Collapse of the Weimar Republic. Political Economy and Crisis. New York, [2]1986.
Adams, Willi Paul (Hrsg.): Die Vereinigten Staaten von Amerika. Frankfurt am Main, [19]2003 (= Fischer Weltgeschichte, 30).
Aldcroft, Derek H.: Die zwanziger Jahre. Von Versailles zur Wall Street 1919–1929. München, 1978 (= Geschichte der Weltwirtschaft im 20. Jahrhundert, 3).
Bähr, Johannes/Rudoph, Bernd: 1931 Finanzkrisen 2008. München/Zürich, 2011.
Balderston, Theo: The Origins and Course of the German Economic Crisis. November 1923 to May 1932. Berlin, 1993 (= Schriften der Historischen Kommission zu Berlin, 2).
Becker, Josef; Klaus Hildebrand (Hrsg.): Internationale Beziehungen in der Weltwirtschaftskrise 1929–1933. Referate und Diskussionsbeiträge eines Augsburger Symposions 29. März bis 1. April 1979. München, 1980.
Bennett, Edward W.: Germany and the Diplomacy of the Financial Crisis 1931. Cambridge, 1962.

Berringer, Christian: Sozialpolitik in der Weltwirtschaftskrise. Die Arbeitslosenversicherungspolitik in Deutschland und Großbritannien im Vergleich 1928–1934. Diss. Berlin, 1999 (= Schriften zur Wirtschafts- und Sozialgeschichte, 54).
Blaich, Fritz: Der Schwarze Freitag. Inflation und Wirtschaftskrise. München, 1985.
Block, Jan: Die Wirtschaftspolitik in der Weltwirtschaftskrise 1929 bis 1932 im Urteil der Nationalsozialisten. Diss. Frankfurt am Main/Berlin/Bern/New York/Paris/Wien, 1997 (= Europäische Hochschulschriften, Reihe V, 2158).
Boelcke, Willi A.: Die deutsche Wirtschaft 1930–1945. Interna des Reichswirtschaftsministeriums. Düsseldorf, 1983.
Born, Karl Erich: Die deutsche Bankenkrise 1931. Finanzen und Politik. München, 1967.
Ders.: Geld und Banken im 19. und 20. Jahrhundert. Stuttgart, 1976.
Buchheim, Christoph: Das NS-Regime und die Überwindung der Weltwirtschaftskrise in Deutschland. In: VfZ, 56. Jg. 2008. S. 381–414.
Ders.: Die Erholung von der Weltwirtschaftskrise 1932/33 in Deutschland. In: JWG, 2003/1. S. 13–26.
Ders.: Die Wirtschaftsentwicklung im Dritten Reich – mehr Desaster als Wunder. Eine Erwiderung auf Werner Abelshauser. In: VfZ, 49. Jg., 2001, S. 653–664.
Ders.: The Nazi Boom: An Economic Cul-de-Sac. In: Mommsen, Hans (Hrsg.): The Third Reich Between Vision and Reality. New Perspectives on German History 1918–1945. Oxford, 2001, S. 79–94.
Büsch, Otto/Witt, Peter Christian: Internationale Zusammenhänge der Weltwirtschaftskrise. Präsentationen aus Anlaß einer Fachkonferenz. Berlin, 1994 (= Studien zur europäischen Geschichte, 16).
Deutsche Bankengeschichte. Hrsg. von Manfred Pohl. Bd. 3: Vom Ersten Weltkrieg bis zur Gegenwart. Frankfurt am Main, 1983.
Die Staats- und Wirtschaftskrise des Deutschen Reichs 1929/33. Hrsg. von Werner Conze und Hans Raupach. Stuttgart, 1967 (= Industrielle Welt, 8).
Eichengreen, Barry/Temin, Peter: The Gold Standard and the Great Depression. In: Contemporary European History, 9. Jg., 2000, Heft 2, S. 183–207.
Friedman, Milton/Schwartz, Anna Jacobson: A Monetary History of the United States 1867–1960. Princeton, 1993 (= Studies in Business Cycles, 12).
Galbraith, John Kenneth: Der Große Crash 1929. Ursachen, Verlauf, Folgen. München, [4]2008.
Gessner, Dieter: Agrardepression und Präsidialregierungen in Deutschland 1930 bis 1933. Probleme des Agrarprotektionismus am Ende der Weimarer Republik. Düsseldorf, 1977.
Golla, Guido: Nationalsozialistische Arbeitsbeschaffung 1933 bis 1936. Aachen, 2008.
Hardach, Gerd: Währungskrise 1931: Das Ende des Goldstandards in Deutschland. In: Finanz- und wirtschaftspolitische Fragen der Zwischenkriegszeit. Hrsg. von Harald Winkel. Berlin, 1973, S. 121–133 (= Schriften des Vereins für Socialpolitik. N. F. 73).
Ders.: Weltmarktorientierung und relative Stagnation. Währungspolitik in Deutschland 1924–1931. Berlin, 1976 (= Schriften zur Wirtschafts- und Sozialgeschichte, 27).
Harold, James: Deutschland in der Weltwirtschaftskrise 1924–1936. Stuttgart, 1988.
Ders.: The Reichsbank and Public Finance in Germany 1924–1933: A Study of the Politics of Economics during the Great Depression. Frankfurt am Main, 1985.
Henning, Friedrich-Wilhelm: Die Liquidität der Banken in der Weimarer Republik. In: Finanz- und wirtschaftspolitische Fragen der Zwischenkriegszeit. Von Derek H. Aldcroft, Peter Czada, Gerd Hardach u. a. Hrsg. von Harald Winkel. Berlin, 1973, S. 45–92 (= Schriften des Vereins für Socialpolitik, N. F. 73).

Hertz-Eichenrode, Dieter: Wirtschaftskrise und Arbeitsbeschaffung. Konjunkturpolitik 1925/26 und die Grundlagen der Krisenpolitik Brünings. Frankfurt am Main/New York, 1982.

Hesse, Jan-Otmar/Köster, Roman/Plumpe, Werner: Die Große Depression. Die Weltwirtschaftskrise 1929–1939. Frankfurt/New York, 2014.

Hömig, Herbert: Brüning – Kanzler in der Krise der Republik. Eine Weimarer Biographie. Paderborn/München/Wien/Zürich, 2000.

Ders.: Brüning – Politiker ohne Auftrag. Zwischen Weimarer und Bonner Republik. Paderborn/München/Wien/Zürich, 2005.

Kim, Hak-Le: Industrie, Staat und Wirtschaftspolitik. Die konjunkturpolitische Diskussion in der Endphase der Weimarer Republik 1930–1932/33. Diss. Berlin, 1997 (= Schriften zur Wirtschafts- und Sozialgeschichte, 50).

Kindleberger, Charles P.: Die Weltwirtschaftskrise 1929–1939. München, [3]1984 (= Geschichte der Weltwirtschaft im 20. Jahrhundert, 4).

Kroll, Gerhard: Von der Weltwirtschaftskrise zur Staatskonjunktur. Berlin, 1958.

Kwon, Hyeoung-Jin: Deutsche Arbeitsbeschaffungs- und Konjunkturpolitik in der Weltwirtschaftskrise. Die „Deutsche Gesellschaft für öffentliche Arbeiten AG (Öffa)" als Instrument der Konjunkturpolitik von 1930 bis 1937. Diss. Osnabrück, 2002.

Mannes, Astrid Luise: Die Agrarpolitik der Regierung Brüning. Eine Auswertung der edierten Quellen und Literatur. Aachen, 1997 (= Berichte aus der Geschichtswissenschaft).

Marcon, Helmut: Arbeitsbeschaffungspolitik der Regierungen Papen und Schleicher. Grundsteinlegung für die Beschäftigungspolitik im Dritten Reich. Bern/Frankfurt am Main, 1974 (= Moderne Geschichte und Politik, 3).

Maurer, Ilse: Reichsfinanzen und große Koalition. Zur Geschichte des Reichskabinetts Müller (1928–1930). Bern/Frankfurt am Main, 1973 (= Moderne Geschichte und Politik, 1).

McNeil, William C.: American Money and the Weimar Republic. Economics and Politics on the Eve of the Great Depression. New York, 1986 (= The Political Economy of International Change).

Nussbaum, Manfred: Wirtschaft und Staat in Deutschland während der Weimarer Republik. Vaduz/Liechtenstein, 1978 (= Wirtschaft und Staat in Deutschland. Eine Wirtschaftsgeschichte des staatsmonopolistischen Deutschland vom Ende des 19. Jh. bis 1945 in drei Bänden. Hrsg. von Helga Nussbaum und Lotte Zumpe, Bd. 2).

Overy, Richard J.: The Nazi Economic Recovery 1932–1938. London/Basingstoke, 1982 (= Studies in Economic and Social History).

Petzina, Dietmar: Elemente der Wirtschaftspolitik in der Spätphase der Weimarer Republik. In: VfZ, 21. Jg., 1973, S. 127–133.

Ders.: Hauptprobleme der deutschen Wirtschaftspolitik 1932/33. In: VfZ, 15. Jg., 1967, S. 18–55.

Predöhl, Andreas: Die Epochenbedeutung der Weltwirtschaftskrise von 1929 bis 1931. In: VfZ, 1. Jg., 1953, S. 97–118.

Pressler, Florian: Die erste Weltwirtschaftskrise. Eine kleine Geschichte der Großen Depression. München, 2013.

Ritschl, Albrecht: Hat das Dritte Reich wirklich eine ordentliche Beschäftigungspolitik betrieben? In: JWG, 2003/1, S. 125–140.

Roidl, Angelika: Die „Osthilfe" unter der Regierung der Reichskanzler Müller und Brüning. Weiden/Regensburg, 1994 (= Beiträge zur Wirtschafts- und Sozialgeschichte, Heft 5).

Rothermund, Dietmar: Die Welt in der Wirtschaftskrise, 1929–1939. Münster, 1993 (= Periplus-Texte, 1).

Schiemann, Jürgen: Die deutsche Währung in der Weltwirtschaftskrise 1929–1933. Währungspolitik und Abwertungskontroverse unter den Bedingungen der Reparationen. Bern/Stuttgart, 1980 (= Sozioökonomische Forschungen, 12).

Schröter, Verena: Die deutsche Industrie auf dem Weltmarkt 1929 bis 1933. Außenwirtschaftliche Strategien unter dem Druck der Weltwirtschaftskrise. Frankfurt am Main/Bern/New York/Nancy, 1984 (= Europäische Hochschulschriften, Reihe III, 251).

Schuker, Stephen A.: American „Reparations" to Germany, 1919–1933. Implications for the Third-World Debt Crisis. Princeton, 1988 (= Princeton Studies in International Finance, 61).

Stachura, Peter D. (Hrsg.): Unemployment and the Great Depression in Weimar Germany. Houndmills/Basingstoke/Hampshire/London, 1986.

Straumann, Tobias: 1931. Die Finanzkrise und Hitlers Aufstieg. Darmstadt, 2020.

Verenkotte, Clemens: Das brüchige Bündnis. Amerikanische Anleihen und deutsche Industrie 1924–1934. Diss. Freiburg, 1991.

Weiß, Lothar: Rheinische Großstädte während der Weltwirtschaftskrise (1929–1933). Kommunale Finanz- und Sozialpolitik im Vergleich. Diss. Köln/Weimar/Wien, 1999.

Wixforth, Harald: Banken und Schwerindustrie in der Weimarer Republik. Köln/Weimar/Wien, 1995 (= Wirtschafts- und Sozialhistorische Studien, 1).

Zumpe, Lotte: Wirtschaft und Staat in Deutschland 1933 bis 1945. Vaduz/Liechtenstein, 1980 (= Wirtschaft und Staat in Deutschland. Eine Wirtschaftsgeschichte des staatsmonopolistischen Deutschland vom Ende des 19. Jh. bis 1945 in drei Bänden. Hrsg. von Helga Nussbaum und Lotte Zumpe, Bd. 3).

Diskussion um alternative Handlungsspielräume in der Weltwirtschaftskrise

Borchardt, Knut: Das Gewicht der Inflationsangst in den wirtschaftspolitischen Entscheidungsprozessen während der Weltwirtschaftskrise. In: Die Nachwirkungen der Inflation auf die deutsche Geschichte 1924–1933. Hrsg. von Gerald D. Feldman. München, 1985. S. 233–260. (= Schriften des Historischen Kollegs; Kolloquien 6).

Ders.: Inflationsgefahren in der Weltwirtschaftskrise? Zu den Spielräumen der Brüningschen Wirtschaftspolitik 1930–1932. In: International Capital Movements, Debt and Monetary System. Hrsg. von Wolfram Engels, Armin Gutowski, Henry C. Wallich. Mainz, 1984. S. 21–42.

Ders.: Noch einmal: Alternativen zu Brünings Wirtschaftspolitik? In: HZ, Bd. 237, 1983, Heft 1, S. 67–83.

Ders.: Zum Scheitern eines produktiven Diskurses über das Scheitern der Weimarer Republik: Replik auf Claus-Dieter Krohns Diskussionsbemerkungen. In: GG, 9. Jg., 1983, S. 124–137.

Ders.: Zwangslagen und Handlungsspielräume in der großen Weltwirtschaftskrise der frühen dreißiger Jahre. Zur Revision des überlieferten Geschichtsbildes. In: Jahrbuch der Bayerischen Akademie der Wissenschaften 1979. München, 1979. S. 87–132. Wiederabgedruckt in: Ders.: Wachstum, Krisen, Handlungsspielräume der Wirtschaftspolitik. Studien zur Wirtschaftsgeschichte des 19. und 20. Jahrhunderts. Göttingen, 1982. S. 165–182. (= Kritische Studien zur Geschichtswissenschaft. 50).

Broadberry, Stephen N./Ritschl, Albrecht: Real Wages, Productivity and Unemployment in Britain and Germany during the 1920s. In: Explorations in Economic History, Vol. 32, 1995, S. 327–349.

Büttner, Ursula: Politische Alternativen zum Brüningschen Deflationskurs. Ein Beitrag zur Diskussion über „ökonomische Zwangslagen" in der Endphase von Weimar. In: VfZ, 37. Jg., 1989, S. 209–251.

Hentschel, Volker: Große Depression und Wirtschaftspolitik. Sachzwänge und Handlungsspielräume der Großmächte. In: Sachzwänge und Handlungsspielräume in der Wirtschafts- und Sozialpolitik der Zwischenkriegszeit. Hrsg. von Wolfram Fischer. St. Katharinen, 1985, S. 9–115.

Holtfrerich, Carl-Ludwig: Alternativen zu Brünings Wirtschaftspolitik in der Weltwirtschaftskrise. Wiesbaden, 1982 (= Frankfurter Historische Vorträge, Heft 9). Auch in: HZ, Bd. 235, 1982, S. 605–631.

Ders.: Zu hohe Löhne in der Weimarer Republik? Bemerkungen zur Borchardt-These. In: GG, 10. Jg., 1984, S. 122–141.

James, Harold: Gab es eine Alternative zur Wirtschaftspolitik Brünings? In: VSWG, 70. Jg., 1983, S. 523–541.

Jochmann, Werner: Brünings Deflationspolitik und der Untergang der Weimarer Republik. In: Stegmann, Dirk/Wendt, Bernd-Jürgen/Witt, Peter-Christian (Hrsg.): Industrielle Gesellschaft und politisches System. Beiträge zur politischen Sozialgeschichte. Festschrift für Fritz Fischer zum siebzigsten Geburtstag. Bonn, 1978, S. 97–112 (= Schriftenreihe des Forschungsinstituts der Friedrich-Ebert-Stiftung, 137).

Kontroversen über die Wirtschaftspolitik in der Weimarer Republik. Hrsg. von Heinrich August Winkler. Göttingen, 1985 (= Geschichte und Gesellschaft, 11. Jg., 1985, Heft 3).

Krohn, Claus-Dieter: „Ökonomische Zwangslagen" und das Scheitern der Weimarer Republik. Zu Knut Borchardts Analyse der deutschen Wirtschaft in den zwanziger Jahren. In: GG, 8. Jg., 1982, S. 415–426.

Kruedener, Jürgen von: Die Überforderung der Weimarer Republik als Sozialstaat. In: GG, 11. Jg., 1985, Heft 3, S. 358–376.

Ders. (Hrsg.): Economic Crisis and Political Collapse. The Weimar Republic 1924–1933. New York/Oxford/Munich, 1990 (= German Historical Perspectives, V).

Maier, Charles S.: Die Nicht-Determiniertheit ökonomischer Modelle. Überlegungen zu Knut Borchardts These von der „kranken Wirtschaft" der Weimarer Republik. In: GG, 11. Jg., 1985, Heft 3, S. 275–294.

Plumpe, Gottfried: Wirtschaftspolitik in der Weltwirtschaftskrise. Realität und Alternativen. In: GG, 11. Jg., 1985, Heft 3, S. 326–357.

Ritschl, Albrecht: Deutschlands Krise und Konjunktur 1924–1934. Binnenkonjunktur, Auslandsverschuldung und Reparationsproblem zwischen Dawes-Plan und Transfersperre. Berlin, 2002 (= Jahrbuch für Wirtschaftsgeschichte, Beiheft 2).

Ders.: Goldene Jahre? Zu den Investitionen in der Weimarer Republik. In: Zeitschrift für Wirtschafts- und Sozialwissenschaften, 114. Jg. 1994. S. 99–111.

Ders.: Zu hohe Löhne in der Weimarer Republik? Einige Auseinandersetzungen mit Holtfrerichs Berechnungen zur Lohnposition der Arbeiterschaft 1925–1932. In: GG, 16. Jg. 1990, Heft 3. S. 375–402.

Sanmann, Horst: Daten und Alternativen der deutschen Wirtschafts- und Finanzpolitik in der Ära Brüning. In: Hamburger Jahrbuch für Wirtschafts- und Gesellschaftspolitik, 10. Jg., 1965, S. 109–140.

Schneider, Michael, „Arbeitsbeschaffung" und „Umbau der Wirtschaft". Probleme der gewerkschaftlichen Programmatik in den letzten Jahren der Weimarer Republik. In: Gewerkschaftliche Monatshefte, 27. Jg., 1976, Heft 11, S. 665–677.

Schulz, Gerhard: Inflationstrauma, Finanzpolitik und Krisenbekämpfung in den Jahren der Wirtschaftskrise 1930–1933. In: Die Nachwirkungen der Inflation auf die deutsche Geschichte 1924–1933. Hrsg. von Gerald D. Feldman. München, 1985, S. 261–295 (= Schriften des Historischen Kollegs, Kolloquien, 6).
Tilly, Richard: Bemerkungen zur Kontroverse über die Wirtschaftskrise der Weimarer Republik. In: Henning, Hansjoachim/Lindenlaub, Dieter/Wandel, Eckhard (Hrsg.): Wirtschafts- und sozialgeschichtliche Forschungen und Probleme. Karl Erich Born zur Vollendung des 65. Lebensjahres zugeeignet von Kollegen, Freunden und Schülern. St. Katharinen, 1987, S. 347–374.
Ders./Huck, Norbert: Die deutsche Wirtschaft in der Krise, 1925 bis 1934. Ein makroökonomischer Ansatz. In: Zerrissene Zwischenkriegszeit. Wirtschaftshistorische Beiträge. Knut Borchardt zum 65. Geburtstag. Hrsg. von Christoph Buchheim, Michael Hutter und Harold James. Baden-Baden, 1994, S. 45–95.
Voth, Hans-Joachim: Investitionen in den „Goldenen Jahren" der Weimarer Republik. In: Zeitschrift für Wirtschafts- und Sozialwissenschaften, 113. Jg., 1993, S. 629–633.
Weisbrod, Bernd: Die Befreiung von den „Tariffesseln". Deflationspolitik als Krisenstrategie der Unternehmer in der Ära Brüning. In: GG, 11. Jg., 1985, Heft 3, S. 295–325.

Weimarer Wirtschaft im Spiegel der Literatur der Neuen Sachlichkeit

Ackermann, Gregor (Hrsg.): Erzählte Wirtschaftssachen. Ökonomie und Ökonomisierung in Literatur und im Film der Weimarer Republik. Bielefeld, 2013.
Balint, Iuditha/Zilles, Sebastian (Hrsg.): Literarische Ökonomik. Paderborn, 2014.
Becker, Sabina: Literatur mit *Nutzwert*. Die Literatur der Weimarer Republik. In: DAMALS. Das Magazin für Geschichte und Kultur, Heft 10/2007: Die Goldenen Zwanziger, S. 33–38.
Dies.: Neue Sachlichkeit. 2 Bde. Bd. 1: Die Ästhetik der neusachlichen Literatur (1920–1933); Bd. 2: Quellen und Dokumente. Köln, Weimar, Wien, 2000.
Dies./Weiß, Christoph (Hrsg.): Neue Sachlichkeit im Roman. Neue Interpretationen zu Romanen der Weimarer Republik. Stuttgart, 1995.
Frühwald, Wolfgang: Eine Kindheit in München: die Familie Mann und das Genre der Inflationsliteratur. In: Kablitz, Andreas/Schulz-Buschhaus, Ulrich (Hrsg.): Literarhistorische Begegnungen. Festschrift zum sechzigsten Geburtstag von Bernhard König. Tübingen, 1993, S. 43–56.
Hermand, Jost: Einheit in der Vielfalt? Zur Geschichte des Begriffs Neue Sachlichkeit. In: Bullivant, Keith (Hrsg.): Das literarische Leben in der Weimarer Republik. Königstein im Taunus, 1978, S. 71–88.
Hörisch, Jochen: Kopf oder Zahl. Poesie des Geldes. Frankfurt am Main, 1996.
Jauß, Hans Robert: Studien zum Epochenwandel der ästhetischen Moderne. Frankfurt am Main, 1989.
Kaes, Anton: Die ökonomische Dimension der Literatur. Zum Strukturwandel der Institution Literatur in der Inflationszeit (1918–1923). In: Feldmann, Gerald D./Holtfrerich, Carl-Ludwig/Ritter, Gerhard A./Witt, Peter-Christian (Hrsg.): Konsequenzen der Inflation. Berlin, 1989, S. 307–329.
Kiesel, Helmuth: Geschichte der deutschsprachigen Literatur 1918 bis 1933. München, 2017 (= Geschichte der deutschen Literatur von den Anfängen bis zur Gegenwart, Bd. 10).
Klettenhammer, Sieglinde (Hrsg.): Literatur und Ökonomie. Innsbruck, 2010.
Knortz, Heike/Laudenberg, Beate: „Durchrauschen des Papiergeldes" und „Rauschen der Papiergeldpressen" – Zur Darstellung der Inflation bei Goethe und Fallada. In: Börner,

Daniel/Rudolph, Andrea (Hrsg.): Hans Fallada und die Literatur(en) zur Finanzwelt. Friedland, 2016, S. 66–94.

Kucher, Primus-Heinz: Literatur und Kultur in Österreich der Zwanziger Jahr. Vorschläge zu einem transdisziplinären Epochenprofil. Bielefeld, 2007.

Künzel, Christine (Hrsg.): Finanzen und Fiktionen. Grenzgänge zwischen Literatur und Wirtschaft. Frankfurt am Main u. a., 2011.

Lethen, Helmut: Neue Sachlichkeit 1924–1932. Studien zur Literatur des Weißen Sozialismus. Stuttgart, 1970.

Leinen, Torsten W.: Magischer Realismus als Verfahren der späten Moderne. Paradoxien einer Poetik der Mitte. Berlin/Boston, 2018.

Lorenz, Detlef: Bilder in der Presse. Pressezeichner und Presse-Illustrationen im Berlin der Weimarer Republik. Dokumentation und Künstlerlexikon. Berlin, 2019.

Müller, Karl: „Inflation". Literarische Spiegelungen der Zeit. In: Müller, Karl/Wagener, Hans (Hrsg.): Österreich 1918 und die Folgen. Geschichte, Literatur, Theater und Film. Wien/Köln/Weimar, 2009, S. 123–146.

Preisinger, Alexander: Monetäre und literarische Sachlichkeit. Zur narrativen Logik des Geldes in Romanen der neuen Sachlichkeit. In: Jahrbuch zur Kultur und Literatur der Weimarer Republik, Bd. 12, 2008, S. 203–223.

Ders./Harrant, Bernadette: Neureiche, Schieber und Spekulanten: Ökonomie in der österreichischen Literatur der Zwischenkriegszeit. In: Österreich in Geschichte und Literatur (ÖGL), 54. Jg., 2010, Heft 1, S. 52–63.

Tost, Birte: Moderne und Modernisierung in der Kinder- und Jugendliteratur der Weimarer Republik. Frankfurt am Main u. a., 2005.

Trommler, Frank: Inflation, Expressionismus, literarische Intelligenz. In: Feldmann, Gerald D./Holtfrerich, Carl-Ludwig/Ritter, Gerhard A./Witt, Peter-Christian (Hrsg.): Konsequenzen der Inflation. Berlin, 1989, S. 287–305.

Vogl, Joseph: Kalkül und Leidenschaft. Poetik des ökonomischen Menschen. München, 2002.

Vogt-Praclik, Kornelia: Bestseller in der Weimarer Republik, 1925–1930. Eine Untersuchung. Herzberg, 1987.

Weber, Tanja: Zur komplexen Serialität in „Babylon Berlin". In: Mitteilungen des deutschen Germanistenverbandes, 67. Jg., 2020, Heft 1, S. 79–104.

Weymann, Ulrike: Weibliche Sachlichkeit. Realistische Schreibweisen in Deutschlandromanen von Anna Gmeyner, Irmgard Keun, Lili Körber und Hermynia Zur Mühlen. In: Jahrbuch zur Kultur und Literatur der Weimarer Republik, Bd. 13/14, 2009/10, S. 151–177.

Wieland, Klaus: Die Maskulinität des kleinen Mannes. Anmerkungen zur neusachlichen Männlichkeit. In: Jahrbuch zur Kultur und Literatur der Weimarer Republik, Bd. 13/14, 2009/10, S. 179–207.

Wrobel, Dieter: Lisa Tetzner: Die Kinder aus Nr. 67 (Erwin und Paul/Das Mädchen aus dem Vorderhaus). Dilemmageschichten aus dem Vorkriegs-Berlin. In: Wrobel, Dieter: Vergessene Texte der Moderne. Wiederentdeckungen für den Literaturunterricht. Trier, 2010, S. 176–191.

Wirtschaftswissenschaftliche Hilfsmittel

Ambrosius, Gerold: Globalisierung. Geschichte der internationalen Wirtschaftsbeziehungen. Wiesbaden, 2018.

Baßeler, Ulrich/Heinrich, Jürgen/Utecht, Burkhard: Grundlagen und Probleme der Volkswirtschaft. Stuttgart, ^{19}2010.

Feldsieper, Manfred: Deflation. In: Handwörterbuch der Wirtschaftswissenschaft (HdWW). Hrsg. von Willi Albers, Karl Erich Born, Ernst Dürr u. a. Stuttgart/New York u. a., 1988, Bd. 2, S. 133–141.

Koch, Eckart: Internationale Wirtschaftsbeziehungen. München, ^{3}2006.

Mankiw, N. Gregory/Taylor, Mark P.: Grundzüge der Volkswirtschaftslehre. Stuttgart, ^{7}2018.

May, Hermann: Handbuch zur ökonomischen Bildung. München/Wien, ^{9}2008.

Moderne Wirtschaftsgeschichte. Eine Einführung für Historiker und Ökonomen. Hrsg. von Gerold Ambrosius, Dietmar Petzina und Werner Plumpe. München, 1996.

Taenzer, Uwe: Grundlagen der Wirtschaftswissenschaften. Stuttgart/Dresden, ^{2}1991.

The Economy. Hrsg. von The Core Team. Oxford, 2017. https://www.core-econ.org.

Online-Ressourcen

https://doi.org/10.36198/9783838557328-m55

Ausgewählte Online-Ressourcen (einschließlich weiterer, online abrufbarer Quellen und Literatur) finden sich unter M55.

Index